정책과 법 연구

통합적 사유와 성찰

A Study on policy and law:
toward integrated thinking and critical reflection

정책과 법 연구: 통합적 사유와 성찰

A study on policy and law:
toward integrated thinking and critical reflection

김 환 식

머리글

우리는 오랫동안 정책과 법을 따로 배워왔다. 정책은 정책대로, 법은 법대로 존재하는 듯 다루어졌고, 접점이 적은 학문 영역처럼 이해되어 왔다. 그러나 과연 정책과 법은 그렇게 별개의 것인가? 정책은 사회의 문제를 해결하고 미래를 설계하려는 인간의 의지이자 노력이며, 법은 그 의지를 제도화하고 질서와 정당성을 부여하는 규범적 토대이다. 법은 권리와 의무의 관계를 규율하는 독자적 가치를 지니지만, 정책의 세계에서 법은 단지 형식이 아니라 정책의 근간이자 구조이며, 실천의 기준이다. 정책과 법은 결코 따로 존재할 수 없다. 정책은 법을 통해 제도화되고, 법은 정책을 통해 살아 움직인다.

이 책은 "정책과 법은 함께 사고해야 한다"라는 신념에서 출발한다. 정책 담당자는 법을 단순한 제한조건으로만 이해해서는 안 된다. 법은 정책목표를 실현하는 수단(policy tool)이자, 정책 설계를 뒷받침하는 구조(policy constitution)이며, 동시에 정책과정에서 책임과 정당성을 확보하는 기준이다. 정책을 통해 법이 만들어진다. 정책과 법은 서로 다른 언어로 같은 목표를 향해 나아가는 동반자적 관계로 이해되어야 한다. 정책학이 정책 현상을 연구하는 학문이라면 우리나라 정책이 행정국가적 실태 속에서 전개되는 현상을 분석해야 한다. 그리고 그 중심에 있는 정책과 법의 상호작용이 연구의 한 축이 되어야 한다.

정책학은 그동안 정책의제 설정, 결정, 집행, 평가라는 순환적 과정에 초점을 두어 왔다. 그러나 이 과정은 행정 절차로 이해되고, 헌정적 조건과는 무관하게 설명되곤 했다. 이 책은 모든 정책과정이 헌정적 구조와 원리에 의해 형성되고 제약된다는 점을 분명히 한다. 정책은 단순한 행정적 선택이 아니라 작은 단위의 헌정 행위이다. 입법부와 행정부는 마치 이인삼각(二人三脚)처럼 함께 정책을 형성하며, 사법부는 헌법적 권리를 보장하고 한계를 설정한다. 시민사회는 요구와 참여를 통해 끊임없이 정책을 재구성하며, 국제규범 역시 새로운 준(準) 헌법적 제약으로 작동한다. 정책은 단일한 행정 행위나 정치적 의사결정의 결과가 아니라, 행정·정치·법의 삼각 협력 구조 속에서 형성되고 집행된다.

지금까지의 정책 논의는 주로 행정의 효율성, 정치의 합의와 갈등 조정이라는 시각에 치중해 왔다. 그러나 정책이 국민의 권리와 의무, 사회적 질서와 공공성을 재구성하는 행위라는 점에서, 이제는 법적 정합성과 절차적 정당성을 함께 고려하는 시각이 필수적이 되어야 한다. 따라서 정책을 연구한다는 것은 "정부의 선택이 어떻게 법적으로 구조화되고, 규범적으로 정당화되며, 헌정적으로 제약되는가"라는 질문을 던지는 것을 의미한다. 법적 기반 없는 정책은 실패하거나 지속되기 어렵고 책임을 묻기도 어렵다. 마찬가지로 정책 현실과 괴리된 법률은 공허할 수밖에 없다. 많은 정책 실패와 입법 폐해가 이 점에서 기인한다. 그래서 정책과 법에 대한 통합적 사유와 성찰이 요구된다.

정리하면, 정책은 법적 정당성을 확보하지 못한 채 추진되기도 하고, 법은 정책과 유리된 채 형식적 규범으로만 존재하기도 했다. 대한민국은 행정부가 정책과 입법을 사실상 독과점하고 (law-making force), 입법부는 심의와 확정에 머무르는 구조 속에서 정책과 법의 건강한 순환 고리(dynamics)가 약화되어 왔다. 입법부가 강한 미국과는 다르다. 또한 시민사회는 사후적 반응자에 머물거나 주체가 아닌 객체로 전락했다. 우리 정책학은 행정국가나 발전국가 속에서의 정책 현상, 정책과 법의 긴밀한 상호작용을 중시하지 않고 있다.

저자는 정책학을 전공한 학자가 아니다. 학부에서는 행정학을, 석사는 경영학을, 박사는 '학습권'을 공부했다. 그러나 30여 년간 공직자로 일하며 끊임없이 정책을 고민했고, 정부출연연구소·국제기구·외국 정부·대학 등 다양한 현장에서 일했으며, 50개 정도의 정책연구도 수행해 왔다. 책도 20권(단독 저서 10권) 정도 집필했다. 또한, 정책을 주제로 많은 특강을 하며, 이 책의 바탕이 된 사유와 성찰을 쌓아왔다. 따라서 이 책은 정통 학자의 연구 성과라기보다는, 정책 실무자의 경험과 고민을 정리한 총합(總合)의 산물이다. 그래서 학술적 성격이 약간 포함된 Introductory Essay의 성격이 있다.

『정책과 법 연구: 통합적 사유와 성찰』은 정책과 법을 하나로 묶어 사유하려는 문제의식에서 출발했다. 완성된 길이 아니라, 앞으로 모색하고 더 걸어야 할 길이다. 영문 제목에 toward를 쓴 이유이다. 따라서 이 책은 확립된 이론이나 학문이 아니라, 정책과 법을 통합적으로 사고하고 설계하는 새로운 시선을 탐색하고 있다. '정책법학(Policy-Law Studies)' 이라고 부를 단계도 아니다. 더욱이 목차, 내용과 형식의 균형을 맞추기 위해서 줄이거나 추가해야 할 부분도 존재한다. 필자의 개인적 관심 주제 중심으로 기술된 부분도 다수 있다.

그럼에도 이 책을 출간하는 이유는 정책과 법을 결합해 사고하는 것이 대한민국의 정책을 선진화시키고, 행정부와 입법부의 역할을 근본적으로 재편할 수 있는 지름길이라고 믿기 때문이다. 정치와 행정의 중간 지대에서 정책을 설계하고 집행하는 사람들, 그리고 정책과 법을 새로운 눈으로 이해하려는 실천적 전문가와 연구자를 위한 길잡이가 될 수 있다고 생각하기 때문이다. 이제 정책과 법을 따로 배우던 시대는 끝나야 한다. 정책과 법을 함께 설계하고, 함께 구현하는 시대가 열려야 한다. 이 책은 그 길을 향한 작은 첫걸음이다.

끝으로, 충남대학교 국가정책대학원에 진정 깊은 감사를 드린다. '정책과 법' 과목 개설을 허용해 주고, 강의를 맡겨 주었기에 이 책이 가능했다. 매주 토요일 학생들과 공부했던 시간은, 필자에게 정책과 법을 통합적으로 사고할 수 있는 가장 큰 배움의 장이었다. 강의안을 만들면서, 수업하면서 수정과 보완을 거듭했다. 아울러 늘 곁에서 지지해 준 가족에게도 진심으로 감사드린다.

2025년 11월

정책과 법에 대한 새로운 생각을 조심스럽게 제안하며~~~
동대문구 구립 이문 청소년 독서실에서

김환식

목차

제4부. 새로 쓰는 정책 유형(어떻게 정책은 구분되는가?)

제5부. 정책법학의 실현 기반

마무리 글 : 정책과 법, 통합적 사유를 향한 첫걸음

[그림 목차]

[표 목차]

제1부. 정책법학의 가능성 탐색

정책법학의 출발점은 두 가지 기본 개념, 곧 '정책이란 무엇인가'와 '법이란 무엇인가'를 비판적으로 성찰하고 통합적으로 사유하는 데에 있다. 정책은 정부가 국가와 사회의 미래를 설계하고 문제를 해결하는 수단이며, 법은 정책과정과 내용이 정당성과 합리성을 갖추도록 보장하는 틀이다. 정책과 법은 별개의 영역이 아니라, 서로를 규율하고 보완하며 통합적 분석이 요구되는 관계이다. 정책과 법의 통합적 사유는 법치주의에 대한 새로운 이해로 이어진다. 그것은 단순한 "법의 지배(rule of law)"에 머무르지 않고, "법적 틀 속에서 이루어지는 정책의 거버넌스(policy governance under legal framework)"라는 관점이다. 이 관점은 네 가지 하위 요소로 구체화 된다.

- Law as Policy tool(법은 정책 집행의 수단으로 작동한다).

- Law as Policy Constitution(법은 정책 활동의 기본 질서를 구성한다).

- Policy as Law Making force(정책은 법을 제정·변화시키는 동력이다).

- Policy-to-Law Dynamics(정책과 법은 상호 순환하며 끊임없이 영향을 주고받는다).

이러한 논의가 가능한 이유는, 정책법학이 기존 학문과는 다른 연구 대상과 방법을 추구하기 때문이다. 정책법학은 정책학·정치학·행정학과 달리 법을 분석의 대상에 두며, 행정법학·법정책학·입법학과 다르게 정책을 관점의 중심에 둔다. 따라서 정책법학은 '정책과 법의 만남'을 단순한 교차점으로 보는 데서 멈추지 않고, 정책학의 새로운 학문적 지평으로 열어가려는 시도이다.

정리하면, 정책과 법은 통합적으로 사고해야 한다. 이것이 곧 정책법학이 제기하는 문제의식이며, 동시에 이 책은 그 가능성을 탐색하려는 첫걸음이다.

1. 정책이란?

가. 정책 이해의 기초

정책의 개념을 설명하기에 앞서, 먼저 정책과 행정의 역사, 그리고 미국에서 입법부와 행정부가 맺어온 관계를 이해할 필요가 있다. 이러한 선행 이해가 있어야만 정책을 온전히 파악할 수 있으며, 더 나아가 미국의 정책학을 수입한 우리의 정책학이 한국 현실을 제대로 설명하고 있는지 판단할 수 있다. 한국의 행정/정책과 미국의 행정/정책은 차이가 있다. 우리나라는 근대 이전부터 강한 중앙집권국가의 전통과 더불어 1960년대 이후부터는 발전국가, 행정국가의 전통이 매우 강한 나라였다. 따라서 미국의 정책학(또는 행정학)을 우리의 현실에 단순 대입하기는 쉽지 않다.

정책 현상은 인류의 역사와 함께한다고 해도 틀린 말은 아니다. 근대 이전, 왕이 존재하던 우리나라는 물론, 유럽 여러 국가도 정책이라고 불릴 수 있는 현상이 있었다. 나라를 경영하기 위해서는 필연적으로 존재해야 하는 활동이었다. 나라의 부강(富强)이 이유였지만, 한편으로는 국왕의 경제력 강화가 더 중요한 이유이기도 했다. 계몽주의, 사회계약론, 프랑스 혁명 등의 이유로 만들어지거나 활성화된 의회(議會)의 등장으로 왕 중심의 정책 현상에는 변화가 발생했다. 왕의 권한이 제약되기 시작하고, 의회에서 제정된 법률이 중시되기 시작했다. 국민의 대의기관이라고 할 수 있는 의회의 힘이 세지면서, 상대적으로 왕의 권한은 약해졌다. 왕과 관련된 행정부의 권한도 의회에서 정한 법률을 집행하는 수준으로 제한되었다. 행정부도 집행부(執行部)로 불리게 되었다.

지금 우리가 알고 있는 대표적인 정치체제인 의원내각제, 대통령제, 이원집정부제는 각각 영국, 미국, 프랑스의 산물이다. 영국, 미국, 프랑스 모두 혁명을 거쳤다. 국가를 대표하던 왕이 사라지거나 권력이 대폭 줄었다. '짐이 곧 국가'였던 시대가 사라지는 격변기에 '도대체 국가라는 것이 어떻게 형성되고'(사회계약론), '국가의 권력이 어떻게 나뉘어야 하는지'(권력분립론)에 대해 여러 생각이 등장했다. 이런 과정을 거치면서 근대국가가 만들어지고, 근대 정치체제가 형성되었다. 그리고 이러한 역사의 차이가 국가별 행정과 정책 시스템의 차이를 만들어내는 근본 이유가 되었다. 즉, 정책을 이해하기 위해서는 권력분립(separation of powers), 정부 형태, 통치구조(governmental structure)를 이해해야 한다.

나. 행정학의 변화

우리나라 행정학과 정책학의 본산(本山)인 미국의 경우, 영국과는 다른 정치체제를 창조해냈다. 대통령제이다. 미국의 독립혁명은 영국으로부터의 독립이었다. 미국에는 애초부터 왕이 없었다. 그렇기에 영국이나 프랑스처럼 왕의 권한을 제한하거나 강제로 폐위시킬 필요가 없었다. 영국의 영향을 받아 의회는 만들었지만, 연방제 국가를 대표할 왕이 아닌 지도자가 필요했다. 대통령(president)의 탄생이다. 그렇다고 영국의 왕처럼 권한을 강하게 하진 않았다. 미국으로 건너온 사람들은 영국 왕으로부터 도피한 사람들이기 때문이다. 이게 주(州) 정부 중심의 행정과 더불어 연방제(聯邦制)가 만들어진 배경이다. 이와 같은 미국의 정치체제는 몽테스키외의 3권 분립 이론에 기초를 두고 있다.

초창기 미국의 행정부는 집행부(the executive)로서의 성격이 강했고, 공(公)행정과 사(私)행정의 차이가 크지 않았다. 흔히 말하는 공사(公私)행정 일원론1)의 시기이다. 또는 정치-행정 이원론(politics-administration dichotomy)2)의 시기이다. 이때만 해도 정책 현상은 정치(입법부 중심)의 영역이었다. 정치와 행정은 본질적으로 다른 활동이기에 서로 분리되어야 한다는 주장이다.

그러나 현대 행정은 정치-행정 일원론의 시각에서 봐야 한다. 이 입장에서 행정과 정책을 바라보게 되면, 이는 정치의 행정(정책)에 대한 영향력이 존재할 수 있음을 인정하게 된다. 자연스럽게 정치-행정 이원론에서 추구했던 공무원 집단의 정치적 중립성과 전문성에 부정적 영향을 줄 수도 있다.

필자의 관점에서 보면 미국의 행정학은 크게 4단계의 변화를 거쳤다. 행정은 독립적으로 존재하는 것이 아니라, 정치와 경영의 접점 위에서 이루어진다. [그림 1]에서 보듯이, 정치(Politics)와 경영(Business Administration)은 서로 다른 영역이지만, 행정은 이 둘과 모두 연결되면서 독자적인 성격을 형성한다. 정치와 연결될 때는 정치적 결정을 집행(execution)하고, 정책 형성 과정에 참여하여 정책(policy)을 구체화한다. 경영의 관점이 강조될 때는 관리(management) 기능을 수행하며, 최근에는 시민사회를 포함한 다양한 행위자들과 협력하는 협치(governance)의 개념이 강조된다. 따라서 행정은 단순 집행이나 경영기술에 머무르지 않고, 정치·정책·경영을 아우르는 종합적 성격을 지닌다.

---

1) 필자는 '공사행정 일원론'이라는 용어를 긍정하진 않는다. 양자(兩者) 간에 일정한 유사성(similarity)은 있겠지만, 양자를 동일하다고 보기는 어렵기 때문이다. 공(公)행정과 사(私)경영은 비슷한 점이 있다고 하더라도, 본질적으로는 서로 다른 활동이다.

2) 일반적으로 dichotomy는 '이원론'으로 번역된다. 그러나 필자는 이 번역이 dichotomy의 본래 의미를 충분히 살리지 못하고, 단순히 '둘이 있다'는 정도로만 이해될 위험이 있다고 본다. 따라서 '구분론'이나 '분리론'이 더 적합한 번역이라고 생각한다. 이와 관련하여 '정치-행정 일원론' 주장도 동의하기 어렵다. 정치는 입법부의 활동이고, 행정은 행정부의 활동이지만, 양자가 상호 협력하며 연계된다는 설명은 가능하다. 그렇다고 해서 이를 곧바로 '일원론'으로 규정하기는 무리이며, 굳이 번역한다면 '정치-행정 상호 연계성' 정도가 적당할 것이다. 더욱이 정치-행정 일원론이라는 영어 원문은 찾아보기 어렵다는 점도 고려해야 할 것이다.

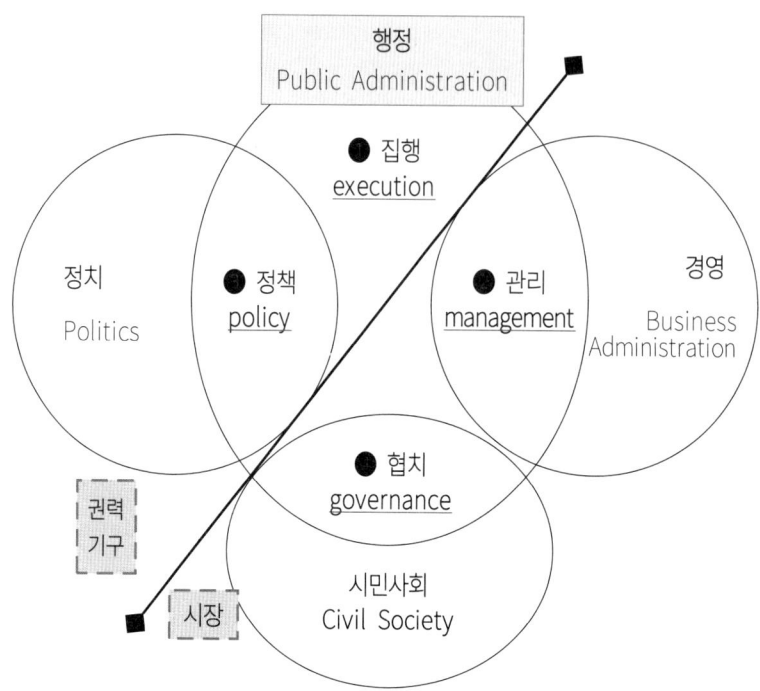

[그림 1] 행정-정치-정책-경영-시민사회의 관계

- 집행(execution): 행정은 무엇보다도 정치적 결정(예: 법)을 집행하는 기능을 갖는다. 입법부나 정치 과정에서 결정된 정책적 목표를 실제로 실행하는 것이 행정의 역할이다.
- 관리(management): 행정은 경영과도 닮았다. 예산을 효율적으로 쓰고, 인력을 관리하며, 조직을 운영하는 등 경영학적 관리 기능을 수행한다. 인사관리, 인사행정, 재무관리, 재무행정 등과 같은 용어를 생각하면 된다.
- 정책(policy): 행정은 정치의 산출물을 단순히 집행하는 데 그치지 않고, 정책 형성 과정에도 깊숙이 관여한다. 정책을 구체화하고 설계하는 단계에서 행정의 전문성이 중요한 역할을 한다. 행정국가인 우리나라는 행정부가 사실상 정책을 결정한다.
- 협치(governance): 현대 행정은 정치·사회·시장 등 다양한 행위자들과 함께 문제를 해결하는 협치(governance)의 기능을 수행한다. 이는 전통적 의미의 집행이나 관리 기능을 넘어서는 새로운 역할이다.

정리하면, 행정은 정치와의 접점에서는 집행과 정책으로, 경영과의 접점에서는 관리로 기능하며, 이 모든 것을 아우르면서 거버넌스라는 새로운 협력 체계를 만들어간다. 따라서 행정은 단순히 정치의 하위 집행 기구도 아니고, 경영과 같은 관리 기술만을 수행하는 것도 아니다. 행정은 정치·정책·경영을 연결하는 교차 지점에서 작동하는 복합적 활동이다.

[그림 1]은 행정이 정치와 경영의 교차 지점에서 어떠한 역할을 담당하는지를 보여줄 뿐만 아니라, 행정학의 발달 과정을 설명하는 틀이기도 하다.

- 집행으로서의 행정 (execution): 행정학의 초기 단계에서는 행정을 정치의 산물로 보고, 그 임무를 단순히 정치적 결정을 집행하는 기능으로 한정했다. Wilson(1887)의 정치–행정 이원론은 이러한 시각을 대표하며, 행정은 정치적 목표 달성의 수단적 활동으로 규정되었다.
- 관리로서의 행정 (management): 20세기 초 이후 과학적 관리론과 경영학적 접근이 확산하면서 행정학은 경영학의 관리 기술을 적극적으로 흡수하였다. 이 시기 행정은 "보다 효율적인 관리 활동"으로 정의되었고, Taylor나 Gulick, Urwick의 과학적 관리론, 원리론이 행정학을 지배하였다.
- 정책으로서의 행정 (policy): 1950~60년대 들어 행정은 단순한 집행이나 관리 기능을 넘어, 정책 형성 과정의 중심 행위자로 인식되기 시작했다. Lasswell의 정책과학 논의와 함께 행정은 목표 설정과 정책 대안 형성까지 포함하는 적극적·창조적 활동으로 확장되었다.
- 협치로서의 행정 (governance): 현대에 들어서는 국가·시장·시민사회가 얽힌 복잡한 네트워크 속에서 행정은 거버넌스의 핵심 주체로 자리 잡는다. 이는 전통적 관료제 행정을 넘어, 다양한 이해관계자들과의 협력·조정·갈등 관리를 통해 사회문제를 해결하는 새로운 단계의 행정학 패러다임을 보여준다. 한편으론 행정부 권한에 대한 시민사회의 통제라는 관점도 내포되어 있다.

따라서 이 그림은 행정을 "집행, 관리, 정책, 협치"라는 네 가지 역할을 제시함으로써, 행정학이 수동적 집행론에서 능동적 협치론으로 발전해 온 흐름을 압축적으로 드러낸다. 행정은 정치와 경영 어느 한쪽에 종속되지 않고, 역사적으로 점점 더 복합적이고 주체적인 성격을 띠게 되었음을 보여주는 것이다. 참고로 [그림 1]에서 45°로 그려진 사선(斜線) 위쪽의 정치, 정책, 집행의 영역은 주로 권력 기구로서의 의회와 행정부의 역할을 보여준다면, 사선 아래쪽의 협치, 관리, 경영의 영역은 권력이 아닌 시장(市場)의 기능이 강조되고 있다.

다. 정책학의 시작

우리의 관심은 정책이다. [그림 1]에서 알 수 있듯이 정책은 행정과 정치의 사이에 존재한다. 본래는 행정의 활동임을 알 수 있다. 정책학은 왜 시작되었는가? 정책학은 Harold D. Lasswell의 1951년 「정책지향(Policy Orientation)」이라는 논문에서 비롯되었다고 한다. 그는 정책을 단순한 기술(skill)의 문제가 아니라, 과학적 방법론과 합리적 의사결정 과정을 통해 인간의 존엄성을 지켜내야 하는 활동으로 이해했다.

현대 국가의 복잡성이 커지고, 전통적인 의회 중심의 제도만으로는 문제 해결이 어렵다는 인식이 강해지면서 정책학은 하나의 학문적 필요로 등장하였다. 특히 제2차 세계대전은 과학기술의 힘3)이 국가의 운명을 좌우한다는 사실을 보여주었고, 강력한 정부일지라도 과학적 기반 위에서 의사결정을 해야 한다는 요구가 대두되었다. 동시에 전쟁과 전체주의의 경험은 무분별한 인간의 광기로부터 개인의 존엄을 보호해야 한다는 교훈도 남겼다. 정책학은 따라서 강한 정부의 정책 수행 능력(핵무기를 만드는)과 인간 존엄성 확보라는 이중적 필요 속에서 자리 잡았다.

반면, 저개발 국가들의 경우에는 국가의 기획(planning)과 국가 건설(nation building)이 곧 국가 발전의 핵심 과제로 인식되면서 정책이 중시되었다. 한국도 경제개발 5개년 계획을 비롯한 국가 주도의 경제성장 정책을 통해 이를 실현해왔다. 이러한 맥락에서 정책학은 국가 발전을 위한 기획과 집행의 과학화라는 과제를 짊어졌다. 또한 정책은 언제나 시장의 자율성을 침해할 수 있는 위험을 안고 있기에, 공익(公益)의 보장이 무엇보다 중요했다. 한편 오늘날 세계 10대 강국 반열에 오른 대한민국은 고도화되고 복잡한 사회 구조 속에서, 정부가 모든 것을 다 해야 하는지(do everything), 특정한 역할만 해야 하는지(do something), 혹은 최소한의 개입만 해야 하는지(do nothing)를 놓고 지속해서 선택을 강요받고 있다.

라. 정책에 대한 쉬운 이해

정책의 본질을 이해하기 위해 흔히 사용하는 비유는 병원 치료 과정이다.4) 정책학은 치료학이다. 사람이 병에 걸리면 병원에 가서 진단을 받고, 병명을 확정하고, 치료 계획을 세운 뒤 치료를 집행한다. 치료 과정은 주기적으로 점검되고, 환자의 상태에 따라 처방도 달라진다. 병이 차도(差度)를 보이면 약을 줄이고, 반대로 악화(惡化)가 되면 더 강한 처방을 내리듯이, 정책도 상황 변화에 따라 수단이 조정된다. 최종적으로 치료가 종결되는 것처럼 정책 역시 문제가 해소되면 종결된다(<표 1> 참조).

이처럼 정책문제(의제)가 발생하고 이를 해결하기 위해 정책 수단을 동원하는 과정은 병을 진단하고 치료하는 과정과 유사하다. 따라서 정책학은 국민 개개인의 삶을 지탱하는 정부의 "치료학"이자, 사회적 병리를 과학적이고 합리적으로 치유해가는 실천 학문이라 할 수 있다. 병이 있으면 치료하듯, 사회문제(정책문제)가 생기면 정책이 작동한다. 치료 방법이 환자 상태에 따라 바뀌듯, 정책 수단도 상황 변화에 따라 조정된다. 치료가 끝나면 퇴원하듯, 정책도 일정 단계가 끝나면 종결된다. 환자의 병세 변화는 정책 환경의 변화를 의미한다. 병이 호전

---

3) 원자폭탄 개발과 그 이후를 생각하면 이 당시의 분위기를 짐작할 수 있다.
4) 이 비유는 필자가 10여 년 전, ◇◇대학교 대학원에서 평생교육정책을 가르치면서 처음 사용하였다. 이후 정책특강에서는 계속 사용하였으나, 책에 수록하기는 이번이 처음이다.

되면 약을 줄이고, 악화하면 더 강한 처방을 내리듯, 정책도 환경 변화에 맞춰 수단을 조정하게 된다. 따라서 정책은 단순한 "한 번의 처방"이 아니라, 지속적 진단-치료-조정-종결의 과정이다. 완전히 치유되지 않으면 재발(再發)되기도 한다. 정책도 종결되었다가 다시 시작되기도 한다. 병명이 바뀌는 것처럼, 정책문제의 인식과 목표도 바뀔 수 있다.

<표 1> 병원에서의 치료와 정책과정의 비교

병원에서의 치료	정책 과정	상황 변화 ↔ 대응
병원 방문 여부 결정	정책의제설정	환자가 스스로 증상을 자각 ↔ 사회가 문제를 인식
진단(검사)	정책 분석	정확한 병명 규명 필요 ↔ 문제 원인 분석 필요
병명 확정	문제 확정	병의 성격 확정 ↔ 정책문제를 공식적으로 확정
치료 계획 수립	정책기획·계획	치료 방법·약물 선택 ↔ 정책 수단·대안 선택
치료 집행	정책 집행(광의)	처방 약 투여·수술 등 ↔ 법·예산·프로그램 집행
치료 과정 점검	정책 모니터링·평가	병세가 호전/악화 ↔ 정책 효과·부작용 점검
치료 조정	정책 수정·보완	약 변경·치료법 조정 ↔ 정책 수단 변경·보완
치료 완료	정책 종결	치료 끝·퇴원 ↔ 정책목표 달성·종결

정책학은 치료학이라는 표현은 정책을 이해하는 데에 결정적 도움을 준다. 사회문제를 '질병'으로 보고, 원인을 진단(diagnosis)하고 처방(prescription)과 치료(treatment)를 설계하는 것이며, 주로 사후적 대응으로 발생한 문제를 치유·개선하는 기능에 대응한다. 다만, 이러한 비교는 정책의 일반적인 속성을 바탕으로 하고 있기에, 정책의 다양성을 촘촘하게 보여주진 못한다. 필자는 정책의 다양한 면을 입체적으로 설명하기 위해서 의학(醫學)을 중심으로 추가적인 비유를 들어 설명한다.

정책학은 예방의학이다. 문제 발생 전, 위험 요인을 조기 발견하고 제도적 예방 장치를 마련한다. 예를 들면, 저출생 문제를 출산율 급락 후에 지원 정책으로 대응하기보다는, 사회·경제 구조적 위험 요인을 미리 줄이는 방식이다. 사전적 대응, 위기관리, 사회적 안전망 설계와 연결된다. 백신 접종이나 건강검진처럼, 사회정책도 저출생·기후 위기·빈곤 문제를 미리 감지하고 제도적으로 예방할 필요가 있다.

정책학은 응급의학이다. 갑작스러운 위기(재난, 전염병, 금융위기 등)에 신속하게 개입해 피해 확산을 막는 역할이다. 예를 들면, 코로나19 긴급재난지원금, 전쟁 시 인도적 구호, 대형 사고 즉각 대응 등이다. 즉각적 개입, 신속한 의사결정, 강력한 자원 동원이 핵심이다. 응급실에서 환자의 생명을 살리는 것처럼, 정책도 위기 국면에서는 속도와 집중이 핵심이 된다.

정리하면, 정책학은 치료학이다. 사회문제가 이미 발생했을 때, 원인을 진단하고 적절한 처방을 통해 문제를 해결하려는 성격을 가진다. 이 과정은 단기적이면서도 일정한 회복을 목표로 한다. 동시에, 단기 치료 이후에 환자가 일상으로 돌아가도록 돕는 재활의학의 성격을 지니기도 한다. 예컨대 경제위기 이후 구조조정, 금융시스템 회복을 위한 장기적 지원이 그 사례이다. 또한 정책학은 예방의학이다. 문제를 사전에 차단하기 위해 위험 요인을 관리하고 제도적 장치를 마련하는 것이 중요하다. 하지만 여기서 멈출 수 없다. 추가적인 비유가 필요하다. 정책은 종종 중장기적 기획과 목표 지향적 변화를 추구한다. 이때 정책은 성형외과에 비유할 수 있다. 환자가 원하는 모습, 사회가 바라는 미래상을 그려놓고, 여러 차례의 수술과 처치를 통해 점진적으로 상태를 변화시켜 가는 것이다. 기후 위기나 고령화처럼 단번에 해결할 수 없는 난제(難題)들은 만성질환 관리와 유사하다. 끊임없는 모니터링과 점진적 조정이 요구된다. 나아가 단순히 질병을 막는 것을 넘어 더 건강한 상태를 지향하는 건강 증진학의 성격도 정책에는 있다. 평생학습체제 구축이나 지속가능발전목표(SDGs)와 같은 장기 프로젝트가 그 예이다(<표 2> 참조).

<표 2> 정책학의 의학적 비유(단기-중기-장기)

구분	의학적 비유	정책적 의미
단기 대응	응급의학	위기·재난 즉각 개입, 피해 확산 차단 (예: 재난지원금, 긴급명령)
중기 대응	치료학	문제 원인 진단 및 개선, 사후 대응 (예: 고용위기 해소 정책)
	재활의학	구조적 회복과 적응 지원 (예: IMF 이후 산업·금융 구조조정)
장기 대응	예방의학	위험요인 차단, 사전적 대응 (예: 백신 정책, 저출산 예방정책)
	성형외과	목표 상태 설계, 장기간 계획적 개입 (예: 국가 비전·중장기계획)
	만성질환 관리	지속적 모니터링과 조정 (예: 기후위기, 인구 고령화 관리)
	건강 증진학	더 나은 상태를 위한 미래 지향적 설계 (예: 평생학습체제, SDGs)

정리하면, 정책학은 의료와 보건처럼, 대응성과 기획성이라는 두 바퀴 축 위에서 굴러간다. 의학에서 인간의 건강은 '의료'와 '보건'이라는 두 바퀴 축으로 유지된다. 의료가 환자의 질병을 진단하고 치료하는 기능이라면, 보건은 집단 전체의 건강을 지키기 위해 사전 예방과 환경 관리에 집중한다. 의료가 사후적 대응이라면, 보건은 사전적 예방에 가까운 것이다. 정책학에서도 이와 유사한 두 바퀴 축을 찾을 수 있다. 하나는 '문제 대응'의 축이다. 이미 발생한 사회문제를 진단하고 원인을 분석하며, 적절한 처방과 개입을 통해 회복을 도모하는 것이다. 이는 의료의 역할과 닮아있으며, 응급·치료·재활의학에 해당하는 속성과 연결된다. 사회문제가 발생했을 때 정책은 즉각적으로 개입하여 피해를 줄이고, 중기적으로 문제를 교정하며, 필요할 경우 장기적 회복 과정을 지원해야 한다. 다른 하나는 '미래 기획'의 축이다. 이는 예방과 건강 증진에 가까운 접근으로, 위험 요인을 사전에 관리하고 더 나은 사회적 상태를 설계하는 데에 초점을 둔다. 보건이 예방접종, 생활 습관 관리, 환경위생을 통해 집단 건강을 증진하듯, 정책 역시 저출생, 기후 위기, 인구 고령화 같은 구조적 문제를 예방하고 장기적 계획을 세워 대응한다.

따라서 정책학은 단지 현안을 해결하는 응급·치료 의학이 아니라, 예방과 기획이라는 보건적 접근을 동시에 지녀야 한다. 사회를 건강하게 유지하기 위해서는 두 축이 균형을 이루어야 하며, 대응성과 기획성이 함께 작동할 때 정책학은 비로소 사회적 건강을 지탱하는 종합 학문으로서 역할을 다할 수 있다.

결론적으로 정책학은 의학과 비교할 때 이해가 쉽다. 문제가 터졌을 때는 응급의학처럼 신속히 개입하고, 구조적 원인을 진단하여 치료학처럼 고치며, 회복을 돕는 재활의학의 성격을 지닌다. 또한 예방의학처럼 위험을 미리 차단하고, 성형외과처럼 장기적 비전을 그리며, 만성질환 관리처럼 지속해서 조정하고, 건강 증진학처럼 더 나은 미래를 설계한다. 정책학은 단순한 대응의 기술이 아니라, 사회 전체를 돌보는 종합적 공공의학이다. 따라서 정책학을 단순히 치료학으로만 한정하기보다, 응급의학–치료학–재활의학–예방의학–성형외과–만성질환 관리–건강 증진학이 통합된 사회적 의학이라고 이해하는 것이 바람직하다.

마. 정책에 대한 정의

정책에 대해선 너무나 많은 정의가 있다. 정책은 단순히 하나의 결정이나 문서를 의미하는 것이 아니라, 가치와 목표, 실행, 그리고 사회 변화의 방향성을 담는 복합적 개념으로 이해됐다. 여러 학자는 각자의 관점에서 정책의 본질을 규정하려고 시도해 왔다. 우리의 정책학 교재에서는 주로 미국 학자의 정책 정의를 다양하게 요약·기술하고, 집필자의 생각을 정리하고 있다. 미국 학자들과 국내 학자들의 다양한 정의에 대한 설명은 생략한다. 어쨌든, 정책은 계획, 행동, 가치, 권력, 제도, 산출, 과정 등 다양한 차원을 포괄하는 개념이다. 어떤 정의를 채택하느냐에 따라 정책연구의 초점은 달라진다. 따라서 정책의 다의성과 맥락적 의미를 인정하고, 분석 목적에 맞는 정의를 선택하는 태도가 필요하다. 필자는 우리나라에 잘 소개가 되지 않는 의원내각제 국가인 호주와 국제기구인 UNESCO의 정의를 소개하고자 한다.

1) 호주의 정책 개념

『The Australian Policy Handbook』[5]에서의 정책 개념을 요약·정리해 보자.[6] 호주에서 공공정책(public policy)은 단순히 정치인의 결정만을 가리키지 않는다. 오히려 수많은 공무

---

5) Catherine Althaus, Sarah Ball, Peter Bridgman, Glyn Davis, David Threlfall(2023). 『The Australian Policy Handbook: A Practical Guide to the Policymaking Process(7th edition)』. Routledge.
6) 필자는 우리나라 공무원 신분으로 2년 동안 호주 퀸즐랜드 주(州) 정부에 고용휴직으로 근무하면서 호주의 직업교육훈련 시스템과 학교 교육 시스템을 공부한 바 있다. 그 이후부터는 호주의 자료에서 정책적 시사점이나 연구의 착안점 등을 얻곤 했다. 호주는 연방제 국가이며, 의원내각제 국가로서 우리와 직접 비교는 어렵지만, 의원내각제 국가의 정책의 개념을 이해할 수 있다는 점에서 이 책에서 호주의 사례를 제시한다.

원, 국회와 장관에게 청원하는 시민들, 이익집단, 언론을 통한 논평자들, 노조와 기업, 시민 운동에 참여하는 수많은 사람이 함께 형성하는 결과이다. 즉, 공공정책은 사회 전체가 직간접적으로 영향을 미치고 동시에 그 결과에 따라 영향을 받는 공동의 산물이다.

정책 결정자들은 다양한 과정을 통해 정책을 만들어간다. 그들은 새로운 문제를 접하고 (issue), 다양한 대안을 이해하며(options), 전문가 의견을 학습하고(informed opinion), 여러 선택지를 두고 결정하며(choices), 이후 그 결정을 시험한다(test). 결국 정책은 정치인들이 사회에 변화를 일으키는 수단이며, 거버넌스의 도구이다. 정책은 공적 자원이 한쪽으로 배분되고 다른 쪽으로는 배분되지 않는 선택을 의미하며, 이는 곧 아이디어·이익·이념의 경쟁 속에서 도출되는 정치적 산출물이다.

그러나 정책의 정의는 혼란스럽기도 하다. 예컨대 법안(bill)도 정책을 담고 있지만, 의회를 통과하지 못할 수 있고; 백서(white paper)는 정부의 정책적 의도를 보여주지만, 실제 실현으로 이어지지 않을 수도 있다. 장관의 발언(ministerial statement)은 정책일 수도, 단순한 의견 표명일 수도 있다. 선거공약은 정당의 의도를 밝히지만, 그것이 곧바로 정부의 정책으로 이어지는지는 불확실하다. 또 부처 활동이 명시적 선언 없이 관성적으로 이어지면서 정책이라 불리지 않고 정치적 주목도 받지 못하는 경우도 많다. 이처럼 '정책'이라는 말은 광범위하고 다의적인 용법을 갖는다.

그럼에도 공공정책에는 일정한 특징이 있다. 공공정책은 의도적이며(intentional), 특정한 목적을 달성하려는 설계이자, 결정을 포함하고 그 결과를 수반하며(decisions and consequences), 구조화되고 질서 정연하게 이루어지며(structured and orderly), 정치적 속성을 띠고(political in nature), 끊임없이 변화한다(dynamic). 따라서 공공정책은 곧 "정부가 무엇을 하고, 왜 그렇게 하며, 그 결과가 무엇인가"에 관한 문제라 할 수 있다.

정치(politics)는 "누가 무엇을 언제 어떻게 얻는가"에 관한 것이라면, 공공정책은 바로 그 정치적 과정의 구체적 결과물이다. 또한 공공정책과 사적 정책(private policy)은 구별된다. 기업이나 시민단체도 정책을 가질 수는 있지만, 그들은 공공자원과 법적 강제력을 동원할 수 없다. 공공정책만이 정부의 권위를 통해 공적 자원 배분과 법적 구속력을 가지며, 따라서 사회 전체를 규율하는 힘을 갖는다.

결국 공공정책은 ⅰ) 정부의 권위 있는 선택(authoritative choice)이자, ⅱ) 특정 인과관계에 대한 가설(hypothesis)이자, ⅲ) 정부 활동의 목표(objective of governmental action)로 설명될 수 있다. 다시 말해, 공공정책은 단순히 하나의 정의로 고정되기보다는 의도, 결과, 권위, 과정, 목표라는 여러 요소가 교차하는 복합적 개념이라 할 수 있다.

먼저, 권위적 선택으로서의 정책(policy as authoritative choice)이다. 공공정책은 본질적으로 정치의 산물이다. 정치의 세계는 혼란스럽고, 정치인의 의도, 정부 기관의 이해, 관료들의 해석, 이익집단과 언론, 시민들의 개입이 서로 얽히는 공간이다. 이런 환경 속에서 정책은 공공문제에 대한 권위 있는(authoritative) 대응으로 나타난다. 정책은 몇 가지 특징을 가진다. 정책은 의도적(intentional)으로, 특정한 정부 목표를 달성하기 위해 공적·사적 자원을 동원한다. 또한 정책은 결정을 수반하고 그 결과를 시험하며, 구조화된 과정과 식별할 수 있는 행위자들, 일정한 절차를 따른다. 나아가 정책은 본질적으로 정치적 성격을 띠며, 선거와 집권 세력이 우선하는 프로그램적 목표를 반영한다. 따라서 정책결정은 단순한 행정적 조치가 아니라, 정부 권위에 의해 이루어지는 공적 선택이다. 이러한 결정은 공무원들에게 특정한 방식으로 행동하도록 구속하거나, 미래의 행동 방향을 제시하거나, 특정 프로그램에 예산을 배분하도록 만든다. 즉, 정책은 곧 합법적 권력을 가진 주체의 구속력 있는 선택이다.

다음은, 가설로서의 정책(policy as hypothesis)이다. 정책은 단순한 결정이 아니라 세상에 대한 이론과 인과관계에 대한 가정 위에 세워진다. 정책은 특정한 행태를 촉진하거나 억제하기 위한 유인(incentive)과 억제(disincentive)를 내포한다. 그러나 정책은 실험실이 아니기에, 실제 시행 전에 모든 행동 가설을 검증하기 어렵다. 정책은 불확실성 속에서 만들어지고, 가장 도전적인 환경에서 시험 된다. 따라서 정책은 언제나 가설적 성격을 갖는다. 정책결정자들은 정책을 시행하면서 발생하는 오류를 찾아내고 수정하며 학습한다. 이런 의미에서 정책은 시행과 평가 과정을 통해 교훈을 도출하고, 이를 다음번 정책에 반영하는 학습적 과정이기도 하다. 정책을 가설로 이해하면, 정책은 단순히 하나의 문서가 아니라 여러 모습으로 드러날 수 있다. 그것은 특정 활동 영역에 붙여진 레이블(label)일 수도, 바람직한 상태를 지향하는 일반적 목적의 표현일 수도, 구체적인 정책 제안이나 법률, 특정한 프로그램이나 정부 산출(output), 혹은 인과 이론이나 장기적 과정(process)으로도 정의될 수 있다.

마지막으로 목표로서의 정책(policy as objective)이다. 궁극적으로 정책은 목표 달성을 위한 수단이다. 정부는 정책을 통해 구체적 결과를 이루고자 하며, 따라서 정책과정은 의사결정자들이 목표를 명확히 하는 과정이기도 하다.

따라서 좋은 정책은 세 가지를 분명히 해야 한다. ⅰ) 권위 있는 정책 선언이 어떤 형태로 요구되는가(법률, 백서, 장관 발언 등), ⅱ) 정책이 전제하는 인과관계 모델은 무엇인가, ⅲ) 궁극적으로 달성하고자 하는 정책목표는 무엇인가. 그러나 정책목표는 언제나 의도치 않은 결과(unintended consequences)에 의해 도전받는다. 정책 시행 후에야 나타나는 부작용이 정책 효과를 약화시키거나 새로운 문제를 야기할 수 있기 때문이다. 따라서 정책을 목표로 본다면, 정책과정은 곧 계획–집행–평가–수정의 순환적 구조 속에서 목표를 향해 나아가는 일련의 활동이 된다. 정책결정자들은 정책이 정부 전체 방향, 부처 이해, 수혜 집단, 이해관계자, 사회 전체에 미칠 효과를 따져보고, 수단과 목표의 관계가 합리적인지, 다른 대안은 없는지, 실제로 변화를 일으킬 수 있는지를 검토한다.

결국 정책은 권위적 선택으로서 정당성을 확보하고, 가설로서 시행(施行) 속에서 시험 되고 학습되며, 목표 지향적 활동으로서 결과를 산출한다. 따라서 정책결정은 언제나 불확실성과 정치적 맥락 속에서 이루어지며, 정부의 정치적 의지와 행정적 기획이 결합한 결과물이다.

공공정책은 제도적 맥락과도 분리될 수 없다. 본질적으로 정책은 정부의 정치적 의지의 표현이며, 정부는 정책을 통해 목적을 추구하고 자원을 배분한다. 책임 있는 정부(responsible government)는 전통적으로 입법·행정·사법의 세 가지 기능으로 나뉘며, 이 각각은 정책의 제정·집행·판단에 관여한다. 이 과정은 책임의 사슬(chain of accountability)로 연결된다. 공무원은 장관에게, 장관은 의회에, 의회는 국민에게 책임을 지는 구조 속에서 공공정책은 형성되고 집행된다.7)

2) UNESCO가 보는 정책

UNESCO 『Handbook on Education Policy Analysis and Programming』의 내용을 바탕으로 정리하면,8) UNESCO는 정책을 정부가 설정하는 주요 목표와 우선순위를 담은 포괄적 선언으로 이해한다.9) 이러한 정책은 헌법과 일관성을 지니며, 교육과 같은 부문 전체(sector-wide)에 적용될 수도 있고, 초등교육과 같은 하위 부문이나, 저조한 취학률 같은 특정 문제에 한정될 수도 있다. 즉, 정책은 특정 사안에 대한 정부의 생각을 분명히 밝히고, 문제 해결을 위한 방안을 탐색하려는 견해 표명이자 지침이다.

정책목표는 교육과정, 교원 양성 및 전문성 개발, 학습 자료, 교육 관리, 평가 등 다양한 영역을 포괄할 수 있다. 따라서 정책 수립은 임의적이거나 선언적이어서는 안 되며, 반드시 연구, 증거 수집, 그리고 공론적 토론을 통해 마련되어야 한다. 확인된 문제와 요구, 제시된 비전, 선택 가능한 대안과 수단에 대한 충분한 논의가 선행되어야 한다는 것이다.

이 과정에서 도출된 연구 결과와 토론의 성과는 정책 초안을 마련하는 데 기초가 된다. 이후에는 의회, 관계 부처, 국제기구 및 개발 파트너, 시민단체, 기타 이해관계자 등과의 정책 대화(policy dialogue)를 통해 검토와 협의가 이루어진다. 이는 정책이 단순히 정부 내부의 산물이 아니라, 다양한 이해당사자들과의 합의 과정에서 만들어지는 것임을 보여준다.

UNESCO는 또 하나의 중요한 요소로 정책 실행 가능성을 강조한다. 정책은 단순히 이상적 목표만 담아서는 안 되며, 제도적 역량과 인적 자원의 충분성, 적절한 관리 구조, 재정적 자원의 확보 여부를 반드시 고려해야 한다. 이러한 제약 요인들은 정책목표 달성을 위한 우선순위 설정, 선택의 절충, 활동의 단계적 추진에 영향을 미친다. 그러나 동시에 정책은 부족한 부분을 보완하기 위한 대책과 자원 확충 방안을 함께 제시할 수 있다.

---

7) '책임의 사슬'이란 표현이 주는 시사점은 크다. 정책은 공무원 개인의 사상과 철학을 구현하는 것이 아니라는 점이다. 국민 → 국회 → 장관 → 공무원이라는 점을 기억해야 한다는 점이다.

8) 필자는 UNESCO에 고용휴직으로 일을 한 바 있다. 국제기구에서의 정책의 개념을 살펴보는 것도 전체적인 균형을 잡는다는 차원에서 의미가 있다고 본다. 이 책은 UNESCO가 바라보는 정책의 개념을 기술하고 있다. 국제기구는 성격에 따라 조금씩 다른 주장을 할 수 있지만, 국제기구 회원국들이 동의할 수준의 정의를 하지 않을 수 없다는 점에서 비교적 중립적이고 전체를 포괄하는 개념 정의를 확인할 수 있다는 장점이 존재한다.

9) UNESCO(2013). 『UNESCO handbook on education policy analysis and programming』. https://unesdoc.unesco.org/ark:/48223/pf0000221189. 25.08.25. 검색

결론적으로, 효과적인 정책이 되기 위해서는 몇 가지 조건이 필요하다. 증거에 기반해야 하고, 정치적으로 실행할 수 있으며, 재정적으로 현실성이 있어야 하고, 무엇보다 정부와 주요 이해관계자들의 동의를 얻어야 한다.

바. 정책의 다차원적 이해

이처럼 공공정책의 개념은 다양하다. 극단적으로 "국가가 하는 모든 일이 곧 정책이다."라고 주장할 수도 있다. 이는 정책의 의미가 본질적으로 넓고 다의적이며, 학문적으로도 여전히 논쟁적이라는 점을 보여준다. 기존의 다양한 논의를 필자는 세 가지 층위로 구분해서 이해한다. 첫째는 정책 개념의 3대 범주이다. 정책에 대한 학자들의 다양한 정의는 대체로 세 가지 범주로 묶을 수 있다. 규범적·기술적·권력적 관점이다. 규범적 관점은 정책을 사회가 바람직하다고 여기는 목표와 가치 실현의 지침으로 본다. 즉, 정책은 "무엇을 달성할 것인가"에 집중한다. 기술적·관리적 관점은 정책을 목표 달성을 위한 합리적 수단과 행동 경로로 본다. 즉, 정책은 "그 목표를 어떻게 달성할 것인가"라는 실행 과정에 방점을 둔다. 마지막으로 권력·분배적 관점은 정책을 권력 작동과 자원 분배의 장치로 이해한다. 정책은 곧 "목표와 실행 자체가 권력 행위이며, 그 결과 사회적 자원의 분배 구조를 형성한다"라는 것이다. 정책을 이렇게 구분하게 되면, 정책은 결정, 집행, 그리고 그 결과까지도 고려하게 된다.

둘째는 정책을 시간적 방향성에서 이해하는 관점이다. 이는 필자가 새롭게 추가하는 시각이다. 정책은 하나의 차원에서만 존재하지 않고, 문제 대응형과 미래 지향형이라는 두 가지 방향성을 가진다.[10) 문제 대응형 정책은 이미 발생한 문제를 해결하고 정상 상태로 복귀하려는 (retrospective) 성격을 가지지만, 단순 회복에 그치지 않고 이전보다 한 단계 더 나은 상태를 지향한다는 점에서 개선적(prospective) 성격을 포함한다. 반면 미래 지향형 정책은 현재의 문제를 넘어서 미래의 바람직한 상태(should be, to be)를 상정하고 이를 향해 나아가는 매우 전략적(strategic)이고 비전 지향적인(visionary) 성격을 띤다. 이는 정책을 단순히 현상 유지나 단기적 문제 해결의 수단으로 보지 않고, 미래 사회를 설계하고 준비하는 도구로 이해하는 관점이다. 특히 행정국가 성격을 지닌 한국에서, 그리고 국가의 발전 기획 기능을 강조해 온 발전국가 맥락에서 보면, 문제 중심의 사고만으로는 충분하지 않다고 보기 때문이다. 우리에게는 발전 기획 관점, 즉 미래를 주도적으로 설계하고 준비하는 정책 이해가 필요하다. 그래서 정책학은 문제 대응 차원을 넘어, 미래 비전과 전략을 제시하는 기획학(企劃學)으로 확장되는 것이다.

---

10) 필자의 의료·보건 시스템과 정책과의 비교를 생각해 보면 이해가 쉬울 것이다.

<표 3> 정책 개념의 유형화

구분	문제 대응형 (Problem-responsive)	미래 지향형 (Future-oriented)
규범적 (목표 중심)	사회문제 해결을 통한 공익·정의 회복 (예: 사회 안전망 강화, 복지제도 보완)	장기적 비전과 가치 중심 목표 설정 (예: 인권국가, 복지국가 비전)
기술적 (실행 중심)	단기 문제 해결을 위한 합리적 실행 (예: 경기부양책, 위기관리 매뉴얼)	미래를 준비하는 전략적 실행계획 (예: 국가 R&D 투자 전략, 교육혁신 로드맵)
권력적 (결과 중심)	자원 재분배를 통한 갈등 완화 (예: 세금 인상, 보조금 조정)	장기적 분배 구조 재설계 (예: 세대 간 사회계약, 연금 개혁)

셋째는 이 두 관점을 교차시킨 모형이다(<표 3> 참조). 역시 필자의 관점이다. 즉, 정책을 규범적·기술적·권력적 속성과 문제 대응형·미래 지향형 방향성을 겹쳐 보면 총 여섯 가지 유형으로 설명할 수 있다. 규범적·대응형 정책은 사회문제 해결을 통해 공익과 정의를 회복하려는 지침으로, 사회 안전망 강화나 복지제도 보완 등이 이에 해당한다. 규범적·미래 지향형 정책은 비전과 가치 중심의 장기 국가 목표를 제시하는 것으로, 인권국가·복지국가 비전 같은 거대 담론이 그 예이다. 기술적·대응형 정책은 단기적 문제 해결을 위한 합리적 실행 기술에 해당하며, 경기부양책이나 위기관리 매뉴얼 등이 대표적이다. 기술적·미래 지향형 정책은 전략적 계획과 거버넌스 혁신을 포함하며, 국가 연구개발(R&D) 투자 전략처럼 미래를 준비하는 합리적 실행계획이 여기에 해당한다. 권력적·대응형 정책은 자원 재분배를 통해 갈등을 완화하는 것으로, 세금 인상이나 보조금 조정 같은 정책이 대표적이다. 마지막으로 권력적·미래 지향형 정책은 세대 간 사회계약이나 연금개혁처럼 사회의 장기적 분배 구조 자체를 재설계하는 정책을 의미한다.

이렇게 볼 때, 정책은 단순히 하나의 정의에 갇힌 개념이 아니라, 목표·실행·결과라는 속성과, 대응/미래라는 방향성이 교차하는 지점에서 입체적으로 이해될 수 있다. 전통적 3분법은 정책의 본질을 설명하고, 대응/미래 구분은 정책의 시간적 성격을 보여주며, 양자를 교차한 6가지 모형은 정책의 다양한 얼굴을 드러낸다. 따라서 정책학은 이들 관점을 모두 통합적으로 고려해야 하며, 분석 목적과 상황에 따라 적절한 틀을 선택해 활용하는 것이 바람직하다.

사. 정책에 대한 새로운 정의(私見)

지금까지의 논의를 바탕으로 필자는 정책을 다음과 정의한다. 필자의 정책 정의는 기존의 학자들이 제시했던 단편적인 정의를 넘어, 정책법학 관점과 행정국가의 현실, 그리고 거버넌스적 집행성을 모두 포괄하는 종합적 정의이다.

- 사회적 요구에 반응하고 문제를 해결하며 바람직한 미래를 달성하기 위하여,

- 정부가 독자적으로 또는 민간 사회 등과 협력하여 방안을 마련하고,

- 법적 틀(헌법, 국제규범, 국내 법령) 속에서 다양한 제도적 장치(법령, 조직, 절차 등)나 사실적 행위(행정지도, 홍보, 캠페인 등)를 통해,

- 정부가 단독으로 또는 다양한 행위자들과 함께 동원할 수 있는 유형·무형의 자원을 투입·공유하며 협력적으로 수행하는 장·단기 활동으로서,

- 법령 제·개정과 예산 편성·집행, 인력과 조직 동원, 가치의 권력적 배분 등이 포함된다.

필자의 개념을 분설(分說) 하면 다음과 같다. 우선 출발점에서 정책은 단순히 목표를 향하는 선언이 아니라, 사회적 요구에 반응하고, 문제를 해결하며, 미래의 목적을 달성하려는 활동으로 규정된다. 나아가 가치의 배분까지 포함한다. 즉 정책은 현재와 과거의 문제 대응은 물론, 장기적 비전까지 포괄한다는 점에서 시간상으로 입체적인 성격을 가지며, 가치를 다루기에 필연적으로 정치적 속성을 벗어날 수 없게 된다.

둘째, 정책을 형성하는 방식에서 정부와 민간 사회의 협력이 분명히 포함되어 있다. 이는 정책을 정부 단독의 활동으로만 보지 않고, 시민사회, 다양한 이해관계자와 함께 만들어가는 거버넌스적 산물로 이해하는 관점이다. 무의사결정도 정부가 개입하지 않겠다는 방안으로 볼 수 있기에 정책의 개념에 포함될 수 있다.

셋째, 정책의 제도적 기반을 헌법, 국제규범, 국내 법령으로 설정한 점이 중요하다. 이는 정책이 단순히 법의 테두리 안에서 이루어지는 것이 아니라, 때로는 법령 제·개정을 통해 스스로 제도화되는 힘을 가진다는 사실을 드러낸다.

넷째, 여기서 '제도적 장치'는 헌법·법률·조례와 같은 규범적 장치뿐 아니라 행정조직, 계획, 절차 등 제도화된 틀을 의미하며, '사실적 행위'는 행정지도, 홍보, 캠페인, 협의·조정과 같이 법적 형식은 아니지만, 정책 실현을 위해 실제로 이루어지는 다양한 비규범적 활동을 가리킨다. 즉, 정책이란 제도와 같은 형식적인 수단 외에도 이러한 사실적 행위를 함께 활용하여 구현되는 활동이다.

다섯째, 정책의 집행 주체가 정부만이 아니라 다양한 행위자들과의 협력적 집행11)임을 명시한 점도 큰 특징이다. 정책의 성패는 정부만의 집행력이 아니라, 민간·시민·국제사회와의 협업 속에서 달성된다는 현실을 반영한다.

---

11) 협력적 집행은 크게 4단계가 있다. 가장 낮은 단계인 coordination은 역할의 분리와 조정의 의미가 강하고, cooperation은 한 단계 강해진 것으로서 자원의 공유와 상호 협력이 중시된다. 'Win-Win을 위한 도움 주고 받기'의 의미이다. 반면, collaboration은 여러 기관이나 단체들이 공동목표를 위한 함께 한다는 의미가 강하다. Collective는 더 나아가 집단 전체가 하나의 주체처럼 움직인다는 의미가 강하다. 모든 정부처가 하나처럼 움직인다고 생각하면 된다. 이러한 관점은 필자가 앞으로 다른 책에서 기술(記述)하게 될 복합·난제(complex & wicked problem) 대응과 관련된 부분에서 구체적인 의미를 갖게 될 것이다.

여섯째, 정책이 활용하는 자원을 유형 자원(예산, 인력, 조직)뿐 아니라 무형 자원(정보, 신뢰, 사회적 자본)까지 포괄하는 것으로 정의한 것도 특징이다. 이는 현대 정책이 단순한 물적 투입을 넘어, 사회적 협력과 신뢰라는 무형의 기반 위에 성립한다는 점을 잘 보여준다.

마지막으로, 정책을 장·단기 활동으로 규정함으로써 정책이 즉각적 문제 대응과 장기적 발전 기획을 동시에 포괄하는 성격을 명확히 했다. 이는 특히 발전국가 맥락에서 정책이 갖는 기획적 성격을 반영하는 대목이다.

이 외에도 필자는 정책을 다음과 같이 설명하고 한다. 첫째, 정책은 행정부의 산출물(product)이다. 국회가 법률을, 법원이 판결을 산출하는 것과 같이, 행정부는 정책을 산출한다. 물론 국회 역시 입법을 통해 정책에 이바지할 수 있지만, 오늘날 행정국가에서는 과거 국회가 담당하던 많은 역할이 행정부로 이관되었고, Lasswell의 정책 주장도 결국은 국회가 하던 역할을 행정부가 많은 부분을 떠맡아서 하는 새로운 현상을 설명하는 용어이기 때문에, 국회가 정책을 결정한다고 말하기는 곤란하다. 더욱이 한국 맥락에서 국회를 정책결정의 주체라고 부르는 것은 제한적 의미에 머무르며, 정책은 기본적으로 결정과 집행을 포괄하는 행정부의 활동으로 이해하는 것이 타당하다. 즉, 이제 행정부는 근대국가처럼 국회의 법률을 집행하는 기관이 더는 아니다.

둘째, 많은 정책은 동시에 정부의 의도적 개입(deliberate intervention)이다. 시장이 제대로 작동하지 못할 때, 잘못된 질서가 형성되었을 때, 또는 국제적 요구와 규범이 개입할 때, 시장 내 구성원들의 요구로, 제한적이지만 또 신중해야 하겠지만 정부가 바람직하다고 생각하는 질서를 만들고 싶을 때 정부는 개입할 수밖에 없다. 그러나 이러한 개입은 사익을 추구하는 기업의 활동과 달라야 하며, 반드시 공익(public interest, common good)이라는 이름으로 정당화되어야 한다. 여기서 공익은 사회정의와 긴밀하게 연결되며, 국민의 자유와 권리의 본질적 내용을 침해하지 않는 범위에서만 실현될 수 있다.

셋째, 정책은 보통 문제가 존재할 때 등장한다. 문제를 해결하기 위해 목표가 제시되고, 그 목표 달성을 위한 수단이 동원되며, 하나의 정책 패키지가 형성된다. 이때 정책은 문제에 대한 처방(prescription)으로 기능한다. 단기적으로는 현안(懸案)을 해결하려는 소극적 목표를, 장기적으로는 새로운 질서와 사회를 창출하려는 적극적 목표를 담을 수 있다. 정책은 곧 AS-IS와 TO-BE 사이의 틈새(GAP)를 메우는 과정이며, 현재의 문제 해결을 위해서도, 미래 비전 달성을 위해서도 존재한다. 하지만, 그 문제가 난제(wicked problem)이면 문제 정의부터 정책 과정 전반을 새롭게 설계해야 한다.

넷째, 정책은 또한 과학적이자 민주적인 작업이어야 한다. 연구와 증거에 기반을 둔 합리적 의사결정(evidence-based policy making)이며, 동시에 행정절차법 등 민주적 절차(democratic policy making)를 준수함으로써 공정성·투명성·신뢰성을 확보해야 한다. 그러나 실제 정책은 정치의 영향을 강하게 받는다. 정치적 의사결정은 민주성을 강화할 가능성은 있지만, 과학성과 합리성을 저해할 위험도 있다. 직업공무원제를 훼손할 수 있고, 공무원의 줄 세우기를 강화시킬 수 있으며, 엽관제의 부활을 목도할 수 있다. 정책은 정치적·민주적·과학적 의사결정 사이의 균형을 어떻게 찾아가느냐가 핵심이다.

다섯째, 정책은 이익과 손실의 분배를 수반한다. 어떤 집단은 이익을, 다른 집단은 손해를 본다. 따라서 정책은 이해관계의 공정한 비교 형량(a fair comparison of interests)을 요구한다. 따라서 누가 당사자인지, 그들의 이해관계가 어떻게 변화하는지, 어떤 갈등이 발생하는지를 파악하고, 이를 조율하고 협상하며 최소화하는 과정이 정책의 본질적 부분이다.

여섯째, 정책은 한 부처가 추진할 수도 있고, 여러 부처와 기관이 협력해야 할 수도 있다. 더 나아가 시민사회와 민간 부문이 협력하는 거버넌스적 성격을 갖는다. 협의와 조정(consultation and coordination)은 정부 내부에서뿐 아니라, 민간과의 관계에서도 필수적이다. 특히 민간과의 협력은 정책망(policy network)이 중요해진다. 이는 정책이 정부의 독점적 산물이 아니라, 시민사회와의 합의와 참여를 통해 만들어지는 공동 산물임을 보여준다. 이게 숙의민주주의, 참여민주주의, 대의제 민주주의에서 직접 민주제적 요소를 가미하는 형태가 되는 것이다. 또한 집행 과정의 효율성을 위해서도 민간의 참여가 중시되기도 한다.

일곱째, 정책은 정부의 개입을 전제로 하기에 시장의 자율성을 침해할 가능성을 늘 내포한다. 따라서 규제 완화나 규제개혁 논의가 항상 뒤따르지만, 실제로는 규제를 없애는 것보다는 더 나은 규제(better regulation)를 설계하는 것이 중요하다. 동시에 규제는 입법부도 만들어내기에 입법과정 자체의 개혁도 중요하다. 하지만 우리의 규제개혁 논의에선 빠트리고 있다. 잘못된 시각이다.

여덟째, 정책은 법률의 형태, 예산의 형태, 그리고 법률도 예산도 아닌 형태로 나타난다. 따라서 정책을 올바르게 이해하려면 법률 제·개정, 예산 편성·심의·확정 과정에 대한 이해가 필요하다. 동시에, 법과 예산으로 포착되지 않는 행정규칙, 지침, 내부 운영 매뉴얼 같은 비형식적 수단까지도 정책의 중요한 모습으로 보아야 한다. 따라서 정책은 법학과 행정학을 모두 이해해야 한다.

마지막으로 정책은 사회적 요구와 문제에 대한 반응이자 미래 비전 실현을 위한 전략적 활동이며, 정부와 민간이 협력하여, 법령 제·개정과 예산 편성을 포함한 제도적 장치를 통해, 자원을 투입·공유하면서 협력적으로 수행하는 장·단기 개입 활동이다. 이는 행정국가 맥락과 정책법학 관점을 동시에 반영하는 정의라고 할 수 있다.

정리하면, 정책은 행정부 공무원의 집행력에 더해, 입법부와 시민사회와의 상호작용 속에서 형성되는 정치적 의제 설정과 합의 과정을 거치며, 이를 둘러싼 법적 구조와 제도적 체제 안에서 구현된다. 다시 말해, 정책은 행정-정치-법의 삼각 협력 구조 속에서 비로소 형성되고 집행되는 것이다. 지금까지의 정책연구가 행정과 정치에 치중해 왔다면, 이제는 법적 관점을 더할 때에 비로소 정책의 올바른 이해와 설명, 진단과 예측, 나아가 처방과 통제까지 가능해질 것이다. 정책법학이 바라보는 세상이다.

2. 법이란?

가. 법의 변화: 개인·사회·국가 관계의 재정립 과정

법은 시대와 사회의 변화에 따라 다양한 형태로 발전해 왔고, 각 시대의 가치와 이념을 반영해 왔다. 그런데 우리가 알고 있는 지금의 법은 사실 유럽 대륙의 산물이다(그 이전은 중동 지방과 지중해를 거쳐 왔지만). 한때는 왕권 중심으로, 한때는 신권 중심으로 법제가 발전했다. 근대국가가 만들어진 이후부터는 사적 자치, 법치주의, 재산권 보호 등이 강조되는 민법(경제가 성장하면서 상법까지 확장)이 법률의 중심이 되어 왔고, 형벌에 관한 것은 인류의 역사와 함께하였다. 우리가 알고 있는 대표적인 법을 살펴보면, 법은 역사와 더불어 변화하였음을 알 수 있다. 먼저, 모세의 십계명(Ten Commandments)은 부족국가(연맹) 또는 사회를 규율하였고, 가족과 사회 질서의 유지가 핵심이었다. 고대국가였던 고조선은 팔조금법(八條禁法)이 있었고, 형벌 중심의 법체계였다. 법조문을 통해 우리는 당시 고조선 사회가 농업경제, 노예제, 화폐경제이었음을 알 수 있다. 바빌로니아의 함무라비 법전, 로마의 유스티니아누스 법전, 중세 교회법이 있었고, 우리나라에도 경국대전 등이 있었다.

하지만 근현대의 법체계에서 가장 중요한 역할을 한 법전(法典)은 1804년의 나폴레옹 민법전(Code Civil)이다. 개인주의와 계약 자유의 원칙을 강조하며, 근대적 법치주의 확립에 이바지했다. 사유재산 보호, 가족법, 계약법 등을 명확히 규정하여 법적 안정성을 제공하였으며, 법률이 시민을 보호하는 도구로 자리 잡는 데 이바지했다. 대륙법계 법률 체계에 영향을 주었으며, 법전은 총 3편(인(人), 재산, 계약) 2,281개 조항으로 구성되었다. 이후 사회복지 국가가 등장하면서 사회보험이나 사회보장 관련 법률이 만들어지기 시작했고, 발전국가의 시대에서는 기획과 전략을 포괄하는 법률이 만들어지기 시작했다. 즉, 법은 당시의 시대상, 국가의 형태, 권력의 배분 등에 따라 각기 다른 모습으로 등장을 했다.

이와 같은 법의 발전사는 단순히 규범 체계의 확대 과정이 아니라, 개인·사회·국가 사이의 관계가 재정립되는 역사이기도 하다. 시대마다 국가의 성격과 사회적 요구가 달라졌고, 그에 따라 법의 원리와 기능도 변화해 왔다. 근대국가의 법은 자유주의적 국가관을 반영한다. 이른바 야경국가에서 국가는 최소한의 역할만을 담당했고, 개인은 자유와 사적 자치를 보장받았다. 법은 권리와 의무를 규정하는 최소한의 틀에 불과했다. 계약자유의 원칙, 소유권 절대의 원칙, 과실책임의 원칙이 이 시기를 대표한다. 그러나 사회문제와 불평등이 심화하면서 복지국가가 등장하였다. 복지국가의 법은 공동체주의적 성격을 띠며, 사회적 연대와 정의를 구현하려 하였다. 법은 단순한 권리 보장의 수단이 아니라, 국가 정책을 현실화하는 도구가 되었고, 그 결과 개인에게는 수많은 의무가 부과되었다. 계약 공정의 원칙, 재산권의 공공복리 우선 원칙, 무과실책임의 원칙은 이러한 사회법적 전환을 잘 보여준다. 그러나 과도한 법제화는 사회 내부의 자율 조절 규범이 약화하는 부작용도 낳았다.

이러한 서구적 전개와 달리, 우리 사회를 포함한 여러 비(非)서구 국가들은 발전국가의 경험을 거쳤다. 발전국가에서 법은 국가 주도의 기획·계획·전략을 법적 구속력으로 전환하는 장치였다. 개인과 사회는 발전 전략의 수행자이자 협력자로 위치 지워졌고, 법은 성장과 개발을 위한 수단으로 기능했다. 이 과정에서 법치주의는 형식적으로만 유지되는 경우가 많았지만, 동시에 사회·경제적 성장을 추동하는 힘으로 작동하기도 했다. 발전국가를 넘어 오늘날 국가를 규정하는 개념은 행정국가이다. 행정부는 단순한 집행자가 아니라 국가 운영의 중심으로 자리 잡았고, 법은 행정부의 관리와 조정 기능을 정당화하는 근거가 되었다. 행정부는 때로는 준사법적 기능까지 떠맡으며, 법은 집행만이 아니라 정책결정과 조정의 수단으로 확장되었다. 따라서 전통적인 '법치행정'이라는 개념만으로는 이러한 현실을 충분히 설명하기 어렵게 되었다. 동시에 현대 사회에서는 거버넌스(governance) 관점이 두드러지고 있다. 법은 더는 국가와 시민사회를 이분법적으로 구분하는 틀에 머물지 않는다. 시민사회가 정책의 단순한 객체(object)를 넘어 정책결정의 주체(subject)로 등장하면서, 법은 참여 절차를 보장하고 합의를 제도화하며 사회적 신뢰를 구축하는 도구로서 기능하고 있다. 마지막으로, 오늘날의 법은 국제화의 시대 속에서 재편되고 있다. 국가의 법질서는 더는 고립된 체계가 아니라 국제법, 조약, 글로벌 규범과 긴밀히 연결된다. 국내규범과 국제규범은 서로 충돌하거나 조화를 이루며, 법은 이러한 다층적 질서를 조율하는 역할을 담당한다.

결국 법의 발전은 단순히 규범의 변천사가 아니라, 국가·사회·개인의 관계가 어떻게 새롭게 정의되어왔는가의 역사이다. 근대국가는 자유를, 복지국가는 연대를, 발전국가는 기획과 계획을, 행정국가는 집행과 조정을, 거버넌스 사회는 참여와 협치를, 국제화 시대는 다층적 규범 질서를 강조해왔다. 이러한 과정을 통해 우리는 법이란 고정된 틀이 아니라, 사회적 변화와 권력구조, 그리고 정책적 요구에 따라 진화하는 역사적·정치적 산물임을 확인할 수 있다.

나. 법(法)이란 무엇인가?

형식적으로는 법전에 규정된 법조문을 말한다. 실질적으로는 사회생활의 필요에 따라 사회가 만들어 놓은 강제규범(强制規範)을 의미한다. 인간 상호 간의 생활 관계를 규율하는 규범이다. 또는 국가가 법적 강제력을 가지고 국민에 일정한 권리와 의무를 부과하는 규범이라고도 한다. 즉, 법적 구속력이 있는 규범이다. 따라서 이를 어기면 법에 따른 제재(벌칙, 행정처분 등)가 수반된다. 이처럼 법적 구속력이 있는 규범을 보통 법규(法規)라고 한다. 보통 헌법, 법률, 명령(대통령령-시행령, 부령-시행규칙), 조례와 규칙을 의미한다.

비교 개념으로 행정규칙(行政規則)이 있다. 이는 행정기관 내부의 규정으로, 국민에게는 직접 적용되지 않는다. 훈령, 예규, 고시, 일일명령, 지침, 내규, 사무처리규정, 행정해석, 업무편람 등이다. 따라서 행정규칙은 법규에는 포함되지 않는다. 법규성(法規性)이 없다. 예외적으로 법규성이 있기도 하다. 바로 '규범 구체화 행정규칙'이다. 이처럼 법규성이 있는 행정규칙이 생긴 이유는 무엇인가? 이는 우연한 현상이 아니라, 현대 국가의 구조적 변화와 정치·행정의 현실에서 비롯된 것이다. 좀 더 살펴보면 다음과 같다.

첫째, 행정부의 입법 권한 강화, 행정국가화가 중요한 배경이다. 국회가 모든 세부 사항을 법률로 규정하는 것은 현실적으로 불가능하다. 현대 사회의 행정 영역은 전문성과 기술성이 있어야 하는 복잡한 사안을 다루고 있으며, 이러한 세세한 기준과 절차까지 국회가 입법으로 처리하는 것은 한계가 있다. 이 때문에 행정부는 법률과 시행령의 포괄적 규정을 바탕으로 행정규칙을 적극적으로 활용하여 법령 해석과 집행의 세부적 기준을 마련하게 되었다.

둘째, 행정규칙이 사실상 법규명령으로 기능하는 경우가 많아졌다. 원칙적으로 행정규칙은 내부 행정조직을 규율하기 위한 것이지만, 현실에서는 국민에게 직접적인 구속력을 미치는 경우가 늘고 있다. 국민이 행정규칙을 따르지 않으면 인허가 불이익, 제재 등의 불이익을 받을 가능성이 커지면서, 행정규칙은 사실상 법적 구속력을 가진 것처럼 작동한다. 따라서 행정규칙은 단순한 집행 지침을 넘어, 국민의 권리·의무에 직접 영향을 미치는 준(準) 법규적 성격을 띠게 되었다. 정부의 권한 강화와 관련된다.

셋째, 법률 제·개정의 어려움도 중요한 원인이다. 법률을 개정하려면 국회의 심의·의결 절차가 필요하며, 이는 정치적 합의와 상당한 시간이 요구되는 과정이다. 시행령과 시행규칙 개정도 국회의 논의 사항이 되기도 한다. 이에 비해 행정규칙은 상대적으로 간편하게 제·개정할 수 있다. 그 결과, 변화하는 사회 현실에 신속히 대응하기 위해 행정부가 법률 대신 행정규칙을 활용하는 경향이 강화되었다.

그러나 이러한 현상의 핵심 문제는 단순히 행정부의 편의성이나 권한 강화의 문제가 아니다. 행정규칙이 사실상 법규적 효력을 가지게 된 근본 원인에는 행정부 공무원의 법제 역량 부족, 국회의 입법 책임 회피, 그리고 사법부의 심사 기능 약화가 자리 잡고 있다고 본다. 행정부는 정교한 법률 설계 능력을 충분히 갖추지 못한 채 행정규칙에 의존하고, 국회는 골격(骨格)입법을 하여 국민의 권리·의무에 중대한 영향을 미치는 세부 사항을 포괄 위임으로 떠넘기는 경우가 많다. 나아가 법규성 있는 행정규칙을 만들지 못하도록 통제하지도 않는다. 또한 사법부는 행정규칙의 법규성 여부를 적극적으로 심사하여 제한하기보다, 행정 편의를 존중하는 판례를 축적해 온 측면이 있다.

결과적으로, 법률은 형식적 틀로 남고 실제 국민 생활을 구속하는 것은 행정규칙이 되어 버리는 모순적 상황이 전개되고 있다. 이는 법치주의의 원칙과 권력분립의 정신을 훼손할 수 있으며, 나아가 국민의 권리 보장에도 심각한 문제를 초래한다. 따라서 행정규칙의 법규화 현상은 단순히 기술적·절차적 문제가 아니라, 입법부·행정부·사법부 모두의 책임이 얽혀 있는 구조적 문제로 보아야 한다.

다. 근대 민법의 3대 원칙과 수정

법을 이해하기 위해서 필수적으로 이해해야 할 개념이 있다. 바로 근대 민법의 3대 원칙이다. 정책법학의 본질적 이해도 법학이 뒷받침되어야 하고, 그 중심에는 근대 민법의 3대 원칙이 자리하고 있다. 이를 이해해야 정책법학도 이해할 수 있다.

근대 민법은 개인의 자유와 자율성을 존중하는 자유주의적 법질서 위에서 출발하였다. 그 핵심을 이루는 것이 사유재산권 절대의 원칙, 계약자유의 원칙, 과실책임의 원칙이다. 이들 원칙은 근대 시민사회의 개인주의와 자유를 제도적으로 뒷받침하였으나, 산업화와 복지국가의 발전, 사회적 불평등과 위험의 확대 속에서 수정이 불가피해졌다. 따라서 현대 사회에서는 이들 원칙이 폐기된 것이 아니라, 공공복리·사회적 책임·약자 보호라는 가치에 의해 보완되면서 새로운 법질서를 형성해 왔다.

1) 사유재산권 절대의 원칙 → 재산권의 공공복리 우선 원칙

근대 민법은 개인이 재산을 절대적으로 소유하고 자유롭게 처분할 수 있다는 사유재산권 절대의 원칙을 토대로 운영되었다. 그러나 현대 사회에서는 재산권이 절대적 권리가 아니라, 공공복리를 위해 제한될 수 있는 권리로 전환되었다. 헌법 제37조 제2항은 "국민의 모든 자유와 권리는 국가안전보장·질서유지 또는 공공복리를 위하여 필요한 경우에 한하여 법률로써 제한할 수 있다"라고 규정한다. 재산권 역시 본질적 내용을 침해하지 않는 범위 내에서 공공복리의 요구에 따라 제약될 수 있다는 것이다. 구체적 사례로, 「공익사업을 위한 토지 등의 취득 및 보상에 관한 법률」은 학교를 확충하는 데 필요한 경우 사유지를 협의 또는 수용(收用)에 의하여 취득하거나 사용할 수 있도록 규정하고 있다. 이는 사유재산권 절대의 원칙을 존중하되, 교육이라는 공익을 위해 제한할 수 있음을 보여주는 전형적 예이다.

2) 계약자유의 원칙 → 계약 공정의 원칙

근대 민법의 또 하나의 원칙은 계약자유의 원칙이다. 개인은 자유롭게 계약을 체결할 수 있고, 그 내용 역시 법이 강제하지 않는 한 당사자의 의사에 맡겨졌다. 그러나 현실에서는 정보와 권력의 불균형으로 인해 사회적 약자가 불리한 계약을 체결하는 경우가 많았고, 이는 법적 보호의 필요성을 불러왔다. 노동자와 사용자와의 계약, 갑과 을의 관계를 생각해보면 이해하기 쉽다. 이에 현대 법질서는 계약자유를 전면적으로 부정하지 않으면서도, 계약의 공정성 보장을 추가 원칙으로 삼게 되었다. 즉, 자유로운 계약 체결은 보장되지만, 불공정 계약이나 사회적 약자를 침해하는 계약은 법적으로 규제하는 것이다. 예컨대, 「사립학교법」은 사립학교 교원과 학교법인 간의 계약 관계에서 교원의 권리를 보호하도록 규정하고 있으며, 대학 등록금 역시 무제한으로 인상할 수 없고 국가가 일정한 기준을 마련하여 공정성을 보장하고 있다. 이는 계약자유의 원칙이 존중되는 한편, 사회적 불평등을 완화하기 위한 공정의 원칙이 보완적으로 작동하는 사례이다.

3) 과실책임의 원칙 → 무과실책임(사회적 책임) 원칙

근대 민법은 과실책임의 원칙을 기본으로 삼았다. 즉, 고의나 과실이 있는 경우에만 법적 책임이 발생한다는 것이다. 그러나 현대 사회는 개인의 잘못 여부와 관계없이 발생할 수 있는 위험이 확대되었고, 피해자 보호를 위한 사회적 책임이 강조되었다. 이에 따라 일정한 경우에는 고의나 과실이 없어도 책임을 지는 무과실책임(사회적 책임)의 원칙이 도입되었다. 예를 들어, 「학교안전사고 예방 및 보상에 관한 법률」은 학생이 학교에서 사고를 당하면 학교 측의 과실 유무와 관계없이 일정한 배상 책임을 인정한다. 최근 제정된 「중대재해 처벌 등에 관한 법률」 역시 기업 경영자가 직접적인 과실이 없더라도 안전사고에 대한 법적 책임을 지도록 규정하고 있다. 또한, 국가장학금 제도는 가정 형편이 어려운 학생들에게 학비를 지원하여, 사회 전체가 교육 기회를 보장하는 책임을 분담하는 형태로 발전하였다. 이는 과실책임의 원칙에 사회적 책임의 원리가 결합한 현대적 사례이다.

정리하면, 근대 민법의 3대 원칙은 개인의 자유와 권리를 보장하는 데 결정적 역할을 하였다. 그러나 현대 사회는 공공복리, 사회적 책임, 약자 보호와 같은 새로운 가치를 요구하게 되었고, 이에 따라 근대 민법의 원칙은 수정·보완되었다. 주목해야 할 점은, 이러한 변화가 기존 원칙의 폐기를 의미하는 것이 아니라는 것이다. 재산권 보장의 원칙은 존중되지만, 공공복리를 위해 제한될 수 있고; 계약자유의 원칙은 여전히 유효하지만, 불공정 계약을 방지하는 장치가 더해졌다. 또한 과실책임은 여전히 기본원칙이지만, 일정한 경우에는 무과실책임(사회적 책임)이 병존한다. 즉, 현대 사회에서 법은 개인주의적 자유와 사회적 책임, 공공복리의 균형을 추구하면서 끊임없이 발전해 왔다. 이 과정을 이해하면 단순히 민법적 권리·의무의 문제를 넘어서, 정책과 법의 본질도 이해할 수 있다.

라. 법의 기능

법은 단순히 사회의 규칙을 고정된 틀로 묶어두는 장치가 아니다. 오히려 사회 질서를 형성하고 관리하며, 사회 구성원의 권리와 의무를 획정하고, 궁극적으로 정의를 구현하는 동적인 역할을 한다. 이러한 기능은 수구적(守舊的) 의미에서 기존 질서를 유지하는 것에 머무는 것이 아니라, 더 나은 사회를 지향하는 방향으로 작동한다는 점에서 중요하다. 법의 기능은 크게 세 가지로 요약된다.

- 사회 질서를 유지하고 새롭게 형성하는 기능,
- 권리와 의무를 획정하여 분쟁을 예방·해결하는 기능,
- 정의를 구현하는 기능이다.

1) 사회 질서 유지와 형성

첫째, 법은 사회 질서를 유지하는 기능을 갖는다. 기존의 사회규범을 제도화하여 사회 구성원이 안정적으로 생활할 수 있도록 하며, 개인과 집단 사이의 권리와 의무 체계를 확립한다. 예컨대 계약법은 당사자가 맺은 약속을 반드시 지키도록 강제하고, 형법은 타인의 생명과 재산을 침해하지 않도록 규제한다. 이러한 과정을 통해 법은 사회적 혼란을 방지하고 갈등을 제도적 절차로 해결하도록 이끈다. 사적 보복이나 자력 구제와 같은 "깡패 사회"식 해결을 방지하고, 재판·조정·화해 등 공적 절차를 통해 분쟁을 해소하는 길을 열어준다. 또한 법은 사회적 기대를 형성한다. 「도로교통법」이 교통 신호 준수를 요구함으로써 도로의 질서를 유지하듯, 법은 사회 구성원들에게 예측할 수 있는 행동 기준을 제시하여 안정된 사회적 환경을 만든다. 계약 관련 법령이 사적 계약의 질서를 유지하는 것도 같은 맥락이다.

둘째, 법은 사회 질서를 형성하는 기능을 갖는다. 새로운 제도를 도입하거나 기존 법규를 개정하여 변화하는 사회에 부응하면서 사회 발전을 유도한다. 국민건강보험제도의 도입은 사회적 안전망을 제도화한 대표적 사례이며, 의무교육제도의 확립은 교육을 보편화할 수 있게 했다. 나아가 법은 사회적 가치 변화를 반영하여 새로운 기준을 세운다. 주5일제 근무제의 도입과 그에 따른 주5일 수업제 시행은 사회 구성원의 삶의 질 향상이라는 가치 변화를 제도화한 예(例)이다. 더 나아가 「개인정보 보호법」 제정은 정보기술 발전에 따른 새로운 사회적 요구를 반영한 사례이다. 즉, 법은 기존 질서를 단순히 유지하는 도구를 넘어, 새로운 질서를 창출하고 사회적 변화를 제도화하는 역할을 한다.

2) 권리와 의무의 획정

법의 두 번째 기능은 사회 구성원들의 권리와 의무를 명확히 규정하는 것이다. 법은 개인과 개인, 개인과 국가 간의 관계에서 권리와 의무를 설정함으로써 분쟁을 예방하고, 발생한 분쟁을 해결할 기준을 제공한다.

첫째, 법은 권리와 의무를 설정한다. 권리란 개인이나 단체가 법적으로 행사할 수 있는 정당한 권한으로, 학습권, 재산권, 노동권 등이 대표적이다. 반대로 의무는 법이 부과하는 책임과 행위로, 계약 이행 의무, 등록금 납부 의무, 취학 의무 등이 여기에 해당한다.

둘째, 법은 권리 보호와 의무 이행 강제의 기능을 수행한다. 권리가 침해되면 법적 구제 수단을 마련하고, 의무 불이행 시 제재를 통해 이를 강제한다. 예컨대 학생은 정당한 이유 없이 차별받지 않을 권리를 보장받으며, 대학이 부당하게 등록금을 인상하면 반환 소송을 제기할 수 있다. 교원의 경우, 불법 해고나 부당 처우를 당했을 때 「교원지위법」에 따라 보호받는다.

셋째, 법은 분쟁을 예방하고 해결하는 기능을 한다. 사전에 권리와 의무를 명확히 규정함으로써 사회적 혼란과 갈등을 줄이고, 불가피하게 분쟁이 발생했을 때는 소송·조정·중재 등의 절차를 통해 공정하게 해결한다. 입시 공정성 문제가 발생했을 때 행정소송을 통해 시정할 수 있고, 학위 취소 소송이나 부당 해고 사건도 법원이 합리적 해결을 제공한다.

3) 정의의 구현

법의 존재 이유가 단지 각자의 이익을 보장하는 데만 있다면, 다른 사람들은 왜 그 법을 지켜야 하는가? 라는 근본적인 의문에 직면하게 된다. 만약 법이 단지 권력자의 이해를 대변하거나 일부 집단의 이익만을 보장한다면, 법의 구속력과 강제력은 의심받게 되고, 더 나아가 저항권(抵抗權)으로까지 발전할 수 있다. 따라서 법이 사회 질서를 형성할 때, 그 질서가 정의롭다고 시민들이 동의할 수 있어야 법은 실질적인 정당성을 갖는다. 정의로운 법을 통해 사회 질서가 형성될 때 나타나는 효과는 분명하다.

첫째, 사람들은 법규범의 타당성을 승인하고 자발적으로 준수한다. 이는 곧 법규범이 단순한 강제력이 아니라, 사람들이 자신의 행동 방향을 정립하는 기준으로 작동함을 의미한다.

둘째, 같은 상황에서 취해야 할 올바른 행동에 관한 판단이 사회 구성원 사이에서 공유된다. 이는 곧 시민들이 하나의 동질적 의미 구조, 즉 동일한 사회 질서 속에 편입됨을 의미하며, 사회적 통합(integration)을 가능케 한다.

셋째, 공정한 질서 속에 편입된 사회에서는 평화가 실현된다. 법은 폭력이 아니라 절차와 규범을 통해 갈등을 해결하게 하고, 이를 통해 평화로운 질서를 보장한다.

마지막으로, 법이 정의를 구현할 때 시민들은 각자의 자유와 이익을 공평하게 누릴 수 있게 된다. 이는 곧 정의가 단순한 추상적 가치가 아니라, 자유 보장의 구체적 기제로 작동함을 보여준다.

그렇다면 정의란 무엇인가? 정의의 기준은 고정된 것이 아니며 불명확하고 논쟁적이다. 일반적으로 정의는 보편적 공정성과 도덕적 올바름을 의미한다. 그러나 이러한 정의가 구현되기 위해서는 사회적·법적·정치적 구조 속에서 공정한 원칙이 실제로 적용되기를 기대해야 한다. 따라서 언제나 "법으로 형성된 질서가 누구를 위한 질서인가?"라는 질문이 뒤따를 수밖에 없다.

특히 교육의 영역에서 정의 문제는 핵심적 주제이다. Michael Sandel이 강조했듯이 교육의 본질은 단순한 지식 전달이 아니라, 무엇이 정의로운가를 묻는 과정이다. 필자는 교육법 해석에서 아리스토텔레스의 분배적 정의(distributive justice) 원칙("같은 것은 같게, 다른 것은 다르게")(Treat like cases alike, and different cases differently)를 적용할 수 있다고 본다. 예를 들어, 보편적 교육 제도(「유아교육법」, 「초·중등교육법」, 「고등교육법」, 「평생교육법」 등)는 모든 국민에게 동일한 기회를 제공해야 하지만, 「특수교육법」이나 「영재교육진흥법」처럼 특수한 필요를 반영한 제도는 다르게 접근하는 것이 정의로운 해석일 수 있다는 것이다. 한편, 교정적 정의(corrective justice)는 「학교폭력예방법」과 같이 피해를 교정하고 공정성을 회복하는 영역에서 더욱 중요한 원리로 작동한다.

헌법상 평등 원칙(헌법 제11조)은 모든 국민이 법 앞에서 평등해야 한다는 기준을 제공한다. 그러나 평등을 동일하게 대우하는 형식적 평등(equality)으로만 이해해서는 부족하다. 때로는 사회적 약자를 위한 적극적 조치(affirmative action)가 필요하다.[12] 장애인 보호법, 여성 할당제, 소수자 보호정책 등은 결과의 형평(equity)과 기회의 공정(fairness)을 보장하기 위한 정책적 장치이다. 그러나 개별 사안에서 정의가 구현되었는지를 판단하는 것은 절대 단순하지 않다. 교육 철학을 공부해야 하는 이유가 바로 여기에 있다. 정의 문제를 고민할 때, 단순히 equality(평등)만이 아니라 equity(형평), fairness(공정)까지 함께 고려해야 하기 때문이다. 결국 정의 판단은 추상적 원칙이 아니라 구체적 상황 속에서 내려질 수밖에 없으며, 이는 도덕적·정치적·사회적 가치가 결합한 복합적 평가가 요구된다.

Michael Sandel의 지적처럼, 정의를 고민하는 것은 사회 전체의 공공선(public good)을 고민하는 일이기도 하다. 따라서 법과 정의의 관계는 법의 정당성과 정책의 정당성을 동시에 뒷받침하는 토대가 된다. 법이 단지 강제력만으로 존속하는 것이 아니라, 정의를 구현함으로써 시민들의 동의를 얻고 사회적 통합과 평화를 실현한다는 점에서, 정의는 법의 본질적 기능이자 궁극적 목표라고 할 수 있다.

정리하면, 법은 고정된 규범 체계가 아니라, 사회와 끊임없이 상호작용을 하면서 더 나은 세상을 지향하는 동적인 장치이다. 따라서 법의 기능을 이해하는 것은 단순한 법학적 학습을 넘어, 정책과 법이 결합하여 사회를 변화시키는 메커니즘을 이해하는 출발점이 된다.

마. 법의 세 가지 기능과 교육

법은 사회 질서를 유지하고 형성하며, 당사자들의 권리와 의무를 획정하고, 나아가 정의를 구현하는 기능을 수행한다. 이러한 법의 기능은 교육에서 뚜렷하게 나타난다. 교육은 한 사회의 미래를 좌우하는 핵심 제도인 만큼, 법은 교육 체제를 안정적으로 유지하면서도 변화하

---

12) 2023년 미국 대법원은 인종적 고려 자체를 위헌(수정헌법 제14조의 평등 보호 조항 위반)으로 규정함으로써 적극적 조치의 합법적 기반이 크게 약화한 바 있다. 일단 대학입시에 대한 판례이지만, 대법원의 판례로 볼 때, 향후 고용 및 다른 분야의 정책에도 영향을 줄 수 있고, 적극적 조치는 더욱 약화할 수 있을 것이다.

는 사회의 요구를 반영하여 새로운 제도를 형성하고, 교육 주체들의 권리와 의무를 조율하며, 교육 기회의 공정성을 보장하는 수단으로 작동해야 한다.

첫째, 사회 질서의 유지와 형성이다. 법은 기존 교육 제도의 안정적 운영을 보장하면서도 사회 변화에 맞추어 새로운 교육 질서를 만들어내는 역할을 한다. 예컨대 「초·중등교육법」은 초등학교와 중·고등학교의 운영 원칙을 규정함으로써 기본적인 교육 질서를 유지한다. 「고등교육법」은 대학의 학제와 운영 방식을 법적으로 확립하여 고등교육의 안정성을 보장한다. 한편 사회적 요구 변화에 따라 「평생교육법」은 성인 학습이라는 새로운 체계를 법적으로 제도화하였고, 디지털 기술 발전에 따른 교과서 제도의 변화 역시 관련 법령 개정을 통해 교육 질서를 새롭게 형성하고 있다. 즉, 법은 교육 제도의 안정성과 동시에 변화와 혁신을 가능하게 하는 틀을 제공한다.

둘째, 교육 주체들의 권리와 의무 획정이다. 교육 영역에서는 학생, 교사, 학부모, 학교, 정부라는 다양한 주체들이 얽혀 있어, 법이 이들의 권리와 의무를 명확히 규정하는 것이 필수적이다. 「교육기본법」은 교육 주체들의 역할과 책임을 규정하여 기본적인 권리와 의무의 구조를 제시한다. 「교원의 지위 향상 및 교육활동 보호를 위한 특별법」은 교사의 교육권을 보장하는 동시에 학생의 학습권도 침해되지 않도록 균형을 잡는다. 또한 「장애인 등에 대한 특수교육법」은 장애 학생이 차별 없이 교육을 받을 권리를 보장하고 이에 따른 학교의 의무를 규정한다. 「사립학교법」은 사립학교의 운영 원칙과 법적 책임을 규율하여 공교육과의 조화를 이루도록 하고 있다. 이처럼 법은 권리와 의무를 획정함으로써 분쟁을 예방하고, 문제가 발생하면 이를 해결할 수 있는 기준을 제공한다.

셋째, 정의의 구현이다. 법은 단순히 교육을 조직하고 관리하는 수단이 아니라, 교육의 정의를 실현하는 도구이기도 하다. 교육은 사회적 기회의 평등과 직결되기 때문에, 법은 공정성과 형평성을 보장하는 중요한 장치로 기능한다. 예컨대 「초·중등교육법」의 개정을 통해 추진되는 고교학점제는 학생들이 자신의 적성과 진로에 따라 학습을 선택할 수 있도록 하여 교육 기회의 형평성을 확대하는 것이 목적이다. 저소득층 학생에게 장학금이나 무상급식을 제공하는 교육복지 관련 입법 논의는 교육에서의 사회적 정의를 실현하려는 시도이다. 또한 대학입시 공정성과 관련된 법적 논의[13]와 3불(不) 정책(대학 본고사 금지, 고교등급제 금지, 기여입학제 금지)는 특정 계층이 교육 기회를 독점하지 않도록 하여 공정한 경쟁 환경을 마련하는 것을 목표로 한다.

---

13) 「고등교육법 시행령」 제34조(입학전형의 구분) ① 법 제34조에 따른 일반전형은 일반학생을 대상으로 보편적인 교육적 기준에 따라 학생을 선발하는 전형으로서 대학(원격대학은 제외한다. 이하 이 조에서 같다)의 교육목적에 적합한 입학전형의 기준 및 방법에 따라 공정한 경쟁에 의하여 공개적으로 시행되어야 한다. ② 법 제34조에 따른 특별전형은 특별한 경력이나 소질 등 대학이 제시하는 기준 또는 차등적인 교육적 보상기준에 의한 전형이 필요한 자를 대상으로 학생을 선발하는 전형으로서 사회 통념적 가치기준에 적합한 합리적인 입학전형의 기준 및 방법에 따라 공정한 경쟁에 의하여 공개적으로 시행되어야 한다.

바. 평등, 형평과 정의의 구분(교육을 중심으로)

교육에서 법과 정책이 지향해야 할 중요한 가치 중 하나는 평등과 형평, 그리고 정의이다. 그러나 이 세 가지 개념은 단순히 같은 것이 아니라 서로 다른 층위를 지니며, 각기 다른 방식으로 교육 현실을 설명하고 개혁의 방향을 제시한다.

첫째, 평등(equality)은 모든 학생에게 동일한 기회를 제공한다는 원리이다. 이는 흔히 출발선의 평등, 혹은 기회의 평등(equality of opportunity)으로 이해된다. 예를 들어, 모든 학생에게 동일한 교재를 지급하거나, 누구나 의무교육을 받을 수 있도록 제도를 보장하는 것이 이에 해당한다. 그러나 평등은 주어진 조건의 차이를 고려하지 않기 때문에, 제도적으로는 같은 기회를 제공하더라도 실제 결과에서 큰 격차가 발생할 수 있다.

둘째, 형평(equity)은 출발점의 차이를 고려하여 공정한 결과를 달성하도록 하는 개념이다. 이는 과정의 평등(equality of process)과 결과의 평등(equality of outcome)까지 포괄한다. 예를 들어, 경제적으로 어려운 학생에게 장학금을 제공하거나, 장애 학생에게 보조 도구와 특별 지원을 제공하는 것은 형평의 대표적 사례이다. 그러나 과정의 평등과 결과의 평등은 여러 비판에 직면한다. 역차별 논란이다. 차별을 해소하기 위한 적극적 조치가 오히려 새로운 불평등을 만들어낸다는 것이다. 대학입시에서 소수 집단에게 가산점을 주는 제도가 다수 집단 학생들에게는 불공정하게 받아들여지는 경우가 대표적이다. 다음, 과도한 혜택의 문제이다. 예를 들어, 특정 대학이 다른 대학에 비해 지나치게 많은 정부 지원을 받는다면, 이는 결과적으로 다른 대학과의 격차를 더 심화시키는 역효과를 낳을 수 있다. 마지막으로, 결과의 평등 자체에 대한 근본적 비판도 존재한다. 교육에서 완전한 결과의 평등은 사실상 불가능하며, 이는 성취와 노력의 차이를 무시하고 학습 동기를 약화시킨다는 우려가 제기된다.

셋째, 정의(justice)는 평등과 형평을 넘어서는 차원에서 논의된다. 정의는 단순히 개별 집단이나 개인에게 혜택을 주는 차원이 아니라, 교육 시스템 전체를 개선하여 누구나 공정한 학습 기회를 가질 수 있도록 구조적 문제를 해결하는 데에 초점을 둔다. 정의의 논의는 철학적 배경과도 깊게 연관되어 있다. 공리주의는 벤담과 밀의 논리처럼 "최대 다수의 최대 행복"을 강조하며, 교육 자원의 배분을 효율성과 효과성의 관점에서 정당화한다. 자유주의는 롤즈나 노직처럼 공정한 절차와 개인의 자유를 최우선 가치로 삼는다. 반면 공동체주의는 교육이 공동체가 공유하는 가치와 전통 속에서 형성되어야 한다고 주장한다.

결국, 교육에서 평등은 기회의 동일성을 보장하는 것, 형평은 불평등한 조건을 고려하여 차등적인 지원을 제공하는 것, 정의는 시스템을 개혁하여 구조적으로 공정한 기회를 창출하는 것이다. 따라서 평등과 형평, 정의는 서로 대립하거나 대체하는 개념이 아니라, 교육정책이 균형 있게 고려해야 할 다층적 가치라고 할 수 있다.

사. 현대 사회와 법제화

1) 법제화의 본질

현대 사회를 이해하는 중요한 관점 가운데 하나는 바로 심화되는 법제화(法制化) 현상이다. 법제화란 기존에 법으로 규율되지 않던 영역을 새롭게 법률로 규율하는 법의 확장, 그리고 기존에 존재하던 대강(大綱)의 법규를 점점 더 세분화·구체화하는 법의 치밀화를 의미한다. 이는 곧 시민사회의 자율적 규율보다는 국가가 주도하는 법적 규범을 우선시한다는 점을 내포한다. 즉, 법제화란 사회 내부의 협의와 조정보다 국가 권위와 권력에 의존하여 질서를 형성하는 과정이라고 할 수 있다. 개인과 사회의 자율성 중시와는 반대 방향이다. 동시에 법제화란 정책으로 규율하는 영역이 커지고, 정부의 힘이 강해진다는 것을 의미한다. 따라서 법제화도 정책의 문제가 된다.

이러한 법제화 추세가 강해지는 이유는 복합적이다. 첫째, 다른 규범의 약화가 있다. 도덕이나 관습과 같은 내면적·사회적 규범만으로는 질서를 유지하기 어렵고, 분쟁을 해결하기에는 강제력이 부족하다. 현대 사회에서 자주 등장하는 "법대로 하자"라는 말은 곧 사회 질서를 법에 의존하겠다는 의미이다. 도덕은 개인의 양심에, 관습은 공동체의 사회적 비난에 기대지만, 법은 사회적 비난에 더해 국가의 강제력까지 결합한다는 점에서 가장 강력한 규범으로 기능한다. 이는 곧 전통적 의미에서의 공동체가 사라지고 있고, 국가 내의 하위 체제로서의 사회 조직이 성숙하지 못한 것과 맥을 같이 한다.

둘째, 이익 추구와 권리 주장의 강화가 있다. 개인이나 집단은 자신들의 이익, 윤리적 신념, 정책적 목표를 실현하기 위해 법적 장치를 요구하고 활용한다. 흔히 말하는 "내 권리야"라는 표현 속에는, 권리 보장을 국가의 법제화에 기대려는 태도가 드러난다. 권리 담론이 활발해질수록 법률 제정과 개정 요구도 증가하게 된다.

셋째, 사회 구조의 복잡성과 다기화가 중요한 요인이다. 현대 사회는 산업화, 정보화, 글로벌화에 따라 사회관계가 복잡해졌고, 시장에서 자율적으로 질서를 형성하는 데 오랜 시간이 필요하다. 그러나 그 과정에서 발생하는 혼란과 폐해를 사회가 그대로 수용하기는 어렵다. 따라서 국가는 직접 개입하여 사회 질서를 법으로 만들어 주는 방식으로 대응하게 된다. 자연스럽게 국회와 행정부에는 수많은 이익집단의 활동이 존재하게 되고, 종종 부정부패(不正腐敗)가 확인되기도 한다.

넷째, 정부의 역할 확대와 재정 분배 활동의 증대도 법제화를 촉진한다. 복지, 교육, 환경 등 여러 분야에서 정부 지출이 늘어나고, 행정부의 재량도 커졌다. 이 과정에서 국민은 자신의 권리를 법으로 보장받고자 하고, 행정부의 자의적 재량을 통제하기 위해서도 법적 장치가 요구된다. 결과적으로 새로운 법률이 계속 만들어지고, 행정규칙까지 법규적 성격을 띠게 된다.

다섯째, 정책과 법의 상호작용 심화도 한 이유이다. 오늘날 정책은 단순한 행정 집행이 아니라 국가 전략과 비전을 포함하는 기획 활동이다. 그러나 그 기획이 사회 전체에 구속력을 가지려면 반드시 법적 제도화 과정을 거쳐야 한다. 다시 말해, 정책의 제도화가 곧 법제화를 의미하는 시대가 된 것이다. 정책국가나 행정국가의 성격이 강해질수록 법제화는 필연적으로 확대된다.

여섯째, 시민사회의 법 의존적 문화도 간과할 수 없다. 사회적 합의나 자율적 협의가 약화한 상황에서 시민사회는 점점 더 국가와 법에 문제 해결을 요구한다. 갈등이 발생하면 협상이나 타협보다는 소송과 입법 요구로 귀결되는 경향이 강해지고, 그 결과 법률은 끊임없이 늘어나며 세분(細分)된다. 첫 번째 이유와도 유사한 맥락이다.

결국 현대 사회에서 법제화 추세는 단순히 법률의 증가라는 현상이 아니라, 사회가 국가의 권위와 법적 장치를 통해 질서를 구축하려는 경향의 반영이다. 이는 도덕과 관습의 약화, 권리 담론의 확산, 사회의 복잡성과 정부 역할 확대, 그리고 정책의 제도화와 시민사회의 법 의존성이 복합적으로 작용한 결과이다.

따라서 법제화의 본질은 현대 사회가 자율 규범보다는 법에 의존하여 질서를 유지하려는 구조적 경향이라고 할 수 있다. 이는 한편으로는 사회의 안정과 권리 보장을 가능하게 하지만, 다른 한편으로는 국가 권위의 비대화와 과도한 법제화라는 문제를 낳기도 한다. 사회의 자율 조절 기능은 반대로 약화가 된다. 정책학은 바로 이러한 법제화 현상을 비판적으로 분석하고, 법과 정책이 사회적 균형 속에서 작동할 수 있는 새로운 길을 모색해야 한다.

2) 법제화 추세와 규제개혁

현대 사회의 특징 가운데 하나는 끊임없이 법률이 늘어나고 세분화·치밀화 되는 법제화 추세이다. 이와 동시에 정부와 사회는 규제 완화, 규제개혁이라는 구호를 반복해 왔다. 그러나 현실에서 규제개혁은 전혀 단순하지 않다.

많은 경우 규제개혁은 시지프스의 신화와 같다. 실패하지만 또 시작한다. 또한 규제개혁은 풍선과 같다. 한쪽에서 규제를 완화하면, 다른 쪽에서 새로운 규제가 생겨난다. 풍선의 한쪽을 누르면 다른 쪽이 부풀어 오르는 것처럼, 규제 완화가 실제 규제 총량의 감소로 이어지지 못한다. 따라서 규제 완화나 규제개혁이라는 구호는 실질적 성과보다는 정치적 구호에 머무는 경우가 많다. 어쩌면 법제화는 팽창하는 우주와 같다. 법은 계속 늘어난다.

또한 흔히 제시되는 경제적 규제는 완화하고, 사회적 규제는 강화해야 한다는 논리 역시 지나치게 단순하다. 경제적 규제의 완화가 사회문제를 유발한다면, 그 규제는 유지되거나 더 강화될 수밖에 없다. 이분법적 접근은 현실의 복잡한 상호 관계를 설명하기에 부족하다. 최근 강조되는 네거티브(negative) 규제도 본질적으로 같은 문제이다. 예컨대 PM(Personal Mobility, 전동킥보드 등) 사례는 네거티브 규제라 하더라도 결국 안전 문제, 교통질서 문제로 인해 새로운 규제가 계속 강화되는 과정을 보여준다. 처음 PM은 신고업(申告業)으로 시작하여 자율성을 강조했지만, 시간이 지남에 따라 안전·소비자 보호·환경 문제로 인해 점점 법적 규제가 붙게 된다. 결국 규제는 촘촘해지고, 사실상 허가업(許可業)과 다를 바 없는 상태로 변해간다.

따라서 규제를 없애는 것이 아니라, 어떤 규제가 사회적으로 더 낫고(better) 정당한가를 따지는 일이 중요하다. Better Regulation을 만드는 것이 핵심이다. 이를 위해서는 현재의 규제개혁위원회와 같은 기구로는 한계가 있다. 규제는 본질적으로 정책적 선택과 법적 구속력이 결합된 결과물이기에, 정책과 법의 상호 관계를 엄밀히 분석하는 시각이 필요하다. 정부 전체가 better regulation의 주체이고, 특히 국회가 더 큰 책임을 져야 한다. 국회는 규제를 만들어내는 주체인 것이다.

3) Better Regulation의 세 가지 기준

정책법학의 관점에서 규제는 단순히 부담을 줄이는 대상이 아니라, 사회적 위험과 갈등을 조정하는 핵심 수단이다. 따라서 규제개혁은 법의 정당성, 정책의 타당성, 그리고 사회적 수용성을 동시에 고려해야 한다. 법제화의 흐름 속에서 규제를 무조건 줄일 수는 없다. 오히려 시민사회의 자율성과 국가의 법적 통제를 균형 있게 결합하는 규제 체계를 설계하는 것이 중요하다. 그것이 '더 나은 규제'이며, 법치주의와 정책 효과성을 동시에 확보하는 길이다.

A. 법적 정당성 (legal legitimacy)

규제가 아무리 정책적으로 필요해 보이더라도, 법적 근거와 정당성이 없다면 지속될 수 없다. 법률에 근거하지 않은 규제, 혹은 포괄적 위임만으로 만들어진 행정규칙은 국민의 기본권을 침해하거나 권한 남용으로 이어질 수 있다. 따라서 규제는 반드시 헌법상 권리 보장과 권력분립 원리를 준수하면서, 법률의 위임 범위 안에서 명확한 절차와 근거를 갖추어야 한다. 예를 들면, 포괄위임 입법 금지 원칙, 법률유보 원칙 등이다. 정책학적으로는 규제의 헌법적 한계를 점검하고, 국민의 권리 보장을 해치지 않도록 제도화하는 작업을 의미한다.

B. 정책적 타당성 (policy validity)

법적 정당성이 있다고 해서 곧바로 좋은 규제가 되는 것은 아니다. 규제가 정책목표를 제대로 달성할 수 있는지, 다른 대안보다 효과적인지, 비용 대비 효율성이 있는지 따져야 한다. 규제가 과도하면 시장과 사회의 자율성을 해치고, 반대로 규제가 부족하면 사회적 피해를 방치하게 된다. 따라서 정책적 타당성은 목표-수단의 합리성 검증과 대안 비교를 통해 확보된다. 예를 들면, 전동킥보드(PM) 규제에서 안전 문제를 외면하고 규제를 풀면 사고가 급증하고, 결국 더 강한 규제가 요구된다. 따라서 규제가 단순히 "존재하는가?"가 아니라 "정책 효과를 제대로 내는가?"를 따지는 평가 기준이 정책법학에서는 중요하다.

C. 사회적 수용성 (social acceptability)

규제가 법적으로 정당하고 정책적으로 타당하더라도, 사회가 받아들이지 못한다면 실효성이 없다. 규제는 곧 사회적 합의의 산물이므로, 시민과 이해관계자의 참여와 동의를 얻는 과정이 필수적이다. 특히 현대 사회에서는 시민사회의 정책 참여가 제도화되었기 때문에, 규제는 절차적 정당성과 투명성을 확보해야만 사회적 수용성을 얻을 수 있다. 예를 들면, 환경 규제 강화는 기업으로서는 부담이지만, 사회 전체가 기후 위기 대응이라는 공익을 수용한다면 정당화될 수 있다. 따라서 규제는 국민에게 부과되는 제약이지만, 동시에 사회적 계약의 결과물임을 인식하고, 숙의와 협치를 제도적으로 보장해야 하는 것이 정책학에서는 중요한 것이다.

정리하면, 규제개혁은 단순히 규제의 수를 줄이는 문제가 아니다. 규제가 법적으로 정당한가?, 정책적으로 타당한가?, 사회적으로 수용되는가? 라는 세 가지 기준을 충족해야 한다. 이 기준은 서로 대립하는 것이 아니라, 균형을 이룰 때 비로소 '더 나은 규제(better regulation)'가 가능하다. 정책학은 이러한 기준을 토대로 규제의 본질을 다시 정의하고, 정치적 구호로 소비되는 규제 완화 담론을 넘어, 국민의 권리 보장과 사회적 합리성을 동시에 달성할 수 있는 규제 설계 원리를 제시하는 학문적 역할을 해야 한다. 규제 완화나 규제개혁은 절대 선이 아니다. 또한, 행정부만의 책임이 아니다. 국회와 정부가 합심하여 더 나은 규제를 찾아가는 일이다. 규제는 입법으로 최종 확정되기에 행정부뿐만 아니라 국회도 책임에서 벗어날 수 없는 것이다.

3. 정책과 법의 관계

정부에서 정책과 법은 결코 분리될 수 없다. 법은 정책의 제도적 기반을 제공하고, 정책은 법을 통해 제도화된다. 다시 말해, 정책은 법적 근거 위에서 실현될 수 있으며, 동시에 새로운 법률의 제정과 제도 개편을 이끄는 동력이 되기도 한다. 정책과 법의 관계는 한 방향 관계가 아니라 상호작용적이고 순환적인 과정으로 이해되어야 한다. 따라서 정책 담당자는 헌법과 법률이 정책과 어떠한 관계에 있는지를 깊이 이해해야 한다.

가. 헌법과 정책

1) 헌법은 정책 담당자의 기본 교양

정책 담당자는 헌법에 대한 이해가 매우 소중하다. 정책을 기획하고 집행하는 과정에서 헌법에 대한 이해는 단순한 법률 지식 차원을 넘어서는 의미가 있다. 헌법은 국가의 최고 규범으로서 모든 법률과 정책이 지켜야 할 기본 원리와 한계를 규정하고 있기 때문이다. 정책 담당자가 헌법을 이해하지 못한다면, 아무리 실현 가능성이 크고 사회적으로 필요성이 인정되는 정책이라 할지라도 위헌(違憲)의 위험에 노출될 수 있고, 정책은 무효가 되거나 사회적 갈등을 심화시키는 결과를 낳을 수 있다. 또한 헌법은 정책의 정당성을 부여하는 출발점이다. 정책은 단순히 행정적 기획이나 정치적 선택이 아니라, 국민의 권리와 자유, 권력분립, 법치주의라는 헌법적 질서 속에서 추진되어야 한다. 정책 담당자가 헌법적 가치에 충실할 때, 비로소 정책은 사회적 신뢰와 지지를 얻을 수 있다. 나아가 헌법은 정책의 방향을 제시하는 나침반이다. 예를 들어, 인간의 존엄과 가치, 행복추구권, 평등권, 사회권, 환경권 등은 단순한 법률 조항을 넘어 국가 정책의 지향점으로 작동한다. 정책 담당자가 이를 제대로 이해하고 반영할 때, 정책은 단기적 성과를 넘어 장기적·구조적 발전으로 이어질 수 있다. 마지막으로 헌법은 정책의 한계와 절차적 조건을 명확히 한다. 아무리 좋은 목표를 가진 정책이라도 국민의 기본권을 과도하게 제한하거나, 헌법 정신인 '정당한 법적 절차(due process of law)'를 위반한다면 정당성을 상실한다. 따라서 정책 담당자는 헌법적 원칙을 이해함으로써 정책이 법적 분쟁에 휘말리지 않도록 예방하고, 안정적이고 지속 가능한 정책을 설계해야 한다.

결국 정책 담당자에게 헌법에 대한 이해는 정책의 합헌성 확보, 정책 방향의 정립, 사회적 정당성 보장, 법적 분쟁 예방이라는 네 가지 측면에서 핵심적이다. 정책학은 이러한 관점에서 헌법을 단순히 법률가의 전문 지식이 아니라, 모든 정책 담당자가 공유해야 할 기본 교양이자 실무 능력으로 자리매김한다.

이러한 가치·원리의 층위는 실무에서도 곧바로 연결된다. 첫째, 정책은 기본권 보장 그 자체이다. 교육정책은 학습권, 복지정책은 사회권, 환경정책은 건강권과 환경권을 실현하는 메커니즘이다. 정책 담당자가 기본권 구조를 정확히 읽어낼수록 정책은 권리의 확장과 구체화로 작동한다. 둘째, 모든 정책 활동은 삼권분립의 틀 안에 있다. 입법은 정책목표를 법률로 구체화하고, 행정은 이를 집행하며, 사법은 합헌성과 합법성을 통제한다. 이 연쇄 속에서 각 권한의 한계와 협력의 지점을 이해해야 정책 충돌이 줄고 실행력은 높아진다. 셋째, 헌법은 중앙과 지방의 권한 배분을 규율한다. 오늘의 정책은 대개 지방자치단체와의 공동 집행을 전제로 하므로, 사무·재정의 배분 원칙과 보충성·협력의 원리를 헌법적으로 파악하는 일이 필수적이다. 넷째, 정책은 국회·감사원·선거관리위원회·국가인권위원회 등 기타 헌법기관과도 긴밀히 얽힌다. 감사·선거·인권·헌법재판 등 각 제도의 기능과 한계를 이해해야 정책 설계가 제도적 저항 없이 작동한다. 다섯째, 헌법은 국가 경제정책의 기본 틀을 제시한다. 특히 시장 지배 방지, 경제력 남용 억제, 균형성장과 분배, 경제민주화 같은 헌법적 명제는 경제정책의 정당화 근거이자 한계 조건이 된다.

결국 정책 담당자가 헌법을 이해한다는 것은, 법적 틀 속의 정책 거버넌스를 이해한다는 뜻이다. 법은 정책의 도구이자(정당성), 정책이 전개되는 헌정 질서이며(타당성), 정책은 다시 법을 형성하는 동력이 된다(수용성). 그리고 이 세 축은 정책이 법으로 제도화되는 '정책↔법의 역동적 상호작용(dynamics)에서 하나로 수렴한다. 헌법적 가치가 정책의 나침반을 제공하고, 헌법적 절차가 정책의 안전장치를 마련하며, 헌법적 제도 배치가 중앙·지방 및 헌법기관과의 협치를 가능하게 할 때, 정책은 정당하고, 타당하며, 사회적으로 수용할 수 있는 모습으로 구현된다. 바로 그 지점에서 헌법 이해는 추상적 교양이 아니라, 정책의 성공 확률을 높이는 실무 역량이 된다.

2) 헌법 제1조의 해석: 정책 담당자의 시각

대한민국 헌법 제1조[14]는 우리나라의 국체(國體, form of state)는 공화국이고, 정체(政體, form of government)는 민주주의임을 말해준다. 그래서 민주공화국이다. 다만, 이때의 민주주의가 자유민주주의인지, 사회민주주의인지에 대해선 논란이 존재한다. 어쨌든 헌법 제1조는 왕(monarch)이 아닌 국민이 주인이 되는 공화국을 의미한다. 주권재민(主權在民)의 원리이다. 이 원리에 의해서 국민의 기본권 조항이 나오고, 3권 분립과 대의제(代議制) 민주주의가 논의되는 것이다. 국회와 대통령 등의 권력은 결국 국민으로부터 위임된 것이다.

---

14) 「대한민국 헌법」 제1조. ① 대한민국은 민주공화국이다. ② 대한민국의 주권은 국민에게 있고, 모든 권력은 국민으로부터 나온다.

정부(政府)[15] 공무원(대통령 제외)은 권력을 가진 자가 아니라, 위임받은 행정부 권력을 담당 직무에 따라 행사하는 자이다. 국민으로부터 권력을 위임받은 자는 대통령으로 국한된다. 국무총리와 국무위원은 위임받은 자가 아니기에 인사청문회 제도를 거치는 것이다. 이는 곧 정부 공무원은 대통령의 명령에 따라 일하는 자라는 점을 인식해야 한다. 실질적으로는 권한위임(委任)의 관계에 기초해서 각부 장관을 거쳐서 정부조직법과 직제 규정에 따른 사무분장에 따라 일을 하는 것이다. 공무원은 자기의 생각과 철학을 정책으로 전환하는 자가 아니다. 공무원은 국정과제와 대통령의 결정을 구체적으로 구현하는 자인 것이다. 호주 정책에서 말하는 '책임의 사슬(chain of accountability)'인 것이다.[16] 물론 민주적, 과학적, 참여적 의사결정은 필수적이다.

3) 헌법의 기본권 및 의무 조항과 정책

인간의 존엄과 가치 및 행복추구권(제10조), 평등권(제11조), 자유권(제12조~제22조), 사회권(제31조~제36조), 참정권(제24조~제26조), 청구권(제27조~제30조)과 같은 국민의 기본권 조항과 더불어 국민의 의무(제38조~제39조)도 헌법에는 규정되어 있다. 이러한 헌법의 기본권 조항도 '정책'의 관점에서 이해해야 한다. 대한민국 헌법이 규정한 기본권(자유권, 평등권, 사회권, 참정권, 청구권 등)은 단순히 법적 선언이나 추상적 권리 보장이 아니다. 그것은 국가 정책이 지향해야 할 목표이자, 정책이 수립되고 집행되며 평가되는 전 과정에서 준수해야 할 핵심 기준이다. 기본권은 곧 정책 설계의 방향타이며, 정책이 어떤 목표를 설정하고 어떤 수단을 선택하며 어떻게 집행·평가될 것인지를 결정하는 원리로 기능한다.

우선, 인간의 존엄과 행복추구권은 모든 정책의 궁극적 목표를 제시한다. 정책은 행정 편의나 경제적 효과만을 위한 것이 아니라, 국민 개개인의 존엄성과 삶의 질을 실질적으로 향상시키는 방향으로 설계되어야 한다. 이는 사회적 약자를 배려한 복지정책, 주거·환경 개선을 통한 삶의 질 제고 정책 등에서 구체화가 된다.

둘째, 평등권은 정책의 공정성과 형평성을 요구한다. 정책은 단순히 기회의 평등을 제공하는 데 그치지 않고, 결과의 형평을 보장하기 위한 적극적 고려를 해야 한다. 장애인 이동권 보장 정책이나 사회적 약자를 위한 맞춤형 교육 지원 정책은 이러한 평등권의 정책적 구현에 해당한다. 법과 정책의 정의(正義)는 이렇게 관련된다.

셋째, 자유권은 정책 설계 과정에서 정부 개입의 한계를 규정한다. 국가가 개입할 필요가 있는 경우에도 반드시 비례의 원칙을 준수하고, 필요한 최소한의 범위에서만 권리를 제한해야

---

15) 원래 정부(government)란 입법부, 행정부, 사법부를 총칭하는 용어인데, 우리 헌법에서는 정부를 대통령과 행정부로 보고 있다.

16) 공무원에게는 영혼이 없다는 표현이 있다. 영혼이 없다는 표현이 부정적으로 들리지만, 공무원은 자기 생각과 철학을 구현하기 위해 일을 해서는 안 된다는 점에서는 영혼이 없다는 말이 틀린 말은 아니다. 국민의 명(命)에 의해 일하는 사람인 것이다. 필자는 공무원의 영혼은 정책과정에서의 과학성과 민주성을 지켜가는 것에 의해서, 그리고 정책 전문성에 희해서 확보되어야 하지, 공무원의 권한에 의한 것은 아니라고 본다.

한다. 「개인정보 보호법」이나 직업 선택의 자유를 존중하는 것도 이러한 자유권적 시각을 반영한 정책이다.

넷째, 사회권은 정책이 국민의 삶을 적극적으로 보장해야 함을 의미한다. 교육, 의료, 환경, 주거 등과 같은 공공서비스는 시장에만 맡겨둘 수 없으며, 복지국가적 개입을 통해 국민의 기본적 생활을 보장해야 한다. 무상급식, 최저임금 보장, 공공 의료 확대 정책 등은 사회권 실현을 위한 대표적 사례이다.

다섯째, 참정권은 정책결정 과정에서 국민의 참여를 보장한다. 이는 선거권 보장에 그치지 않고, 숙의민주주의와 공론화 제도를 통해 정책 과정에 국민이 직접 관여할 수 있도록 하는 것을 포함한다. 시민참여 예산, 국민 정책 제안 플랫폼, 공론조사 제도는 모두 참정권을 정책적 차원에서 확장한 제도이다.

여섯째, 청구권은 정책집행의 책임성과 사후 구제 절차를 요구한다. 정책으로 인해 국민이 불이익을 입거나 권리가 침해된 경우, 이를 구제할 제도적 장치가 마련되어야 한다. 행정소송제도, 국가배상제도, 공익신고자 보호제도는 청구권을 보장하는 정책적 장치이다.

마지막으로, 국민의 의무는 정책의 지속가능성과 공동체적 기반을 뒷받침한다. 기본권 보장이 국민의 권리를 강화하는 동시에, 국민은 공동체 발전을 위한 책임을 다해야 한다. 환경 보호 활동, 공익 신고, 사회적 기여 프로그램 등은 권리와 의무의 균형 속에서 정책이 운용되어야 함을 보여준다.

요컨대, 헌법의 기본권 조항은 정책 수립과 집행의 단순한 배경 규범이 아니라, 정책 활동의 핵심 원칙이자 기준이다. 정책은 행정적 편의가 아니라 국민의 기본권을 실질적으로 보장하고 강화하는 방향으로 설계되어야 하며, 자유권을 과도하게 침해하지 않고 사회권을 적극적으로 보장하며 국민 참여와 구제 절차를 보장해야 한다. 이는 곧 정책이 헌법적 가치와 직접적으로 맞닿아 있다는 사실을 보여주며, 정책 담당자에게 헌법에 대한 이해가 필수적임을 재확인시켜 준다.

4) 국민의 기본권 조문들 외의 헌법 규정과 정책

헌법 제2장은 국민의 기본권을 규정하고 있다. 그러나 헌법은 기본권 선언에 그치지 않고, 그 이후의 장들을 통해 국가 기관의 조직과 기능, 그리고 정책의 방향을 구체화한다. 즉, 헌법 제3장부터 제9장까지는 국가 정책이 기획·결정·집행·심사되는 구조를 제도적으로 마련한 부분이다. 정책은 단순한 행정 결정이 아니라, 헌법이 설계한 기관의 권한과 역할을 통해 작동하며, 따라서 정책 담당자는 헌법 각 장의 의미를 이해하는 것이 필수적이다.

첫째, 제3장 국회는 정책의 법적 기반을 마련하는 기관이다. 국회는 법률을 제정하여 정책의 근거를 마련할 뿐만 아니라, 예산 심의·확정을 통해 정책집행에 필요한 재정을 승인한다. 따라서 정책은 국회의 입법과 예산 심의 과정을 거쳐야만 법적·재정적 정당성을 확보할 수 있다. 국회의 역할은 정책의 입법화, 예산의 승인, 그리고 국정감사와 조사권을 통한 정책평가로 이어진다.

둘째, 제4장 정부는 정책의 기획과 집행의 중심이다. 대통령은 국가 정책의 최고 책임자로서 국정의 기본 방향을 제시하며, 국무총리와 국무위원은 이를 구체적으로 기획하고 집행한다. 국무회의는 정책의 주요 결정을 심의하는 합의제 기구이며, 행정 각부는 개별 정책을 설계하고 집행하는 실무 기관이다. 또한 감사원은 정책집행 과정에서의 합법성과 효율성을 감사하여, 행정부가 정책집행 과정에서 권한을 남용하거나 법규를 위반하지 않도록 통제한다.

셋째, 제5장 법원은 정책집행의 합법성과 정당성을 판단한다. 행정기관이 추진하는 정책이 법률에 위반되거나 기본권을 침해할 경우, 사법부는 이를 심사하여 위법성을 시정한다. 정책은 법률의 집행 행위인 동시에 국민의 권리에 직접 영향을 미치는 행위이므로, 법원의 사법적 통제는 정책의 합법성과 정당성을 보장하는 최종 안전망 역할을 한다.

넷째, 제6장 헌법재판소는 정책의 헌법적 정당성을 심사한다. 위헌법률심판, 권한쟁의심판, 헌법소원 등은 모두 정책이 헌법적 한계를 넘어서지 않도록 하는 제도적 장치이다. 특정 정책이 헌법이 보장하는 기본권을 침해하거나 권력분립의 원리를 위반할 경우, 헌법재판소는 이를 무효로 할 수 있다. 따라서 정책은 입법적·행정적 정당성뿐 아니라 헌법적 정당성도 확보해야 한다.

다섯째, 제7장 선거관리는 정책결정권자의 선출 과정의 정당성을 보장한다. 정책은 선출된 권력에 의해 결정되므로, 선거 과정이 공정하고 투명하게 운영되는 것이 전제되어야 한다. 선거관리위원회는 정당한 대표성을 가진 정책결정자가 선출되도록 보장하며, 이는 곧 정책 자체의 민주적 정당성의 기초가 된다. 따라서 그 어떤 선거도 논란이 없어야 한다.

여섯째, 제8장 지방자치는 국가 사무를 분담할 수 있게 한다. 이는 중앙정부의 권한을 일부 지방으로 이전하는 형식이 아니라, 정책 사무를 분산·조정하여 더욱더 효율적이고 주민 친화적으로 수행하는 구조를 의미해야 한다. 다만, 현재의 지방자치단체는 교육, 복지, 환경, 교통 등 주민 생활과 밀접한 분야에서 중앙정부가 정한 틀 내에서 구체적인 정책을 기획·집행할 권한을 가질 따름이며, 중앙정부 주도의 사무 분담이란 면이 강조되고 있다.

일곱째, 제9장 경제는 국가 경제정책의 방향을 제시한다. 시장경제 질서를 기본으로 하되, 균형 있는 성장과 안정, 적정한 소득 분배, 경제력 남용 방지, 경제주체 간의 조화를 통해 경제의 민주화를 실현하는 것이 핵심이다. 이는 경제정책이 단순한 성장 지향을 넘어, 분배와 공정, 사회적 연대를 아우르는 방향으로 설계되어야 함을 헌법 차원에서 규정한 것이다.

요컨대, 헌법 제3장부터 제9장까지는 국가 정책이 어떻게 기획·집행·심사·보장되는지에 대한 제도적 설계도라 할 수 있다. 국회는 정책의 법적·재정적 기반을 최종적으로 확정하고, 정부는 이를 기획·결정·집행하며, 법원과 헌법재판소는 합법성과 헌법적 정당성을 보장한다. 선거관리 제도는 정책결정권자의 선출(選出) 정당성을 담보하고, 지방자치는 정책 수행의 효율성과 주민 참여를 확대하며, 헌법의 경제조항은 국가 경제정책의 기본 방향을 제시한다. 따라서 헌법은 단순히 권리와 의무를 선언하는 문서가 아니라, 국가 정책을 둘러싼 거버넌스의 구조와 운영 원리를 규정한 기본 규범이다. 당연히 공무원은 이를 이해해야 한다.

나. 법률의 구조17)와 정책

법률은 일반적으로 본칙(本則)과 부칙(附則)으로 구성된다. 본칙은 다시 총칙 규정, 실체 규정, 보칙 규정, 벌칙 규정으로 나눠진다. 본칙은 법률의 실질적 내용을 담고, 부칙은 시행 시기, 경과규정, 다른 법률과의 관계 등을 규율한다. 법학, 특히 입법학에서는 이러한 구조를 기술적으로 어떻게 구성할 것인가, 어떻게 하면 문언상 충돌 없이 체계적으로 법을 제정할 수 있는가에 큰 관심을 기울여왔다. 즉, 입법학은 주로 "법률을 어떻게 잘 만들 것인가"라는 기술적·형식적 문제에 집중된 경우가 많다. 그러나 정책법학 관점에서 보면, 법률의 구조는 단순한 형식의 문제가 아니라, 정책의 구조와 실행의 방식을 드러내는 틀로 이해된다. 본칙은 정책의 본질적 내용, 즉 정책목표와 수단, 집행 절차를 구체화하는 장치이다. 예컨대 제한(制限)정책은 허가·인가·등록 규정을 본칙에 담고, 보조(補助)정책은 지원 요건과 절차를 본칙에서 규정한다. 따라서 본칙은 "정책이 제도적으로 구현되는 모습" 그 자체인 것이다.

부칙은 종종 단순한 기술적 규정으로 여겨지지만, 정책적 맥락에서는 정책의 전환과 조율을 제도화하는 장치로 이해된다. 부칙에 담긴 시행 시기 조정, 경과규정, 기존 제도와의 연결 규정은 정책의 충격을 완화하고, 정책 수용성을 높이며, 기존 제도와 새로운 제도를 조화시키는 역할을 한다. 예컨대 새로운 환경 규제를 도입하면서 일정 기간의 유예를 부여하거나, 기존 사업자에게 특별 규정을 마련하는 것은 부칙을 통해 이루어진다. 이는 단순한 법(法) 기술적 장치가 아니라, 정책적 갈등을 조정하는 제도적 완충장치라고 할 수 있다.

결국, 법률의 구조를 본칙과 부칙으로 나누어 해석할 때, 이는 법학적 형식이나 입법 기술의 문제가 아니라 정책 설계의 문제로 이해해야 한다. 본칙은 정책의 실질적 목표와 수단을 담아내는 공간이며, 부칙은 정책 변화에 따른 사회적 갈등을 최소화하고 제도적 연속성을 보장하는 공간이다. 따라서 정책법학의 과제는 단순히 법률을 잘 만드는 기술을 넘어, 법률의 구조 속에 담긴 정책적 의미를 해석하고, 이를 통해 정책과 법률의 통합적 설계 가능성을 탐구하는 데 있다.

정리하면, 법률의 구조와 정책은 별개의 것이 아니라 하나의 유기적 체계이다. 본칙은 정책의 내용적 실현, 부칙은 정책의 시간적·사회적 조율을 제도화한다. 법학이 법률의 형식과 기술적 완결성에 머무른다면, 정책법학은 법률의 구조를 정책적 의사결정과 집행의 구조로 읽어내며, 이로써 정책과 법의 상호작용을 통찰하게 만든다.

---

17) 법률의 구조 부분에 대한 기본 설명은 박영도 박사의 『입법학 입문』과 국회 법제실의 『법제실무』를 주로 참고했다. 법률의 구조에 대한 정책적, 정책법학적 해석은 필자의 사유의 결과물이다.

1) 총칙(總則) 규정

법률의 '총칙'이란 법령 전체에 관한 원칙적·기본적 사항을 내용으로 하는 부분이다. 주로 목적 규정, 정의 규정, 해석 규정 등이다. 하지만 법령의 총칙에 어떠한 규정을 두어야 하는지에 대해서는 원칙이 없기에 제정할 때 판단해야만 한다.

① 목적 규정: 법률의 입법 목적을 간략하게 요약한 문장이다. 또한 그 법률의 운용·해석 지침으로 기능하기도 한다. 하지만, 정책의 관점에서 보면 법률의 목적 규정은 정책의 핵심 근간과 정책목표라고 볼 수 있다.

> 「국토기본법」 제1조(목적) 이 법은 국토에 관한 계획 및 정책의 수립·시행에 관한 기본적인 사항을 정함으로써 국토의 건전한 발전과 국민의 복리 향상에 이바지함을 목적으로 한다.

> ☞ 국토에 관한 계획 및 정책의 수립과 시행에 관한 기본적인 사항(정책의 근간) → 국토의 건전한 발전과 국민의 복리 향상에 이바지(정책의 목표)

② 정의 규정: 중요한 용어의 의미를 명확히 하려고 규정된다. 사회 통념상 충분히 이해된다면 굳이 용어 정의를 할 필요가 없다. 입법 목적에 따라 같은 용어도 법률에 따라 정의가 다를 수 있다.[18] 정책도 용어 정의는 중요하다.

③ 해석 규정: 직접적으로 법률의 해석에 대한 방침을 명확히 하려는 목적에서 규정된다.

> 「공교육 정상화 촉진 및 선행교육 규제에 관한 특별법」 제3조의2(해석·적용의 주의의무) 이 법을 해석·적용할 때에는 학교 및 교원의 교육과정 운영에 관한 자율성이 부당하게 침해되지 아니하도록 주의하여야 한다.

> ☞ 해석 규정은 정책 방향의 선언, 정책 갈등의 예방 장치이다. 또한, 정책 집행의 가이드라인으로서의 성격도 존재한다.

④ 이념 규정·책무 규정: 이념 규정은 법률의 제정 이념 또는 정신을 표현한 것이다. 책무 규정은 국가, 지자체 등이 담당하여야 할 의무를 법률로써 명확히 함으로써 법률의 목적을 효과적으로 달성하기 위하여 사용된다.

> 「사회보장기본법」 제2조(기본 이념) 사회보장은 모든 국민이 다양한 사회적 위험으로부터 벗어나 행복하고 인간다운 생활을 향유할 수 있도록 자립을 지원하며, 사회참여·자아실현에 필요한 제도와 여건을 조성하여 사회통합과 행복한 복지사회를 실현하는 것을 기본 이념으로 한다.

> 「청소년 기본법」 제2조(기본이념) ① 이 법은 청소년이 사회구성원으로서 정당한 대우와 권익을 보장받음과 아울러 스스로 생각하고 자유롭게 활동할 수 있도록 하며 보다 나은 삶을 누리고 유해한 환경으로부터 보호될 수 있도록 함으로써 국가와 사회가 필요로 하는 건전한 민

---

18) 「아동·청소년의 성보호에 관한 법률」 제2조(정의) 1. "아동·청소년"이란 19세 미만의 사람을 말한다. 「청소년 기본법」 제3조(정의) 1. "청소년"이란 9세 이상 24세 이하인 사람을 말한다. 「청소년 보호법」 제2조(정의) 1. "청소년"이란 만 19세 미만의 사람을 말한다. 「아동복지법」 제3조(정의) 1. "아동"이란 18세 미만의 사람을 말한다.

주시민으로 자랄 수 있도록 하는 것을 기본이념으로 한다. ② 제1항의 기본이념을 구현하기 위한 장기적·종합적 청소년정책을 추진할 때에는 다음 각 호의 사항을 그 추진 방향으로 한다. 1. 청소년의 참여 보장. 2. 창의성과 자율성을 바탕으로 한 청소년의 능동적 삶의 실현. 3. 청소년의 성장 여건과 사회 환경의 개선. 4. 민주·복지·통일조국에 대비하는 청소년의 자질 향상

☞ 정책의 관점에서 보면, 법률의 이념 규정, 책무 규정은 정책의 지향점과 이해당사자의 주된 역할로 이해하면 된다. 기본법에 종종 등장하는 '기본원칙'도 대동소이하다.

⑤ 다른 법률과의 관계에 관한 규정: 동일 규범 내에서 또는 상이(相異)한 규범 간에(수평적 관계이건 수직적 관계이건) 그 규범의 구조나 내용 또는 규범의 근거가 되는 원칙 면에서 상호 배치되거나 모순되는 사항이 없도록 해야 한다. 보통 다른 법률의 적용, 적용배제, 준용, 우선 적용 등의 내용이 규정된다.

「고용정책기본법」 제4조(다른 법률과의 관계) 고용정책에 관한 다른 법률을 제정하거나 개정하는 경우에는 이 법의 목적과 기본원칙에 맞도록 하여야 한다.

☞ 정책 간 충돌의 예방 및 조정 장치, 정책의 위계질서 확보, 정책 통합성과 일관성의 확보, 정책 간 협력·연계 구조의 제도화 등의 의미가 존재한다.

2) 법률의 실체 규정과 정책

정책법학에서 가장 핵심적인 부분은 바로 법률의 실체 규정이다. 왜냐하면 실체 규정은 곧 정책의 수단이자, 정책 구조를 형성하는 법적 장치이며, 나아가 정책이 법을 변화시키는 동력과도 직결되기 때문이다. 법률의 조문 하나하나는 단순한 규범 명령이 아니라, 구체적인 정책 수단으로 이해될 수 있다. 따라서 실체 규정을 정책적 관점에서 분석하는 것은 법과 정책의 관계를 이해하는 출발점이 된다.

실체 규정의 기본 구조는 크게 세 가지로 요약할 수 있다. 첫째, 어떠한 이유에 따라 규제나 지원이 정당화되는가이다. 이는 대개 공공복리, 안전, 질서유지, 환경 보호, 사회적 정의 실현 등 헌법적·정책적 이유와 연결된다. 둘째, 어떤 행위나 사업을 대상으로 하는가이다. 즉, 규제나 지원의 적용 범위를 설정하는 것이며, 이는 곧 정책의 적용 영역을 한정하게 된다. 셋째, 어떤 방식으로 조성·지원·규제할 것인가이다. 세금 감면이나 재정 지원, 허가·인가·등록, 일정한 금지나 의무 부과 등 다양한 법적 수단이 여기에 해당한다. 이러한 실체 규정은 곧 정책 수단과 바로 연결된다.

그러나 법률에 따른 규제가 언제나 최선의 정책 수단은 아닐 수 있다. 동일한 행정 목적을 달성하는 데 있어서도, 강제력을 수반한 법적 규제보다 사회의 자율 규율이나 민간의 자율적 협약, 또는 인센티브 기반의 정책 수단이 더 효과적일 수 있다. 따라서 입법자는 규제가 정말 필요한지, 규제 이외의 대안적 정책 수단은 없는지, 규제가 필요하다면 어떤 형태로 설계해야 효과성과 수용성을 모두 담보할 수 있을지를 자세히 검토해야 한다.

또한 실체 규정은 국민의 기본권과 직결되기 때문에, 항상 기본적 인권에 대한 배려가 전제되어야 한다. 국민의 자유와 권리를 제한하는 규정이라면, 그 제한은 반드시 충분한 이유에 의해 정당화되어야 하며, 필요 최소한의 범위에 그쳐야 한다. 이는 정책적 정당성과 헌법적 합치성을 확보하기 위한 최소 조건이다.

아울러 법률의 규제는 단순한 명령·금지 규정에 그치지 않고, 하나의 제도(institution)로 작동한다. 규제를 받는 국민은 이 제도의 이용자로서 제도와 상호작용을 하게 된다. 따라서 제도가 국민에게 과도한 부담을 주지 않고, 이해하기 쉽고, 절차적으로도 공정해야 한다. 적정절차는 실체 규정이 정책적으로 정당성을 인정받기 위한 또 다른 필수 요건이다.

정리하면, 정책적 관점에서 법률의 실체 규정은 곧 정책의 내용이다. 법률의 실체 규정은 정책 수립의 목표, 정책 수단의 선택, 정책집행의 방식과 직접적으로 연결된다. 즉, 실체 규정은 정책을 법적으로 구체화한 모습이며, 정책법학은 이 실체 규정을 통해 법이 정책의 도구로, 정책 질서의 헌정 구조로, 그리고 정책이 법을 형성하는 동력으로 작동하는 과정을 해석하게 된다.

3) 보칙, 벌칙, 부칙 규정과 정책

우리나라 법률은 대체로 실체 규정 → 보칙 → 벌칙 → 부칙이라는 구조를 따른다. 법학의 관점에서는 이러한 구조가 체계성과 법적 명확성을 보장한다는 점에서 바람직하게 보일 것이다. 그러나 정책의 관점에서 보면, 이와 같은 구분은 오히려 정책적 사고와 설계를 법제의 틀 속에 억지로 끼워 넣는 결과를 낳게 된다. 법률의 각 조문은 본래 정책의 수단이자 정책 집행의 장치로 이해되어야 함에도, 형식적인 구조가 정책과 법의 연결을 단절시킨다.

첫째, 보칙(補則)은 총칙으로 넣기에는 적절하지 않은 기술적·절차적 사항을 담는다. 예컨대 보고의무, 출입 검사와 조사, 청문, 수수료 징수, 권한 위임·위탁, 행정기관 간 협조 등이 이에 해당한다. 이들은 모두 정책 집행 과정에서 필수적인 절차적 장치임에도 불구하고, 보칙이라는 "별도 장(章)"에 배치되면서 마치 정책과 무관한 부속(付屬) 조항처럼 취급된다. 그러나 정책 관점에서는 이들 절차가 곧 정책의 실행력을 결정짓는 요소이며, 정책의 효과성·수용성을 좌우하는 핵심 부분이다. 즉, 보칙은 단순한 부속 규정이 아니라 정책 집행의 제도적 장치로 이해해야 한다.

둘째, 벌칙(罰則)은 법률의 실효성을 담보하는 장치이다. 일정한 의무 규정을 위반했을 때 제재(制裁)를 통해 그 규범을 강제한다. 그러나 정책 관점에서는 단순히 형벌을 규정하는 것이 능사가 아니다. 벌칙은 정책목표를 달성하기 위한 수단으로써 필요할 때만 설정되어야 하며, 가능하다면 금전적 부담이나 행정적 제재 등 간접 수단이 우선되어야 한다. 지나친 형벌 강조는 사회적 수용성을 해치고, 법 집행에 과도한 비용을 발생시킨다. 따라서 정책 관점에서 벌칙 규정은 "정책목표 달성을 위한 최후의 수단"으로 이해하는 것이 타당하다.

셋째, 부칙(附則)은 시행일, 경과조치, 관련 법령의 개정·폐지 등을 담는다. 형식상 본칙에 부속된 조항이지만, 정책 관점에서는 제도의 연착륙 장치라는 의미가 있다. 새로운 정책을 도입할 때 기존 제도와의 충돌을 최소화하고, 집행 현장에서의 혼란을 줄이는 과정이 곧 정책의 수용성과 지속성을 담보한다. 따라서 부칙은 단순한 법 기술적 장치가 아니라, 정책적 조정 메커니즘으로 이해해야 한다.

이처럼 보칙·벌칙·부칙은 법률의 형식적 체계에서는 "부속 규정"으로 분류되지만, 정책의 관점에서는 각각 정책 집행의 절차, 정책 수단의 강제력, 정책 제도의 연착륙을 담당하는 핵심 요소이다. 즉, 현재의 법률 구조는 정책 담당자가 법을 정책 관점에서 이해하기 어렵게 만든다. 법률이 실체·보칙·벌칙·부칙으로 나뉘어 있는 것은 법학 관점에서는 체계적일지 모르지만, 실제 정책 설계자와 집행자로서는 법 형식이라는 기계적 템플릿에 정책 내용을 끼워 맞추는 작업처럼 느껴진다. 즉, 정책적 기획과 법적 구조가 따로 노는 기이한 현상이 발생한다.

서구(특히 영미법계)의 많은 법률은 보칙·벌칙·부칙을 별도의 장(章)으로 분리하지 않고, 각 제도나 정책 영역 속에서 함께 규정한다. 이는 정책과 법의 연결을 유기적으로 이해하게 하고, 집행자에게도 직관적인 구조를 제공한다. 반면 한국 법률의 구조는 법학의 전통에는 충실할지 몰라도, 정책을 중심으로 법을 설계하려는 관점에서는 제약을 낳는다. 따라서 정책법학 관점에서 보면, 실체 규정과 보칙·벌칙·부칙은 서로 분리된 별개의 조항이 아니라, 정책 수립·집행·평가의 전 과정에서 함께 작동하는 제도적 장치로 재해석되어야 한다. 더 나아가 입법과정에서도 '정책 설계를 바탕으로 한 법률 구조(構造)'가 새롭게 고민되어야 하며, 기존의 형식적 템플릿을 넘어 정책-법 연계를 강화하는 입법 기법이 필요하다. 만약 입법학이 정책학을 수용했다면 필자와 같은 주장을 했을 것이다.

다. 정책과 법의 관계(한국과 미국의 비교)

우리는 오랫동안 미국의 정책·입법 모델에 영향을 받아 왔지만, 한국은 미국과는 구조적으로 다른 행정국가이다. 미국이 입법부 주도의 정책국가라면, 한국은 행정부가 정책 형성과 입법 유도에서 주된 역할을 담당하는 정책 우선 구조를 갖는다. 이러한 차이를 고려하지 않은 채 미국 정책학을 바탕으로 한국의 정책 현상을 설명하는 것은 한계가 있다. 우리의 정책학은 행정국가라는 기본 맥락을 고려해서 연구되고 가르쳐야 한다.

정책-법 관계의 구조를 비교하면, 한국은 정책이 법을 요청하는 구조이다. 정책 우선이다. 행정부가 정책을 기획하고 이를 법률 제정을 통해 제도화하며, 정책과 법이 순환적으로 작동한다(policy as law-making force → law as policy constitution → policy-to-law dynamics). 반면 미국은 법이 정책을 규정하는 구조이다. 입법 우선이다. 의회가 법률을 통해 정책목표, 수단, 조직, 절차까지 상세히 규정하고, 행정부는 이를 집행한다(law as policy constitution → law as policy tool → implementation).

미국의 경우 의원입법이 중심이므로, 법률안 자체에 정책목표와 방향, 하위법령 설계, 예산 확보, 집행 절차, 평가 및 재입법 절차까지 포함된다. 미국 법률은 '구체적 정책 + 예산 + 조직 + 기한'을 한데 묶은 설계도에 가깝다. 지원 대상, 방식, 분배 기준, 평가 방식, 재정 규모(수년치), 집행 주체(연방·주정부·민간위탁) 등이 법률 본문에 명시되며, 한국의 '기본법 + 시행령 + 시행규칙 + 집행지침'을 통합한 수준의 상세함을 가진다. 이러한 차이는 다음과 같은 배경에서 비롯된다(<표 4> 참조).

<표 4> 한국과 미국의 '정책과 법의 관계' 비교

구분	한국	미국
정책 – 법의 관계	정책이 법을 요청함(행정부 중심)	법이 정책을 규정함(입법부 중심)
정책의 출발점	행정부의 정책 기획	의회의 입법 기획
입법 기능 주체	행정부 발의 비중이 높음	의원 입법 중심
법제화 과정	정책 → 법률안 → 국회 심의	법률안(정책 포함) → 정부 집행

- 입법자 중심의 정책 주도 전통: 미국 의회는 스스로를 '정책 설계자'로 인식하며, 법률안(legislation) 자체를 정책 설계 문서(policy design document)로 만든다.
- 행정부에 대한 불신과 권력분립 원칙: 대통령 중심제 하에서 입법부-행정부 간 견제와 균형이 강하게 작동하며, 행정부가 법률을 자의적으로 해석·운영하지 못하도록 법률 단계에서 세부 사항까지 규정한다.
- 예산의 자동 포함과 강행력: 미국은 한 법률에 5년, 10년짜리 사업 예산을 함께 명시해 법률이 곧 예산이 되며, 장기적 강제력이 부여된다. 반면, 우리는 법률로는 정책의 원칙만 정하고, 예산도 매년 별도 편성한다.

이 때문에 미국 행정부의 역할은 정책의 설계자가 아니라 집행자에 가깝다. 법률이 위임한 범위 내에서 행정명령(executive orders)이나 연방지침(federal guidance)을 발령해 세부 집행을 지원하지만, 이는 보조적 도구일 뿐이다. 정책 설계권은 입법부에 집중되어 있으며, 행정부의 재량은 크지 않다.

반면 한국은 법률이 비교적 추상적으로 제정되기 때문에, 행정부가 법의 구체적 내용을 설계하고 이를 통해 정책을 입법화한다. 법률 제정 이후에도 하위법령, 시행규칙, 집행지침을 통해 정책 내용을 완성하고, 집행 과정에서 다시 법 개정을 유도하는 순환 구조를 갖는다. 결국 정책 설계권이 행정부, 즉 공무원 조직에 맡겨져 있는 구조이며, 정책법학의 관점에서 보면 한국은 정책이 법을 만들고(policy as law-making force), 법이 다시 정책을 구성하는 policy-to-law dynamics가 강하게 작동하는 체계라 할 수 있다.

4. 행정절차법과 행정기본법의 평가

정책학의 관점에서 보면, 정책의 기본원칙이나 절차를 직접 규율하는 법은 없다. 입법에는 국회법이, 사법(司法)에는 법원조직법과 민사소송법·형사소송법 등이 있으나, 정책 그 자체를 제도적으로 규율하는 일반법은 마련되어 있지 않다. 반면, 행정 영역에는 행정기본법과 행정절차법이 존재한다. 이 두 법은 행정국가로서 정책 활동을 수행하는 과정에서 준거가 되는 기본 규범이자 행정행위의 정당성과 절차적 합리성을 담보하는 장치로 작동한다. 그러나 과연 이 법들이 오늘날의 정책 활동을 충분히 뒷받침하고 있는가? 급변하는 사회문제와 복잡한 이해관계 속에서, 행정기본법과 행정절차법이 정책의 실질적 형성과 집행을 제도적으로 지원하고 있는지, 아니면 행정 내부의 절차 관리에만 머물러 있는지를 따져볼 필요가 있다.

가. 행정절차법과 행정기본법 개괄

「행정절차법」은 1996.12.31. 제정하여 1998.1.1.부터 시행된 법으로서 행정절차에 관한 공통적인 사항을 규정하여 국민의 행정 참여를 도모함으로써 행정의 공공성·투명성 및 신뢰성을 확보하고 국민의 권익을 보호함에 목적이 있다. 주요 내용은 크게 세 가지이다. 첫째, 행정청이 처분을 내리기 전에 사전 통지, 의견제출, 청문, 공청회 등 절차를 거치도록 하여 국민의 권리를 보장한다. 둘째, 행정예고, 입법예고, 온라인 공청회, 온라인 정책토론, 국민제안제도 등 다양한 국민 참여 장치를 마련하여 민주적 행정 운영을 촉진한다. 셋째, 행정지도, 신고, 확약, 위반 사실 공표, 행정계획 등 행정작용의 다양한 형태를 절차적으로 규율하여 행정의 투명성과 예측 가능성을 높였다. 따라서 「행정절차법」은 행정의 구체적 집행 과정에서 국민이 참여하고 통제할 수 있는 절차적 민주주의의 틀을 마련한 법이다.

「행정기본법」은 2021.3.23. 제정하여 바로 시행된 법으로서 행정의 원칙과 기본사항을 규정하여 행정의 민주성과 적법성을 확보하고 적정성과 효율성을 향상시킴으로써 국민의 권익 보호에 이바지함을 목적으로 제정되었다. 법의 내용은 크게 네 가지로 나눌 수 있다. 첫째, 법치행정의 원칙, 평등원칙, 비례원칙, 신뢰 보호, 부당결부금지 등 행정법상의 일반원칙을 법률에 규정하였다. 둘째, 행정작용을 체계적으로 규율하면서 처분, 인허가의제, 공법상 계약, 과징금, 행정상 강제(대집행, 이행강제금, 직접강제, 즉시강제 등)에 관한 기준을 마련하였다. 셋째, 국민의 권익 보호를 위하여 처분에 대한 이의신청과 재심사 제도를 도입하여 권리구제 장치를 법적으로 보장하였다. 넷째, 행정입법의 기준, 법제 개선, 법령해석 절차 등을 규정하여 행정입법의 일관성과 투명성을 확보하려 하였다. 요컨대, 「행정기본법」은 개별 법령과 행정작용을 아우르는 헌장(憲章)적 법률로서의 성격을 지닌다.

「행정기본법」과 「행정절차법」은 행정을 규율하는 두 축으로서 상호 보완적인 관계를 형성한다. 「행정기본법」이 행정 전반에 적용되는 헌장적·원칙적 법률이라면, 「행정절차법」은 개별 행정작용을 수행할 때 적용되는 실행적·절차적 법률이다. 우선 「행정기본법」은 법치행정의 원칙, 평등·비례·신뢰보호와 같은 행정법상의 일반원칙을 성문화하여 행정 전반의 기본 틀을 마련한다. 이는 행정이 어떠한 가치와 기준을 따라야 하는지에 관한 방향과 토대를 제시한다. 그러나 구체적인 행정절차까지는 규정하지 않기 때문에, 실제 집행 과정에서는 공백이 존재할 수밖에 없다. 이 지점을 메우는 것이 「행정절차법」이다. 「행정절차법」은 행정청이 국민의 권리·의무에 직접 영향을 미치는 처분을 할 때 사전 통지, 의견제출, 청문, 공청회 등 절차를 거치도록 하여 국민의 권익을 실질적으로 보호한다. 또한 입법예고·행정예고, 국민제안, 온라인 정책토론 등 다양한 국민 참여 통로를 규정함으로써 행정의 민주성과 투명성을 확보한다. 따라서 「행정기본법」이 "행정은 원칙적으로 이렇게 해야 한다"라는 큰 틀을 제시한다면, 「행정절차법」은 "그 원칙을 실제로 이렇게 구현한다"라는 구체적 절차를 규율하는 법이라고 할 수 있다. 전자가 행정의 철학과 기준을 다진다면, 후자는 행정의 운영과 과정을 보장하는 셈이다. 종합하면, 두 법은 대립하는 것이 아니라, 하나는 추상적 기준을 마련하고 다른 하나는 구체적 실행을 담보하는 구조로 상호 보완적 관계를 이룬다.

나. 지침이 아닌 법률로의 제정 필요성

「행정기본법」과 「행정절차법」은 직접적으로 국민의 권리를 설정하거나 의무를 부과하는 법률은 아니다. 그러나 행정작용의 방식과 기준을 정함으로써 결과적으로 국민의 권리와 의무에 실질적인 영향을 미친다. 예를 들어, 「행정절차법」이 규정한 사전 통지나 의견제출 절차가 없다면 국민은 행정처분을 받기 전에 자신의 견해를 밝힐 기회조차 보장받지 못할 수 있다. 또한 「행정기본법」의 신뢰보호 원칙이 없다면 국민이 행정청의 공적 견해를 믿고 행동하더라도 그 이익을 법적으로 보호받지 못하는 상황이 생길 수 있다. 이러한 점에서 두 법은 행정의 절차와 원칙을 통해 간접적으로 국민의 법적 지위를 보장하는 기능을 수행한다.

이런 규범을 단순히 행정부 내부의 훈령 또는 지침으로 정한다면 국민은 그 내용을 알기 어렵다. 내부 규범은 원칙적으로 공무원만을 구속하기 때문에 국민이 자신을 보호할 수 있는 기준으로 활용하기 힘들다. 반면 법률로 제정해 두면 국민은 이를 근거로 자신의 권리를 적극적으로 주장할 수 있고, 행정청의 처분이 부당하다고 판단될 때 법률에 명시된 절차적 권리를 들어 이의를 제기할 수 있다. 더 나아가 이러한 사항을 법률로 규정하는 것은 행정부의 자의적 운영을 방지하는 역할도 한다. 만약 절차 규정을 내부 지침에만 의존한다면 정부는 필요에 따라 이를 쉽게 변경하거나 예외를 만들 수 있다. 이는 국민 권리 보호의 안정성을 크게 약화시킨다. 그러나 법률로 규정해 두면 국회의 심의를 거쳐야만 변경할 수 있으므로, 행정권의 임의적 판단을 제약하고 법적 안정성을 보장할 수 있다. 법률로 규정된다는 것은 또한 사법심사의 기준이 마련된다는 의미이기도 하다. 내부 규범은 법률과 달리 법원의 심사 근거로 삼기 어렵지만, 법률에 규정된 절차라면 행정소송에서 법원은 이를 기준으로 행정청의 처분 적법성을 판단할 수 있다. 실제로 행정청이 「행정절차법」에서 정한 절차를 거치지 않고 처분을 내렸다면, 국민은 그 위법성을 근거로 행정소송을 제기할 수 있다.

궁극적으로 이러한 제도화는 법치주의 원칙을 구현하는 것이다. 오늘날 행정권은 방대해지고 국민의 삶에 미치는 영향 또한 심대하다. 따라서 행정작용이 국민의 기본권을 침해하지 않도록 법률로 절차적 통제를 마련하는 것은 헌법상 적법절차 원칙(헌법 제12조 제1항)과 법률유보 원칙을 실현하는 길이다. 요컨대, 「행정기본법」과 「행정절차법」은 단순한 내부 규범으로 존재해서는 안 되며, 법률로 제정되어 국민이 예측할 수 있고 법적으로 보장된 권리를 행사할 수 있도록 해야 한다.

다. 단일(單一)법으로의 통합 가능성

「행정절차법」과 「행정기본법」을 하나의 법으로 통합할 수 있는가 하는 문제는 법체계의 정합성과 행정법 적용의 명확성을 고민하는 과정에서 제기될 수 있다. 두 법은 각각 행정의 원칙과 절차를 다루고 있지만, 그 성격과 기능에서 중첩되는 지점이 있기 때문이다.

먼저, 통합의 필요성을 살펴보면 다음과 같다. 「행정기본법」은 행정법의 일반원칙을 규정하고, 「행정절차법」은 행정청의 처분과 신고, 행정입법 등의 절차를 다룬다. 그러나 행정절차는 본질적으로 행정법의 원칙과 깊이 연관되어 있어, 이를 별도로 규정하기보다는 하나의 법에 통합하는 것이 법체계를 명확하게 할 수 있다. 지금은 행정절차를 다룰 때는 「행정절차법」을, 기본원칙을 논할 때는 「행정기본법」을 각각 참고해야 하는데, 통합하면 행정법 적용이 직관적으로 이뤄질 수 있다. 또한 두 법에서 일부 중복되거나 유사한 규정을 다루는 경우가 있어 해석상 혼란의 소지가 있다. 예컨대, 비례의 원칙은 「행정기본법」에 명문으로 규정되어 있고, 「행정절차법」에서도 행정처분의 적정성을 평가하는 근거로 기능한다. 이처럼 중복되는 부분을 통일적으로 정리하면 원칙 적용의 일관성이 강화된다.

그러나 분리를 유지해야 하는 필요성도 분명하다. 「행정기본법」은 모든 행정작용에 적용되는 일반원칙을 담고 있지만, 「행정절차법」은 특정한 행정행위(예: 처분, 신고, 행정입법, 행정예고 등)에 대한 구체적 절차를 규율한다. 적용 범위 자체가 다르다. 이 둘을 무리하게 통합하면 지나치게 포괄적인 규정과 세부적 절차 규정이 한 법률에 혼재되어 법률의 체계성과 가독성이 떨어질 수 있다. 또한 「행정기본법」은 행정법의 일반원칙을 다루는 기본법적 성격을, 「행정절차법」은 개별 행정작용의 절차를 다루는 절차법적 성격을 지니므로, 통합하면 법률이 방대해질 뿐 아니라, 때에 따라선 일반원칙과 절차 규정이 충돌할 위험도 있다.

따라서 현실적 대안은 부분적 통합이나 연계 강화일 것이다. 「행정기본법」을 정비해 행정절차의 기본원칙을 명확히 포함하고, 「행정절차법」은 구체적인 절차 규정만 유지하는 방안이다. 또는 「행정절차법」을 「행정기본법」의 하위 특별법적 지위로 재정리하여 체계를 단순화하는 방식도 가능하다. 결국 완전한 통합은 법체계상 깔끔해 보일 수 있으나, 두 법이 지니는 기능적 차이를 고려할 때 연계 강화와 역할 분담이 더욱 현실적인 접근일 것이다.

라. 한계

「행정기본법」과 「행정절차법」의 한계를 논의할 때 Good Governance와 Democratic Policy Administration이라는 틀이 필요하다. 이유는, 이 두 개념이 행정의 성격을 서로 다른 층위에서 조명하기 때문이다. Good Governance는 국제기구와 행정학에서 널리 쓰이는 개념으로, 투명성, 합법성, 책임성, 효율성과 같은 보편적 행정 원칙을 강조한다.[19] 우리나라의 두 법 역시 이러한 원칙을 법제화하면서 행정의 법치와 절차적 정당성을 확보하는 데 이바지했다. 반면, Democratic Policy Administration은 행정을 단순한 법 집행의 기계가 아니라, 정책을 기획·결정·집행·평가하는 민주적 과정으로 바라본다. 즉, 행정을 정책의 행위자로 보면서, 시민을 객체가 아닌 주체로 참여시키는 구조를 요구한다. 따라서 두 틀의 구분은 현행 법제의 성과와 한계를 동시에 드러내는 데 효과적이다. 두 법률은 Good Governance 차원에서는 법치, 책임성, 투명성 등에서 일정한 진전을 이뤘지만, Democratic Policy Administration 차원에서는 여전히 공백이 크다는 점을 보여주기 때문이다. 시민의 참여는 수동적이고, 정책 과정에서 사회적 형평성을 실현하는 데에는 어려움이 존재한다. 시민의 적극적인 참여와 실질적인 정책 민주주의 실현에는 아직은 해야 할 과제가 남아 있다.

구체적으로 「행정기본법」과 「행정절차법」의 한계를 정리하면 다음과 같다. 첫째, 두 법은 주로 독일 행정법에서 전래한 일반원칙을 정리하는 데 집중함으로써, 행정의 법적 정합성은 강화했지만, 행정이 지향해야 할 목적과 가치는 규범적으로 담아내지 못했다. 둘째, 법률유보와 적법절차 등 형식적 정당성은 정비되었지만, 공익·능률성·형평성과 같은 행정의 본질적 목표에 관한 규정은 찾아보기 어렵다. 셋째, 성과관리나 조직 운영과 같은 관리적 요소는 전혀 반영되지 않아, 행정의 운영 합리성은 여전히 내부 지침과 행정부의 몫으로 남아 있다.

---

19) Good Governance는 세계은행이 1992년 발표한 『Governance and Development』에서 강조된 바 있다. 세계은행은 good governance를 '건전한 개발 관리(sound development management)'와 동의어로 정의한다. 핵심은 효과적이고 공정한 시스템의 구축이며, 이를 통해 인권을 증진하고 지속 가능한 발전을 이루는 데 있다.

넷째, 시민참여는 절차적 차원에서만 보장된다. 사전 통지, 의견제출, 청문 등 형식적 민주성이 제도화되었지만, 시민이나 시민사회단체가 정책의 주체로 참여할 수 있는 구조는 없다. 결과적으로 시민은 여전히 행정의 객체일 뿐이다. 다섯째, 현대 행정의 핵심이라 할 수 있는 정책적 기능, 즉 정책의 기획·결정·집행·평가 전 과정에 대한 합리성과 정당성 확보는 법제적으로 다뤄지지 않는다. 여섯째, 중앙과 지방, 부처 간 정책 갈등과 조정 문제, 정책평가의 제도적 기반도 마련되지 않아, 행정의 정책적 성격은 여전히 법제의 사각지대에 머무른다.

마. 정책과 정책과정의 규범화 필요성

오늘날 행정부는 집행을 넘어, 정책을 기획하고 결정하며 집행·평가하는 정책 기능까지 확장되고 있다. 그러나 「행정절차법」과 「행정기본법」은 이러한 변화에 충분히 대응하지 못한다. 두 법은 개별 행정처분이나 신고, 행정입법, 행정지도의 절차를 규율하거나, 행정의 일반원칙을 선언하는 데 머무르고 있다. 그 결과 정책 형성과 집행 과정에서 필요한 절차적 기준은 미흡하다. 「행정절차법」이 규율하는 사전 통지, 의견제출, 청문, 공청회 등은 주로 개별 행정행위를 대상으로 하며, 「행정기본법」의 비례·신뢰보호 같은 일반원칙은 정책에도 적용될 수 있으나 구체적 기준은 제시하지 않는다.

이런 점에서 정책결정 및 집행 절차의 규범화 필요성이 제기된다. 정책은 몇 가지 특징 때문에 행정행위와 다른 차원의 규율을 요구한다. 첫째, 정책은 장기적·종합적 성격을 가진다. 개별 행정행위가 단기적 효과에 집중한다면, 정책은 사회 전반에 장기적인 영향을 미치기 때문에 심층적 검토, 이해관계 조정, 공론화 과정이 절차적으로 보장되어야 한다. 둘째, 정책은 유연성과 일관성 사이의 긴장을 내포한다. 상황 변화에 따라 정책을 조정할 필요가 있지만, 정부가 임의로 기존 정책을 변경·폐지하면 행정의 일관성과 신뢰성이 저해된다. 따라서 정책 변경·종료 시에도 일정한 절차적 기준이 필요하다. 셋째, 정책집행 과정에서도 투명성이 요구된다. 정책이 단순히 결정된 것으로 끝나는 것이 아니라, 집행 과정에서 절차적 기준이 마련되어야 책임 소재가 명확해지고, 효과가 없는 정책을 정치적 이유로 유지하는 문제를 방지할 수 있다. 정책평가와 종료도 법적 절차 속에서 이루어져야 한다. 넷째, 국민 참여와 협력이 강화되어야 한다. 정책은 국민 삶 전반에 영향을 미치므로, 공청회나 시민토론회, 전문가 검토 등 다양한 참여 절차가 법적으로 의무화될 필요가 있다. 현행 「행정절차법」이 입법예고를 통해 의견 수렴을 규정하고 있지만, 정책결정 차원의 참여는 여전히 미흡하다.

이러한 논의는 정책과 행정의 차이에서 비롯된다. 정책은 정부가 공공 목표를 달성하기 위해 방향을 설정하고 의사결정을 내리는 과정이다. 목표 설정, 대안 탐색 및 선택, 집행과 평가라는 일련의 단계에서 가치 판단이 본질적으로 개입한다. 반면, 행정은 정책을 구체적으로 집행하는 관리·운영의 과정이다. 법과 규칙을 적용하고, 조직과 절차를 통해 공공서비스를 제공하며, 효율성과 절차적 정당성을 담보한다. 따라서 정책은 '방향성과 가치 판단'을 중심에 두는 활동이고, 행정은 '효율성과 정당성'을 중심으로 한 집행 활동이라고 할 수 있다. 결국 오늘날의 행정부는 정책 기능이 강화되었음에도, 「행정기본법」과 「행정절차법」은 여전히 개별 행정작용 중심에 머물러 있다. 앞으로는 정책의 형성, 집행, 평가, 종료 전 과정에 절차적 기준과 참여 원리를 제도화함으로써, 정책 행위 또한 법치주의의 틀 안에서 민주성과 정당성을 확보할 수 있도록 발전시켜야 할 것이다.

<표 5> 「정책절차법」의 제정(안)

1. 총칙 . 목적: 정책결정·집행·평가에 법적 안정성과 예측 가능성 부여, 국민의 기본권 보장 . 정의: 정책, 정책과정, 정책 행위자, 공공성 등 기본 개념 . 원칙: 공익성, 신뢰 보호, 비례성, 참여성, 책임성, 정합성, 정책-법률 co-design 등
2. 정책의 제안 및 형성 절차 . 정책문제의 정의와 공식화 . 정책대안의 조사 및 영향 평가 (ex. 규제영향평가, 기본권 영향평가, 재정 추계 등) . 관계기관 간 협의 및 이해관계자 의견 수렴 절차 . 사전 공청회 또는 숙의 절차 (정책의 사전심사제와 유사) . 의사결정권자의 정책 형성 사전 통지 및 공개 의무
3. 정책의 결정 절차 . 최종안 결정 전 정책결정 보고서 공개 및 의견 수렴 . 정치·법적 정당성 확보를 위한 내·외부 심의 절차, 국회와의 사전 조정과 공동 검토 . 국가재정법·정부조직법 등과의 정합성 심사 . 정책목표와 수단의 법제화
4. 정책의 집행 절차 . 집행계획 수립과 책임 주체 명시 . 시행지침과 내부 통제 절차 . 이해관계자 참여 및 피드백 시스템 구축 . 조정과 갈등 관리 절차 포함 (예: 조정회의, 자율규제 포함 가능) . 지속적 법제의 개편
5. 정책의 점검 및 평가 . 사전·중간·사후 평가 기준과 절차 . 성과지표 설정 및 정보공개 . 외부 평가기구 혹은 시민 참여형 평가 가능성 명시 . 평가 결과에 따른 정책 변경 또는 종료 절차
6. 이의신청 및 구제 . 국민의 정책결정에 대한 이의제기 절차 . 정책의 위헌성·위법성 여부에 대한 사전 통제와 사후 통제
7. 보칙 및 부칙: 다른 법령과의 관계, 시행일, 경과조치 등

5. 정책과 법치주의

가. 법치주의와 법치행정

법치주의(Rule of Law)는 권력이 법에 의해 통제되고, 법이 예측 가능성과 공정성을 갖춘 상태를 의미한다. 이는 Rule by Law(법을 지배의 도구로 삼는 상태)와는 구별된다. 또한, 입법 만능주의 역시 법치주의와 구분해야 한다. 입법 만능주의는 모든 문제를 법령으로 규정하고, 법이 모든 것을 해결할 수 있다고 믿는 태도로, 이로 인해 법을 통한 과도한 규제 경향이 확산된다. 시장과 사회의 자율 조정 기능은 위축되거나 제한된다.[20] 법이 각자의 이익을 대변하는 기능을 주로 수행하다 보니, 누구나 다 입법 투쟁을 하는 경향으로 흐른다.

법치주의 사고가 행정에 적용될 경우, 법치행정(法治行政)이라 한다. 행정권도 법에 의해 창설되고, 법에 의해 통제되어야 한다는 것이다. 즉, 행정은 '법률 없이는 불가능하고, 법률에 따라야 한다.'라는 것이다.[21] 행정은 명사이자 동사로서, management, administration, execution, government, execute, govern 등 다양한 개념을 포함한다. 동시에 행정은 인사관리, 물품관리, 재산관리, 조직관리 등을 포괄하는 총체적 개념이므로, '법치행정'이라는 표현이 성립될 수 있다. 즉, '법에 기반을 두고 행정을 한다'라는 해석이 가능하다.

그러나 정책은 행정과 달리 명사적 개념으로서 동사형이 존재하지 않는다. 따라서 '법치정책'이라는 표현은 어색하며, 특히 '치(治)'라는 단어를 그대로 차용(借用)하는 것은 적절하지 않다. 정책 현상을 포괄하는 새로운 개념어가 필요하며, 필자는 이를 '법 기반 정책(Law-based Policy)'으로 정의한다. 이는 법을 기반으로 정책을 이해·설계·운영하는 구조를 지칭하며, 행정에서의 법치 개념을 정책 영역에 맞게 확장한 표현이라 할 수 있다. 구체적으로는 Policy Governance under Legal Framework라고 정의한다.

---

20) 이러한 경향은 우리나라에 전방위적으로 확산 중이다. 교육 분야의 예를 들면, 2025년 7월 「초·중등교육법」을 개정하여 수업 중 스마트기기 사용이 법적으로 금지한 사례이다. 학칙(學則)으로 충분히 결정해도 되는 사안일 수 있다. 법으로 명문화하여 모든 학교에 일률적으로 강제할 사항이었는지에 대한 의문이 있는 것이다.

21) 법치행정에서 '치(治)'라는 용어는 엄밀히 말해 부적합하다. 관행적으로 사용되고 있지만 잘못되었다. '치'라는 용어에는 왕권 국가나 권위주의 정부의 시각이 담겨있기 때문이다. 국민을 다스림의 대상으로 인식하기 때문이다. 따라서 '법 기반 행정'이라고 하는 것이 올바르다.

나. 정책에서의 법치주의

정책에서의 법치주의는 Policy Governance under Legal Framework이라는 개념으로 설명할 수 있다. Governance(거버넌스)의 일반적 의미는 '정부 통치(government)'와 달리, 공공정책 결정 및 집행 과정에서 다양한 주체(정부, 시장, 시민사회 등)가 상호 작용하는 방식을 의미한다. 이는 단순한 '통치'가 아니라, 법·규제·협력·네트워크 등을 통한 조정·협력·운영의 구조적 방식을 가리킨다. 최근에는 숙의 민주주의와 직접 민주주의 요소가 강화되는 방향으로 설명되고 있다(<표 6> 참조).

<표 6> 거버넌스의 의미 변화

단계	특징
전통적 행정 (Government 중심)	- 정부가 정책을 독점적으로 결정 및 집행 - 시민사회는 정책의 객체(수혜자)로서 기능
신공공관리 (NPM: New Public Management)	- 1980년대 이후 민간부문 기법 도입 - 정부 기능의 시장화 및 민영화 확대 - 시민사회는 계약을 통해 정부 역할을 대행
협력적 거버넌스 (Collaborative Governance)	- 정부와 시민사회 간 파트너십을 기반으로 한 협력적 정책결정 구조로 전환 - 공공서비스 공급에서 시민사회 및 민간의 역할 강화
숙의 민주주의와 직접 민주주의 요소 강화 (Deliberative Democracy)	- 공론화위원회, 시민배심원제 등 직접 민주적 요소 강화 - 시민이 숙의를 통해 정책결정에 실질적으로 참여 - 주민투표, 국민발안 등 직접 민주제적 장치의 제도화

Policy Governance라는 표현을 쓴 이유는, 현대 행정국가가 더는 정부가 단독으로 주도하는 체제에 머물지 않고, 시민사회와 시장의 참여를 포함하는 협치(governance) 구조로 전환하고 있기 때문이다. 이러한 전환은 단순한 이론적 변화가 아니라, 실제로 정책과정이 정치적 거래와 이해관계 조정, 협상 등을 통해 형성된다는 현실을 반영한다. 즉, 정책은 정부의 일방적 산물이 아니라, 다양한 사회 주체와의 협상과 조정을 통해 만들어지고 집행되는 과정이라는 인식이 담겨 있다. 즉, Policy Governance(정책 거버넌스)에서 Governance의 의미는 정책이 결정되고 집행되는 과정에서 정부뿐만 아니라 다양한 주체(기업, 시민사회, 국제기구 등)가 개입하는 방식을 설명하는 개념이며, 정책의 기획, 실행, 평가에 있어 법과 규범이 어떻게 작동하는지를 포함하는 구조적 접근이다. 정부가 모든 것을 직접 통제하는 것이 아니라, 민간 및 공공기관과 협력하는 방식도 포함한다. 따라서 Policy Governance에서의 Governance는 ⅰ) 정책을 조정하고 운영하는 방식, ⅱ) 정부와 민간 간의 상호작용, ⅲ) 법과 규범의 적용 방식을 의미한다.

Legal Framework는 정책이 형성·집행·평가되는 전 과정을 규율하는 법적 구조와 제도적 장치를 의미한다. 이는 단순히 헌법과 법률만이 아니라, 하위 명령, 자치법규, 고시·지침 등 다양한 법적 형식을 포함한다. Legal Framework는 정책 활동이 작동할 수 있는 '제도적 울타리'이자 '규범적 환경'으로, 정책을 가능하게 하는 기본 규범 질서이자, 정책의 한계를 설정하고 정당성을 부여하는 근거이다. 이 과정에서 민주적 정당성, 권력 남용 방지, 기본권 보호와 같은 핵심 가치가 함께 보장된다.

정책법학의 시각에서 Policy Governance under Legal Framework는 단순히 "법 기반 아래에서 정책이 실현된다."라는 수동적 명제를 넘어, 법과 정책이 서로를 구성하고 제도화하며 순환하는 통치 체계를 설명한다. 이는 메타 거버넌스(meta-governance)의 시도이기도 하다. 메타 거버넌스란, 정부·시장·시민사회 등 다양한 주체가 얽혀 있는 다원적 거버넌스 구조 위에서, 그 전체를 설계하고 조율하는 '거버넌스 위의 거버넌스'를 의미한다. 다시 말해, 개별 정책이나 제도를 직접 운용하는 것이 아니라, 그것들이 작동하는 규범·절차·조직·관계망의 틀을 설정하고 균형을 맞추는 통치 방식이다. 그럼 왜 메타 거버넌스의 시도인가? Policy Governance under Legal Framework는 법과 정책의 긴장과 상호작용을 분석 대상의 중심에 두고, 이를 제도적으로 조율하는 설계 원리를 제공하기 때문이다. 법치주의와 민주주의, 정책의 효과성과 형평성이라는 상이(相異)한 가치(價値)를 하나의 이론적 장(場) 안에서 충돌 없이 작동하게 만드는 것은 단순한 거버넌스가 아니라, 그 상위 수준에서 원칙과 구조를 설계하는 메타 거버넌스의 역할에 해당하는 것이다. 결국, Legal Framework는 정책 거버넌스가 정당성과 실효성을 확보할 수 있도록 하는 규범적·제도적 토대이며, 정책법학은 이 법적인 틀 속에서 법과 정책의 상호작용을 분석하고, 그 균형과 조화를 설계하는 학문적 기반을 제공할 수 있는 여지가 생겨난다.

다. 정책에서 법치주의의 구성 요소

정책법학이 지향하는 것은 단순히 "법이 정책을 뒷받침한다"라는 차원이 아니다. 본질적으로는 법적 틀 속에서 정책이 어떻게 형성·집행·평가되며, 동시에 정책이 법을 어떻게 변화시키는가를 거버넌스 차원에서 이해하는 것이다.

Policy Governance under Legal Framework는 법과 정책이 상호작용하는 통치체계를 설명하는 개념이며, 그 작동 원리를 네 가지 하위 구조로 구체화할 수 있다. 첫째, Law as Policy tool은 법을 정책의 실행 도구이자 전략적 수단으로 바라보는 관점이다. 둘째, Law as Policy Constitution은 법이 정책의 구조와 절차를 설계하는 헌정적 설계자로서 기능함을 의미한다. 셋째, Policy as Law-Making Force는 정책이 입법을 촉발하고 법의 내용을 형성하는 창조적 동력임을 보여준다. 넷째, Policy-to-Law Dynamics는 정책과 법이 서로를 구성하며 순환적으로 발전하는 상호작용 구조를 해석하는 틀이다. 이 네 가지 구조는 정책법학이 법치주의, 민주주의, 효과성과 형평성이라는 핵심 가치를 통합적으로 분석할 수 있게 하는 토대를 이룬다.

1) 법은 정책의 도구 (Law as Policy tool)

법은 정책목표를 실현하기 위한 가장 강력한 수단으로 작동하며, 이 과정에서 법적 정당성이 핵심 원리로 작용한다. 즉, 법이라는 도구는 헌법적 근거와 정당성을 가져야 하고, 국민의 기본권을 침해하지 않아야 한다. 즉, 정책 관점에서 법은 수단(tool)으로 재해석해야 한다. 규제정책을 예로 들면, 행정법의 허가, 등록, 신고, 특허 등은 의미가 엄연히 다르다. 정책학에서는 이를 단순히 규제 수단 중 하나로 병렬 나열하는 것을 넘어, 국가와 시민사회 간 관계 속에서 각 수단의 본질적 특성과 정책적 의미를 분석해야 한다. 예를 들면, 특허는 정부 재량이 매우 크지만, 등록·신고는 시민의 자유에 대한 제한이 작다는 식이다.

이처럼 정책법학의 관점으로 보면 법은 달리 보인다. 법은 정책을 실현하기 위해 다양한 형식과 기능으로 동원된다. 단순한 형식적 근거를 넘어, 정책의 구체적 실행 도구이자 통제 메커니즘으로 작동한다. 예를 들어, Lowi의 분류인 규제정책에서는 허가·인가·과징금과 같은 법적 장치가 사용되고, 분배정책에서는 보조금 지급의 법적 근거와 자격 요건이, 재분배정책에서는 사회보장법이나 조세법이 활용된다. 따라서 정책법학은 법을 단순한 절차나 형식 또는 규범이 아닌 전략적 정책 수단으로 재해석하는 것이다. 정책 설계 과정에서 어떤 법적 수단을 구성할 것인지, 그리고 그 수단이 정책목표에 적합한지를 판단하는 기준이 생겨난다. 또한 이를 통해 법을 기술적으로 설계하는 '법 공학적(工學的) 접근'이 가능해진다. 이런 의미에서 입법학을 정책 관점에서 흡수·재정립할 수도 있으며, 행정공무원에게는 정책을 추진하면서 법을 자연스럽게 정책의 수단으로 인식하는 역량이 필수적으로 생겨난다. 결국 행정공무원의 정책역량은 곧 법제역량이 된다. 정책법학의 입장에서는 정책 유형론이 법적 수단 선택의 기초가 되지만, 국내에서는 아직 정책 유형론이 충분히 정립되지 않은 것이 한계이다. 이 책에서 그 시작을 만들어가고 있다.

2) 법은 정책의 헌정 질서 (Law as Policy Constitution)

법은 단순한 집행 수단이 아니라 정책이 이루어지는 기본 규범 질서를 형성한다. 따라서 여기서 중요한 것은 정책적 타당성이다. 법이 정책 질서를 어떻게 설계하고, 정책목표를 달성하기 위해 얼마나 합리적 구조를 보장하는가가 쟁점이 된다. 즉, 법률은 정책의 기반이 되어야 한다. 따라서 입법이란 단순히 법률 문안을 만드는 것이 아니라, 완성된 정책 설계에 기초해야 하는 일이다. 즉, 정책 설계가 완성된 이후에 입법안을 만들어야 한다.

법은 단순히 정책을 실행하는 도구를 제공하는 데 그치지 않고, 정책의 구조·조직·권한·절차를 설계한다. 예를 들어, 교육 관련 법률은 학교, 교육청, 교육감이라는 정책 단위를 구성하고, 복지 관련 법률은 수급자 범위, 급여 방식, 전달체계를 설정하며, 환경 관련 법률은 인허가 절차, 배출 기준, 행정기관 권한 구조를 규정한다.

정책법학 관점에서 이는 정책과 제도의 헌정적 통합(constitutional integration)을 구현하는 것이다. 여기서 '헌정적 통합'이란 단순히 법률 차원을 넘어 국가의 기본 구조와 통치 원리까지 포함하는 수준에서 정책과 제도를 하나로 엮는 것을 뜻한다. 헌법의 'Constitution'은 단지 조문집(條文集)이 아니라, 국가권력의 조직 원리와 통치 질서를 의미한다. 교육정책이 헌법상 교육권 실현의 수단이 되고, 복지정책이 사회권 보장을 위한 헌정질서를 설계하는 것처럼, 정책은 헌법의 부속물이 아니라 구조를 실질적으로 형성하는 구성 요소가 된다.

따라서 행정부 공무원은 법을 기반으로 정책을 설계해야 하고, 입법부 공무원은 자신이 관여한 법이 곧 정책의 틀을 규정한다는 점을 인식해야 한다. 따라서 입법학의 핵심은 행정법을 재정립하는 차원을 넘어, 정책과 법의 결합적 사고를 구현하는 데 둘 필요가 있다. 그러나 입법학은 전통적으로 법 중심의 시각에 머물러 정책의 정치적·사회적 맥락을 충분히 반영하지 않았다. 공무원들은 제대로 된 입법을 위해서는 본칙과 부칙 등의 구조가 결국 정책의 목적과 수단을 정리한 것으로 정책의 구조를 의미한다는 것임을 이해해야 한다.

3) 정책은 법 형성의 동력 (Policy as Law-Making Force)

정책은 단순히 행정부가 집행하는 행위가 아니라, 입법을 견인하고 새로운 법의 형성을 촉발하는 동력으로 작동한다. 이때는 사회적 수용성이 중요하다. 정책이 법을 만드는 것이다. 정책이 시민사회와 상호작용하면서 법제화 요구로 전환되는 과정이 바로 정책의 입법 동력화이며, 이는 시민사회의 동의와 참여가 뒷받침될 때 가능하다.

정책은 입법을 요청하고, 법의 방향과 내용을 설계하는 창조자이자 기획자로 기능한다. 정책 의제가 입법안으로 전환되는 과정(예: 노인 돌봄 정책 → 노인복지법 개정안)이나, 국가 전략에 따라 법률 구조가 재편되는 과정(예: 탄소중립 정책 → 환경 관련 법 제정)이 대표적이다. 정책법학적으로 이 관점은 입법과 정책 사이를 위계적으로 보지 않고 상호 구성적 관계로 이해하게 만든다. 이는 법학의 범주를 넘어, 정책 주도의 법 구성론을 가능하게 하며, 국가권력 구조가 정책 기획 중심으로 이행되고 있다는 점을 해석하게 한다.

행정 공무원의 시각에서 보면, 정책 설계는 계획보고서 작성을 넘어 입법을 요청하고 법을 설계하는 출발점이다. 입법은 국회가 담당하지만, 법안을 기획·구상하고 초안을 설계하는 주체는 대부분 행정부이다. 따라서 공무원의 정책역량은 곧 법제역량(legislation capacity)이며, 특히 조례·시행령·시행규칙을 기획하는 행정 활동은 실질적으로 입법행위에 해당한다. 행정공무원은 정책 실행자가 아니라, 정책에 적합한 법을 설계·창출하는 정책입법자인 것이다.

4) 정책에서 법으로 이어지는 동학 (Policy-to-Law Dynamics)

정책결정은 입법화·제도화를 통해 사회 전반의 규범체계로 편입된다. 이 과정에서는 세 가지 원리, 즉 법적 정당성(헌법적 합치), 정책적 타당성(효과성과 합리성), 사회적 수용성(거버넌스적 정당성)이 종합적으로 작동한다. 정책이 법을 만들고, 법이 다시 정책의 정당성·구조·집행을 구성하며, 이러한 과정이 반복적으로 순환하는 구조가 존재한다. 이른바 정책-법 순환 거버넌스 모델이다. 흐름은 다음과 같다.

> *정책목표 설정 → 법적 수단 요청 → 입법 및 제도화 → 정책 집행 → 정책평가 → 새로운 정책 의제 형성 → … (반복)*

정책법학의 관점에서 이 구조는 기존 정책학이 간과한 법적 구조의 순환성과 재귀성(再歸性)을 해석할 수 있게 하고, 법정책학이 설명하지 못한 입법 이전 단계의 행정부가 주도하는 법 형성 메커니즘까지 분석할 수 있게 한다. 이 동학(動學)은 정책이 법을 만들고, 법이 다시 정책을 가능하게 하는 이중 환류 시스템으로 이해할 수 있다. 행정공무원의 시각에서는 다음과 같이 요약된다. 정책은 법을 만들고, 법은 다시 정책을 설계하며, 그 정책은 또 다른 법을 요청한다. 정책은 단발성 사건이 아니라, '입법–시행–평가–신정책-법 개정'으로 이어지는 순환의 일부이다. 이 구조를 이해하지 못하면 법 없는 정책, 정책 없는 법이 발생한다. 공무원은 입법 기획자이자 법 형성 관리자로서, 법과 정책의 순환 구조를 설계하고 조율하는 거버넌스 엔지니어가 되어야 한다.

정리하면, 정책법학의 기본 원리(정당성, 타당성, 수용성)는 각각 따로 떨어진 기준이 아니라, "법적 틀 속의 정책 거버넌스"라는 큰 관점 안에서 법과 정책의 상호작용을 구조화하는 기준으로 작동한다. 법은 정책의 수단일 뿐 아니라 정책 질서의 헌정 구조를 제공하고, 정책은 단순한 집행 대상이 아니라 법 형성의 동력으로 작동한다. 나아가 정책과 법은 끊임없이 상호작용(dynamics)하면서 서로를 변형하고 발전시킨다.

이와 같은 관점은, 법학이 강조해 온 법치·합헌성 중심의 사고나, 행정학이 중시해 온 효율·효과성 중심의 사고만으로는 포착하기 어려운 새로운 융합적 분석 틀이다. 정책학이 접근해야 하는 영역인 것이다. 다시 말해, Law as Policy tool → 정당성, Law as Policy Constitution → 타당성, Policy as Law-Making force → 수용성, Policy-to-Law Dynamics → 종합적 상호작용이라는 구조 속에서 정책과 법은 하나로 연결되며, 이 연결 과정을 설명하는 것이 바로 정책법학의 핵심 과제라 할 수 있다.

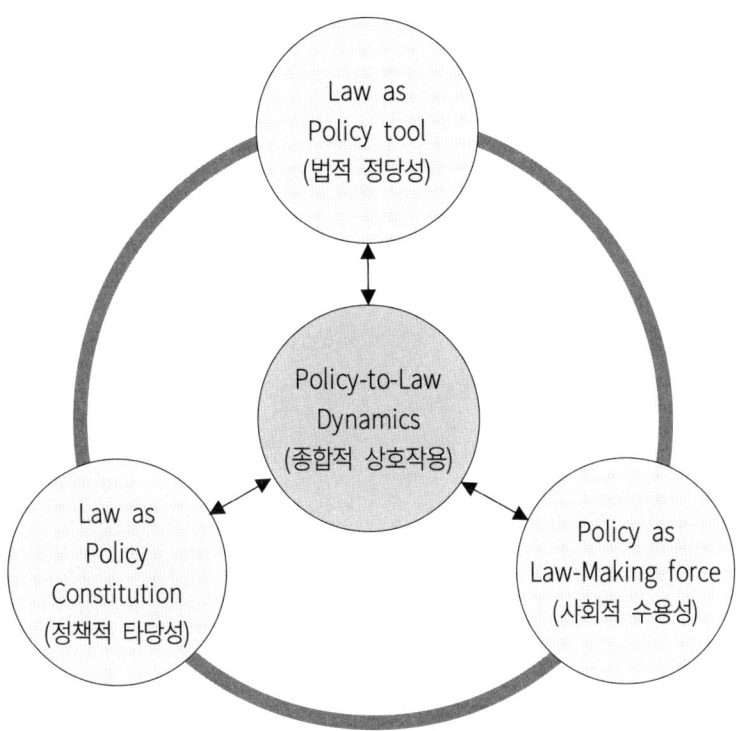

[그림 2] 정책에서의 법치주의 구조

[그림 2]는 Policy Governance under Legal Framework, 곧 정책에서의 법치주의를 설명한다. 정책과 법의 관계는 단순히 병렬된 것이 아니라, 정책에서 법으로 이어지는 동학(Policy-to-Law Dynamics)이 중심에 놓이고, 이를 둘러싸고 법적 정당성(Law as Policy tool), 정책적 타당성(Law as Policy Constitution), 사회적 수용성(Policy as Law-Making force)이라는 세 가지 원리가 상호작용한다. 이는 곧 정책법학이 지향하는 바가, 규제를 줄이느냐 늘리느냐의 문제가 아니라, 정당하고 타당하며 수용할 수 있는 '더 나은 규제'(Better Regulation)를 설계하는 데 있음을 보여준다.

정리하면, 정책과 법의 관계는 순환적 구조 속에서 전개된다. 우선 정책이 출발점이 된다. 사회문제를 해결하기 위해 목표와 수단을 구상하는 과정에서 법의 제정이나 개정 필요성이 제기된다. 이 단계에서 법 형성은 Policy as Law-Making Force로 작동하며, 정책이 입법의 방향과 내용을 규정한다. 이렇게 제정된 법은 단순한 실행 근거를 넘어, 정책의 구조와 절차, 권한을 설계하고 제도화하는 기능을 수행한다. 이는 곧 Law as Policy Constitution의 역할이다. 이어서 법의 각 조항은 정책을 집행하거나 규율하는 구체적 도구로 활용되며, 이는 Law as Policy tool에 해당한다. 그러나 이러한 법과 정책의 결합은 고정된 것이 아니다. 시간이 지나면 새로운 사회적 요구나 문제에 대응하기 위해 또다시 새로운 정책의 필요성이 발생하고, 새로운 입법 과정이 시작된다. 이 모든 과정 전반에는 Policy-to-Law Dynamics 가 작동한다. 이는 특정 시점의 사건이 아니라, 정책과 법 사이에서 지속해서 반복되는 상호 작용의 리듬과 구조를 가리키는 개념이다. 결국 정책과 법은 상호 의존적이며, 서로를 형성·변형시키는 순환 속에서 발전해 나간다.

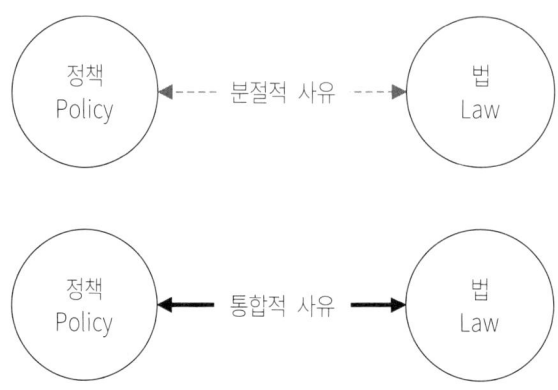

[그림 3] 정책과 법을 바라보는 2가지 사유(思惟)

결국, 정책과 법의 관계를 바라보는 시각은 지금까지의 분절적 사유(思惟)에서 정책법학에서 말하는 통합적(統合的) 사유로 전환되어야 한다. 분절적 사유(fragmented reasoning)는 정책과 법을 별개의 영역으로 나누어 각기 독립적으로 이해하지만, 통합적 사유(integrative reasoning)는 이를 하나의 유기적 체계로 파악한다. 이때 정책은 한쪽으로는 수단(tool)과 연결되어 법적·제도적 장치를 통해 실행되고, 다른 한쪽으로는 기반(constitution)과 연결되어 법적·규범적 질서 속에서 정당성과 가능성을 확보한다. 다시 말해, 정책은 법을 활용하는 동시에 법에 의해 뒷받침되며, 법은 정책을 가능하게 하는 동시에 정책에 의해 형성된다. 이러한 연결적 사유야말로 네 가지 하위 구성 요소를 관통하는 핵심 관점이며, 정책법학이 지향하는 분석과 설계의 토대가 된다.

라. 대한민국의 정책과 법치주의

우리나라에서 법치주의는 형식적 차원에서는 구현되어 있다. 헌법은 조세법률주의, 기본권 제한의 법률유보, 행정권에 대한 국회의 통제 등 법치주의의 기본원칙을 선언하고 있고, 정부도 정책을 추진할 때 최소한 법률적 근거를 표면적으로는 마련한다. 그러나 정책집행 과정을 살펴보면 실질적인 법치주의는 충분히 구현되지 못하고 있다.

첫째, 정책과 법률을 별개로 취급하는 경향이다. 정책은 행정부의 기획·보고서 중심으로, 법률은 입법부의 몫으로 분리해 사고하다 보니, 정책 수립 단계에서 법률적 검토가 배제된다. 그 결과 정책은 법적 정당성이 모자란 채 추진되거나, 뒤늦게 법률적 보완이 필요한 상황이 반복된다.

둘째, 법률이 아닌 하위법령, 더 나아가 행정규칙 중심으로 정책을 조정하는 관행이다. 법률유보 원칙[22]이 유명무실해지어, 국민의 권리·의무에 중대한 영향을 미치는 사안조차 시행령·시행규칙, 심지어 훈령 또는 지침으로 결정된다. 이는 법률우위 원칙[23]을 무력화하고, 입법부의 통제 기능을 약화시킨다.

셋째, 법률 없이 예산사업으로 정책을 추진하는 관행이다. 특히 일부 부처에서, 법률 근거 없는 예산사업이 정책 대안으로 남발되면서, 법적 정합성이 처음부터 무시되는 경우가 많다. 이는 "법 없이도 사업(곧 정책)은 가능하다"라는 왜곡된 행정문화로 이어지고, 공무원의 관행으로, 역량의 내재화로 이어진다.

넷째, 행정지도가 '사실상 강제'처럼 작동하는 경우이다. 법적으로는 비권력적 행위에 불과한 행정지도가, 현실에서는 "안 따르면 불이익"이라는 인식 속에서 사실상 법적 강제력을 가진 것처럼 기능한다. 이는 국민의 자율성을 침해할 뿐 아니라, 법치주의 원리에도 위배 된다.

다섯째, '빨리빨리'식 정책결정이 입법적 흠결을 낳는 구조이다. 충분한 입법적 검토 없이 정책을 서둘러 추진하다 보니, 법률안의 완결성이 떨어지고, 시행 후 잦은 개정이 불가피해진다. 그 과정에서 행정부와 국회 모두 불필요한 에너지를 낭비하고, 국민은 불안정한 법제 환경 속에서 혼란을 겪게 된다.

요약하면, 한국의 정책에서의 법치주의는 법률과 정책의 괴리, 법률유보 원칙의 형해화, 법률우위 원칙의 무시, 행정지도의 사실상 강제화, 졸속입법으로 인한 반복 개정이라는 다섯 가지 특징을 보인다. 이는 형식적 법치주의는 구현되는 것처럼 보이나, 실질적 법치주의는 부실한 현실을 잘 보여준다. 한편, 행정부에 대한 법치주의 관점에서의 비판을 입법부에 동일하게 적용하면, 입법부 역시 다양한 문제를 노출한다. 앞으로 정책법학에서는 입법부의 이러한 법치주의 왜곡과 훼손 실태를 연구하여야 할 것이다.

---

22) 국민의 권리와 의무에 본질적 영향을 미치는 사항은 반드시 국회가 제정한 법률에 근거해야 한다는 원칙이다. 즉, 행정권은 독자적이지 못하고, 법률에 근거를 두어야만 가능하다는 생각이다. 침해유보설에서 모든사항유보설까지 학설이 존재한다.
23) 행정의 모든 활동은 이미 존재하는 법률에 위반되어서는 안된다는 원칙이다. 즉, 법률이 없어도 행정활동은 가능할 수 있으나, 존재하는 법률과는 충돌해서는 안된다는 원칙이다.

6. 정책법학의 필요성과 목적

가. 정책법학24)의 필요성

정책 현상은 정책학과 법학이 각각 바라본다. 미국에서 정책학이란 학문이 만들어지기 이전에는 정치학이 그 역할을 담당했다. 반면, 유럽은 법학적 전통이 강하다. 우리가 배우는 행정법은 사실 유럽 학문의 성격이 강하다. 물론 유럽 대륙과는 다른 행정법이 미국에도 존재함에도 우리의 법학계는 아직은 유럽 대륙의 법학 지식을 바탕으로 하고 있다. 최근에는 입법학(立法學)이라는 학문이 등장하여 법조문의 제정에 관한 관심이 늘어나고 있고, 법정책학도 등장하여 법의 시각에서 정책을 바라보기 시작했다.

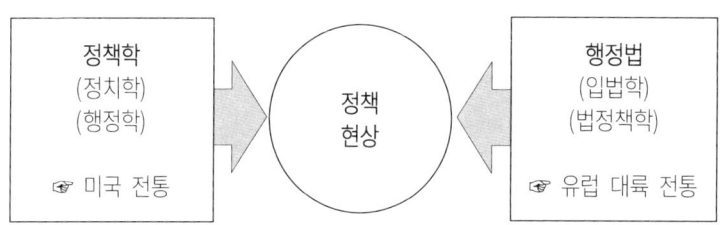

[그림 4] 정책 현상을 연구하는 2개의 주된 학문

법학의 시각으로 정책을 바라보게 되면, 주로 법은 정책을 어떻게 통제하거나, 정당화하느냐에 관심이 주어진다. 합헌성, 법치주의, 입법 기술, 위임의 법적 한계 등이 논의된다. 반면,

---

24) 원래 충남대학교 국가정책대학원 25년 1학기 강의 과목은 『정책과 법』이었다. 『정책법학』이라고 명칭도 고려했으나, '학'이라는 무게감에 주저했다. 정책 현장의 경험상, 공무원의 핵심역량은 정책역량이며, 상당 부분이 법제역량에 의해 뒷받침된다. 그렇기에 정책대학원에서 정책의 시각에서 법을 공부하는 것은 매우 중요하다고 생각했다. 1학기 강의를 마무리하는 15주 차 강의를 준비하면서 '정책법학'이라는 이름을 사용하는 것에 고민하기 시작했다. 이미 강의 내용 속에는 '학'이라 부를 만한 분석 틀과 논의가 조금은 자리 잡았기 때문이다. 정책법학이라고 부르기 위해서는 고유한 연구 대상, 즉 정책과 법의 상호 관계와 그 작용을 명확히 설명해야 한다. 또한 정책학의 연구 방법과 법학의 연구 방법을 융합한 고유한 연구방법론이 필요하며, 이를 통해 축적된 지식체계가 형성되어야 한다. 필자는 이러한 지식이 정책학계에서 축적되기를 기대한다. 일정 시간이 지나면, 이 책에서의 정책법학 시도가 『정책법학론』이나 『정책법학 원론』과 같은 보다 체계적인 학문으로 발전할 수 있으리라 믿는다. 아직 '학'이라 부르기엔 매우 부족하지만, 설명의 편의를 위해 정책법학이란 용어를 종종 사용한다는 점을 고려하면서 책을 읽어주길 바란다.

정책학에서는 정책 현상이 법과 깊은 관계에 있다는 것에 관한 관심이 부족하다. 대신 정책은 왜 필요하고, 어떻게 만들어지며, 어떻게 작동하는지에 관심이 있다. 따라서 정책의 효율성, 정당성, 참여, 갈등 조정 등과 같은 이슈 등이 논의된다.

최근 행정법학계에서 법정책학이라는 학문이 등장하였다. 법정책학은 주로 법률을 중심으로 정책 현상을 연구한다. 법의 합목적성을 강조하는 접근이다. 법의 정당성과 실효성 확보를 위한 입법 기술과 입법 영향 분석을 강조한다. 법률안 심사나 법제 업무에 입법학과 함께 실무적으로 적용된다. 그러나 법과 정책을 집행이라는 관점에서 살피다 보니, 법을 제정하게 되는 정책적, 정치적 맥락은 설명하기 어렵다. 정책은 법률안으로 구체화할 때 분석 대상이 된다. 정책과정 전반을 보기 어렵다. 주로 입법 단계에 집중된다. 시민사회와 이해관계자 참여, 갈등 조정, 권력 관계 등 정치·사회적 동력은 고려되기 어렵다. 또한, 정책은 법의 하위에 있다는 시각도 엿보인다. 원론적 법치주의 시각이 중시된다. 정리하면, 법정책학은 법을 더 잘 만들기 위한 학문이지, 정책 현상을 조망하는 분석 틀로는 제한적이다.

그렇다면 도대체 정책과 법의 관계는 어떠한가? 정부 조직에서 정책을 다루는 사람들의 시각에서는 정책은 법을 통해 실현되지만, 법 또한 정책결정의 산물이 된다. 따라서, 법과 정책은 상호 구성적 관계이며, 이를 통합적으로 바라봐야 제대로 된 정책 현상에 대한 이해와 설명이 가능해진다고 본다. 정책과 법은 서로 별개로 존재하는 것이 아니라, 현실 속에서 긴밀하게 얽혀 있으며, 정책 담당자라면 양자를 동시에 사고할 수 있어야 한다. 법은 정책의 제도적 기반을 마련하고, 정책은 법을 통해 제도화되며, 이 상호작용을 이해할 때 정책과 법은 비로소 유기적으로 작동할 수 있기 때문이다.

우리나라는 여전히 행정국가의 성격이 강하다. 예산 편성과 법률 제정을 사실상 행정부가 주도하며, 입법부는 형식적 심의와 확정 역할에 머물러 있다. 입법부의 적극적 정책 설계 기능은 상대적으로 약화되어 있다. 이러한 구조를 극복하기 위해서는 장기적으로는 입법부의 정책설계 역량을 강화하고, 입법 과정 자체를 혁신함으로써, 행정부 중심의 행정국가를 넘어 입법국가로의 진전을 도모해야 한다. 그럼에도 정부의 「법제업무운영규정」은 겉으로는 '입법의 체계화와 효율적 운영'을 표방하지만, 실제로는 행정부 내부의 절차적 관리 규범에 머무르고 있다. 즉, Good governance 수준에서는 의미가 있을지 몰라도, 정책과 법을 연계하는 policy governance, democratic policy administration이라는 관점에서는 매우 미약하다(<표 7> 참조).25) 이런 관점에서 정책법학은 정책을 기반으로 하되, 법을 핵심 분석 대상으로 통합하는 학문이다. 법정책학이나 입법학 또는 기존의 정책학으로는 설명되지 않거

---

25) Policy governance는 정책을 둘러싼 모든 행위자의 상호작용과 네트워크를 중시한다. 반면, democratic policy administration은 policy governance 틀 내에서 공공행정이 담당하는 역할을 중시한다. 즉, democratic policy administration은 policy governance의 관계 속에서 행정이 민주주의 원칙을 어떻게 적용할 것인가를 다루는 하위 개념이라고 볼 수 있다. Democratic policy administration은 전통적인 '행정' 개념의 내적 가치를 민주적으로 재정의하려는 입장이고, policy governance는 '행정'의 주체를 정부를 넘어선 사회 전체로 확장하는 시도이다. 즉, 이는 '정부(government)'에서 '거버넌스(governance)'로의 패러다임 전환과 관련된다.

나 설명할 수 없는 새로운 구조와 철학을 정립하는 학문이다. 즉, 정책법학은 정책과정의 전 생애에 걸쳐 법이 어떻게 개입하고 구조화되는지를 탐구하는 실천적 학문이 된다.

<표 7> 「법제업무운영규정」에 대한 정책법학적 해석

첫째, law as policy tool 관점에서 보면, 이 규정은 법령을 "정책을 실현하기 위한 도구"라 기보다, 입법안을 관리·심사하는 행정부 내부 절차로만 바라본다. 정책목표를 달성하기 위해 어떤 법적 수단이 가장 적절한지, 규범 설계가 정책 성과에 어떻게 이바지할지에 대한 논의 는 없다. 즉 법은 정책 도구라기보다 행정부가 편의적으로 다루는 형식적 결과물로 축소된다.

둘째, law as policy constitution 관점에서도 한계가 뚜렷하다. 법은 정책 질서를 규정하 는 헌정적 기능을 가져야 한다. 즉, 권한 배분, 책임 구조, 참여 절차를 법적으로 정립하는 역할을 해야 한다. 그러나 현행 규정은 입법계획의 권한을 행정부와 법제처에 집중시키고 있 으며, 국회·지방정부·시민사회의 제도적 참여를 제도화하지 않는다. 결과적으로 정책의 헌정적 소임을 수행하기보다는, "행정부 중심의 입법 관리 규정"에 머물고 있다.

셋째, policy as law-making force 관점에서도 마찬가지이다. 현대 행정에서는 정책이 법 률 형성의 실질적 동인이 된다. 정책의 필요성이 입법을 촉발하고, 정책결정이 곧 입법과 연 결되는 구조가 만들어져야 한다. 그러나 이 규정은 정책과 입법의 관계를 제도적으로 묶지 못한다. 규제영향분석, 재정추계 같은 정책적 고려가 입법 형성과 어떻게 연결되는지에 관한 규정은 미흡하고, 정책과 법이 각자 따로 움직이게 만든다. 이 때문에 "정책이 법률 형성의 힘"으로 작용하는 통로에 관심이 미흡하다.

넷째, policy-to-law dynamics 차원에서도 미흡하다. 정책과 법은 상호작용 속에서 순환해 야 한다. 정책은 법률을 통해 제도화되고, 법률은 다시 정책 과정을 피드백하며 개선해야 한 다. 그러나 「법제업무운영규정」은 이 순환 구조를 제도화하지 못한다. 법령 정비는 '빠르고 효율적인 개정'에 초점을 맞추고 있어 정책평가, 정책 실패의 교훈, 국민적 참여 결과를 법령 개정에 반영하는 장치는 부재하다. 따라서 정책과 법률이 서로 맞물려 발전하는 역동성은 실 현되지 않고, 단선적 절차 관리에 머무른다.

종합하면, 「법제업무운영규정」은 행정부 내부의 good governance 적 절차 관리 규정으로 는 기능하지만, policy governance under legal framework의 관점에서는 매우 미흡하 다. 법은 정책 도구로 활용되지 못하고, 정책 헌법적 역할을 수행하지 못하며, 정책은 법률 형성의 힘으로 제도화되지 않고, 정책과 법의 순환적 역동성도 제도화되지 않는다. 결국 법령 정비와 정책 형성이 따로 놀면서, 법제 업무는 행정 편의적 절차 규율에 갇혀 있는 셈이다.

정책법학의 분석 틀은 법과 정책의 관계를 다각적으로 조망하는 데 초점을 둔다. 우선 관계 중심 분석의 관점에서, 법은 국가와 시민 간의 관계를 규율하는 역할을 수행하고, 정책은 이 러한 관계를 설계하고 조정하는 방식으로 기능한다. 또한 정책과정의 전(全)주기 분석을 통 해, 의제 설정에서부터 정책결정, 입법화, 집행, 평가, 환류에 이르는 전 과정에서 법이 어떻 게 작동하는지를 통합적으로 분석한다. 세 번째로, 정책 유형별로 법의 작용 방식이 상이하 다는 점도 중요한 분석 요소이다. 제한, 보호, 구성, 추출, 제재, 유도 등 정책 유형과 법의 대응 분석을 통해 각 유형별 법적 작동 원리를 밝힌다. 이 과정에서 법적 형식의 다양성을 고려하여, 법률, 명령, 자치법규, 고시, 지침 등 법의 위계와 성격을 정책 수단으로 재구성한다. 나아가 조세, 과징금, 보조금, 허가, 정보 제공 등 다양한 정책 수단과 법적 정당성의 연결을 분석하고, 각각의 정책 수단이 요구하는 법적 요건을 검토한다.

한편, 정책법학은 정의(justice)와 정당성(legitimacy)의 개념을 이론적 기반으로 삼는다. 정의는 철학적·윤리적 정당성을 의미하며, 공정성과 옳음을 바탕으로 한다. 정당성은 사회적·정치적 승인과 수용 가능성을 뜻하며, 절차적 정당성, 사회적 수용성, 참여의 정당성을 포함한다. 이를 뒷받침하는 원칙으로 법치주의(rule of law)와 민주성(democracy)이 있다. 법치주의는 권력 행사가 법에 근거해야 하며, 법이 예측할 수 있고 공정해야 한다는 원칙을 말하고, 민주성은 국민의 의사가 반영되고 숙의와 참여를 통해 정당성이 확보되어야 한다는 원칙을 뜻한다. 이 과정에서 필연적으로 발생하는 것이 긴장이다. 법은 형식적 정의를 추구하면서 절차적 공정성을 중시하는 반면, 정책은 실질적 형평이나 효율성을 위해 때로는 형식적 법질서를 흔들 수 있다. 예컨대, 누진세는 공정성을 구현하지만, 특정 계층의 반발을 초래할 수 있고(정의 vs. 정당성), 신속한 정책 집행은 효과성을 높이지만 법적 정당성과 절차적 민주성을 약화시킬 수 있다(효율 vs. 법치주의). 따라서 정책법학은 이러한 긴장을 단순히 회피하거나 위계적으로 서열화하는 것이 아니라, 상충하는 가치와 원칙을 조율하고 균형을 잡을 수 있는 이해의 기반을 제공하는 것을 핵심 과제로 삼는다.

이와 같은 정책법학은 학문적·실천적·교육적·방법론적 측면에서 다양한 장점을 지닌다. 먼저 학문적 측면에서는 기존 정책학이 정치적/행정적 맥락에 치우치는 경향, 그리고 법학이 형식 논리에 매몰되는 경향을 넘어, 세 분야를 융합한 분석이 가능하다. 실천적으로는 정책을 입법화하려는 행정부, 정책의 영향을 검토하는 국회, 정책 피해를 호소하는 시민사회 모두가 활용할 수 있는 분석 틀을 제공한다. 교육적으로는 법학과 정책학의 이분법을 넘어선 종합적 공무원 교육을 구현할 수 있다. 방법론적으로는 규범적 분석, 실증적 정책 분석, 구조적 설계를 동시에 결합할 수 있는 특징이 있다. 이러한 정책법학의 구성 요소는 세 가지로 정리할 수 있다.

첫째, 규범적 분석은 "무엇이 옳은가?", "어떤 법적 근거가 필요한가?"와 같은 질문을 통해 헌법 원칙과 법적 정당성을 판단하는 과정이다. 이는 법학과 유사하지만, 정책의 현실적 맥락 속에서 수행된다는 점에서 차별성을 가진다.

둘째, 실증적 정책 분석은 정책이 실제로 어떤 영향을 미쳤는지, 성과와 부작용은 무엇인지를 평가하는 과정으로, 정책평가나 규제영향분석(RIA)과 같은 방법론을 활용한다. 이는 정책학의 전통에 속하지만, 법적 요소와의 통합적 분석은 드문 편이다.

셋째, 구조적 설계는 제도, 기구, 규범, 절차를 어떻게 설계할 것인지를 다루며, 정책 설계(policy design)와 법적 구조 설계(legal architecture)를 결합한다. 이 설계적 관점은 기존의 법학과 정책학 모두에서 충분히 구현되지 못한 영역이다.

이 세 가지 요소를 통합함으로써, 정책법학은 정당한 목표를 효과적으로 달성하면서, 동시에 제도적으로 정합성 있는 설계를 구현하는 분석과 실천이 가능해진다.

정책법학의 출발점은 정책의 본질, 유형, 절차에 법적 구조와 정당성을 투영하는 통합 분석 틀을 마련하는 데 있다. 그러나 여기에 머무르지 않고, '정책통치론(Governance through Policy and Law)'으로의 확장을 지향한다. 이는 법과 정책을 단순한 규제나 수단이 아니라, 공공 통치(public governance)의 핵심 도구로 보고, 양자 간의 긴장과 상호작용을 분석의 중심에 두는 접근이다. 여기서 말하는 '거버넌스'는 통상적인 번역어에 그치지 않고, '공공성(publicness)'과 '통치행위(governance)'를 결합한 개념으로 재구성된다. 즉, 국가가 주도하되, 시민사회와 시장(市場)이 함께 공공문제 해결에 통합적으로 참여하는 체계를 의미한다. 특히 이 접근은 wicked problem과 같은 난제의 해결을 위해서도 강조될 것이다.

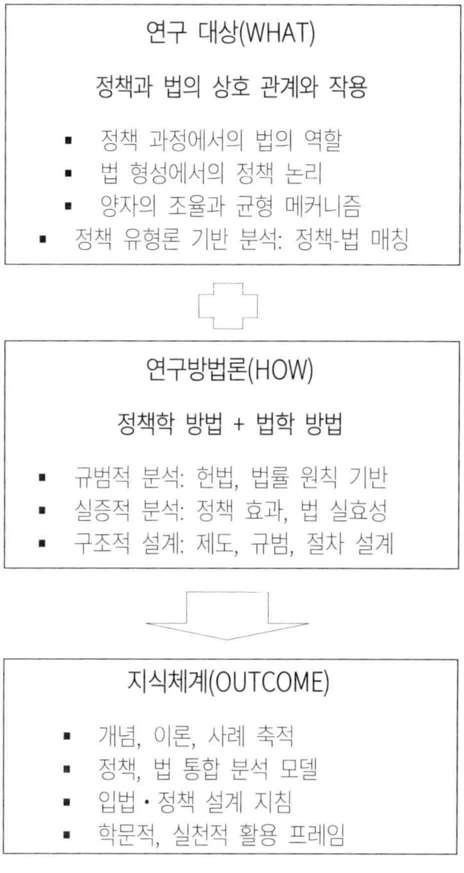

연구 대상(WHAT)

정책과 법의 상호 관계와 작용

- 정책 과정에서의 법의 역할
- 법 형성에서의 정책 논리
- 양자의 조율과 균형 메커니즘
- 정책 유형론 기반 분석: 정책-법 매칭

연구방법론(HOW)

정책학 방법 + 법학 방법

- 규범적 분석: 헌법, 법률 원칙 기반
- 실증적 분석: 정책 효과, 법 실효성
- 구조적 설계: 제도, 규범, 절차 설계

지식체계(OUTCOME)

- 개념, 이론, 사례 축적
- 정책, 법 통합 분석 모델
- 입법·정책 설계 지침
- 학문적, 실천적 활용 프레임

[그림 5] 정책법학 연구의 3요소

나. 정책법학의 목적

정책과 법은 결코 분리될 수 없는 한 쌍의 체계이다. 정책은 법률의 제정을 통해 형성되고, 하위법령을 통해 구체화되며, 집행을 통해서만 실현된다. 따라서 정책을 이해하는 데 있어 법적 맥락을 도외시한다면, 그것은 정책의 절반만을 보는 것에 불과하다. 정책법학은 바로 이 점에서 출발한다.

입법부와 행정부의 관계 역시 법과 정책의 이중적 관점에서 재조명될 필요가 있다. 국회가 중심이 되는 입법부 우위 체제와 관료가 주도하는 행정부 우위 체제의 차이는 단순한 정치학적 구분이 아니라, 권력분립과 권한 배분이라는 헌법적 원리가 실제로 어떻게 작동하는가를 보여주는 법제적 문제이다. 정책법학은 이러한 권력구조와 정책 법제의 상호작용을 규명하는 학문적 탐구를 지향한다.

정책은 단순한 집행의 문제가 아니라, 국가의 미래를 설계하는 기획 기능을 포함한다. 그러나 그 기획이 사회 전체를 구속하는 힘을 가지려면 반드시 입법적 제도화가 필요하다. 정책법학은 정책 기획과 입법적 뒷받침 간의 연계를 해명하고, 이를 통해 국가 전략의 실효성을 확보하는 길을 모색한다.

또한 정책의 다양한 유형(속칭 배분, 규제, 재분배 등)은 각각 고유한 법적 성격과 제도적 절차를 요구한다. 정책법학은 이러한 정책 유형을 새롭게 정립하고, 정책 수단과 법제 장치가 어떻게 결합하는지를 탐구한다. 보조금, 과징금, 행정지도와 같은 구체적 수단들은 모두 법령 속에서 제도화되지 않으면 실질적 효력을 가질 수 없기 때문이다.

정책 과정 자체도 권리와 의무, 그리고 절차의 문제로 귀결된다. 절차적 정당성, 법치주의의 구현, 시민 권리의 보장은 정책 집행을 넘어 정책 형성과정에서부터 확보되어야 한다. 정책법학은 이를 제도적으로 보장하는 법적 장치가 무엇이며, 또 어떻게 개혁되어야 하는지를 비판적으로 성찰한다.

특히 시민사회의 역할 변화는 정책법학의 중요한 주제이다. 시민사회는 더는 정책의 객체가 아니다. 집행의 대리인을 넘어 정책결정 과정에 직접 참여하는 주체로 변화하고 있으며, 이러한 변화를 제도적으로 담보하기 위한 법적 근거와 절차는 무엇이어야 하는가를 분석한다.

아울러 국회의 입법과 감사, 사법부의 합헌성·합법성 심사, 그리고 국제법과 조약을 통한 국제사회의 개입까지, 정책은 다층적 법질서 속에서 형성된다. 정책법학은 이처럼 국내법과 국제법, 입법·사법·행정 간의 상호작용을 종합적으로 이해하려는 학문이다.

궁극적으로 정책법학은 단순한 이해와 기술을 넘어 비판적 평가와 개혁적 대안을 제시하는 학문적 실천을 지향한다. 부처별로 분절된 법률과 정책들을 법치주의, 권력분립, 권한 배분의 관점에서 재검토하고, 개선 방안을 모색하는 일은 우리 사회의 법제와 정책 체계를 한 단계 더 성숙하게 만드는 길이 될 것이다.

필자는 정책법학의 새로운 학문으로서의 가능성을 탐색하고 있다. 그러나 이는 단순히 기존 학문의 조합이 아니라, 정책학과 법학의 접점을 새롭게 개척하여 국가 운영의 질을 높이고자 하는 도전이다. 정책과 법의 긴밀한 관계를 학문적으로 탐구할 뿐만 아니라, 현실 제도의 문제를 비판적으로 성찰하고 미래를 위한 개혁적 지평을 함께 열어갈 수 있을 것으로 기대한다.

다. 정책법학: 유사 학문과의 비교

위와 같은 관점에서 정책법학은 법정책학의 확장판이 아니라 정책학의 심화판이며, 정책학 자체를 재구성하는 방향으로 나아가게 된다. 필자는 이를 행정국가의 특성을 살린 한국형 정책학의 한 형태로 본다.26) 따라서 "법을 잘 만들자"가 아니라 "정책을 잘 이해하고 설계하려면, 법이 어떻게 작동하는지를 파악해야 한다."라는 구조로 전환하는 것이 핵심이다. 법정책학과 정책법학을 비교하면, 양자의 차이는 다음과 같이 정리할 수 있다.

<표 8> 법정책학과 정책법학의 비교

구분	법정책학	정책법학
법과 정책의 관계	정책 ⊂ 법 (수단)	법 ⇔ 정책 (상호 구성)
분석 범위	법률 중심, 입법 중심	정책과정 전 주기, 다양한 법 형식 포함
접근 방식	법률의 목적, 합리성 중심	정책의 정당성, 정의, 효과성까지 통합 분석
정책에 대한 이해	부차적	근본적
학문적 성격	법학의 확장	정책학의 재구성
실천 적용성	입법기술, 심사	정책 설계, 평가, 갈등 조정까지 확장

- 법과 정책의 관계: 법정책학은 정책을 법의 하위 수단(정책 ⊂ 법)으로 보지만, 정책법학은 법과 정책이 서로를 구성하는 상호 관계(법 ⇔ 정책)로 본다.
- 분석 범위: 법정책학은 법률과 입법 중심의 분석에 머무르지만, 정책법학은 정책과정 전 주기와 다양한 법 형식을 모두 포함한다.
- 접근 방식: 법정책학이 법률 목적의 합리성에 집중한다면, 정책법학은 정책의 정당성, 정의, 효과성까지 통합적으로 분석한다.
- 정책 이해: 법정책학에서는 정책이 부차적 요소이지만, 정책법학에서는 정책이 분석의 중심이 된다.

---

26) 이 견해는 행정국가에서 입법국가로 이행되더라도 유효하다. 달라지는 것은 주체와 무대뿐이다. 정책과정의 주도권이 행정부에서 입법부로 이동하고, 입법 과정 자체가 정책과정의 핵심 단계가 된다. 그럼에도 정책법학의 핵심 연구 대상인 '정책과 법의 상호 관계와 그 작용'은 변하지 않는다.

- 학문적 성격: 법정책학은 법학의 확장이지만, 정책법학은 정책학의 재구성에 가깝다.
- 실천 적용성: 법정책학이 입법 기술과 심사에 집중한다면, 정책법학은 정책 설계, 평가, 갈등 조정까지 실천 영역을 넓힌다.

한편, 정책법학의 진수는 policy as law-making force와 policy-to-law dynamics에 있다. 입법학이나 법정책학 역시 "법을 정책의 수단으로 본다(law as policy tool)"라거나 "법이 정책 구조를 만든다(law as policy constitution)"라는 접근을 비슷하게 취할 수 있다. 그러나 "정책이 법을 만든다"라는 관점은 정책법학에서 가능하다. 즉, 정책법학은 정책을 입법의 발화점(origin)으로 바라본다. 정책은 법 제정을 요구하는 주체이자, 법 형성의 설계자이며, 동시에 법치주의를 요청하는 민주적 주권의 발현으로 해석된다. 이런 의미에서 policy as law-making force와 policy-to-law dynamics는 단순한 보완 개념이 아니라, 정책법학의 정체성과 존재 이유 그 자체를 구성한다. 따라서 정책법학은 입법학과 법정책학을 모두 포괄할 가능성이 있다.

먼저, policy as law-making force부터 설명해 보자. 정책은 처음부터 법률과 일체적으로 사고(思考)해야 한다. 정책 유형에 대한 인식 자체가 곧 법률안 초안의 구조를 제공하게 된다. 제한정책을 사고하면 곧 시장 진입·활동·퇴출 규율 조항이 떠오를 수 있어야 하고, 추출정책을 사고하면 조세법률주의, 부과 방식, 집행 절차를 연상해야 한다. 보조정책을 사고하면 예산 배정 근거, 보조 요건, 절차 규정을 법률로 명문화해야 한다. 따라서 정책 수립과 법률안 마련은 분리될 수 없는 통합적 과정이며, 정책 유형론은 이를 가능하게 하는 사전적 설계 도구로서 기능한다. 이렇게 보면 policy as law-making force는 단순히 "정책이 법을 낳는다."가 아니라, "정책이 곧 법률 구상력을 내장(內藏)하고 있다.", "정책 유형론은 법제화를 가능케 하는 도구이다"와 같이 이해되어야 한다. 예를 들면, 정부가 지도(指導)정책을 수립할 때, 단순히 '캠페인·홍보'로 끝나는 게 아니라, 고지의무·공시제도·정보공개제도 같은 법률 조항을 동시에 사고하게 되는 것이다. 결국 법정책학의 정책 유형론은 행정부가 단순히 아이디어 차원에서 정책을 제시하는 것을 넘어서, 실질적 법률안 구상력을 제공하는 틀이 된다. 정리하면, Policy as law-making force란 정책이 법을 낳는다는 사후적 의미가 아니라, 정책 수립 단계에서부터 법률안을 구상할 수 있는 사고력을 제공한다는 전제적 의미이다. 정책 유형론은 행정부가 정책을 설계할 때, 그 정책이 요구하는 법률의 구조와 조항을 동시에 설계하게 함으로써, 정책 수립과 법률 제정을 통합하는 기획 언어로 기능하게 된다.

세 학문을 비교하면, 입법학의 중심 질문은 "어떻게 좋은 법을 만들 것인가?"이며, 분석 방향은 법 → 정책으로 흐른다. 연구 범위는 입법 기술과 절차에 집중된다. 법정책학의 중심 질문은 "법이 정책에 어떤 영향을 주는가?"로, 분석 방향은 역시 법 → 정책이며, 연구 범위는 법적 수단과 합리성이다. 반면 정책법학의 중심 질문은 "정책이 법을 어떻게 구성하고 요구하는가?"이며, 분석 방향은 정책 → 법 → 정책의 순환 구조를 따른다. 연구 범위도 입법과 제도 설계는 물론, 실행, 구조, 나아가 헌정적 차원까지 포괄한다(<표 9> 참조). 결국 정책법학은 법을 수단으로만 보는 시각을 넘어, 정책을 법 형성의 출발점으로 인식함으로써 법과 정책의 관계를 보다 입체적으로 분석하고 설계하는 학문이다. 정책법학은 기존 두 학문을 '수용'하면서도 '재배열'하여, 더 넓은 구조적 틀을 제안할 수 있는 가능성이 있다.

<표 9> 입법학, 법정책학 그리고 정책법학의 비교

구분	입법학	법정책학	정책법학
중심 질문	어떻게 좋은 법을 만들 것인가?	법이 정책에 어떤 영향을 주는가?	정책이 법을 어떻게 구성·요구하는가?
분석 방향	법 → 정책	법 → 정책	정책 → 법 → 정책
연구 범위	입법기술, 절차	법적 수단, 합리성	입법, 제도, 실행, 구조, 헌정까지 포함

다음은 policy-to-law dynamics이다. 이는 정책이 법을 만들고, 그 법이 다시 정책을 구조화하며 집행의 수단이 되고, 이어 그 집행의 결과가 새로운 정책의제를 요청하는 흐름 속에서, 정책과 법이 서로를 형성·수정하며 순환하는 구조적 상호작용 전체를 의미한다. 이것은 단일 개념이 아니라 전체 체계의 생명력이자 운동성이며, 정책법학만이 포착할 수 있는 통합적 시야이다.

<표 10> 법학, 정책학 그리고 정책법학의 비교

구분	법학	정책학	정책법학
정책의 정당성	행정법적 위법성 판단	실용적 당위	법적-민주적 정당성의 균형과 조율
입법 이해	입법학, 입법기술론	정책목표 중심	정책 기반 법 형성론
제도 설계	규범적 조직 구성	기능 중심 설계	법을 통한 정책 구조 구성
법과 정책의 관계	법 → 정책	정책 → 법	상호 구성과 순환 구조

법학은 주로 행정법적 위법성 판단과 규범적 조직 구성을 중심에 두고, 법에서 정책으로의 일방향 관계를 분석한다. 정책학은 정책의 실용적 당위와 기능 중심 설계에 치중하며, 정책에서 법으로의 흐름을 부분적으로만 다룬다. 반면 정책법학은 정책과 법의 상호 구성과 순환 구조를 분석 단위로 삼고, 법적·민주적 정당성과 정책 효과성을 조율하며, 정책 기반의 법 형성론을 제시한다. 이 역동적 구조는 네 단계로 설명할 수 있다.

제 1단계(사회문제 인식 → 정책 형성 → 입법 요청): 정책은 사회문제를 인식하고 법을 요청한다. 예를 들어, 고령화 문제의 심화로 '노인 일자리 확대 정책' 필요성이 대두되면, 행정부는 이를 제도화하기 위해 가칭 「고령자 고용지원에 관한 법률」 제정을 추진한다. 정책이 법을 요청하고, 법을 만들어내는 힘으로 작용한다(policy as law-making force).

제 2단계(법률 제정 → 정책 구조화와 제도화): 제정된 법은 정책의 구조와 절차를 설계하고 제도화한다. 국회에서의 입법 결과 「고령자 고용촉진법」이 제정되고, 이 법률에 보조금 지급 요건, 신청 절차, 장려금 지급 방식이 명시된다. 정책이 법에 따라서 구조화된다. 법률에 따라 정책이 정형화되고, 보조금 항목과 기준이 법령으로 확정된다. 즉, 법이 정책을 제도화하고 정책의 틀을 구성하게 된다(law as policy constitution).

제 3단계(법률에 따른 정책 집행 → 제도 운용): 법이 정책 집행의 수단으로 작용한다. 지자체가 법률에 근거해 노인 일자리 사업 공모를 하고, 인허가 요건·보조금 절차·제재 규정을 실무에 적용하는 과정이 이에 해당한다. 즉, 법이 정책의 수단으로 작용하는 것이다. 인허가 요건, 보조금 절차, 위반 시 제재 등이 정책 집행의 실무에 적용되는 것으로서, 법이 정책 실행의 수단으로서 기능하는 것이다(law as policy tool).

제 4단계(현장 문제 → 법과 제도 개선 요구 → 정책 피드백): 현장의 문제와 피드백은 법과 제도의 개선 요구로 이어진다. 예를 들어, 신청 절차가 복잡하다는 민원이 누적되면, 행정부는 요건 완화나 온라인 신청 도입을 위한 법령 개정을 추진하게 된다. 이렇게 정책 집행이 다시 법 개정을 유도하며, 순환 구조가 완성된다(policy-to-law dynamics).

이 과정을 단계별로 풀어 설명하면 다음과 같다. 첫째, 정책은 사회문제를 인식하는 데서 출발한다. 문제를 해결하기 위해 목표와 방향이 설정되면, 이를 실현할 법적 근거가 필요해진다. 이때 정책은 입법을 요청하며, 새로운 법을 만들거나 기존 법을 개정할 필요성을 제기한다. 이 단계가 바로 '정책에서 법으로(정책 → 법)' 이동하는 출발점이다.

둘째, 이렇게 제정되거나 개정된 법은 단순한 근거 규정에 머물지 않는다. 법은 정책의 구조와 절차, 권한을 설계하며, 정책의 내용과 범위를 제도적으로 확정한다. 즉, 법이 정책을 형식화하고 틀을 부여하는 '법에서 정책으로(법 → 정책)'의 흐름이 형성된다.

셋째, 법은 곧 정책 집행의 구체적인 수단이 된다. 정책은 법에서 정한 요건, 절차, 기준을 토대로 운영되고, 집행 과정에서 법은 허가·인가·보조금 지급·제재 등의 형태로 실질적인 실행 도구로서 역할을 한다. 이 단계에서는 '법 = 정책 수단'이라는 기능이 전면에 드러난다.

넷째, 정책 집행의 결과는 현장의 성과와 한계, 부작용을 드러내며, 다시 법과 정책의 수정을 요구한다. 집행 과정에서 발생한 문제와 피드백은 법 개정이나 새로운 입법의 필요성을 자극하고, 이는 다시 새로운 정책 형성과 제도 설계로 이어진다. 이처럼 정책과 법은 '정책 ↔ 법'의 방향으로 순환하며 서로를 조정·보완하는 관계를 형성한다.

이 순환 구조는 정책 → 법 → 정책의 흐름이 고정된 단계로 존재하는 것이 아니라, 각 요소가 유기적으로 영향을 주고받는 역동적 체계이다. 이 구조를 이해하지 못하면 법을 '정책의 장애물'로만 오해하거나, 정책을 '법 집행의 대상'으로만 축소하게 된다. 그러나 현실에서 대부분의 정책은 법 없이는 실현될 수 없고, 법은 정책과 분리되어서는 살아 있는 제도가 될 수 없다. Policy-to-Law Dynamics는 정책 설계자, 입법자, 행정 실무자 모두에게 정책과 법을 연결적·순환적으로 사고할 것을 요구하며, 정책법학은 이러한 역동의 흐름을 분석·설계· 반영할 수 있는 학문적 기반을 제공한다.

라. 정책학과 정책법학의 비교

[그림 6]은 정책학의 연구 범위를 보여준다. 정치와 행정의 교차 영역에서 정책이 형성되며, 이는 정치적 의사결정과 행정적 집행의 중첩 지점에 존재한다. 그리고 법은 바깥에 있으면서 정책에 제약과 방향을 주는 요소로 작용한다.

[그림 7]은 정책법학의 연구 범위를 보여준다. 여기서는 정치, 행정, 법이라는 세 영역이 동시에 교차하며 그 중심에 정책이 놓여 있다. 즉 정책법학은 정치적 정당성, 행정적 집행성, 법적 합법성을 모두 고려하여 정책을 분석한다. 따라서 정책법학은 정책을 정치학, 행정학, 법학의 교차 지점에서 통합적으로 연구하는 학문으로, 단순히 영향 관계를 보는 것이 아니라 세 영역이 작동하는 복합적 구조를 탐구한다.

요약하면, 정책학은 정치와 행정의 교차 속에서 법적 영향을 받는 정책을 연구한다면, 정책 법학은 정치·행정·법이 모두 얽힌 지점에서 정책을 종합적으로 규명하는 학문이다. 결국 정책 법학의 연구 범위는 정책학보다 더 넓어지고, 정책 현상에 대한 설명력도 한층 높아진다.

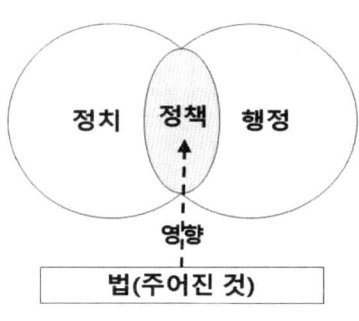

[그림 6] 정책학의 연구 범위

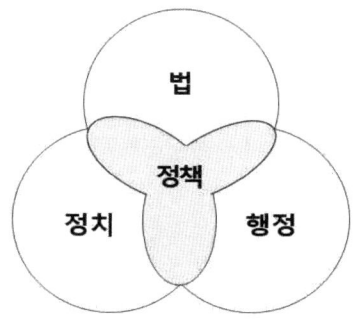

[그림 7] 정책법학의 연구 범위

7. 정책법학 시각에서 본 정책과 법

가. 정책법학 시각에서의 법의 구분

전통적으로 법은 공법, 사법, 국제법으로 구분되었다. 공법은 국가와 개인(시민사회)의 관계를 규율하는 법으로, 헌법이나 행정법을 대표로 한다. 사법은 개인과 개인 간의 관계를 규율하는 법으로, 민법이나 상법과 같은 법체계가 이에 속한다. 국제법은 국가와 국가 간의 관계를 규율하는 법으로 이해되지만, 현대에는 국제형사재판소나 국제인권법과 같이 개인도 국제법의 직접적 주체가 되는 경우가 나타났다.

이러한 공법과 사법의 구분은 법학사(法學史)적으로는 중요한 의미가 있다. 근대국가의 출발점에서 국가는 특별한 권한을 가진 주체로 간주되었고, 따라서 국가와 개인 사이의 관계를 다루는 법을 공법으로, 개인 상호 간의 관계를 다루는 법을 사법으로 나눈 것이다. 그러나이 구분은 어디까지나 국가권력의 우월성을 전제로 하는 것이며, 오늘날의 복지국가, 거버넌스, 숙의적/참여적 민주주의, 그리고 국제화 시대의 법 현상을 설명하기에는 한계가 크다.

오늘날 법을 정확하게 이해하기 위해서는, "국가와 시민사회, 그리고 개인 간(間)에 법이 무엇을 위해 존재하는가"라는 목적 중심의 시각이 필요하다. 단순히 관계의 주체에 따라 공법과 사법을 나누는 것이 아니라, 법이 추구하는 기능과 목적을 중심으로 재구분하는 것이 더타당할 수 있다.

첫째, 국가의 존속과 질서를 유지하기 위한 법이 있다. 이는 국가 공동체의 안녕과 안전을보장하고 사회 전체의 질서를 유지하는 것을 목적으로 하는 법이다. 헌법의 기본 질서 규정, 정부조직, 정부 인사관리, 국방 및 재난 대응 관련 법률이 여기에 속한다. 이 법들은 국가의기본적 존재와 안정을 전제로 하기에 '국가 존속법'이라고 부를 수 있다.

둘째, 시민사회의 질서를 유지하기 위한 법이 있다. 이는 개인과 개인, 기업과 시민 사이의관계 질서를 형성하고 분쟁을 해결하는 법이다. 전통적인 민법, 상법, 노동법, 소비자법 등이대표적이다. 이 법은 단순히 사적 자치를 보장하는 것이 아니라, 사회경제적 관계에서의 공정성과 안정성을 확보하는 기능을 지니므로 '사회 질서법'으로 규정할 수 있다.

셋째, 시민사회의 삶의 질을 지원하기 위한 법이 있다. 이는 전통적 공법·사법 구분에서는 명확히 설명되지 않는 영역이지만, 현대 국가에서 점점 더 중요한 의미를 가진다. 사회보장법, 교육법, 환경법, 보건의료법과 같은 법이 이에 해당하며, 국민의 복지·교육·건강·환경권을 보장함으로써 삶의 질을 향상시키는 데 목적을 둔다. 이는 국가가 단순히 권력을 행사하는 주체가 아니라, 국민의 삶을 보호·지원하는 책임을 지는 존재로 변화했음을 보여준다. 오늘날 삶의 질은 복지와 노동을 넘어 교육, 문화, 예술, 주거, 환경 등 광범위한 영역을 포괄한다. 따라서 사회법을 노동이나 보건·복지와 같은 좁은 의미로 한정하지 않고, 이를 확장한 개념으로써 '삶의 질 지원법'이라는 용어가 필요하다.27)

넷째, 국제질서를 규율하는 법이 있다. 이는 전통적인 국제법에 해당하지만, 현대 국제사회에서는 국가만이 아니라 개인, 기업, 국제기구, NGO까지도 국제법의 직접적 주체가 된다. 기후변화 협약, 국제 인권 규범, 국제형사재판소의 규율 범위가 그 대표적인 예이다. 따라서 이를 단순히 '국제법'으로 한정하기보다, 국제사회의 다층적 질서를 규율하는 국제질서법이라는 시각으로 이해하는 것이 더 적절하다.

이처럼 보게 되면, 전통적인 공법·사법의 구분은 오늘날의 현실을 설명하기에는 한계가 분명하다. 법은 이제 단순히 국가와 개인의 관계를 기준으로 나뉘는 것이 아니라, 국가의 존속과 질서 유지, 시민사회의 질서 유지, 시민사회의 삶의 질 보장, 국제질서의 규율이라는 네 가지 목적을 중심으로 재구성될 필요가 있다. 이러한 구분은 국가의 기능이 점진적으로 확장되어 온 역사적 흐름과 그에 따라 법의 기능적 재분류를 하는 것이다. 즉, 법은 단순히 국가와 개인의 관계를 넘어, 국민의 삶과 국제사회라는 더 넓은 목적으로 포괄하도록 진화했음을 알 수 있다. 결국 법은 고정된 규범 체계가 아니라, 사회적 요구와 권력구조, 국제적 환경의 변화 속에서 그 목적과 기능을 달리하며 발전해 온 역사적·정책적 산물이다. 법의 유형을 새롭게 구분하는 것은 단순한 학문적 시도가 아니라, 오늘날 복잡한 정책 환경 속에서 법이 어떤 기능을 담당해야 하는가를 밝히는 중요한 작업이다. 법을 공법·사법·국제법으로 나누는 전통적 구분은 이제 더는 오늘날의 법 현실을 충분히 설명하지 못한다. 국가와 시민사회의 관계는 단순히 권력 행사나 권리 보장 차원을 넘어, 복지, 지원, 협력, 국제사회와의 연계라는 다양한 기능을 요구하고 있다. 따라서 법을 목적 중심으로 재구분하는 시도는 단순한 학문적 분류가 아니라, 현실에서 작동하는 법의 성격을 올바르게 이해하기 위한 필수적 작업이다.

정책법학의 관점에서 볼 때 이러한 구분은 몇 가지 중요한 시사점을 제공한다. 첫째, 법은 단순한 규범체계가 아니라 정책 수단이라는 점이다. 법은 국가의 존속, 사회 질서 유지, 삶의 질 향상, 국제협력을 위해 설계되는 정책적 장치이며, 따라서 법을 이해하기 위해서는 정책적 맥락을 함께 고려해야 한다.

---

27) 이러한 관점은 법학 전공자에게는 매우 낯설 수 있다. 하지만 필자는 『당신은 어떤 사회에서 살고 싶으십니까』라는 책에서 사회권을 이처럼 광범위한 의미로 사용한 바 있다.

둘째, 법의 유형을 목적 중심으로 새롭게 구분하면, 법이 가진 다층적 기능을 파악할 수 있다. 같은 법률이라 하더라도 국가적 차원에서는 질서 유지의 법률일 수 있고, 시민사회 차원에서는 삶의 질 지원 법률일 수 있으며, 국제적 차원에서는 국제질서법으로 작동할 수 있다.

셋째, 새로운 구분은 국가권력 우위라는 낡은 전제를 넘어, 시민사회와 국제사회의 역할을 제도적으로 인정하는 데 이바지한다. 이는 거버넌스와 시민참여, 국제규범의 확대라는 현대적 흐름과도 부합한다.

결국 법은 공법과 사법이라는 이분법적 틀 안에 갇힌 존재가 아니라, 국가와 사회, 그리고 국제질서의 변화 속에서 그 목적과 기능을 끊임없이 재정립해 가는 역동적 장치이다. 정책법학은 바로 이러한 법의 성격을 드러내고, 법을 통해 국가와 사회가 직면한 정책적 과제를 해결할 수 있는 새로운 학문적 지평을 연다.

나. 정책법학의 관점에서 본 행정의 법 원칙28)

우리나라 「행정절차법」 제2장은 '행정의 법 원칙'이라는 제목으로, 법치행정의 원칙, 평등의 원칙, 비례의 원칙, 성실 의무 및 권한 남용 금지의 원칙, 신뢰 보호의 원칙, 부당결부금지의 원칙, 적법절차의 원칙 등을 규정하고 있다. 이들 원칙은 원래 행정법학적 맥락에서 행정권의 행사와 통제를 위한 법적 기준으로 자리 잡아 왔다. 그러나 이를 정책법학 관점에서 다시 보면, 각 원칙은 단순히 행정작용의 제한 규범이 아니라, 정책 수립·집행·평가 과정 전반에 작동하는 정책 설계 원리로 이해될 수 있다.

첫째, 평등의 원칙은 정책 영역에서 단순한 형식적 평등(equality)을 넘어, 실질적 평등(equity)과 정의(justice)의 문제와 직결된다. 정책은 동일한 조건에 있는 사람을 동일하게 대우해야 할 뿐만 아니라, 사회적 약자나 취약 집단을 고려하는 적극적 평등 조치를 설계해야 한다. 예컨대 교육정책에서 장애 학생에게 추가적 지원을 제공하는 것은 단순한 형식적 평등이 아니라 실질적 평등을 구현하는 정책적 실천이다. 따라서 평등의 원칙은 법률적 차별 금지 규범을 넘어, 정의로운 배분을 보장하는 정책의 핵심 원칙이 된다.

둘째, 성실 의무 및 권한 남용 금지의 원칙은 정책 집행의 공익성을 확보하는 기준이 된다. 정책은 특정 집단의 이익을 위한 수단으로 전락해서는 안 되며, 권한이 남용되지 않도록 제도적 견제 장치가 마련되어야 한다. 공공사업 추진 과정에서 특정 기업에 특혜를 주는 경우는 권한 남용에 해당하며, 이는 정책 신뢰성을 훼손한다. 정책이 공익에 부합하고 국민 일반의 신뢰를 얻으려면, 권한 행사가 투명하고 성실해야 한다.

---

28) 행정의 법 원칙의 기본적 설명은 박영도 박사의 『입법학 입문』과 국회 법제실의 『법제실무』를 주로 참고하였다. 법 원칙의 구체적 적용과 정책법학 관점에서의 설명은 필자의 사유 결과이다.

셋째, 적법절차의 원칙은 정책결정 단계에서 '숙의민주주의(deliberative democracy)'와 집행 단계에서 '절차적 정당성'을 확보하는 방향으로 확장될 수 있다. 정책은 단순히 정부 내부에서 결정되는 것이 아니라, 이해관계자와 시민이 참여하는 공론화 과정 속에서 설계될 때 정당성을 확보한다. 예를 들어 국가 수준 교육과정 개정과 같은 중요한 정책을 충분한 공청회와 시민 의견 수렴 없이 졸속으로 추진할 경우, 절차적 정당성이 무너져 정책 수용성이 크게 저하된다. 따라서 적법절차 원칙은 법적 절차 준수에 머물지 않고, 정책 과정에서의 참여와 투명성을 요구하는 기준이 된다.

<표 11> 정책법학 관점에서 재해석한 행정의 법 원칙

원칙	법학적 의미 (전통적 해석)	정책법학적 의미 (정책 관점에서 재해석)
평등의 원칙	합리적 이유 없는 차별 금지. 동일 상황에는 동일 대우, 다른 상황에는 합리적 차별 허용	정책은 형식적 평등(equality)뿐 아니라 실질적 평등(equity)과 정의(justice)를 보장해야 함. 적극적 평등 조치(affirmative action)가 필요
성실 의무 및 권한 남용 금지 원칙	행정권은 사익이 아니라 공익을 위해 행사되어야 하며, 남용 금지	정책은 특정 집단의 이익을 위해 왜곡되어서는 안 되며, 권한 행사는 투명성과 공익성에 기초해야 함
적법절차 원칙	행정처분이나 형사절차 등에서 공정한 절차 준수 필요	정책결정 과정에서는 숙의 민주주의와 참여 절차 확보, 집행 과정에서는 절차적 정당성과 공정성을 보장해야 함
비례 원칙	행정작용은 목적의 정당성, 수단의 적절성, 침해 최소성 충족 필요	정책목표와 수단 간의 균형을 검토하는 기준. 과도하거나 미흡한 정책을 피하고, 적절성과 효과성을 담보하는 설계 원칙
부당결부금지 원칙	행정 목적과 무관한 조건이나 부담을 부과할 수 없음	정책 수단과 목적 간의 일관성을 유지하고, 불필요한 이해관계 개입을 차단하는 기준
신뢰 보호 원칙	법적 안정성 확보. 기존 권리를 존중하고, 불가피한 변경 시 충분히 고려	정책은 일관성과 지속가능성을 확보해야 함. 잦은 변경은 국민 신뢰를 무너뜨리므로 예측 가능성이 중시됨
법치행정 원칙	행정은 법에 근거하고 법률의 범위 내에서만 행사되어야 함. 법률우위·법률유보의 원칙 포함	정책은 반드시 헌법과 법률의 근거 위에서 설계·집행되어야 하며, 이를 통해 정책의 합법성과 예측 가능성이 보장됨

넷째, 비례의 원칙은 정책 수단의 적절성과 효과성을 판단하는 핵심 기준이다. 정책은 정당한 목적을 실현해야 하지만, 그 수단이 과도해서는 안 된다. 예컨대 탄소중립 정책에서 기업 배출량을 단기간에 급격히 줄이라는 과도한 규제는 경제적 타격을 초래할 수 있다. 따라서

점진적 규제와 인센티브 제공을 병행하는 정책 설계가 필요하다. 즉, 비례 원칙은 정책 수단의 균형성과 현실적 타당성을 확보하기 위한 필수적 기준이다.

다섯째, 부당결부금지의 원칙은 정책 수단의 정당성과 투명성을 보장하는 역할을 한다. 정책 집행 과정에서 본래의 목적과 무관한 조건이나 부담을 결부하는 것은 정책 정당성을 훼손한다. 예컨대 정부가 연구개발 지원금을 배분하면서 정치적 지지나 불필요한 부담을 요구한다면 이는 원칙 위반이다. 따라서 부당결부금지 원칙은 정책이 목적과 수단 간의 일관성을 유지하고, 불필요한 이해관계 개입을 차단하는 기준이 된다.

여섯째, 신뢰 보호의 원칙은 정책의 일관성과 지속가능성을 담보한다. 국민은 정부 정책을 장기간에 걸쳐 신뢰할 수 있어야 하고, 정책이 자주 바뀌면 사회적 불안정과 불신이 확대된다. 부동산 정책이 정권마다 바뀌는 경우는 대표적 예이다. 따라서 정책은 법적 안정성과 예측 가능성을 기반으로 설계되어야 하며, 필요 불가피한 변경이 있을 때도 기존 권리와 기대를 충분히 고려해야 한다.

마지막으로, 법치행정의 원칙은 정책이 법에 근거하고 법률의 한계 내에서 집행되어야 한다는 기본 원리를 다시금 확인한다. 이는 국민이 정책 집행을 예측할 수 있도록 하고, 법적 안정성을 유지하는 근간이 된다. 특히 권리와 의무에 직접적인 영향을 미치는 정책적 행위는 반드시 법률의 근거를 가져야 하며, 그렇지 않으면 정책은 합법성과 정당성을 상실한다.

결국, 행정의 법 원칙들은 단순히 행정권 행사에 대한 통제 규범을 넘어, 정책 설계와 집행의 지침으로 재해석될 필요가 있다. 평등은 정책적 정의로, 성실과 권한 남용 금지는 공익성으로, 적법절차는 숙의 민주주의로, 비례는 정책 수단의 타당성으로, 부당결부금지는 정책 정당성으로, 신뢰 보호는 정책의 일관성과 지속가능성으로 확장된다. 이러한 재해석을 통해 법 원칙들은 정책법학의 기본 원리로서, 법과 정책의 상호작용 속에서 살아 움직이게 된다.

다. 정책법학 관점에서의 정의(正義)

정책이 추구하는 정의와 법이 지향하는 정의는 분리될 수 없다. 정책과 법 모두 사회 구성원이 함께 살아가는 질서를 만들고, 그 질서 속에서 인간다운 삶을 보장한다는 점에서 동일한 가치 지향점을 가진다. 결국 법과 정책이 함께 향해야 하는 목표는 공공선(public good), 공공성(publicness), 공익(public interest)이다.

- 공공선(public good)은 사회 전체가 함께 추구해야 할 궁극적 가치로, 단순히 다수의 이익이 아니라 사회 구성원 모두가 인간다운 삶을 누릴 수 있는 조건을 의미한다.
- 공공성(publicness)은 법과 정책의 과정과 구조가 특정 집단이 아니라 사회 전체를 향해 열려 있음을 뜻하며, 절차적 정당성과 민주적 참여를 통해 확보된다.

- 공익(public interest)은 구체적 정책목표나 법 집행 과정에서 실현되어야 하는 실질적 이익으로, 개별적 이해를 넘어 공동체 전체의 이익을 보장하는 것을 의미한다.

따라서 법과 정책은 단순히 형식적 절차나 기능적 효율성에 머물러서는 안 된다. 양자는 모두 정당성을 확보해야 하며, 그 정당성은 헌법적 합치와 기본권 존중이라는 법적 정당성, 국민의 동의와 신뢰라는 사회적 정당성의 두 축으로 구성된다. 이 지점에서 법과 정책의 정당성은 "공공선이 무엇인가, 공공성이 어떻게 확보되는가, 공익은 누구를 위한 것인가"라는 철학적 논쟁으로 확장될 수밖에 없다.

그러나 분명한 것은 있다. 법과 정책은 따로 존재하는 것이 아니라, 서로를 매개하며 동시에 사회의 정의를 구현해야 한다는 사실이다. 따라서 법과 정책은 사회정의(social justice)를 구현하는 공동의 언어이며, 공공선·공공성·공익을 향해 함께 나아가야 한다. 그것이 바로 국민적 신뢰와 사회적 통합을 가능케 하는 길이다.

라. 법률의 실체 규정과 정책법학에서의 의미

법률의 실체 규정은 겉으로는 복잡하고 다양한 것처럼 보이지만, 그 핵심은 국가가 시민사회와 어떻게 관계 맺고 개입하는가를 보여주는 정책적 수단의 배열이라 할 수 있다. 우리나라 입법학의 대가 고(故) 박영도 박사가 제시했던 전통적 구분(업무규제법규, 조성법규, 자격부여법규)은 법률 규정 속에서 정책 수단이 어떻게 드러나는지를 보여주는 중요한 출발점이었다.29) 업무규제법규는 허가·인가·등록과 같은 규제적 수단을, 조성법규는 보조금·출연금·융자와 같은 재정적 수단을, 자격부여법규는 특정 자격 요건과 자격 부여 절차를 통해 국가가 특정 영역에 개입하는 방식을 정리한 것이다. 이를 보다 확장된 정책법학적 시각에서 보면, 법률의 실체 규정은 크게 네 가지 정책적 유형으로 분류될 수 있다.30)

---

29) 우리나라 입법학(立法學)의 대가(大家)이셨던 고(故) 박영도 박사는 실체 규정에 담기는 사항을 업무규제법규, 조성법규, 자격부여법규로 구분한 바 있다. 실체 규정의 기타 영역으로는 위원회 규정, 위임입법 규정, 행정지도 규정을 들고 있다. 이때 업무 규제 법규란 어떤 자가 사업을 영위하거나 특정 업무 또는 행위를 함에 있어서 행정기관으로부터 허가·인가·확인을 받거나 행정기관에 등록·신고를 하도록 하는 것 등을 정하는 법규를 말한다. 주요 내용은 주로 허가제에 관한 규정, 결격사유에 관한 규정, 과징금 규정, 부담금 규정, 가산금, 연체금 규정이다. 조성법규란 행정주체가 교육·문화·사회 또는 경제 등의 분야에서 각종 사업의 진흥·발전을 도모할 목적으로 그 사업 주체인 단체 또는 개인에 대하여 특별히 금전을 지급하거나 경제적인 지원을 하는 것에 대한 근거 법규를 말한다. 조성법규 영역에서는 주로 보조금 규정, 출연금 규정, 자금의 융자 규정, 정부의 출자 규정 등을 포함한다. 마지막으로 자격부여법규란 일정한 업무 또는 행위를 하거나 특별한 지식이나 기술이 요구되는 직업에 종사하는 자에 대하여 법률상 일정한 자격을 갖출 것을 요구하고 그 자격을 부여하는 방법과 절차를 정하는 법규를 말한다.

30) 정부가 활용하는 정책 수단은 겉으로는 매우 복잡해 보이지만, 본질적으로는 규제·재정·정보·벌이라는 네 가지 범주로 단순화해 이해할 수 있다. 이는 정책 수단을 쉽게 파악하기 위해 필자가 만든 일종의 유형화 틀이다. 이 네 가지 수단을 바탕으로 정부의 활동을 생각하면 정부 활동의 윤곽을 잡기가 쉽다. 분설(分說) 하면 다음과 같다. 첫째, 규제(regulation). 정부는 권한을 부여하거나 박탈하고, 특정 행위를 요구하거나 금지함으로써 사회를 통제한다. 이 과정에서 정부의 공권력이 직접적으로 작동하며, 허가·인가·특허·등록·결격사유 등 다양한 법적 장치들이 여기에

첫째, 규제(regulation). 이는 국가가 권한을 부여하거나 제한하고, 일정한 행위를 금지하거나 강제하는 방식이다. 허가, 승인, 인가, 특허, 결격사유, 조건부 부관, 검사제도 등은 모두 국가가 법적 권한을 통해 국민과 기업의 행동을 조정하는 장치이다. 정책적으로는 국가의 공익적 목표를 실현하기 위해 사인(私人)의 자유를 제한하는 수단이지만, 동시에 기본권 보장과 비례 원칙의 준수가 함께 요구된다.

둘째, 재정(fiscal instruments). 이는 세금과 예산, 기금과 같은 재정 수단을 활용하는 방식으로, 흔히 배분정책·재분배정책 등의 법적 표현이라 할 수 있다. 보조금, 출연금, 출자, 세제 혜택, 부담금, 과징금, 사회보장 수급권, 특별회계 등은 모두 국가 재정을 통해 사회·경제적 구조를 조정하는 장치이다. 정책적으로는 특정 산업을 육성하거나 사회적 약자를 보호하고, 재분배를 통해 사회적 형평을 구현하는 수단으로 작동한다.

셋째, 정보(information and persuasion). 강제력이 없는 권고, 홍보, 교육, 행정지도, 설명회, 정보제공 등은 법률 속에 절차적·보충적 장치로 등장한다. 정책적으로는 국민을 설득하고, 인식을 변화시키며, 자발적 협조를 끌어내는 수단이다. 이는 흔히 규제와 재정 수단을 보완하거나, 초기 정책 단계에서 사회적 수용성을 확보하는 데 중요한 역할을 한다.

넷째, 제재(sanction and enforcement). 위반자에 대한 벌칙, 행정형벌, 과징금, 행정 강제, 손실보상과 손해배상, 조정과 중재 등은 정책의 실효성을 담보하는 법적 장치이다. 정책목표가 선언적 수준에 머물지 않고 실제로 구현되기 위해서는 일정한 제재 메커니즘이 필수적이다. 다만 정책법학적 관점에서는 이러한 제재가 단순한 응보에 머물지 않고, 정책 실패나 부작용을 교정하는 장치로 기능해야 한다는 점이 중요하다.

이외에도 기획, 거버넌스, 공공서비스 직접 제공 등과 같은 정책 수단도 함께 존재한다.

- 기획(planning). 단순한 규제나 지원을 넘어, 국가가 중장기적 목표와 전략을 법률에 담는 경우이다. 5개년 계획, 기술로드맵, 시행계획 등은 모두 실체 규정 속에 포함될 수 있다. 이는 정책법학적으로 법이 정책의 방향성과 비전을 제도화하는 기능을 보여준다.

- 거버넌스(governance). 위원회 설치, 권한 위임·위탁, 민관 협력, 시민참여 장치 등이 이에 해당한다. 이는 정책이 단순히 행정부의 집행이 아니라 다양한 주체 간 협력 속에

해당한다. 둘째, 재정(fiscal instruments). 정부는 조세와 예산, 기금과 같은 재정적 자원을 활용하여 국민의 삶을 지원하거나 특정 산업을 육성한다. 보조금, 세제 혜택, 출연·출자, 사회보장급여 등은 모두 정부의 재정의 힘에 기반을 둔 정책 수단이다. 셋째, 정보(information & persuasion). 정부는 규제나 돈이 아니라, 말과 정보로 국민을 설득하고 정책의 수용성을 높인다. 캠페인, 교육·훈련, 홍보, 공청회, 행정지도, 공공데이터 제공 등이 대표적이다. 이는 법적 강제력이 없지만 사회적 인식을 변화시켜 정책목표 달성을 뒷받침한다. 넷째, 벌(sanction & enforcement). 정부는 법률 위반 시 제재를 가하거나, 때로는 기존의 제재를 완화함으로써 정책의 실효성을 담보한다. 벌칙, 과징금, 행정 강제, 행정형벌 등이 여기에 해당하며, 규제와 마찬가지로 정부의 공권력에 의존한다. 이 네 가지 수단 중, 규제와 벌은 반드시 법률에 근거해야 한다. 공권력 행사이므로 헌법적 정당성과 법적 합치성이 뒷받침되어야 한다. 반면, 재정과 정보는 일부 영역에서 법률의 명시적 근거가 없어도 가능하다. 예컨대 정보제공이나 홍보 활동은 행정의 자율적 재량으로도 수행될 수 있으며, 보조금 지원 역시 예산의 범위 내에서 정책적으로 조정될 여지가 있다.

서 형성된다는 점을 제도화하는 것이다. 즉, 법률 속에 '정책 거버넌스의 구조'를 직접 새겨 넣는 것이라 할 수 있다.

- 공공서비스 직접 제공(direct public provision). 정부가 직접 서비스를 공급하기도 한다. 공공병원·공기업·공단·공영주택·공교육 서비스 등은 법률이 근거를 제공하는 대표적 영역이다. 이는 정책법학적으로 국가가 정책목표를 직접 수행하는 최종적 수단으로서 의미가 있다.

이처럼 실체 규정은 규제·재정·정보·제재의 4대 전통적 수단을 넘어, 기획, 거버넌스, 공공서비스 직접 제공까지 포괄한다. 각각은 개별적으로 사용될 수도 있지만, 현실의 정책은 대체로 policy mix 형태로 나타나며, 더 큰 범위의 경우에는 policy bundle 혹은 policy package로 나타난다.31) 예컨대 환경정책에서는 규제(배출허용기준)와 재정(환경세·보조금), 정보(환경교육·캠페인), 제재(과징금·형벌)가 결합 된다. 더 큰 범위의 정책에서는 이러한 수단들이 다수의 목표와 연결되면서 policy bundle 혹은 policy package의 형태로 작동한다. 결국 법률의 실체 규정은 단순한 문언이 아니라, 정책 수단의 구체적 배열이라는 점에서 정책학과 직접 연결된다.

따라서 정책법학적 의미는 명확하다. 실체 규정은 곧 정책의 내용이며, 법률은 정책 수단의 집합적 구조가 된다. 따라서 실체 규정의 유형화를 통해 우리는 법률을 단순한 규범으로 읽는 것을 넘어, 그것이 지니는 정책적 기능과 효과를 분석할 수 있다. 다시 말해, 법률의 실체 규정은 법학적 조문을 넘어 정책학적 언어로 번역될 수 있으며, 이는 법과 정책을 연결하는 정책법학의 중요한 작업이라 할 수 있다.

마. 정책법학과 대안적 입법 방향

현행 우리나라 법률의 구조는 대체로 총칙–실체 규정–보칙–벌칙–부칙이라는 정형화된 템플릿을 따른다(대륙법계의 영향?). 이러한 구조는 법학적으로는 체계성과 명확성을 담보할 수 있으나, 실제 정책을 설계하고 집행하는 측면에서 보면 정책의 맥락을 충분히 반영하지 못하고, 오히려 정책 내용을 억지로 틀에 맞추어 넣는 결과를 낳게 된다. 정책의 기획과 법률의 구조가 따로 움직이는 것이다. 따라서 정책법학은 정책 중심의 새로운 입법 구조를 모색할 필요가 있다.

---

31) Policy mix는 거시경제학 용어이다. 주로 재정정책(정부)과 통화정책(중앙은행)이라는 거시적이고 이질적인 정책도구의 전략적 조합을 의미한다. 그러나 정책학에서는 이를 하나의 특정 목표를 달성하기 위해 성격이 다른 여러 정책 수단들을 전략적으로 조합하여 상호 보완성을 높이는 것으로 해석한다. Policy bundle은 관련성이 있는 복수의 정책목표나 조치를 행정적 편의나 효율성을 위해 단순히 모아 놓은 집합체(꾸러미)를 의미한다. Policy package는 복잡하고 다면적인 문제를 해결하기 위해 일관된 단일 전략하에 여러 정책 조치를 논리적이고 유기적으로 결합하여 부작용을 최소화하고 목표 달성을 극대화하도록 체계성을 강조한 종합 전략을 의미한다.

첫째, 정책 과정 기반의 입법 구조가 필요하다. 법률은 단순히 조항의 나열이 아니라 정책의 설계도이므로, 정책 과정의 흐름(목표 설정, 수단 선택, 집행 절차, 평가 및 조정)에 맞추어 조문을 배열해야 한다. 예컨대 "정책 목적 및 기본 원칙 → 정책 집행 및 절차 → 위반 시 조치와 제재 → 제도의 조정 및 경과규정"과 같은 흐름이 자연스럽다.

둘째, 기능 중심적 통합이 요구된다. 지금처럼 보칙이나 벌칙을 법조문의 끝에 별도로 몰아 두는 것이 아니라, 각 제도 규정 속에 관련 절차와 제재를 함께 두어야 한다. 그래야 정책 집행자가 특정 제도를 실행할 때 그 제도와 관련된 모든 법적 장치를 한눈에 파악할 수 있다. 즉, 제도 단위로 법률을 구성하는 것이 정책 집행의 실효성을 높인다.

셋째, 정책 유연성 확보 장치가 필요하다. 정책 환경은 급속히 변하므로, 법률에 일정한 시점에서 성과를 평가하고 개정을 검토하도록 하는 조항을 두는 것이 바람직하다. 이를 통해 법률은 고정된 명령이 아니라, 변화하는 정책 환경 속에서 조정 가능한 제도로 기능하게 된다.

넷째, 국민 친화적 가독성(可讀性)이 확보되어야 한다. 법률은 정책 집행자뿐 아니라 국민이 모두 준수해야 하는 규범이다. 따라서 법률은 법학자만 이해할 수 있는 추상적 체계가 아니라, 국민이 직관적으로 이해할 수 있는 정책 언어로 구성될 필요가 있다. 이는 법적 정당성을 넘어 사회적 수용성을 높이는 중요한 조건이다.

정리하면, 정책법학이 제안하는 대안적 입법 방향은 헌정 구조, 정책 및 정책 과정에 기반을 둔 구조이다. 이러한 방향으로 나아갈 때 법은 권리·의무 관계 규범을 넘어, 정책의 도구, 정책 거버넌스의 하나로 작동하며, 정책과 법의 괴리를 줄이는 새로운 입법 패러다임을 구축할 수 있을 것이다.

바. 정책-법률의 통합 설계 조건

정책이 단순한 행정적 선택이나 정치적 타협의 산물에 머무르지 않고, 법적 정당성을 확보한 정책으로 작동하기 위해서는 정책의 설계와 집행이 반드시 법적 틀 속에서 이루어져야 한다. 이것이 바로 policy governance under legal framework의 핵심 관점이다. 이 관점에서 정책은 최소한 세 가지 질문에 답할 수 있어야 한다.

첫째, 정책은 법적 정당성(legal legitimacy)을 확보했는가? 즉, 헌법과 법률에 근거하여 추진되고 있으며, 국민의 기본권과 법치주의 원칙을 침해하지 않는가를 점검해야 한다.

둘째, 정책은 법률에 근거한 협치(governance) 구조를 마련했는가? 단순한 행정명령이나 지침에 의존하는 것이 아니라, 법적 근거 위에서 정부, 시민사회, 이해관계자가 참여할 수 있는 제도적 장치를 통해 운영되고 있는지가 중요하다.

셋째, 법적 수단이 정책목표 달성에 실제로 효과적으로 작동했는가를 평가해야 한다. 법률, 하위법령, 규제, 보조금, 행정명령 등의 도구가 정책목표와 적절히 일치하지 않는다면, 정책은 형식만 갖춘 채 실질적으로는 실패할 수 있다.

이러한 질문은 곧 정책과 법이 만나는 지점을 두 가지 차원으로 정리할 수 있게 한다.

첫째는 Policy Tool(법의 수단적 작동)이다. 정책 집행 과정에서 허가, 신고, 특허, 과징금, 보조금 등 다양한 법적·행정적 도구가 활용된다. 이때 중요한 것은 정책목표에 가장 적절한 수단을 선택하는 것이다. 잘못된 도구의 선택은 곧 정책 실패로 이어진다.

둘째는 Policy Constitution(법의 기반적(基盤的) 작동)이다. 정책은 법률이라는 제도적 틀 속에서 구조화되어야 한다. 즉, 정책목표가 법률에 명확히 규정되고, 지침이나 행정해석에 의존하는 것이 아니라 안정적인 법적 기반 위에 자리 잡아야 한다. 그래야 정책은 일관성과 지속성을 확보할 수 있다.

그러나 정책은 법적 설계만으로 완결되지 않는다. 실제 현실에서는 정치적 요인과 행정적 요인이 함께 작용한다. 정치적 요인에는 정권의 정책 의지, 정치적 타협, 이익집단의 압력 등이 포함된다. 아무리 합리적이고 법적으로 정합적인 설계라 하더라도 정치적 환경을 무시한다면 정책은 작동하기 어렵다. 따라서 정치적 맥락을 고려한 제도 설계가 필요하다. 행정적 요인도 마찬가지이다. 관료조직의 집행 역량, 부처 간 협력 구조, 행정절차의 준수 여부는 정책 실효성을 좌우한다. 법적 정당성을 확보한 정책이라 하더라도 집행 단계에서 관료조직이 이를 제대로 실행하지 못하거나 행정 편의적으로 왜곡하면 정책은 실패할 수밖에 없다.

종합하면, 정책은 법적 정당성, 법적 수단의 적절성, 법률적 구조화라는 기본 요건을 충족해야 하며, 동시에 정치적·행정적 요인을 현실적으로 고려해야 한다. 이 두 차원이 균형을 이룰 때 비로소 정책은 법제 속에서 효과적으로 작동할 수 있으며, 이것이 곧 정책법학이 강조하는 정책-법률의 통합적 사고의 구현이다.

사. 입법 프로세스 혁신

정책과 입법의 품질을 높이고 양자 간의 괴리를 줄이기 위해서는 정부 입법 과정 전반에 걸친 혁신이 필요하다. 우선, 정부가 법률안을 제출할 때의 요건을 대폭 강화해야 한다. 단순히 법률의 큰 틀만을 제시하는 수준을 넘어, 정책목표, 수단, 전달체계, 성과 평가 체계, 기본권 영향 분석까지 포함하는 완성된 정책 설계를 갖춰야 한다. 아울러 법률안과 직접 연결되는 대통령령·부령 등 하위법령(안)까지 함께 마련하여 제출하도록 해야 한다. 이렇게 함으로써 법률 제정 이후 하위법령을 둘러싼 혼란이나 불일치가 줄어들고, 입법 취지가 실질적으로 구현될 수 있다.

둘째, 정부는 정책 설계를 정책보고서로 만들어 국회에 제출해야 한다. 이 보고서에는 정책 목표, 정책 수단, 전달체계, 성과 평가 방법, 시민사회 참여 방식, 기본권 영향 분석이 반드시 포함되어야 한다. 붙임으로 규제영향분석 보고서를 첨부하면 규제의 필요성과 효과성까지 함께 검증할 수 있다. 이러한 문서로 만드는 과정은 입법 취지를 명확히 드러내고, 향후 행정해석의 일관성을 확보하는 데 크게 이바지할 것이다. 나아가 행정해석의 어려움이 줄어들고, 법령 해설집 작성도 훨씬 용이해질 것이다.

셋째, 입법 과정에서 나타나는 부처 중심의 분절적 접근을 지양해야 한다. 각 부처가 자기 영역(領域)만을 고려하는 방식은 부처 이기주의를 강화하고, 결과적으로 정책과 법률의 통합성을 저해한다. 따라서 정부 차원에서 통합된 정책 설계와 입법을 추진해야 하며, 이를 위해 국무총리실과 대통령실의 정책·입법 조정 기능을 대폭 강화할 필요가 있다. 그렇다고 두 권력기관이 모두 관여하면 각 부처의 공무원은 매우 힘들어질 것임을 염두에 두어야 한다. 어쨌든, 지금처럼 특정 부처가 주관하여 정책과 법률안을 작성하고, 이후 관계 부처 협의와 법제처 심의를 거치는 방식은 한계가 크다. 여러 부처가 관련된 사안의 경우라면, 국무총리실이 주관하여 TFT를 구성해 정책과 법률안을 공동 설계하는 방식으로 개편해야 한다. 이후 총리실이 주관부처를 지정하고, 해당 부처가 국회와의 협의를 주도하는 구조가 요구된다.

결국, 정부 입법 프로세스 혁신은 단순히 입법 기술의 고도화가 아니라, 정책과 법률을 하나의 설계도 위에서 통합적으로 묶어내는 과정이다. 이는 행정국가의 현실 속에서 정책의 실효성과 법률의 정당성을 동시에 보장하는 길이며, 정책법학 관점에서 반드시 추구해야 할 방향이다. 동시에 이러한 구조는 입법부와 행정부가 이인삼각(二人三脚) 경주를 원활하게 수행할 수 있도록 하고, 나아가 입법부의 법률 제정 과정 자체를 혁신하는 계기가 될 수 있다. 입법부가 법률 제정을 주도하더라도 마찬가지이다. 입법부도 법률이 곧 행정부의 정책으로 연결된다는 점에서 입법과 정책의 통합적 사고를 바탕으로 한 입법 능력을 갖춰야 할 것이다.

제2부. 헌정 구조 속의 정책 활동

- 누가 정책 활동의 주체인가? -

1. 3권 분립과 정책
2. 시민사회와 정책
3. 지방자치와 정책
4. 국제사회와 정책
5. 소결

정책은 단순히 행정부만의 과업이 아니다. 헌정질서 속에서 정책 활동의 주체는 입법부·행정부·사법부라는 3권을 중심으로, 시민사회, 지방자치, 나아가 국제사회까지 확장된다.

- 3권 분립과 정책: 입법부는 법률을 통해 정책의 구조와 방향을 정하고, 행정부는 정책을 결정하고 집행하며, 사법부는 정책의 합법성과 정당성을 심사한다. 각 권력은 상호 견제와 균형을 통해 정책의 민주성과 합법성을 보장한다.

- 시민사회와 정책: 시민사회는 정책의 객체에 머무르지 않는다. 공청회, 시민배심제, NGO 활동 등을 통해 정책 주체로 참여하며, 때로는 공공서비스를 직접 수행하는 대리인의 역할도 담당한다.

- 지방자치와 정책: 지방정부는 주민 생활에 밀착된 정책을 설계·집행하는 주체이다. 그러나 법령과 중앙정부 정책의 틀 속에서 권한이 제약되며, 정책 자율성의 한계를 노정한다. 앞으로 지방정책권이 요구된다.

- 국제사회와 정책: 국제조약, 국제기구, 글로벌 규범은 국내정책에 직접적 영향을 미친다. 기후변화 대응, 인권, 무역 규범 등은 국제사회가 사실상 정책 주체로 기능하는 대표적 사례이다.

결국 정책 주체는 다층적 구조를 이루며, 상호작용 속에서 정책이 형성된다. 정책법학은 이 다층적 주체들의 법적 지위와 책임을 분석하고, 정책 과정에서의 권력 배분과 각 주체들의 활동을 새롭게 해석한다.

1. 3권 분립과 정책

3권 분립(tripartite system)은 보통 입법부(legislative power, 행정부(executive power, 사법부(judicial power)로 국가권력이 3분(分) 된 것을 의미한다. 우리가 종종 이야기하는 정치체제인 대통령제, 의원내각제 등은 이 3권(權) 중에서 입법부와 행정부의 관계를 중심으로 논의되는 제도이다. 3권에서 핵심은 입법부이다. 왜냐하면 3권 분립의 개념은 주권재민(主權在民) 사상의 등장과 더불어 전제왕권(專制王權)의 쇠퇴와 연결되어 있기 때문이다. 그리고 왕권을 제한하고 국민의 의사를 대변하는 집단으로서 의회(議會)가 만들어졌기 때문이다. 사상적으로는 계몽주의(啓蒙主義)와 사회계약론(社會契約論)과 연결되어 있으며, 정치적으로는 공화정(共和政)의 등장과 관련된다. 따라서 3권 분립의 핵심은 바로 이 의회와 공화정의 출현이다. 그런데 이 의회와 공화정은 오래전에 고대 로마에 존재했던 모습이었다. 근대에 들어서 다시 출현하게 된 것이다.

가. 근대국가와 의회제도

근대 의회의 기원은 여러 요소가 결합된 결과물이지만, 로마 공화정의 민회(Comitia)도 중요한 영향력을 미쳤다. 로마 공화정(BC 509~BC 27)에서 민회는 시민들이 직접 법률을 제정하고, 고위 관료를 선출하는 기능을 수행했다. 즉, 로마 공화정에서는 시민들이 법률을 직접 제정하는 민회가 있었고, 이는 근대 의회의 기초 개념(입법기관의 역할)에 영향을 주었다.

이처럼 로마 공화정의 민회는 근대 의회제도 발전에 간접적인 영향을 미쳤으나, 직접적인 모델은 아니다. 중세 유럽의 신분제 의회와 연결된다. 영국 의회의 발달(마그나 카르타, 1215년)은 봉건제 사회에서 귀족과 왕권 간의 힘의 균형에서 비롯되었다. 근대 의회는 17~18세기 계몽사상과 함께 본격적으로 형성되었다(영국 명예혁명, 미국 독립전쟁, 프랑스 혁명 등). 즉, 근대 의회의 기원은 신분제 의회, 계몽사상, 민주주의 발전 등의 요소가 합쳐진 결과물이며, 로마 공화정의 민회가 직접적인 모델이 되었다고 보기는 어렵지만, 입법기관의 개념(시민이 법을 제정하는 구조)에서 로마 공화정의 민회가 중요한 역사적 참고 모델이 되었다고 볼 수 있다.

공화국(Republic) 개념 역시 로마 공화정에서 중요한 사상적 영향을 받았다. 로마 공화정의 핵심 개념은 Res Publica(공공의 것)였다. 국가는 특정 군주가 아닌 시민 전체의 것이며, 공동체의 공익을 위해 운영된다고 본 것이다. 그리고 여기에서 권력분립 개념의 시초가 만들어졌다. 즉, 로마 공화정은 두 명의 집정관(Consul), 원로원(Senate), 민회(Comitia)가 서로 견제하는 구조였다. 이것이 몽테스키외의 삼권분립(입법, 행정, 사법) 개념에 영향을 주었다. 또 이때 임기제와 공직 선출의 개념이 도입되었다. 공직자는 선출되고, 일정 기간 후 교체되었으며, 이는 근대 공화국의 선거제도와 유사하다고 볼 수 있다. 즉 근대 공화국은 로마 공화정, 권력분립, 선출직 공직 개념에서 아이디어를 얻었다고 볼 수 있다.

르네상스와 계몽주의 시대(15~18세기)에 로마 공화정이 이상적인 국가 모델로 다시 부각되었다. 로마 공화정의 자유, 시민참여, 공적 책임의 개념이 강조되었다. 그리고 18세기 미국 독립혁명(1776), 프랑스 혁명(1789)에서 공화국 개념이 채택되었다. 미국 건국자들(제퍼슨, 매디슨 등)은 공화정을 민주적 국가의 모델로 삼았으며, 프랑스 혁명 이후 수립된 공화국도 공화정의 자유, 평등, 권력분립 개념을 채택하였다. 즉, 근대 공화국의 개념은 로마 공화정에서 직접적으로 영향을 받았으며, 특히 Res Publica(공공의 것)이라는 개념이 핵심적으로 계승되었다. 물론 근대 공화국은 민주주의 원칙(보통선거, 인권 보장 등)이 추가되면서 로마 공화정보다 발전된 형태로 정착된 것이다.

나. 입법국가와 행정국가

헌정 구조를 이해하려면 입법국가와 행정국가를 구분할 수 있어야 한다. 근대 민주주의 국가는 자연스럽게 의회가 중심이 되는 국가이다. 이를 입법국가(立法國家)라고 한다. 의회가 주도적으로 국가의 정책을 결정하고 법을 만드는 국가 형태를 말한다. 즉, 의회가 입법권을 바탕으로 국가를 운영하는 모델이다.

반면, 행정국가(Administrative State)는 국가 운영에서 행정부(공무원 조직)의 역할이 강해진 상태이다. 법률 제정뿐만 아니라 정책 기획·집행까지 행정부가 적극적으로 수행한다. 우리나라가 대표적이다. 행정부의 권력이 강해지면 왕정 시대의 왕처럼 변해버릴 우려가 존재하고, 다른 2개의 권력(입법과 사법)을 무시하는 경향이 나타난다. 그래서 종종 제왕적 대통령으로 변하기도 한다. 행정국가의 공무원은 국민으로부터 권력을 위임받은 자는 아니다. 대통령이 만약 국민에 의해 선출되었다면 대통령은 선출된 권력으로 위임된 권력을 행사할 수 있지만, 그럼에도 행정권은 행정부라는 엄청난 조직과 예산 집행권을 바탕으로 국민 생활 곳곳에 다각적인 영향을 미칠 수 있고, 자칫 잘못하면 부패와 부정, 그리고 독직(瀆職) 등이 발생할 여지가 존재하며, 대통령 역시 제왕(帝王)처럼 행세할 가능성도 존재하는 것이다.

따라서 행정국가가 성공하기 위해서는 공무원 집단의 공공성과 책임감이 매우 중요해지게 된다. 행정국가로서의 성격이 있는 프랑스는 그랑제콜이나 국립행정학교(ENA) 출신들이 나라를 이끌고 가고 있으며, 이들의 자부심은 매우 대단하다(최근에 부작용이 드러나고 있다). 우리나라도 한때 그러했다. 그러나 지금 많은 중앙부처 공무원은 공직(公職)을 일반 직업들과 같은 수준의 책임감과 윤리의식이 필요한 일자리로 보는 경향이 있으며, 공무원보다는 노동자에 더 가깝다고 생각하는 것 같다. 정권 교체기의 혼란, 의회와 언론 그리고 민원인으로부터 받는 스트레스가 이러한 현상을 더욱 부추기는 것 같다. 어쨌든 행정국가에서는 공무원의 공공성과 책임감이 문제 해결에 이바지하는 방식으로 작동해 왔다. 그리고 국가 운영의 안정성을 유지해 왔다.

- 정책의 연속성 유지: 정치적 변화(정권 교체)에도 불구하고, 공무원 집단이 정책의 연속성을 유지할 수 있다. 정권이 바뀌어도 행정 관료들이 핵심 정책을 지속해서 추진한다.
- 전문성 기반 정책결정: 정치적 이념보다 실용적 정책이 강조될 수 있다. 한국의 중앙부처는 정권에 상관없이 안정적인 정책을 추진하려 노력해왔다.
- 입법부와 사법부의 문제 완화: 정치적 갈등이 심할 경우, 공무원 조직이 행정적 해결책을 제공할 수 있다. 법률 공백이 발생해도 행정부가 행정입법 등을 통해 보완할 수 있다.

이와 같은 3권 분립의 전제는 각 권력 기구의 제 기능의 수행에 있다. 즉, 입법부는 법을 제정하고, 행정부는 법을 집행하고, 사법부는 법을 해석한다. 이를 통해 추상적인 법규범이 구체성을 갖게 된다. 하지만 3권 분립의 전제는 주권재민(主權在民)에 있다. 이때 '민'은 깨어 있는 '민'이다. 권리 위에 잠자는 사람이 아니다. 만약 국민이 잠들고 있다면 3권 분립이 언제 어떻게 붕괴하거나 왜곡될지 모르는 일이다. 그래서 저항권이 중요한 것이다.

과연 우리는 입법부가, 행정부가 그리고 사법부가 제 기능을 수행하고 있는가? 또한 시민이 제 역할을 하고 있는가? 특히, 정책이라는 관점에서, 공공성과 공익이라는 관점, 이러한 질문은 필요하다. 그러나 과연 우리는 이러한 질문에 대해 '그렇다'라고 쉽게 말을 할 수 있을까?

다. 권력구조와 민주주의 형태의 변화

[그림 8]은 권력구조와 민주주의 형태의 변화를, 역사적 맥락과 정책·법제 구조의 관점에서 해석한 도식이다. 과거 절대 군주제 시기에는 권력의 정점에 왕(통치자)이 위치했고, 그 아래에 왕의 명령을 수행하는 신하가 존재하였다. 일반 백성은 '피치자'의 지위에 머물렀으며, 권력에 직접 참여할 수 없었다. 이 시기에는 입법권·행정권·사법권의 분리가 없었고, 모든 권력은 군주에게 집중되어 있었다. 근대에 들어 대의민주주의가 정착되면서, "대표 없는 곳에 과세 없다"라는 말로 대표되는 의회 중심 원칙이 제도화되었다. 시민은 선거를 통해 대표자를 선출하고, 대표자는 입법부에서 정책과 법률을 제정했다. 이 과정에서 시민은 백성에서 시민으로 지위가 변화하며, 권력을 위임받은 입법부가 정치·정책의 중심이 되었다.

그러나 입법부와 함께 행정부가 성장하며, 점차 행정부가 정책 집행을 넘어 정책 설계와 의제 설정에서 우위를 점하는 구조로 이동했다. 행정부 우위 체제에서 시민은 정책 고객으로 인식되기 시작했다. 정책은 행정부가 기획하고 공급하며, 시민은 그 수혜자이자 이용자의 위치에 머무르게 되었다. 이 과정에서 권력의 직접적 연결은 약화하고, 행정부 중심의 관료주의가 강화되었다. 입법부는 법률을 통과시키는 '통법부'로 변했다. 최근에는 정책 고객을 넘어 시민이 직접 정책 주체로 참여하는 움직임이 확산하고 있다. 이는 민관 협치 또는 직접민주주의로의 확장을 의미한다. 시민이 단순한 수혜자가 아니라, 정책의 설계·집행·평가 과정에 직접 관여하는 구조가 형성되는 것이다. 다만 이러한 직접민주주의적 요소는 아직 제도적으로 불완전하며, '민관 협치'가 실제로 어느 정도의 권한과 책임을 갖는지는 정립이 되지 않은 상태이다. 결국, [그림 8]은 권력구조가 왕 중심의 절대 군주제 → 입법부 중심의 대의민주주의 → 행정부 우위의 관료국가 → 시민 참여 확대와 민관 협치 기반의 직접 민주주의 부활로 변화해온 흐름을 한눈에 보여준다. 동시에, 각 단계에서 시민의 지위가 피치자 → 시민 → 정책 고객 → 정책 주체로 진화하고 있음을 시각적으로 표현하고 있다. 행정부 우위의 시대를 탈피하여 민관 협치가 강조되는 시기로 넘어가는 상황에서 행정부와 입법부의 기능과 역할, 그리고 행정부-입법부-시민사회와의 관계는 어떻게 정립되어야 하는가가 앞으로의 국정의 생산성을 좌우하게 될 것이다.

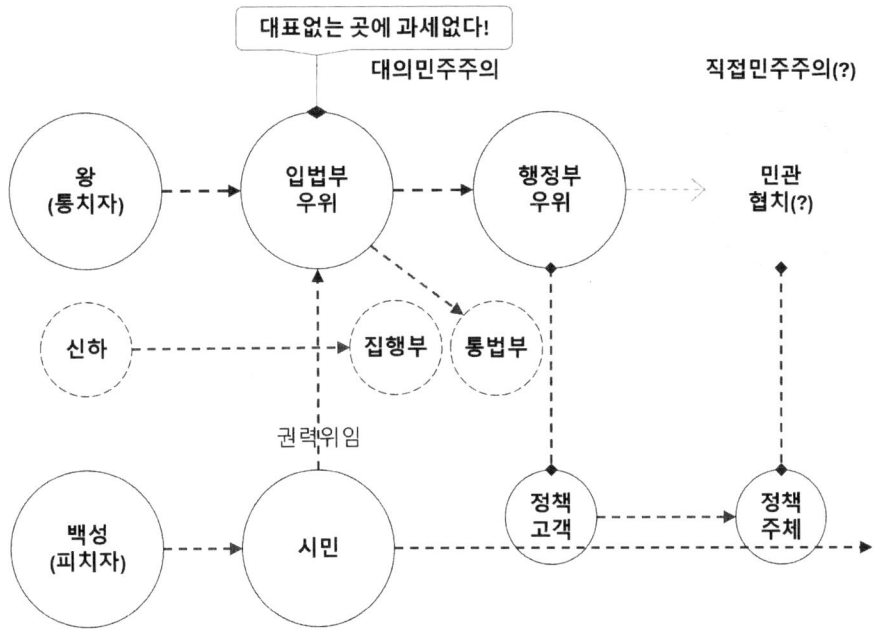

[그림 8] 권력구조와 민주주의의 변화

라. 대통령제, 의원내각제 그리고 반(半)대통령제

우리나라는 내통령제를 채택하고 있다. 하지만, 의원내가제 요소가 다분히 담겨 있다. 국무총리 제도를 두고 있고, 국회의원이 장관을 겸직할 수 있다. 미국식 대통령제, 영국식 의원내각제, 프랑스식 준(準)대통령제(이원집정부제)32)는 민주주의 국가에서 권력분립과 권력 조정을 달리 설계한 정치체제이며, 정책결정과 정책과정의 구조와 역학에서 뚜렷한 차이를 보인다.

1) 미국의 대통령제

미국은 권력분립 원리를 철저히 구현한 체제이다. 대통령은 국민이 직접 선출하며, 의회와 별도의 민주적 정당성을 갖는다. 입법부(의회)와 행정부(대통령), 사법부(연방대법원)가 각각 독립적으로 존재하며, 견제와 균형(checks and balances) 구조 속에서 상호 감시와 제약을 한다. 정책결정 과정에서는 '당정 분리'가 일반적이다. 행정부와 입법부는 독립된 기관으로, 대통령은 법안을 직접 발의할 수 없고, 의회는 행정부의 구성이나 집행을 간섭할 수 없다(예산 승인·인사 인준 등 제한적 통제만 가능). 입법부의 독립성이 강해 '입법부 우위'가 나타나는 경우가 많고, 대통령의 거부권(veto), 의회의 법안 재의결권, 대법원의 위헌심사권이 서로 맞물려 정책의 방향과 내용을 조율한다(Trump 행정부에선 많이 달라진 것 같다).

또한 미국은 연방제 국가로서 주 정부의 권한이 막강하다. 주 정부는 교육, 치안, 보건, 토지 이용 등 다양한 분야에서 독자적인 입법과 집행을 할 수 있어, 연방정부가 추진하는 정책이라도 주(州) 차원의 동의와 협력이 필수적이다. 이런 구조는 정책결정에 다층적 협의와 타협을 요구하며, 특정 사안에서는 연방과 주의 이해관계가 충돌해 정책 집행 속도가 느려질 수 있다. 그러나 이러한 분산 구조는 권력 집중을 방지하고, 정책의 지역적 다양성을 보장한다.

2) 영국의 의원내각제

영국의 의원내각제는 '웨스트민스터 체제'로 불린다. 의회가 국가권력의 중심에 있으며, 행정부(내각)는 의회의 다수당 또는 연립여당에 의해 구성된다. 총리는 여당 대표이자 행정부 수반으로서 국정을 이끄나, 국가원수는 왕(군주제 국가)이 담당한다(공화국의 경우엔 주로 권한이 거의 없는 대통령이 담당한다).

이 체제의 특징 중 하나는 섀도 캐비닛(Shadow Cabinet) 제도이다. 야당은 정부 내각에 대응하는 그림자 내각을 구성해 정부 정책을 비판·견제하고 대안을 준비한다. 또한 단독 정

---

32) 이원집정부제는 행정권력이 국민 직선 대통령과 의회에 책임지는 총리 및 내각이라는 두 축(二元)으로 나뉘어 권력을 공유하는 정치 체제를 의미한다. 이 용어는 일본의 학계에서 만들어져 우리나라에 유입된 용어로 보인다. 집정부라는 한자어 때문에 대통령의 권한을 축소 해석하거나 행정권의 주체에 대한 개념적 혼란을 야기한다는 한계가 있다. 외국에서는 내각제 요소가 가미되었다는 의미에서 준 대통령제(semi-presidentail system)를 사용한다.

부가 아닌 연립정부가 구성될 가능성이 있어, 이 경우 정책결정에서 연정 상대 간 정책의 '주고받음'(policy trade-off)이 발생한다. 의회 다수당이 안정적으로 집권하면 정책결정과 집행이 매우 신속하고 일관성이 높으며, 집권당의 정책 책임이 명확하다. 다만 의회주의가 약화하면 수시 정권 교체가 발생해 정부가 불안정해지고, 장기적 정책추진이 어려워질 수 있다. 이 체제는 국민의 의사가 의회 다수파를 통해 비교적 직접적으로 정부 정책에 반영될 가능성이 크지만, 다수당 독점 시 권력 집중과 야당의 정책 반영은 어려워질 수 있다.

3) 프랑스식 준 대통령제

프랑스는 대통령과 총리가 함께 행정부를 구성하는 혼합형 체제이다. 대통령은 국민이 직접 선출되어 외교·안보, 국가 전략 사안을 주도하고, 총리는 내정과 정부 운영을 책임진다. 대통령 소속 정당이 의회 다수를 차지하면 '대통령 우위' 체제가 형성되어 정책결정이 대통령 주도로 이루어진다. 그러나 의회 다수가 야당(혹은 연립정당)일 경우 동거정부(cohabitation)가 형성된다. 이때 국가를 대표하는 인물은 여전히 대통령이지만, 국내정책은 의회를 장악한 정당(혹은 연립정당)이 사실상 주도한다. 대통령의 국내정책 장악력은 크게 약화하며, 총리와 내각이 실질적인 내정 권한을 행사한다. 이런 경우 대통령은 외교·안보에 집중하고, 내정에서는 총리의 역할이 두드러진다. 이 체제는 정치 상황에 따라 때론 대통령제, 때론 내각제로 변하는 장점이 있다. 그러나 권력이 분점(分店)되면 정책 우선순위에 대한 합의가 어려워지고, 조율 과정에서 정책추진력이 약화될 수 있다.

세 정치체제를 종합적으로 비교하면 다음과 같다. 미국식 대통령제는 철저한 권력분립과 견제·균형을 바탕으로 한 제도이다. 대통령, 의회, 사법부가 각각 독립된 권한을 행사하며, 당정 분리가 명확하다. 입법부 우위 현상이 나타날 수 있고, 연방제 구조 속에서 주 정부의 권한이 막강하여 정책결정은 연방-주 간, 그리고 행정부-입법부 간의 합의와 조율을 반드시 거쳐야 한다. 이로 인해 정책결정 속도가 느려질 수 있으나, 권력 집중을 방지하고 지역적 다양성을 반영하는 장점이 있다.[33] 영국식 의원내각제는 웨스트민스터 체제를 기반으로 하여 의회 다수당 또는 연립여당이 내각을 구성하고 총리가 국정을 이끈다. 국가원수는 왕이 맡아 상징적 역할에 그치고, 내각이 실질적인 국가 운영을 담당한다. 새도우 캐비넷 제도를 통해 야당이 정부를 견제하며 대안을 준비하고, 연립정부가 구성될 때 정책 간 '주고받음'이 발생한다. 안정적인 다수당 집권 시 정책결정이 신속하고 일관성을 유지할 수 있으며, 집권당의 정책 책임이 분명하다. 그러나 의회주의가 약화될 경우 수시 정권 교체로 인한 정부 불안정과 장기 정책 추진의 어려움이 나타날 수 있다.

---

33) 그러나 반드시 그러하지 않을 수 있음을 최근 트럼프 행정부에서 확인할 수 있다. 입법부와 행정부의 견제와 균형은 입법부(상원과 하원 모두)를 공화당이 장악함으로써 어려워지고 있고, 사법부 대법관도 트럼프 대통령이 다수 임명함으로써 보수 색채가 강화되고 있다. 주 법원의 결정도 종종 연방대법원에서 뒤집히기도 한다. 과연 미국의 민주주의, 대통령제가 어떤 식으로 진화(?)할지 더 지켜봐야 할 것 같다.

프랑스식 준 대통령제(이원집정부제)는 대통령과 총리가 함께 행정부를 구성하는 혼합형 체제로, 정치 상황에 따라 대통령제와 내각제의 성격이 유연하게 변한다. 대통령은 외교·안보를 중심으로 국가를 대표하며, 총리는 내정을 담당한다. 대통령 소속 정당이 의회 다수를 차지하면 대통령 우위 체제가 되지만, 동거정부 상황에서는 의회를 장악한 정당(혹은 연립정당)이 내정을 주도하게 된다. 이 경우 대통령의 국내정책 영향력은 약화되고, 총리와 내각이 실질적인 정책결정을 담당한다. 이러한 구조는 정치적 유연성을 제공하지만, 권력이 분점될 경우 정책 우선순위 조정과 집행에서 혼선이 발생할 수 있다(최근 Macron 대통령 시대에서 수상의 잦은 교체로 인해 제5공화국의 정치체제인 준 대통령제에 대해 사망선고를 내려야 한다는 평가가 나오고 있다).

결국, 미국은 견제와 균형을 통한 권력 분산과 지역적 다양성 반영에 강점이 있으나 정책결정이 느린 경향이 있고, 영국은 다수당 집권 시 정책결정의 속도와 일관성이 뛰어나지만, 권력 집중과 정치 불안정 가능성이 병존한다. 프랑스는 정치 상황에 따라 권력 구도가 변화하는 유연성이 있으나, 동거정부 시기에는 정책 혼선 가능성이 커진다.

마. 한국의 3권 분립

입법·행정·사법이라 불리는 3권은 정책과정의 공식적 참여자이다. 대의민주제 하에서는 선거를 통해 선출되는 대통령과 국회의원, 이들의 지휘·감독을 받는 행정 관료, 그리고 사법부가 정책 과정에 공식적으로 참여한다.

- 국회는 국민이 선출한 대표자(국회의원)의 모임이다.
- 대통령과 대통령실은 국민이 직접 선출한 행정수반과 이를 보좌하는 수석·비서관 등으로 구성된다.
- 행정기관은 신분이 보장된 관료와 대통령이 임명한 장·차관으로 구성된 각 부처를 의미한다.
- 사법부는 헌법재판소와 법원처럼 신분이 보장된 법관들로 이루어진 사법기관이다.

행정부처의 최하위 계층에서 제안된 의견이나 안건은 내부 검토를 거쳐 최종적으로 장관 또는 대통령이 결정하며, 국회의 의결이 필요한 사안은 국회로 이송되어 최종 결정을 받는다. 집권당은 정부 기관이 아니지만, 비공식 참여자로서 당정 협의를 통해 행정부와 정책을 조율하고 국회 제출 안건을 조정한다. 행정부 내부의 정책결정은 부처별 정책결정 절차, 부처 간 의견조정 및 중요안건 처리를 위한 국무회의, 그리고 대통령과 비서실의 정책 참여를 통해 이루어진다. 하지만 대통령이나 행정부를 거치지 않고 국회가 의원입법 형태로 제안된 안건을 의결하는 방법으로 정책에 직접 영향을 줄 수 있다.[34]

한편, 사법부는 판결을 통해 정책 과정에 참여한다고 볼 수 있다.[35] 헌법재판소와 법원은 국가의 정책결정과 관련된 소송에서 법리에 따라, 때로는 국민 여론과 사회 분위기를 고려해 판결을 내린다. 어떤 판결은 새로운 진보적·보수적 정책의 형성에 이바지하는데, 이는 사법부의 적극적 개입, 즉 '사법 적극주의'의 결과이다. 반대로 법리 해석에만 충실하고 적극적 판결을 자제하는 경우는 '사법 소극주의'라 할 수 있다. 1988년 헌법재판소가 출범한 이후, 위헌 결정을 통해 수많은 정책변동이 있었다.

한국은 전형적인 행정국가로, 행정부의 권력이 다른 어떤 권력보다 강하다. 특히 1980년대 후반까지의 권위주의 정권 아래에서는 두 가지 요인이 결합하며 행정권 강화가 심화하였다.

- 고도성장 과정에서 행정 업무가 급격히 팽창하고 복잡성이 커지면서 고도의 전문성이 요구되었고, 이는 행정권의 강화로 이어졌다.
- 대통령이 행정부를 자신의 정치적 수단으로 활용하며, 행정부가 대통령의 정치 권위를 공유하는 구조가 형성되었다.

그러나 민주화 이후 반복된 정권 교체는 과거의 정책 내용과 추진 방식을 대폭 변경시켰다. 새 정권의 담당자들이 새로운 방향과 방식을 주도했고, 특히 좌파(?)와 우파(?) 정권이 번갈아 집권하면서 통치 이념의 차이가 정책 변화에 반영되었고, 그 폭도 컸다. 이러한 변화가 장기 근속하며 신분이 보장된 관료가 아니라 새로 집권한 정치세력 주도로 이루어지면서, 관료들의 정책 전문성은 약화하였고 오히려 새로 등장한 권력의 추종 세력으로 변화되었다. 이로 인해 정권과 무관하게 지속되어야 할 중요한 정책마저 무분별한 변경 대상이 되었고, 그 과정에서 시행착오와 혼란이 커졌다.

관료가 새 집권 세력을 전문성을 바탕으로 설득하는 것이 필요하지만 현실적으로는 쉽지 않다. 결과적으로 집권 세력을 탄생시킨 정치 권력이 힘을 키우며, 국회가 행정 관료보다 더 큰 힘을 행사하게 되었다. 또 국회의원 상당수가 장관으로서 행정부를 이끌기도 한다. 이렇게 해서 정치 권력이 행정권을 압도하는 구도가 형성되었다. 직업공무원제의 특징인 전문성이 약화되고 있다. 정책과정의 혼란도 빈번하게 발생하고 있다.

문제는 정치 권력이 정책에 대한 충분한 역량 없이 권한만 커지면서 동시에 입법부 권력에 반비례해서 행정 권력의 축소를 가져오는 제도적 정비를 하지 않은 채 무소불위의 힘을 행사하려 했다는 점이다. 국정의 책임성은 약화되었고, 행정 권력을 장악한 집단 역시 과거의 관성에서 벗어나지 못한 채 권력을 남용했다. 이로 인해 양 정치 권력 간 충돌이 빈번하게 발

---

34) 여러 정책학 책에서는 국회도 정책을 결정한다고 한다. 사견으로는 이에 동의하지 않는다. '정책'이라는 용어 자체가 행정부 기능이 강화된 현상을 설명하기 위해 등장한 개념이기 때문이다. 다시 말해, 행정부는 정책을 만들고, 국회는 법률을 제정하는 기관이다. 국회의 법률은 행정부가 정책을 결정(law as policy constitution)하는 기반이 될 수는 있지, 정책 그 자체는 아니라고 생각한다.

35) 사견으론 국내의 여러 정책학 책과는 달리 사법부가 '정책'을 결정한다고 보지 않는다. 정책은 행정부가 결정하는 것이고, 사법부는 행정부의 정책결정에 영향을 미치는 존재이다. 그 영향의 정도는 사안에 따라 달라질 수 있다. 어떤 판결은 정부에게 새로운 정책을 결정하도록 요구할 수 있고, 어떤 판결은 특정 사건에만 영향을 미칠 수 있다.

생했으며, 특히 여소야대 상황에서는 타협이 어려울 정도로 갈등이 극심해졌다. 사이에 낀 행정 공무원들은 무기력감과 자괴감을 느꼈고, 일부는 정치적 줄서기를 통해 승진을 노리면서 공직사회 전반의 혼란이 심화하고 있다. 직업공무원의 전문성은 취약해지고, 이는 다시 정책의 질을 떨어뜨리는 결과로 이어지고 있다.

즉, 입법부의 권력이 크게 강화되었음에도, 국가 시스템은 여전히 행정부 우위 시대의 구조를 유지하고 있어 두 권력 집단 간 갈등이 심화되고 있는 상태이다. 입법부가 정책 전반에 강한 영향력을 행사하려면 충분한 정책 역량이 뒷받침되어야 한다. 실제로 입법조사처, 예산정책처 등 국회의원의 지원 기관이 강화되었지만, 여전히 기대 수준에 미치지 못한다. 정책과 법률을 별개의 영역으로 인식하고, 정책은 행정부의 책임이라는 오해가 남아 있다. 책임을 행정부로 떠넘기는 것이 일상화되어 있다. 국회 자체가 문제임에도 말이다. 법을 다루는 국회의원들이 행정부에 대한 국정 질의에서 행정부에 왜 법을 개정하지 않느냐고 따지는 촌극이 벌어지고 있다. 왜 예산을 과다(축소) 편성했냐고 행정부에 따지기도 한다. 예산을 심의·확정한 주체가 국회임에도 말이다.

대통령을 중심으로 한 행정부 역시 과거 행정국가 시절의 관행에서 벗어나지 못하고 있다. 사회에 대한 이해도 부족하다. 정부가 주도적으로 나서면 문제를 해결할 수 있다고 믿지만 (국민도 그렇다고 생각하지만) 시대는 이미 변했다. 시민사회는 복잡해졌고 이해관계도 다양해졌다. 권리 주장 역시 강력해져, 더는 정부가 앞장선다고 모든 집단이 뒤따르는 상황이 아니다. 정부는 사회를 제대로 알지도 못하면서 정책을 만들어내는 형국이다. 따라서 정책 시스템 전반의 변화가 요구되지만, 입법부도 행정부도 여전히 과거의 관행에 머물러 있다. 입법부는 정책 역량을 강화하지 못한 채 행정부 탓으로 책임을 돌리고, 행정부는 정책 권한을 입법부와 공유하지 않은채 시민사회와의 협치도 외면하고 있다.

이 상황을 더욱 어렵게 만드는 것은 제왕적 대통령제이다. 미국식 대통령제처럼 견제와 균형이 작동하고 입법부 권한이 강한 구조와 달리, 한국의 대통령제는 법률안과 예산안을 모두 대통령을 필두로 한 행정부가 장악한다. 법률과 예산이 정부 활동의 두 축임을 고려하면, 의회의 권력은 본질적으로 제한적이다. 골격 입법(skeleton legislation)이 일상화되다 보니, 대통령과 정부가 정하는 행정입법의 국민 구속력이 매우 크다. 여기에 행정부는 행정규칙 제정 권력도 갖고 있다. 또한, 미국(의회 소속)과 달리 감사원이 대통령 소속이다. 여기에 당정 분리가 이루어지지 않고, 오히려 당정 일체를 지향하는 움직임이 문제를 심화시킨다. 또한 간과되지만 중요한 또 다른 권력이 존재한다. 바로 중앙정부의 지방자치단체 통제이다. 법률과 예산이라는 수단을 통해 지방정부는 사실상 중앙정부에 종속되어 있다. 지방자치를 통제함으로써 제왕적 대통령제를 완성하게 된다. 향후 개헌이 이루어진다면, 권력구조 개편, 기본권 강화 등은 기본이고, 정책이라는 관점에서 다음 사항이 함께 개선될 필요가 있다.

- 입법부의 정책 역량과 법제 역량을 강화해야 한다.
- 행정부의 권한은 상대적으로 축소해야 한다.

- 민간과의 협치를 제도적으로 확대해야 한다.
- 지방분권을 실질적으로 강화해야 한다. 중앙의 권한은 줄여야 한다.
- 정부의 권한은 법률에 기반을 두고 행사되어야 한다.

이 다섯 가지 변화가 동시에 추진될 때 비로소 정책 시스템이 과거의 관행을 벗어나, 변화한 사회 구조와 민주주의의 요구에 부응할 수 있을 것이다.

바. 한국에서 입법부와 행정부의 관계

1) 정치, 정책 그리고 행정의 세계

입법부와 행정부의 관계는 '정치의 세계'와 '정책의 세계'가 서로 맞물려 작동하는 구조로 이해할 수 있다. 입법부는 전통적으로 국가 운영의 기본원칙을 확립하는 법을 제정·개정하는 주체로서, 정치적 의사결정을 통해 정책의 기반이 되는 법률을 마련한다. 반면, 행정부는 이러한 법률을 정책 수단으로 전환하여 구체적인 정책을 설계·집행하고, 이를 통해 법의 실효성을 현실에서 구현한다.

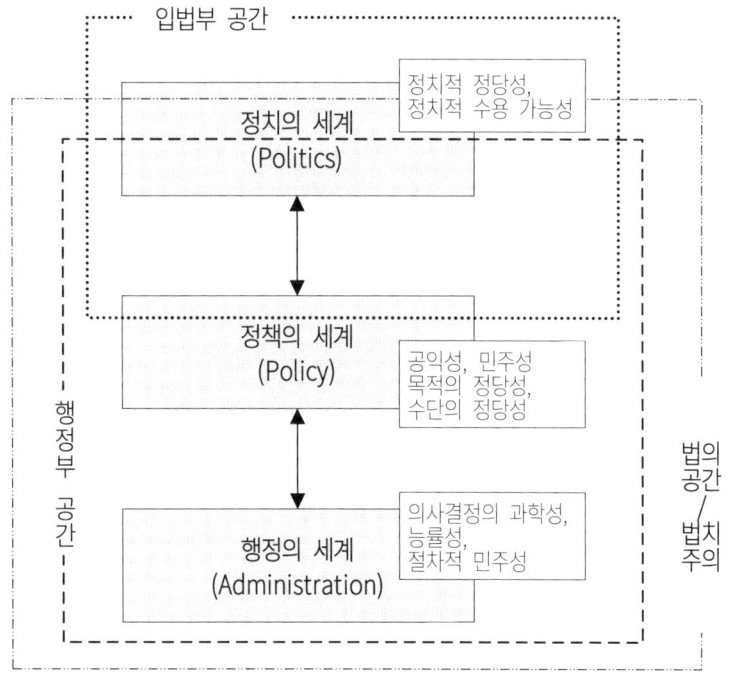

[그림 9] 정치, 정책 그리고 행정의 관계

[그림 9]의 정치, 정책 그리고 행정의 세계를 설명하면 다음과 같다. 정치, 정책, 행정은 서로 긴밀히 연결되어 있으면서도 각기 다른 공간과 논리 위에서 작동한다. 이를 입법부, 행정부, 그리고 법치주의의 세 가지 경계 속에서 바라보면, 각 영역의 특징과 상호작용의 복합성이 드러난다. 정책을 '행정-정치'법의 삼각 협력 구조 속에서 형성되고 집행된다'라고 하는 필자의 주장을 상기하면 이해하기 쉬울 것이다.

첫째, 입법부 공간, 즉 정치가 주로 작동하는 세계는 본질적으로 법의 테두리를 넘나든다. 정치는 국회를 중심으로 제도화되어 법률 제정이라는 공식적 틀 속에서 움직이지만, 그 전부가 법률적 규율에 종속되는 것은 아니다. 정당의 내부 의사결정, 정치적 담론, 대중운동 등은 법적 규율을 넘어서는 자율적 공간에서 이루어지기도 한다. 또한, 법적 구속력이 없는 정치적 약속, 곧 선거 공약은 법치주의의 테두리를 벗어난 대표적 사례이다. 이처럼 정치의 세계는 법의 규율을 받으면서도, 동시에 법을 초월한 도덕적·사회적·이념적 요소가 강력하게 작동하는 영역을 함께 지니고 있다.

둘째, 행정부 공간은 정책과 행정이 주 무대로 작동하는 영역이다. 행정부는 본래 정책을 기획·집행하는 조직이지만, 현실적으로 정치와 분리되기 어렵다. 예컨대 행정부가 국회에 법안을 제출하거나 정책 홍보를 통해 정치적 지지를 확보하려는 행위는 행정이면서 동시에 정치적 행위이기도 하다. 특히 대통령과 고위 공직자는 행정부 소속이지만, 동시에 정치적 행위자로 활동한다. 선거를 앞둔 행정부는 정책결정을 내릴 때 정치적 고려를 완전히 배제할 수 없다. 따라서 행정은 단순한 기술적 집행의 차원을 넘어, 필연적으로 정치적 맥락 속에서 기능한다.

셋째, 법의 공간, 즉 법치주의는 입법부와 행정부 모두를 규율하는 강력한 틀이다. 국회도 법을 위반할 수 없고, 행정부 역시 법에 따라 정책을 집행해야 한다. 법률은 때에 따라 정책목표를 직접 강제하기도 하고, 반대로 행정부에 일정한 재량을 허용하며 선택지를 열어주기도 한다. 그러나 정치의 세계 전체가 법치주의 속에서만 작동하는 것은 아니다. 외교적 협상, 정당의 이념 논쟁, 비공식 정치 협상 등은 법적 규율을 넘어 도덕적·사회적·이념적 차원에서 이루어지는 경우가 많다. 따라서 법치주의는 분명 정치와 행정을 규율하는 핵심 원리이지만, 정치의 모든 작동 방식을 온전히 설명하거나 통제할 수는 없다.

결국 정치, 정책, 행정은 법의 규율을 받으면서도, 동시에 법을 넘어서는 사회적 역동성 속에서 상호 작용한다. 법치주의는 이 세계들의 기본 규범적 틀을 제공하지만, 현실의 정치와 행정은 도덕, 사회, 이념적 요소와 맞물려 작동한다는 점에서 언제나 긴장과 보완의 관계 속에 있다. 정책에서의 법치주의를 policy governance under legal framework라고 부르는 이유도 여기에 있다. 곧, 정책은 법의 규율을 받는 동시에(under legal framework), 사회적 역동성 속에서 형성되고 집행되는 과정(policy governance)을 함께 반영하기 때문이다.

2) 국회의 3대 기능: 입법국회, 예산국회, 정책국회

국회 기능은 입법국회, 예산국회, 정책국회의 세 가지로 구분된다.[36] 정책 관점에서 본다면, 국회는 ⅰ) 정책의 기본 구조(structural foundation)를 결정하는 법의 제정, ⅱ) 정책 집행의 핵심 수단인 예산 심의, 그리고 ⅲ) 이러한 기능을 바탕으로 행정부의 정책과정을 감독하는 기관이다. 첫째, 입법국회는 헌법과 법률에 근거해 법률을 제정·개정하는 전통적인 입법 기능을 수행한다. 법률은 국가 운영의 기본 틀을 형성하며, 행정부는 이 법률에 따라 정책을 추진하게 된다. 입법 과정에서는 의원 발의와 행정부 제출 모두 가능하며, 최종적으로 확정된 법률은 정책 방향을 제시하는 규범으로 작용한다.

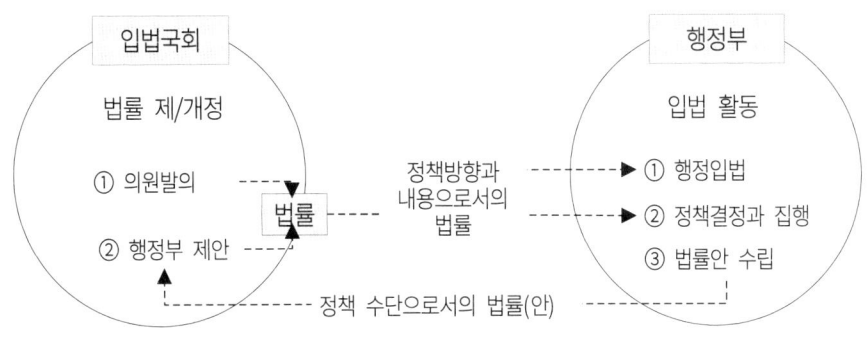

[그림 10] 입법국회와 행정부

둘째, 예산국회는 국가 재정의 심의·확정 권한을 통해 재정정책 전반을 통제한다. 예산안의 승인, 결산 심사, 재정 운영 평가 등을 수행하며, 이를 통해 행정부의 재정 집행이 법적 근거와 정책목표에 부합하는지를 검증한다. 정책 방향을 반영한 예산 배분과 정책 수단으로서의 예산 배정이 모두 이 단계에서 확정된다.

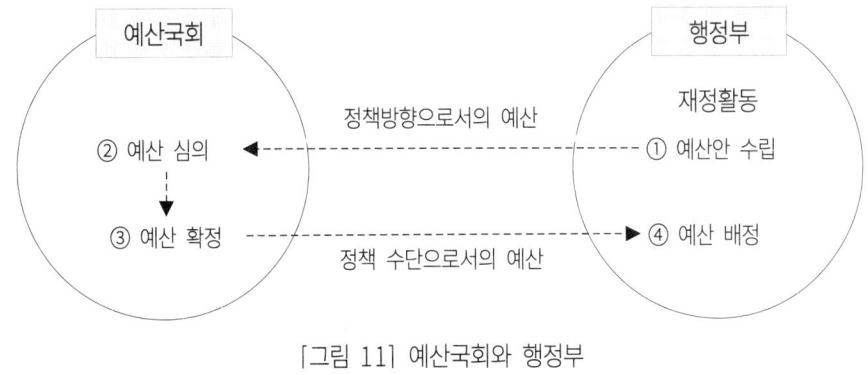

[그림 11] 예산국회와 행정부

---

36) 입법국회, 정책국회, 예산국회는 우리나라 국회의 기능과 활동을 설명하기 위한 만든 필자의 설명 틀이다.

셋째, 정책국회는 정책 점검과 평가를 담당한다. 국정감사, 국정조사, 청문회, 정책 질의 등을 통해 행정부의 정책 추진 현황과 성과를 점검하고, 필요할 경우 정책 방향을 조정하거나 개선을 요구한다. 국회는 정책이 법의 취지에 부합하는지, 정책목표가 달성되는지를 감독한다.

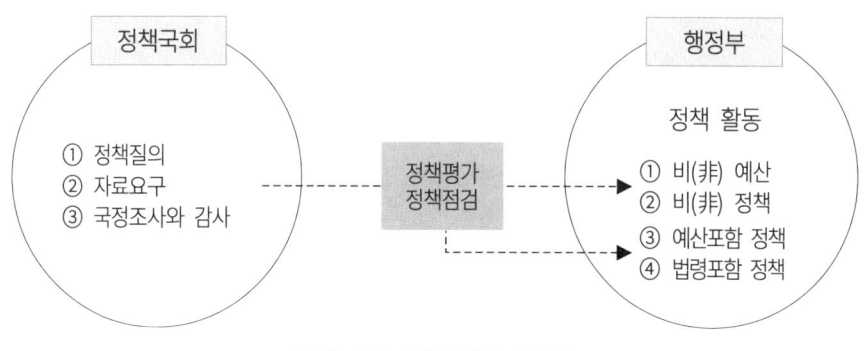

[그림 12] 정책국회와 행정부

3) 정치, 정책, 행정의 상호작용

국가의 정책 과정은 정치의 세계와 정책의 세계가 서로 맞물려 돌아가는 구조 속에서 작동한다. [그림 13]의 좌측의 국회는 정치의 무대이자 동시에 정책의 근거를 마련하는 공간이며, 우측의 행정부는 정책을 결정하고 집행하는 주체로서 활동한다.

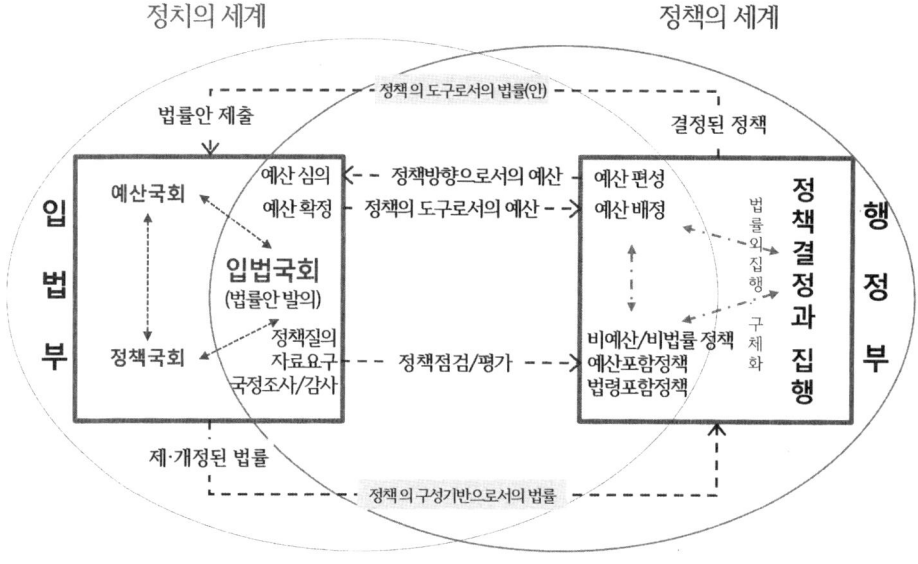

[그림 13] 입법부와 행정부의 관계

국회는 크게 세 가지 역할을 담당한다. 첫째, 예산국회로서 정부가 제출한 예산안을 심의·확정함으로써 정책 방향을 재정적으로 뒷받침한다. 둘째, 입법국회로서 법률안을 심의·제정·개정하여 정책 추진을 위한 법적 틀을 제공한다. 셋째, 정책국회로서 국정조사와 감사, 자료 요구 등을 통해 정부 정책의 집행 과정을 감시하고 평가한다. 이처럼 국회는 정치적 합의의 장이면서 동시에 정책의 법적·재정적 기반을 형성하는 기능을 수행한다.

행정부는 정책을 기획하고 집행하는 중심적 역할을 맡는다. 정부는 정책목표와 방향을 설정하고 이를 구체적인 정책으로 설계하며, 예산안을 편성해 국회에 제출하고 필요할 경우 법률안을 발의한다. 또한 행정명령, 대통령령, 부처 규정 등 다양한 하위법령과 명령을 통해 정책을 실제로 추진한다. 그러나 행정부의 활동은 단순한 기술적 집행에 머무르지 않는다. 대통령과 고위 공직자는 정치적 행위자로서 국회와의 협상을 통해 정치의 세계에도 깊숙이 개입하며, 정책은 필연적으로 정치적 고려와 타협을 거쳐 확정된다. 이 과정에서 국회와 정부는 상호 작용한다. 정부는 예산안과 법률안을 국회에 제출하며 정책 실행의 법적·재정적 근거를 확보하고, 국회는 이를 심의·확정하거나 제약한다. 또한 국회는 국정조사와 감사를 통해 정부 정책을 견제하며, 정책 방향을 수정하도록 압력을 가한다.

이처럼, 정치와 정책은 제도적으로 구분되지만 실제로는 끊임없이 교차하며 영향을 주고받는다. 정치는 법적 틀에 의해 제약되면서도 법을 넘어서는 사회적 합의와 담론의 공간을 포함하고, 정책은 법률과 예산이라는 제도적 기반 위에서 집행되지만, 정치적 맥락과 이해관계의 영향을 받는다. 따라서 국가 운영은 법치주의 절차 속에서 정치와 정책이 상호작용하고 순환하는 과정에서 비로소 작동한다고 볼 수 있다. 정리하면, 입법부는 법률 제정과 예산 심의, 정책평가를 통해 정책의 기반과 구조인 법을 제정하고(policy constitution) 정책의 합법성과 정당성을 확보하는 임무를 수행한다. 행정부는 입법부가 제시한 법률과 예산을 토대로 정책을 구체화하고(policy tool) 집행하며, 때론 입법을 주도하고(law-making force), 그 결과는 다시 입법부의 평가와 통제를 받는다. 이렇게 양자는 서로의 기능과 권한을 매개로 순환·보완 관계를 형성하며(dynamics), 정치적 결단(정치의 세계)과 정책적 실행(정책의 세계)이 연속적인 흐름 속에서 이루어진다.

사. 3권 분립 하의 우리나라 사법부

과거와 달리 최근의 사법부는 대통령을 비롯한 행정부나 국회의 간섭에서 벗어나 독자적인 판단을 내리며 그 위상을 높이고 있다. 대통령 탄핵 결정이 대표적인 사례이다. 또한 사회 변화와 발전 속도가 빨라지면서 환경권, 소비자권, 휴식권 등 새로운 기본권이 새롭게 발굴·보상되고, 이에 따른 분쟁이 증가하면서 사법 작용이 폭증하는 현상은 전 세계적인 추세이다.

<표 12> 헌법재판소의 종국 결정의 유형

1. 본안 전(前) 판단으로서의 각하 결정과 본안 판단(위헌 결정, 합헌 결정)

2. 단순 위헌 이외의 위헌 결정

① 헌법불합치 결정: 심판대상이 된 법률(조항)이 위헌이라 할지라도 입법자의 형성권을 존중하여 그 법률(조항)에 대하여 단순위헌결정을 선고하지 아니하고 헌법에 합치하지 아니한다는 선언에 그치는 주문 형식이다. 헌법불합치결정은 원칙적으로 법률의 위헌성을 확인하되 그 형식적 존속을 유지시키면서, 입법자에게 법률의 위헌성을 제거할 의무를 부과하고, 입법자의 입법 개선이 있기까지 국가기관으로 하여금 위헌적 법률의 적용을 중지시킴으로써 개선된 신법의 적용을 명하는 효력을 갖는다. 법률이 헌법과 합치되지 아니한다고 선언된 경우 그와 같은 헌법불합치 상태는 하루빨리 법 개정을 통하여 제거되어야 할 것이며, 불합치상태를 제거하기 위한 여러 가지 가능한 방법 중 어느 것을 선택할 것인가는 입법권자의 재량에 속한다. 헌법불합치결정의 경우 심판대상 조항의 효력상실 여부와 그 시기, 적 용중지 여부에 따라 차이가 있다.
  - 헌법불합치결정의 주문만 표시하는 경우: "……은 헌법에 합치되지 아니한다."
  - 입법시한을 정하면서 잠정 적용을 명하는 경우: "……은 헌법에 합치되지 아니한다. 위 법률 조항은 20**. *. **.을 시한으로 입법자가 개정할 때까지 계속 적용된다."
  - 입법시한을 정하고 적용중지를 명하는 경우: "……은 헌법에 합치되지 아니한다. 위 법률 조항은 입법자가 20**. *. **.까지 개정하지 아니하면 20**. *. **.부터 그 효력을 상실한다. 법원 기타 국가기관 및 지방자치단체는 입법자가 위 법률 조항을 개정할 때까지 적용을 중지하여야 한다."
  - 입법시한을 정함이 없이 적용 중지를 명하는 경우: "……은 헌법에 합치되지 아니한다. 법원 기타 국가기관과 지방자치단체는 입법자가 위 법률 조항을 개정할 때까지 그 적용을 중지하여야 한다.", "……은 헌법에 합치되지 아니한다. 법원 기타 국가기관과 지방자치단체는 위 법률 조항의 적용을 중지하여야 한다."

② 한정 합헌·위헌 결정: 심판대상이 된 법률(조항)의 문언이 다의적으로 해석 가능한 경우 특정한 내용으로 해석·적용되는 것이 합헌 또는 위헌이라는 결정으로서, 법질서에서 법문을 제거하는 방법을 통해서가 아니라 위헌적인 해석 방법을 배제함으로써 위헌성을 제거한다는 의미에서 질적인 일부 위헌 결정이다.

출처) 헌법재판소(2023). 『헌법재판실무제요(제3개정판)』

1) 사법부의 정책에서의 역할

사법부는 정책과정에서 행정부를 견제하는 기능을 수행한다. 예를 들어, 행정법원이 2003년 7월 15일 내린 새만금 집행정지 가처분 결정은 "농업용수를 4급수로 유지할 가능성이 희박해 농지조성이라는 사업 목적 달성이 어렵다"라는 이유로 10년 이상 진행된 공사를 중단시킨 사례를 들 수 있다. 또 다른 사례로, 행정법원이 2021년 2.18. A 교육청 교육감의 자율형 사립고등학교 지정취소처분을 취소시킨 사례도 있다. 2025년 9월 11일 행정법원 1심에서 새만큼 신공항 기본계획 취소 판결도 나온 바 있다. 이처럼 사법부가 법리 판단을 통해 정책과정에 개입하면, 정책 전문성이 부족한 법원이 정책에 관여한다는 비판도 뒤따른다. 사법부는 갈등 조정자 역할도 수행한다. '사법부 적시처리제도[37]'는 이러한 기능을 강화하기 위해 도입된 제도로, 새만금 판결이 첫 적용 사례였다. 이를 통해 장기간 정책 집행으로 인한 천문학적 비용 소모를 막을 수 있었다. <표 13>의 헌법재판소의 종국 결정의 유형을 보면, 헌법재판소가 정책의 제폐 및 관련 법률의 제·개정이 줄 수 있는 파급력을 쉽게 확인할 수 있다.

2) 정책과정에서의 한계

사법부의 정책 개입은 본질적으로 제한적이다. 사법은 소(訴) 제기에 따라 움직이는 사후적·소극적 성격을 가지며, 권력분립 원리에 따라 정책 형성과 집행은 입법부와 행정부의 주된 영역이기 때문이다. 국민의 기본권 침해 등 사법심사의 대상이 되는 경우에만 개입할 수 있다. 하지만 사법부 판결이 정책 변경을 초래하는 경우가 많아, 국민의 대표성을 갖지 않은 사법부가 정책에 영향을 미치는 것이 온당한 것인지에 대한 논란이 끊이지 않는다.

3) 사법부 정책 개입의 쟁점

A. 사법 본질적 한계

사법부는 구체적 사건성과 법적 해결 가능성이 있는 사안만 다룰 수 있다. 추상적이거나 원칙적 논쟁, 권리 주체 간의 구체적 분쟁이 아닌 사안은 판단 대상에서 제외된다. 또한 정책의 전문 기술적 영역에 관해서는 판단 역량에 한계가 있다. 사법부는 이미 발생했거나 발생이 임박한 사건에만 개입할 수 있고, 반드시 원고나 청구인의 제소가 있어야 하므로 수동적일 수밖에 없다.

B. 권력분립의 한계

헌법이 규정한 권력분립 원칙에 따라 타 정부기관의 재량행위와 정책 형성의 자유에 대한 사법 통제는 제한된다. 통치행위처럼 고도의 정치적 사안이나 정책 부작위 문제에 대해서는 사법심사의 적합성이 논란이 된다.

C. 민주적 정당성 논란

국민에 의해 선출되지 않은 헌법재판소와 법원이 민주적으로 선출된 대통령과 국회의 정책결정을 최종적으로 판단하는 것이 정당한가에 대한 논란이 있다. 사법 개입이 선거 만능주의나 다수결의 한계를 보완하는 기능을 수행할 수 있다는 긍정적 평가도 있지만, 국회에서 통과된 법률이 국론 분열로 위헌 심판에 넘겨질 경우, 사법부가 제삼자적 심판관·조정자 역할을 계

---

37) 사회적으로 중요하거나 신속한 처리가 필요한 사건에 대해 법원이 사전에 정해진 기한 내에 처리하도록 특별히 관리하고 심리를 진행하는 제도를 의미한다. 2006년에 처음 만들어졌다.

속하는 것이 바람직한지 의문이 제기된다. 특히 사법부 판결이 정치적으로 완전한 중립을 유지하기 어렵다는 점에서, 정치적 편향성 논란은 지속될 수밖에 없다.

견과적으로 사법부의 이러한 성격 때문에 사법 적극주의, 사법 소극주의, 정치의 사법화, 사법의 정치화 등의 논란이 발생할 수뿐이 없다(<표 13> 참조). 정치의 사법화를 줄이려면 법원이 정치적 결정하는 역할을 맡지 않도록 입법부와 행정부가 제 역할을 다해야 한다. 즉, 의회가 적극적으로 입법 활동을 하고 행정부가 정책 기능을 제대로 수행하면 된다. 정치기관이 제 기능을 다하지 못하면서 사법부의 개입을 비난하는 것은 잘못된 접근이다. 사법의 정치화를 방지하려면 대법관과 헌법재판관 임명이 특정 정권에 의해 좌우되지 않도록 초당적·독립적인 인선 절차를 마련해야 한다. 이 역시 입법부가 행정부 수장과 협의하여 제도화해야 할 과제이다. 결국, 사법부 판결에 대한 불만의 상당 부분은 입법부와 행정부가 제 기능을 하지 못한 결과이다. 정책과정의 건전한 운영을 위해서는 정치기관이 본연의 역할을 충실히 수행하고, 사법부는 사안의 성격에 따라 적극주의와 소극주의를 균형 있게 적용해야 한다.

<표 13> 사법 적극주의와 소극주의, 정치의 사법화와 사법의 정치화

사법 적극주의(judicial activism)는 법 해석과 판결에서 법 문언에만 머물지 않고, 정치적 목표나 사회정의 실현 등 가치 판단을 반영하여 적극적으로 법을 형성·창조하려는 태도를 의미한다. 이는 입법부와 행정부의 입법 활동을 적극적으로 심사하고, 위헌·위법 판결을 통해 사법 통제를 강화하는 경향을 포함한다. 때때로 판사 개인의 정치적 목표를 실현하기 위한 부정적 의미로 사용되기도 한다.

사법 소극주의(judicial restraint)는 법 해석과 판결에서 정치적·정책적 판단을 최대한 자제하고, 법문과 선례에 충실하려는 태도를 말한다. 사법부는 입법부와 행정부의 정책결정을 존중하며, 기본권 침해와 같은 본질적인 사안이 아니라면 개입을 최소화한다.

정치의 사법화(judicialization of politics)는 입법부나 행정부가 결정해야 할 정치적 사안을 법원이 대신 결정하는 현상을 뜻한다. 낙태, 동성결혼, 선거구 획정처럼 사회적으로 첨예한 정치적 쟁점이 법원의 판결로 최종 확정되는 경우이다. 정치의 사법화가 심해지면, 민주적 정당성을 가진 정치기관의 역할이 축소되고 법원이 사실상 정치 결정권을 행사하게 된다.

사법의 정치화(politicization of judiciary)는 사법부가 정치적 영향을 받아 판결을 내리는 현상을 말한다. 판결이 특정 정당의 이해관계나 정치 이념에 따라 달라지는 경우가 이에 해당한다. 예를 들어, 미국 대법원에서 보수 성향의 판사가 다수를 차지하면 판결이 전반적으로 보수적으로, 반대로 진보 성향의 판사가 다수를 차지하면 반대의 방향으로 기울 수 있다.

사. 정책법학 관점에서 본 사법부의 역할

사법부는 정책을 평가할 때 헌법과 법률에 근거하여 여러 기준을 적용한다. 우선 합헌성 여부를 검토해 헌법에 위반되는지, 특히 기본권 침해나 권한쟁의 문제가 있는지를 판단한다. 법률유보 원칙에 따라 국민의 중대한 권리에 영향을 주는 정책이 법률에 근거했는지도 확인하며, 형식적 적법성 차원에서 정책이 적절한 입법 절차와 규범 체계를 거쳤는지도 살핀다. 또한 비례성 원칙을 통해 권리 제한이 목적 달성에 비례하는지를, 평등원칙 위반 여부를 통해 합리적 이유 없는 차별이 있는지를 점검한다. 아울러 명확성 원칙을 기준으로 법령의 내용이 모호해 자의적 해석의 여지를 주는지도 살펴본다.

사법부의 강점은 '최종 심급'으로서 법치주의를 수호한다는 점이다. 정책의 위헌 여부를 가리는 최종 판단자 역할을 하며, 입법부와 행정부의 권한 남용이나 절차 위반을 견제한다. 특히 기본권 침해에 대한 구제 가능성을 제공하고, 사회적 소수자 보호에도 이바지한다. 행정작용의 적법성에 대한 감시자 역할을 수행하며, 행정소송이나 국가배상 청구 등을 통해 위법한 정책 집행을 바로잡는다.

사법부는 본질적으로 사후 통제자이기 때문에 정책 설계 과정에 참여할 수 없고, 발생한 사건을 대상으로만 판단하는 한계가 존재한다. 이는 정책 전체에 대한 구조적 판정을 어렵게 만든다. 헌법재판의 경우 위헌 결정을 내려도 입법자에게 개선 의무를 강제할 수 없어, 헌법불합치 결정 후 입법이 지연되는 문제가 생긴다. 또한 사법부는 사법적 자제 원칙을 이유로 고도의 전문적·기술적·정치적 판단이 요구되는 영역에서는 개입을 회피하고, 정책의 과학성이나 행정적 실현 가능성을 종합적으로 판단하기에는 전문성 부족이라는 한계도 있다.

정책 실패에 대한 대응도 시차가 크다. 많은 경우 피해가 발생한 이후에야 소송이 제기되고, 정책이 제도화된 뒤라 구제 효과가 제한적이다. 정책 결정권자에 대한 실질적 책임 추궁도 어렵고, "법령에 따른 집행"이라는 이유로 하위 공무원에게 책임이 전가되는 경우도 많다.

사법부는 정책과 법의 관계에서 질서를 유지하는 최종 심급이지만, 정책 설계와 입법의 품질을 선제적으로 향상시키는 역할은 어렵다. 형식적 법치주의는 작동하더라도 실질적 법치주의 구현에는 한계가 있으며, 행정입법 남용이나 고시·지침 중심의 정책에 대한 통제는 제한적이다. 따라서 사법부는 후견인(後見人) 성격의 통제자로서의 기능을 유지하되, 정책과 법의 건강한 결합을 위해서는 입법부의 역할 강화와 시민사회의 전면적인 참여가 훨씬 더 중요하다.

아. 정책 관점에서의 행정부-입법부-사법부의 관계

[그림 14]는 정책과정에서 행정부–입법부–사법부가 어떤 방식으로 상호 작용하며 권한을 행사하는지를 보여준다. 먼저 행정부는 정책의 구상과 집행의 중심에 서 있다. 정책을 설계하고 이를 실행에 옮기기 위해 예산을 편성하고 법률안과 행정입법을 제성하며, 정책 집행 과정에서 필요한 행정조치를 취한다. 대통령을 정점으로 국무총리, 각부 장관을 통해 정책을 결정하고 집행한다. 각 부처 내부적으로는 품의제가 작동된다. 그러나 행정부의 권한은 입법부와 사법부의 견제·감독을 받는다.

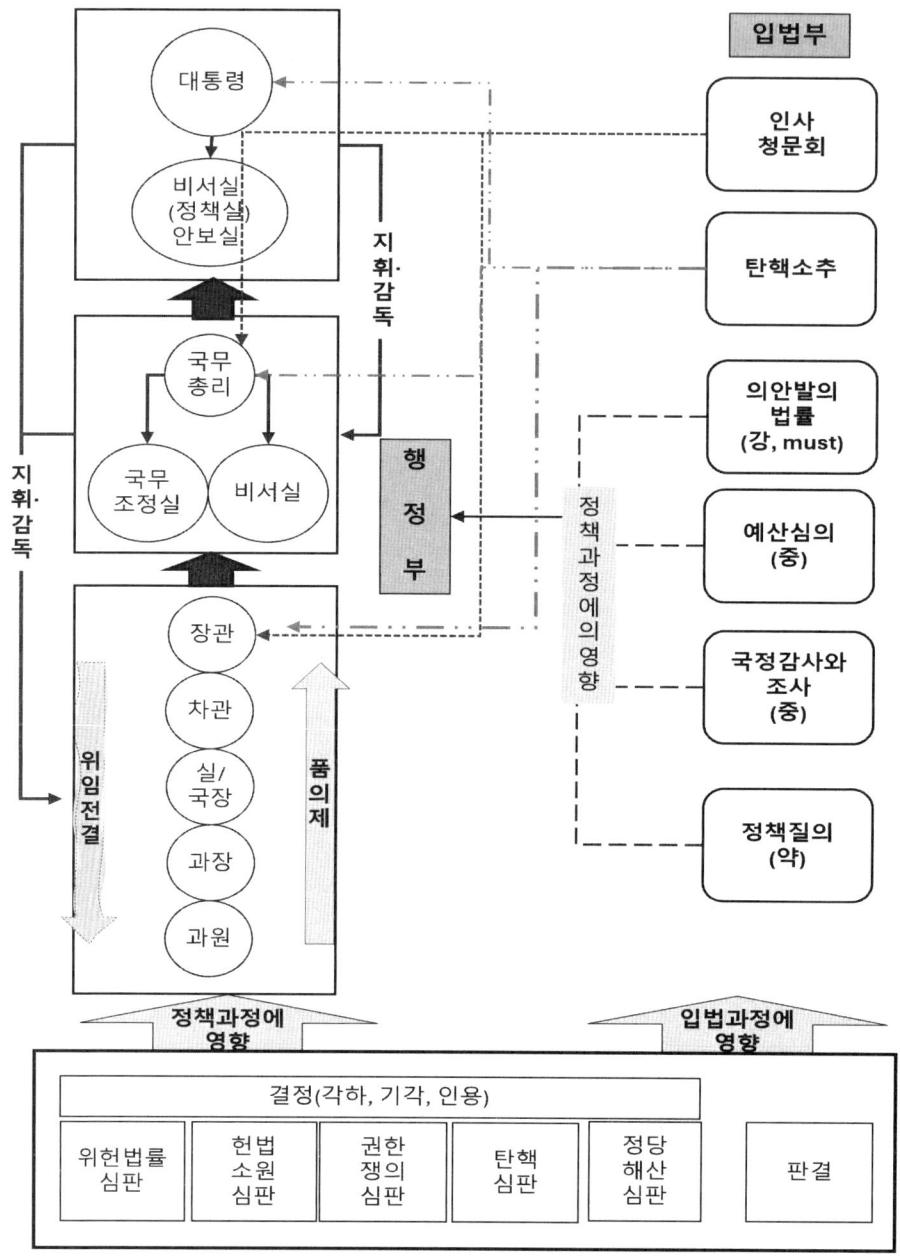

[그림 14] 정책과정에서 입법부-행정부-사법부의 관계

입법부는 법률 제정과 예산 심의·승인, 국정감사, 정책 질의 등을 통해 행정부를 감시·감독한다. 입법부는 행정부가 제출한 법률안과 예산안을 심사·수정·의결함으로써 정책 방향과 집행

범위를 결정짓는다. 또한 정책 집행 과정에 대해서는 국정감사·조사 등을 통해 문제를 발견하고, 필요할 때 제도 개선이나 법 개정을 추진한다. 인사청문회는 국무총리와 장관을 대상으로, 탄핵소추는 대통령, 국무총리, 장관을 대상으로 한다. 국회의 권능 중에서 정책과정에 영향을 주는 요인은 의원 발의 법률이 가장 강하다. 순차적으로 예산 심의, 국정감사와 조사, 정책 질의 순이다. 사법부는 정책과 관련된 법적 분쟁을 최종적으로 심사·판단하는 역할을 수행한다. 행정부의 정책 집행이나 입법부가 만든 법률이 헌법과 법률에 부합하는지를 판단하고, 위헌·위법 여부를 가려 시정한다. 이를 통해 정책의 합법성과 정당성을 보장하거나, 그 한계를 설정한다. 즉, 사법부는 정책과정에도 입법 과정에도 모두 영향을 주게 된다. 그렇기 때문에 사법부는 정치 권력으로부터 부당한 영향을 받아서는 안된다. 사법부의 독립이다.

세 기관은 정책과정 전반에서 서로 영향을 주고받는다. 행정부는 정책 집행 경험을 토대로 법 개정을 추진하고, 입법부는 법률을 제·개정을 통해 행정부의 정책 방향과 수단 선택에 직접 영향을 미친다. 사법부의 판결과 법 해석은 정책의 범위와 집행방식을 규정하고, 이는 다시 행정부의 정책수행과 입법부의 법제 활동에 피드백된다. 결과적으로, 정책과정은 행정부의 집행력, 입법부의 입법·감독권, 사법부의 심사·조정권이 서로 견제와 균형을 이루면서 진행된다. 이렇게 세 권력기관이 상호 작용함으로써 정책은 합법성과 정당성을 확보하고, 동시에 효과적인 집행을 도모하게 된다.

자. 정책 관점에서의 3권 분립 재해석

전통적으로 3권 분립은 입법부, 행정부, 사법부가 각각 법의 제정, 집행, 해석이라는 고유 기능을 수행하는 구조로 이해되어 왔다. 그러나 법을 정책의 중요한 도구로 본다면, 이 세 권력기관의 역할을 정책적 관점에서 재해석할 필요가 있다.

정책 시각에서 보면, 입법부는 단순한 법률 제정 기관을 넘어 정책의 평가와 감독 기능을 수행한다. 국정감사, 국정조사, 정책질의, 예산 심의 등을 통해 정책의 집행과정에서 나타난 문제점을 도출하고, 이를 바탕으로 법률 개정이나 새로운 입법을 추진한다. 이 과정에서 입법부는 입법국회, 예산국회, 정책국회라는 세 가지 기능을 상호보완적으로 작동시켜, 궁극적으로 입법 기능을 강화한다.

행정부는 정책결정과 집행의 중심 역할을 담당한다. 때로는 정책추진을 위해 법률안을 국회에 제안하기도 하며, 국회에서 제정한 법을 행정입법(시행령, 시행규칙 등)으로 구체화한다. 또한 정책을 집행하는 과정에서 해당 법률이 사회에서 실제로 작동하는지를 검증하고, 그 실효성을 평가하여 필요하면 입법부에 개정안을 제출하여 법 개정의 필요성을 전달한다. 이를 통해 행정부는 정책 설계와 실행뿐 아니라 법률 개선의 촉매 역할까지 수행한다.

사법부는 정책의 정당성과 합법성을 심사하고 조정하는 기능을 맡는다. 정책 집행 과정에서 발생하는 법적 분쟁에 대해 판례를 형성하고, 법 해석의 방향을 제시함으로써 정책의 범위를 확정하거나 한계를 설정한다. 이를 통해 사법부는 기존 법률 해석에 머무르지 않고, 정책의 정당성을 뒷받침하거나 제한하는 중요한 성책 행위자로 작침한다.

<표 14> 정책 관점에서 3권 분립의 해석

3권	3권 분립의 기존 의미	정책 관점 3권 분립	주요 정책적 역할
입법부	법 제정	정책평가 및 감독	• 국정감사, 국정조사, 정책질의, 예산 심의 등을 통해 정책문제 도출 → 법 정비 추진
행정부	법 집행	정책결정 및 집행	• 정책을 위해 법률안을 국회에 제안하기도 하며, 정책추진을 위해 국회에서 제정한 법을 행정입법으로 구체화 • 정책 실행을 통해 법의 실효성 검증 및 개선 필요성 도출
사법부	법 해석	정책 정당성 심사 및 조정	• 정책의 합법성 검토 → 판례 형성을 통해 법 해석 방향 설정(정책의 정당성 뒷받침 또는 한계 설정)

이처럼 법을 정책의 도구로 바라보면, 입법부·행정부·사법부는 각각 독립된 기능을 수행하면서도 하나의 정책 순환 과정에서 상호작용하고 있음을 확인할 수 있다. 이처럼 법과 정책은 분리된 것이 아니라, 평가·결정·집행·심사라는 연속적인 흐름 속에서 함께 작동하는 것이다.

이러한 관계를 교육정책에 대비해 보면 더 쉽게 이해된다. 교육정책은 행정부가 일방적으로 결정하는 사안이 아니다. 헌법이 규정한 3권 분립의 구조 속에서 입법·행정·사법 권력이 서로 작용하고 견제하면서, 법적 정당성과 정책적 타당성을 동시에 확보해야만 한다.

첫째, 국회는 교육정책의 법적 기반을 마련한다. 국회가 제·개정하는 법률은 교육정책의 방향과 내용을 규정하는 토대가 된다. 예컨대 초·중등교육법령의 개정을 통해 고교학점제가 도입되거나 자사고 제도가 폐지되는 것은, 교육정책이 행정부의 방침(方針)이 아니라 법적 근거를 갖춘 국가정책임을 보여주는 사례이다. 따라서 국회의 입법 과정은 교육정책을 제도화하고, 이를 통해 사회적 합의와 민주적 정당성을 확보하는 기능을 수행한다.

둘째, 행정부(교육부·교육청)는 입법부가 정한 법률의 틀 안에서 구체적인 정책을 기획하고 집행한다. 하지만 교육부는 새로운 정책을 추진할 필요성이 있을 때 법률안을 국회에 제출하여 입법 과정을 거치고, 이후 법률이 제·개정되면 시행령, 시행규칙 등 하위법령을 통해 정책의 구체적 내용을 설계한다. 예를 들어 디지털 교과서 도입, 대입제도 개편, 무상교육 확대 등은 모두 법령의 근거 위에서 세부 행정조치를 통해 집행된다. 따라서 대부분의 교육정책은 행정부의 독자적 판단이 아니라, 법 제도를 매개로 한 정책 설계와 실행의 과정이다.

셋째, 사법부(법원·헌법재판소)는 교육정책이 법적 정당성과 헌법적 합치성을 유지하는지를 심사한다. 정책이 시행되는 과정에서 이해관계자 간 갈등이 발생하면 사법부는 최종적인 조정자 역할을 맡는다. 자사고 지정 취소 처분을 둘러싼 소송, 사립학교법 개정을 둘러싼 위헌 논란, 대학입시의 공정성을 둘러싼 행정소송 등은 모두 교육정책이 단순한 행정명령이 아니라 법적 판단과 사회적 합의를 해야 하는 사안임을 잘 보여준다. 사법부는 이를 통해 교육정책이 법치주의에 부합하는지, 그리고 국민의 기본권을 침해하지 않는지를 심사하는 최종적 보루가 된다.

결국 교육정책은 입법부가 법적 토대를 제공하고, 행정부가 정책 활동과 법령의 구체화를 하며, 사법부가 갈등을 조정하고 합헌성을 보장하는 삼중 구조 속에서 형성된다. 이는 교육정책이 단순한 행정적 지침이 아니라, 헌법적 질서와 민주적 절차 속에서 형성되는 국가정책이라는 점을 보여준다. 동시에 학생, 학부모, 교원, 학교, 정부라는 다양한 이해관계자의 이익이 법과 제도를 통해 조정됨으로써 정책의 공공성과 정당성이 담보되는 것이다.

정리하자면, 교육정책은 (정책의 결정) → 입법의 제도화 → 행정의 기획·집행 → 사법의 심사·조정이라는 법적 절차와 긴밀히 맞물리며, 이를 통해 법적 정당성, 정책적 타당성, 사회적 수용성이 종합적으로 확보되는 과정이라고 할 수 있다. 행정국가는 일반적으로 정책 결정이 입법보다 우선하고, 입법국가는 입법이 우선한다고 볼 수 있다.

차. 소결: 3권 분립과 정책의 관계

3권 분립은 근대 민주주의 국가의 기본 원리로, 권력의 분립과 상호 견제를 통해 권력의 집중과 남용을 방지하고자 했다. 전통적으로 입법부는 법을 제정하고, 행정부는 법을 집행하며, 사법부는 법을 해석하는 역할을 맡았다. 이러한 권력의 분화는 정치적 자유를 보장하고, 시민의 권리를 보호하는 제도적 장치로 기능해 왔다. 그러나 실제 정책 과정에 들어서면, 3권 분립의 경계는 고정적이지 않고 역동적으로 작동한다. 입법부는 법률 제정뿐 아니라 정책의 기획 단계에도 영향을 미치며, 국정감사와 국정조사를 통해 정책을 평가·수정한다. 행정부는 단순히 법 집행에 그치지 않고, 정책목표를 설정하고 이를 구체화하는 과정에서 입법적 기능을 일부 수행한다. 사법부 또한 정책의 정당성을 심사하며, 판례를 통해 정책 방향에 사실상 영향을 미치기도 한다. 즉, 정책의 세계에서 삼권분립은 단순한 권력분립이라기보다, 권력의 상호작용과 균형 속에서 정책이 형성되는 구조라고 할 수 있다.

이러한 구조는 오늘날 더욱 복잡해진 정책 환경에서 새로운 의미가 있다. 특히 wicked problem(난제)의 시대에는 입법과 행정이 별도로 움직이는 방식으로는 문제 해결이 어렵다. 복잡하고 다차원적인 사회문제에 대응하려면, 정책의 기획과 입법의 설계가 동시에 진행되는, 말하자면 입법과 행정의 이인삼각 경주가 필요하다.

제도적으로 보자면, 의원내각제는 이러한 구조를 자연스럽게 뒷받침한다. 내각이 의회 다수파에 기반을 두고 운영되기 때문에, 정책과 입법이 긴밀하게 통합 설계될 수 있다. 반면, 대통령제는 입법부와 행정부의 권력분립을 제도적으로 강화해 놓은 만큼, 별도의 제도적 장치 없이는 정책과 입법의 통합적 대응이 어렵다.

그러나 우리나라의 경우, 대통령제 구조 속에서도 당정일체라는 정치적 운용 방식을 통해 사실상 의원내각제 요소가 작동한다. 국회의원이 행정부처의 장관이 되기도 한다. 국회 다수파와 행정부가 동일한 정치세력일 경우, 입법과 행정이 사실상 공동으로 정책을 설계하고 추진하는 것이 가능하다. 이는 위험과 기회를 동시에 내포한다. 위험 측면에서는 국회가 행정부의 거수기로 전락할 수 있으며, 권력분립의 본래 취지인 견제 기능이 약화될 수 있다. 기회 측면에서는 wicked problem과 같이 신속하고 통합적인 대응이 필요한 상황에서 정책–입법의 동시 설계가 가능해진다.

따라서 정책법학 관점에서 중요한 점은, 당정(黨政) 일체(一體)가 비공식적 정치 관행에만 의존하지 않도록 제도적 장치를 마련하는 것이다. 예컨대 「정책절차법」 제정(<표 5> 참조)을 통해 정부의 주요 정책은 국회와 공동 검토 절차를 거치도록 법제화한다면, 당정 협력이 투명성과 책임성을 담보한 제도적 절차로 작동할 수 있다.

결론적으로, 우리는 순수 대통령제 국가들보다 오히려 더 유리한 조건을 가지고 있다. 대통령제의 견제 기능을 유지하면서도, 의원내각제적 당정 일체 운영을 균형 있게 활용한다면, 국회와 행정부가 함께하는 정책–입법의 이인삼각 경주가 제도적·정치적으로 가능하다. 이는 삼권분립의 원칙을 무너뜨리는 것이 아니라, 오늘날 정책 환경의 현실적 요구 속에서 그 원리를 재구성하고 확장하는 과정이라 할 수 있다.

2. 시민사회와 정책

가. 시민사회의 복합적 성격

정책은 세상을 바꾸려는 의지의 표현이며, 법은 그 의지가 질서 있게 실현되도록 돕는 제도적 언어이다. 정책과 법은 서로 독립된 것이 아니라, 공공성을 실현하기 위한 이중의 구조이다. 정책법학은 바로 이 두 세계의 접점에서, 국가와 시민, 권력과 참여, 제도와 실천의 균형을 어떻게 구현할 것인가를 고민한다. 그 중심에 있는 주체가 바로 시민사회이다.

법에서는 시민사회는 주로 행정절차의 참여자(공청회, 의견제출 등), 공무수탁사인, 행정구제의 청구자, 감시자/이해관계자(공익소송, 헌법소원 등)로 이해된다. 최근에는 사회법이 중시되면서 사회권의 주체이자, 사회적 서비스의 제공자 또는 감시자로 등장한다. 하지만, 오늘날 시민사회는 더는 정책의 수혜자나 법의 적용 대상에 머무르지 않는다. 정책과 법 집행의 '대상(object)'도 아니다. 시민사회는 정책의 형성에 참여하고, 법의 정당성을 검토하며, 정부와 협력하거나, 때로는 정부를 견제하는 역할을 수행한다. 시민사회는 '행위자(actor)'이자, '주체(subject)'로 변해가고 있다. 그러나 현실은 복잡하다. 시민사회는 때로 정부와 결탁하여 사익을 추구하고, 정부는 시민사회를 포섭(cooptation)하여 비판을 무디게 만든다. 시민사회와 정부 사이에는 협력도 있지만, 긴장과 왜곡도 존재한다. 그렇기에 우리는 다음과 같은 질문을 해야 한다.

- 누가 시민사회를 대변할 수 있는가?
- 시민사회는 공공성(또는 사익)을 대변하고 있는가?
- 시민사회는 정책의 객체인가, 주체인가?
- 법은 시민사회의 자율성을 어디까지 보장하고, 어디까지 규제하는가?
- 거버넌스는 이상적인 협력 모델인가, 새로운 통제의 언어인가?
- 정부는 시민사회를 진정한 동반자로 인식하고 있는가?
- 법은 이 둘의 관계를 정당하게 조율하고 있는가?

이 장(章)은 시민사회를 단순한 개념이 아니라, 민주적 질서의 핵심 구성 요소로 재조명하는 계기가 될 것이다. 그리고 '정책과 법'의 교차점에서, 시민사회가 어떤 자리에 있어야 하는지에 대한 깊은 성찰을 요청하게 될 것이다.

나. 시민사회와 정부의 관계

시민사회(civil society)는 시민과 시민의 자발적 결사로 구성된 사회이다. 그러나 기능적으로는 보통 국가(정부)와 시장을 제외한 제3의 영역을 의미한다. 물론 때에 따라서는 시장과 같은 의미로도 사용된다. 다양한 사회조직(비정부기구(NGO), 협동조합, 노동조합, 전문가 집단, 지역공동체 등) 등이 시민사회를 대별한다. 이들 조직은 정치적, 사회적, 경제적 활동을 통해 공익과 공동체 가치를 실현하는 역할을 행한다.

정부는 국민으로부터 권력을 위임받아 정책을 결정하고 집행하는 조직이다. 국가와 지방자치단체로 나뉘며, 법과 정책을 통해 사회 질서를 유지하고 공공서비스를 제공한다. 정부의 역할은 입법·행정·사법 기능을 수행하며, 시민사회의 요구를 반영하고 조정하는 역할을 한다. 협의로는 행정부를 의미한다. 전통적 행정이란 정부 중심의 정책 집행 모델을 말한다. 시민사회는 정책의 객체로서 역할을 한다. 주권을 가진 자에서 주권을 위임한 이후에는 피치자(被治者)의 지위로 격하된 자(者)이다. 중앙집권적이고 관료제적 구조를 통해 국가가 정책을 주도적으로 결정 및 시행한다. 시민사회의 역할은 제한적이며 주로 정부가 제공하는 서비스의 수혜자로 작용한다. 현대 행정은 정부와 시민사회 간 협력적 관계를 강조한다. 거버넌스 개념이 등장한 이유이기도 하다. 시민사회는 단순한 정책 객체가 아니라, 정책결정 및 집행과정에서 협력하는 주체로 변화한다. 주요 특징은,

- 정책 과정에서 시민사회와의 협력 증대 (NGO, 지역사회 단체, 민간 기업 등과 협력)
- 민간 위탁 및 공공서비스의 민간 운영 확대
- 참여 민주주의 확대 (공청회, 시민 패널, 공론화 과정)
- 분권화와 자율성 증대 (지방자치 활성화, 주민참여제도 강화) 등이다.

다. 시민사회의 역할을 바라보는 관점

시민사회의 역할을 바라보는 관점은 크게 정책적 관점과 법적 관점으로 나눌 수 있다. 먼저 정책적 관점(policy perspective)에서 시민사회는 주로 정책의 객체(object) 혹은 정부의 대리인(agent)으로 이해된다. 정부는 정책목표를 달성하기 위해 시민사회를 규제하거나 지원하는데, 이는 시민사회가 정책 집행의 수단이 되거나, 때에 따라 정부의 위임·위탁을 받아 직

접 공공서비스를 제공하는 형태로 나타난다. 예컨대 사회복지 서비스의 운영, 교육 및 의료 서비스 제공, 공공시설 관리 등이 대표적이다(「행정권한의 위임 및 위탁에 관한 규정」 참조). 더 나아가 시민사회 내부에서 특정 집단이 다른 집단을 규제하는 때도 있다. 예를 들어, 노동조합이 특정 직군의 고용 조건을 결정할 때 다른 노동자들의 권리나 기회에 영향을 미칠 수 있다. 이처럼 정책적 관점에서 시민사회는 정책 집행의 중요한 행위자이지만, 궁극적으로는 정부 정책의 목표 달성을 위한 수단적 존재로 자리매김한다.

반면 법적 관점(legal perspective)에서는 시민사회의 권리와 역할이 법적으로 어떻게 보장되고 규율되는가에 초점이 맞춰진다. 여기서 주요한 쟁점은 크게 세 가지다. 첫째, 시민사회의 자율성과 정부의 감독 권한 사이에서 어떻게 균형을 이룰 것인가. 둘째, 시민사회 단체의 법적 지위와 책임을 어떻게 규정할 것인가(비영리법인, 공익법인, 사회적 협동조합 등). 셋째, 정부의 규제 권한이 어디까지 허용되고, 시민사회의 자유권(집회의 자유, 표현의 자유 등)이 어디까지 보장되는가 하는 문제이다. 법적으로 보장된 시민사회의 역할은 다양하다. 「행정절차법」은 시민사회가 정책 과정에서 의견 제출이나 공청회를 통해 참여할 권리를 명시하고 있으며, 주민참여제도는 시민이 직접 정책결정 과정에 개입할 수 있는 길을 열어주고 있다. 또한 NGO와 시민단체는 법적 지위를 바탕으로 공익 활동을 수행할 수 있고, 이는 단순한 정책의 수단이 아니라 민주적 정당성을 보완하는 중요한 역할로 기능한다.

결국 정책적 관점은 시민사회를 정부 정책 수행의 수단적 행위자로 파악하는 반면, 법적 관점은 시민사회의 자율성과 권리를 제도적으로 보장하는 틀을 강조한다. 따라서 두 관점은 상호보완적으로 작동하며, 시민사회의 역할을 온전히 이해하기 위해서는 정책법학에서는 두 차원을 함께 고려해야 한다.

라. 시민사회와 정책과의 관계

1) 정책의 객체(대상)로서 시민사회

시민사회는 정부 정책의 영향을 받는 객체로써, 다양한 방식으로 규제되거나 지원받으며, 정책 집행의 최종 수혜자로 기능한다.

- 규제의 대상: 시민사회 조직은 법적 요건, 활동 제한, 등록 의무 등 다양한 방식으로 규제를 받을 수 있다. 예를 들면, 비영리단체(NGO) 및 시민사회 조직에 대한 법적 등록 요건. 기부금 영수증 발급 요건, 노동조합의 쟁의행위 절차 제한 등이다.
- 지원의 대상(정책의 협력 주체): 성부는 시민사회 조직을 공공정책의 파트너로 인식하고, 행정적·재정적 지원을 제공한다. 예를 들면, 비영리민간단체에 보조금이나 세제 혜택을 부여하는 경우이다.

- 정책의 최종 수혜자(정책 대상 집단): 시민사회는 때때로 정책의 수혜자이기도 하다. 특히, 사회복지, 교육, 환경 등에서 정책의 최종 효과가 향하는 대상이 시민사회 내부 구성인 경우가 그러하다. 예를 들면, 장애인 단체 구성원이 돌봄 정책의 최종 수혜자가 되거나, 지역공동체가 주거 정책의 수혜자가 되는 경우이다.

2) 정부의 대리인으로의 시민사회

시민사회가 정부의 위탁·위임을 받아 공공서비스를 제공하거나, 다른 시민사회를 규제하는 역할을 하는 경우이다. 법적으로는 '공무수탁사인(公務受託私人)'을 의미한다. 즉, 시민사회 단체·법인 등이 ⅰ) 법률 또는 위임에 의해, ⅱ) 공공사무를 수행하거나, ⅲ) 상대방에게 구속력 있는 조치를 하는 경우이다. 이들은 단순한 민간 협력자가 아니라 준(準) 행정주체로 간주된다. 그로 인해 행정절차 준수, 책임 귀속, 행정소송 가능성 등에서 공적 책임이 수반된다. 사회단체 등에 위임·위탁을 통해 행정 서비스를 제공하는 방법이다. 주요 사례는 다음과 같다.

- 사회복지법인이 아동·노인 복지 시설 운영
- 공공도서관, 박물관, 예술회관 등 운영
- 일부 대안학교나 직업훈련기관이 정부의 지원을 받아 운영
- 시민사회 단체가 예방접종, 정신건강 관리 등의 보건 서비스를 수행

시민사회 단체가 정부의 정책을 대리하여 실행하면서, 또 다른 시민사회 구성원들을 규제하는 역할을 하기도 한다. 예를 들면, 소비자 보호 단체가 정부의 소비자 보호정책을 대행하면서, 기업 활동을 감시하는 역할을 할 수 있다. 환경단체가 정부의 환경정책을 집행하면서, 특정 산업 활동을 규제하는 데 개입할 수 있다.

하지만, 민간 위탁이 모든 사무에서 다 가능한 것은 아니다. 「행정위임위탁규정」 제11조는 민간 위탁의 기준, 대상 기관의 선정 기준을 제시하고 있다. 계약 체결은 기본이다.[38]

---

38) 「행정위임위탁규정」 제11조(민간 위탁의 기준) ① 행정기관은 법령으로 정하는 바에 따라 그 소관 사무 중 조사·검사·검정·관리 사무 등 국민의 권리·의무와 직접 관계되지 아니하는 다음 각 호의 사무를 민간 위탁할 수 있다. 1. 단순 사실행위인 행정작용. 2. 공익성보다 능률성이 현저히 요청되는 사무. 3. 특수한 전문지식 및 기술이 필요한 사무. 4. 그 밖에 국민 생활과 직결된 단순 행정사무. ② 행정기관은 제1항 각 호의 어느 하나에 해당하는 사무에 대하여 민간 위탁의 필요성 및 타당성 등을 정기적·종합적으로 판단하여 필요할 때에는 민간 위탁을 하여야 한다. (이하 생략). 제12조(민간 위탁 대상 기관의 선정 기준 등) ① 행정기관은 민간 위탁할 대상 기관을 선정할 때에는 인력과 기구, 재정 부담 능력, 시설과 장비, 기술 보유의 정도, 책임능력과 공신력, 지역 간 균형 분포 등을 종합적으로 검토하여 적정한 기관을 수탁기관(이하 "민간수탁기관"이라 한다)으로 선정하여야 한다. (이하 생략). 제13조(계약의 체결 등) ① 행정기관은 민간수탁기관이 선정되면 민간수탁기관과 위탁에 관한 계약을 체결하여야 한다. (이하 생략)

3) 정책결정 과정에의 참여자로서의 시민사회

현대 행정에서는 시민사회의 정책과정 참여가 확대되고 있으며, 협력적 정책결정이 강조된다.

A. 공청회 및 자문기구 참여

정부는 정책 수립 과정에서 시민사회의 의견 수렴을 위해 공청회를 개최한다. 「행정절차법」에서는 행정청이 처분할 때 공청회를 통해 의견을 수렴하고, 그 결과를 반영할 의무를 규정하고 있다.[39] 다만, 정책 수립이나 계획 고시 등에서는 개별 법령에 따라 공청회 또는 의견 청취 절차가 요구되며,[40] 이는 정책 형성 단계에서의 시민사회 참여를 제도화하는 방식으로 기능한다.

B. 정책협의체 모델을 통한 협력

정부는 시민사회와 협력하여 정책을 결정하는 협의체를 구성한다. 각종 위원회(자문, 심의, 의결)가 대표적인 정책 협의체이나, 이외에도 공론화위원회, 시민배심원단, 사회적 협동조합, 주민자치회 등이 있다.[41] 일부 지자체에는 공론화에 관련된 조례도 제정되어 있다. 예를 들면, 경기도의 경우 경기도 조례 제7286호(2022.1.6. 제정)로서 「경기도 공론화 추진에 관한 조례」가 있다. 이 조례에서 '공론화'란, 경기도(이하 "도"라 한다) 현안 또는 정책으로 사회적 갈등이 예상되거나 발생한 사항에 대하여 경기도민(이하 "도민"이라 한다), 이해 관계인 또는 전문가 등이 참여하여 숙의(熟議)하는 과정을 말한다. 공론 의제에 대한 사회적 합의 결과를 권고문 형식으로 도지사에게 제출할 수 있고, 도지사는 이 권고를 최대한 존중하여 정책에 반영하도록 하고 있다. 국가 차원의 공론화 사례를 몇 개 예시하면 아래와 같다.[42]

- 국회의원 선거제도 개편을 위한 공론화(2023)
- 사용 후 핵연료 관리정책 전국 의견 수렴 (2020)
- 대입제도 개편 시민참여형 조사 (2018)
- 신고리 5·6호기 공론을 위한 시민참여형 조사 (2017)

---

39) 「행정절차법」 제3절(공청회). 제38조(공청회 개최의 알림), 제38조의2(온라인 공청회), 제38조의3(공청회의 주재자 및 발표자의 선정), 제39조(공청회의 진행), 제39조의2(공청회 및 온라인 공청회 결과의 반영), 제39조의3(공청회의 재개최)

40) 「경관법」 제11조(공청회 및 지방의회의 의견 청취), 「공공디자인의 진흥에 관한 법률」 제14조(공청회), 「국토기본법」 제11조(공청회의 개최), 「국토의 계획 및 이용에 관한 법률 시행령」 제12조(공청회), 「기업도시개발특별법 시행령」 제5조(공청회), 「농지법 시행령」 제68조(공청회를 통한 주민의 의견 청취) 등.

41) 「지방재정법」 제39조(지방예산 편성 등 예산과정의 주민 참여), 「119구조·구급에 관한 법률」 제27조(구조·구급정책협의회), 「지방자치분권 및 지역균형발전에 관한 특별법」 제40조(주민자치회의 설치, 「방사성폐기물 관리법」 제6조의2(공론화 등), 「지속가능발전 기본법」 제29조(국민 의견의 수렴 등), 「국가교육위원회법」 제16조(국민참여위원회) 등

42) 공론화에 관심이 있으면 김주형·이시형(2023)의 「한국의 공론화 사례 분석과 개선 방향」을 읽어보길 권한다. 2018년 이후에 있었던 66건의 공론화 사례가 검토되고 있다.

시민사회는 정책의 객체일 뿐만 아니라, 정부의 대리인, 정책결정 참여 주체로서 역할이 확대되고 있다. 시민사회의 정책적 역할 변화는 법적 근거가 뒷받침되어야 하며, 정부와 시민사회 간 권한과 책임 분배가 명확해야 한다. 특히, 시민사회의 정책결정 참여 확대에 따른 아래와 같은 쟁점에 대한 명확한 해석이 뒷받침되어야 한다. 즉, 공론화 제도가 공공성을 위한 참여인가, 아니면 또 다른 권력인가라는 비판도 존재하기 때문이다.

- 시민사회의 자율성과 정부의 개입 간 균형을 어떻게 유지할 것인가?
- 공론화 과정이 법적으로 보장될 경우, 그 한계와 책임은 어디까지인가?
- 공론화 과정이라는 것이 정부가 시민사회를 활용하여 또 다른 시민사회를 규제하는 것을 의미하게 되는데 이러한 현상을 어떻게 해석할 것인가?
- 공론화 방식이 더 나은 의사결정을 만든다는 논거는 무엇인가? 혹시 집단사고(group thinking)의 우려는 없는가? 공론화 방식과 다수결 방식의 차이는 무엇인가?
- 더 나은 의사결정을 위한 공론화의 조건은 무엇인가? (대표성, 정보 접근성, 의제 설정의 공정성, 결과 반영의 투명성 등)
- 공론화 과정에 참여하는 시민의 대표성과 전문성은 어떻게 확보할 수 있는가?

정리하면, 공론화는 시민사회의 자율성과 정부의 정당성이 만나는 접점이지만, 그 자체로 완전한 해결책은 아니다. 진정한 공공성을 실현하기 위해서는 참여 구조의 대표성, 정보 접근의 공정성, 숙의의 질적 관리, 그리고 결과의 책임 구조가 함께 설계되어야 한다.

한편, 시민사회가 정부와 협력을 통해 정책을 결정·집행하는 주체로 기능하는 방식으로 중간 조직(intermediary body)과 자율규제(self-regulation)도 있다. 이는 정부가 모든 영역을 직접 규제하는 대신, 시민사회 내에서 자율적으로 규제와 조정을 수행하는 방식을 의미한다.

C. 중간 조직

중간 조직은 정부와 개별 시민사회 조직 사이에서 정책 정보, 자원, 이해관계, 갈등 등을 매개하고 조정하는 매개(媒介) 조직이다. 정부의 직접 개입을 최소화하면서, 시민사회의 자율성과 공공성을 조화롭게 유지하는 역할을 담당한다. 정부의 정책 수행을 보조하는 역할과 함께, 정부의 정책결정과 집행을 감시하고 견제하는 역할도 수행한다. 중간 조직의 주요 기능은 다음과 같다.

- 정책 조정 및 협력 구조 형성: 시민사회 조직 간 협력을 조정하여 정책 집행의 효율성을 증대(예: 지방자치단체와 지역 시민단체 간 협의체 운영). 공익사업(교육, 복지, 환경 등)에서 정부와 시민사회 간 협력 촉진
- 자율규제(self-regulation) 메커니즘 작동: 정부의 직접적인 법적 규제 없이도 시민사회 내에서 윤리적·도덕적 기준을 설정하고 자율적으로 규제 수행(예: 언론협회가 언론사의 윤리강령을 마련하고 자체 징계 절차를 운영, 대한의사협회, 한국기자협회 등)
- 정부 정책 감시 및 견제: 시민사회를 대변하여 정부 정책의 감시·비판 역할 수행(예: 참여연대, 경실련과 같은 공공기관의 부패 감시기구)

- 시민사회와 정부 간 갈등 조정: 정책결정 과정에서 시민사회 내부 및 정부와의 갈등 조정 역할 수행(예: 「경제사회노동위원회법」에 의한 경사노위[43])

D. 자율규제(Self-Regulation)

정부의 강제적 규제 없이, 시민사회 또는 산업 내 조직들이 스스로 규칙을 설정하고 이를 준수하는 방식이다. 정부의 개입을 최소화하면서 전문성, 효율성, 자율성을 보장하는 장점이 있다. 자율규제는 특정 분야의 전문가 또는 이해관계자들이 직접 규칙을 만들고 적용하는 것이 특징이다.

- 업계 자율규제(Industry Self-Regulation): 특정 산업이나 직능 단체가 자체적으로 기준과 규범을 설정하여 시행하는 방식이다. 예를 들면, 광고산업의 자율심의기구(불공정 광고 제한), 금융업계의 내부 감시 시스템 등이다.[44]

- 전문가 집단 또는 협회 중심의 자율규제: 특정 직업군에서 윤리 강령이나 내부 규제를 설정하여 자체 규율을 시행. 예를 들면, 의사협회의 윤리 강령 및 면허 관리, 변호사협회의 자율규제 및 징계 절차, 공인회계사의 내부 윤리 기준 적용 등이다.[45]

- 사회적 자율규제: 시민사회 내에서 자율적으로 사회적 규범과 원칙을 설정하고 적용하는 방식이다. 예를 들면, 인터넷 커뮤니티의 내부 규칙과 운영 원칙, 지역사회 내 환경 보호 자율규약, 기업의 사회적 책임(CSR) 활동 등이다.

- 국가-자율규제 혼합 모델: 정부가 일정한 법적 기준을 마련하고, 그 이내에서 민간이 자율적으로 규제하는 방식이다. 예를 들면, 「개인정보보호법」에 근거하여 기업이 내부 가이드라인을 설정하여 자율적으로 운영하는 것이다.[46]

---

43) 「경제사회노동위원회법」 제1조(목적) 이 법은 근로자·사용자 등 경제·사회 주체 및 정부가 신뢰와 협조를 바탕으로 고용노동 정책 및 이와 관련된 경제·사회 정책 등을 심의·협의하고, 대통령의 자문 요청에 응하기 위하여 경제사회노동위원회를 설치하며, 그 기구 및 운영 등에 필요한 사항을 규정함으로써 사회 양극화를 해소하고 사회통합을 도모하며 국민경제의 균형 있는 발전에 기여하는 것을 목적으로 한다. 제2조(참여주체의 책무) 근로자·사용자 등 경제·사회 주체 및 정부는 서로에 대한 신뢰를 바탕으로 독립하여 자율적으로 성실하게 협의에 임하여야 하며, 그 결과를 최대한 존중하여야 한다. 제3조(위원회의 설치 및 기능) ① 경제사회노동위원회(이하 "위원회"라 한다)는 대통령 소속으로 둔다. ② 위원회는 다음 각 호의 사항을 협의한다. (노와 사가 주체. 정부는 조정자·중재자) 1. 고용노동 정책 및 이와 관련된 산업·경제·복지 및 사회 정책 등에 관한 사항. 2. 노사관계 발전을 위한 제도·의식(意識) 및 관행의 개선에 관한 사항. 3. 근로자·사용자 등 경제·사회 주체 간 협력 증진을 위한 사업의 지원 방안에 관한 사항. 4. 그 밖에 대통령이 자문하는 사항. 제20조(지역별 사회적 대화의 지원) ① 위원회는 지역 내 근로자·사용자 등 경제·사회 주체와 지방자치단체 사이의 사회적 대화 활성화를 위하여 필요한 지원을 할 수 있다. ② 제1항의 필요한 지원에 관한 사항은 대통령령으로 정한다.
44) 한국광고자율심의기구(1991년 8개 광고관련 단체연합으로 한국광고자율심의기구 창립)
45) 한국기자협회의 윤리강령 및 실천요강, 신문윤리강령 및 실천요강, 자살보도 윤리강령, 인권보도준칙, 정신건강 보도 권고기준, 국가안보 위기시 군 취재·보도 기준, 성폭력 범외 보도 세부 권고 기준, 재난보도준칙, 감염병 보도준칙, 아동학대 언론보도 권고기준, 선거여론조사 보도준칙, 마약류 사건 보도 권고 기준 등
46) 「개인정보 보호법」 제13조(자율규제의 촉진 및 지원) 보호위원회는 개인정보처리자의 자율적인 개인정보 보호활동을 촉진하고 지원하기 위하여 다음 각 호의 필요한 시책을 마련하여야 한다. 1. 개인정보 보호에 관한 교육·홍보. 2. 개인정보 보호와 관련된 기관·단체의 육성 및 지원. 3. 개인정보 보호 인증마크의 도입·시행 지원. 4. 개인정보처리자의 자율적인 규약의 제정·시행 지원. 5. 그 밖에 개인정보처리자의 자율적 개인정보 보호활동을 지원하기 위

마. 시민사회와 정부 관계 속에서 중간 조직과 자율규제의 역할

정부가 모든 사회 영역을 직접 규제하면 비효율성과 경직성이 발생할 수 있다. 따라서 시민사회 내에서 자율규제가 작동하면 현장의 상황에 맞춘 신속하고 유연한 대응이 가능해진다. 정부는 중간 조직을 활용하여 시민사회의 의견을 수렴하고, 정책결정 과정에 반영한다. 시민사회는 중간 조직을 통해 자율규제를 실현하면서도, 필요할 때 정부의 법적 지원을 받을 수 있다. 또한, 거버넌스 모델에서는 정부, 기업, 시민사회 간 협력적 의사결정 구조가 중요하다. 자율규제는 정부의 행정 부담을 줄이고, 시민사회의 책임성을 강화하는 역할을 수행한다. 그런데 반드시 긍정적이지는 않다. 다음과 같은 쟁점이 존재한다.

A. 자율규제 실패 시 정부 개입의 범위와 책임

자율규제가 효과적으로 작동하지 않을 경우, 정부 개입은 어디까지 가능한가?, 개입이 늦거나 과도할 경우, 공공성과 자율성 모두 훼손될 수 있지 않은가? 따라서 정부는 자율성을 존중하되, 공익 침해 발생 시 신속하고 정당한 개입 수단을 확보해야 한다. 사후 규제의 가능성을 열어두어야 한다. 자율규제 실패 시 피해가 광범위하고 회복이 어려울 수 있기에, 모니터링 체계와 개입 기준을 사전적으로 마련할 필요가 있다. 물론 감독기관의 책임 한계와 자율기구의 법적 책임을 명확히 하는 법령 정비도 중요하다.

B. 시민사회의 자율성과 공공성 간 균형 문제

시민사회가 자율적으로 활동하는 과정에서 공공성을 저해하거나 사적 이익을 추구한다면, 그 균형은 어떻게 확보할 수 있을까? 자율은 절대적 가치가 아니라 공공성과 균형되어야 할 개념이다. 시민사회 스스로가 공공성을 내면화하지 못한다면, 자율성의 정당성은 사라진다. 따라서, 자율규제 기준이 공공성 요건을 충족하도록 설계되어야 하고, 시민사회 내부의 윤리 기준과 투명성 확보 장치가 마련되어야 한다. 또한 시민사회의 공공성 이탈을 감지할 수 있어야 하고(예: 평가·인증제도, 회계 공개 등), 필요할 때 정부가 개입할 수 있어야 한다.

C. 중간 조직의 독립성과 책임성 문제

중간 조직이 정부와 시민사회를 매개하면서 특정 집단 이익에 치우치면 어떻게 책임을 묻고, 투명성을 확보할 수 있을까? 중간 조직이 신뢰를 받으려면 형식성 중립성보다는 실제 책임성과 투명성이 중요하다. 민간과 공공 모두에게 독립적이면서도 이중 책무성을 갖는 설계가 요구된다. 따라서 중간 조직이 특정 인맥이나 단체가 중심이 되지 않도록 구성의 다양성을 보장하고, 공정한 위촉 절차 등이 중요하다. 물론 회계 공개, 외부 감사, 운영 보고 의무 등의 투명성 제도화 장치도 필요하다. 문제 발생 시 책임의 범위도 법령으로 규정해야 한다.

하여 필요한 사항. 「개인정보 보호 자율규제단체 지정 등에 관한 규정(개인정보보호위원회)」 ※ 개인정보보호위원회 주관 자율규제 단체 지정 현황: 한국여행업협회, 한국호텔업협회, 한국공인중개사협회, 한국학원총연합회 등.

정리하면, 자율규제는 시민사회의 자율성과 공공성 사이에서 신뢰를 구축할 수 있는 핵심 메커니즘이지만, 그 자체로 완전하지 않으며 실패 가능성을 전제로 한 법적·정책적 보완 장치가 필수적이다. 중간 조직의 경우 특히 정부와 시민사회 양자에 대해 쌍방향 책임성과 투명성 기준이 함께 작동되어야 하며, 자율성과 공익 사이의 균형을 유지하는 제도적 설계가 공론의 장에 반드시 동반되어야 한다.

바. 시민사회와 거버넌스

1) 거버넌스의 개념과 발전 과정

거버넌스는 정부와 시민사회가 협력하여 정책을 결정하고 집행하는 방식을 의미한다. 정부(행정조직)의 통치(government)가 아니라, 공공 및 민간 조직, 시민사회가 협력하는 네트워크 형태의 통치 구조를 강조한다. 정부, 기업, 시민사회 간 협력적 조정과 참여를 기반으로 한 정책결정 과정이 핵심이다. 최근에는 직접 민주제적 요소가 강화되고 있다. 즉, 거버넌스는 대의 민주주의 체계에서 시민들의 직접적 참여 기회를 확대하는 방향으로 발전하고 있다. 직접 민주제적 요소가 강화되면서 시민사회가 정책결정 과정에 적극적으로 개입하고 있다.

- **주민참여제도 강화 (예: 주민발의, 주민투표, 주민참여예산제, 국민제안[47])(<표 15> 참조)**
- 공론화위원회 및 시민배심원제 도입 (예: 신고리 5·6호기 공론화 과정)
- 온라인 플랫폼을 통한 정책 의견 수렴 (예: 정부 온라인 국민참여포털)[48]

2) 거버넌스의 법적 기반과 책임

시민사회가 법적으로 정책결정에 참여할 수 있다. 주요 법적 근거는 다음과 같다.

- 행정절차법(1996.12.31.제정)
- 정부가 처분을 할 때 의견제출(제2절), 공청회(제3절)
- 국민 참여 활성화와 온라인 정책 토론 등 근거 마련(제7장)

---

47) 「국민제안규정(대통령령)」 제1조(목적) 이 영은 「행정절차법」 제52조의2에 따라 국민의 창의적인 의견이나 고안(考案)을 정부시책이나 행정제도 및 그 운영에 반영함으로써 국민 참여를 활성화하고 행정 업무의 혁신을 촉진하기 위한 국민 제안 제도의 운영에 필요한 사항을 규정함을 목적으로 한다. 제2조(정의) 이 영에서 사용하는 용어의 뜻은 다음과 같다. 1. "국민제안"이란 국민(국내에 거주하는 외국인을 포함한다. 이하 같다)이 정부시책이나 행정제도 및 그 운영의 개선을 목적으로 「행정절차법」 제52조의2에 따른 행정청(이하 "행정청"이라 한다)에 제출하는 창의적인 의견이나 고안으로서 다음 각 목의 어느 하나에 해당하지 아니하는 것을 말한다.
48) 「온라인 국민참여포털의 운영에 관한 규정(대통령 훈령)」 제1조(목적) 이 훈령은 「부패방지 및 국민권익위원회의 설치와 운영에 관한 법률」 제12조제16호 및 같은 법 시행령 제12조에 따라 온라인 국민참여포털의 운영에 관한 사항을 규정함을 목적으로 한다. 제2조(정의) 이 훈령에서 사용하는 용어의 뜻은 다음과 같다. 6. "정책참여"란 온라인 국민참여포털 안에서 주요정책이나 제도 또는 입법예고·행정예고 등에 대하여 의견의 제시, 토론 및 건의 등을 하는 것을 말한다. 7. "전자공청회"란 온라인 국민참여포털 안에서 「행정절차법」 제38조의2에 따라 개최하는 공청회를 말한다. 제2장 참여포털의 운영 등. 제3장 민원의 처리 등. 제4장 국민제안. 제5장 정책참여. 제2절 정책토론. 제3절 전자공청회 및 설문조사.

- 지방자치법: 주민 참여를 보장하는 법적 근거 제공(주민투표(제18조), 주민의 감사청구(제21조), 주민소환(제25조), 청원(제8절)) 등

<표 15> 지방정부 조직에의 주민 참여 제도

구분	주민투표	주민조례청구	주민감사청구	주민소송	주민소환
청구대상	.지자체의 장	.지자체의 장	.시/도: 주무부장관 .시군구: 시도지사	.지자체의 장 등	.지자체의 장 .지방의회의원
청구권자	.주민(19세 이상) .지방의회, 지자체의 장	.주민(18세 이상)	.주민(18세 이상)	.감사청구한 주민(18세 이상)	.주민(19세 이상)
제한사항	.선거일전 60일~ 선거일까지 서명 불가	.선거기간 서명 요청 금지	.사무처리 일부터 2년 경과시 제기 불가	.주민소송 중 같은 사항에 대해 별도의 주민소송 제기 불가	.선거일전 60일~ 선거일까지 서명 불가
심사 등	.지자체의 장	.지자체 의장: 청구인 명부 .지방의회: 주민청구조례안	.상급기관(감사청구심의회)		.관할 선관위 * 소명: 소환투표 대상자
청구후	.투표실시(공고일부터 23~30일)	.지방의회 부의(60일 이내)	.감사실시(60일 이내)	.주민소송 진행	.투표실시(공고일부터 20~30일)
확정	.과반수 득표시 확정	.의결	.감사종료 및 공표(통지)	.법원결정 및 심리 후 판결(3심제)	.유효투표수 과반수 득표시 확정
결과통지 등	.지자체의 장 .지방의회	.청구대표자	.청구대표자 .지자체의 장	.주민: 승소 시 실비 청구 .지자체장: 확정 판결조치의무, 손해배상 청구, 변상명령	.직 상실(결과공표 시점) .중앙/지자체장, 의회, 청구인 대표자, 당사자에게 통지
이의불복	.소청 및 주민투표 소송 .재투표			.미지불시 손해배상/부당이득 반환 청구	.주민소환투표 소송 .재투표

출처: 법제처 홈페이지. '찾기 쉬운 생활법령 정보'

- 지방재정법: 지방예산 편성 등 예산 과정의 주민 참여(제39조)[49]

---

49) 「지방재정법」 제9조(지방예산 편성 등 예산과정의 주민 참여) ① 지방자치단체의 장은 대통령령으로 정하는 바에 따라 지방예산 편성 등 예산과정(「지방자치법」 제47조에 따른 지방의회의 의결사항은 제외한다. 이하 이 조에서 같다)에 주민이 참여할 수 있는 제도(이하 이 조에서 "주민참여예산제도"라 한다)를 마련하여 시행하여야 한다. ② 지방예산 편성 등 예산과정의 주민 참여와 관련되는 다음 각 호의 사항을 심의하기 위하여 지방자치단체의 장 소속으로 주민참여예산위원회 등 주민참여예산기구(이하 "주민참여예산기구"라 한다)를 둘 수 있다. 1. 주민참여예산제도의 운영에 관한 사항. 2. 제3항에 따라 지방의회에 제출하는 예산안에 첨부하여야 하는 의견서의 내용에 관한

- 협치 법제화: 사회적 대화 기구 근거 마련(「경제사회노동위원회법」, 「국가교육위원회법」)

거버넌스 체제에서 시민사회는 단순한 정책 수혜자가 아니라 정책 과정의 참여자로서 법적 권한과 책임을 지게 된다. 정부 정책결정 과정에서 공식적인 의견 제출권이 존재한다. 주민 참여제도, 공청회, 공론화 과정에서 시민사회의 발언권 및 협의권이 있다. 일부 정책 영역에서 시민사회가 정책 집행의 주체로 법적 역할 수행(예: 민간위탁사업)하기도 한다.

A. 정책결정에 대한 책임성 확보

이처럼 정부와 협력하여 정책을 결정할 경우, 그에 따른 책임도 일부 부담해야 한다. 거버넌스 체제에서 시민사회가 공공자금을 지원받아 정책을 실행할 경우, 회계 투명성과 책임성 확보가 필요하다. 한편, 시민사회가 정책결정에 참여하는 과정에서 다른 이해관계자를 배제하거나 불공정한 의사결정을 할 위험성도 존재한다. 대비가 필요하다.

B. 정책 실패 시 책임 소재

시민사회가 정부의 정책결정에 참여하는 과정에서, 정책 실패 시 책임을 누가 질 것인가의 문제가 발생한다. 예를 들면, 환경정책에서 시민단체가 적극적으로 개입했으나, 정책 효과가 미흡할 경우 정부와 시민단체 중 누가 책임을 져야 하는가? 하는 문제이다. 또한, 공공기관과 민간단체 간 법적 책임의 분배 문제가 역시 존재한다. 정부가 시민사회에 정책 집행을 위탁할 경우, 책임 소재가 불명확할 수 있는 것이다. 예를 들면, 복지기관이 민간 위탁 운영될 경우, 부실 운영 시 책임은 정부(재정 지원)인가, 시민사회(운영 주체)인가?

C. 시민사회가 또 다른 시민사회를 규제하는 것의 정당성

시민사회가 또 다른 시민사회를 규제하는 것이 온당한지에 대한 문제 제기도 가능하다. 일부 강한 시민단체가 다른 시민사회를 규제하는 문제가 생길 수 있는 것이다. 예를 들면, 대형 환경단체가 소규모 환경단체를 압박하거나, 노동조합이 특정 직군에 불리한 협상을 진행하는 경우 등이다. 또한, 시민사회가 정부의 대리인으로 기능할 때도 문제점이 생길 수 있다. 또 다른 형태의 관료주의가 발생할 가능성이 있다. 정부의 정책을 수행하면서도, 다른 시민사회를 억압하거나 차별할 위험이 있는 것이다. 특정 NGO가 정부 지원을 받으면서, 자신들과 반대되는 시민사회 조직을 배제하는 경우이다.

D. 시민사회가 정부와 결탁하여 부패의 사슬을 완성

이외에도 다양한 문제가 존재한다. 예를 들면, 시민사회와 정부와 결탁하여 부패의 사슬을 완성하는 경우가 있을 수 있다. 시민사회는 본래 정부를 감시하고 권력의 균형을 보완하는 중요한 역할을 담당한다. 그러나 현실에서는 시민사회와 정부가 결탁하여 오히려 부패의 사

사항. 3. 그 밖에 지방자치단체의 장이 주민참여예산제도의 운영에 필요하다고 인정하는 사항. ③, ④ 내용 생략. ⑤ 주민참여예산기구의 구성·운영과 그 밖에 필요한 사항은 해당 지방자치단체의 조례로 정한다.(예: 대전광역시 주민참여예산제 운영 조례).

슬을 형성하는 경우가 발생하기도 한다. 이는 정치적 담합, 재정적 유착, 인적 네트워크의 부정적 활용 등 여러 경로를 통해 나타난다.

첫째, 정치적 담합의 경우이다. 특정 시민사회 단체가 정부와 긴밀히 결탁하여 정책결정 과정에서 특혜를 받는 사례가 대표적이다. 예컨대 일부 단체가 정부 지원금을 지속해서 확보하기 위해 특정 정당이나 행정기관과 유착한다면, 이는 정책의 공정성을 저해하고 시민사회의 감시 기능을 무력화한다.

둘째, 재정적 유착 및 보조금의 부정 사용도 빈번하다. 시민사회 단체가 정부로부터 보조금을 받으면서도 이를 본래 목적과 달리 사용하거나, 정부가 특정 단체에 편향적으로 보조금을 배분하는 경우가 이에 해당한다. 예컨대 환경단체가 정부 지원을 받으면서도 환경정책 감시 역할을 제대로 수행하지 않거나, 노동조합이 보조금 지원을 전제로 정부 정책을 묵인하는 사례가 그러하다.

셋째, 정부–시민사회 간 인적 네트워크를 통한 부패도 문제이다. 시민사회 출신 인사가 정부에 진출한 뒤 특정 단체에 편익을 제공하거나, 반대로 정부 관료가 퇴직 후 자신이 지원했던 단체로 이동해 과도한 영향력을 행사하는 방식이다(최근엔 후관예우도 문제가 되고 있다). 특히 퇴직 공무원 단체에 정부 예산이 과도하게 배정되는 경우는 전형적인 유착 사례라 할 수 있다. 대관 업무나 전관예우라는 부정적 단어가 사라지는 행정문화가 만들어져야 한다.

이러한 부패의 사슬을 끊기 위해서는 법적·제도적 대응이 필수적이다. 첫째, 반부패 법제의 적극적 적용이 필요하다. 「부패방지 및 국민권익위원회의 설치와 운영에 관한 법률」은 정부와 시민사회 간 부패를 감시하는 제도적 장치를 마련하고 있으며, 국민의 신고와 감사청구를 보장한다. 또한 「보조금 관리에 관한 법률」은 보조금의 투명한 사용을 강제하며, 부정 사용 시 반환 명령 및 형사처벌까지 가능하다.

둘째, 이해충돌 방지 제도의 강화가 필요하다. 「공직자윤리법」은 퇴직 공직자가 일정 기간 특정 단체에 취업하는 것을 제한하고, 업무 취급을 금지하는 등 이해관계 충돌을 예방하기 위한 조항을 다수 포함하고 있다. 이를 철저히 집행함으로써 정부와 시민사회 간 인적 네트워크를 통한 부패를 최소화할 수 있어야 한다. 적발되면 형사벌 처벌이 일반화되어야 한다.

셋째, 시민사회단체 자체의 회계 투명성 확보도 중요하다. 회계자료 공개, 외부 감사, 회원의 감시 기능을 제도화함으로써 정부와의 유착 가능성을 줄이고 자율적 책임성을 높여야 한다.

결국 시민사회와 정부의 관계는 상호 견제와 협력이라는 건강한 구조 위에 놓여야 한다. 결탁을 통한 부패의 사슬은 정부의 신뢰를 훼손하고, 시민사회의 자율성을 무너뜨리며, 정책의 정당성까지 흔든다. 따라서 법적 장치를 강화하고, 제도적 절차를 투명하게 운영하며, 시민사회 스스로 자정 능력을 키우는 것이 무엇보다 중요하다.

E. 정부의 시민사회 포섭(cooptation) 문제

시민사회는 본래 정부를 감시하고 비판하며, 민주주의의 견제 장치로서 기능한다. 그러나 정부가 다양한 방식으로 시민사회를 포섭하려는 시도가 나타날 때, 이러한 기능은 약화되고 정부 종속적 구조가 강화된다. 포섭은 경제적, 정책적, 법적 차원에서 이루어질 수 있다.

첫째, 경제적 포섭은 정부가 보조금이나 각종 재정적 지원을 제공함으로써 시민사회의 비판적 기능을 약화시키는 방식이다. 예컨대 노동조합이 정부와 협력하는 대가로 일부 정책에 대한 비판을 자제하거나, 특정 시민단체가 보조금 확보를 이유로 정부 정책을 비판하지 않는 상황이 대표적이다. 이 경우 시민사회는 자율적 활동보다는 생존을 위한 정부 의존적 활동으로 전락할 위험이 있다.

둘째, 정책적 포섭은 정부가 시민사회 인사를 공직이나 자문기구에 임명하여 조직의 비판성을 약화시키는 경우이다. 예를 들어, 인권단체 대표가 정부 자문기구에 들어간 이후 정부 비판 강도가 현저히 낮아지는 사례는, 정부가 정책적으로 시민사회를 흡수해 비판력을 무디게 만드는 전형적 방식이다. 이는 시민사회의 인적 자원을 흡수하여 감시 기능을 무력화하는 결과를 낳는다.

셋째, 법적 포섭은 시민사회가 정부가 설정한 법적 틀 안에서만 활동하도록 강제하는 방식이다. 예컨대 정부 지원금을 받는 단체만을 공익단체로 인정하고, 독립적으로 활동하는 시민사회 조직에는 불이익을 주는 경우가 대표적이다. 이때 법제는 시민사회의 자율성과 다양성을 보장하기보다, 정부의 관리·통제 수단으로 기능하게 된다.

이러한 포섭 전략에 대응하기 위해서는 두 가지 방향이 중요하다. 첫째, 정부 보조금과 지원의 독립성을 보장하는 제도적 장치가 필요하다. 정부가 제공하는 재정 지원이 시민사회의 비판적 기능을 약화시키는 수단이 되지 않도록, 보조금의 배분과 집행 과정이 투명하게 운영되어야 하며 정치적 고려로부터 독립되어야 한다. 둘째, 시민사회의 독립성을 보호하는 법적·제도적 장치를 마련해야 한다. 정부의 법적 기준에 종속되지 않고도 시민사회가 자율적으로 활동할 수 있는 제도적 기반을 보장해야, 시민사회 본연의 감시와 비판 기능이 유지될 수 있다.

결국 시민사회는 정부의 협력 대상이 될 수 있지만, 동시에 독립성과 비판성을 유지해야 한다. 정부의 포섭은 단기적으로는 안정된 협력 구조를 형성하는 것처럼 보이지만, 장기적으로는 민주주의의 견제 장치와 시민사회의 자율성을 훼손한다. 따라서 시민사회의 독립성 보장은 곧 민주주의의 건강성을 유지하기 위한 핵심 조건이라 할 수 있다.

아. 소결: 시민사회와 정책

오늘날 시민사회는 더는 정책의 단순한 수혜자나 감시자에 머무르지 않는다. 시민사회는 정책의 형성자, 집행 파트너, 그리고 법적 행위자로서 다층적 위상을 지니고 있으며, 이로 인해 정책 과정의 핵심 주체로 자리 잡고 있다. 그러나 이러한 역할 변화는 곧 권한과 책임의 재조정을 요구하며, 동시에 법적 정당성 확보라는 새로운 과제를 동반한다.

법학 관점에서 시민사회는 권리·의무·책임을 지닌 법적 행위자이다. 따라서 시민사회의 자율성 보장과 더불어 공공성 유지의 법적 기준이 강조된다. 반면 정책학적 관점에서는 시민사회가 정책의 객체, 주체, 대리인으로서 기능하는 성격이 두드러진다. 이 경우 시민사회의 참여와 거버넌스가 핵심 가치로 부각된다. 결과적으로 정책적 협력이 강조되는 상황에서는 시민사회의 자율성뿐 아니라 법적 책임과 공공성 보장이 반드시 병행되어야 한다. 자율성은 시민사회의 생명력이다. 그러나 공공성을 상실한 자율성은 곧 시민사회의 정당성을 잃게 만든다. 특히 자율규제, 중간 조직, 위탁받은 행정 업무 수행의 경우, 특정 이익집단화와 공공책임 회피의 위험이 상존한다. 이를 예방하기 위해서는 공공성을 담보할 수 있는 법적 장치와 평가 기준의 정비가 필요하다.

종합하면, 시민사회는 정책과 법의 구조 속에서 주도적 역할을 수행할 수 있는 주체이다. 그러나 그 주도성은 자율성과 공공성, 참여와 책임, 권리와 의무가 균형을 이룰 때에만 정당성과 지속성을 가질 수 있다. 따라서 민주적 정책 거버넌스 속에서 시민사회의 역할은 확대되더라도, 그것은 언제나 법적 책임성과 공공적 가치 위에서 작동해야 한다는 점이 정책법학적 시사점이라 할 수 있다.

3. 지방자치와 정책

가. 지방자치의 의의

지방자치는 주민의 복지를 위한 제도이다. 「대한민국 헌법」 제117조와 제118조에 근거를 두고 제정된 「지방자치법」, 그리고 이 「지방자치법」 제135조에 근거를 두고 만들어진 「지방교육자치에 관한 법률」에 의해 형성되고 운영되는 제도이다. 그러나 우리 헌법은 지방자치의 본질, 의의, 목적에 관해 구체적인 내용을 규정하고 있지 않다. 단지 2개 조문으로 지방자치단체가 주민의 복리에 관한 사무를 처리하고 재산을 관리하며, 법령의 범위 안에서 자치에 관한 규정을 제정할 수 있다는 점, 그리고 지방자치단체의 종류, 지방의회, 지방자치단체장 등에 관한 사항은 법률로 정한다는 조항이 전부이다. 이러한 입법 태도는 「지방자치법」에서도 그대로 나타난다.

「지방자치법」은 지방자치단체의 종류, 주민 참여, 국가와 지방자치단체 간의 기본적인 관계 등을 규정하면서, 지방자치행정의 민주성과 능률성을 추구하고, 지방균형발전과 대한민국의 민주적 발전을 목적으로 한다고 밝히고 있다. 그러나 「지방자치법」 조문 전반은 주민자치의 관점보다는 단체자치의 관점을 더 강하게 반영하고 있다. 만약 지방의 발전을 지방자치의 독자적 정책결정을 통해 실현한다는 방향을 중심에 두고, 이를 뒷받침하는 제도 설계를 입법화했다면, 오늘날의 지방자치는 지금과는 상당히 다른 모습이 되었을 것이다. 하지만 현행 지방자치는 단체(국가와 지방, 광역과 기초) 간 사무의 배분이 핵심 사항이다.

어쨌든 지방정부50)는 제한된 범위이지만 정책결정을 통하여 주민의 복지를 향상시키기 위한 노력을 해야 한다. 지방정부가 하는 정책결정의 범위는 중앙정부가 하는 정책결정의 범위에 비해 상대적으로 많이 제한된다. 이는 지자체의 조례가 법령의 범위에서 제정되어야 하는 한계에서 출발한다. 자연스럽게 법령을 정하는 중앙정부의 권한에 의해서 지방자치단체의 업무가 결정될 수밖에 없는 구조이다. 예를 들어, 국방, 외교뿐만 아니라 국민의 일상생활과 직결

---

50) 이 책에서는 편의상 지방정부라는 용어를 사용한다. 정부를 행정부(시청, 도청, 군청, 구청, 교육청 등)로 제한하여 해석할 경우에는 지방정부라는 용어 사용이 가능하다. 그러나 만약 입법부, 행정부, 사법부를 모두 통칭하여 정부라고 할 경우에는 지방정부라는 용어는 적절하지 않다. 왜냐하면 입법부와 행정부의 기능은 제한적으로 지방자치단체에 존재하나, 사법부의 기능은 지방에는 존재하지 않기 때문이다.

된 치안, 복지, 교통, 교육, 환경 등 거의 모든 분야가 중앙정부의 의사에 따라 결정되며 그 만큼 지방정부가 행사할 수 있는 결정 범위는 제한적이다.

이는 중앙의 각 부처가 자신의 지역 업무를 해당 지역의 지방정부에 이양하기보다는 하부기 관으로서의 일선 지방행정기관(특별지방행정기관)을 설치하려는 현상에서 알 수 있다. 더욱 본질적으로는 사실행위(事實行爲)와 일부 집행사무를 제외하면 지방자치단체가 독자적으로 수행할 수 있는 고유의 지방사무는 사실상 존재할 수 없다는 점이다.

지방정부는 주민과 가까운 거리에서 법령에서 규정된 자신의 결정 권한 범위 내에서의 정책 결정을 통하여 주민의 복지 수준에 상당한 정도로 영향을 끼친다. 예컨대, 지방정부는 교육, 안전, 경찰, 주택, 도로, 보건, 상하수도 등 주민의 일상생활과 밀접하게 관련된 많은 공공문 제에 관해 결정을 내림으로써 주민복지에 상당한 영향을 미치게 된다. 더욱이 중앙정부가 내 리는 정책결정도 많은 경우 정책수행과정에서 지방정부의 정책결정이 필요하게 되므로 지방 정부의 정책결정은 그만큼 중요하다. 예를 들어 생활보호대상자에 대하여 정부가 지급하는 급부 수준은 중앙정부가 결정하지만 실제로 생활보호대상자를 선정하고 급부를 시행하는 결 정은 지방정부가 담당하게 되는 것이다. 중앙과 지방의 정책협력이 중요한 것이다.

그럼에도 아직은 갈 길이 멀다. 중앙으로부터의 지방에 대한 정책결정권의 이양은 미흡한 실 정이다. 재정도 열악하다. 중앙은 아직까지 지방의 인사, 조직, 재정, 사무 등 거의 모든 분 야에 걸쳐 관여하고 있다. 지방의 조례제정권은 광범위한 분야에 걸쳐 개별 법령에 따라 제 한받고 있고, 지방의 재정력이 취약하여 자주적이고 창의적인 정책결정을 하기 어렵다. 그렇 다고 오랫동안 집권의 타성에 젖어 있는 지방정부가 과연 효과적으로 자주적인 정책결정을 내릴 수 있을지도 의문이다. 더욱이 지방정부의 정책결정이 주민의 복지증진을 위하여 제대 로 기능하지 못한다면? 기대와는 달리 주민에 의하여 선출된 자치단체장과 지방의원을 포함 한 지방의 공직자들이 대다수 주민의 이익보다는 일부 계층의 이익을 챙기기에 분주하다면? 이처럼 지방자치의 필요성과 지자체의 역량에 대한 회의적 시각도 존재한다.

나. 단체자치와 주민자치

지방자치에 대한 전통적 견해는 지방자치를 단체자치와 주민자치라는 두 가지 차원에서 파악 하는 것이다. 단체자치란 상위정부에 대한 지방정부의 자율성 측면에 관한 것으로서 상위정 부와 지방정부 간의 분권/집권이 핵심 문제가 되며, 주민자치는 지방정부에 대한 시민사회의 투입 측면에 관계되는 것으로서 참여/통제가 핵심 문제이다.51) 그리고 이러한 이해에 기초하 여 지방자치는 상위정부로부터의 '분권'과 지방 정책과정에서 시민의 '참여'로 요약된다. 따라 서 전통적 견해는 지방에 대한 제약은 대부분 상위정부로부터 오며, 상위정부로부터의 분권

---

51) 분권/집권, 참여/통제의 아이디어는 이종승 외 2인의 『지방자치론』을 바탕으로 하고 있다.

만 이뤄지면 지방정부의 자율성이 확보될 것임을 암묵적으로 전제한다. 그러나 지방정부의 자율성에 대한 제약은 상위정부 이외에도 지배집단, 타 지방정부, 심지어는 외국으로부터도 온다. 따라서 외부요인과의 관계 측면이 지방자치의 이해에 포함되어야 한다.

[그림 15]는 지방자치의 두 가지 유형인 단체자치와 주민자치를 비교하여 보여준다. 단체자치는 국가, 즉 중앙정부가 권력을 분점하기 위해 지방자치단체에 권한을 위임하는 형태의 지방자치이다. 이 경우 지방자치단체는 국가가 부여한 권한의 범위 안에서만 자치를 수행하며, 주민의 권리 역시 국가가 법률로 창설한 것으로 본다. 따라서 단체자치는 국가권력구조 속의 분권 장치로 이해되며, 그 존폐나 범위는 국가가 결정할 수 있다.

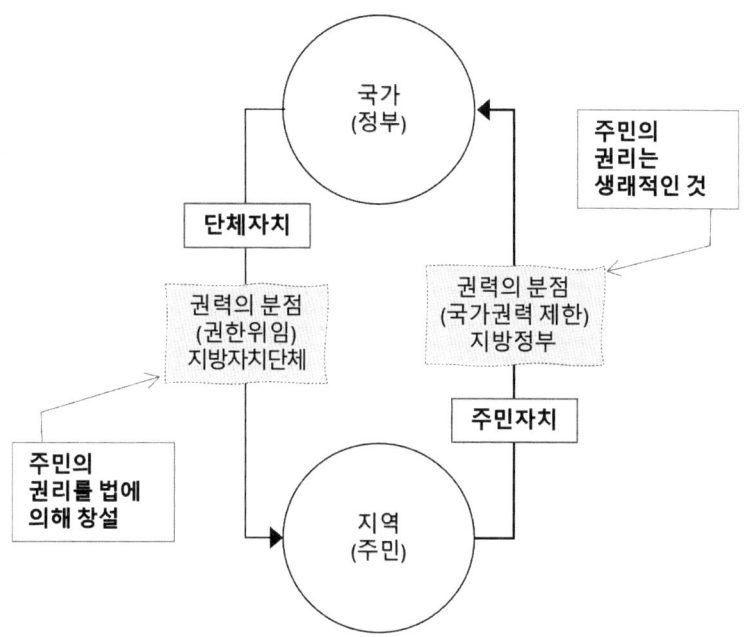

[그림 15] 주민자치와 단체자치의 의미 비교

반면 주민자치는 지역 주민의 생래적(生來的) 권리를 출발점으로 하는 지방자치이다. 여기서 지방정부는 주민의 고유 권리를 보장하고 실현하기 위한 조직이며, 주민의 권리는 국가가 부여하는 것이 아니라 본래부터 존재한다고 본다. 주민자치는 국가권력을 제한하고, 주민 주권을 실현하는 제도로서 국가가 함부로 폐지할 수 없는 성격을 가진다.

결국 단체자치는 국가 중심, 주민자치는 주민 중심의 자치 형태로, 지방자치의 정당성과 존속 근거를 바라보는 관점에서 큰 차이를 보인다.

다. 고유권설과 전래설

지방자치단체가 국가와 별도로 선험적으로 존재하느냐에 대한 논란이 존재한다.[52] 흔히 고유권설(固有勸說)로 불린다. 고유권설(固有權說)은 지방자치단체가 자치권을 가지는 것은 고유의 권리라고 주장한다. 즉 지자체의 자치권은 국가의 승인(즉, 헌법)에 의해서 주어지는 것이 아니라고 하는 것이다. 근대 자연법과 자연권 사상을 지방자치단체에도 적용하는 것으로서, 지방자치단체도 자연적·역사적 창조물로서 자연인과 똑같이 고유한 인격을 가진다고 본다. 이 입장을 취하게 되면 지방자치단체의 독립성을 강하게 주장하게 된다. 반대로 지방자치단체의 존립과 그 자치권은 국가 승인의 산물이라고 주장하는 학설은 전래설(傳來說)이다. 헌법에 있든 없든 '국가의 필요'라는 정치적 판단이 핵심이다. 중간 정도의 학설(學說)로는 제도적 보장설이 있다. 헌법에 의해서 역사적·전통적인 공법상 제도인 지방자치를 보장하고 있고, 구체적인 내용은 법률에 의해서 수정될 수 있지만, 그 본질적인 내용은 변경될 수 없다는 주장이다. 물론 그 본질적인 내용이 뭔지는 모호하다. 어쨌든 고유권설에 따르면 지방자치는 본래 주민이 가지는 고유한 권리이므로 국가권력이라 하더라도 이를 폐지할 수 없다. 전래설에 따르면, 지방자치는 국가로부터 부여받은 권리이므로 국가가 국민의 합의가 있다면 이를 폐지할 수 있다. 제도적 보장설에 따르면, 지방자치는 헌법상 제도로 보장되며, 법률로 그 내용을 수정할 수는 있지만, 헌법에서 지방자치 조항을 삭제하지 않는 한 이를 전면 폐지할 수는 없다. 결과적으로 폐지라는 점에서 전래설과 제도적 보장설은 비슷한 측면이 있다.

미국처럼 주(州) 정부가 모여 나중에 연방정부(federal government)를 만든 경우에는 주 정부의 고유권설 주장도 가능할 수 있겠으나, 우리나라는 오랜 중앙집권적 전통을 갖고 있고, 헌법에 따라서 지방자치단체를 창설했기 때문에 고유권설이 적용되기 어렵다. 마찬가지로 미국식 주민자치도 적용하기 어렵다. 따라서 우리나라의 지방자치는 단체자치라는 관점에서, 즉 권한의 배분이라는 관점에서 살펴봐야 한다. 따라서 사무(事務) 배분이라는 관점이 중시된다. 그래서 지방분권을 강화한다는 의미는 중앙에서 담당하던 사무를 지방에서 더 많이 수행할 수 있도록 하는 것과 같은 의미가 된다. 물론 재정 분권도 마찬가지이다. 중앙의 재정을 지방으로 좀 더 많이 배분한다는 정도이다.

라. 우리나라의 지방자치

정부의 사무는 크게 국가사무(國家事務), 자치사무(自治事務), 위임사무(委任事務)로 구분된다. 국가사무는 중앙정부가 수행하는 사무를 말한다. 위임사무에는 다시 단체위임사무와 기관위임사무가 있는데, 단체위임사무는 국가사무 중 지방자치단체에 위임된 사무를, 기관위임

---

52) 고유권설, 전래설 등에 대한 기본 설명은 국회 법제실의 『법제실무』를 참조했다.

사무는 국가사무 중 지방자치단체의 장(지자체장)에게 위임된 사무를 의미한다. 한편, 자치사무란 지방자치단체의 본래 사무를 뜻한다.

「지방자치법」 제13조는 지방자치단체의 사무 범위를 규정한다. 이에 따르면 지방자치단체는 관할 구역의 자치사무와 법령에 따라 지방자치단체에 속하는 사무(즉, 단체위임사무)를 처리할 수 있다. 구체적으로는 ① 지방자치단체의 구역·조직·행정관리, ② 주민복지 증진, ③ 농림·수산·상공업 등 산업 진흥, ④ 지역개발·자연환경보전·생활환경시설의 설치·관리, ⑤ 교육·체육·문화·예술의 진흥, ⑥ 지역 민방위와 지방 소방, ⑦ 국제교류 및 협력 분야를 예시하고 있다. 이 조항만 보면 자치사무의 범위가 상당히 넓어 보인다. 그러나 단서에서 "다만, 법률에 이와 다른 규정이 있으면 그러하지 아니하다"라고 규정하고 있어, 개별 법률에 의해 자치사무의 범위가 규정되고 제한된다. 그렇다면 제13조에서 예시한 사무 중 법률에 의해 규정되지 않은 사무가 얼마나 될까? 사실상 거의 없다고 본다. 따라서 「지방자치법」 제13조는 지방자치단체의 자치사무를 실질적으로 보장하는 규정이라기보다, 중앙정부가 법령에 의해 지방자치단체에 정책결정과 집행을 허용한 사무를 예시한 조항으로 해석하는 것이 타당하다. 물론 정부 법령과 무관하게 지자체가 조례로서 독자적으로 추진하는 일들이 최근에는 늘어나고 있다. 기본소득이나, 지역화폐 등과 관련된 정책이다.[53]

헌법은 지방자치를 규정하고 있지만, 한국의 지방자치는 서구적 의미의 권력 분권이나 정책 분권과는 성격을 달리한다. 우리나라 지방자치는 본질적으로 단체자치의 성격을 가지며, 이는 곧 중앙정부가 수행하던 사무 중 일부를 지방자치단체에 분장해 준 구조임을 의미한다. 사무분장(事務分掌)을 생각하면 된다. 지방자치단체는 독자적인 정책 권한을 가진 것이 아니라, 국가 법령의 테두리 안에서 정해진 범위 내의 사무를 처리하는 기관에 가깝다.

따라서 한국의 지방자치는 중앙정부로부터 얼마든지 회수·축소·확대가 가능한 사무 배분의 성격을 띤다. 강력하고 오래된 중앙집권적 전통, 그리고 미약한 주민자치 경험을 고려할 때, 지방자치단체가 100% 독자적인 정책 자율성을 가진다고 보기도 어렵다. 현실적으로 지방정책은 국가 정책의 하위 범주 속에서 운영되고, 법령에 따라 철저히 제한된다.

그러나 이러한 현실을 직시하는 동시에, 향후 지방자치의 방향은 단순한 사무분장 수준을 넘어서야 한다는 문제의식이 필요하다. 단체자치의 한계를 인정하더라도, 지방자치단체가 주민

---

53) 엄격한 법 해석에 따르면 지방자치단체가 법령과 무관하게 독자적으로 조례를 제정하는 것은 위법이다. 「지방자치법」 제28조는 '지방자치단체는 법령의 범위에서 그 사무에 관하여 조례를 제정할 수 있다'라고 규정하고 있다. 여기에서 '법령의 범위에서'라는 표현은 포지티브(positive) 규제 방식을 의미하므로, 법령에 명시적 규정이 없는 경우에는 조례를 제정할 수 없다. 따라서 법령상 근거 없이 지방자치단체가 조례로 독자적인 사무를 신설하여 수행하는 것은 「지방자치법」 위반이 된다. 그러나 대법원은 판례를 통해 '법령의 범위 안에서'를 '법령에 위반되지 않는 범위 안에서'로 해석하여, 지방자치단체의 조례 제정 범위를 사실상 크게 확장하였다. 이는 포지티브 방식이 아니라 네거티브(negative) 규제 방식에 가까운 해석이다. 법률 용어로서 '법령의 범위 안에서'와 '법령에 위반되지 않는 범위 안에서'는 본질적으로 다른 의미를 가진다. 따라서 대법원 판례의 취지를 제도적으로 반영하려면, 「지방자치법」 제28조의 문구를 '법령에 위반되지 않는 범위 안에서'로 개정하는 것이 타당하다. 그런데 법 개정에 매우 소극적이다. 이는 지방자치에 대한 관심이 크지 않다고 해석될 여지가 충분하다.

의 삶과 밀접한 정책 영역에서 더 많은 사무를 수행할 수 있도록 제도적 기반을 강화해야 한다. 나아가 단순히 지방자치라는 표현을 넘어, 지방정책권(local policy power)이라는 새로운 개념을 논의해야 한다. 이는 교육, 복지, 환경 등 주민 생활과 직결된 분야에서 지방자치단체가 더 실질적이고 창의적인 정책을 수립·집행할 권한을 확보하는 것을 의미한다.

즉, 한국의 지방자치는 아직 권력 분권이나 정책 분권으로 나아가지 못한 상태이지만, 미래 과제로서 지방정책권의 확보가 필요하다. 이는 단순히 행정적 효율성을 넘어, 정책의 현장성과 주민 참여를 보장하는 새로운 단계로 나아가기 위한 중요한 논의라 할 수 있다. 물론 정책 역량, 자치 역량의 관점에서 비판적 주장도 상당하다. 그럼에도 단체장을 직선으로 뽑다 보니, 역량 이상으로 마치 연방제 하의 주 정부처럼 생각하고 활동하는 부작용도 상당하다.

바. 광역자치와 기초자치

우리나라 지방자치는 광역자치와 기초자치로 구분된다. 광역자치는 광역자치단체(시와 도)에서의 자치를 말하면, 기초자치는 기초자치단체(시, 군, 구)에서의 자치를 말한다. 광역자치단체와 기초자치단체는 법인격이 다르기에 원칙적으로 독자적인 행정을 할 수 있다. 즉, 자치입법권, 자치행정권 등이 각각 존재할 수 있는 것이다. 하지만, 광역자치단체의 자치 수준이 결국은 국가의 사무(권한) 배분에 의해 좌우되듯이, 그리고 국가와 광역자치단체의 협력도 법령에 근거하고 있듯이, 기초자치단체도 거의 유사한 구조를 가진다. 따라서 지방자치를 제대로 하려면 지금처럼 지방자치단체의 집행기관이 국가의 일선 행정기관의 지위에서 국가로부터 배정된 사무를 위임받아 처리하는 기관에서 벗어나는 것이 핵심이다.

「지방자치법」 제15조의2에는 자치분권 사전협의 조항이 있다. 중앙행정기관의 장은 다음 어느 하나에 해당하는 사항과 관련하여 소관 법령을 제정·개정 또는 폐지하려는 경우에는 대통령령으로 정하는 바에 따라 사전에 행정안전부 장관과 협의하여야 한다.

- 지방자치단체의 행정·재정 등에 영향을 미치는 사무의 신설·변경·폐지에 관한 사항
- 지방자치단체나 그 장에 대한 사무의 위임에 관한 사항
- 지방자치단체가 수행하는 사무에 대한 지도·감독에 관한 사항

현재의 지방자치 관련 협의 구조는 행정안전부를 중심으로 운영되고 있는데, 이는 여러 문제점을 안고 있다. 우선, 모든 지방자치 관련 협의를 행정안전부 중심으로 규정한 것은 지방자치의 본래 취지를 왜곡할 소지가 크다. 실제로 각 부처가 다양한 지방 관련 사무를 담당하고 있음에도 불구하고, 행정안전부가 협의 권한을 독점하는 구조는 부처 간 협력을 저해한다. 더 나아가 이러한 구조는 행정안전부를 실질적인 '지방의 중앙 통제 기관'으로 작동하게 하여, 중앙집권적 접근을 강화하는 결과를 초래할 수 있다.[54]

또한, 현행 협의 구조에서는 지방자치단체의 의견이 충분히 반영되지 않는다는 문제가 있다. 중앙이 일방적으로 정책을 결정하고 지방에 전달하는 구조에서는 실질적인 자치권이 침해될 가능성이 크다. 특히 행정안전부가 단일 창구 기능을 수행할 경우, 각 부처의 정책이 지방의 실정과 괴리되는 문제가 발생할 수 있다. 지방은 지역마다 경제, 문화, 사회적 여건이 상이한데, 이를 행정안전부 단독으로 조율하는 데에는 구조적 한계가 있다. 따라서 지방자치의 왜곡과 중앙집권적 통제를 방지하고, 지방의 다양성과 특성을 반영하기 위해서는 협의 구조를 행정안전부 중심에서 총리실 중심으로 전환하고, 중앙과 지방간의 협의를 제도화하는 방안이 필요하다. 이렇게 구조를 바꿔야 지방자치단체가 중앙과 최소한 대등한 위치에서 협의할 수 있다. 지금처럼 행정안전부 장관과 협의하게 되어 있으면, 지방자치는 그 위상이 장관급 이하에 머물 수밖에 없으며, 잘해야 장관급 수준이 된다.

사. 일반자치와 교육자치의 분리[55]

우리나라 지방자치는 또한 일반자치와 교육자치로도 구분된다. 교육자치를 위해 「지방교육자치에 관한 법률(교육자치법)」이 제정되었다. 교육자치는 일반자치와 다르게 광역자치를 한다. 그렇기에 교육지원청은 시도교육청의 하급(下級) 교육행정기관의 성격을 갖게 된다. 그리고 이 법률에 근거하여 교육감도 직선(直選)으로 선출된다. 다만, 시도의회와는 별도로 독립된 의회는 없다. 시도의회에서 교육예산과 조례를 심의·의결하게 된다.

우리나라에 지방교육자치가 별도로 존재할 필요가 있는가? 본질적으로 큰 문제가 있다. 우리 헌법에서는 지방교육자치를 규정하고 있지 않다. 「지방자치법」에서도 지방자치단체의 교육·과학 및 체육에 관한 사무를 분장하기 위하여 별도의 (집행)기관[56]을 두도록 하고 있고, 이를 위해 따로 법률을 제정한다고 되어 있다. 즉, 「지방자치법」에서 따로 법률로 제정하도록 한 것은 집행기관의 조직과 운영에 필요한 사항이다. 그리고 「지방자치법」의 제정 목적이 이미 규정되어 있기에 「교육자치법」에서는 지방자치법의 제정 목적과 구분되는 별도의 입법 목적을 규정할 필요가 없다. 그런데 「교육자치법」에서는 '교육의 자주성 및 전문성과 지방교육의 특수성을 살리기 위하여'라는 별도의 목적을 규정함으로써 마치 교육자치가 일반자치와 별도의 목적이 존재하는 자치인 것처럼 주장하고 있어, 지방자치를 이원화(二元化)할 필요가 있음을 사실상 천명하고 있다고 볼 수 있다.

---

54) 행정안전부는 미국의 국토안보부처럼 개편하고, 지방자치 지원 기능은 총리실로 이관하는 것이 바람직할 수 있다.
55) 지방교육자치의 문제점과 새로운 방향은 필자의 『지방교육자치 NO, 자치교육 YES』를 읽어보기를 권한다.
56) 법 제135조는 '별도의 기관'이라고만 규정되어 있다. 하지만 법 제135조가 제6장 집행기관에 하위 규정이기 때문에 '별도의 (집행)기관'이라고 표현하였다.

여기에 교육감을 직선으로 선출하다 보니 마치 지방자치단체를 대표할 수 있는 권한이 교육 감도 시도지사처럼 존재하는 것처럼 오해를 가져온다. 현행 「지방자치법」 상 지방자치단체 의 대표권은 제114조에 의거 시도지사이다. 교육감은 「교육자치법」 제18조에 의거 교육·학 예에 관한 소관 사무로 인한 소송이나 재산의 등기 등에 관하여 해당 시도(市道)를 대표할 수 있을 따름이다. 소송과 재산 등기 등으로 제한된다. 이 대표권을 규정하고 있는 「교육자 치법」 제18조의 제2항은 당초 제정 당시에는 없던 조항이었으나, 이후 1995.7.26.일 개정할 때 추가된 조항이다.57)

또한, 「지방자치법」과 「교육자치법」의 교육 사무의 규정에 대한 입법적 혼란도 존재한 다. 현행 「지방자치법」에서는 교육, 체육, 문화, 예술 사무를 기초지방자치단체를 포함한 모든 지방자치단체의 사무로 규정하고 있다. 그러나 「교육자치법」에서는 이를 광역지방자 치단체의 사무로 규정하고 있어, 같은 사무에 대해 누가 주체적으로 담당해야 하는지 혼선이 발생한다. 특히, 시군구청과 교육청과의 협의에 있어서 결과적으로 시군구 지역에 소재하는 교육지원청은 협의의 주체가 되기 어려운 문제가 발생한다. 광역자치를 하기 때문이다. 체육 회 사무나 과학기술 진흥 업무는 「교육자치법」에서는 교육청의 사무이나 실제 행정에서는 일반행정관서가 수행하고 있다. 예를 들면, 시도 체육회의 수장이 자치단체의 부지사(부시장) 이다. 이로 인해 「교육자치법」의 규정 내용과 실제 행정 운영이 불일치하게 되고, 그 결과 해당 사무의 책임 주체가 불분명해지는 문제가 나타난다.

아울러, 「교육자치법」은 「지방자치법」이 위임한 범위를 넘어 사무 범위를 규정하고 있 다. 기술과 학예를 추가로 포함하고 있어, 법적 위임 범위를 초과한 권한이 규정되어 있다. 이는 권한 범위의 불일치와 함께 위헌 논란의 소지도 있다. 더욱이 일반적으로 '학예'라는 용 어는 문화, 예술, 교양, 문학 등을 포괄하는 개념으로 사용되는데, 여기에 과학, 기술, 체육을 포함한 것은 '학예'의 범위를 과도하게 확장한 것으로 볼 수 있다. 이는 개념 사용의 타당성 측면에서도 문제가 되며, 법률 해석 과정에서도 혼란을 초래할 수 있다.

마지막으로, 교육자치의 근거의 타당성이다. 흔히 제시되는 논거는 교육의 자주성, 전문성, 정치적 중립성이다. 설령 이러한 논거를 수용한다고 하더라도, 학예, 과학, 체육, 기술 등을 교육자치의 범위에 포함하려면 이에 상응하는 별도의 정당한 논거가 추가로 제시되어야 한 다. 그렇지 않으면 법적 혼란이 가중되고, 권한 범위가 모호해지며, 자치권의 성격이 왜곡될 우려가 있다. 이외에도 일반행정과 교육행정이 분리됨으로써 발생하는 여러 문제는 열거하기 어려울 정도이다. 학생수영장과 어린이 수영장, 학생수련원과 청소년수련원, 학생안전체험관

---

57) 재산 등기의 권한 보유 여부가 현실의 정책에서 문제가 되는 경우는 빈번하다. 학교 신설 부지에서부터 폐교(廢 校)에 이르는 일련의 과정에서 교육감과 시도지사 간의 갈등이 존재할 수 있는 것이다. 대표적인 사례가 바로 폐교 부지에 대한 교육청과 시도청의 갈등이다. 교육청은 폐교가 되어 지금 당장 교육 목적으로 사용되지 못하더라도 향 후를 위해서 보유하고 있으려 하거나 아니면 또 다른 교육 시설을 지으려고 한다. 반면 시도청은 학교 부지 크기 정 도의 지역 공공토지가 없기 때문에, 폐교 부지를 이용해서 주민복지를 위한 문화·예술·체육·사회복지 시설 등을 설치 하려고 한다. 그러나 소유권이 교육감에게 있기 때문에 교육감이 대폭 양보하지 않는 이상은 폐교 부지가 지역사회 의 복지 시설 등으로 활용될 가능성은 거의 없다.

과 국민(어린이)안전체험관, 학생교육문화회관과 (문화)예술회관, 학생과학관과 국·공립 과학관 등 많은 시설과 자원들이 별도로 계획되고 추진된다. 또한 시도청과 교육청 간의 협의를 해야 하다 보니 불필요한 거래비용(transaction cost)이 많이 들게 된다.

즉, 교육자치를 일반자치와 분리하다 보니 발생하는 폐해는 상당하다. 교육과정과 직접 관련이 없는 사항들은 일반행정에서 담당하는 것이 훨씬 효율적일 수 있다. 결과적으로 일반행정의 아동·청소년 정책과 교육청의 교육정책이 연계되지 못한 채 작동됨으로써 효과적인 서비스 체계가 구축되지 못하고 있다. 학교의 학생은 학생이기 이전에 아동·청소년이라고 한다면 학교와 지역사회의 연계를 통해 한 아이의 성장 발달을 위해 학교에선 교육활동을, 학교 밖에선 아동·청소년 발달 활동을 할 수 있도록 해야 한다. 그리고 학교의 교육과정을 학교 밖에서 할 경우에 아동·청소년 시설과 자원을 공동으로 활용하는 방향으로 해야 하는데 우리는 교육행정과 일반행정이 분리되어 있어 이런 협력·연계가 되지 못한다. 나아가 학교시설 관리도 지자체 시설관리공단에서 처리하면 되고, 학교건축도 지자체의 건축, 시설, 그리고 도시계획 담당 부서에서 담당하면 되는 것이다. 그래야만 지역사회와 학교가 융합적으로 작동될 수 있다. 지금은 학교와 교육이 고립된 섬처럼 존재하게 되고, 그러다 보니 복합 시설 설치 논란이 존재하게 된다. 교육 거버넌스의 새로운 패러다임의 도입이 필요하다.

<표 16> 거래비용(transaction cost) 관점에서 본 지방자치와 교육자치

▪ 기본 개념: 거래비용은 조직이나 개인이 거래나 협의를 할 때 발생하는 모든 비용을 의미. 금전 비용뿐만 아니라, 시간, 노력, 정보 수집, 협상, 모니터링, 갈등 해결 비용도 포함
▪ 교육청-지자체 협의에서의 거래비용(예) - 의사소통 비용: 협의 과정에서의 문서 작성, 보고서 작성, 회의 비용 - 조정 비용: 이해관계가 다른 두 조직 간의 갈등 조정 비용 - 정보 비용: 필요한 정보를 수집하고, 상호 교환하는 비용 - 결정 지연 비용: 교육청과의 협의로 인해 정책결정이 지연되는 비용 - 위험 관리 비용: 협의 과정에서의 정보 비대칭이나 신뢰 부족으로 인한 위험 관리 비용
▪ 교육청-지자체 통합 관리의 장점 - 거래비용의 절감: 시설 관리, 환경 조성, 안전 관리 등을 지자체가 통합하여 관리하면, 교육청과의 협의로 인한 거래비용이 크게 절감 - 효율성의 증대: 복잡한 협의 절차 없이 신속한 결정 가능 - 책임성의 강화: 단일 주체가 모든 책임을 지는 구조로의 전환
▪ 거래비용의 절감 사례(예) - 환경 조성: 학교의 대기질, 소음, 수질 관리가 지자체로 일원화될 경우, 교육청과의 협의가 필요하지 않고, 시설 개선이 더 신속하게 이루어질 수 있음 - 시설 관리: 학교의 개보수, 유지보수가 지자체의 시설관리공단에서 통합 관리될 경우, 예산 절감, 시간 단축, 책임성 강화 효과가 가능해짐
▪ 결론: 거래비용(transaction cost)이 절감되면 행정 효율성은 향상될 수 있음

그렇다면, 교육자치의 본질적 의미는 무엇일까? 유·초·중등교육의 자주성, 전문성, 정치적 중립성은 교육과정이 핵심이다. 그런데 우리는 국가 수준 교육과정을 갖고 있고, 모든 국·공립·사립학교가 이 교육과정을 편성하고 운영해야 한다. 지방이나 학교 차원에서 이를 조정할 가능성은 별로 없다. 이는 교육자치를 통해서 교육과정의 근간을 바꿀 가능성이 없다는 의미이다. 그렇기에 교육자치를 논하기 이전에 교육과정의 자율성과 국·공립학교와 사립학교의 학교 운영의 자율성부터 논의해야 하고, 이 부분이 바뀌지 않으면 지방교육자치를 논할 실익이 크지 않다. 또한, 교육과정을 지식 중심에서 역량 중심으로 바꾸고, 역량 중심 교육과정의 틀 내에서 교과목 결정권과 교육내용 결정권을 당해 학교(+ 교사)에 주게 되면 그리고 사립학교의 교육과정 자율성을 폭넓게 인정하게 되면 역시 교육자치를 할 실익이 크지 않다. 이런 근본적 논의를 하지 않은 채 교육감 직선제를 하다 보니 선거를 통해 권력을 잡은 자와 그 잡은 자 중심으로 몰려드는 사람들의 권력(이익) 확보의 쟁탈전, 권력을 갖지 못한 자의 반대의 목소리가 마치 교육자치의 핵심인 것처럼 오도되고 있다. 이는 일반 정치집단의 행태와 다를 바 없고, 때론 더 심각한 문제(예: 교육감 당선 취소)를 노출하기도 한다.

이제 중앙 vs. 지방의 권한 문제가 아니라 학습자의 학습권 중심으로 자치를 설계해야 한다. 생애 차원의 교육·학습 시스템 구축이 필요하다. 따라서 학습자의 학습권을 최우선으로 고려하는 제도 구축이 중요하다. 교육과정(수직·수평적 체계, 수준 관리, 질 관리, 평가 체제 등)이 잘 설계된 시스템이 필요하다. 중앙정부와 지방정부의 권한 배분이 아니라, 전문가와 다양한 주체들이 참여하는 시스템 구축이 중요하다. 학습자가 초등학교부터 노년까지 자신의 학습권을 보장받을 수 있도록 하는 거버넌스 체계 설계가 중요하다. 즉, "누가 권한을 가져야 하는가?"가 아니라 "어떻게 하면 학습자의 학습권이 보장될 수 있는가?"가 핵심이 되어야 한다. 이는 국가권력을 강화하거나 지방 권력을 강화하는 문제가 아니라, 학습자가 중심이 되는 체제를 만드는 문제인 것이다. 자치의 핵심은 바로 이 학습권 보장에 있다.

아. 지방자치와 정책

지방자치와 정책은 본질적으로 법적 틀(legal framework) 안에서 작동한다. 정책 지배구조(policy governance)는 정책의 수립과 집행을 가능하게 하는 체계이며, 일반적으로 법적 틀 속에서 운영된다. 이 법적 틀은 정책의 기본 구조와 한계를 설정하고, 법적 근거 없이 정책이 작동하는 것을 방지하는 역할을 한다. 따라서 지방자치 역시 이러한 법적 틀 속에서 움직일 수밖에 없으며, 자치입법권도 필연적으로 법령의 통제를 받는다.

현행 지방자치의 법적 한계를 살펴보면, 우선 지방자치단체는 조례와 규칙을 제정할 수 있으나, 이는 반드시 법령의 범위 내에서만 가능하다(물론 대법원 판례는 이 범위를 확장하고 있다). 심지어 법률이 아닌 부령(部令) 수준에서도 지방의 정책결정이 제약을 받는 구조가 존재한다. 이로 인해 지방은 독립적으로 정책을 설계하고 집행하는 데 한계가 있으며, 정책의 근거 역시 국가의 법령 틀 내에서만 인정된다. 결국 지방의 정책 기획과 집행은 중앙 법령에 종속될 수밖에 없다.

구체적인 문제점으로는, 첫째, "법령의 범위 내"라는 문구가 자치입법의 실질적 권한을 제약하는 핵심 요소로 작용한다. 자치사무의 범위가 넓어 보이지만, 실제로는 법률의 통제를 받는 구조이다. 둘째, 지방이 선택할 수 있는 정책도구가 법령에 의해 제한된다. 예를 들어, 재정 자립도를 높이기 위한 세수 확보 방안이나 지역 산업 육성 정책이 중앙의 법령으로 인해 제약을 받을 수 있다. 셋째, 지방의 정책이 중앙의 법령에 근거하지 않으면 사실상 무효가 되는 구조이다. 예컨대, 지역 특화 산업이나 복지정책이 중앙 법률과 충돌할 경우, 이를 독립적으로 집행하기 어렵다. 결국 현행 지방자치는 법적 틀에 의해 권한과 도구, 정책 범위가 전반적으로 제한되어 있으며, 이러한 구조가 지방의 자율성과 창의성을 제약하는 근본 원인이 되고 있다.

정책 기능 강화를 위한 입법적 접근은 지방자치의 실질적 자율성을 보장하고, 독립적인 정책 설계와 집행을 가능하게 하는 법적 구조를 마련하는 데 목적이 있다. 이를 위해 먼저 Policy Governance의 실질적 구현이 필요하다. 구체적으로는 현행처럼 "법령의 범위 내"라는 제한적 규정을 넘어 지방이 독자적으로 정책을 설계하고 집행할 수 있는 구조로 전환해야 한다. 또한, 조례와 규칙이 단순한 행정 지침 수준에 머무르지 않고, 실질적인 정책 입법 수단으로 기능할 수 있도록 입법 구조를 재설계해야 한다. 아울러 지방이 독자적으로 정책도구를 선택하고 조합할 수 있는 범위를 넓히고, 독립적으로 정책을 기획·실행할 수 있는 명확한 법적 근거를 마련하는 것이 중요하다.

법적 구조 개선의 방향으로는, 첫째, 제한적 열거주의 방식이 아니라 포괄적 자치입법이 가능하도록 자치입법권의 범위를 확대해야 한다. 둘째, 자치사무의 범위는 부령이 아닌 최소한 대통령령에서 명확히 규정하여 중앙정부의 과도한 통제를 방지할 필요가 있다. 셋째, 법률-대통령령-조례 간의 연결 구조를 명확히 하여, 조례가 독립적인 정책 입법 수단으로 작동할 수 있도록 해야 한다. 넷째, 법률 단계에서 지방이 독립적으로 정책을 설계할 수 있는 범위를 직접 설정하고, 대통령령에서 이를 구체화함으로써 정책 자율성을 실질적으로 보장해야 한다. 이러한 입법적 접근은 지방자치단체의 정책 역량을 강화하고, 중앙집권적 구조에서 벗어나 지역 특성과 수요에 맞는 정책을 구현할 수 있는 기반을 마련하는 데 핵심적인 역할을 할 것이다.

중앙정부의 Policy Governance는 '국정(國政)'이라는 포괄적 개념을 전제로, 정책의 설정과 집행 전반을 포괄하는 권한 구조를 가진다. 이는 단순한 행정 집행에 그치지 않고, 정책 기획, 국가 비전과 장기 전략 수립, 법적 근거 마련까지 포함하는 종합적 지배구조이다. 중앙정부의 법적 틀(legal framework)은 헌법, 법률, 대통령령, 부령으로 구성되며, 법은 국가의 정책목표를 실현하기 위한 수단(law as policy tool)인 동시에, 정책의 근거이자 틀(law as policy constitution)이 된다. 중앙의 정책 거버넌스는 국정기획과 국가 비전 설정을 통한 장기 전략 수립에서 출발해, 법률·대통령령·부령 제정을 통한 정책결정, 중앙행정기관이나 지방자치단체를 통한 정책 집행, 그리고 정책 실효성 평가와 개선 및 예산 재(再)배분으로 이어지는 순환 구조를 가진다.

반면 지방정부의 Policy Governance는 기존 체계에서 '정책'보다는 '사무(事務)' 개념에 기초하여 설계되어, 정책결정 기능보다 행정 집행에 가까운 구조로 되어 있다. 지방은 중앙의 법령과 정책도구에 종속되어 있어 실질적인 정책 자율성이 부족하다. 구체적으로, 중앙의 법령 범위 내에서만 자치입법이 가능하다는 종속성, 독자적인 정책 수단을 선택할 권한의 제약, 그리고 법적 근거 없이는 정책을 기획하거나 집행할 수 없는 구조가 한계로 지적된다. 또한 지방은 중앙이 설정한 정책 틀 안에서만 움직일 수 있고, 부령 수준에서도 자치입법권이 제한된다. 이로 인해 정책 집행은 중앙의 정책을 단순 이행하는 수준에 머물고, 독립적인 정책평가와 피드백 시스템도 부재하다. 그렇기에 국정(國政)과 유사하게 도정(道政), 시정(市政)이란 표현을 사용하더라도 무게감이 다를 수뿐이 없다.

따라서 새로운 지방 Policy Governance 체계가 필요하다. 지방도 정책의 주체로 인식되어야 하며, 중앙의 정책을 단순 집행하는 역할을 넘어 자체적인 정책 기획·설정·집행이 가능해야 한다. 이를 위해서는 중앙과 지방이 협치에 기반을 둔 자치권 구조를 확립하고, Policy Governance under Legal Framework 속에서 지방의 정책 자율성을 제도적으로 보장하는 방향으로 법·제도가 재설계되어야 한다. 그렇다고 연방정부를 상정하는 것은 잘못이다. 직선으로 선출되었다고 지방 소통령으로 행동하는 것은 문제이다. 지자체장은 정치보다는 정책 전문가이어야 한다.

자. 지방정책권의 보장

1) 지방정책권의 개념화(자치사무의 개념에서 탈피하기)

지방정책권은 기존의 '자치사무' 개념을 넘어, 지방자치단체가 자치입법권, 자치행정권, 자치재정권, 자치조직권을 기반으로 독립적으로 정책을 설정하고 집행할 수 있는 권한을 의미한다. 필자의 조어(造語)이다. 이는 지역 주민의 복리 증진과 지역사회의 발전을 위해 지방이 스스로 정책을 기획·설계·집행·평가하는 전 과정에 대한 포괄적 권한을 포함하며, 단순한 행정 집행을 넘어선다. 지방정책권의 목적은 각 지역의 특성과 필요에 부합하는 정책을 지방이 직접 설계하고, 집행하며, 평가할 수 있는 구조를 보장하는 데 있다. 이를 통해 지방자치단체가 중앙정부의 하급 기관이 아니라, 독립적인 정책 주체로서 기능하도록 하고, 주민의 요구를 능동적으로 반영할 수 있는 맞춤형 정책 구조를 확립하는 것이 핵심이다.

지방정책권을 구성하는 주요 요소로는 ⅰ) 문제 정의·목표 설정·전략 수립을 포함하는 정책 기획권, ⅱ) 독립적인 집행 체계를 마련하는 정책 집행권, ⅲ) 정책의 효과를 자체적으로 분석하고 개선할 수 있는 정책평가권, ⅳ) 중앙의 법령에 구속되지 않는 범위에서 정책을 결정하는 정책 자율성, ⅴ) 필요한 정책 수단을 자유롭게 선택·조합할 수 있는 정책도구 선택권이 있다. 지방정책권의 본질은 단순히 사무를 처리하는 권한을 넘어서, 지방이 주체적으로 문제를 정의하고 해결하는 자율적 정책 기능을 보장하는 데 있다. 따라서 지방정책권 강화는 권한의 단순 이양이 아니라, 지방이 독립적인 정책 주체로서 역량을 발휘할 수 있도록 법적 근거를 확립하고, 정책 기획 능력을 강화하며, 지방의회와의 협력을 제도적으로 보장하는 방향으로 추진되어야 한다. 이게 진정한 의미의 지방분권 강화의 방향이다.

2) 정책 기능 중심 지방자치 입법원칙

정책 기능 중심의 지방자치 입법원칙은 지방이 단순한 행정 집행 단위를 넘어, 독립적인 정책 주체로서 기능할 수 있도록 제도적 기반을 마련하는 데 초점을 둔다. 이를 위해 가장 먼저 자율성 보장이 필요하다. 지방자치단체가 독립적으로 정책을 설계하고 집행할 수 있도록 실질적인 자치입법권을 보장해야 한다. 또한 지방이 필요한 정책 수단을 상황에 맞게 자율적으로 선택할 수 있도록 정책도구의 다양화를 지원해야 한다.

입법과 행정의 연계성 역시 핵심 원칙이다. 법률-대통령령-조례 간의 연결 구조를 강화하여, 지방이 법적 틀 속에서도 독립적인 정책 설계가 가능하도록 해야 한다. 아울러 중앙과 지방이 수평적인 관계에서 정책을 공동 설계하고 조정할 수 있는 협치 기반 조정 메커니즘을 구축해야 하며, 지방이 자체적으로 수립한 정책의 성과와 결과에 대해 직접 책임질 수 있는 책임성 강화가 뒷받침되어야 한다. 이를 구체화하는 주요 요소로는, 정책 시행 전 다양한 시나리오를 검토하는 사전 정책 시뮬레이션, 정책이 지역에 미치는 영향을 분석하는 정책 영향평가(Local Impact Assessment), 중앙과 지방이 함께 정책을 기획하는 공동 정책 설계 제도, 정책 성과를 분석하고 개선 방안을 마련하는 정책 피드백 시스템, 그리고 외부 간섭 없이 지방 실정에 맞는 입법을 가능하게 하는 조례의 독립성 보장이 있다. 이러한 요소들이 결합될 때, 지방은 진정한 의미에서 정책 설계와 집행의 주체로 자리매김할 수 있다. 물론 자율성에 수반되는 책임도 지자체는 져야 한다. 중앙이 지자체의 권한을 대폭 제한하거나 회수할 수도 있어야 한다.

3) 국가-지방 수평적 협치 구조의 수립

국가-지방 수평적 협치 구조는 정책의 전 과정에서 중앙과 지방이 대등한 위치에서 협력하는 체계를 의미한다. 우선 정책결정 단계에서는 국가와 지방이 공동으로 정책목표를 설정하고, 각 지역의 특성과 여건에 맞는 정책 수단을 함께 선택한다. 이 과정에서 정책 시뮬레이션을 실시하여 실효성을 사전에 검토함으로써, 실행 가능성과 기대 효과를 높인다.

정책 집행 단계에서는 지방이 자율성을 바탕으로 정책을 직접 집행하며, 중앙정부는 지원과 조정 역할을 맡는다. 중앙은 필요한 재정·기술적 지원을 제공하되, 지방의 집행 권한을 존중하는 것이 원칙이다. 정책평가 단계에서는 지방이 자체 평가를 통해 정책의 효과와 문제점을 분석하고, 중앙은 이 평가 결과를 바탕으로 새정 지원 방향과 제도 개선 방안을 마련한다. 마지막으로 피드백 단계에서는 중앙과 지방이 평가 결과를 공유하고, 이를 토대로 향후 정책 방향을 조정한다. 아울러 제도적 개선 사항을 반영하여, 다음 정책 주기(週期)에도 적용함으로써 지속적인 성과 향상과 구조적 발전을 도모한다. 이러한 수평 협치 구조는 중앙의 통제 대신 상호 존중과 협력을 기반으로 하여, 지역 특성에 맞는 맞춤형 정책을 구현할 수 있는 기반을 제공한다.

4. 국제사회와 정책

가. 국제정책과 국제협력의 확장된 시각

정책학에서 국가의 정책 체제는 일반적으로 "폐쇄체제"로 이해되는 경우가 많다. 이는 정책이 주로 국내 문제를 다루고, 외부요인보다 국내 정치적, 경제적, 사회적 요소에 의해 결정된다는 전제에서 비롯된 것이다. 국제 문제는 자주 논의되지 않으며, 다루더라도 외교, 국방, 통상 정책 등 특정 영역에 국한되는 경우가 대부분이다. 국제 문제를 다룰 때 주로 양자 외교, 다자 무역 협상, 경제적 통합과 같은 대외 경제 문제에 초점을 맞춘다. 그러나 이러한 접근은 국제적 상호작용의 복잡성과 다양성을 충분히 반영하지 못한다. 최근의 국제 정세는 이러한 전제를 근본적으로 재검토할 필요가 있음을 보여주고 있다. 트럼프 행정부의 일방적 관세 부과 정책이나 러시아-우크라이나 전쟁으로 인한 에너지나 농산물 수급 위기와 같은 사건들은 대외변수가 국내 정책에 미치는 영향이 일부 부처에만 국한되지 않고, 경제, 환경, 과학기술, 교육, 문화 등 거의 모든 정책 영역에 걸쳐 심대한 파급 효과를 미친다. 즉, 국제 문제를 논의할 때 외교나 통상 정책으로만 제한하면 안 된다. 이제 기후 변화 대응이나 감염병 확산 방지와 같은 문제는 특정 국가의 단독 행동으로는 해결할 수 없으며, 복잡한 국제적 조정과 협력이 필수적이다. 이는 단순히 외교적 노력을 넘어, 과학기술의 국제협력, 정보 공유, 인적 교류 등 다층적인 정책적 접근이 필요하다는 점을 시사한다.

또한, 국제기구를 중심으로 한 국제협력이 국제정책의 핵심이라고 보는 시각도 제한적이다. 물론 ODA(공적개발원조), 유엔(UN), 국제통화기금(IMF), 세계무역기구(WTO) 등 국제기구를 통한 다자(多者) 협력이 중요한 것은 사실이다. 그러나 이는 국제정책의 일부일 뿐, 그 전체를 포괄하지는 못한다. 양자(兩者) 협력도 국제정책의 중요한 축을 이루며, 개별 국가 간의 기술 이전, 무역 협정, 군사 협력, 문화 교류 등은 다자 협력 못지않게 중요한 정책 영역이다. 또한, 외국인이 국내에서 어떻게 대우받느냐, 국내 기업이 해외에서 어떤 환경에서 활동하느냐와 같은 문제도 국제정책의 중요한 구성 요소이다. 예를 들어, 외국인 투자법, 비자 제도, 기술 이전 규제는 단순히 외교나 통상 정책을 넘어서는 광범위한 국제정책의 일부이다.

마지막으로, 국가의 국제화 역량을 강화하는 것도 국제정책에서 중요한 과제이다. 이는 단순히 수출 확대나 기술 이전을 넘어서, 글로벌 인재 양성, 국제적 인증 체계 도입, 해외 진출 지원 등 국내 경제와 사회의 국제적 경쟁력을 강화하는 보다 포괄적인 접근을 필요로 한다. 이러한 국제화 역량은 국내 기업의 글로벌 시장 진출, 외국인 유학생 유치, 다국적 기술 협력과 같은 구체적 목표를 포함하며, 이는 단순한 외교나 통상 정책의 범위를 넘어서는 중요한 정책적 과제로 자리 잡고 있다.

결론적으로, 국제정책은 단순히 외교적 관례나 무역 협상에 국한되는 것이 아니라, 국내 경제, 사회, 문화, 기술의 국제적 연계를 포함하는 넓은 개념으로 이해되어야 한다. 이는 단순히 외국 정부나 국제기구와의 협력을 넘어, 글로벌 거버넌스 체제에서 주도적인 역할을 담당할 수 있는 국가적 역량을 구축하는 방향으로 발전해야 한다. 국제기구를 통한 다자 협력, 양자 협력, 글로벌 규범 수용, 그리고 국내의 국제화 역량 강화는 이러한 새로운 국제정책의 중요한 축을 형성한다.

나. 개방체제로서의 정책

정책학의 전통적 접근 방식은 국가의 정책을 "폐쇄체제(closed system)"로 이해하는 경우가 많다. 이는 정책결정이 주로 국가 내부의 정치적, 경제적, 사회적 요인에 의해 주도되며, 외부 변수는 부차적 요인으로 간주하는 관점에서 비롯되었다. 대표적인 예로 David Easton의 정치체계 이론은 정책결정이 정치적 투입(political input)과 정치적 산출(political output) 간의 상호작용을 강조하며, 정책 체계가 외부와 단절된 "닫힌 상자 (black box)"와 같은 구조를 가진다는 점을 전제로 한다. 그러나 현대의 정책 환경은 "개방체제 (open system)"를 전제하지 않으면 이해하기 어렵다. 이는 정책이 단순히 내부 요인에 의해 결정되는 것이 아니라, 복잡하고 다양한 외부 변수와의 상호작용이 필수적이기 때문이다. 특히, 글로벌화(globalization), 기술 혁신, 국제 무역의 확장, 디지털 네트워크의 발달은 정책의 범위를 단순한 국내적 문제에서 국제적 문제로 확장시키고 있다. 정책 체제는 단순히 국가 내부의 요구와 지지에 기반을 둔 폐쇄적 구조가 아니라, 다양한 외부요인(external variables)과의 상호작용을 포함하는 개방적 구조로 이해해야 한다. 이는 다음과 같은 주요 변화를 포함한다.

- 내부 중심 → 외부 중심: 과거에는 주로 국가 내부의 정치적 요구로 정책이 결정되었으나, 현재는 외부 환경이 정책결정에 중요한 변수가 됨(예: 글로벌 공급망 관리, 국제 금융위기 대응)
- 단일국가 체제 → 다국가 체제: 국가 간 경계가 약화하고, 국제기구와의 협력이 필수적인 시대가 됨(예: 국제 공동 연구, 다국적 기업 규제)

- 일(一) 방향 흐름 → 상호의존적 관계: 정책이 일방적인 명령체계가 아니라, 다수의 이해관계자 간 상호작용으로 형성됨(예: 국제 기술 표준, 데이터 공유 협정)

이와 같은 변화는 우리가 일상적으로 생각해 왔던 폐쇄형 정책 체제에서의 정책과는 많은 면에서 차이를 만들어낸다. 첫째, 국가 간, 기업 간 상호 의존성(interdependence)이 심화되고 있다. 정부는 이러한 글로벌 네트워크에서 어떻게 자리매김을 하느냐가 중요해졌다. 둘째, 이해관계자가 국내로 제한되는 것이 아니라 국가 밖의 다양한 이해관계자와의 관계도 고려해야 한다. 정부의 역할은 이러한 외부 이해관계자의 반응도 지속해서 살펴야 하는 상황이 되고 있다. 셋째, 국제 환경이 안정적이지 않고 예측하기 쉽지 않다. 이는 곧 대외변수가 국내 정책에 언제, 어떠한 모습으로 영향을 줄지를 알아채기 쉽지 않다는 것을 의미한다. 때에 따라서는 이러한 국제 환경의 변화(예: 지진, 전쟁 등)가 정책의 불확실성(uncertainty)을 심화시킨다. 따라서 정부는 상황 변화에 따라 빠른 정책 수정이 요구될 수 있고, 다양한 시나리오 기반의 정책 수립도 고려해야 한다.

다. 국제사회와 국가와의 상호작용 양태

국제사회의 범주에는 다양한 당사자가 포함된다. 국제기구, 외국정부, NGO 그리고 상황에 따라선 개인도 포함될 수 있다. 국제사회와 우리나라와의 상호작용 양태는 다음과 같다.

- 국제사회가 우리나라에 직접 영향을 주는 경우
- 우리나라가 국제사회에 직접 영향을 주는 경우
- 국제사회가 제3의 경로(민간, 지역 등)를 통해 우리나라에 간접적으로 영향을 주는 경우

1) 국제사회가 우리나라에 영향

이는 국제기구나 외국 정부, 글로벌 NGO, 다국적기업, 외국인 개인 등이 우리나라의 입법·정책결정·사회적 기준·경제적 선택 등에 직접 영향을 주는 경우이다. 주권의 간섭이 아니라, 규범적 압력, 협정 의무, 시장적 압력, 인권 요청 등 다양한 방식으로 영향을 준다.

- OECD의 반부패 협약에 따라 「국제상거래에 있어서 외국공무원에 대한 뇌물방지법」을 제정[58]
- 파리협정에 따라 「개발도상국 산림을 통한 온실가스 배출 감축 및 탄소 축적 증진 지원에 관한 법률(국외 산림 탄소 축적 증진법)」을 제정[59]

---

[58] 「국제상거래에 있어서 외국공무원에 대한 뇌물방지법(국제뇌물방지법)」 제1조(목적) 이 법은 국제상거래와 관련하여 외국 공무원 등에게 뇌물을 제공하는 행위를 처벌함으로써 건전한 국제상거래 질서의 확립에 기여하고 경제협력개발기구의 「국제상거래에 있어서 외국 공무원에 대한 뇌물 제공행위 방지를 위한 협약」의 이행에 필요한 사항을 규정함을 목적으로 한다.

- 세계무역기구(WTO: World Trade Organization) 판정(2019.04.12.)에 따라 우리나라가 일본산 식품에 대해서만 강화된 수입규제를 적용하는 것은 WTO 협정상 금지되는 규제가 아니라고 함에 따라 일본 식품에 대한 수입 규제가 지속
- UN 대북 결의에 따라 금융, 산업, 통상 등 제 분야에서 북한에 대한 제재에 동참
- 글로벌 신용평가사가 국가신용등급을 조정하면 우리나라 외환시장이 급변

2) 우리나라가 국제사회에 영향

우리나라가 국제기구나 타국, 글로벌 사회에 정책, 자금, 지식, 기술, 인적자원 등으로 직접 영향을 미치는 경우이다. 규범 선도, ODA, 평화유지활동, 다자외교 주도, 표준 설정 등이다.

- KOICA 및 EDCF(Economic Development Cooperation Fund) 등 ODA 정책
- 국제 평화유지활동(PKO: Peace Keeping Operation)
- 국제기구에의 분담금 납부
- 탄소 감축 국제 감축 사업
- 국제기준을 선도(예: K-방역 모델 등)
- 유엔 인권이사회 발언 및 결의 주도

3) 국제사회가 제3의 경로(민간, 지역 등)를 통해 우리나라에 영향

국제기구나 외국 정부 등이 우리나라와 직접 상대하지는 않지만, 국내의 NGO, 지방정부, 학계, 시민사회, 다국적기업, 교육기관 등을 통해 영향력을 발휘하는 경우이다. 그에 따라 정부의 정책과 입법에 변화를 불러오는 상황이 발생할 수 있다.

- UNESCO의 지속가능발전교육(ESD: Education for Sustainable Development) 운동을 국내 학교 및 교육청에서 교육정책으로 채택 (비(非)법적 국제기준의 내면화)
- 미국 대학의 캠퍼스 한국 유치 및 커리큘럼 연계로 인해 외국교육기관 도입 및 한국 내 고등교육시장 변화가 야기
- 국제 NGO와 한국 시민단체 간 연대: 기후위기 대응, 반핵, 난민 인권 관련 국내정책변공을 유도
- 다국적 기업의 글로벌 공급망 기준: ESG, 인권 실사 제도의 도입 압력(국내 기업과 제도 변화 초래)
- 지자체의 개별 국제 MOU: 글로벌 스타트업 도시 교류, 공공외교 실험 등이 시도

---

59) 「개발도상국 산림을 통한 온실가스 배출 감축 및 탄소 축적 증진 지원에 관한 법률(국외산림탄소축적증진법)」 제1조(목적) 이 법은 「파리협정」 제5조에서 장려하는 개발도상국에서의 산림전용과 산림황폐화 방지를 통한 온실가스 배출 감축 관련 활동, 산림 보전, 지속가능한 산림관리 및 탄소 축적 증진 활동을 지원하고 활성화하여 국가 온실가스 감축 목표 달성에 기여하고 기후변화대응에 이바지하는 것을 목적으로 한다.

라. 개발협력

국제개발협력(International Development Cooperation)[60]은 개발도상국의 빈곤퇴치와 경제·사회 개발을 지원하는 공공·민간 부문의 모든 활동을 포괄하는, 개발을 실현하기 위한 국제사회의 광범위한 협력이며, 대다수 선진공여국이 일반적으로 사용하는 개념이다. 개발협력 대부분은 공적개발원조이다. 공적개발원조(ODA: Official Development Assistance)는 국제개발협력 활동 중 일부로, 중앙 및 지방정부를 포함한 공공기관이나 이들 기관의 집행기관이 개도국의 경제개발과 복지증진을 위하여 개도국과 국제기구에 양허(讓許)적 성격으로 제공하는 자금의 흐름을 의미한다. 협력대상국에 직접 지원하는 양자(bi-lateral) 원조와 국제기구를 통해서 지원하는 다자(multi-lateral) 원조로 구분된다. 경제협력개발기구(OECD) 개발원조위원회(DAC: Development Assistance Committee)는 'aid'라는 용어 대신에 "assistance"라는 용어를, 그리고 원조 수원국 대신에 "협력국(partner country)"이라는 용어를 사용하여 공여국과 수원국 간의 파트너십을 강조하고 있다.

마. 외국인의 지위

국제정책 관련해서 함께 검토해야 할 사항은 바로 외국인의 지위에 관한 사항이다.[61] '외국인'이란 대한민국의 국민이 아닌 자(「국적법」 제3조)로서, 외국 국적자와 무국적자를 말한다. 헌법은 "외국인은 국제법과 조약이 정하는 바에 의하여 그 지위가 보장된다"라고 규정하고 있으며(제6조 제2항), 이러한 헌법의 정신에 따라 여러 법령에서 외국인을 내국인과 동등하게 대우하고 있다. 그러나 우리 국민에게만 인정되는 참정권 분야나 국가 중요 정책상 필요한 특정 분야에서는 외국인을 우리 국민과 달리 대우하는 경우가 있다.

외국인의 권리를 인정하는 범위는 국가와 시대에 따라 다르나, 경제활동과 사회문화적 활동이 세계적 규모로 활발해짐에 따라 외국인에게 내국인과 동등한 권리를 인정하는 방향으로 변천해 왔다. 현대 문명국가는 내외국인 평등주의를 지향하지만 완전한 평등주의를 채택하고 있지는 않다. 평등주의를 원칙으로 하면서도 그 나라의 정치적·경제적 사정을 고려하여 외국인에 대해 일정한 제한을 두거나 상호주의를 채택하고 있다. 개별적인 분야에서 외국인의 권리 등을 인정하는 방법이나 정도에 관한 제도는 ⅰ) 내국인과 외국인을 평등하게 대우하는 방법, ⅱ) 외국인의 권리 등을 인정하지 않는 방법, ⅲ) 양자의 중간 형태인 상호주의를 택하는 방법 등이 있다. 선거권·공무담임권을 포함하는 참정권 등 우리나라 국민에게만 인정되는 기본권 분야에서는 명문의 규정이 없어도 외국인에게는 인정되지 않는 것으로 해석될 수 있

---

60) 외교부 홈페이지 개발협력(https://www.mofa.go.kr/www/wpge/m_24252/contents.do) 자료를 참조하였다.(25.8.12일 검색)
61) 외국인의 지위에 대해서는 법제처의 정부입법 지원센터(https://www.lawmaking.go.kr/) 에서 제공하고 있는 『법령안 심사 기준』을 참조하였다.

다. 그 밖의 법률에서는 외국인에 대해 제한하는 명문의 규정을 두지 않은 경우에는 외국인에 대한 제한은 없는 것으로 해석함이 원칙이다. 따라서 외국인에 대해 권리 등을 제한하려면 법률에서 이를 명확히 규정해야 한다. 역으로 외국인 투자를 촉진하기 위해 외국인 투자 분야에서는 외국인에 대해서만 권리를 인정하거나 각종 특혜를 부여하는 경우도 있다.

1) 내국인과 동등한 지위 인정

앞서 설명한 대로 법률에서 명문으로 외국인에 대한 제한을 두지 않은 경우에는 원칙적으로 우리나라 국민과 동등한 권리 등을 외국인에게 부여한 것으로 해석할 수 있다. 개별 법률에서 외국인에 대해 권리 등이 인정됨을 명확히 규정한 경우도 있다.[62]

2) 상호주의 적용

상호주의란 외국인의 권리를 그의 본국이 우리나라 국민에게 인정하는 것과 같은 정도로 인정하는 것을 말한다. 대한민국이 가입하거나 체결한 조약에 따라 외국인의 권리를 보호하는 규정도 상호주의 태도를 취한 것으로 분류할 수 있다. 원칙적으로 상호주의를 채택하면서도 허가·신고 등의 일정한 절차를 거치도록 규정하는 경우가 있다(예, 「부동산 거래신고 등에 관한 법률」 제7조[63], 제8조 및 제9조). 외국에서 일정한 자격을 취득한 외국인에 대해 상호주의 원칙에 따라 국내에서 해당 자격업무를 수행할 수 있도록 허용하는 경우도 있다(예, 「감정평가 및 감정평가사에 관한 법률」 제20조[64]).

3) 외국인의 권리를 부인

참정권은 국민에게 인정되는 기본권이다. 따라서 선거권 및 피선거권과 정당의 당원이 될 수 있는 자격 등은 외국인에게 인정되지 않는다(「공직선거법」 제15조[65] 및 제16조, 「정당

---

62) 「채무자 회생 및 파산에 관한 법률」 제2조(외국인 및 외국법인의 지위) 외국인 또는 외국법인은 이 법의 적용에 있어서 대한민국 국민 또는 대한민국 법인과 동일한 지위를 가진다.

63) 「부동산 거래신고 등에 관한 법률」 제7조(상호주의) 국토교통부장관은 대한민국국민, 대한민국의 법령에 따라 설립된 법인 또는 단체나 대한민국정부에 대하여 자국(自國) 안의 토지의 취득 또는 양도를 금지하거나 제한하는 국가의 개인·법인·단체 또는 정부에 대하여 대통령령으로 정하는 바에 따라 대한민국 안의 토지의 취득 또는 양도를 금지하거나 제한할 수 있다. 다만, 헌법과 법률에 따라 체결된 조약의 이행에 필요한 경우에는 그러하지 아니하다.

64) 「감정평가 및 감정평가사에 관한 법률」 제20조(외국감정평가사) ① 외국의 감정평가사 자격을 가진 사람으로서 제12조에 따른 결격사유에 해당하지 아니하는 사람은 그 본국에서 대한민국정부가 부여한 감정평가사 자격을 인정하는 경우에 한정하여 국토교통부장관의 인가를 받아 제10조 각 호의 업무를 수행할 수 있다. (이하 생략)

65) 「공직선거법」 제15조(선거권) ① 18세 이상의 국민은 대통령 및 국회의원의 선거권이 있다. 다만, 지역구국회의원의 선거권은 18세 이상의 국민으로서 제37조제1항에 따른 선거인명부작성기준일 현재 다음 각 호의 어느 하나에 해당하는 사람에 한하여 인정된다. (다음 각 호 생략). ② 18세 이상으로서 제37조제1항에 따른 선거인명부작성기준일 현재 다음 각 호의 어느 하나에 해당하는 사람은 그 구역에서 선거하는 지방자치단체의 의회의원 및 장의 선거

법」 제22조 제2항). 다만, 영주권을 취득하고 일정한 요건을 갖춘 외국인에 대해서는 지방의회의원과 지방자치단체장의 선거권을 인정하고 있고(「공직선거법」 제15조 제2항 제3호), 출입국관리 관계 법령의 규정에 따라 대한민국에 계속 거주할 수 있는 자격을 갖춘 외국인으로서 지방자치단체의 조례가 정하는 사람에 대해서는 주민투표권을 허용하고 있다. 외국인은 국가 공권력의 행사나 정부 정책의 결정에 참여하는 공무원이 될 자격이 인정되지 않는 것이 원칙이나, 예외적으로 특정 분야에 한정하여 제한적으로 공무원이 될 수 있는 자격을 인정하고 있다(「국가공무원법」 제26조의3[66]), 「교육공무원법」 제10조의2[67]).

그 외에 항공기 등록 등 국가 경제적으로 중요한 사항에 관하여 외국인에게 권리 자체를 인정하지 않기도 한다(「항공안전법」 제10조[68]). 언론·방송 분야에서는 외국인 또는 외국법인이 방송 사업에 참여하거나 외국인이 방송법인의 대표자 또는 방송편성책임자가 되는 자격을 제한하고 있다(「방송법」 제13조[69], 제14조). 이처럼 외국인 또는 외국법인에 대해 특정 사항을 금지하거나 제한할 경우의 규정 방법으론 특정의 권리를 부여받은 자를 "국민"으로 한정하여 규정하는 방법과 외국인 또는 외국법인을 특정 자격·영업의 결격사유로 규정하거나 허가·등록 등의 제한 사유로 규정하는 방법이 있다.

4) 외국인의 권리를 인정하되 일정한 제한을 두는 규정

경제활동 분야에서는 기본적으로 외국인에게 내국인과 동등한 권리 등을 인정하면서 일정한 제한을 가하는 경우가 있다. 외국인에 대해 주식취득의 제한을 할 수 있도록 허용한 「자본시장과 금융투자업에 관한 법률」 제168조[70])가 그러한 예이다. 외국인의 정보공개 청구권을

권이 있다. (1호와 2호 생략) 3. 「출입국관리법」 제10조에 따른 영주의 체류자격 취득일 후 3년이 경과한 외국인으로서 같은 법 제34조에 따라 해당 지방자치단체의 외국인등록대장에 올라 있는 사람.

66) 「국가공무원법」 제26조의3(외국인과 복수국적자의 임용) ①국가기관의 장은 국가안보 및 보안·기밀에 관계되는 분야를 제외하고 대통령령등으로 정하는 바에 따라 외국인을 공무원으로 임용할 수 있다. ② 국가기관의 장은 다음 각 호의 어느 하나에 해당하는 분야로서 대통령령등으로 정하는 분야에는 복수국적자(대한민국 국적과 외국 국적을 함께 가진 사람을 말한다. 이하 같다)의 임용을 제한할 수 있다. 1. 국가의 존립과 헌법 기본질서의 유지를 위한 국가안보 분야, 2. 내용이 누설되는 경우 국가의 이익을 해하게 되는 보안·기밀 분야, 3. 외교, 국가 간 이해관계와 관련된 정책결정 및 집행 등 복수국적자의 임용이 부적합한 분야.

67) 「교육공무원법」 제10조의2(외국인 교원) 대학은 교육이나 연구를 위하여 외국인을 교원으로 임용할 수 있다.

68) 「항공안전법」 제10조(항공기 등록의 제한) ① 다음 각 호의 어느 하나에 해당하는 자가 소유하거나 임차한 항공기는 등록할 수 없다. 다만, 대한민국의 국민 또는 법인이 임차하여 사용할 수 있는 권리가 있는 항공기는 그러하지 아니하다. 1. 대한민국 국민이 아닌 사람, 2. 외국정부 또는 외국의 공공단체, 3. 외국의 법인 또는 단체, 4. 제1호부터 제3호까지의 어느 하나에 해당하는 자가 주식이나 지분의 2분의 1 이상을 소유하거나 그 사업을 사실상 지배하는 법인(「항공사업법」 제2조제1호에 따른 항공사업의 목적으로 항공기를 등록하려는 경우로 한정한다), 5. 외국인이 법인 등기사항증명서상의 대표자이거나 외국인이 법인 등기사항증명서상의 임원 수의 2분의 1 이상을 차지하는 법인. ② 제1항 단서에도 불구하고 외국 국적을 가진 항공기는 등록할 수 없다.

69) 「방송법」 제13조(결격사유) ① (생략) ② 다음 각 호의 어느 하나에 해당하는 자는 중계유선방송사업·음악유선방송사업을 할 수 없다. 1. 외국인 또는 외국의 정부나 단체, 2. 미성년자 또는 피성년후견인, 3. 파산선고를 받은 자로서 복권되지 아니한 자.(이하 각호 및 ③항 생략)

70) 「자본시장과 금융투자업에 관한 법률」 제168조(외국인의 증권 또는 장내파생상품 거래의 제한) ① 외국인(국

- 139 -

인정하는 것과 같이 법률에서 권리 등의 인정 여부에 관하여 대통령령에 위임하고 대통령령으로 정한 요건을 갖춘 외국인에 한정하여 권리 등을 인정하게 할 수도 있다(「공공기관의 정보공개에 관한 법률」 제5조[71]). 또한 '외국인'이란 일반적으로 대한민국 국민이 아닌 자로서 외국 국적이 있는 자와 무국적자를 포함한다. 그러나 특정의 법령을 적용할 때에 입법 정책적으로 이러한 외국인의 일반적 범위를 조정하는 규정을 두기도 한다(「외국인 투자 촉진법」 제2조[72]).

바. 국제사회와 정책

국제사회의 영향력은 단순히 외부적 압력이나 위기 상황에 대한 대응 차원에 머무르지 않는다. 기후변화, 전염병, 사이버 보안과 같은 글로벌 이슈들은 사전 대비와 전략적 활용을 요구한다. 따라서 재난 복구, 재생에너지 투자, 탄소 포집 기술 선점과 같은 사후·사전 전략을 통합적으로 추진하는 복합적인 접근이 필요하다. 이를 위해 데이터 기반의 예측과 대비가 핵심적이다. 사이버 공격 모델링, 전염병 확산 예측, 기후 시뮬레이션 등은 국제사회와의 협력 속에서 정책결정을 정교하게 만드는 수단이 된다. 또한 전통적으로 국내 규제를 중심으로 하던 국가의 역할은 점차 글로벌 리더십 확보로 확장되고 있다. 기술 규범을 주도하거나 글로벌 공급망의 조정자로서 활동하는 것이 대표적이다. 나아가 국제사회의 문제는 단일국가의 역량만으로는 해결할 수 없으므로, 다자간 협력과 네트워크 구축은 필수적이다. UN의 지속가능 발전목표(SDGs), COVAX를 통한 백신 공유 등이 바로 그 예시이다.

이러한 정책의 변화는 곧 법제적 변화를 동반한다. 특히 국제법과 국내법의 충돌 가능성은 늘 존재한다. WTO 무역 분쟁이나 국제인권법 문제는 우리나라 역시 경험한 바 있다. 동시에 국제사회가 체결한 조약·협약을 수용해야 하는 경우도 발생한다.[73] 「조약법에 관한 비엔

내에 6개월 이상 주소 또는 거소를 두지 아니한 개인을 말한다. 이하 이 조에서 같다) 또는 외국법인등에 의한 증권 또는 장내파생상품의 매매, 그 밖의 거래에 관하여는 대통령령으로 정하는 기준 및 방법에 따라 그 취득한도 등을 제한할 수 있다. (이하 생략)

71) 「공공기관의 정보공개에 관한 법률」 제5조(정보공개 청구권자) ① 모든 국민은 정보의 공개를 청구할 권리를 가진다. ② 외국인의 정보공개 청구에 관하여는 대통령령으로 정한다. 같은 법 시행령 제3조(외국인의 정보공개 청구) 법 제5조제2항에 따라 정보공개를 청구할 수 있는 외국인은 다음 각 호의 어느 하나에 해당하는 자로 한다. 1. 국내에 일정한 주소를 두고 거주하거나 학술·연구를 위하여 일시적으로 체류하는 사람, 2. 국내에 사무소를 두고 있는 법인 또는 단체.

72) 「외국인 투자 촉진법」 제2조(정의) ① 이 법에서 사용하는 용어의 뜻은 다음과 같다. 1. "외국인"이란 외국의 국적을 가지고 있는 개인, 외국의 법률에 따라 설립된 법인(이하 "외국법인"이라 한다) 및 대통령령으로 정하는 국제 경제협력기구를 말한다. (이하 각호 및 ②항 생략)

73) 조약이란 「조약법에 관한 비엔나 협약(Vienna Convention on the Law of Treaties)」 제2조 1호에 규정되어 있다. 조약이란 단일 문서에 또는 두 개 이상의 관련 문서에 구현되고 있는가에 관계없이 그리고 그 명칭이 어떠하든, 서면 형식으로 국가 간에 체결되며 국제법에 따라 규율되는 국제 합의를 의미한다. 핵심은 '국가 간', '국제 합의'에 있다. 채택은 1969년 5월 23일 되었으나, 우리는 1976년 12월 16일 비준을 했으며, 1980년 1월 27일부터 효력이 발생되었다. 「국가와 국제기구간 또는 국제기구 상호 간의 조약법에 관한 비엔나 협약(Vienna Convention

나 협약」(1969)은 국가 간 국제 합의의 형식과 절차를 규율하고 있으며, 비준74), 수락, 승인, 가입 등의 방식으로 국가의 기속적 동의를 표현하도록 규정한다. 우리나라도 헌법 제60조 제1항에 따라 국회의 동의를 얻어 대통령이 비준하는 절차를 거친다. 이때 조약이 국내법과 동등한 효력을 갖게 되므로, 파리협약 이행처럼 구속력이 발생한다. 아울러 국익 조정을 위해 양자 협력이나 다자 협력이 요구되며, 국제기구와의 협력을 위한 별도의 법적 체계 구축도 필요하다. 이는 UN 회원국으로서의 의무나 국제사법재판소(ICJ)와의 관계에서도 확인된다.

국제사회의 변화를 수용하는 접근은 크게 세 가지로 나눌 수 있다. 첫째, 반응적 접근(reactive approach)은 위기 상황 발생 후 이를 관리하는 방식으로, 금융위기 대응이나 전염병 확산 억제, 기후 피해 복구가 대표적이다. 둘째, 능동적 접근(proactive approach)은 외부 변수를 선제적으로 예측하고 대비하는 방식으로, 공급망 다변화나 국제 표준 주도, 기후 회복력 강화가 이에 해당한다. 셋째, 전략적 활용 접근(strategic leverage approach)은 단순한 관리와 대비를 넘어 외부 변수를 국가 경쟁력 강화의 기회로 삼는 것이다. 이를 통해 글로벌 시장에서의 주도적 지위를 확보하거나 국가 리더십을 제고할 수 있다. 결국 국제사회와의 상호작용은 국내정책과 법제의 방향을 결정짓는 중요한 요인이며, 단순 대응을 넘어 전략적 기회로 전환하는 시각이 필요하다.

---

on the Law of Treaties between States and International Organizations or between International Organizations)」도 존재한다. 1968년 채택되었으나 충분한 회원국의 비준을 받지 못해 발효 상태는 아니다.
74) 비준(Ratification)은 정부 대표가 서명한 조약을 조약체결권자 또는 조약체결권자로부터 비준의 권한을 위임받은 자가 확인함으로써 국가의 기속적 동의를 최종적으로 표시하는 행위이다. 우리나라의 경우, 헌법상의 비준권자는 대통령으로서 조약이 서명되고, 국회 동의를 받은 후(헌법 제60조 제1항에 따라 국회 동의를 받아야 하는 조약의 경우) 행해지는 최종 절차이다. 가입(Accession)은 다자조약의 원서명국이 아닌 국가 등이 추후에 당사자가 되기 위한 절차이다. 수락(Acceptance)은 조약이 이미 발효된 후에 해당 조약의 내용에 동의하고 구속력을 인정하는 행위이고, 승인(Approval)은 조약이 발효되기 전에 해당 조약의 내용에 동의하고 구속력을 인정하는 행위이다. 비준, 수락, 승인 및 가입은 국가가 국제적 측면에서 조약에 기속되겠다는 동의의 형식이라고 「조약법에 관한 비엔나 협약」에서 인정하고 있다. 이외에도 조약의 유보(Reservation), 조약의 탈퇴(Withdrawal) 등도 있다.

5. 소결

이 그림은 정책을 단순한 행정 집행의 결과물이 아니라, 법적·사회적 맥락 속에서 형성되는 복합적 산물로 이해하려는 시도를 보여준다. 중심에는 국가·지자체(정부)가 있지만, 정책 과정은 정부만의 전유물이 아니다.

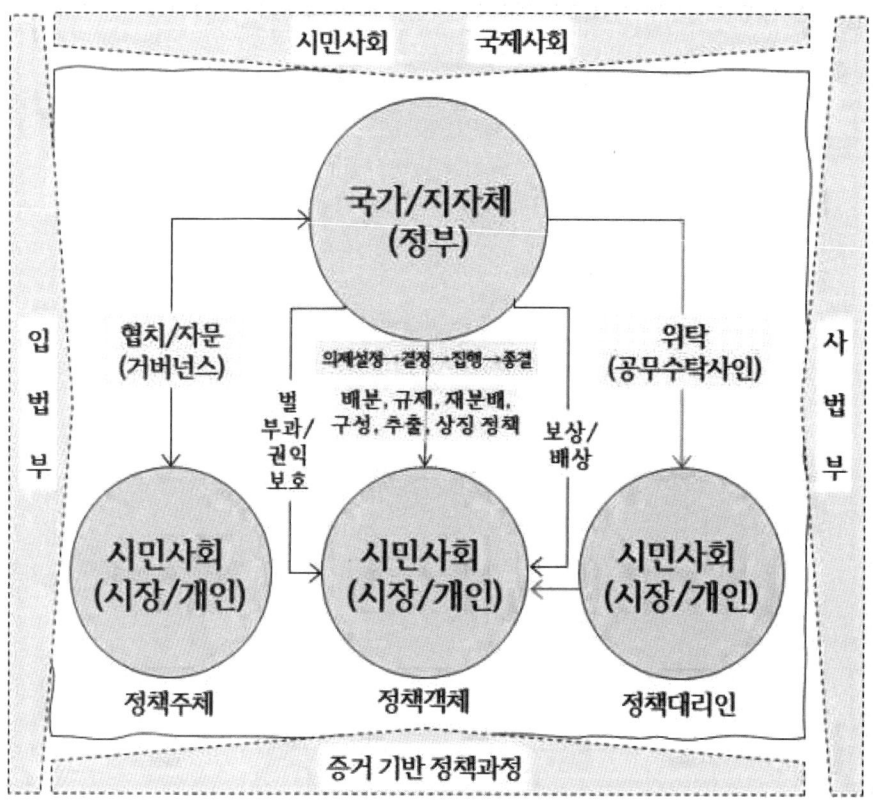

[그림 16] 헌정 구조 속의 정책 활동

무엇보다 주목할 점은 시민사회의 3중적 역할이다. 시민사회(시장·개인)는 때로는 정책 주체로서 정책의 입법·집행·평가 전반에 능동적으로 참여한다(예: 공청회, 시민배심제). 그러나 다른 맥락에서는 정책 객체가 되어 정부의 규제나 지원의 대상이 되며(예: 보조금, 각종 제한), 또 다른 경우에는 정책 대리인으로서 정부로부터 위탁받아 공공서비스를 수행하는 공무수탁사인으로 활동한다. 즉, 시민사회는 단일한 존재가 아니라 맥락에 따라 다양한 위치에서 정책 과정에 관여한다.

정책 과정은 법 제도의 내부에만 머무르지 않는다. 그림의 상단에는 시민사회와 국제사회가 배치되어 있는데, 이는 글로벌 규범, 국제조약, 시민운동 등이 정책에 영향을 미친다는 점을 시사한다. 동시에 좌우에는 입법부와 사법부가 자리 잡고 있다. 입법부는 법령 제정을 통해 정책의 법적 기반을 마련하고, 사법부는 헌법 해석과 위헌 판단을 통해 정책의 합법성과 정당성을 검증한다. 따라서 정책은 행정부 단독의 결과물이 아니라, 다원적 법적·사회적 맥락 속에서 만들어지고 통제되는 산물임을 보여준다.

정책 수단은 법률을 매개로 한다. 법을 근거로 하여 정부는 배분·규제·지원·징벌·구속 등 다양한 정책 수단을 행사하며, 이를 통해 권리를 보호하거나 의무를 부과한다. 동시에 정책 집행 과정에서 발생하는 손실에 대해서는 보상·배상이 이루어진다. 따라서 정책은 단순히 행정적 조치가 아니라, 법적 정당성을 바탕으로 사회적 관계를 재구성하는 과정이다.

또한 이 그림은 현대 정책학의 중요한 흐름인 "증거 기반 정책과정(evidence-based policy-making)"과도 연결된다. 정책은 정치적 이해관계나 관료적 판단에만 의존해서는 안 되며, 객관적 근거와 데이터에 기반한 합리적 선택이 필요하다. 따라서 정책의 정당성(legitimacy)은 단순히 절차적·법적 타당성에 그치지 않고, 과학적 근거와 공공성을 확보하는 합리성(rationality까지 포함해야 한다.

결국, 이 그림이 보여주는 메시지는 정책이란 정부가 독자적으로 만들어내는 결과물이 아니라, 국가와 시민사회 간의 상호작용, 법과 제도의 틀 속에서의 조정, 국제사회와 시민사회의 압력과 참여를 통해 증거 기반으로 형성되고 집행된다는 것이다. 즉, 정책은 법적 정당성, 사회적 수용성, 거버넌스적 협력을 동시에 필요로 하는 복합적 산물임을 시각적으로 정리한 것이다.

제3부. 정책과정론의 재해석

- 정책은 어떻게 이루어지는가? -

1. 정책과정을 법의 시각에서 봐야 하는 이유
2. 정책의제설정론의 재해석
3. 정책결정론의 재해석
4. 정책 집행과 평가론의 재해석
5. 정책종결론과 정책변경론의 재해석
6. 정책법학 관점에서의 정책과정 재구성

정책과정은 흔히 '의제 설정 → 결정 → 집행 → 평가 → 종결'의 순환 구조로 설명된다. 그러나 정책법학은 이 과정을 단순한 행정의 기술적 순서가 아니라, 법적 정합성과 정당성이 관철되어야 할 절차로 재해석한다.

- 정책의제설정론: 사회문제를 정책의제로 전환하는 과정에서 공론화, 참여 절차, 헌법적 가치의 반영 여부가 핵심이다. 법적 장치가 없다면 특정 집단의 목소리만 과도하게 반영될 수 있다.
- 정책결정론: 정책 대안의 선택은 법률·헌법의 한계 내에서 이루어져야 하며, 국회 심의나 공청회 등 법적 절차를 통해 민주적 정당성을 확보해야 한다.
- 정책 집행과 평가론: 정책 집행은 의도(intention)와 실현(realization)의 GAP을 점검하는 과정이다. 집행 과정에서 법률유보, 행정 재량, 책임 귀속의 문제가 발생하며, 평가는 단순 성과 측정이 아니라 법제도 개선과 정책학습으로 연결되어야 한다.
- 정책종결론: 정책의 종료는 단순히 '끝'이 아니라, 법적·제도적 평가와 책임 확인을 통해 다음 정책 설계로 이어지는 제도적 학습의 매듭이다.

결국 정책과정은 법적·제도적 틀 속에서만 그 정당성과 실효성을 가질 수 있다. 정책법학은 각 단계가 법치주의의 원칙, 시민참여, 책임성 확보라는 기준 위에서 작동하는지를 분석하는 새로운 관점을 제공한다.

1. 정책과정을 법의 시각에서 봐야 하는 이유

가. 정책과정 개괄

[그림 17]는 정정길 교수의 책을 기본으로 하되, 필자가 정책과정(policy process)의 단계와 그 속에서 이루어지는 주요 활동을 체계적으로 도식화한 것이다. 먼저, 정책은 정책 환경의 변화 속에서 출발한다. 사회적 요구나 집단의 이해관계, 언론의 보도, 여론과 같은 외부적 요인이 정책 환경을 형성하며, 이로부터 정책과정이 촉발된다.

- 의제설정(agenda setting): 정책과정의 첫 단계는 문제를 인식하고 이를 공적인 해결 대상, 정책의제로 설정하는 과정이다. 이때 사회적 요구, 사회적 이슈, 공동의 의제, 정치적 쟁점이 중요한 역할을 한다. 정책의제는 정책 담당자(policy maker)가 선택한 문제와 사회적 압력(agitating choice)으로부터 형성된다.

- 정책결정(policy decision): 의제로 설정된 문제는 정책 분석을 거쳐 대안이 도출되고, 이를 토대로 정책결정이 이루어진다. 정책결정 단계에서는 목표와 수단이 확정되며, 정책 집행의 기본 방향이 마련된다.

- 정책집행(policy implementation): 결정된 정책은 행정부와 관련 기관에 의해 집행된다. 정책집행은 단순한 명령 전달이 아니라, 법령 제·개정, 예산 집행, 행정조직 운영, 민간 위탁, 지방정부 협력 등 다양한 방식으로 실현된다. 집행 과정에서는 갈등 해소, 자원 배분, 이해관계 조정, 정책 홍보 등이 동시에 이루어진다.

- 정책평가(policy evaluation): 집행된 정책은 효과성과 효율성, 형평성 등을 기준으로 평가된다. 정책평가는 정책목표 달성 정도를 점검하고, 정책 집행의 문제점과 성과를 분석한다. 이때 정책종결이나 정책 수정으로 이어질 수 있으며, 평가 결과는 다시 정책과정에 환류(feedback)되어 다음 단계에 반영된다.

- 정책종결(policy termination): 마지막 단계는 정책을 종결하는 과정이다. 정책의 목적이 달성되었거나, 더는 존속할 필요가 없을 때, 정책은 폐기되거나 다른 정책으로 대체된다.

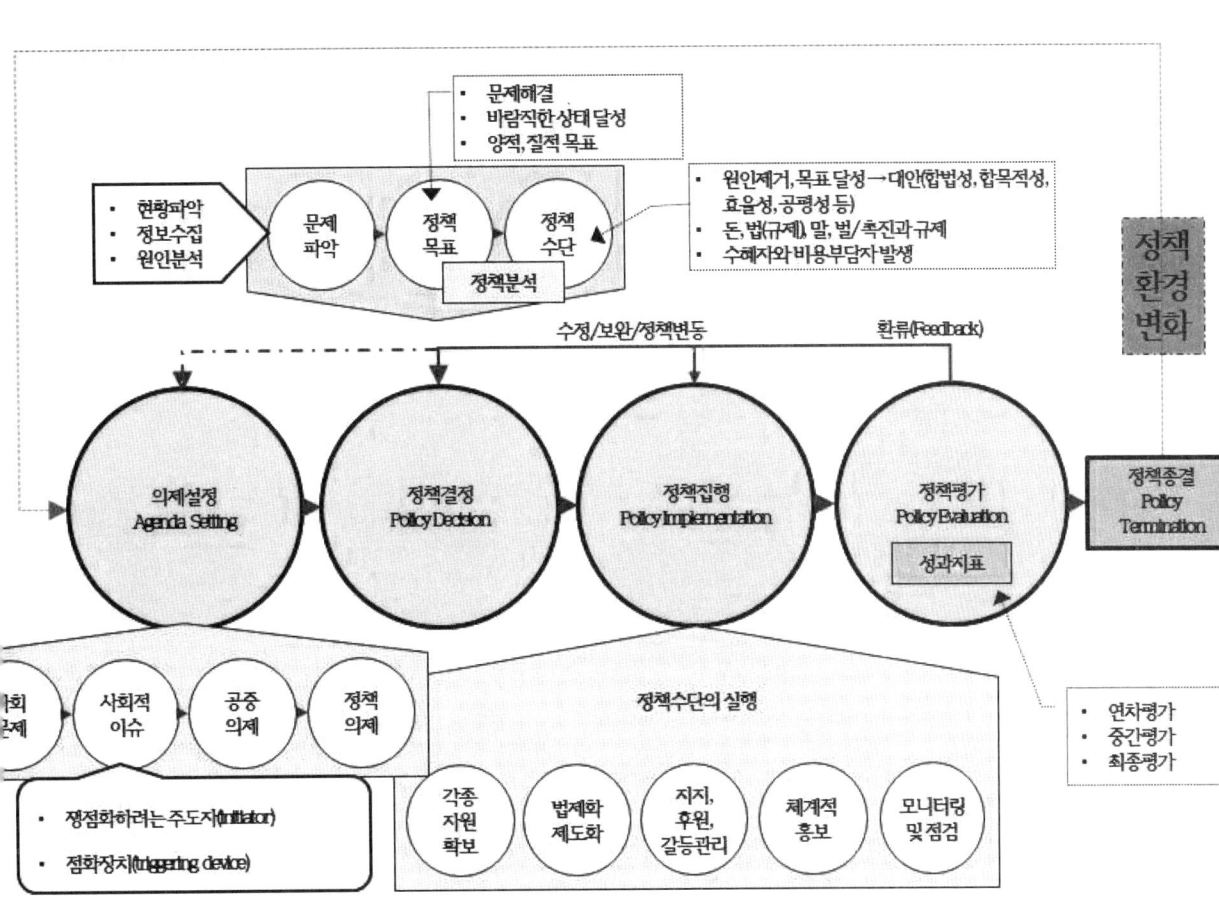

- 문제해결
- 바람직한 상태 달성
- 양적, 질적 목표

- 현황파악
- 정보수집
- 원인분석

문제
파악

정책
목표

정책
수단

정책분석

- 원인제거, 목표 달성→대안(합법성, 합목적성, 효율성, 공평성 등)
- 돈, 법(규제), 말, 벌/촉진과 규제
- 수혜자와 비용부담자 발생

정책
환경
변화

수정/보완/정책변동

환류(Feedback)

의제설정
Agenda Setting

정책결정
Policy Decision

정책집행
Policy Implementation

정책평가
Policy Evaluation

성과지표

정책종결
Policy
Termination

사회
문제

사회적
이슈

공중
의제

정책
의제

정책수단의 실행

- 쟁점화하려는 주도자(Initiator)
- 점화장치(triggering device)

각종
자원
확보

법제화
제도화

지지,
후원,
갈등관리

체계적
홍보

모니터링
및 점검

- 연차평가
- 중간평가
- 최종평가

[그림 17] 정책과정의 개념도

나. 우리나라 정책과정의 실제

[그림 18]은 대한민국의 정책과정을 긍정적인 면보다는 비판의 관점에서 묘사한 것이다. 첫째, 의제 설정은 과학적 분석이나 합리적 판단보다는 정치권력자의 이해 관심이나 시민사회의 압력에 좌우되는 경우가 많다. 그 결과 문제의 본질이 충분히 규명되지 않은 상태에서 정치적으로 의제가 채택되며, 이는 정책 전체의 불안정성을 예고한다.

둘째, 정책결정은 숙의와 증거기반정책(evidence-based policy) 절차를 생략한 채 졸속으로 이루어진다. 과거에는 정부의 공권력이 현실을 제대로 반영하지 못하더라도 시민사회가 이를 수용하는 경향이 있었지만, 오늘날은 달라졌다. 시민사회는 정부 이상으로 성장했고, 정부 결정이 현실의 세부적 맥락을 담아내지 못하면 이를 즉각 거부한다. 흔히 "악마는 사소한 것(디테일)에 있다"라는 말처럼, 정부가 충분히 알지 못한 상황에서 정책을 결정하면 집행 이후 곧바로 문제점이 드러나고, 잦은 수정과 보완이 뒤따른다. 이는 필연적으로 정책에 대한 신뢰를 약화시킨다.

셋째, 정책결정은 법적 제도화를 거치지 못하는 경우가 많다. 법률에 근거한 제도 설계보다는 재정 지원 사업이나 선언적 계획을 '정책'으로 포장하는 관행이 널리 퍼져 있다. 이처럼 법적 뒷받침이 취약하다 보니, 정책은 집행 과정에서 손쉽게 바뀌고, 이해관계자에 따라 임의로 수정되거나 폐기되기도 한다.

넷째, 시행착오적 정책 집행은 이러한 법적 기반의 부족에서 비롯된다. 법률이 정책의 틀을 견고하게 잡아주지 못하므로, 집행 단계에서는 현장의 혼란이 빈번하고, 정책은 집행과 동시에 변경되거나 폐기되는 악순환에 빠진다.

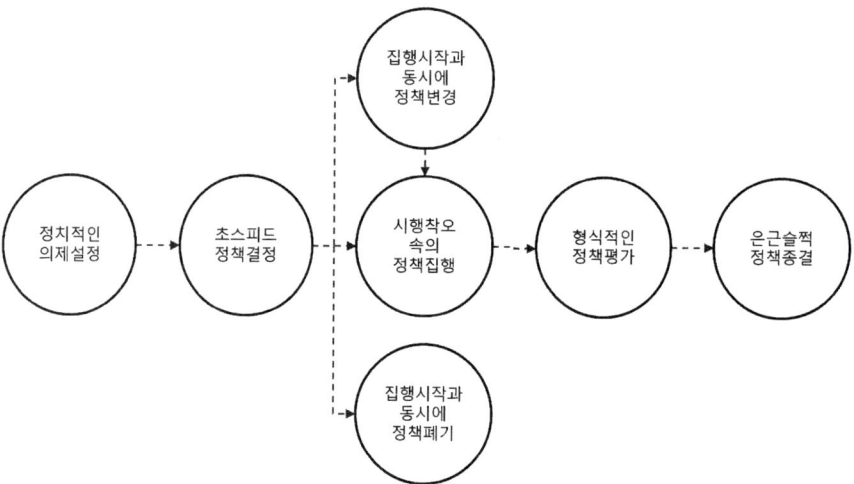

[그림 18] 우리나라 정책과정의 실제

다섯째, 형식적인 정책평가도 문제이다. 법률에 근거한 평가 제도가 아니라, 행정 내부의 절차적 형식에 머무는 경우가 많아, 실패 원인을 제대로 짚어내지 못한다. 평가가 법적 절차로 제도화되어 있지 않기 때문에, 책임성을 확보하지 못하고 "성공한 것처럼" 포장되는 일이 잦다.

마지막으로, 정책은 종종 '은근슬쩍 정책종결'로 마무리된다. 법률에 근거하지 않은 사업이나 계획은 법을 폐지하거나 개정할 필요가 없으므로, 언제든지 정치적 판단에 따라 조용히 사라질 수 있다. 이러한 방식은 책임성과 투명성을 심각하게 훼손한다.

결국 대한민국의 정책과정은 정치적 의제 설정 → 초스피드 정책결정 → 시행착오적 집행 → 형식적 평가 → 은근슬쩍 종결이라는 흐름을 반복한다. 법치주의적 기반을 갖추지 못한 정책은 제도적 지속성이 결여되어 쉽게 흔들리고, 이는 정책에 대한 국민적 신뢰를 약화시키며, 사회적 자원의 낭비를 초래한다는 점에서 비판적 성찰이 요구된다.

다. 행정부의 정책 주도가 초래하는 문제

대한민국의 정책 형성과 집행은 오랫동안 행정부 주도 구조를 기반으로 작동해왔다. 정책 대부분은 행정부 내부에서 기획·설계되며, 이는 국회가 개입하기 어려운 사전적 독점구조로 이어진다. 정책이 입법을 수반할 경우에도, 법률안 초안은 대체로 행정부가 먼저 마련하고, 국회는 이를 심의·의결하는 형식적 통과 절차에 머무르는 경우가 많다. 이러한 구조는 입법 선점과 실질적 입법 기획의 독점화라는 문제로 이어진다. 특히 눈에 띄는 문제는 행정입법의 남용이다. 정부는 법률보다도 시행령, 시행규칙, 고시, 지침 등 하위규범에 정책 실질을 담아버리는 경향이 강하다. 이로 인해, 국민이 법률을 통해 통제하거나 예측할 수 없는 '비가시적 정책 권력'이 확대된다. 또한 정책 집행 과정에서 행정규칙이나 내부 지침에만 의존하여 운영되는 경우, 그 정책이 실패하거나 위헌 논란이 제기되더라도 정식 법률에 기반한 집행이 아니라는 이유로 책임소재가 흐려지는 구조가 된다. 정책 형성과정에서 시민사회와의 공론화나 협의는 절차 단축과 효율성 논리 아래 생략되기 일쑤이다. 이는 정책의 정당성 부족과 집행 이후의 갈등으로 이어진다. 마지막으로, 부처 간 권한 다툼, 예산 유치 경쟁 등 관료조직 내부의 이익 극대화가 정책 판단에 영향을 미치는 상황도 적지 않다. 이는 정책의 공공성보다 조직의 이해관계가 우선하는 구조가 만들어진다.

라. 입법부의 책임 회피가 초래하는 문제

입법부는 헌법상 입법권을 보유한 국민의 대의기관임에도 불구하고, 현실적으로는 정책 설계 및 입법 기획에 있어 매우 제한된 역할에 머물러 있다. 정책과 관련된 입법안들은 대부분 행정부 주도로 만들어지며, 국회는 여기에 대한 심의·수정·확정 기능만 수행하는 구조가 반복된다. 이러한 문제가 지적된 지는 오래되었지만, 국회 스스로 입법부로서의 진정한 권위를 되찾기 위한 노력은 게을리 한다. 제왕적 대통령제를 비판하다가도 정권을 잡으면 다시 행정부(대통령) 주도 국가로 되돌아간다. 결과적으로 국회의 심의기능은 형식화되고, 입법기관으로서의 정책 설계 역량은 점점 약화된다. 국회 내부에 정책보좌관, 예산정책처, 입법조사처 등 다양한 지원 시스템이 있으나, 이들 간의 전문성이 조직적으로 통합되지 못하고, 역량도 분산되어 있다. 정책 설계에 필요한 팀 기반 사고와 협업은 미흡한 실정이다.

또한 국회는 전통적으로 상임위원회 중심의 구조이지만, 현대 정책은 대부분 복합적이고 융합적인 문제(complex & wicked problems)를 포함하고 있어, 사안별 소위원회나 cross-cutting 접근이 매우 미흡하다. 법률안 심의도 종종 정책의 타당성보다는 정당 간 정치적 이해관계에 좌우된다. 그 결과 정치적 판단이 법치주의 판단을 압도하고, 입법이 정책 합리성과는 무관하게 통과되는 사례도 발생한다. 그뿐만 아니라, 정책 실패 시 입법부의 책임이 희석되거나, 책임이 행정부로만 전가되면서, 정책 책임의 분절이 굳어지는 경향도 있다.

마. 무기력한 시민사회와 무소불위 시민사회의 공존

시민사회는 민주주의의 핵심 구성원이자, 정책의 수혜자이면서도 피해자일 수 있는 주체이다. 하지만 현실의 정책 과정에서 시민사회는 제도적으로 배제되거나 형식적으로만 참여하는 경우가 대부분이다. 공론화, 자문, 협의 등 시민참여 방식은 시간과 절차 단축을 이유로 형식적이거나 비공개로 운영되며, 실질적 영향력을 행사할 수 있는 구조는 마련되어 있지 않다. 정부가 발의하는 입법안에 대해서도, 시민사회가 입법 이전 단계에서 접근할 수 있는 구조가 제한적이다. 법안이 국회에 제출되고 나서야 정보가 공개되는 경우가 많아, 정책의 본질적 설계 과정에는 개입할 수 없다. 입법 참여 통로로 제시되는 청원, 공청회, 토론회 등은 대부분 의례적 절차로 기능하며, 정책 자체를 변화시키거나 수정하는 데 미치는 영향은 미미하다. 민간은 대부분 정책의 수요자나 의견 수렴 대상으로만 취급되며, 공동 설계자나 책임 주체로 인정받는 경우는 드물다. 거버넌스 개념이 정책 담론에서 확산되었음에도, 시민사회의 제도적 참여는 실질적 권한과 연계되지 못한 채, 기념비적 장치에 머무르고 있다. 결과적으로, 시민은 정책 집행 이후 불만의 주체, 즉 민원인, 청원인, 소송인으로만 등장하며, 정책의 탄생과 설계, 조율 단계에서는 배제되어 있다.

한편, 무기력한 시민사회와는 반대로 무소불위의 시민사회도 존재한다. 일부 거대 시민단체나 이익집단은 정책의제설정에서부터 결정과 집행 단계에 이르기까지 정부를 압박하고 사실상 정책을 좌우한다. 이들은 동원력과 발언권을 바탕으로 여론을 선점하며, 정치권과 긴밀히 연계되어 자신들의 이해를 관철시키는 경우가 적지 않다. 이에 따라 정책은 공익보다는 특정 집단의 이익에 기울게 되고, 정부는 조정자가 아니라 이익단체의 추종자가 되어버린다. 결과적으로 시민사회는 무기력함과 무소불위의 힘이라는 두 얼굴을 동시에 드러내며, 정책과정의 불균형을 심화시킨다.

정리하면, 지금의 정책 형성 구조는 행정부의 사실상의 정책과정 독점, 입법부의 책임성 결여와 역량 강화 노력 부족, 무기력한 시민사회와 무소불위 시민사회의 공존이라는 삼중 불균형 구조로 고착되어 있다. 법치주의에 기반을 둔 정책-법 거버넌스를 회복하기 위해서는, 이 세 주체의 역할 재(再)정의와 구조적 개편이 반드시 요구된다.

바. 정책법학의 시각에서 본 정책과정론의 한계

정책과정론은 정책이 의제 설정-결정-집행-평가-종결의 단계를 거친다는 기본적인 틀을 제공하지만, 법적 시각에서 보면 몇 가지 한계를 지닌다. 첫째, 의제 설정과 법적 개입의 연계성이 충분히 고려되지 않는다. 기존 정책과정론은 의제 설정을 정치적·사회적 과정으로만 설명하고, 법적 정당성은 부수적인 요소로 취급한다. 그러나 실제로는 정책이 의제로 채택되기 위해서는 헌법과 법률상 근거와 한계가 동시에 검토되어야 한다. 특히, 국민의 권리 실현과 관련된 문제는 단순한 정책의제가 아니라 입법적 의무로 연결되는 공적 책무로 보아야 한다.

둘째, 정책결정과 법률 제정의 분리 문제가 있다. 정책과정론은 정책결정을 행정적 결정의 차원에서 설명하지만, 법적 시각에서는 정책은 법적 근거 위에서 실현되어야 하며, 입법 과정은 정책결정과 긴밀히 연계되어야 한다. 따라서 정책결정은 단순한 행정적 행위가 아니라 입법적 정당성과 함께 논의되어야 한다. 특히 권리 제한이나 새로운 의무 부과가 수반되는 정책은 반드시 법률에 근거해야 하며, 이는 헌법상 법률유보 원칙과도 연결된다. 기존 이론은 정책결정을 법률 제정과 유리된 것으로 설명함으로써, 정책의 법적 정당성과 입법 절차의 중요성을 간과하고 있다.

셋째, 정책 집행 단계에서의 법적 정당성도 간과된다. 전통적 설명에서는 집행을 단순한 행정적 수행으로 보지만, 실제 집행은 법령의 해석과 적용 과정에서 법적 정당성을 요구한다. 동일한 법률이라도 행정기관의 해석에 따라 집행방식이 달라질 수 있으며, 그 차이가 정책 성패에 큰 영향을 미친다. 집행 단계에서는 시행령, 지침, 고시 등 하위규범들이 법률과 정합성을 갖추는지 아닌지가 중요한데, 정책학은 이를 제대로 검토하지 않는다.

넷째, 정책평가의 법적 한계가 존재한다. 정책과정론에서 평가는 주로 효과성과 효율성을 기준으로 하지만, 법적 시각에서는 합헌성, 법적 안정성, 사회적 정의의 실현 여부도 반드시 고려되어야 한다. 예컨대 공공기관 민영화 정책이 경제적으로는 효율적일지라도 헌법상 공공성 원칙을 침해한다면 성공한 정책으로 평가할 수 없다. 따라서 법적 시각에서는 정책이 사회적 정의와 법치 원칙을 실현했는가를 핵심 평가 요소로 본다.

마지막으로, 정책종결의 법적 한계가 있다. 정책과정론은 종결을 정치적 필요성이나 실효성의 문제로 설명하지만, 법적 시각에서는 입법 절차와 법체계 정비가 필수적이다. 정책의 종결은 단순한 정치적 폐기 선언이 아니라, 관련 법령과 제도의 정리·개편을 통해 법체계 내에서 마무리되어야 한다. 정책이 종료되었음에도 관련 법률이나 시행령이 폐지되지 않으면 법규범의 비효율적 중복이 발생하며, 이는 법체계의 혼란을 초래할 수 있다. 그럼에도 기존 정책과정론은 법령의 종결이나 정비에 대한 체계적 논의를 부족하게 다루는 한계를 보인다.

이러한 한계로 인해 정책과정을 단순히 정치학적·행정학적 관점에서만 이해하는 것은 불충분하다. 정책은 언제나 법적 제도와 규범의 틀 속에서 형성되고, 집행되며, 평가되고, 종결되기 때문이다. 따라서 정책과정은 정책법학의 관점에서 재검토될 필요가 있다.

정책법학 시각은 첫째, 의제 설정 단계에서부터 헌법과 법률의 정합성을 점검함으로써 정책의 정당성을 확보한다. 둘째, 정책결정이 입법 과정과 분리되지 않도록 하여, 정책이 법률적 근거를 통해 제도화될 수 있도록 한다. 셋째, 정책 집행 과정에서의 법 해석과 규범 적용 문제를 분석함으로써 집행의 정당성을 담보한다. 넷째, 정책평가에 합헌성·법적 안정성·사회 정의와 같은 법적 기준을 포함시켜 정책 성공을 단순한 성과 논리에서 벗어나도록 한다. 다섯째, 정책종결 또한 입법적 절차와 법체계 정비와 연결시켜 제도적 완결성을 갖추도록 한다. 결국 정책과정론은 정책의 순환적 흐름을 설명하는 데 유용한 기본 틀이지만, 법적 정당성과 제도적 완결성을 충분히 설명하지 못한다. 따라서 정책을 올바르게 이해하고 운영하기 위해서는, 정책과정을 법적 맥락 속에서 다시 읽어내는 정책법학 접근이 필수적이며, 이는 민주성과 합헌성을 갖춘 정책 운용의 전제 조건이라고 할 수 있다.

2. 정책의제설정론의 재해석

가. 정책의제설정론이란?

정책의제설정의 의미는 무엇인가? 사회문제, 사회적 이슈, 공중의제, 정책의제 등으로 정책학 교재에서는 설명한다. 하지만, 그 본질에 대한 설명은 부족하다. 과연 정책의제설정의 의미는 무엇인가? 정책의제설정과 관련된 학자들의 주장을 바탕으로 정책설정의 의미를 요약하면 [그림 19]처럼 정리할 수 있다.[75]

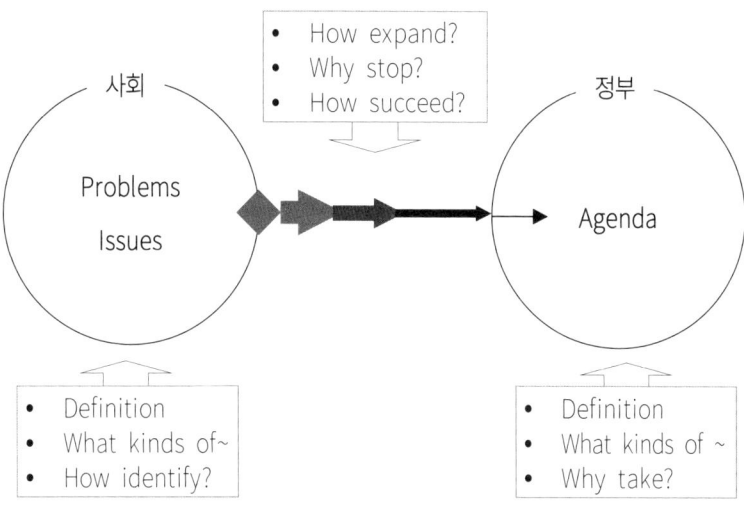

[그림 19] 정책의제설정론의 의미

정책의제설정은 사회 속에서 발생한 다양한 문제들이 정부가 다루어야 할 정책의제로 전환되는 과정을 의미한다. 이는 단순히 문제를 나열하는 수준이 아니라, 사회적 문제를 어떻게 정

---

75) 각 이론들의 내용은 정책학자들이 정리한 책들을 참고하기 바란다.

의(identify)하고, 그중 어떤 문제를 정부가 채택(take)하며, 어떤 조건에서 의제로 발전 (expand)하거나 좌절(stop)하는가를 설명하는 핵심적 정책과정이다.

사회에는 수많은 문제가 존재한다. 그러나 모든 문제가 곧바로 정책문제가 되는 것은 아니다. 어떤 사안은 단순한 개인적 불만이나 지역적 갈등으로 머무는 반면, 어떤 사안은 사회적 쟁점(issue)으로 부상한다. 이 과정에서 중요한 질문은 "문제란 무엇인가?", "문제의 종류에는 무엇이 있는가?", "우리는 문제를 어떻게 인식하고 식별하는가?"이다. 즉, 사회적 현실을 어떻게 규정하느냐에 따라 정책문제가 될 가능성의 범위가 달라진다. 다음으로 정부에서는 이러한 문제 중 일부만이 공식적으로 정책의제로 채택된다. 정부는 제한된 자원과 권한을 가지고 있기에 모든 사회문제를 다룰 수 없다. 따라서 "정책의제란 무엇인가?", "정책의제에는 어떤 유형이 있는가?", "정부는 왜 어떤 문제를 선택하고, 왜 어떤 문제는 채택하지 않는가?" 라는 질문이 제기된다. 여기서 정책의제화의 핵심은 단순히 문제가 존재한다는 사실 자체가 아니라, 그것이 정부의 관심과 개입을 정당화할 수 있느냐에 있다. 또한 정책의제설정은 정태적이지 않고 동태적인 과정이다. 어떤 문제는 사회적 공론화 과정을 거쳐 빠르게 확대되기도 하고(How expand?), 반대로 정치적 저항이나 사회적 무관심 속에 사라지기도 한다 (Why stop?). 반대로 어떤 문제는 특정 계기나 조건을 만나 성공적으로 정책의제로 자리 잡는다(How succeed?). 따라서 의제 설정은 사회와 정부의 상호작용 속에서 끊임없이 열리고 닫히는 정치적·사회적 경쟁 과정으로 이해되어야 한다.

결국 정책의제설정의 본질은 사회문제와 정부 정책 사이의 연결 메커니즘에 있다. 사회에서 제기된 문제가 정부의 행동을 요구하는 공식 의제로 전환될 때, 비로소 정책과정은 출발할 수 있다. 따라서 의제 설정은 문제와 의제 사이의 전환과정을 이해하는 데서 출발해야 한다.

나. 정책의제설정론에 대한 정책법학 관점 평가

정책의제설정은 사회에서 발생한 수많은 문제 중 일부가 정부가 다루어야 할 공식적인 의제로 전환되는 과정을 말한다. 그러나 기존의 정책학이나 정치학, 전통적인 법학은 이 과정을 온전히 설명하지 못한다. 정책학은 주로 Kingdon의 다중흐름모형이나 Cobb & Elder의 의제(체계적 의제, 제도적 의제) 구분과 같은 이론적 틀을 강조하지만, 법적 구조와 제도적 한계를 충분히 드러내지 못한다. 정치학은 이익집단과 권력의 경쟁 속에서 의제 채택 여부를 설명하지만, 왜 어떤 사안이 법적으로 가능하고, 어떤 사안은 불가능한지에 대한 근거를 제시하지 못한다. 또한 법학은 법률의 제정 절차와 권리구제에 초점을 두기 때문에 사회문제의 정책적 전환과정을 동태적으로 포착하지 못한다.

정책법학 관점에서는 법적 권리 및 의무, 헌법적 원칙과의 관계 속에서 정책의제가 설정되는 과정이 더 중요하다. 정책의제설정 과정에서 법적 요건(헌법, 기존 법률 등)이 고려되어야 하고, 법적 공백(legal vacuum)이나 모순된 법 체계(contradictory legal framework)가 정책의제설정에 미치는 영향도 분석해야 한다. 예를 들면, 기본소득 정책을 고민한다면, 단순히 정책적 필요성 검토를 넘어, 헌법상 사회보장 원칙과 조세제도와의 정합성을 검토해야 한다. AI 데이터 활용 정책을 구상하면 산업의 각종 진흥법과 「개인정보 보호법」 간의 충돌 가능성을 반드시 고려해야 한다. 정책법학은 이러한 공백을 메우며 정책의제설정을 보다 논리적으로 설명할 가능성을 가진다.

첫째, 사회문제가 정책의제로 전환되기 위해서는 무엇보다도 법적 정의(legal definition)가 중요하다. 같은 사안이라도 법적으로 정의되느냐 여부에 따라 정책문제로 전환되는 가능성이 달라진다. 예컨대 산업재해가 개인의 불운에서 국가 책임으로 전환된 것은 「산업재해보상보험법」이라는 법적 정의 덕분이다.

둘째, 정부가 어떤 문제를 채택하고 어떤 문제를 배제하는지는 단순한 정치적 힘겨루기만으로 설명되지 않는다. 정책법학은 여기에 헌법적 한계, 법률유보 원칙, 재정적 제약과 같은 제도적 논리를 더하여 의제 채택 여부를 구조적으로 설명할 수 있다.

셋째, 사회문제를 어떻게 식별하느냐의 문제도 법적 절차와 맞닿아 있다. 공청회, 국정감사, 청원, 위헌심판 등은 사회문제를 공적 의제로 전환하는 법적 경로이다. 따라서 문제 식별 과정은 사회학적 현상일 뿐 아니라 법적으로 제도화된 절차라는 점에서 분석될 필요가 있다.

넷째, 정책의제화가 성공하거나 중단되는 이유 역시 법적 조건과 밀접하다. 정책법학은 법적 근거의 적절성, 위헌 가능성, 사법부의 통제 여부, 법적 정당성 확보와 같은 요소를 기준으로 정책의제의 성패를 설명할 수 있다.

마지막으로, 정책법학은 헌법상의 권리 보장, 권력분립, 법치주의 원리를 근거로 어떤 문제는 반드시 정책의제로 채택되어야 한다는 당위성을 제시한다. 예컨대 기후위기 대응은 정치적 선택의 문제가 아니라 헌법상 생명권과 환경권 보장을 위해 불가피하게 의제가 되어야 한다는 것이다. 따라서 정책법학 관점에서 본 정책의제설정은 단순한 정치적 과정이나 사회적 현상을 넘어, 법적 정의–절차적 경로–제도적 한계–규범적 당위라는 일관된 논리 구조 속에서 분석될 수 있다. 이는 정책과정론이나 정치학, 전통적 법학이 개별적으로는 설명하지 못하는 부분을 통합적으로 보여줌으로써, 정책학의 본질을 선명하게 드러내는 역할을 할 수 있다.

다. 정책의제설정론이 빠트린 정부의 미래 기획

정책의제설정론은 사회에서 발생한 문제를 출발점으로 삼는다. 즉, 사회문제가 어떻게 인식되고 공적 쟁점으로 부각되어, 정부의 정책의제로 채택되는가를 설명하는 것이 기본 구조이다. 하지만 이러한 접근은 본질적으로 문제 중심(problem-driven)의 설명이다. 문제가 생겨야 정부가 움직이고, 문제를 해결하는 방향으로 정책이 설계된다는 것이다. 그러나 한국과 같은 발전국가에서는 이러한 설명만으로 충분하지 않다. 정부는 문제를 해결하는 수동적 존재가 아니라, 미래를 만들기 위한 적극적이고 인위적인 노력을 기울인다. 때로는 문제가 존재하지 않더라도, 장기적 비전과 목표를 설정하고 실행 계획을 수립하여 추진하는 것이다.

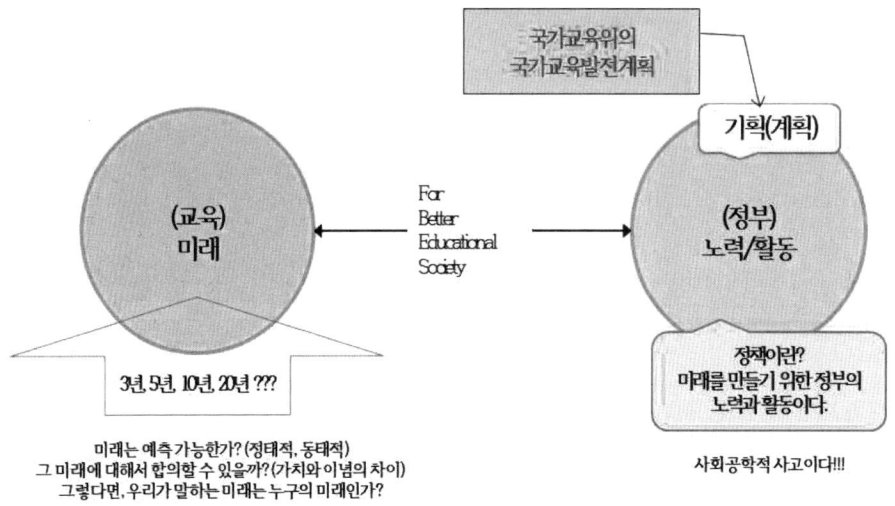

[그림 20] 미래기획과 정책의제설정

[그림 20]은 이러한 맥락을 잘 보여준다. 왼쪽 원은 교육의 미래를 상징한다. 이는 현재의 교육 문제를 해결하는 데 그치지 않고, 더 나은 교육 사회(for better educational society), 더 나은 국가의 비전을 담은 미래상이다. 오른쪽 원은 정부의 노력/활동을 의미한다. 정부는 계획(planning)을 세우고, 정책 활동을 수행하며, 미래를 창조하기 위한 적극적 역할을 한다. 상단에 제시된 국가교육위원회의 국가교육발전계획은 이러한 정부의 미래지향적 활동의 대표적 사례이다. 교육정책은 단순히 현재의 교육 문제를 해결하는 것이 아니라, 국가 차원의 중장기 발전을 도모하는 방향으로 기획된다. 하지만 여기에는 중요한 한계가 존재한다. 국가의 중장기 계획은 보통 3년, 5년, 10년, 때로는 20년 단위로 수립된다. 이러한 기간 설정은 미래를 일정한 틀 속에서 예측하고 통제할 수 있다는 가정에 기초한다. 그러나 실제로는 사회·경제·기술 환경이 급변하면서, 계획 기간이 길어질수록 예측의 불확실성은 커진다. 과연 우리가 10년, 20년 후의 사회를 정확히 예측할 수 있는가? 미래지향 정책은 불가피하게 예측 불가능성(uncertainty)이라는 본질적 한계를 안고 있다.

따라서 발전국가 맥락에서의 미래지향적 정책설정은 전통적인 문제 중심 정책학이 설명하지 못하는 영역을 보완하지만, 동시에 예측 불가능성과 계획의 법적 정당성이라는 새로운 한계를 동반한다. 정책이란 '바람직한 미래를 만들기 위한 정부의 노력과 활동'이라는 정의가 가능하지만, 그 미래는 언제나 불확실하며, 법적·제도적 장치 속에서 끊임없이 조정되고 재구성될 수밖에 없다. 때에 따라선 미래 사회 모습에 대한 가치 충돌로 계획 자체가 제대로 수립되지 못할 수 있다. 국가교육위원회의 국가교육발전계획이 지지부진한 이유이기도 하다.

라. 정책법학 관점에서 본 미래지향적 정책설정

발전국가 맥락에서 나타나는 미래지향적 정책설정은 전통적인 정책의제설정론으로는 충분히 설명되지 않는다. 전통적 접근은 사회문제에 대응하는 문제 중심적 구조를 전제로 하지만, 정부가 미래를 인위적으로 기획하고 설계하는 행위는 이 범주를 넘어선다. 이 지점에서 정책법학적 접근이 갖는 설명력이 드러난다.

첫째, dynamics(의회-행정부 상호작용)의 관점에서 볼 때, 미래지향적 정책은 단순히 행정부 내부의 기획 결과물이 아니라, 입법부와 행정부 간의 제도적 상호작용 속에서 만들어진다. 예컨대 국가교육발전계획은 행정부가 수립하지만, 국회는 이를 근거로 관련 법률을 제·개정하고, 예산을 심의하며, 성과를 평가한다. 행정부의 계획이 입법부의 심의·승인 과정을 통해 제도적 정당성을 확보하고, 동시에 필요할 경우 수정·보완을 거치게 되는 것이다. 따라서 미래지향적 정책은 문제 대응이 아니라 입법부와 행정부의 상호작용을 통해 미래 비전을 제도화하는 과정으로 설명할 수 있다.

둘째, policy governance의 관점에서 미래지향적 정책은 하나의 법제적 거버넌스 체제로 이해될 수 있다. 문제 중심 접근에서는 의제가 사회적 요구에서 출발하지만, 미래 중심 접근에서는 의제가 정부가 제시하는 장기 계획과 비전에서 출발한다. 이 과정은 행정기획이 아니라, 법률·계획·행정규칙·재정 등 다양한 법제적 수단을 매개로 하여 정부, 국회, 전문가, 시민사회가 함께 참여하는 거버넌스 구조 속에서 작동한다. 다시 말해, 미래를 향한 정책은 불확실성을 내포하고 있지만, 법제적 절차와 거버넌스를 통해 합리성과 정당성을 보완할 수 있다.

셋째, 미래지향적 정책설정은 예측 불가능성을 전제로 한다. 계획은 3년, 5년, 10년, 때로는 20년 단위로 수립되지만, 미래의 사회·기술·환경 변화를 정확히 예측하기는 어렵다. 이 불확실성은 단순한 기술적 한계가 아니라 법적·제도적 한계를 수반한다. 계획이 변경될 때 법적 구속력은 어디까지 유효한가, 계획 실패에 대한 책임은 어떻게 배분되는가, 법률이 미래 예측을 근거로 국민의 권리를 구속할 수 있는가 등이 대표적인 쟁점이다. 정책법학은 이러한 질문을 제기하며, 계획의 불확실성을 법적 정당성과 책임성의 문제로 구조화한다.

결국 정책법학적 관점에서 보면, 미래지향적 정책설정은 단순히 행정부가 그리는 청사진이 아니라, 의회-행정부 간 동학(dynamics)과 정책 거버넌스(policy governance)를 통해 정당성을 획득하는 제도적 과정이다. 이를 통해 정책법학은 문제 중심의 정책학이 설명하지 못했던 발전국가와 행정국가의 맥락을 보완하며, 미래를 만드는 정책의 본질을 새롭게 해석할 수 있다.

3. 정책결정론의 재해석

가. 정책결정론의 핵심과 한계

정책결정은 사회 속에서 발생한 문제를 인식하고, 그 원인을 분석하며, 해결을 위한 목표와 수단을 설정하는 일련의 과정이다. 일반적으로 정책결정 과정은 문제 → 원인 분석 → 목표 → 수단이라는 구조를 따른다. 문제를 발견하면 그에 상응하는 원인을 찾고, 이를 해결하기 위해 목표를 설정하며, 목표를 달성하기 위한 수단을 선택하는 것이다. 목표는 양적·질적 차원에서 문제 해결을 지향하고, 수단은 이를 달성하기 위한 도구가 된다. 결국 정책이란 목표와 수단의 결합으로 정의할 수 있다.

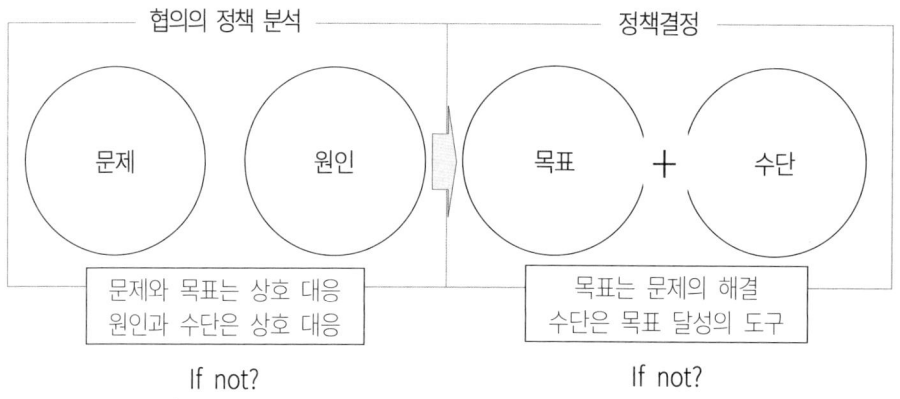

[그림 21] 정책결정론의 의미

그러나 이 과정은 전제 조건이 충족될 때만 정상적으로 작동한다. 만약 문제 자체가 무엇인지 분명하지 않다면(if not), 원인 역시 모호할 수밖에 없다. 원인을 정확히 규명하지 못하면(if not) 목표 설정이 어렵거나 왜곡되며; 목표가 불명확하다면(if not) 적절한 수단을 찾을 수 없다. 다시 말해 문제 정의, 원인 분석, 목표 설정, 수단 선정이라는 단계가 하나라도 흔들리면 정책결정의 전 과정이 위기에 처하게 된다.

따라서 정책결정론의 핵심은 문제를 올바르게 정의하고, 원인을 파악하며, 이를 바탕으로 목표를 설정하고 수단의 우선순위를 정하는 능력에 있다. 문제 정의가 곧 정책의 출발점이자 성공 여부를 좌우하는 관건이다. 그러나 현실에서는 이러한 이상적(理想的) 과정이 항상 가능하지 않다. 특히 문제와 원인, 목표와 수단이 복잡하게 얽혀 있어 명확한 정의와 분석이 어려운 경우, 우리가 생각하는 전통적인 선형적(線形的) 정책결정론은 작동하지 않는다.

여기서 중요한 것은 문제 자체가 단일하지 않다는 점이다. 어떤 문제는 비교적 단순하고 명확한 문제(simple & clear problem)이어서 전통적인 정책결정론이 가정하는 방식으로 접근할 수 있다. 그러나 현실에는 복잡한 기술적 분석이 필요한 complicated problem, 다양한 이해관계와 불확실성이 복합적으로 얽힌 complex problem, 그리고 예측 불가능성과 급격한 변화를 특징으로 하는 chaotic problem까지 존재한다. 문제 유형이 달라지면 대응방식도 완전히 달라져야 하며, 우리가 정책학 교재에서 배우는 절차적·합리적 정책결정론은 사실상 단순하고 명료한 문제에 국한된 설명인 경우가 많다. 따라서 complicated, complex, chaotic 문제에 대해서는 전통적 접근만으로는 충분하지 않다.[76]

나. Tame Problem과 Wicked Problem에서의 정책결정

전통적 접근법은 주로 tame problem(길들여진 문제)에 대한 것이다. 그러나 이러한 설명은 고약한 난제(wicked problem)[77][78]에 대한 대응에는 적합하지 않을 수 있다. wicked problem은 복잡하고 불확실하며 상충하는 이해관계가 얽혀 있어 문제를 단일하게 정의하기 어렵고, 원인을 단정할 수도 없다. 목표는 가변적이고, 수단은 효과를 장담하기 어렵다. 따라서 정책결정은 기존의 분석적·합리적 모델이 아니라, 끊임없는 학습과 조정, 협력과 실험을 통해 점진적으로 이루어진다. 요컨대 정책결정은 문제 정의와 원인 분석, 목표와 수단의 정합성을 확보하는 데 본질이 있으며, 이러한 과정이 흔들릴 때 전혀 다른 성격의 정책결정 방식이 나타날 수 있다. 따라서 정책결정론은 단순한 절차적 설명을 넘어, '문제를 어떻게 정의하고 다루어야 하는가'라는 질문을 중심축으로 재구성될 필요가 있다.

정책과정에서 흔히 사용하는 '문제 정의(problem definition)'라는 말은 언뜻 보기에 개념 규정이나 기술적 절차로 보인다. 예컨대 어떤 현상이 발생했는지, 누구에게 영향을 미쳤는지, 그 원인이 무엇인지 등을 정리하는 일이다. 그러나 wicked problem의 경우, 문제 정의는

---

76) Clear, Complicated, Complex, Chaotic Problem 분류는 Cynefin Framework의 문제 분류를 참조했다.
77) 정책학 교재에서는 '사악한 문제'로 번역한다. wicked의 원문에 충실한 번역일 수 있으나, 도덕적 판단의 의미를 지니기에 '얽히고설킨 문제', '고약한 문제', '매우 어려운 문제' 등으로 번역하는 것이 본질적 의미를 잘 나타낼 수 있다고 본다. 가장 쉽게는 '난제(難題)'로 번역할 수 있다.
78) Wicked problem은 일반적으로 Rittel, Horst W. J와 Webber, Melvin M이 1973년 『Policy Sciences』에 발표한 "Dilemmas in a General Theory of Planning"에서 등장하였다고 한다. 이설(異說)도 있다.

단순한 기술적 행위가 아니다. 그것은 곧 사회가 어떤 가치를 우선시하고, 무엇을 정의(正義, justice)로운 것으로 간주할 것인지를 결정하는 과정이 된다. 예를 들어 기후위기를 '경제 성장의 제약 요인'으로 정의할 것인지, '미래 세대의 생존권 침해'로 정의할 것인지에 따라 전혀 다른 정책 방향을 낳는다. 전자의 정의는 기업 활동의 자유를 우선하는 가치관을, 후자의 정의는 세대 간 형평성과 생존권을 우선하는 가치관을 담고 있다. 따라서 wicked problem에서의 문제 정의는 단순히 definition의 차원에서 머무는 것이 아니라, justice의 문제를 함께 내포한다. 즉, 문제를 어떻게 정의(definition)하느냐는 곧 사회 정의(justice)를 어떻게 규정하느냐의 문제가 된다. Tame problem에서는 문제 정의가 상대적으로 기술적 의미에 머물지만, wicked problem에서는 문제 정의가 곧 가치 선택이며, 사회 정의의 정치가 본격적으로 드러나는 지점이 된다. 그래서 문제 정의 단계는 곧 사회정의를 둘러싼 공론과 숙의의 출발점이자, 정책–입법의 통합과정의 토대를 이루는 결정적 절차라 할 수 있다.

다. Wicked Problem에서의 정책결정이 갖는 정책법학 관점 의미

정책과 법을 따로 떼어 순차적으로 다루는 기존 접근은 "정책을 먼저 결정하고, 필요할 경우 입법을 뒤따르게 하는 구조"였다. 그러나 wicked problem에 대응하기 위해서는 이러한 순차 구조를 넘어, 정책 설계 단계에서부터 법률·시행령·시행규칙까지를 동시에 매핑하는 동시 설계(co-design)가 필요하다. 이는 곧 국회와 행정부가 마치 이인삼각 경주처럼 발을 맞추어 나아가야 함을 전제한다. 단순 협력이 아니라 동시 설계, 동시 책임(co-responsibility)의 구조인 것이다. 이인삼각 경주는 권력분립의 긴장을 유지하면서도 동시에 공공선을 위해 발맞춰 달려야 하는 현실을 직관적으로 표현한 것이다. 이 구조에서 국회는 원칙·목표·절차를 법률로 설정하고, 행정부는 그 법률을 토대로 adaptive governance를 수행한다(역(逆)의 움직임도 가능하다). 즉, 법률은 경직된 틀을 만드는 것이 아니라, 적응적 운영을 가능하게 하는 제도적 근거로 기능한다. 법이 정책을 고정하는 족쇄가 아니라, 변화와 학습을 담아내는 플랫폼으로 작동하는 것이다.

또한 정책법학은 단순한 입법기술이 아니라 정책 형성과정의 정당성과 투명성을 보장하는 것을 중시한다. 따라서 공무원의 윤리, 이해관계자 조율 능력은 부수적 요소가 아니라 법 제도의 일부가 된다. 이 때문에 장기적으로는 「정책절차법」과 같은 메타 법률을 제정하여, 정부 행위의 윤리적·절차적 기준을 법적으로 명문화할 필요가 있다. 결국 이러한 프로세스는 전통적인 정책결정 모형으로 보면 A. Etzioni의 '적응적 혼합조사 모형(adaptive mixed scanning)'[79]에 가장 가깝다. 그러나 그것만으로는 부족하다. 여기에 정책법학적 관점이 더

---

79) Mixed Scanning Model은 Etzioni의 의사결정모형이다. 혼합 주사(走査) 모형이다. 근본적 결정은 합리모형과 유사하게, 세부 결정은 점증모형과 유사하게 의사결정을 하는 모형이다. 즉 광범위한 탐색(broad scanning)과 심층적인 분석(in-depth analysis)을 혼합하는 것이다. 이때 '주사'라는 용어가 어렵기 때문에 '조망'이나 '탐색'을 사용하는 것이 더 적절할 수 있다.

해져야 하며, 특히 국회와 행정부의 동시적 역할 수행이라는 특징이 반드시 포함되어야 한다. 요약하면, tame problem은 안정성과 명확성을 전제로 하는 법적·정책적 대응이라면, wicked problem은 유연성과 적응성을 전제로 하는 거버넌스적 대응이 핵심이다.

<표 17> Adaptive Law

Adaptive Law란 무엇인가? 일반적으로 법은 '확실성'이 중요하다. 예를 들면, 교통법규에서 '빨간불에 멈춘다'는 규칙과 같은 것이다. 그런데 wicked problem 같은 복잡하고 변하는 문제에서는, 너무 딱딱한 법은 오히려 문제를 해결하기 어렵게 만든다. 그래서 등장한 개념이 Adaptive Law(적응적 법)이다. 상황 변화에 맞게 조정되고 고쳐질 수 있는 법을 말한다.

Adaptive Law의 특징
- 원칙 중심: '무엇을 해야 한다'라기 보다 '어떤 방향으로 나아가야 한다'를 정해준다. 예를 들면, "모든 학생은 안전한 학교에서 배울 권리가 있다"라는 원칙은, 상황에 따라 구체적인 방법이 달라질 수 있는 것이다.
- 절차 중심: 모든 내용을 미리 다 규정하기보다, 절차를 열어두고 이해관계자들이 협의해서 구체적 방안을 만들게 한다. 예를 들면, 새로운 기술이 나오면 '위원회 논의 → 시범 운영 → 법 개정'의 절차를 정해두는 방식이다.
- 유연성: 일몰조항(sunset clause, 일정 기간이 지나면 자동으로 효력이 사라짐)이나 샌드박스 제도처럼, 실험하고 다시 평가하는 구조를 가진다. 예를 들면, 드론 배송을 법적으로 허용하기 전에, 1년 동안 시범적으로 해보고 이후 결과를 보고 결정하는 것이다.

Adaptive Law의 필요성: 기술 변화가 빠른 분야(예: 인공지능, 환경, 바이오)는 몇 년 만에 상황이 완전히 달라지며, 이해관계자 갈등이 큰 정책(예: 기후변화 대책, 교육 개혁, 복지 개편)은 누구도 정답을 확실히 말할 수 없다. 이런 경우, 한 번 정해진 법을 10년, 20년 그대로 두면 현실과 맞지 않게 된다. Adaptive Law는 그래서 '변화에 맞춰 계속 진화하는 살아 있는 법'이라고 부를 수 있다.

라. Tame Problem과 Wicked Problem의 정책법학 관점 비교

첫째, 문제 정의의 방식에서 두 유형은 출발부터 다르다. Tame problem은 원인-결과 구조가 명확하게 파악되기 때문에 문제를 단일하고 명확하게 정의할 수 있다. 반면 wicked problem은 이해관계자마다 다른 관점과 framing을 가지므로, 문제는 하나로 고정되지 않고 다중 정의가 공존한다.

둘째, 정부의 역할도 크게 구별된다. Tame problem의 경우 정부는 중앙 집중적 정책설계자이자 집행자로 기능한다. 그러나 wicked problem에서는 정부가 단순 집행자가 아니라, 정책 주체로서 동시에 갈등 조정자이자 윤리적 보증인의 지위를 갖는다. 이는 이해관계자 정치에 휘말리지 않으면서도 균형을 유지해야 하는 역할을 의미한다.

<표 18> Tame Problem과 Wicked Problem의 비교

구분	Tame Problem	Wicked Problem
문제 정의	명확히 정의 가능 (원인–결과 구조 파악 가능)	다중 정의·framing 존재 (이해관계자마다 다름)
정부 역할	정책설계자이자 집행자 (중앙 집중적)	정책의 주체이자 동시에 갈등 조정자·윤리적 보증인 (이해관계자 정치에 휘말리지 않도록 균형 유지)
Stakeholder	권리·의무·책임·관계 매핑 (비교적 안정적)	권리·의무뿐 아니라 이익구조·권력관계·갈등 패턴까지 분석
정책/입법 과정	직선적(순차적): 문제 → 원인 → 대안 → 법령 매핑 → 입법 확정	순환적(적응적): framing 다양성 → 공통 목표 합의 → exploratory design → feedback → 반복 입법
협의 구조	1~2차 이해관계자 협의, 공청회 중심	상시·순환형 거버넌스 (위원회, 플랫폼, 합의제 기구)
법률 성격	규범·절차·의무를 명확히 규정 (안정적 법률)	원칙·목표·절차 중심 (Adaptive Law, 유연한 규율)
하위법령, 정책 수단	기술적 세부 사항, 서식 등 위임	pilot, sandbox, 지침, 협약 등 실험적·유연한 수단 활용
Feedback 장치	필요할 때 개정 (주기적 검토는 보조적)	필수 장치: 일몰조항, 주기적 재검토, adaptive governance
성공 기준	합법성, 효율성, 형평성	갈등 완화, 사회적 수용성, 미래 적응성
정부 역량 요건	법령 기술, 정책 분석 역량	윤리성과 공공의식, 갈등 조율 능력, 장기적 책임성
위험	위임입법 남용, 집행 부실	국가가 이해관계자 정치에 휘말려 공공성 상실 가능성

셋째, 이해관계자 분석에서도 차이가 있다. Tame problem에서는 권리·의무·책임·관계의 매핑(mapping)이 중심이며, 이는 비교적 안정적이다. 반면 wicked problem에서는 단순한 권리·의무를 넘어, 이익구조·권력관계·갈등 패턴까지 입체적으로 분석해야 한다.

넷째, 정책·입법 과정은 tame problem에서 직선적·순차적으로 전개된다. 즉, 문제 → 원인 → 대안 → 법령 매핑 → 입법 확정의 구조를 따른다. 그러나 wicked problem은 순환적·적응적으로 진행되며, framing 다양성을 전제로 공통 목표 합의를 이끌고, exploratory design(탐색적 설계)과 feedback 과정을 거쳐 반복적으로 입법이 이루어진다.

다섯째, 협의 구조 역시 달라진다. Tame problem은 1~2차 이해관계자 협의와 공청회 중심으로 비교적 일회적 협의를 거친다. 이에 비해 wicked problem은 상시·순환형 거버넌스를 특징으로 하며, 위원회·플랫폼·합의제 기구를 통한 지속적 논의가 핵심이다.

여섯째, 법률의 성격도 다르다. Tame problem은 규범·절차·의무를 명확히 규정하는 안정적 법률을 중시한다. Wicked problem은 원칙·목표·절차 중심의 법률, 즉 adaptive law와 같이 유연한 규율을 필요로 한다.

일곱째, 하위법령과 정책 수단에서도 차이가 뚜렷하다. Tame problem은 기술적 세부 사항, 서식 등 위임입법을 통해 보완된다. 반면 wicked problem은 pilot(시범), sandbox(규제 실험), 지침, 협약 등 다양한 실험적이고 유연한 수단을 활용한다.

여덟째, feedback 장치의 역할도 다르다. Tame problem은 필요시 법률을 개정하는 방식이며 주기적 검토는 보조적이다. 그러나 wicked problem은 일몰조항, 주기적 재검토, adaptive governance 등 필수적인 피드백 장치를 갖추어야 한다.

아홉째, 성공 기준은 tame problem에서 합법성·효율성·형평성이지만, wicked problem에서는 갈등 완화, 사회적 수용성, 미래 적응성이 중심이 된다.

열째, 정부 역량 요건에서도 차이가 나타난다. Tame problem은 법령 기술과 정책 분석 역량이 중요하다. 그러나 wicked problem은 윤리성과 공공의식, 갈등 조율 능력, 장기적 책임성이 필수적이다.

마지막으로, 위험요인도 구분된다. Tame problem은 위임입법 남용이나 집행 부실의 위험이 크다. 반면 wicked problem은 국가가 이해관계자 정치에 휘말려 공공성을 상실할 수 있는 위험이 존재한다.

마. 정책법학적 관점에서의 정책결정론 보완

전통적인 정책결정론은 문제를 정의하고, 원인을 분석하며, 목표를 설정하고, 수단을 선택하는 합리적 과정을 이상형으로 제시한다. 그러나 현실의 문제는 clear problem뿐 아니라 complicated, complex, chaotic 문제까지 다양하며, 이러한 문제 앞에서 전통적 접근은 한계를 드러낸다. 특히 문제 정의가 불분명하거나 원인 규명이 불가능한 경우, 목표와 수단 역시 불확실해지며, 결과적으로 정책결정은 합리적 분석의 틀만으로는 설명하기 어렵다.

정책법학적 관점은 이러한 한계를 일정 부분 극복할 가능성을 제공한다. 정책법학은 정책과 법을 별개로 두지 않고, 정책결정 과정에서 법이 작동하는 방식을 분석한다. 특히 정책법학은 정책결정의 핵심을 의회와 행정부의 상호작용(dynamics)에서 찾는다. 사회적 문제가 정책의제로 전환되고, 목표와 수단으로 구체화하는 과정은 단순히 행정부의 내부적 분석 결과가 아니라, 의회의 입법 기능과 행정부의 집행 기능이 상호 견제와 협력을 거치면서 만들어지는 산물이다. 즉, 정책결정은 법 제도적 구조 속에서 이루어지는 정치-법적 상호작용 과정이라는 점에서 정책법학의 설명력이 발휘된다.

또한 정책법학은 policy governance 관점을 통해 기존의 합리주의적 정책결정론을 보완한다. Policy governance는 정책을 하나의 법제적 거버넌스 체제로 이해하며, 문제 정의와 목표 설정, 수단 결정이 각각 법적 절차와 규범의 틀 속에서 조정된다고 본다. 예컨대 문제의 정의는 단순한 사회적 인식이 아니라, 청원, 공청회, 국정감사, 입법 청구와 같은 법적 절차를 통해 제도화된다. 목표의 설정은 헌법적 가치와 국회의 입법 논의 속에서 정당화되며, 수단의 선택은 예산 심의, 행정입법, 사법적 통제를 통해 조율된다.

이러한 관점에서 보면, clear나 complicated problem에 대해서는 전통적 정책결정론이 비교적 잘 작동하지만, complex, chaotic 문제나 wicked problem의 경우에는 의회-행정부 간의 동적 상호작용과 법적 절차에 기반을 둔 policy governance가 중요한 해결 경로가 된다. 다시 말해 정책법학은 정책결정을 단순한 분석·선택의 과정이 아니라, 법적 절차와 제도, 권력 간 상호작용을 통해 문제를 규정하고 해결해 가는 복합적 거버넌스 과정으로 설명할 수 있는 것이다.

따라서 정책법학적 관점은 문제 유형의 다양성을 수용하면서도, 의회와 행정부, 법과 정책의 상호작용을 통해 정책결정의 현실적 모습을 더 논리적으로 설명할 수 있다. 이는 기존 정책학 교재가 놓치고 있는 제도적 맥락과 권력 동학(dynamics)을 분석의 중심에 두는 점에서 중요한 학문적 진전이 될 수 있다.

4. 정책집행과 평가론의 재해석

가. 정책집행과 평가론의 본질적 의미

정책집행론은 단순히 정부가 계획을 실행하는 기술적 과정이 아니라, 정책의 의도(intention of policy)와 정책의 실현(realization of policy) 사이의 차이를 확인하고, 그 이유를 분석하는 데 본질적 의미가 있다. 필자의 해석이다. 정책은 기획 단계에서 특정 목표를 설정한다. 여기서 목표란 정부가 정책을 통해 달성하고자 하는 것으로, 대표적으로 정책대상의 행태 변화(behavior change), 새로운 제도의 형성(institutionalization), 교육·홍보 자료의 제작(making materials) 등이 포함된다. 즉, 정책은 정책 대상에게 변화를 일으키기 위한 정부의 시도라고 할 수 있다.

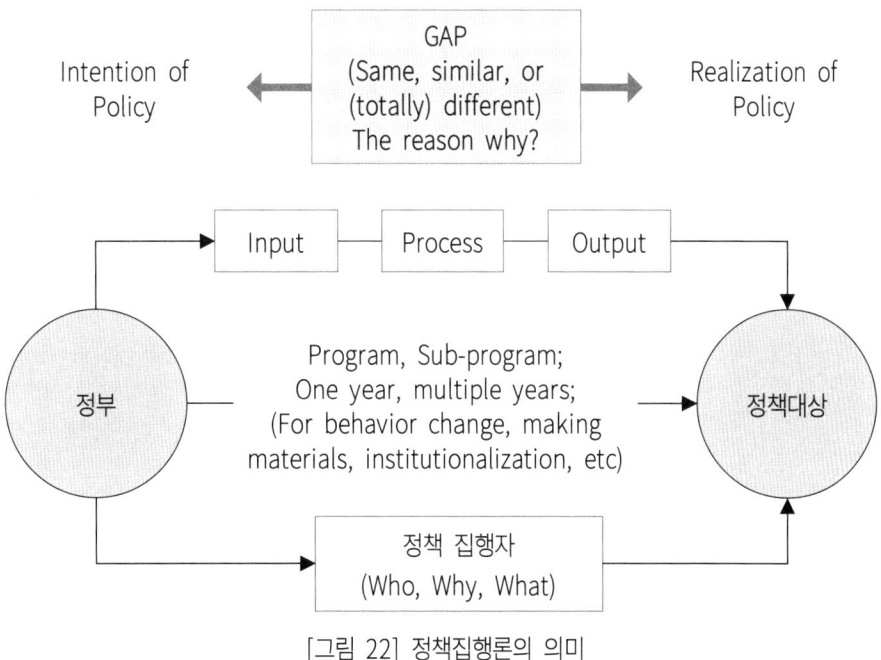

[그림 22] 정책집행론의 의미

정책집행 과정은 정부–정책 집행자–정책대상의 상호작용 속에서 input–process–output 구조로 진행된다. 먼저 정부는 정책을 설계하고 집행을 지시하는 주체이다. 그러나 실제 집행은 정부 혼자 수행하지 않는다. 정책 집행자가 존재한다. 이는 공무원일 수도, 공공기관이나 민간 위탁기관일 수도 있다. 집행자의 특성(who), 집행 동기(why), 그리고 구체적 집행 행위(what)가 정책의 성과를 크게 좌우한다. 정부가 자원을 투입(input)하면, 집행자는 프로그램(program)이나 하위 프로그램(sub-program)을 통해 과정(process)을 운영한다. 이는 단년도(one year)일 수도 있고, 다년도(multiple years) 계획일 수도 있다. 그 결과 산출(output)이 만들어지고 정책대상에게 전달된다. 정책대상은 정책의 직접적 수혜자이자, 정부가 의도했던 변화가 실제로 일어나는지를 검증하는 최종 지점이다. 정책집행론에서 가장 중요한 개념은 바로 GAP이다. 즉, 정책의 의도와 정책의 성과가 같은(same) 경우도 있고, 비슷한(similar) 경우도 있으며, 때로는 다른(different), 심지어 완전히 다른(totally different) 결과가 나타나기도 한다. 이 GAP이 어디서, 왜 발생했는지를 확인하고 그 이유를 정리하는 것이 정책집행론의 핵심 과제이다.

따라서 정책집행론은 단순히 "정책이 집행되었는가?"라는 질문을 넘어서, 정책 의도와 성과 간의 차이를 분석하고, 그 차이를 낳은 제도적·행정적·사회적 요인을 규명하는 과정이다. 이 속에는 일정 정도의 과정 평가적 성격이 내재하여 있으며, 흔히 말하는 집행 단계에서의 정책 분석이 바로 여기에 해당한다. 그리고 이 결과를 바탕으로 정책 수정(modification)이 발생하게 된다. 즉, 정책집행론의 본질은 정부가 의도한 목표와 실제 성과의 차이를 평가·분석하는 데 있으며, 이를 통해 정책의 효과성과 집행 가능성을 높이는 길을 모색하는 것이다.

나. 정책법학 관점에서 본 정책집행과 평가론의 의미

정책집행론의 본질은 정책의 의도(Intention)와 실현(Realization) 사이의 차이(GAP)를 확인하고 그 이유를 규명하는 데 있다. 이는 단순한 집행 관리의 문제가 아니라, 법 제도와 권력구조가 어떻게 작동하는가를 보여주는 과정이다. 정책법학적 관점에서 보면, 정책 집행은 다음과 같은 특징을 가진다.

첫째, 정책의 목표는 법제화된 의도: 정부가 정책을 통해 추구하는 목표, 예컨대 행태 변화(behavior change), 제도화(institutionalization), 자료나 기반 구축(making materials) 등은 단순한 행정 목표가 아니다. 대부분은 법률, 시행령, 행정규칙을 통해 제도적으로 구체화한다. 따라서 정책 의도는 곧 법적 의무와 권리의 설정을 수반한다.

둘째, 집행과정은 제도적 거버넌스 구조: 집행 단계에서 등장하는 정부, 정책 집행자, 정책대상은 모두 법적으로 규정된 지위를 가진다. 정부는 입법적 위임과 헌법적 권한에 따라 정책을 추진한다. 정책 집행자는 법률·위임규정에 근거해 권한을 행사하며, 때로는 민간 위탁기관도 법적 책임을 진다. 정책대상은 단순한 '수혜자'가 아니라 법적 권리·의무의 주체이다. 따라서 input–process–output 구조는 단순 행정절차가 아니라 법적 권한과 책임의 연쇄 구조로 해석될 수 있다.

셋째, GAP의 법적 의미: 정책 의도와 정책성과 사이에 발생하는 GAP은 단순한 행정 효율성 문제를 넘어 법적 책임과 정당성의 문제이다. 정책이 의도와 달리 실현된다면, 그 원인은 법적 근거의 불충분, 위임입법의 한계, 사법적 통제의 가능성, 혹은 집행자의 재량 남용 등에서 찾을 수 있다. 따라서 GAP 분석은 곧 법제적 책임소재 규명이며, 정책집행론은 법적 책임론과 결합할 수밖에 없다.

넷째, 정책 집행 = 과정평가 + 법적 정당성 확보: 정책 집행은 일정 부분 과정 평가적 성격을 지니며, 집행과정 자체가 분석 대상이다. 그러나 정책법학적 관점에서는 단순한 과정평가를 넘어서, 그 과정이 헌법적 원리(법치주의, 권력분립, 기본권 보장)와 조화되는지를 검증하는 의미가 있다. 즉, 정책 집행은 '정책 분석'이자 동시에 '법적 정당성 확보 과정'이다.

정리하면, 정책법학 관점에서 정책집행론은 정부의 의도와 성과 사이의 GAP을 드러내고, 그 차이를 낳는 제도적·법적 요인을 규명하는 분석 틀이다. 이는 단순히 행정학적 집행론이 다루는 효율성(efficiency)·실행력 문제를 넘어, 권한의 한계, 책임의 귀속, 법적 정당성 확보라는 차원에서 집행론을 재해석하는 것이다.

5. 정책종결론과 정책변경론의 재해석

정책은 일정한 의제 설정과 결정, 집행 과정을 거치며 사회 속에서 작동하다가, 어느 시점에서 종결되거나 변동을 겪는다. 이때 정책법학적 관점에서 주목해야 할 핵심은 정책의 법적 토대와 제도적 구조이다.

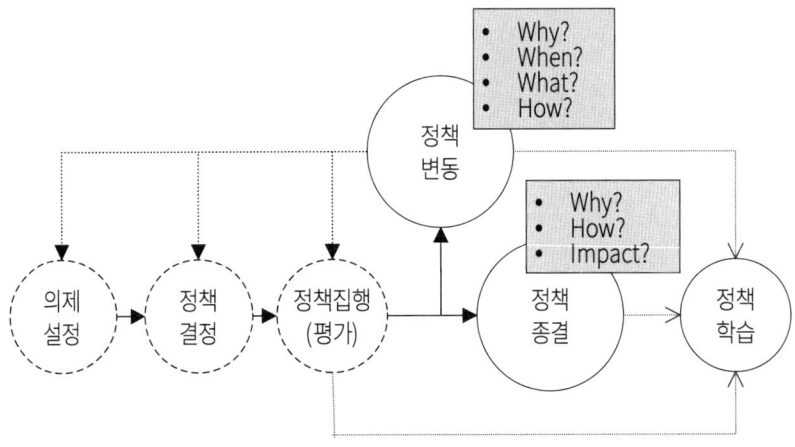

[그림 23] 정책종결론과 정책변경론의 의미

정책이 종결된다는 것은 단순히 행정이 사업을 멈춘다는 의미가 아니라, 법적 근거가 소멸하거나 제도 자체가 폐기되는 과정을 뜻한다. 따라서 종결을 분석할 때는 ① 왜 종결되었는가(정책 목표 달성, 정치적 압력, 예산 삭감 등), ② 어떻게 종결되었는가(급작스러운 폐지, 점진적 축소, 조용한 소멸 등), 종결 과정에서 절차적 정당성을 지켰는가(공청회, 이해관계자 협의 등), ③ 사후적으로 어떤 사회적·법적 영향이 발생했는가(권리 침해, 제도적 공백, 대체 정책의 필요 등), 책임은 누가 부담해야 하는가(정책 실패 책임, 보상 문제)까지 검토할 필요가 있다.

정책 변동은 법적 기반은 유지되되, 목표와 수단이 재구성되거나 집행 방식이 수정되는 과정이다. 따라서 ① 변동의 이유(사회적 요구 변화, 환경 변화, 법원 판례, 국제규범 등), ② 변동의 시기(정권 교체기, 법 개정기, 위기 상황 등), ③ 무엇이 바뀌었는가(정책 대상, 지원 범위, 행정 절차, 권리·의무 구조 등)를 확인해야 한다. 여기에 더해, ④ 변동 과정에서 법적 정합성(헌법 적합성, 상위법과의 일치)과 제도 간 조화(타 법령과 충돌 여부)를 점검하는 것이 중요하다.

정책종결과 정책변동의 경험은 반드시 정책학습으로 이어져야 한다. 정책학습의 법적 관점은 크게 두 가지로 확장될 수 있다. 첫째, 종결과 변동의 과정과 결과를 제도화하여 기록·공유하는 법적 장치(예: 정책평가보고서의 공개, 국회 보고 의무). 둘째, 학습된 교훈이 향후 입법과 행정의 개선으로 환류될 수 있도록 하는 제도적 장치(예: 사후 입법평가제도, 행정절차법상 의견수렴 강화). 즉, 정책학습은 단순한 경험 축적이 아니라, 법적 절차와 제도적 설계를 통해 다음 정책으로 이전되는 과정으로 이해해야 한다.

6. 정책법학 관점에서의 정책과정 재구성

가. 정책의제설정: 정책적·법적 대응이 필요한 공적 사안으로 인정

기존 정책과정론은 사회문제가 정책의제로 설정되는 과정을 정치적·행정적 관점에서 설명한다. 하지만, 정책법학 관점에서는 법적 권리 및 의무, 헌법적 원칙과의 관계 속에서 정책의제가 설정되는 과정이 더 중요하다. 예를 들면, 정책의제설정 과정에서 법적 요건(헌법, 기존 법률 등)이 고려되어야 하고, 법적 공백(legal vacuum)이나 모순된 법 체계(contradictory legal framework)가 정책의제설정에 미치는 영향도 분석해야 한다. 예를 들면, 기본소득 정책을 고민한다면, 정책적 필요성 검토를 넘어, 헌법상 사회보장 원칙과 조세제도와의 정합성을 검토해야 한다. AI 데이터 활용 정책을 구상할 경우, 산업진흥법과 개인정보 보호법 간의 충돌 가능성을 고려해야 한다는 것이다.

의제설정론에서 정치적 의사결정을 설명하는 용어로서 '무의사결정(non-decision making)'이 있다. 특정 정책이 공식적인 정책의제가 되지 못하도록 정치권력이 개입하는 과정이 발생한다는 것이며, 이는 법률적 논의보다 정치적 의사결정이 정책의제설정에 우선하는 경우가 존재할 수 있다는 것이다. 예를 들면, 노동정책에서 특정 노동조합의 요구가 정책의제화가 되지 않는 이면(裏面)에는 정치권력이 이를 의도적으로 회피하는 현상이 존재할 수 있다는 것이다. 하지만, 이러한 무의사결정도 법치주의 관점에서 재검토하면 다른 설명이 가능해진다. 예를 들어, 이미 환경영향평가법, 산업안전보건법 등과 같이 의제화를 강제하는 법적 장치가 존재한다면, 특정 사안을 의도적으로 회피하거나 무시하기는 제도적으로 제약을 받는다. 법령이 정책의제화를 보장하기 때문이다. 더구나 시민사회와의 협치 원리가 강조되는 오늘날 정책 환경에서는 정부가 일방적으로 요구를 배제하는 것이 바람직하지 않다.

한편, 정책의제설정은 단순히 당면한 문제를 해결하기 위한 반응적 성격을 넘어, 발전국가와 행정국가의 관점에서 미래를 선도적으로 기획하는 과정으로 이해되어야 한다. 그러나 미래 기획은 언제나 불확실성과 예측 불가능성을 동반한다. 인구구조의 변화, 기술 혁신, 국제 정세와 같은 변수들은 장기적인 전망을 어렵게 만들고, 기획된 정책의제를 단기간에 무력화시킬 수도 있다. 따라서 정책의제를 설정할 때는 이러한 한계를 직시하면서도, 동시에 변화에 적응하고 지속성을 확보할 수 있도록 법적·제도적 장치가 마련되어야 한다. 법은 미래 기획이 단순한 구호나 선언에 그치지 않도록 안정적 틀을 제공하며, 불확실한 미래 속에서도 정책이 정당성과 합리성을 확보할 수 있도록 하는 중요한 기반이 된다.

나. 정책결정: 정책목표와 수단의 법제화 가능성 검토

1) 정책결정 단계의 재해석

기존 정책과정론에서는 정책목표 설정 후 법적 검토를 진행하는 경우가 일반적이다. 그러나 정책법학의 관점에서는 정책 분석 이전에 법적 타당성과 개정 가능성을 검토하거나, 정책 분석 결과를 바탕으로 최적의 법적 수단을 선택하는 것을 의미한다. 정책 분석을 통해 법적 수단(예: 특허, 허가, 인가 등의 규제정책이나 보조금과 같은 분배정책 등)이 정책목표 달성에 미치는 영향을 분석하는 것이다. 그리고 그 속에서 시민사회에 미치는 영향과 규제의 적정성을 고민하는 것이다. 예를 들면, 전기차 충전소 정책에 대해서 허가제 vs. 인가제 vs. 신고제에 대해서 고민하는 것이다. 즉, 정책결정은 단순히 목표와 수단을 선택하는 행위가 아니라, 그 목표와 수단이 법적 정당성과 제도적 실현 가능성을 갖추었는지를 검토하는 과정이다. 즉, 사회적 요구를 정책목표로 전환하면서 이를 법률과 제도의 틀 속에 안정적으로 담아낼 수 있는지를 판단하는 단계이다.

정책결정이란 곧 목표와 수단의 결정이며, 대부분의 정책 수단은 법적 수단을 선택하는 행위가 된다. 즉 수단이란 대부분 법률, 시행령, 고시 등에 규정되는 다양한 행정작용(허가, 등록, 과징금 등)을 의미하게 된다. 이러한 관점에서 보면 정책이론이 말하는 정책도구의 선택은 곧 법령에서의 행정작용의 선택 문제가 된다. 따라서 행정법도 정책학의 시각에서 재해석될 필요가 있다. 주요 행정법 개념들은 단순한 법학적 이론을 넘어, 정책 담당자에게 구체적인 설계 원칙과 판단 기준을 제공할 수 있어야 한다.

우선 기속행위와 재량행위의 구분은 정책 수단이 얼마나 유연하게 운용될 수 있는지를 판단하는 기준이 된다. 기속행위는 법률이 정한 대로 집행해야 하므로 정책 담당자의 재량이 거의 없지만, 재량행위는 정책 목적과 상황에 따라 다양한 대안을 설계할 수 있는 여지를 허용한다. 또한 허가, 특허, 인가, 승인과 같은 행정행위 유형은 국민의 활동을 어느 범위까지 자율적으로 허용할 것인가를 결정하는 지침이 된다. 예컨대 허가는 금지된 행위를 일정한 요건 아래에서 풀어주는 것이고, 특허는 새로운 권리를 창설하는 것인 만큼 정책 목적에 맞는 행위 유형을 선택하는 것이 중요하다. 더 나아가 행정계약, 행정지도, 고시는 권한의 귀속과 책임의 배분, 그리고 강제력의 수준을 조절하는 기준이 된다. 행정계약은 쌍방적 합의가 필요하지만, 고시는 일방적으로 기준을 설정하는 방식이며, 행정지도는 비강제적 권고라는 점에서 각각 다른 정책 효과를 가진다. 사전절차 역시 중요한 의미가 있다. 청문과 같은 절차는 이해관계자들의 의견을 수렴하고 갈등을 조정하는 메커니즘을 제공하며, 이를 통해 정책 집행의 정당성과 수용성을 높일 수 있다. 마지막으로 법률유보 원칙은 입법, 시행령, 고시 간 위임 구조를 어떻게 설계할 것인가에 대한 근거를 제시한다. 즉, 국민의 권리·의무에 중대한 영향을 미치는 사안은 반드시 법률에 근거해야 하며, 세부적인 사항은 시행령이나 고시로 위임할 수 있는지를 판단하는 기준이 된다.

결국, 이러한 행정법 개념들은 정책 담당자에게 단순한 법적 용어 이상의 의미가 있다. 이는 곧 정책 수단의 유연성, 자율성 보장, 권한과 책임 배분, 절차적 정당성, 위임 구조 설계에 관한 실질적 지침으로 기능하며, 정책을 설계하고 집행하는 과정에서 필수적인 판단 도구가 된다. 정책결정 과정에서는 단순히 정책목표를 설정하는 것뿐만 아니라, 정책을 실현할 법적 수단을 사전에 검토하고 결정해야 한다. 이는 정책의 실효성을 높이고, 정책 집행 과정에서 발생할 수 있는 법적 충돌을 예방하기 위함이다. 이러한 관점은 법을 정책 수단으로 보는 접근이 필요함을 의미한다. 법을 규범적 틀로 바라보는 것이 아니라, 정책목표를 실현하기 위한 핵심 정책 수단 중의 하나로 보는 것이다. 즉, 정책학의 관점에서 법을 연구하는 것은 정책목표를 효과적으로 달성하기 위해 법을 어떻게 활용할 것인가를 분석하는 과정이다.

<표 19> 주요 행정법 개념들이 정책 담당자에게 주는 의미

행정법 개념	정책 담당자에게 주는 의미
기속 vs. 재량	수단의 유연성 수준 판단 기준
허가 vs. 특허 vs. 인가 vs. 승인	활동의 자율 허용 구조 설계 판단 지침
행정계약 vs. 행정지도 vs. 고시	권한 귀속, 책임 배분, 강제력 수준 조절 기준
사전절차 (청문 등)	이해관계 조정 매커니즘 확보
법률유보 원칙	입법 vs. 시행령 vs. 고시 간 위임 구조 설계 근거

2) 정책결정과 법적 수단

정책결정은 단순히 목표와 수단을 연결하는 행위가 아니라, 그 수단이 법적으로 정당성을 갖추고 제도적으로 실현 가능한지 검토하는 과정이다. 이를 위해 정책결정 단계에서는 다음과 같은 세 가지 관점이 필요하다.

A. 법적 수단의 정책적 정당성 확보

정책학에서 정책의 정당성은 공익성과 실현 가능성을 기준으로 평가된다. 따라서 법적 수단은 단순히 법률적 정합성을 갖추는 것만으로는 부족하다. 정책목표를 실제로 달성할 수 있는지, 그리고 사회적 합의를 이끌어낼 수 있는지가 함께 검토되어야 한다. 예컨대 기본소득은 단순한 아이디어가 아니라, 헌법상 조세 체계와 사회보장 원칙과의 정합성을 점검해야만 정책적 정당성을 인정받을 수 있다.

B. 법적 수단의 정책적 효과 분석

법이 정책 수단으로 작동할 때는 정책학적 분석 도구가 필요하다. 비용–편익 분석(CBA), 다기준 의사결정 분석(MCDA: Multi-Criteria Decision Analysis), 규제영향평가(RIA: Regulatory Impact Analysis) 등을 통해 법적 수단이 정책목표 달성에 효과적인지를 검토해야 한다. 예를 들어 전기차 충전 인프라 확대를 추진할 때, '허가제'와 '인가제' 중 어느 제도가 더 타당한지는 이러한 분석을 통해 판단할 수 있다.

C. 법적 수단의 정책 대안 분석

하나의 정책목표를 달성하기 위해 다양한 법적 대안(예: 허가, 인가, 특허 등)을 비교하는 것도 필요하다. 공공데이터 개방 정책을 마련할 때 인가제(승인 후 개방)와 허가제(조건 충족 시 개방)를 비교·분석하여 행정적 효율성과 법적 지속 가능성을 따져야 한다. 또한 기존 법률과의 정합성을 점검하고, 필요하다면 새로운 입법이나 기존 법률 개정도 고려해야 한다. 즉, 정책의 법적 적합성을 검토하고, 법적 분쟁 가능성을 최소화할 방안을 마련해야 한다. 이처럼 기존 법률과의 정합성을 평가하는 것도 중요하나, 필요하면 새로운 법률 제정 또는 기존 법률 개정을 추진하는 것도 고려되어야 한다.

3) 정책결정과정에 대한 법적 통제

정책결정은 자의적이거나 졸속으로 이루어지면 공익을 해칠 수 있다. 따라서 법적 통제 장치를 통해 정책결정의 정당성과 합법성을 확보하는 것이 중요하다. 이 통제는 사전적, 동시적, 사후적 방식으로 나눌 수 있다.

A. 사전적 통제: 정책결정 이전의 법적 규율

정책이 결정되기 전에, 법적 절차와 기준을 설정하여 정책결정이 정당하게 이루어지도록 하는 것이 요구된다. 먼저, 정책결정 과정에서 필수적인 절차(공청회, 의견 수렴, 행정예고 등)를 법률로 규정하여 임의적·자의적인 정책결정을 방지해야 한다. 「행정절차법」(또는 가칭 '정책절차법') 등을 통해 정책결정 단계에서 이해 관계인의 참여를 보장하고, 정책결정의 투명성을 확보해야 한다. 행정 내부 통제 제도인 법제처의 심사, 규제개혁위원회의 규제 심사, 예비타당성 조사 등도 존재하지만, 정책의 이해도가 떨어져서 반드시 긍정적이지는 않다.

둘째, 정책결정 권한의 법적 한정이다. 정책결정 권한을 헌법 및 법률로 명확히 규정하여, 초법적·자의적 결정이 이루어지지 않도록 해야 한다. 예를 들면, 행정부의 정책결정 권한이 헌법 및 법률에 따라 국회의 승인 또는 사법부의 통제 대상이 되는 경우이다. 이렇게 되기 위해서는 국회의 입법과정이 매우 정치(精緻)하고 체계적이어야 한다. 정책과정 전반에 대한 심도 있는 논의가 요구된다. 사실상 행정명령으로 모든 것을 정하도록 만든 위임입법 남용 법률, 껍데기 법률, 백지 위임 법률을 만들어선 안 된다. 즉, 법률 제정시 명확하고 구체적인 위임이 필요한 것이다. 국회의 입법조사처와 예산정책처의 전문성이 뒷받침되어야 한다.

셋째, 법률에 따른 정보공개 및 공공성 보장이다. 정책결정 과정에서 정보의 불균형을 해소하고 투명성을 확보하기 위해 「행정기본법」이나 「행정절차법」에 명문화된 절차 규정을 두거나, 「공공기관의 정보공개에 관한 법률」 제7조(정보의 사전적 공개 등)[80]의 실질화를 위해 노력할 필요가 있다. 이를 통해 정책결정자가 정책과정을 투명하게 공개함으로써 공정한 결정이 이뤄지고 있음을 국민들에게 보여주고, 특정 집단이나 정치적 압력에 의해 영향을 받지 않도록 해야 한다.

B. 동시적 통제: 정책결정 과정에서의 법적 감독

정책이 결정되는 과정에서 적법성과 정당성을 지속해서 검토하고, 실시간으로 법적 감독이 이루어져야 한다. 첫째, 공공기관 법무팀의 강화와 객관적 역할 보장이다. 정부 조직 내에 법무팀을 별도로 설치하고, 일정 규모 이상의 사업이나 법령 제·개정, 공약 등에 대해서는 법무팀의 필수적인 법적 검토를 거치도록 해야 한다. 그리고 정책결정 문서에 법무팀의 법적 검토 결과를 반드시 첨부하도록 해야 한다. 법무팀의 독립성과 전문성을 보장해야 한다. 그리고 법적 판단에 흠결이 있으면 법무팀이 책임을 져야 할 것이다. 이는 법무팀의 전문화를 필요로 한다. 감사팀을 동원하는 것은 사후적이다.

둘째, 독립적 감시기구의 운영이다. 행정부의 정책결정이 자의적으로 이루어지는 것을 방지하기 위해 국가인권위원회, 감사원, 독립적 규제기관 등의 감시 역할을 강화하는 것이다. 국회 내 정책감사 기구(예: 국정감사나 국정조사, 대정부 질문, 예산 심의 및 결산 심사 등)를 통해 실시간으로 정책결정 과정을 감시할 필요가 있다.

셋째, 행정 내부 통제 강화이다. 옴부즈만 제도를 활성화하고, 고충 처리 시스템을 강화할 필요가 있다. 물론 정보공개 청구 제도도 활용해야 한다.

---

80) 「정보공개법」 제7조(정보의 사전적 공개 등) ① 공공기관은 다음 각 호의 어느 하나에 해당하는 정보에 대해서는 공개의 구체적 범위, 주기, 시기 및 방법 등을 미리 정하여 정보통신망 등을 통하여 알리고, 이에 따라 정기적으로 공개하여야 한다. 다만, 제9조제1항 각 호의 어느 하나에 해당하는 정보에 대해서는 그러하지 아니하다. 1. 국민생활에 매우 큰 영향을 미치는 정책에 관한 정보. 2. 국가의 시책으로 시행하는 공사(工事) 등 대규모 예산이 투입되는 사업에 관한 정보. 3. 예산집행의 내용과 사업평가 결과 등 행정감시를 위하여 필요한 정보. 4. 그 밖에 공공기관의 장이 정하는 정보. ② 공공기관은 제1항에 규정된 사항 외에도 국민이 알아야 할 필요가 있는 정보를 국민에게 공개하도록 적극적으로 노력하여야 한다.

마지막으로 정책결정 과정에서 이해충돌 방지 및 윤리 규범 적용이다. 정책결정자가 사적 이해관계와 공적 역할을 혼동하지 않도록 「공직자윤리법」, 「이해충돌방지법」 등을 통해 법적 규제를 강화해야 한다. 예를 들면, 정부의 특정 정책이 특정 기업이나 집단에 유리하게 결정되지 않도록, 정책결정자의 이해관계를 사전에 신고하고 조정해야 한다.

C. 사후적 통제: 정책결정 이후의 법적 검토 및 책임 부과

정책이 결정된 이후, 법적 정당성을 검토하고 필요하면 정책결정을 취소하거나 책임을 부과하는 방식이다. 첫째, 위헌 심사 및 행정소송이다. 정책결정이 헌법이나 법률에 위배될 경우, 헌법재판소(위헌법률심판, 권한쟁의심판) 또는 일반 법원의 행정소송(취소소송, 무효소송)을 통해 정책결정을 무효화할 수 있다. 예를 들면, 특정 법률이 정책결정을 통해 기본권을 침해하면, 헌법재판소가 이를 위헌으로 판결할 수 있다.

둘째, 정책결정자의 법적 책임 추궁이다. 정책결정이 부당한 결과를 초래하거나 불법적인 절차를 거쳤을 경우, 정책결정자에게 법적 책임을 부과할 수 있다. 예를 들면, 부당한 정책결정으로 인해 국민의 기본권이 침해된 경우, 손해배상 책임(국가배상법)을 적용하거나, 정책결정자 개인에게 형사적 책임(직권남용죄, 부패방지법 위반)을 물을 수도 있다.

셋째, 정책평가를 통한 법적 환류 시스템 구축이다. 정책결정이 법적으로 타당했는지 평가하고, 필요하면 법 개정을 통해 새로운 기준을 수립하는 방식이다. 정책평가 결과가 정책변동이나 정책종결의 근거가 될 수 있으며, 이를 통해 법적 규제도 함께 수정될 수 있다.

정리하면, 정책결정 과정에서 법적 통제를 강화하는 것은 정책결정의 정당성과 합법성을 확보하는 데 필수적이지만, 동시에 과도한 법적 규제가 정책결정의 유연성을 저해할 위험도 있다. 균형이 필요하다. 법적 절차와 기준을 명확히 하되, 정책결정자의 재량을 과도하게 제한하지 않는 방식으로 운영해야 한다. 정책결정의 투명성을 확보하고, 충분한 공론화 과정을 거치도록 법적 규제를 적용해야 한다. 사후적 통제보다는 사전적·동시적 통제를 강화하여, 정책결정 과정에서 법적 문제를 예방하는 것이 중요하다. 결국, 정책결정 과정에 대한 법적 통제는 단순히 '불법적인 정책결정을 막는 것'이 아니라, 정책의 질을 높이고, 정책의 법적 지속 가능성을 보장하는 역할을 해야 한다.

4) 정책결정 모형의 법적 재설계

정책학에는 여러 정책결정 모형(합리모형, 점진모형, 쓰레기통모형 등)이 있지만, 이러한 모형들이 법을 다루는 공무원들에게 큰 도움이 되지 못한다. 모형을 이해하는 것은 필요할 수 있으나, 모형을 안다고 정책결정을 잘한다고 보장하지 못한다. 따라서 공무원들에게 유의미한 정책결정 모형 개발이 필요할 수 있다. 정책결정 모형을 법적으로 재구성할 필요가 있다.

첫째, 정책결정의 법적 프레임 설정이 필요하다. 정책결정 과정이 헌법, 행정법, 절차법 등의 법적 틀 안에서 이루어지도록 명확한 구조를 설정해야 한다. 정책결정이 적법성과 정당성을 유지할 수 있도록, 법적 근거와 절차적 정의를 모델 내에 포함해야 한다.

둘째, 증거기반 의사결정(EBDM)과 민주적 의사결정(DDM)의 통합이 요구된다. EBDM은 과학적 근거와 데이터를 기반으로 정책을 수립하는 접근이다(정책실험, 정책 영향평가 등). DDM은 정책결정 과정에서 시민참여와 민주적 숙의를 반영하는 접근이다(공론화, 시민 의견 수렴 등). 정책결정 모형은 EBDM과 DDM이 상호 보완적으로 작동하도록 설계해야 한다.

셋째, 이를 위해 법적 절차를 정책결정 모형의 핵심 단계로 설정하고, 정책결정이 과학성과 민주성을 균형 있게 반영할 수 있도록 설계할 필요가 있다. 정책결정 이전 단계에서 법적 타당성을 검토하고, 정책의 효과성을 사전 실험을 통해 검증한다. 정책실험을 통해 정책의 법적 지속 가능성을 평가하고, 법적 근거를 강화한다. 또한, 법률에 정책결정 시 반드시 거쳐야 할 검토 과정을 명시한다(예: 사회적 영향평가, 환경영향평가 등). 정책이 기존 법률과 충돌할 가능성을 사전에 검토하여 입법적 보완책을 마련한다. 정책결정 과정에서 숙의 민주주의를 제도화하여, 시민과 전문가가 함께 정책의 방향을 결정하도록 한다. 공론조사, 협치 거버넌스 모델 등을 통해 정책결정의 정당성과 사회적 합의를 보장해야 한다. 또한, 정책결정 과정의 투명성 및 정보공개를 강화해야 한다. 정보공개법을 강화하여, 정책결정의 과정과 근거 데이터를 공개하고, 정책결정 과정에 대한 시민 감시 및 피드백 시스템을 구축(예: 온라인 정책 공청회, 디지털 의견 수렴 플랫폼)할 필요가 있다. 정책 시행 후 법적 안정성과 실효성을 검토하는 공식적인 환류 시스템을 구축한다. 행정소송, 헌법소원 등의 법적 절차를 통해 정책이 지속 가능한지를 평가받는 가능성도 고려해야 한다. 또한, 부실한 정책결정에 대한 법적 책임을 묻는 제도 도입(예: 정책결정자의 책임제, 직무유기 처벌 강화)도 중요하다. 정책이 실패했을 경우, 정책결정 과정에서의 법적 문제를 분석하고 개선책을 마련해야 한다.

법적 뒷받침을 갖춘 정책결정 모형을 예시해보자. 정책결정 모형을 설계할 때 법적 뒷받침을 갖추는 것은 정책의 정당성과 실효성을 높이는 핵심 조건이다. 예컨대 기후변화 대응 정책의 경우, 사전적 통제 단계에서는 환경영향평가와 법적 타당성 검토를 통해 정책 설계를 합법적이고 합리적으로 다듬는다. 이어 동시적 통제 단계에서는 시민참여형 공론조사를 거쳐 다양한 사회적 의견을 반영한 정책결정을 내리며, 마지막으로 사후적 통제 단계에서는 정책평가를 한 후 그 결과를 바탕으로 정책의 법적 지속 가능성을 검토하고 필요할 경우 법 개정을 추진한다. 예를 들어, 기본소득 정책에서도 이와 같은 모델을 적용할 수 있다. 우선 사전적 통제 단계에서는 헌법상 사회보장 원칙과 조세법상의 타당성을 검토하고, 시범 사업을 실시하여 무작위통제실험(RCT) 등을 통해 실효성을 점검한다. 다음으로 동시적 통제 단계에서는 전국적인 토론회와 시민 패널 참여를 통해 사회적 합의를 도출하고, 사후적 통제 단계에서는 정책의 경제적·법적 영향을 종합적으로 평가한 뒤, 그 결과에 따라 보완 입법을 추진한다.

정리하면, 이러한 사례들은 정책결정 모형을 단순한 행정적·정치적 절차가 아니라, 법적 정당성을 내재화한 체계적 과정으로 재설계해야 한다는 필요성을 보여준다. 정책결정의 과학성과 민주성을 균형 있게 반영하는 모델이 구축되어야 하며, 이를 위해 증거 기반 정책결정과 민주적 숙의를 법적 시스템과 결합할 필요가 있다. 나아가 정책결정의 모든 단계에서 법적 타당성을 검토하고 절차적 정의를 보장함으로써, 정책은 단순한 정치적 산물이 아니라 법적 정당성을 갖춘 공적 선택으로 자리매김할 수 있다. 결국, 정책결정 모형은 사전적–동시적–사후적 통제라는 3단계 프레임워크 속에서 법적 통제를 강화하면서도 실효성과 유연성을 동시에 확보하는 방향으로 재설계되어야 한다. 이는 행정국가적 정책결정 구조를 넘어, 법과 정책이 유기적으로 결합된 새로운 정책결정 패러다임을 지향하는 길이다.

다. 정책집행: 법제화된 목표와 수단의 지속적 평가와 조정

기존 정책과정론은 정책결정을 단순한 행정적 수행으로 간주한다. 그러나 정책법학의 관점에서는 법제화된 목표와 수단의 적합성을 지속적으로 평가하는 과정으로 이해한다. 또한 정책집행 과정에서 법적 수단이 예상치 못한 부작용을 초래할 경우, 이를 조정할 정책적 대응을 준비하는 과정으로 이해한다. 즉, 법적 수단의 효과성, 부작용 분석 및 조정 필요성을 검토하는 과정으로 이해한다. 예를 들면, 허가제를 채택했는데, 허가제가 문제를 초래할 경우, 이에 관한 대책을 검토하는 것이다. 공공데이터 개방 정책에서 승인제를 도입했는데, 특별한 문제가 없으면 절차 간소화 필요성을 검토해보는 것이다.

1) 정책 집행의 문제점: 결정자와 집행자의 괴리

정책 집행 단계에서는 여러 가지 문제점이 반복적으로 나타난다. 잘못된 정책결정으로 인해 집행과정에서 다양한 문제가 발생한다. 하지만 가장 큰 문제는 정책결정과 집행 간의 괴리이다. 이는 정책은 중앙정부가 결정하지만, 집행은 지방자치단체에서 주로 이뤄지기 때문이다. 중앙정부에서 빠르게 발표되는 정책들은 종종 구체성이 부족하고, 실제 실행 가능성을 충분히 고려하지 않은 채 추진된다. 이 과정에서 정책 집행을 담당해야 할 지방자치단체나 공공기관과의 사전협의가 충분히 이루어지지 않고, 정책대상인 시민과의 소통도 부족하여 정책이 현실과 맞지 않는 경우가 많다. 이렇게 된 이유는 정책 집행자의 지식과 정보 부족 때문이다. 현장의 집행자들은 정책의 핵심 내용조차 충분히 이해하지 못한 상태에서 업무를 수행해야 하는 경우가 많다. 이는 정책결정 과정에서 집행자의 의견을 수렴하거나 반영하지 않기 때문에 발생한다. 이러한 구조 속에서 집행자는 단순히 상부의 지시를 따르는 수동적 행위자로 전락하고, 창의적인 대안이나 개선 방안을 제시하기 어려워진다. 이러한 문제는 결국 정책의 반복적 수정·보완이라는 악순환으로 이어진다. 정책이 발표된 직후부터 여러 번의 수정이 뒤따르고, 현장에서는 시행착오 속에서 정책이 계속 변경된다. 이는 정책의 신뢰도를 떨어뜨리고 행정적 비효율을 초래하며, 불필요한 예산 낭비로까지 이어진다.

2) 정책결정자-정책집행자의 지식·정보 격차 해소

정책결정자와 정책 집행자 간의 정보 불균형을 해소하여, 정책이 현실에서 효과적으로 집행될 수 있도록 법적 시스템을 정비해야 한다. 첫째, 정책결정-집행 간 정보 공유 시스템을 구축할 필요가 있다. 정책결정자가 집행 단계에서 발생할 수 있는 문제를 예측하고 대비할 수 있도록, 정보 공유 시스템을 법적으로 의무화해야 한다. 중앙정부와 지방정부 간 정책 관련 데이터베이스(DB)를 통합하고, 실시간 정보 교환이 가능하도록 개선해야 한다.

둘째, 정책결정자의 집행에 대한 인식이 바뀌어야 한다. 정책결정자가 정책 집행의 어려움을 이해할 수 있도록, 실무 경험을 쌓는 기회를 제공해야 한다. 고위 공무원, 국회의원, 정책연구기관 관계자 등이 정책 집행 현장 체험을 의무적으로 수행하도록 법제화해야 한다. 입법조사처나 예산정책처 직원도 마찬가지이다.

셋째, 정책 집행자의 역량 강화도 중요하다. 정책 집행자에게도 정책결정의 핵심 논리를 이해할 수 있도록 교육 제공이 필요하다. 정책 집행자 대상 법률 교육 및 정책평가 역량 강화를 위한 프로그램 도입이 절실하다.

3) 권한과 책임을 일치시키는 법제화

지방정부는 중앙정부가 결정한 정책을 단순 집행하는 것이 아니라, 지방정부가 정책을 자율적으로 조정할 수 있도록, 법적 재량권을 명시하는 조항도 추가해야 한다. 또한 정책집행 상황을 실시간으로 모니터링하고, 문제 발생 시 즉각 수정할 수 있는 법적 절차 마련이 필요하다. 정책 집행자가 부당한 압력을 받을 경우, 이를 신고할 수 있는 보호 장치(공익제보 시스템)도 법제화해야 한다. 정책집행이 실패했을 경우, 책임소재를 명확히 규정하는 법적 장치 마련도 중요하다. 무리한 정책결정으로 인해 현장에서 부담이 커지는 경우, 정책결정자에게도 책임을 묻는 법적 규정 도입도 요구된다.

4) 정책 집행모델의 개편 방향

기존의 중앙정부 주도 정책 집행모델에서 탈피하여, 지방자치와 시민사회의 참여를 보장하는 새로운 정책 집행모델이 필요하다. 또한, 이를 법적으로 명확히 규정하여 권한과 책임이 일치되도록 해야 한다.

A. 중앙정부 직접 집행모델의 한계 보완

중앙정부가 모든 정책을 직접 결정하고 집행하는 기존 방식은 현장 대응력이 떨어지고, 관료적 절차가 복잡하여 비효율적이다. 특히 정책대상의 요구가 다양하고 지역별 특성이 중요한 정책(교육, 복지, 도시계획 등)은 중앙정부 단독 집행이 비효율적일 수 있다. 따라서 중앙정부는 정책의 방향과 원칙을 설정하고, 집행은 지방정부와 협력하여 수행하도록 변경해야 한다.

B. 지방정부 중심 정책 집행모델 도입

현장에서 집행하는 지방정부와 공공기관의 자율성을 확대하고, 법적으로 집행 책임을 명확히 규정해야 한다. 법적으로 지방정부가 정책을 지역 실정에 맞게 조정할 수 있는 권한을 보장해야 한다. 예산 배분과 집행 과정에서 지방정부의 재량권을 확대하고, 정책성과에 따라 자율성이 차등 부여되는 법적 근거 마련도 검토되어야 한다. 이 과정에서 중앙정부-지방정부 협의 절차도 법제화해야 한다. 중앙정부가 일방적으로 정책을 결정하지 않도록, 지방정부와 협의하는 절차를 법으로 명시해야 한다. 정책 집행을 지방정부에서 담당해야 할 경우, 지방정부와 사전협의 없이 중앙 단독으로 정책이 발표되지 않도록 법적 규제를 강화해야 한다. 정책결정-집행 간 정보 공유 시스템 구축을 의무화하여, 정책결정자의 정보가 집행자에게 전달되고 공유하도록 해야 한다. 위임사무의 경우엔 소요되는 자원도 중앙정부가 부담하는 것으로 명문화해야 한다. 모든 게 법적인 뒷받침이 요구된다.

C. 시민사회 참여형 정책 집행모델 도입

공공서비스 제공을 정부가 독점하지 않고, 시민사회와 협력하는 방식으로 변화해야 한다. 먼저, 협치 기반 정책 집행모델 구축이 필요하다. 공공기관과 민간단체(NGO, 협동조합, 사회적 기업 등)의 협력을 제도화해야 한다. 법적으로 시민사회가 정책 집행 과정에 참여할 수 있는 법적 근거를 마련하여, 공동 책임을 부여해야 한다. 다음으로, 시민참여 예산제 및 거버넌스 모델 활성화가 요구된다. 시민이 정책 집행 과정에서 의견을 낼 수 있도록, 시민참여 예산제와 거버넌스 모델을 강화하고, 실질화해야 한다. 정책평가 과정에서도 시민이 직접 참여하여, 정책의 효과성과 법적 정당성을 평가하도록 제도화해야 한다.

라. 정책평가: 법적 환류와 제도적 재설계

정책평가는 단순히 성과를 점검하는 것이 아니라, 집행 결과를 분석하여 정책목표와 수단의 적합성을 다시 검토하고, 그 결과를 법률과 제도의 개선으로 환류시키는 과정이다. 즉, 정책평가는 정책이 사회적 정당성과 법적 합리성을 유지하는지를 확인하며, 필요하다면 법 개정이나 새로운 제도 설계를 통해 정책을 재구성하는 역할을 한다.

1) 정책평가의 한계: 실효성 부족과 법적 미비

정책평가는 정책이 목표를 달성했는지, 기대한 효과를 내고 있는지를 검토하는 중요한 과정이지만, 현행 제도와 운영 방식에는 여러 한계가 존재한다. 첫째, 평가가 형식적으로 운영되는 문제가 크다. 정책평가가 정책의 실제 성과를 검토하기보다는 의례적인 절차로만 진행되는 경우가 많고, 평가 결과 역시 정책 개선으로 이어지지 못한 채 보고서 작성 수준에서 그치는 경우가 많다. 특히 평가가 법적으로 강제되지 않을 경우, 정책결정자나 집행기관은 평가를 무시하거나 형식적으로만 수행하는 경향을 보인다.

둘째, 평가 기준과 방법의 미비가 지적된다. 평가 기준이 일관되지 않고, 방법 또한 표준화되어 있지 않아 객관성이 부족하다. 대부분 정책이 정성 평가에 지나치게 의존하고 있어 충분한 증거 없이 결과가 도출되기도 한다. 또한 장기적 효과를 살필 수 있는 제도가 미흡하여, 단기적 성과에만 초점을 맞추는 문제가 발생한다.

셋째, 독립성과 책임성의 부족도 심각하다. 정책평가 기관이 정책결정 및 집행기관으로부터 독립적으로 운영되지 못해 객관성이 훼손되며, 정치적 영향을 받기 쉽다. 정책실패가 분명하더라도 이를 명확히 책임지게 하는 법적 장치가 부족하여, 정책결정자나 집행자가 평가 결과에 대한 실질적 책임을 지지 않는 경우도 많다.

넷째, 정책대상(정책고객)의 참여 부족 역시 문제이다. 평가 과정에서 실제 정책의 영향을 받는 국민, 지방정부, 시민사회가 배제되는 경우가 많고, 그 결과 평가는 주로 정책결정자나 전문가 중심으로 이루어진다. 이로 인해 정책의 실제 효과와 수용성은 반영되지 못하고, 평가가 현장과 괴리된 결과를 낳게 된다.

결국 현행 정책평가는 실효성이 부족하고 법적 근거가 미비하여, 정책의 성과를 제대로 점검하고 개선으로 연결하는 데 한계가 크다. 따라서 평가의 법적 강제력 확보, 독립적 운영, 표준화된 방법론 확립, 그리고 정책대상의 적극적 참여가 제도적으로 보장될 필요가 있다.

2) 정책평가 개선 방안 및 법제화 방향

정책평가의 실효성을 높이기 위해, 법적으로 평가 기준과 절차를 명확히 규정하고, 평가 결과가 정책 개선으로 이어질 수 있도록 제도적 장치를 마련해야 한다. 무엇보다 정책평가는 단순한 행정절차가 아니라 법적으로 강제되는 의무적 과정이 되어야 한다. 중앙정부와 지방정부가 추진하는 주요 정책은 주기적으로 평가를 받아야 하며, 그 결과는 정책 수정이나 예산 배분과 연계되어야 한다. 일정 주기(예: 3~5년)마다 반드시 평가를 거치도록 하고, 평가 결과가 미흡할 경우 정책을 자동으로 수정·보완하거나 폐지하도록 규정하는 방식이 필요하다.

또한 평가의 기준과 방법을 표준화하는 것이 중요하다. 정량적(quantitative) 방법(통계·데이터 분석)과 정성적(qualitative) 방법(설문조사·심층면담)을 병행하여 객관성과 과학성을 확보해야 하며, 정책영향평가(Policy Impact Assessment)를 강화하여 사회적·경제적 영향을 종합적으로 검토해야 한다. 특히 단기적 성과에 그치지 않고 5년, 10년 후의 장기적 효과까지 평가할 수 있는 체계를 마련하는 것이 바람직하다.

정책평가의 독립성 보장도 핵심 과제이다. 현재와 같이 정부 내부에서 평가가 이루어지면 정치적 영향을 배제하기 어렵다. 따라서 정책평가 기관을 정부로부터 독립된 조직으로 두고, 국회나 별도의 독립기구에서 운영하도록 법적으로 규정할 필요가 있다. 중립적·객관적이며, 과학적이라는 전제 하에 감사원이나 국가정책평가원(가칭)과 같은 독립기관을 통해 평가가 수행되도록 하고, 평가위원의 임명과 운영도 독립적으로 이루어져야 한다.

나아가 정책실패에 대한 책임성을 명확히 해야 한다. 정책평가 결과가 미흡하다면 정책결정자나 집행자가 이에 따른 행정적·재정적 책임을 져야 하고, 실패의 원인이 분명할 경우 성과연봉제나 승진 제한과 같은 불이익을 받도록 제도를 마련해야 한다. 더 나아가 정책실패로 인해 국민에게 피해가 발생한 경우, 일정한 조건 아래에서 정책결정자에게 법적 책임을 물을 수 있는 장치도 필요하다.

마지막으로 정책대상(정책고객)의 참여 보장이 이루어져야 한다. 평가 과정에 국민, 지방정부, 시민사회가 직접 참여할 수 있도록 공론조사, 설문조사, 시민 패널 제도 등을 법적으로 명시하고, 일정 비율 이상의 시민 패널(panel) 참여를 보장해야 한다. 이러한 참여적 평가구조를 통해 현장의 경험과 실제 영향을 반영하는 평가가 가능해진다.

결국 정책평가 제도의 개선과 법제화 방향은 ⅰ) 법적 강제성 확보, ⅱ) 평가 기준과 방법의 표준화, ⅲ) 평가기관의 독립성 보장, ⅳ) 정책실패 책임성 강화, ⅴ) 정책대상의 참여 확대라는 다섯 가지 축을 중심으로 정리될 수 있다. 이를 통해 정책평가는 형식적 절차가 아니라, 정책의 질을 높이고 민주성과 정당성을 강화하는 실질적 장치로 기능하게 될 것이다.

마. 정책종결과 정책변동

기존 정책과정론에서는 정책의 종결 또는 변동을 정치적 요인(정권 교체, 예산 감소 등)으로 설명한다. 그러나 정책법학의 관점에서는 법적 수단이 정책변동 및 종결에 미치는 영향을 분석한다. 정책종결은 정책이 더 이상 유효하지 않음을 선언하고, 그 법적 근거와 제도를 공식적으로 폐기하는 과정이다. 이는 단순한 행정적 중단이 아니라, 법률·하위규범·재정지원 등 정책을 뒷받침하던 구조를 정리하여 법적·제도적으로 종결을 확정하는 절차이다. 법적 절차 없이 정책이 '은근슬쩍 사라지는 것'은 책임성과 정당성을 훼손하기 때문에, 정책종결은 반드시 제도적·법적 절차를 통해 공개적으로 이루어져야 한다.

정책변동은 기존 정책의 목표와 수단을 완전히 폐기하지 않고, 사회적 변화와 집행 결과에 따라 수정·보완하는 과정이다. 이는 정책의 연속성을 유지하면서도 새로운 상황에 맞추어 목표와 수단을 조정하는 것으로, 법적 정당성을 확보하기 위해 기존 법률의 개정, 하위규범의 수정, 재정 구조의 조정 등이 필수적으로 수반된다. 따라서 정책변동은 단순한 운영상의 조정이 아니라, 법적 제도와 결합된 공식적 변화로 이해되어야 한다.

바. 정책학습

일반적인 정책과정론은 의제 설정 → 정책 결정 → 정책 집행(평가) → 정책 종결로 설명된다. 그러나 이 틀은 '정책이 끝난 이후 무엇을 어떻게 계승할 것인가'에 대한 체계적 논의가 부족하다. 이를 보완하기 위해 정책학습 단계를 마지막에 추가할 필요가 있다. 정책법학적으로 정책학습은 단순한 반성적 사고가 아니라, 법적·제도적 장치 속에서 정책 경험을 제도화하고 환류시키는 과정이다.

첫째, 법적 기록과 공개의무: 정책평가 보고, 국회 보고, 백서 발간 등은 단순한 행정 문서가 아니라 정책학습을 제도적으로 보장하는 법적 수단이다. 둘째, 입법·제도 개선으로의 환류: 학습된 교훈이 새로운 입법이나 제도 설계에 반영될 수 있도록, 사후 입법평가나 행정절차 개선을 의무화하는 법적 장치가 필요하다. 셋째, 책임성과 정당성 확보: 실패한 정책으로부터 배우는 과정은 곧 법적 책임 귀속을 명확히 하고, 절차적 정당성을 강화하는 기반이 된다.

따라서 정책학습을 정책과정의 마지막 단계로 설정하면, 정책은 단순히 소멸하거나 변동하는 것이 아니라, 법적·제도적 축적을 통해 다음 정책으로 계승되는 자기진화 과정으로 이해될 수 있다. 이것이 정책법학이 기존 정책학과 구분되는 중요한 지점이다.

바. 소결

<표 22>는 정책과정론을 정책법학 관점에서 재구성한 것이다. 일반적으로 정책과정은 문제인식-의제설정-결정-집행-평가-종결-변동이라는 흐름으로 설명되었다. 그러나 이러한 접근은 정책을 행정적·정치적 절차로만 이해하는 경향이 강하고, 정책의 성립과 운영을 규율하는 법적 요건과 제도적 뒷받침이 충분히 반영되지 못했다. 정책법학적 접근은 이 한계를 극복하고자, 각 단계에 법적 의미와 절차적 정당성을 결합시키는 방향으로 수정된 모델을 제시한다.

첫째, 문제 인식 단계는 단순히 사회적 문제를 확인하는 데서 끝나지 않는다. 정책법학은 문제를 인식하는 순간부터 법적 요건과 권리·의무의 충돌을 동시에 고려한다. 예컨대 환경오염 문제가 제기되었다면, 이는 단순히 '환경이 오염되었다'는 사실을 넘어 헌법상 환경권, 기업의 재산권, 국가의 규제 권한과 직결된 법적 문제라는 점을 고려해야 하는 것이다.

둘째, 정책의제설정은 단순히 사회문제가 정치의제화되는 과정이 아니라, 해당 사안이 정책적·법적 대응이 필요한 공적 사안으로 인정되는 절차이다. 이는 곧 정치적 필요에 의해 임의적으로 결정되는 것이 아니라, 법률상 절차(공청회, 위원회 심의, 규제영향평가 등)를 통해 합법적·제도적으로 승인되는 과정을 의미한다.

셋째, 정책결정 단계에서는 목표와 수단을 연결하는 것을 넘어, 목표와 수단이 법제화될 수 있는지, 헌법적 정당성과 제도적 지속 가능성을 확보할 수 있는지 검토한다. 예를 들어 기본소득 정책은 재정적 타당성만 검토해서는 충분하지 않다. 헌법상 조세 원칙, 사회보장 기본원리, 기존 복지제도와의 정합성을 동시에 고려해야만 결정으로서의 정당성을 가질 수 있다.

넷째, 정책집행은 전통적 의미처럼 단순한 '실행'이 아니다. 법제화된 목표와 수단을 현장에 적용하면서 그 현실 적합성을 지속적으로 평가하고 조정하는 과정이다. 여기에는 목표 자체를 수정하는 경우도 포함된다. 중앙정부가 정책을 결정하더라도, 실제 집행은 지방정부와 공공기관이 담당하기 때문에, 집행 과정에서 필연적으로 목표와 수단의 괴리가 발생한다. 이 괴리를 줄이기 위해서는 집행 단계에서의 법적 조정과 협의 절차가 중요하다.

다섯째, 정책평가는 단순히 성과를 측정하는 것이 아니라, 정책 결과를 법률과 제도의 개선으로 환류시키는 과정이다. 정책평가는 곧 법적 제도 재설계의 계기이며, 법률 개정이나 새로운 제도 도입으로 이어질 수 있어야 한다. 이는 정책평가를 행정적 보고가 아니라 법적·제도적 개선을 촉발하는 절차로 이해하는 전환을 의미한다.

여섯째, 정책종결은 정책이 더 이상 유효하지 않음을 선언하는 행정적 행위로 이해되어서는 안 된다. 정책법학은 정책종결을 법적 근거와 제도의 소멸로 본다. 즉, 정책을 뒷받침하던 법률·하위규범·재정지원 구조를 공식적으로 폐기하는 절차여야 한다. 종결이 법적 절차 없이 은근슬쩍 이루어질 경우, 책임성과 정당성이 심각하게 훼손된다.

<표 20> 수정된 정책과정 모델

기존 정책과정론	정책법학 관점에서 수정된 정책과정론
문제 인식	문제 인식 및 법적 요건 검토
정책의제설정	정책적·법적 대응이 필요한 공적사안으로 인정
정책결정	정책목표와 수단의 법제화 가능성 검토
정책집행	법제화된 목표와 수단의 지속적인 평가와 조정
정책평가	법적 환류와 제도적 재설계
정책종결	법적 근거의 소멸과 제도적 폐기
정책변동	법적 기반 위에서의 목표-수단 재구성
정책학습	정책 경험을 법적·제도적 장치 속에 축적·환류

일곱째, 정책변동은 기존 정책의 골격을 유지하면서 목표와 수단을 재구성하는 과정을 의미한다. 이는 단순한 행정적 조정이 아니라, 법적 기반 위에서 제도적으로 수정·보완하는 것이다. 법 개정, 하위규범 수정, 재정구조 재설계 등이 반드시 수반되어야 하며, 그렇지 않다면 정책변동은 임의적·임시적 대응에 머물 수밖에 없다.

마지막으로, 정책학습을 정책과정의 마지막 단계로 설정하면, 정책은 단순히 소멸하거나 변동하는 것이 아니라, 법적·제도적 축적을 통해 다음 정책으로 계승되는 자기진화적 과정으로 이해될 수 있다. 이것이 정책법학이 기존 정책학과 구분되는 중요한 지점이다.

결과적으로, 수정된 정책과정 모델은 정책을 행정적 절차가 아니라 법적 정당성을 갖춘 공적 선택의 과정으로 자리매김한다. 문제 인식에서부터 종결과 변동 그리고 학습에 이르기까지 각 단계는 법적 검토와 제도적 장치와 긴밀히 결합되어야 하며, 이를 통해 정책은 단순한 정치적 산물이 아니라 법치주의 속에서 운영되는 제도적 실체로 기능할 수 있다.

정리하면, 기존의 정책과정론이 행정적·정치적 절차를 강조한 틀이라면, 정책법학 관점에서 수정된 정책과정론은 모든 단계에 법적 요건과 정당성을 내재화하여 정책을 보다 안정적이고 합헌적으로 운영할 수 있도록 하는 모델이라고 할 수 있다.

정책학은 사회문제를 해결하기 위한 전략과 방법론을 제공하고, 법학은 그 전략을 제도화하고 실행할 수 있도록 하는 도구함(toolkit)을 제공한다. 따라서 정책학은 법학의 개념을 단순히 부차적인 절차로 보지 않고, 정책 유형과 맥락에 따라 적절히 결합·운용해야 한다. 법적 개념들은 정책의 성격(제한·보호·보조·제재 등)과 작용 방식에 따라 차등적으로 선별·설계되어야 한다. 모든 정책에 동일한 수준의 제도화를 요구하는 것이 아니라, 정책 유형별로 요구되는 법적 뒷받침의 강도와 방식은 달라질 수 있다.

이를 구조화하면, "정책 유형 → 목적 및 작용 방식 정리 → 필요한 제도화 수준 → 법적 수단 설계"라는 흐름이 된다. 다시 말해, 정책이 먼저이고 법은 뒤따른다. 정책은 문제를 정의하고 방향을 제시하며, 법은 그 정책을 어떻게 제도적으로 형상화하고 실행할지를 담당한다.

다만 여기서 중요한 점은 정책과 법의 순환성이다. 행정국가에서는 정책이 법을 만들어내기도 하지만, 이후 법은 다시 정책의 실행 기반과 한계를 규정한다. 즉, 정책과 법은 선후 관계를 넘어 상호 환류하는 구조를 형성한다. 정책이 법을 만들고, 법은 다시 정책의 범위를 정립하며, 새로운 정책을 촉발한다.

마지막으로, 이러한 정책-법 결합의 과정은 단순히 기술적·행정적 절차에 머물 수 없다. 정치적 정당성과 민주적 합의가 뒷받침되지 않는다면, 정책이 법을 만들어내는 힘은 사회적 저항에 부딪히거나 제도적 안정성을 확보하지 못한다. 그리고 이 모든 과정의 끝에서 정책학습이 제도화되어야 한다. 정책학습은 종결과 변동의 경험을 법적·제도적 장치 속에 축적하고 환류시켜 다음 정책으로 계승하는 과정이다. 곧 정책법학적 관점에서의 정책과정은 과학적·합리적 전략과 민주적 정당성, 그리고 제도화된 학습을 동시에 요구하는 것이다.

제4부. 새로 쓰는 정책 유형

- 어떻게 정책은 구분되는가? -

1. 전통적 정책 유형의 의미 및 한계
2. 새로운 정책 유형
3. 국내정책
4. 국제정책
5. 국내정책과 국제정책의 비교

정책을 구분하는 기존의 분류(규제·분배·재분배 등)는 행정학적·정치학적 관점에 치우쳐 있다. 그러나 정책법학은 헌정질서와 법제 구조 속에서 정책이 어떤 기능을 수행하는가라는 기준으로 다시 분류한다. 이는 단순한 유형 구분이 아니라, 미흡하지만 정책과 법의 결합 방식을 드러내려는 시도이다.

정책 유형의 의미: 정책의 본질은 국가가 법을 통해 사회적 문제를 해결하고 미래를 설계하는 과정이다. 따라서 정책 유형의 재구성은 법적 정합성과 정책적 기능을 통합적으로 설명하는 틀을 제공한다. 이를 통해 정책이 국가 내외의 다층적 맥락에서 어떻게 법·제도와 결합하는지 드러나게 된다.

국내정책: 국내정책은 다시 세 가지로 구분된다.
- 국가의 유지와 존속 정책: 구성, 추출, 내우/외환 대응, 상징 정책
- 시민사회 질서 유지 정책: 사적 관계의 규율, 조정, 중재 정책
- 국민의 삶의 질 향상 정책: 제한·보조·보호·유도·제재 등 정책

국제정책: 해외로 시선을 확장하면 또 다른 세 범주가 드러난다.
- 국가 이익 보전 정책: 외교·안보·경제적 이익을 확보하는 정책
- 세계 공동체 일원 정책: 국제조약 이행, 글로벌 규범 수용, 국제 질서 유지 정책
- 우리나라 국제화 수준 제고 정책: 외국기업 유치, 교류 확대, 국제적 경쟁력 제고 정책

1. 전통적 정책 유형의 의미 및 한계

가. 전통적 정책 유형 구분

정책학 교재에서는 정책 유형을 비중 있게 다루지 않으며, 설명 역시 간략하다. 그러나 정책법학 관점에서 정책 유형은 정부 활동의 성격과 수단을 분석하고, 정책 설계의 방향성을 구체화하는 데 필수적이다. 일반적으로 정책 유형론은 정책을 정부가 수행하는 기능과 작용 방식에 따라 분류하는 틀을 말한다. 가장 널리 알려진 것은 Lowi가 제시한 분류로, 그는 정부의 정책을 크게 네 가지로 구분하였다.

첫째, 분배정책(distributive policy)은 사회 구성원 개개인이나 특정 집단에 혜택을 제공하는 정책으로, 도로 건설, 연구개발 지원, 농업 보조금처럼 한쪽에 혜택을 주더라도 다른 집단의 권익을 직접 침해하지 않는 경우가 많다.

둘째, 규제정책(regulatory policy)은 사회 구성원이나 집단의 행위를 제한하거나 조건을 부과하는 정책으로, 환경 규제, 산업 안전기준, 인허가 제도가 이에 속한다.

셋째, 재분배정책(redistributive policy)은 사회적 자원이나 기회를 한 집단에서 다른 집단으로 이전하는 성격을 가지며, 조세제도, 사회보장, 복지정책이 대표적이다. 이 유형은 분명한 수혜자와 부담자가 존재하므로 정치적 갈등이 크다.

넷째, 구성정책(constitutive policy)은 정부 조직, 제도, 권한 배분 등 정치·행정체계의 틀 자체를 설정하거나 변경하는 정책이다. 헌법 개정, 정부조직법 개정, 선거제도 개편 등이 여기에 해당한다.

이 외에도 정책학에서는 상징정책(symbolic policy), 추출정책(extractive policy) 등 다양한 분류를 제시하기도 한다. 이러한 분류는 정책이 무엇을 대상으로 하고, 어떤 방식으로 사회에 영향을 미치는지 체계적으로 파악하는 데 도움을 준다.

국내 학자들도 독자적으로 정책 유형을 구분하기도 한다. 요구 충족 정책과 지지 획득 정책으로 구분하거나, 정책 수단을 중심으로 구분하기도 한다.[81]

이때 요구 충족 정책은 국민이 정치체제인 정부에 요구하는 것으로, 사회생활에서 개인의 힘으로 해결하기 어려운 문제를 해결해달라는 성격을 가지며, ⅰ) 규제정책(일방의 횡포로부터 타인을 보호), ⅱ) 배분정책(서비스와 재화를 공급)으로 구분한다. 지지 획득 정책은 정부가 국민들로부터 지지를 확보하기 위해 추진하는 정책으로, ⅰ) 추출정책(징병이나 조세를 통해 인적·물적 자원을 획득), ⅱ) 순응확보정책(상징정책, 구성정책, 여론조작정책 등을 통해 국민의 순응을 확보)으로 구분한다.82)

정책 유형 구분에서의 정책 수단이란 조직, 권위, 자금, 정보를 의미한다. 조직이란, 정부가 국민에게 필요한 재화와 서비스를 제공하는 조직(정부기관, 공기업, 시장조직, 민간위탁 등)을 의미한다. 권위란 명령권과 통제권을 행사하는 규제와 관련되며, 자금은 정부가 보유한 재정자원과 자금조달 능력을 활용하여 민간의 행동을 유도하는 방법과 관련된다. 마지막으로 정보란, 정부가 보유한 정보를 활용하거나 정보 네트워크의 중심적 위치를 활용하여 대상 집단의 행태를 변화시키는 방식과 관련된다. 공공정보 캠페인, 권고·설득, 정보 제공 의무화 등이 대표적인 수단이다.83)84)

나. 행정법에서 보는 행정작용

한편, 행정법은 오래 전부터 행정을 다양하게 유형화했다. 관련된 행정법의 기본 개념은 행정작용과 행정행위이다. 이 중에서 행정작용85)은 사실상 모든 행정활동을 포괄하는 가장 큰 개념으로, 급부 제공, 규제, 계획 수립, 계약 체결 등 정부가 수행하는 광범위한 활동을 포함한다. 반면 행정행위는 행정작용 중에서도 특별히 행정청이 공권력의 주체로서 우월적 지위에서 국민의 권리와 의무에 직접적인 변동을 일으키는 구체적 행위를 가리킨다. 즉, 행정행위는 행정작용의 일부로서, 국민의 법적 지위에 실질적 변화를 가져오는 행위라 할 수 있다.

---

81) 정정길 교수와 남궁근 교수의 설명이다.
82) 정정길 외(2023). 『정책학원론』. 대명출판사
83) 남궁근(2021). 『정책학』. 법문사.
84) 필자도 남궁근 교수와 유사하게 정책 수단을 분류한다. 정교하지는 않지만, 이러한 분류는 시민사회와의 관계에서 정부의 활동을 이해하는데 손쉬운 이해를 할 수 있도록 도와준다. 필자는 '하라', '하지 마라'와 같은 규제의 수단, '돈을 준다', '돈을 안준다'와 같은 재정 수단, '벌을 준다', '벌은 안준다'와 같은 벌칙 수단, 그리고 '믿어주세요', '들어주세요'와 같은 말(정보)로 하는 수단으로 구분을 한다. 이러한 4가지 분류는 정부가 시민사회를 대상으로 하는 여러 활동의 많은 부분을 이해하게끔 해준다. 참고로 조직은 행정부 내부 문제이고, 시민사회에서는 벌이 더 중요하다고 보기 때문에 조직 대신에 벌과 제재 수단을 더욱 중시한다.
85) 행정법 책을 이해하기 위해 반드시 이해해야 할 단어들 중에 행정작용, 행정행위가 있다. 이 중에서 행정작용이 제일 큰 개념이다. 사실상의 모든 행정활동을 의미한다. 그리고 행정행위는 정부가 공권력의 주체로서 우월적 지위에서 국민의 권리·의무에 직접 영향을 미치는 행위를 말한다. 즉, 국민의 법적 지위에 변동을 주는 구체적 행정작용이다. 즉, 행정작용 중의 일부이다. 그래서 확약, 입법, 계약 등은 행정작용에는 속하지만, 행정행위에는 속하지 않는다. 이때 함께 이해해야 할 용어가 법률행위이다. 법률행위란 민법상 용어로서 당사자의 의사표시에 따라 법률효과(권리와 의무의 변동)가 발생하는 행위를 말한다. 이때 '법률'이란 법에 의한 효과 발생이라는 의미가 된다. 그리고 의사표시란 '법적 효과를 발생시키려는 목적을 가진 말 또는 행동'을 의미한다. 쌍방의 의사표시가 합치되어야 하는 계약, 일방의 의사표시로도 가능한 유언이 모두 민법상 법률행위이다.

따라서 확약, 입법, 계약과 같은 활동은 행정작용에는 속하지만, 국민의 권리·의무를 직접 변동시키지 않기 때문에 행정행위에는 포함되지 않는다.

이와 함께 이해해야 할 개념이 법률행위이다. 이는 민법상의 용어로, 당사자의 의사표시에 따라 권리와 의무의 변동이라는 법률효과가 발생하는 행위를 뜻한다. 계약처럼 쌍방의 의사표시가 합치되는 경우도 있고, 유언처럼 일방적 의사표시로도 성립하는 경우도 있다. 여기서 '법률행위'라는 개념을 차용하여 행정행위를 세분할 때, 전통적으로 우리 학계에서는 법률행위적 행정행위와 준법률행위적 행정행위[86]라는 구분을 사용해왔다. 다만 '적(的)'이라는 표현은 행정행위가 단지 법률행위를 닮았다는 인상을 주어 오해를 불러일으킬 수 있다. 실제로는 ⅰ) 법률행위로서의 행정행위, 즉 행정청의 의사표시 자체에 의해 법률효과가 발생하는 행위, ⅱ) 준법률행위로서의 행정행위, 즉 의사표시와 무관하게 법규에 의해 법률효과가 발생하는 행위로 나누는 것이 타당하다. 구체적으로 법률행위로서의 행정행위는 의사표시를 구성요소로 하여 효과의사의 내용에 따라 법률효과가 발생한다. 이는 다시 다음처럼 나눌 수 있다.

- 명령적 행정행위: 상대방에게 일정한 의무를 부과하거나 해제하는 행위(예: 하명, 허가, 면제).
- 형성적 행정행위: 상대방에게 권리·능력 또는 법률상의 힘을 설정·변경·소멸시키는 행위(예: 특허, 인가, 대리).

반면 준법률행위로서의 행정행위는 판단, 인식, 관념 등 효과의사 이외의 정신작용을 구성요소로 하고, 그 법률효과는 행정청의 의사 여부와 무관하게 법규가 직접 정하는 바에 따라 발생한다. 확인, 공증, 통지 등이 그 대표적인 예이다.

행정행위 이외에도 다양한 행정작용들이 존재한다. 예컨대 행정법상의 확약, 행정입법(법규명령·행정규칙), 공법상 계약, 행정지도, 행정계획, 행정사법 등이 그것이다. 이들은 모두 행정작용의 범주에는 속하지만 행정행위의 정의에는 들어가지 않는다.

아울러 행정법학에서는 기능적 기준에 따라 행정작용을 구분하기도 한다. 전통적으로는 급부행정, 경찰행정, 경제행정, 개발행정, 환경행정, 조세행정 등으로 나누며, 다른 분류법으로는 질서행정, 복리행정(급부행정·규제행정·공용부담행정), 재무행정, 군사행정 등의 범주로 나누기도 한다. 공무원의 시각에선 더 직관적이나, 부처나 기능 중심이다 보니 정책수단과의 연결에는 어려움이 있다.

---

86) 우리 행정법학계에서는 보통 이를 법률행위적 행정행위, 준법률행위적 행정행위라고 사용한다. 관행적으로 사용되어 왔다고 하지만, 그 의미는 명확히 설명해주는 것이 필요하다고 본다. '적(的)'이 붙으면 마치 법률행위를 닮은 듯한, 유사한, 준하는 느낌을 준다. 하지만, 법률행위적 행정행위의 의미는 '행정행위가 법률행위이다.'라는 의미이다. 따라서 '적'을 붙일 하등의 이유가 없다. 필자는 쉽게 '행정청의 의사에 따라 법률효과가 발생하는 행정행위', '행정청의 의사보다는 법규에 따라 법률효과가 발생하는 행정행위'로 구분하는 것이 이해에 도움이 된다고 본다. 따라서 법률행위적 행정행위보다는 '법률행위로서의 행정행위'가 더 올바른 표현이라고 본다. 즉, 행정행위 중에서도 행정청의 의사표시에 의해 직접 법률효과가 발생하는 유형을 의미한다. 한편 '준법률행위적 행정행위'도 이해의 혼란을 초래하기는 마찬가지이다. '준(準)'은 '어떤 것에 버금간다, 거의 같다'라는 뜻이다. 그런데 준법률행위는 실제로 법률행위와는 성격이 전혀 다른 행정작용이다. 차라리 '법규 기속형 행정행위'가 더 나을 것 같다.

정리하면, 행정작용은 행정활동 전체를 아우르는 가장 큰 개념이고, 행정행위는 그 중에서 국민의 권리·의무에 직접적 변화를 주는 구체적 행위를 뜻한다. 행정행위는 다시 법률행위로서의 행정행위(의사 중심)와 준법률행위로서의 행정행위(법규 기속형)로 나뉘며, 그 외에도 다양한 형태의 행정작용이 존재한다는 점에서 행정법학적 이해가 필요하다.

다. 기존 정책 유형론의 한계

첫째, 대부분의 분류가 국내정책만을 상정하고 있으며, 외교·안보·국제경제·기후변화 등 초국경적 정책 영역을 제대로 반영하지 못한다. 특히 개방화·국제화된 사회와 국제규범이 국내법에 영향을 주는 상황을 고려하지 못하고 있다. 그러나 오늘날 국가는 국제무대에서 다층적 역할을 수행하고, 국제정책이 국내정책에 직접적 영향을 미친다. 따라서 국제정책을 독립적으로 체계화하는 구분이 필요하다.

둘째, 현대 행정국가에서는 정책이 법·제도·조직 설계와 긴밀히 얽혀 있고, 집행과정에서 준사법적 기능까지 수행하지만, 기존 분류는 이를 충분히 포착하지 못한다. 즉, 기존 분류는 정책의 효과나 결과에 초점을 두지만, 정책법학 관점에서 보면 정책은 언제나 법률과 연결된다. 즉, 정책 유형을 구분하는 기준은 단순히 "누가 혜택을 보느냐"가 아니라, 정책 목적과 정책 수단이 무엇이냐에 있다. 예컨대 제한정책은 금지·허가·등록이라는 법적 수단을 전로 하고, 보조정책은 예산과 보조금 법령을 통해 작동한다. 기존 분류는 이러한 법적 수단의 다양성을 충분히 반영하지 못했다.

셋째, 산업화, 경제개발, 복지 확충 등 국가 주도의 전략적 개입이 중요한 발전국가에서는 정책이 경제·사회 구조 변동의 핵심 도구가 되지만, 전통 분류는 이런 '전략형 정책'을 별도로 다루지 않는다.

넷째, 실제 정책은 분배와 규제, 재분배와 구성 기능이 혼합된 형태가 많지만, 전통 분류는 복합성을 잘 설명하지 못한다. 또한, 기존 분류에서는 분배·재분배라는 큰 틀로만 설명되었으나, 실제 정책현장에서는 제한·보조·보호·제재·지도·유도·보상 등 훨씬 다양한 방식이 작동하고 있다. 결과적으로 기존 정책 유형은 정책 수단의 차이도 설명하기 어려우며, 법제화 과정에서도 구체적 그림을 잡기 어렵다. 즉, 국민의 삶의 질과 관련된 정책이 세분화되지 못했다.

다섯째, 정책을 사회관계(국가-시민사회, 시민사회-시민사회) 속에서 바라보기보다, 주로 정책의 '효과'나 '대상'에 따른 기술적 분류에 치중한다. 즉, 기존 분류는 정부의 기능만을 중심으로 하고, 시민사회의 역할을 독립적으로 고려하지 않았다. 그러나 정책은 언제나 정부와 시민사회의 상호작용 속에서 형성된다. 따라서 시민사회의 질서 유지, 갈등 조정, 사적 관계 규율 같은 영역이 별도로 구분될 필요가 있다.

이런 한계 때문에, 기존 정책 유형론만으로는 현대 행정국가·발전국가의 정책 현실과 국제정책 영역까지 아우르는 분석이 어렵다. 따라서 정책을 관계의 유형에 따라 재구성하고, 행정 국가적 특징을 반영하며, 국제정책까지 포괄하는 새로운 정책 유형이 필요하다.87) 동시에 정책설계까지도 도움을 줄 수 있는 정책 유형이 필요하다.

하지만 기존 정책 유형은 더 큰 문제점이 존재한다. 기존 유형은 정책현상을 구조화하고 명확하게 분류할 수 있는 개념의 틀을 제공해 준다. 또한, 정책목표에 맞는 수단을 선택하는 데에도 조금은 도움을 준다. 행정작용의 유형에 따라 법적 통제 방법이 달라진다는 것도 이해할 수 있다. 하지만 이러한 설명은 일종의 '인지적 도구'이다. 현실을 해석하는 도구이지, 실행 도구로서 보기는 한계가 있다. 즉, 정책 담당자가 되고자 하는 학생이나 현재 정부에서 정책 담당자로 일을 하는 공무원들에게는 실무적인 도움을 준다고 보기는 어렵다(행정작용법은 일부 도움). 특히 이러한 설명 체계는 미국식 정치체제를 바탕으로 하고 있다. 미국에서 정책은 정치체제의 산물이다. 그러나 우리는 행정 체제의 산물이다. 더욱이 우리나라는 강력한 대통령제 하에서의 행정부를 갖고 있다. 같은 대통령제인 미국이라면 국회에 있어야 할 기관(예: 감사원)이 우리는 대통령의 소속기관이다. 인권위원회나 선거관리위원회 등을 제외한 나머지 권력기관들도 다 대통령 소속이다. 여기에 행정부는 행정입법이라는 준(準)입법적 권력도 갖고 있고(때론 국회 입법보다 더 중요할 수 있다), 갈등을 조정하고 이해관계를 조절하는 준사법적 권력도 갖고 있다. 행정심판제도나 소청심사위원회 등이 대표적이다. 따라서 정책학에서의 정책 유형 설명이 우리나라의 정책 현상을 설명하기에는 불충분하다.

다. 정책 유형과 정책 설계의 관계

정책 유형 분류는 단순한 학문적 분류 작업이 아니라, 곧 정책설계의 출발점이다. 정책의 성격과 기능을 올바르게 분류하지 못하면, 설계 단계에서부터 잘못된 구조와 수단이 채택될 가능성이 크다. 예를 들어 규제정책을 분배정책의 논리로 설계하면, 규제의 목적·대상·집행 방식이 왜곡되고, 결과적으로 정책 효과는 크게 떨어진다. 따라서 정책 유형을 구분하는 일은 다음과 같은 의미가 있다.

---

87) 한국 학계가 Lowi의 유형 한계를 크게 지적하지 않고, 대안적 틀도 제시하지 않는 이유는 몇 가지가 겹쳐 있다고 본다. 첫째, 학문 수입 구조의 관성 때문이다. 미국 이론을 그대로 번역·소개하며 출발한 학문은 그 틀을 '정전(正典)'처럼 굳혀버린다. 둘째, 연구 인센티브 부재이다. 새로운 분류 체계를 만들면 평가에서 불확실성과 비판에 직면하기 쉽지만, 기존 이론을 검증·응용하는 연구는 안전하다. 셋째, 현장 경험 부족도 크다. 실제 정책의 기획·집행을 경험한 사람은 기존 틀로 설명이 안 되는 영역(국제정책, 발전국가형 정책, 법·제도·집행의 복합성)을 직감하지만, 순수 학문 경로만 거친 연구자는 이를 체감하기 어렵다. 넷째, 한국형 행정국가 현실 반영 시도 부족이 있다. 강한 행정부, 법과 정책의 순환, 국제·국내 혼합정책이라는 특징을 설명할 틀이 필요한데, 여전히 미국 입법 중심 틀에 의존하는 경향이 강하다. 다섯째, 학문 생태가 제조업보다 유통업 중심이라는 점이다. 새로운 이론을 '제조'하는 연구자보다, 외국 이론을 '유통'하고 '해설'하는 연구자가 다수이다. 여섯째, 정책 유형론의 유효성 문제이다. 기존 유형론은 정책 유형별로 어떤 정책 수단과 정책구성이 요구되는지를 명확히 제시하지 못했다. 이로 인해 정책 유형이 실제 정책결정이나 집행 설계에 실질적으로 영향을 주지 못했고, 결국 정책학이 현장 활용성도 제한적이었다. 이번 책의 의의는 바로 이 공백을 메우고, 정책 유형과 정책 수단·구성을 직접적으로 연결하는 틀을 제시하는 데 있다

- 정책목표의 명확화 – 무엇을 달성하려는 정책인지 정의
- 정책 수단의 정합성 확보 – 목표와 수단 간의 적합성 검증
- 정책대상과 이해관계의 구조화 – 영향을 받는 집단, 협력할 집단, 반대할 집단을 설계 초기부터 파악
- 집행체계 설계 – 법제, 조직, 재원, 인력구성의 방향성을 결정
- 평가 프레임 설정 – 사후 평가와 피드백 구조를 미리 내장

결론적으로, 정책 유형이 곧 정책설계가 된다. 유형 분류에 대한 고민 없이 설계된 정책은, 목적과 수단이 어긋난 채 출발하는 건축물과 같다. 정책은 Lowi나 Almond 그리고 우리나라 학자들이 분류한 유형 이상으로 다양한 유형이 존재한다. 우리가 정책학이라는 과목을 배워도 정책 현상을 정책학의 몇 개의 이론을 바탕으로 분석하다 보니 사후적으로 정책을 분석할 수는 있으나, 사전적으로 정책설계를 하는 과정에는 큰 도움이 되지 못한다. 즉, 정책학이 정책 현장에 있는 행정부나 입법부 공무원들에게는 실천적 도구로서 기능하질 못한다. 이를 극복하고 정책학의 실용성을 강화하기 위해서는 정책에는 다양한 유형이 존재하고, 그 유형별로 적용될 수 있는 정책 수단(policy tool)이 존재한다는 점을 이해하는 것이 요구된다. 지금까지는 이러한 내용을 행정법, 입법학 또는 법정책학에서 법의 관점으로 공부해왔다.

동시에 정책은 제정된 법을 바탕을 두고, 그 기초 위에서 구체화한다는 점을 이해해야 한다(constitution). 이를 이해하려면 법학의 대강을 그리고 law making process를 이해해야 한다. 이런 과정을 거쳐서 사회과학으로서의 정책학과 법학이 결합하는 가능성이 생겨난다. 우리나라처럼 행정부 공무원이 정책도 만들고 법안도 만들 때에는 행정부 공무원의 정책역량과 법제 역량은 아무리 강조해도 지나치지 않는다. 국가정책은 이러한 두 가지 역량을 바탕으로 이뤄지는 것이다. 이와 유사한 용어로 국정관리(國政管理)가 있다. 하지만, 국정(國政)88)의 의미에서 보듯이 이는 행정학을 바탕으로 한 정책과 행정의 결합적 사고이다. 즉, 정책설계와 이를 기반으로 한 법제(法制)를 이해하기 위해서는 정책법학 관점의 정책유형이 요구된다.

---

88) 현행 법령에서 국정에 대한 명시적인 정의는 없다. 관행적으로 사용할 따름이다. 지자체에서는 도정(道政), 시정(市政)이란 표현을 사용하기도 한다. 다만, 『국정기획위원회의 설치 및 운영에 관한 규정』 제3조(기능)를 보면 국정의 의미를 유추해볼 수 있다. 정부의 조직·기능 및 예산 현황의 파악, 국가 주요 정책의 선정 및 그 실행을 위한 중·장기계획의 수립 등에 대해 자문을 하는 조직이 국정기획위원회이다. 즉, 국정은 행정과 정책을 모두 포함하는 용어라고 볼 수 있다.

2. 새로운 정책 유형

가. 정책 유형론의 의미: 정책-법률 통합 설계 도구

정책 유형론은 전통적으로 정책학에서 정책을 기능과 효과에 따라 분류하려는 시도에서 출발하였다. 로위의 규제정책·분배정책·재분배정책·구성정책이라는 네 가지 분류, 그리고 알몬드 등의 논의에서 확장된 상징정책, 추출정책 등은 모두 정책현상의 복잡성을 단순화하고 체계화하기 위한 기초적 틀이었다. 그러나 정책법학의 관점에서 정책 유형론은 단순한 행정학적 분류표가 아니라, 정책과 법의 관계를 입체적으로 해석하는 핵심 분석 장치로 새롭게 의미를 가진다.

첫째, 정책 유형론은 law as policy tool이라는 차원에서 기능한다. 각 정책 유형은 저마다 고유한 법적 수단이 필요하고, 법은 정책의 집행수단으로 구체화한다. 예를 들어, 제한정책은 허가·인가·등록 같은 행정행위를 통해 강제력을 수단화한다. 보조정책은 법령에 명시된 요건과 절차에 따라 재정을 배분함으로써 법을 통해 지원이 제도화된다. 추출정책은 조세법률주의, 부담금 근거 법률 등을 통해 공권력을 행사한다. 이처럼 정책 유형은 곧 어떤 법적 수단을 동원해야 하느냐와 직결된다.

둘째, 정책 유형론은 law as policy constitution이라는 차원에서도 작동한다. 어떤 정책은 단순히 법을 수단으로 삼는 데 그치지 않고, 법 자체가 곧 정책의 구조를 형성한다. 구성정책이 대표적인 예이다. 정부조직법, 교육기본법, 지방자치법 등은 단순히 집행수단을 규정하는 것이 아니라, 조직을 창설하고 권한의 구조를 설계하며, 국가 운영의 틀을 제도적으로 고정한다. 보호정책이나 보상/배상정책 또한 수급 요건, 권리 구조, 청구 절차 등을 법률로 제도화함으로써 정책이 곧 법적 질서로 내재화된다. 이처럼 정책 유형론은 법이 정책의 헌정적 구조를 어떻게 구현하는가를 보여준다.

셋째, 정책학의 맥락에서 특히 강조해야 할 것은 policy as law-making force이다. 정책은 단순히 법을 활용하거나 제도 속에 안착하는 데 그치지 않고, 새로운 법을 만들어내는 동력(force)으로 작용한다. 환경정책은 환경기준법과 온실가스 감축 관련 입법을 요구하고, 복지정책은 사회보장법을 확대하며, 디지털 정책은 개인정보보호법·인공지능 규제법과 같은 새로운 법률을 탄생시킨다. 즉, 정책의 유형을 구분한다는 것은 곧 이 정책이 어떤 법적 근거를 필요로 하고, 어떤 법을 창출할 것인가를 정책 설계 단계에서부터 고민하게 만든다.

이 점에서 정책학의 정책 유형론은 법정책학에서 다루는 분석과는 다른 독자적 의미를 갖는다. 법정책학도 물론 법이 정책의 수단이 되고, 정책의 구조가 법에 내재화된다는 점을 설명할 수 있다. 그러나 정책학의 정책 유형론은 한 걸음 더 나아가, 정부가 정책을 설계할 때부터 법제화 가능성을 고려하게 하는 사전적·기획적 사고의 틀을 제공한다. 다시 말해, 정책 유형론은 정책을 분류하는 동시에, 그 정책을 실질적으로 법으로 만들고 제도화할 수 있는 실천적 law-making force로 기능한다. 결국 정책법학에서 정책 유형론은 세 가지 차원을 모두 아우른다.

- 법은 정책의 수단이다(law as policy tool).
- 법은 정책을 구성한다(law as policy constitution).
- 정책은 법을 만들어내는 힘이다(policy as law-making force).

이러한 통합적 시각 속에서 정책 유형론은 단순히 정책을 설명하는 분류 틀이 아니라, 법과 정책의 순환 구조 전체를 이해하고, 동시에 정책을 법제화할 수 있는 기획적·전략적 사고의 틀이 된다. 따라서 정책학이 정책 유형론을 중시하는 이유는 단순히 행정 현상을 체계화하기 위해서가 아니라, 정책을 법률적·제도적으로 가능하게 만드는 힘을 확인하고 구체화하기 위함인 것이다. 즉, 정부가 특정한 정책 유형을 채택하는 순간, 동시에 그 정책을 뒷받침할 법률 구조가 어떻게 될지를 구상할 수 있게 된다. 제한정책을 사고하면 곧 시장 진입·활동·퇴출 규율의 법률적 구조가 설계되고, 추출정책을 사고하면 부과–집행–저항–보완이라는 법률 체계가 자연스럽게 연상된다. 지도정책을 사고하면 고지 의무·공시 제도·정보공개 절차 같은 법률 조항의 구상이 동반된다. 이처럼 정책 유형론은 정책 아이디어를 단순한 행정적 구상에 머무르지 않고, 곧바로 법제화 가능한 틀로 연결해주는 역할을 한다.

따라서 정책 유형론은 정책법학에서 "정책–법률 통합 설계 도구"로 이해되어야 한다. 그것은 단순히 정책을 분류하거나 설명하는 학문적 도구가 아니라, 정부가 정책을 만들 때 동시에 법률안을 구상하고 제도화를 가능하게 하는 기획 언어(planning language)이자 법률 설계도(blueprint)이다. 다시 말해, 정책 유형론은 정책과 입법을 분리된 연속 과정으로 보지 않고, 정책과 법률 제정을 통합적으로 설계할 수 있도록 안내하는 분석 도구이다.

나. 정책 유형의 내용

정책은 본질적으로 일정한 행위 주체들 간의 관계를 규율하거나 조정하는 행위이며, 이러한 기준에서 보면 정부가 수행하는 정책은 크게 세 가지 관계 유형에 따라 구분할 수 있다. 정책을 유형화하는 방식은 단순히 학문적 분류 작업을 넘어, 국가와 시민사회 간의 관계 구조를 어떻게 이해하느냐에 깊은 연관이 있다. 정책은 그 본질상 권위적 행위일 수도 있고, 복지적·서비스적 행위일 수도 있으며, 시민사회의 자율적 관계에 개입하는 조정 행위일 수도 있다. 나아가 국제적 차원에서 정부가 다른 정부와 상호작용하는 활동까지 포괄한다. 따라서 정책 유형을 구분하는 핵심 논리는 바로 행위 주체와 관계의 구조에 기초한다.

첫째, 국가의 유지·존속 정책은 정부가 시민을 대상으로 직접적이고 권위적으로 개입하는 정책이다. 조세 부과, 선거제도 운영, 병역제도와 같이 정치체제 자체를 유지하기 위한 제도들이 여기에 해당한다. 이 경우 관계 구조는 전형적인 Government to Citizen으로, 정부는 권위적(authoritative) 지위를 바탕으로 국민에게 의무를 부과하거나 자원을 추출한다. 국민의 일체감 형성과 관련된 비권력적 활동도 이 정책에 포함된다. 일체감 형성이 국가의 유지에 중요하기 때문이다.

둘째, 시민사회 질서 유지 정책은 다른 성격을 지닌다. 이는 시민과 시민과의 관계에서 질서를 유지하건, 발생하는 갈등이나 문제를 정부가 제3자의 위치에서 중재하거나 판정하는 형태의 정책이다. 민법, 형법, 각종 행정조정제도 등이 이에 해당한다. 따라서 이 정책은 Citizen to Citizen 관계에 정부가 개입하는 구조이며, 이때 정부는 직접적인 당사자나 권위적 존재가 아니라(왕정 시대에서는 권위적 존재), 자유민주주의 정부로서 질서 유지와 갈등 조정을 위한 간접적 개입자로 기능한다. 그러므로 이 정책 유형은 별도로 분리해 보아야 한다.

셋째, 국민의 삶의 질 향상 정책은 정부가 시민의 복지를 증진하고 안전을 보장하기 위해 제공하는 정책이다. 보조금 지급, 복지제도의 설계, 안전 규제 등이 대표적 사례이다. 여기서도 관계 구조는 Government to Citizen이지만, 성격은 권위적이라기보다 복지적·서비스적이다. 정부는 국민에게 의무를 부과하기보다 지원과 보호를 제공하는 방식으로 삶의 질을 높인다. 따라서 복지국가, 공익과 밀접한 관련이 있다.

마지막으로, 국제정책은 국가 간 관계에서 이루어지는 정책이다. 이는 Government to Government의 관계 구조로, 국제법과 조약, 외교적 합의라는 규범 질서 위에서 작동한다. 이 영역에서는 시민이 직접 주체로 참여하기 어렵고, 정부가 국가를 대표하는 대리인의 지위에서 활동한다. 따라서 국제정책은 국내정책과는 또 다른 차원의 구조를 형성한다.

따라서 정책 유형은 단순히 기능적 기준만이 아니라, 국가와 시민사회, 그리고 국가 간의 관계 구조를 어떻게 설정하느냐에 따라 논리적으로 구분된다. 이는 정책을 바라보는 시야를 넓히고, 각 정책이 가지는 성격과 제도적 정당성을 분명히 하는 데 중요한 기준이 된다. 정책은 국내정책과 국제정책으로 나눌 수 있으며, 국내정책은 다시 다음과 같은 세 가지 범주로 분류된다.[89]

---

89) 필자가 제시한 정책 유형은 다소 파격적이어서, 기존 정책학계에서는 쉽게 수용되지 않을 수도 있다. 그러나 공무원의 시각에서 본다면 충분히 의미있는 구분이며, 각 유형에 따라 정책 수단과 설계 구성이 달라진다는 점을 고려할 때 지속해서 발전시킬 가치가 있다. 왜냐하면 정책 유형은 곧 정책설계와 직결되기 때문이다.

다. 국내정책과 국제정책의 유형화

1) 국내정책

국내정책은 크게 국가의 유지와 존속과 관련된 정책, 시민사회의 질서 유지와 관련된 정책, 국민의 삶의 질 향상과 관련된 정책으로 구분할 수 있다. 국가론의 관점에서 보면 전통적 권위주의 국가 → 자유주의 국가 → 복지국가로의 진전과도 연관된다.

A. 국가의 유지/존속을 위한 정책

이는 가장 전통적이고 본래의 정책 유형으로, 고대 국가의 조용조(租庸調)나 부병제(府兵制) 등과 유사한 성격을 지닌다. 국가라면 우선해서 만들어야 할 정책이다.

① 구성(構成)정책: 국가의 조직과 운영의 틀을 설정하는 정책이다. 헌법 제정, 정부 조직법, 공무원 제도, 선거제도, 중앙정부와 지방정부 간 정책협력 기제 등이 해당한다.

② 추출(抽出)정책: 공동체 구성원으로서의 의무 부담을 전제로, 국가 운영에 필요한 자원(재정, 인력 등)을 확보하는 정책이다. 조세, 사회보험료, 병역, 대가가 없는 각종 부담금 등이 여기에 포함된다.

③ 내우(內憂)/외환(外患) 대응 정책: 국방과 재난 대비는 국가가 존속하기 위해 반드시 충족되어야 하는 존재론적 최소 조건이다. 이는 직접적으로 국민의 생명과 안전을 보장하는 정책으로 국가정책 중에서 가장 기본이 되는 정책 중의 하나이다.

④ 상징정책: 특별한 물질적 혜택 없이 국민의 정체성과 일체감을 형성하는 정책으로, 국민의 심리적·감정적 반응을 유도하고, 정책의 수용을 기대하며, 정치적 정당성을 강화하는 것을 목적으로 한다. 비권력적이지만, 그 이면에는 국가공동체라는 권위기제가 존재한다.

B. 시민사회의 질서 유지를 위한 정책

전통적으로는 국가가 공권력의 주체로서 시민사회를 직접 규율했으나, 민주화의 진전에 따라 제3자적 위치에서 법에 근거를 두고 시민사회를 규율하는 방식으로 변화했다. 일부 기능은 행정부에 내재화된 준사법적 권능을 통해 수행된다. 자유주의 국가와 관련된다.

⑤ 사적 관계의 질서 형성 정책: 사적 관계를 제도화하고 질서를 구축하는 정책으로, 주로 민법, 상법, 가족법, 노동법 등에서 구현된다.

⑥ 조정·중재 정책: 분쟁을 조정하거나 중재함으로써 갈등을 조절하는 정책이다. 전통적으로는 사법부의 기능이었으나, 행정국가의 등장 이후 행정부가 이러한 기능을 수행하는 경우가 많아졌다. 준사법적 기능이 행정부에 내재화(內在化)된 것으로 이해할 수 있다.

C. 국민의 삶의 질 향상을 위한 정책

이는 행정국가와 복지국가 시대에 확대된 영역으로, 정부와 시민사회 간의 관계에서 공익과 공공성을 실현하려는 정책이다. 제한이나 제제 등 권리를 제한하거나 의무를 부과하는 정책이 국민의 삶의 질 향상과 관련되는 이유는 그 정책이 공익과 관련되기 때문이다.

⑦ 제한(制限)정책: 시민의 자유를 제한하거나 행위 의무를 부과하는 정책이다. 허가제, 등록제, 자율규제 등이 있으며, 금전적 부담(허가 수수료 등)이 수반될 수 있다. 이는 사전 통제를 통해 행위를 조건부로 허용하는 성격을 가진다.

⑧ 보조(補助)정책: 보조금 등 지원과 유인을 통해 참여와 활동을 촉진하는 정책이다.

⑨ 보호(保護)정책: 인간다운 삶과 사회권 보장을 위해 국가가 개입하는 정책이다. 사회복지, 의료보장, 주거 보장 등이 이에 해당한다.

⑩ 지도(指導)정책: 정보 제공, 공공 캠페인, 상징 조치 등을 통해 비권력적으로 설득과 유도를 시도하는 정책이다.

⑪ 제재(制裁)정책: 위법 또는 불응 행위에 대한 벌을 부과하는 정책이다. 금전적 벌뿐 아니라 행정법상 각종 불이익 처분도 포함된다.

⑫ 유도(誘導)정책: 국가 비전과 미래 방향성을 설정하는 기획 정책이다. 국가 기본계획 수립, 장기 발전 전략 등이 여기에 속한다.

⑬ 보상(補償)/배상(賠償)정책: 국가의 개입으로 인해 발생한 손해나 손실에 대한 보전을 목적으로 하는 정책이다.

⑭ 위기 및 안전관리정책: 안전과 질서 유지를 위해 공권력을 직접 행사하는 정책이다. 치안 유지, 집회 관리, 긴급 상황 대응 등이 해당한다. 전통적인 경찰행정에 가깝다.

D. 국가의 유지/존속 정책과 국민의 삶의 질 정책의 비교

현대 국가에서 정부가 수행하는 정책은 그 목적과 정당성, 국민과의 관계 설정에 따라 크게 두 가지 방향으로 구분할 수 있다. 하나는 국가의 유지와 존속을 위한 정책이며, 다른 하나는 국민의 삶의 질을 향상하기 위한 정책이다. 이 두 정책 유형은 모두 정부(Government)와 국민(Citizen) 간의 관계, 즉 Government to Citizen(G2C) 구조에 속하지만, 그 작동 원리와 정책설계 방식에서는 본질적인 차이를 보인다.

먼저, 국가의 유지·존속 정책은 헌정질서를 수호하고, 주권국가로서의 존립 기반을 유지하며, 통치의 정당성을 확보하려는 목적에서 출발한다. 이는 통상적으로 헌법이나 국가의 기본법에 근거하여 구성되며, 국민을 '국가의 구성 요소'로 간주하고, 조세·병역·복무 등 자원을 제공하는 주체로 위치시킨다. 이 정책 유형은 일반적으로 '위로부터의 구성과 동원'을 중심으로 작동한다. 다시 말해, 국민은 이러한 정책의 능동적인 설계자가 아니라, 국가가 정한 명령을 따르고 의무를 수행해야 하는 수동적 지위에 놓인다. 정책은 법률상 의무와 명령에 근거하여 설계되며, 강제력과 법적 구속력을 가진 규범을 통해 제도화된다. 여기에는 구성정책, 추출정책, 내우·외환 대응 정책 등이 포함되며, 정책 수단으로는 강행적 법령, 동원규범, 제재 장치 등이 중심이 된다.

반면에, 국민의 삶의 질 향상 정책은 사회계약론적 관점과 복지국가론을 바탕으로 형성된다. 이 정책의 정당성은 국민의 존엄과 권리를 실현하려는 국가의 의무에서 도출된다. 국민은 더는 단순한 국가의 구성원이 아니라, 권리의 주체이자 보호받아야 할 대상이며, 공공서비스의 수혜자로 간주된다. 이로 인해 정책의 방향성은 '아래로부터의 요구와 보장'으로 형성되며, 정부는 국민의 다원적인 욕구를 분석하여 이를 실현할 정책과 서비스를 설계하게 된다. 정책의 설계 기반은 욕구 기반의 공공서비스 디자인에 있으며, 법적 수단 또한 '명령'이 아닌 보조, 보호, 복지 관련 내용으로 구성된다. 보편주의 또는 선별주의에 따라 재정 지출이 이루어지며, 정책도구는 보조금, 급여, 수당, 사회보험, 사회서비스 등으로 다양화된다. 보조정책, 보호정책, 지도정책, 유도정책, 보상/배상정책 등이 포함된다.

<표 21> 국가의 유지/존속 정책과 국민의 삶의 질 정책의 비교

범주	유형	대표정책	정부 역할	시민의 위치	정책 관계의 본질
국가의 유지/존속 정책	구성, 추출, 국방/위기 대응	선거제도, 조세, 병역, 국방, 재난 관리 등	국가 권위 정당화 및 자원 동원 주체	국가체제의 일원, 복무 또는 부담 주체	시민을 통치제제 요소로 조직하고 자원을 강제 또는 준자발적으로 수취
국민의 삶의 질 정책	제한, 보조, 보호, 제재, 보상 등	보조금, 금지조치, 권리 보호, 안전 보장 등	서비스 제공자 또는 규율자	보호 대상, 지원 수혜자, 규제 수용자	시민을 복지 및 안전의 객체로 보고, 삶의 질을 향상시키는 행위 주체

결론적으로, 이 두 정책은 모두 정부가 국민을 대상으로 한다는 점에서는 공통성을 가지지만, 정책의 목적, 정당성의 근거, 국민의 지위, 설계 방식, 법적 수단의 유형에 있어서는 극명한 차이를 보인다. 국가의 유지와 존속을 위한 정책이 국가 중심의 관점에서 국민을 '의무수행자'로 간주한다면, 국민의 삶의 질을 위한 정책은 국민 중심의 관점에서 국민을 '권리 주체'로 인정한다는 점에서 정책철학과 구조적 출발점 자체가 다르다고 할 수 있다.

2) 국제정책

국제정책은 국내정책과 달리, 시민 개개인이 직접 주체가 되기 어려운 영역이다. 대외관계의 기본 단위는 개인이 아니라 국가이며, 정부는 국제사회에서 국민 전체를 대표하는 대리인(agency)의 성격을 갖는다. 따라서 국제정책을 구분하는 논리는 "국가가 국제무대에서 어떠한 지위를 가지며, 어떤 목적을 추구하는가"에 초점을 둔다. 이를 기준으로 보면, 국제정책은 크게 세 가지 방향에서 유형화할 수 있다.

A. 국가 이익을 보전·확대하기 위한 정책

① 해외 투자 정책: 국익을 확대하기 위한 대표적 수단이다. 단순한 원조 차원을 넘어, 해외 인프라 개발·자원 확보·산업 진출 등을 통해 경제적 이익을 추구하고, 동시에 개발협력의 명분을 내세워 국제적 위상을 높인다.

B. 세계 공동체 일원의 책임을 다하기 위한 정책

② 조약 이행 정책: 이미 체결된 국제조약을 국내에서 성실히 이행하는 정책이다. 이는 국제 사회의 신뢰를 확보하고, 조약 불이행으로 인한 외교적·경제적 불이익을 방지하는 핵심 요소이다.

③ 국제질서 유지 정책: 군사동맹, 평화유지활동(PKO), 국제 제재 참여 등과 같이 국제사회 의 규범과 질서를 지탱하는 임무를 수행한다. 이는 국제 안보와 규범 질서를 존중하는 국 가 이미지를 강화한다.

④ 국제기구 재정 부담 정책: UN, WHO, OECD 등 국제기구의 재정에 이바지하는 정책이 다. 단순한 분담금 납부를 넘어, 국제규범 형성과정에 참여하고 의사결정권을 확보하기 위한 중요한 전략이 된다.

⑤ 개발도상국 지원 정책: 공적개발원조(ODA), 인도적 지원, 기술 이전 등을 통해 개발도상 국의 경제·사회적 성장을 지원한다. 이는 국제적 연대의 차원에서 의미가 있으며, 동시에 수원국과의 외교적 관계를 강화하는 수단이기도 하다.

⑥ 국가 간 상호교류 정책: 문화·교육·학술·인적 교류와 같은 활동을 통해 국가 간 상호 이해 를 높이고, 신뢰 자본을 축적하는 정책이다. 소프트 파워를 강화하여 장기적 국익에 이바 지한다.

⑦ 국경초월 위기 대응 정책: 기후위기, 팬데믹, 대규모 재난, 테러 등 국경을 초월하는 문제 에 대응하는 정책이다. 글로벌 협력 없이는 해결할 수 없으므로, 국제적 공조 체제를 강 화하는 것이 핵심이다.

C. 국내의 국제화 수준 제고 정책

⑧ 국제화 기반 강화 정책: 국제정책의 독특한 유형으로, 대외적 활동이지만 국내적 효과를 직접적으로 겨냥한다. 외국기업의 투자를 촉진하고, 외국인의 생활·교육·주거 여건을 개선 하여 국제 경쟁력을 확보하는 정책이다.

정리하면, 국제정책은 국익 중심(해외 투자형), 국제공동체 중심(조약·질서·기구·지원·위기대 응·교류), 국내 국제화 중심(외국기업 유치와 정주여건 개선)이라는 세 가지 논리에 기반해 구분할 수 있다.[90] 각각은 국익 증대, 국제사회의 신뢰 확보, 글로벌 리더십 강화, 국내 경 쟁력 제고라는 상호보완적 목표를 갖고 있으며, 불가피하게 중첩적·복합적으로 추진된다.

---

90) 양자간, 다자간으로 구분할 수도 있고. 국제사회와 우리나라와의 상호 영향력(주고 받음)의 성격으로 구분도 가 능하나, 이 책에서는 정책의 목적을 중시하는 차원에서 국가 이익, 세계 공동체, 국제화 수준 제고로 구분했다.

3) 정책 유형 구분의 논거 정리

첫째, 국내정책이냐 국제정책이냐에 따라 구분한다. 정책은 궁극적으로 적용 범위와 주체의 지위를 따라 성격이 달라지는데, 국내정책은 정부와 국민(시민) 사이의 관계를 규율하는 데 중점을 두고, 국제정책은 국가가 국제무대에서 어떠한 지위를 갖고 어떤 목적을 추구하는가에 따라 설계된다.

둘째, 국내정책은 세 가지로 세분된다. 이러한 세분화는 단순히 행정학적 기능 구분이 아니라, 정책목적과 정책 수단에 따른 구분이라는 점에서 의미가 있다. 예컨대 제한정책은 자유권을 제한하는 법적 규율, 보조정책은 재정 지원과 배분, 보호정책은 사회적 약자 보호, 위기 및 안전관리정책은 질서 유지와 긴급 대응이라는 법적 수단을 중심으로 분류된다.

- 국가의 유지와 존속: 국가가 존속하기 위한 제도적 기반을 다지는 정책(구성정책, 추출정책, 내우/외환 대응 정책, 상징정책)
- 시민사회 질서 유지: 시민과 시민사회 내부의 관계를 제도화하고 갈등을 조정하는 정책(사적 관계 질서 형성 정책, 조정/중재 정책)
- 국민의 삶의 질 향상: 정부가 직접 개입하여 국민의 권익·복지를 보장하고 증진하는 정책(제한정책, 보조정책, 보호정책, 지도정책, 제재정책, 유도정책, 보상/배상정책, 위기 및 안전관리 정책)

셋째, 국제정책은 국가가 국제무대에서 어떠한 지위를 추구하는가에 따라 다시 나뉜다. 즉, 국제정책은 '국가의 위상과 역할'이라는 목적, 그리고 '국제법·조약·협력제도'라는 수단을 중심으로 분류된다.

- 국가이익 보전/확대: 해외 투자, 경제영토 확장
- 세계 공동체 일원으로서의 참여: 조약 이행, 국제질서 유지, 국제기구 재정 참여, 개도국 지원, 국경초월 위기 대응
- 국내의 국제화 수준 제고: 외국기업 유치, 외국인 정주 여건 조성

라. 정책유형 구분의 한계

정책유형을 나누는 것은 정책을 이해하는 데 도움이 되지만, 현실에서는 무 자르듯이 딱 잘라 구분하기 어렵다. 먼저, 하나의 정책 안에서도 동시에 여러 가지 성격이 섞여 나타난다. 예를 들어, 같은 정책이 어떤 사람에게는 혜택을 주지만 다른 사람에게는 불이익을 줄 수 있다. 하나의 정책 유형이 독립적으로만 존재하는 것이 아니라, 서로 다른 정책유형들이 내용적으로, 기능적으로, 그리고 절차적으로 연결되며 작동한다는 점이 중요하다. 예컨대 동일한 국가의 행위가 어떤 집단에는 불이익을 주고, 다른 집단에는 보상을 발생시키는 경우가 있

다. 도시계획으로 무허가 점유자는 퇴거라는 불이익을, 합법 소유자는 손실보상이라는 권리를 갖게 되는 것처럼, 하나의 결정이 벌과 보상을 동시에 만들어낸다. 마찬가지로 부정수급 환수 정책에서도 정당 수급자는 권리 보장을 받지만, 부정 수급자는 환수와 자격 박탈이라는 불이익을 맞는다. 이처럼 제재(벌과 불이익) 정책, 보상과 배상 정책은 서로 대립된 것이 아니라, 동일한 정책 작용의 양면으로 나타난다. 또한 두 정책은 국가책임 구조의 양면성을 보여준다. 벌과 불이익 정책은 국가가 책임을 부과하는 기능을, 보상과 배상 정책은 국가가 책임을 수인하는 기능을 가진다. 결국 양자는 모두 국가 책임적 통치 구조 속에서 균형을 이루며, 국가와 시민 간의 신뢰를 지탱하는 기제로 작동한다. 절차적으로 보더라도, 벌과 불이익은 환수 결정이나 자격 박탈 같은 처분 절차를 통해, 보상과 배상은 청구나 소송 절차를 통해 이루어진다. 겉으로는 다른 경로처럼 보이지만, 두 절차 모두 헌법적 원칙(법치주의, 적법절차, 신뢰보호 등)에 의해 구속된다는 점에서 같다. 따라서 정책유형은 단순히 분류하고 나누는 데 그칠 수 없다. 벌과 불이익만 강조하면 피해 조정이 결여되어 사회적 정당성을 잃게 되고, 반대로 보상과 배상만 강조하면 질서 유지의 기능이 약화된다. 정책 설계는 반드시 이 두 축을 동시에 고려한 조정 구조를 갖춰야 하며, 이는 정책의 정당성을 확보하기 위한 필수 조건이다. 결국 정책유형 간의 연결이란, 국가작용이 만들어내는 이익과 불이익의 균형을 설계하는 과정이다. 따라서 정책을 설명할 때에는 유형의 구분만이 아니라, 그 상호 연결과 조정의 구조까지 함께 살펴야 한다.

다음, 정책은 시간이 지나면서 성격이 달라지기도 한다. 처음에는 규제처럼 보이던 것이, 집행 과정에서는 지원이나 보상으로 바뀌기도 한다. 또한, 정책은 중앙정부, 지방정부, 국제사회 등 여러 층위에서 얽혀 실행되기 때문에, 어떤 기준으로 보느냐에 따라 전혀 다른 유형으로 분류될 수 있다. 결국 정책유형은 현실을 단순하게 정리하기 위한 도구일 뿐, 실제 정책은 서로 겹치고 섞이며 작동한다. 그래서 유형 구분과 함께 정책들이 어떻게 연결되고 균형을 이루는가를 살펴보는 것도 중요하다.

3. 국내정책

가. 구성정책

구성정책에 해당하는 내용은 행정학에서는 조직론(組織論), 인사행정(人事行政), 지방자치론 등으로 이미 많이 다루어지고 있다. 행정실무에서도 조직과 사람은 가장 기본적인 정책 수단으로 인식되고 있다. 매일 경험하고 있다. 정책법학에서는 구성정책이야말로 가장 중요한 정책 중의 하나이다.

1) 구성정책과 그 특징

구성정책(constituent policy[91])을 이해하기 위해서는 Lowi가 주장한 구성정책을 이해해야 한다. Lowi는 배분, 규제, 재분배 정책을 주장한 이후에 구성정책을 주장했다. Lowi가 분류한 배분, 규제, 재분배 정책 어디에도 속하기 정부운영과 관련된 정책이다. Lowi는 선거구의 조정, 새로운 기구나 조직의 설립, 공직자 보수 정책 등을 모두 이에 포함시키고 있다.

우리 정책학계에서 constituent policy를 구성(構成)정책으로 번역한 이유를 쉽게 수긍하기 어렵다. 필자는 Lowi의 4가지 정책 유형에서 처음 제기한 3가지는 국가(정부)와 시민사회의 관계에서 살펴볼 수 있지만, 나중에 추가한 구성정책은 시민사회와 직접 관련이 없다는 점을 중시해야 한다고 본다. 즉, 정부 체제나 조직과 관련된 용어로 봐야 한다는 것이다. 따라서 구성정책이라는 용어를 사용하기 위해선 다음과 같은 설명이 부가되어야 한다고 본다. 구성 정책이란, 정부 조직(organization), 정부 체계(governmental system), 정치 시스템 (political system)의 형성과 변화를 다루는 정책 유형으로서, 정당과 정치세력의 직접 개입과 권력구조 형성에 깊이 관련되며, 다른 정책 유형에 비해 정치적 성격이 훨씬 강하게 나타나는 정책이라는 점이다.

---

91) 구성정책의 영어 표현이 모호하다. 일부 책에서는 constitutional policy라고 하고 있다. 그러나 Lowi의 책을 보면 constituent policy이다. 필자는 constituent policy가 맞다고 본다. 그래야만 '구성'이라는 의미와 연결될 수 있기 때문이다. 만약 constitutional을 쓰면 헌법과 관련된 의미가 되어버린다.

구성정책은 정부의 조직, 권한 배분, 정책결정 절차를 규정하는 정책으로, 정부 내부의 운영 방식을 다루며 다른 모든 정책의 기초를 이룬다. 즉, 국민을 직접 대상으로 하는 것이 아니라 정부 자체의 구조와 절차를 대상으로 한다는 점에서 독특하다.[92] 구체적인 예로는 정부조직 개편(부처의 신설·통합·폐지, 예: 과학기술부를 과학기술정보통신부로 확대 개편), 지방자치 구조 개편(교육자치와 일반자치의 조정), 선거제도 개혁(대통령제와 의원내각제 선택, 선거구 조정), 공무원 제도 개혁(임용 기준 변경, 정원 조정), 입법 절차 변경(패스트트랙 제도 도입, 국회 운영 방식 개편) 등이 있다. 이러한 정책은 단순한 행정 편의 조정이 아니라, 국가권력구조와 운영 체계를 근본적으로 바꾸는 결정으로 이어진다.

법제적 측면에서 볼 때, 구성정책은 헌법적 근거가 필요하다. 정부 조직과 권한 배분은 헌법에 의해 규율되는 경우가 많기 때문이다. 또한, 구체적인 내용은 「정부조직법」, 「공직선거법」, 「국회법」 등 법률을 통해 상세히 규정된다. 더불어 구성정책은 권력구조와 직결되므로 정치적 성격이 강하고 갈등 가능성도 크다는 특징을 가진다.

이러한 점에서 구성정책은 기존의 규제정책, 분배정책, 재분배정책과 구별된다. 기존 정책들은 국민을 직접 대상으로 삼는 반면, 구성정책은 정부 자체가 대상이다. 또한 기존 정책들은 주로 특정 정책 분야(예: 환경, 복지, 산업 등)에 영향을 미치지만, 구성정책은 정부 전체의 운영 방식을 결정한다. 경제적 효과도 직접적으로 나타나지 않을 수 있으나, 장기적으로는 국민 생활 전반에 매우 중대한 영향을 끼친다. 이처럼 구성정책은 국민이 피부로 즉각 느끼는 정책은 아닐 수 있지만, 다른 모든 정책의 제도적 토대를 마련하는 근본적 정책이다. 특히 행정부 공무원의 측면에서 보면, 예산을 제외한다면 대부분 업무는 사람과 조직을 통해 이루어지기 때문에, 구성정책은 사실상 가장 중요한 정책 가운데 하나이다. 정부 조직의 구조, 권한 배분, 절차 설계가 곧 정책 집행의 효율성과 정당성을 좌우하기 때문이다. 그럼에도 구성정책의 중요성은 종종 간과된다. 많은 경우 이를 단순한 제도 개편이나 행정조직 정비 정도로만 인식하지만, 실제로는 국가 운영의 틀을 규정하는 결정이자 모든 정책 실행의 출발점이다. 따라서 구성정책은 국민이 곧바로 체감하지 못하더라도, 행정현장의 공무원뿐 아니라 입법부와 시민사회 모두가 그 중요성을 올바로 인식해야 한다.

2) 정부 조직과 구성정책

구성정책을 이해하기 위해서는 가장 먼저 이해해야 할 법은 대한민국 헌법이다. 헌법 제3장은 국회이고. 제4장은 정부이다. 정부에는 대통령과 행정부로 구분되고, 행정부는 다시 국무총리와 국무위원, 국무회의 그리고 행정 각부와 감사원으로 구분된다. 헌법 제95조[93]와 제96조[94]에 의해서 총리령과 부령이 발령될 수 있고, 정부조직법이 제정되게 된다. 정부조직

---

92) 구성정책에 대한 일반적 설명은 정정길 교수의 책을 참고했다.
93) 대한민국 헌법 제95조 국무총리 또는 행정 각부의 장은 소관 사무에 관하여 법률이나 대통령령의 위임 또는 직권으로 총리령 또는 부령을 발할 수 있다.

법에서는 중앙행정기관이 규정된다. 중앙행정기관으로는 합의제 행정기관(위원회), 행정 각부/처/청, 개별법에 따라 설립된 행정청(우주항공청, 행복도시건설청)으로 구분된다.[95] 그리고 보조기관과 보좌기관이라는 하부조직에 대한 법적 근거도 정부조직법에 존재한다. 보조기관과 보좌기관의 구체적인 모습은 대통령령으로 위임되어 있으며, 이 대통령령이 바로 「행정기관의 조직과 정원에 대한 통칙」이다. 따라서 정부 조직의 전체적인 구조를 이해하기 위해서는 바로 「정부조직법」과 「행정기관의 조직과 정원에 관한 통칙」을 참조해야 한다. 이 외에도 「정부조직법」은 특별지방행정기관, 부속기관(시험연구기관, 교육훈련기관, 문화기관, 의료기관, 제조기관, 자문기관 등), 합의제행정기관의 설치 등의 근거도 규정되어 있다.

대통령은 정부의 수반이며 모든 중앙행정기관의 장을 지휘·감독한다. 국무회의도 운영한다. 국무총리는 대통령의 명을 받아 각 중앙행정기관의 장을 지휘·감독한다. 그리고 국무총리가 특별히 위임하는 사무를 수행하기 위하여 경제부총리와 사회부총리를 둘 수 있다. 기재부 장관은 경제정책에 관하여 국무총리의 명을 받아 관계 중앙행정기관을 총괄·조정하고, 교육부 장관은 교육·사회 및 문화 정책에 관하여 역시 경제부총리와 같은 기능을 수행한다.[96] 이러한 권한 관계에서 살펴볼 점은 대통령은 '모든', 국무총리는 '각', 부총리는 '관계'라고 규정하고 있는 점이다. '모든'이라는 용어는 배타성 없이, 예외 없이 전체를 포괄하는 것으로서 대통령의 권한을 전면적으로 표현하는 용어이다. '각'은 '개별적 대상'을 지칭한다. 즉, 개별 위임을 의미한다. '관계'는 정책 범위에 국한된 일부 부처에 한정된다. 그리고 권한이 '지휘·감독'과 '총괄·조정'으로 구분된다는 점도 이해가 필요하다. 지휘·감독은 명령권과 행정상 위계질서에 따른 직접적 통제 권한을 의미하며, 법적 강제력을 동반할 수 있다. 반면, 총괄·조정은 정책적 기능 중심의 조율 행위로서, 실질 권한보다는 기획 및 의견 조율, 조정에 머물 수 있다. 이때 조정은 지휘와 감독과 달리, 조정의 요청이나 공동 협의의 장을 마련하는 수준일 수 있으며, 타 부처가 이에 반드시 응해야 할 강제적 법적 의무는 없다고 봐야 한다.

또 하나의 쟁점은 '특별히 위임'과 '경제정책과 사회정책의 총괄·조정'과의 관계이다. 특별히 위임은 개별적으로 위임했다는 의미가 강하다. 그런데 이는 총괄·조정과는 충돌할 여지가 존

---

94) 대한민국 헌법 제96조 행정각부의 설치·조직과 직무 범위는 법률로 정한다. 이 법률이 정부조직법이다.

95) 「정부조직법」 제2조(중앙행정기관의 설치와 조직 등) ① 중앙행정기관의 설치와 직무범위는 법률로 정한다. ② 중앙행정기관은 이 법에 따라 설치된 부·처·청과 다음 각 호의 행정기관으로 하되, 중앙행정기관은 이 법 및 다음 각 호의 법률에 따르지 아니하고는 설치할 수 없다. 1. 「방송통신위원회의 설치 및 운영에 관한 법률」 제3조에 따른 방송통신위원회. 2. 「독점규제 및 공정거래에 관한 법률」 제54조에 따른 공정거래위원회. 3. 「부패방지 및 국민권익위원회의 설치와 운영에 관한 법률」 제11조에 따른 국민권익위원회. 4. 「금융위원회의 설치 등에 관한 법률」 제3조에 따른 금융위원회. 5. 「개인정보 보호법」 제7조에 따른 개인정보 보호위원회. 6. 「원자력안전위원회의 설치 및 운영에 관한 법률」 제3조에 따른 원자력안전위원회. 7. 「우주항공청의 설치 및 운영에 관한 특별법」 제6조에 따른 우주항공청. 8. 「신행정수도 후속대책을 위한 연기·공주지역 행정중심복합도시 건설을 위한 특별법」 제38조에 따른 행정중심복합도시건설청. 9. 「새만금사업 추진 및 지원에 관한 특별법」 제34조에 따른 새만금개발청. (이하 생략) 이 위원회에서 대통령 소속 위원회는 방송통신위원회, 국무총리 소속 위원회는 국민권익위원회, 금융위원회, 공정거래위원회, 원자력안전위원회, 개인정보위원회이다. 국가인권위원회는 독립기관이다.

96) 이 책을 집필하는 도중에 정부조직법 개편안이 상정되어 앞으로 교육부장관이 아닌 과학기술정보통신부 장관이 부총리로서 역할하게 될 것 같다. 설혹 바뀌더라도 이 책의 논지는 여전히 변함이 없다.

재한다. 즉, 포괄적 총괄·조정권이라고 오해할 수 있다. 따라서 보다 명료하게 규정하기 위해서는 위임 범위를 구체화하고, 총괄과 조정의 정의 규정을 신설하며, 총괄·조정 대상을 명확히 규정해야 한다. 그런데 구체적인 내용은 대통령령인 「교육·사회 및 문화 관계장관회의 규정」에 규정되어 있다.[97] 그런데 이 규정이 모법인 정부조직법의 내용과는 조금 충돌할 여지가 존재한다. 법률에서는 총괄·조정인데, 시행령에서는 이들 협의·조정으로 축소하고 있다. 이는 시행령이 법률의 취지를 제대로 구현하지 못하고 흔히 말하는 행정입법으로 법률을 침해하는 경우이다. 또한, 협의·조정 사항은 대통령령으로 구체화한 것은 법제 기술상 잘못이다. 무엇을 조정할 것인가는 법률에서, 어떻게 조정할 것인가는 시행령에서 규정해야 한다. 이는 위임입법 원칙(구체성, 명확성)에 부합하지 않는다.[98]

<표 22> 국무총리와 부총리의 권한 특성

용어	법적 · 행정적 의미	권한의 강도
지휘(指揮)	상급자가 하급자에게 업무 수행 방법 및 방향을 구체적으로 명하는 것	강한 직접 통제력
감독(監督)	하급자의 업무 집행을 사후 점검하고 시정하거나 통제하는 기능	사회적 통제와 책임 관리
총괄(總括)	여러 개별 사안을 전체적으로 묶어 큰 틀에서 관리하는 것	기획·기조(基調) 역할
조정(調整)	다수의 부처 또는 기관 간에 발생하는 정책 충돌, 중복, 누락 등을 조율	합리화·정합성 유지 중심

---

97) 「교육·사회 및 문화 관계장관회의 규정」 제1조(목적) 이 영은 「정부조직법」 제19조제5항에 따른 부총리 겸 교육부장관의 교육·사회 및 문화 정책 조정기능을 원활히 수행하기 위하여 교육·사회 및 문화 관계장관회의를 설치하고, 그 운영에 관한 사항을 규정함을 목적으로 한다. 제2조(설치 및 기능) ① 주요 교육·사회 및 문화 정책을 종합적인 관점에서 일관성 있게 수립·추진하고, 교육·사회 및 문화 정책과 관련하여 정부부처 간의 협의가 필요한 현안사항 및 주요 정책 또는 관련 중장기계획에 관한 사항을 효율적으로 협의·조정하여 교육·사회 및 문화 분야의 발전을 뒷받침하기 위하여 교육·사회 및 문화 관계장관회의(이하 "회의"라 한다)를 둔다. ② 회의는 다음 각 호의 사항을 협의·조정한다. 1. 교육·사회 및 문화 분야의 동향 점검 및 발전방향 설정 등 교육·사회 및 문화 정책 운영 전반에 관한 사항. 2. 교육·사회 및 문화 정책 중 해당 정책과 소관 업무상 관련이 있는 정부부처(이하 "관계 부처"라 한다) 간의 협력, 역할분담 및 조정이 필요한 사항. 3. 교육·사회 및 문화 정책에 대한 국가 차원의 중장기 전략 수립에 관한 사항. 4. 교육·사회 및 문화 정책에 대한 종합적인 효과 분석과 관계 부처 간의 협력이 필요한 홍보에 관한 사항. 5. 그 밖에 부처의 장이 제출하는 교육·사회 및 문화 분야에 관한 안건 및 보고사항
98) 안타깝게도 대한민국 법령에는 이러한 문제가 빈번하게 도출된다. 이는 법제처와 국회 입법 기능의 근본적 문제이다. 이러한 문제가 발생하는 이유는 정책에 대한 체계적 설계 없이 법제부터 시작하기 때문이다. 물론 입법부와 행정부의 갈등 때문이기도 하고, 행정부가 행정국가 시절에 법보다는 말로 주로 일을 했던 관행과 더불어 입법부는 법과 정책이 사실상 동일하다는 점은 고려하지 않고, 정책은 행정부가 하는 일로 생각하는 문제 때문으로 생각된다. 또한, 법보다는 말로 일을 했던 행정 관행이 잔존하고 있기 때문이기도 하다. 하나 가장 중요한 이유는 행정부와 입법부 모두 정책역량과 법제역량의 부족 때문이다. 정책과 법을 연결 짓는 학문적·실무적 이해가 미흡하다. 특히 '정책 설계 → 법률화 → 하위 법령 정비 → 시행체계 설계로 이어지는 흐름에 대한 이해도 부족하고, 법적 용어의 법률적 효과를 이해하고, 정책과 제도로 전환된 이후의 법적 효과의 발현에 대해서 잘 알지 못하기 때문이다. 입법조차처가 만들어져도 큰 진전이 없다.

3) 위원회[99]

조직과 관련하여 실무적으로 가장 자주 등장하는 것은 위원회일 것이다. 독임제의 일반 행정기관과 달리 의사결정과정에 다수가 참여하여 합의 또는 표결의 방법에 따라 의사를 결정하는 조직 형태로서, 행정의 민주성·공정성의 확보, 전문 지식의 도입, 이해관계의 조정 또는 관계 행정기관 간 의사의 조합·협의·조정 등을 위하여 설치된다.

현행법상 위원회는 위원회, 심의회, 협의회 등 명칭을 불문하고 다양한 형태로 설치되고 있다. 각 법률에 따라 위원회의 성격·기능이 다르므로 일정한 기준에 따라 분류하는 것은 어려운 일이다. 다만, 해당 위원회가 중앙행정기관의 지위를 갖는지 아닌지, 위원회의 의결에 기속력이 있는지, 위원회의 심의가 필요한 절차인지 아닌지, 위원회의 기능(분쟁조정) 등을 종합적으로 고려하여 ① 중앙행정기관인 위원회, ② 분쟁조정기관인 위원회, ③ 의결기관인 위원회, ④ 심의기관인 위원회, ⑤ 자문·협의기관인 위원회 등 5가지 유형으로 분류하여 살펴보고자 한다. 위원회에 관해서는 별도의 법률이 존재한다. 바로 「행정기관 소속 위원회의 설치·운영에 관한 법률」(행정기관위원회법)이다. 이 법률에서 위원회의 구성, 설치 절차, 위원회의 운영, 사무기구 등을 규제하고 있으므로, 이 법에 저촉되는지도 살펴봐야 한다.

위원회를 이해하기 위해서는 선행적으로 이해해야 할 사항이 있다. 독임제와 합의제이다. 일반적으로 독임제(獨任制)는 행정 효율성과 일관성 중심이고, 합의제(合議制)는 정책 정당성과 이해 조정, 다원성 반영 중심이다. 이때 특정 사안은 일반적으로 독임제가 아니라 합의제행정기관이 요구된다. 합의제행정기관의 설치 요건은 「행정기관위원회법」 제5조에 규정되어 있다. ① 업무의 내용이 전문적인 지식이나 경험이 있는 사람의 의견을 들어 결정할 필요가 있을 것, ② 업무의 성질상 특히 신중한 절차를 거쳐 처리할 필요가 있을 것, ③ 기존 행정기관의 업무와 중복되지 아니하고 독자성(獨自性)이 있을 것, ④ 업무가 계속성·상시성(常時性)이 있을 것이 그것이다. 하지만, 법률 제5조의 내용은 일반적이어서 합의제행정기관 설치의 요건이 무엇인지 판단하기 어렵다. 필자는 다음과 같이 정리하고 있다.

- 정치적 중립성이 본질적 가치인 사안: 정권의 이해나 특정 부처의 목적에 휘둘리지 않아야 할 사안(예: 방송의 공정성, 선거관리, 인권 보호 등)
- 사회적 가치·기준에 대한 공론 조정이 필요한 사안: 이해관계자 간 의견 차이가 크고, 사회적 합의가 정책의 정당성 확보 조건인 경우(예: 개인정보 보호, 생명윤리, 난민 정책 등)
- 규제와 진흥 간 충돌이 내재된 사안: 같은 부처가 지원과 규제를 동시에 수행할 경우, 구조적 긴장 해소 필요(예: 금융 산업 육성 vs. 금융 감독, 방송 산업 육성 vs. 공정성)
- 전문성과 다원적 가치판단이 동시에 요구되는 사안: 단순 기술 행정이 아니라 복합적 가치와 전문적 판단의 융합이 필요한 경우(예: AI 규제, 원자력 안전, ESG 정책 등)

---

99) 위원회에 대한 일반론(위원회의 종류와 개념 등)은 국회 법제실의 법제실무 자료를 참조하였다. 정책이나 정책법학적 해석은 필자의 사유의 결과이다.

- 국제적 기준·감시 요구가 적용되는 사안: OECD, UN, WTO 등에서 독립적 기구를 요구하거나 감시 메커니즘이 있는 분야(예: 국가인권위 등)

위원회에 관하여는 보통 위원회의 설치·구성·기능, 위원장의 직무, 위원의 신분보장, 회의의 운영 방법, 간사 또는 사무기구 등의 순서로 규정하고, 필요한 경우 분과위원회·소위원회·실무위원회의 규정, 관계기관 등의 협조 요청 규정, 공청회 등의 개최 규정, 수당 규정, 운영 세칙 규정 등을 둔다. 그 밖에 합의제행정기관인 위원회 또는 의결기관인 위원회는 위원회의 성격에 따라 위원의 결격사유, 신분보장, 위원의 제척·기피·회피, 비밀 엄수의 의무, 벌칙 적용에서 공무원 의제 등에 관한 규정이 추가된다. 위원회는 그 설치 목적과 기능을 달성하기 위하여 필요한 전문 지식과 자격을 갖춘 사람으로 구성해야 하며, 위원의 자격은 가능하면 명확하게 규정하여 위원 선정이 공정하게 이루어질 수 있도록 한다. 특히, 분쟁조정기관인 위원회나 의결기관인 위원회 등 위원회의 결정이 대외적으로 구속력을 가지거나 국민의 권리·의무에 중대한 영향을 미치는 위원회의 경우에는 위원회의 구성에 관한 사항을 법률에서 자세하게 규정하는 것이 바람직하다. 위원회의 사무를 처리하기 위하여 위원회 소속으로 사무기구를 둘 수 있다. 다만, 자문·협의기관인 위원회는 원칙적으로 사무기구를 설치하거나 상근(常勤)인 전문위원 등의 직원을 둘 수 없다.

A. 중앙행정기관인 위원회

중앙행정기관인 위원회는 「정부조직법」 제2조 제2항에 따라 법률에 의하여 중앙행정기관으로 설치되는 위원회이다. 입법례로 대통령 소속인 방송통신위원회, 국무총리 소속인 국민권익위원회, 금융위원회, 공정거래위원회, 원자력안전위원회, 독립기관인 국가인권위원회 등이 있다. 중앙행정기관인 위원회는 반드시 법률로 설치해야 한다. 중앙행정기관인 위원회는 헌법상 행정 각부의 설치·조직과 직무 범위를 법률로 정하는 것에 준하여 위원회의 설치 근거, 소관 사무, 위원회의 구성 및 운영 등에 관한 사항을 법률에서 자세하게 규정해야 하며, 소관 사무의 성격에 따라 필요한 경우에는 중앙행정기관인 위원회 산하에 다른 유형의 위원회를 설치할 수 있다. 중앙행정기관인 합의제 행정위원회 중에는 독립규제위원회가 존재한다. 독립규제위원회는 특정 정책 분야에서 규제 권한을 행사하되, 정치권력이나 개별 부처로부터 독립적으로 작동하는 합의제행정기관이다. 이들 위원회는 허가, 인가, 과징금 부과, 조사 등 실질적인 규제 권한과 대외적 의사결정 권한을 보유한다. 대표적인 예로 방송통신위원회(언론·방송의 자유와 공공성 보장), 공정거래위원회(독점규제와 시장질서 감독), 금융위원회(금융산업 규제·감독), 원자력안전위원회(원전 안전과 방사능 규제) 등이 있다. 이 기관들은 모두 높은 수준의 독립성과 전문성을 전제로 설계되며, 합의제 구조 속에서 강력한 규제 권한을 행사한다. 따라서 독립규제위원회는 단순한 자문기구가 아니라, 국가권력구조 내에서 사실상 준입법적·준사법적 성격을 갖는 실질적 규제 주체라 할 수 있다.

B. 분쟁조정기관인 위원회

분쟁조정기관인 위원회는 개인이나 단체 간에 서로 대립되는 의견이나 입장을 조정·통제하여 합의에 이르게 할 목적으로 설치되는 위원회로서, 위원회의 조정 결과에 대하여 재판상 화해의 효력이나 당사자 간 합의의 효력을 부여할 수 있다. 분쟁조정기관인 위원회는 그 조정의 결과가 국민의 권리·의무에 미치는 영향이 크므로 객관성과 중립성이 강하게 요구되는 것과 상응하도록 위원회의 설치 근거 및 구성, 위원의 자격 및 결격사유, 조정의 절차 및 효력 등에 관한 사항을 법률에서 자세히 규정하는 것이 바람직하다. 또한, 위원회의 소속 및 위원회가 심의·의결하는 사항을 법률에서 명확히 규정하고, 심의·의결 사항에 '분쟁에 대한 조정 결정 권한'을 반드시 포함하여야 한다. 「독점규제 및 공정거래에 관한 법률」 제73조에 의한 '분쟁조정협의회', 「대리점 거래의 공정화에 관한 법률」 제13조에 의한 '대리점 분쟁조정협의회', 「약관의 규제에 관한 법률」 제24조에 의한 '약관 분쟁조정협의회' 등이 있다. 이외에도 다수의 법률에서 다수의 위원회가 존재한다.

유사한 위원회로 이해·갈등 조정 위원회가 있다. 이해·갈등 조정위원회는 정부조직법상 중앙행정기관도 아니고, 특정 장관을 보좌하는 내부 기구도 아닌 특수한 합의형 위원회이다. 관련 부처뿐 아니라 민간 이해관계자와 전문가들이 함께 참여하여, 정책추진 과정에서 발생하는 수직적·수평적 충돌을 해소하고 이해관계자 간 합의를 이끌어내는 것을 주요 기능으로 한다. 이 위원회의 의사결정은 법적 구속력을 가지는 행정명령이나 처분이 아니라, 협의와 조정을 통한 권고안의 형태로 제시된다. 따라서 법적 성격상 준사법적 중재·조정기구로 이해될 수 있으며, 특정 부처나 집단에 치우치지 않는 중립성과 공정성이 강하게 요구된다. 이러한 성격 때문에 주로 다부처 공동정책, 중앙과 지방의 권한 조정, 사회적 대타협이 필요한 사안 등에서 중요한 역할을 하며, 행정부 내부 결정이 아니라 사회적 정당성을 확보하는 숙의적 절차로 기능한다. 「공익사업을 위한 토지 등의 취득 및 보상에 관한 법률」 제5장에 의한 '토지수용위원회', 「산업재해보상보험법」 제107조에 의한 '산업재해보상보험재심사위원회' 등이 있다.

C. 의결기관인 위원회

의결기관인 위원회는 전문적인 지식이나 경험을 갖춘 다수의 의견을 들어 결정할 필요가 있고 계속성·상시성이 있는 업무에 관하여 심의·의결 등을 할 목적으로 설치되는 위원회로서, 위원회의 심의·의결이 필요적 절차이며 그 의결 내용이 관계 행정기관 등을 구속한다는 특징을 갖는다. 의결기관인 위원회는 해당 행정기관 등의 의사를 결정할 수 있다는 점에서 중앙행정기관인 위원회와 유사하나, 결정된 의사를 외부에 표시할 수 있는 권한이 없으므로 행정관청의 지위를 갖지 못한다는 점에서 구별된다. 또한, 의결기관인 위원회는 그 의결 내용에 구속력이 있다는 점에서 심의기관인 위원회 또는 자문·협의 기관인 위원회와 구별된다. 위원회의 의결은 행정청을 구속하는 구속력을 가지므로 법률에서 위원회의 설치 근거와 위원회의 기능·구성 및 운영에 관한 기본적인 사항을 규정하여 위원회의 공정성과 중립성을 강화해야 한다.

D. 심의기관인 위원회

심의기관인 위원회는 전문적인 지식이나 경험을 갖춘 다수의 의견을 들어 결정할 필요가 있는 업무에 관하여 심의 등을 할 목적으로 설치되는 위원회로서, 위원회의 심의가 필요적 절차이나 그 의결 내용이 관계 행정기관을 구속하지 않는다는 특징이 있다. 위원회의 설치 근거와 소관 사무, 해당 위원회의 심의가 필요적 절차임을 밝히는 등 주요한 내용만 법률에서 규정하고 그 밖에 위원회의 구성 및 운영 등에 관한 구체적인 사항은 하위 법령에 위임할 수 있다. 그러나 심의기관인 위원회라고 하더라도 국민의 권리·의무와 관련되는 중요한 정책 등을 심의할 때에는 위원회의 공정성과 중립성을 강화하기 위하여 의결기관인 위원회에 준(準)하여 위원회의 구성과 운영 등에 관한 사항을 법률에서 구체적으로 규정해야 할 것이다.

E. 자문·협의기관인 위원회

자문·협의기관인 위원회는 행정기관 등의 사무에 관하여 자문에 응하여 전문적인 의견을 제공하거나 다수의 주체가 관련된 사안에 대하여 중립적 입장에서 협의·조정 등을 하기 위하여 설치된 위원회로서, 자문·협의가 임의적 절차이며, 그 자문·협의의 결과가 관계 행정기관 등을 구속하지 않는다는 특징을 갖는다. 따라서 법률에 설치 근거를 두어야 하는 것은 아니다.

일반적으로 우리가 이해하는 위원회는 장관 산하 위원회이다. 위에서 본 자문, 심의 또는 의결 기능을 수행하는 위원회이다. 위원회의 설치 요건(법 제5조 제2항)은 다음과 같다. ⅰ) 업무의 내용이 전문적인 지식이나 경험이 있는 사람의 의견을 들어 결정할 필요가 있을 것, ⅱ) 업무의 성질상 특히 신중한 절차를 거쳐 처리할 필요가 있을 것이다. 합의제행정기관으로서의 위원회와 사실상 중복된다. 행정공무원에게 실무상 친숙한 장관 산하 위원회가 수행하는 자문, 심의, 의결 기능은 법률적 위상과 규율 방식은 다음과 같이 구분된다.

이들 세 가지 위원회의 권한 수준에 따라 참여 → 검토 → 결정의 연속 구조를 형성하며, 장관의 단독 결정에 대한 보완성과 정당성 기반을 제공한다. 이는 곧 독임제 기관의 책임자인 장관(청장, 처장 등 다 마찬가지이다)의 의사결정(정책결정) 권한과의 관계에서 이해해야 한다는 의미이다. 즉, 자문 의견 수용 여부는 전적으로 장관에게 달려 있고, 심의 의견은 원칙적으로 존중되나, 특별한 사유가 있으면 수용하지 않아도 되는 것이다. 반면 의결 의견은 장관의 의사결정을 기속하게 된다.100) 합의제행정기관과의 차이는 대외적 의사표시를 할 수 있느냐의 여부이다. 합의제행정기관은 독자적으로 의사표시를 할 수 있는 반면, 부처의 위원회는 설혹 의결 기능을 수행하더라도 대외적 의사표시는 장관의 이름으로 해야 한다. 정책학적인 측면에서 이러한 논의가 유의미한 것은 정책결정과정을 거쳐 형성되는 의사(意思)결정권(의사형성권)과 결정된 정책의 대외 표시의 주체(의사표현권)를 명확히 할 필요가 있기 때문이다. 책임정치의 원리와 맥을 같이 한다. 정책 책임은 원칙적으로 장관이 지는 것이다.

---

100) 「최저임금법」 제8조(최저임금의 결정) ① 고용노동부장관은 매년 8월 5일까지 최저임금을 결정하여야 한다. 이 경우 고용노동부장관은 대통령령으로 정하는 바에 따라 제12조에 따른 최저임금위원회(이하 "위원회"라 한다)에 심의를 요청하고, 위원회가 심의하여 의결한 최저임금안에 따라 최저임금을 결정하여야 한다. (이하 생략)

4) 중앙행정기관이 아닌 대통령, 국무총리 소속 위원회의 문제

정부 조직의 기본 원칙은 독임제 장관이다. 그런데 여러 이유로 중앙행정기관으로서의 성격이 없는 대통령과 국무총리 소속의 위원회가 다수 존재한다. 정부조직법의 근간을 흔들 수 있고, 법치행정을 위태롭게 할 위험이 내포되어 있다.

A. 규범 구체화 행정규칙 발령

「훈령·예규 등의 발령 및 관리에 관한 규정」이 대통령 훈령으로 존재한다. 동 규정 제2조에는 훈령과 예규 발령의 기본원칙이 명시되어 있다.[101] 「훈령·예규 등의 발령 및 관리에 관한 규정(대통령 훈령)」에서 훈령과 예규 등을 발령할 수 있는 기관으로 중앙행정기관과 더불어 중앙행정기관이 아닌 대통령 또는 국무총리 소속 기관도 포함하고 있다. 이때 발령되는 훈령과 예규 등의 형식과 실질이 모두 행정규칙이라는 대통령 훈령으로 충분히 중앙행정기관이 아닌 기관도 행정규칙을 발령할 수 있다고 보이나, 만약 이 훈령과 예규 등이 규범 구체화 행정규칙으로 법규성이 있다면 문제가 될 수가 있다. 왜냐하면 법규명령은 헌법에서도 그리고 정부조직법에서도 중앙행정기관만이 가능하기 때문이다. 법규성을 갖는 고시는 사실상 국민의 권리·의무를 규율하는 작용이므로 법률 위임이 필요하고, 그 위임을 받은 기관은 헌법상 행정권의 주체이어야 한다는 원칙이 적용되어야 한다.

가장 대표적인 사례가 국가교육위원회이다. 국가교육위원회는 「국가교육위원회법」 제2조에 의거 대통령 소속 기관(중앙행정기관이 아닌)으로 법적 성격을 규정하고 있다. 그리고 같은 법 제10조에서는 국가 교육과정 고시의 권한을 국가교육위에 두고 있다. 국가 교육과정 고시는 일반적으로 법규성이 있다고 인정되고 있다. 그러므로 국가교육위는 규범 구체화 행정규칙을 발령하는 것은 적절하지 않다. 중앙행정기관이 아니기 때문이다. 국가교육위법 제10조에서 형식상 고시를 발령할 법적 권한은 부여받았기에 문제는 아니라고 주장할 수는 있겠으나, 엄밀하게 보면 바람직하지는 않다. 규범 구체화 행정규칙은 중앙행정기관이 발령하는 것이 법 원칙상 올바른 것이다. 즉, 국가교육위는 그 기관의 본질(중앙행정기관이 아님) 때문에 헌법 원리에 어긋날 소지가 존재한다. 엄밀하게 보면 법치주의와 위임입법의 한계 원칙에 어긋날 가능성이 있는 것이다.

---

101) 「훈령·예규 등의 발령 및 관리에 관한 규정」 ① 중앙행정기관(대통령 및 국무총리 소속 기관의 장을 포함한다. 이하 같다)은 훈령·예규·고시(그 명칭에 관계없이 법령의 시행 또는 행정사무처리 등과 관련하여 발령하는 규정·규칙·지시·지침·통첩 등을 포함하며, 이하 "훈령·예규등"이라 한다)를 입안할 때에는 다음 각 호의 원칙에 따라 입안하여야 한다. 1. 필요성: 훈령·예규등은 법령(법률, 조약, 대통령령, 총리령 및 부령을 말한다. 이하 같다) 집행의 통일성 등을 확보하기 위하여 필요한 경우에만 발령할 것. 2. 적법성: 법률에 근거 없이 국민의 권리의무에 관한 사항을 규정하거나 법령의 내용과 다른 사항 또는 다른 중앙행정기관의 소관업무에 관한 사항을 규정하지 아니할 것. 3. 적절성: 행정기관이 쉽게 확보할 수 있는 서류를 국민에게 제출하게 하거나 현실에 맞지 아니한 사항을 규정하여 국민에게 불편을 주지 아니할 것. 4. 조화성: 다른 훈령·예규등과 조화와 균형이 유지되도록 하고, 중복·상충되는 내용이 없을 것. 5. 명확성: 국민이 훈령·예규등을 이해하기 쉽도록 누구나 알기 쉬운 용어와 표현 등을 사용하여야 하며, 재량권이 남용되지 아니하도록 구체적이고 명확하게 규정할 것.

B. 국무총리 및 각부 장관의 권한 침해 가능성

중앙행정기관이 아닌 대통령 소속 기관인 지방시대위원회가 의결 기능을 수행하고[102], 나아가 관계 부처에 정책 권고를 하는 것이 권한위임과 법치주의 관점에서 온당할까? 형식적으로는 정책 권고이지만, 실질적으로는 정책 통보라고 보이며(관계 부처는 필요한 조치를 해야 하는 의무가 부과), 이행상황의 점검도 가능하다.[103] 이러한 규정이 정책 조정 권한을 가진 국무총리와 독임제 부처의 장관들의 정책결정 권한을 침해할 수 있다고 볼 수 있지 않을까?

즉, 지방시대위원회는 대통령 자문기구가 아니라 최상위 정책결정기구로 기능하고 있다. 그러나 지방시대위원장은 국회 청문 절차 없이 대통령이 임의로 임명할 수 있다. 반면, 국무총리나 장관 등 국정 책임자는 청문회라는 통제장치가 존재한다. 실질적인 최상위 정책결정을 하게 되는 지방시대위원장은 청문회와 같은 법적 통제장치 없이 임명되는 상황이다. 대통령의 권한은 헌법과 정부조직법에 근거하여 국무총리와 국무위원에게 위임된다. 국정 조정은 국무총리가 담당한다. 이를 위해 국무조정실이 존재한다. 정책결정권자인 총리나 각부 장관은 국회 청문회를 거친다(총리는 투표 필요). 법령상 권한은 정부조직법에 근거하고 있다. 그리고 국무총리와 장관은 국회에 출석하여 답변할 의무가 있다. 그러나 지방시대위원장은 대통령이 국무총리·장관 체계를 우회하여 별도의 '준(準) 중앙행정기관'을 만들어 실질적인 국가정책을 조정·결정할 수 있게 한 편법일 수 있다. 다음과 같은 측면에서 문제가 있다.

- 권력분립 및 책임정치 원칙을 위배할 소지가 있다. 국회는 국무총리·장관에 대해 청문·질의·감독 권한을 행사하지만, 지방시대위원장은 그 통제가 상대적으로 미약하다.

---

102) 「지방자치분권 및 지역균형발전에 관한 특별법」 제62조(지방시대위원회의 설치 및 존속기한) ① 지방자치분권 및 지역균형발전을 추진하기 위하여 대통령 소속으로 지방시대위원회를 둔다. (이하 생략) 제63조(기능) 지방시대위원회는 다음 각 호의 사항을 심의·의결한다. 1. 지방자치분권 및 지역균형발전의 기본방향과 관련 정책의 조정에 관한 사항. 2. 지방자치분권 및 지역균형발전에 관한 국정과제의 총괄·조정·점검 및 지원에 관한 사항. 3. 제2장에 따른 지방시대 종합계획과 시·도 계획 및 시·도 시행계획, 부문별 계획 및 부문별 시행계획, 초광역권발전계획 및 초광역권발전시행계획에 관한 사항. 4. 제3장에 따른 지역균형발전시책 및 사업, 지방자치분권 과제 등의 추진·조사·분석·평가·조정에 관한 사항. 5. 제23조에 따른 기회발전특구의 지정 및 지원에 관한 사항. 6. 공공기관 등의 지방이전, 혁신도시 활성화 및 신설 공공기관의 입지 결정에 관한 사항. 7. 지역혁신융복합단지의 지정·육성에 관한 사항. 8. 지역발전투자협약의 체결 및 운영에 관한 사항. 9. 제33조에 따라 지방자치단체에 이양하는 권한 및 사무의 원활한 처리에 필요한 인력 및 재정 소요 등에 관한 사항. 10. 지방자치단체 통합을 위한 기준·통합방안·조정에 관한 사항. 11. 제5장에 따른 지역균형발전특별회계의 운용에 관한 사항. 12. 제72조제3항에 따라 중앙행정기관의 장에게 제출하는 의견에 관한 사항. 13. 다른 법률에서 지방시대위원회의 심의를 거치도록 한 사항. 14. 그 밖에 지방자치분권 및 지역균형발전과 관련하여 필요한 사항으로서 위원장이 회의에 부치는 사항.
103) 같은 법 제71조(이행상황의 점검 등) ① 지방시대위원회는 제70조제3항에 따라 수립된 실천계획이 차질 없이 이행될 수 있도록 관계 중앙행정기관 및 지방자치단체의 추진상황을 점검한 결과를 국무회의에 보고하여야 한다. ② 지방시대위원회는 필요한 경우 제1항의 점검 결과를 「중앙지방협력회의의 구성 및 운영에 관한 법률」에 따른 중앙지방협력회의에 보고할 수 있다. ③ 지방시대위원회는 제1항에 따른 점검 결과에 따라 관계 중앙행정기관의 장 및 지방자치단체의 장에게 필요한 조치를 권고할 수 있다. 다만, 제33조 및 제63조에 따라 지방시대위원회가 의결한 중앙행정기관의 권한이양이 지연되었다고 판단되는 경우에는 기한을 정하여 필요한 조치를 권고할 수 있다. ④ 제3항 단서에 따라 권고를 받은 중앙행정기관의 장은 지방시대위원회가 정한 기한까지 관계 법령 개정 등 필요한 조치를 하여야 하며, 그 처리 결과를 지방시대위원회에 통보하여야 한다.

- 행정은 기본적으로 정부조직법 체계 하에서 입법부가 승인한 기관 구조에 따라 작동해야 한다. 특별법으로 독립기구를 설치하면서도 총리나 장관을 경유하지 않고 직접 행정조정·의결권을 행사하는 것은 「정부조직법」 상의 행정조직 체계를 무력화할 수 있다.
- 국정 조정은 본래 국무총리의 권한이자 책무이다. 그러나 지방시대위원장은 총리의 통제를 받지 않으며, 자체로 부처를 조정하고, 심지어 부처의 권한 이양과 이행 여부까지 점검하고 명령한다. 이는 총리의 국정 조정기능을 침해하는 것이다.
- 결과적으로 지방시대위원회는 '대통령의 손에 직접 쥐어진 국무총리 없는 총리실'이 될 위험이 매우 크다.

이러한 점은 비단 지방시대위원회에서뿐만 아니라 국가교육위원회와 같은 다른 대통령 소속 위원회에서도 유사하게 확인된다. 국무총리제도를 두고 있음에도 대통령의 권한이 제왕적일 수 있다는 여러 이유 중의 하나이기도 하다.

5) 공무원 제도

정부에서 일하는 사람에 대한 것도 매우 중요한 구성정책 중의 하나이다. 공무원은 국가공무원과 지방공무원으로 구분된다. 국가공무원은 경력직 공무원과 특수경력직 공무원으로 구분된다. 이러한 구분은 지방직 공무원도 마찬가지이다. 근거 법률은 「국가공무원법」과 「지방공무원법」이다. 국가공무원제도와 지방공무원제도가 가진 문제점은 다수 존재한다. 제도 설명은 생략하고 정책학적 관점에서 생각해볼 수 있는 근본적인 문제 몇 가지만 제시한다. 대한민국의 공무원 제도는 산업화 시기와 군사정부 시기를 거치며 '중앙집권적이고 계층적인 행정국가'의 정형을 갖추어 왔다. 그러나 오늘날 행정환경은 급변하고 있으며, 민주화 이후 시민참여, 정책 협치, 전문성 중심의 거버넌스로의 전환이 요구되고 있음에도 불구하고, 공무원제도는 여전히 과거의 관성 속에서 구조적 문제를 지속시키고 있다.

① 직무 중심이 아닌 계급 주심의 인사구조: 우리나라 공무원 제도는 직무의 적합성과 요구 역량보다는 계급과 신분이 우선되는 구조이다. 연공서열과 직렬 중심의 인사관리 체계는 전문성 축적을 어렵게 하고, 결과적으로 관료 일반주의(generalism)를 강화한다. 이는 정부조직의 기능적 전문화를 가로 막는 근본적 한계로 작용한다.

② 순환 보직과 전문성 결여: 공직사회의 순환보직은 전문성보다는 충성도와 내부통제를 위한 수단으로 유지되어 왔다. 수시 인사이동으로 인해 분야별 전문성이 축적되지 못하고, 책임 행정과 결과 중심 행정이 정착되지 못한다. 정책·법률·복지 등 전문 영역에서도 범용 관리자로서의 한계가 드러나고 있다.

③ 폐쇄형 노동시장 구조: 공무원 조직은 외부 유입이 거의 없는 폐쇄형 구조를 유지하고 있다. 시험을 통한 진입 이후 내부 승진 위주로 경력이 형성되어, 개방성과 다양성이 부족하다. 이로 인해 경력형 전문가의 참여가 제한되고, 조직의 유연성과 혁신성이 저해된다.

④ 5급 고시 출신의 영향력 과다: 고시 출신 엘리트가 정책결정 핵심을 독점하며, 여전히 공직의 중심을 차지한다. 논술 중심의 선발은 현대 행정이 요구하는 협업, 감성지능, 데이터 역량과 괴리된다. 보고서 작성만 강조된다. 비고시 출신 및 외부 전문가와의 협치는 형식적 수준에 머무른다.

⑤ 정치의존성과 직업공무원제의 약화: 정권 교체 시마다 광범위한 인사이동이 발생하며 행정의 지속성과 중립성이 약화된다. 정무적 지시가 과학적 행정을 대체하고, 정책의 일관성과 전문성이 훼손된다. 직업공무원제의 본질이 흔들리며 장기 전략 추진이 어려워진다.

⑥ 외부 전문가의 비정규직 채용: 임기제 형태로 채용되는 외부 전문가는 실질적으로 비정규직으로 취급된다. 처우와 참여권의 차별로 인해 역량이 충분히 활용되지 못하며, 지속 가능한 정부역량 강화에도 역행한다. 전문가는 일회성 보완재로 머무르고 정책결정 구조에서 배제된다.

⑦ 시민사회 및 입법부와의 협치 인식 부족: 공무원은 여전히 정책을 '행정부의 전유물'로 인식하는 경향이 강하다. 시민사회, 전문가, 입법부와의 협치는 형식적으로 이뤄지며, 실질적 거버넌스 역량이 부족하다. 이로 인해 정책의 정당성과 실행력이 약화된다.

⑧ 법과 제도보다 예산사업 중심 행정: 정책보다 예산 항목이 우선시되어 '사업 중심 행정'이 고착화되어 있다. 공무원은 사업집행자로 전락하고, 법적·제도적 정책 설계 역량이 약화된다. 단기성과 위주의 예산행정은 비정규직 확대와 공공고용 왜곡을 초래한다. 정부가 '모범적 고용주'로서의 역할을 하지 못하고, 오히려 불안정 고용을 확대하는 아이러니한 결과를 낳고 있다.

위의 문제들은 단편적 제도 개선으로 해결되기 어렵다. 공무원 제도를 재구조화하는 중장기 전략이 필요하다. 이를 위해서는 다음과 같은 방향으로의 전환이 요구된다.

- 직무 중심 인사체계로의 전환: position-based system 도입을 통해 적재적소 인사와 직무 전문성 강화
- 개방형 채용 확대: 경력직 및 외부 전문가 채용을 활성화하여 조직 유연성과 창의성 확보
- 정책 전문성 중심 인사관리: 정책역량을 기준으로 한 인사관리와 역량 개발 체계 구축
- 정책설계-법령화-사업화의 연계 구조 구축: 예산사업이 아닌 법제 기반 행정으로 탈바꿈
- 지속 가능한 직업공무원제도의 확립: 정치권력의 인사 개입 최소화 및 전문성 중심의 인사 운영
- 협치 역량 강화 및 행정윤리 내면화: 시민사회, 입법부와의 협치 능력과 책무성 제고

궁극적으로는, 공무원의 정책과 법제 역량을 키우는 제도와 문화가 요구된다. 그래야만 정부는 복잡하고 다층적인 현대 사회에서 효과적으로 정책을 구현하는 조직으로 재편될 것이다.

6) 공무직

이 책의 관심은 정부 내에 존재하는 공무원이 아닌 자 중에서 흔히 공무직이라고 불리는 사람에 있다. 법적 뒷받침 없이 정책으로만 인사제도를 운영할 때 나타날 수 있는 문제가 두드러지고 있다. 정책과 법은 함께 가야 한다는 것을 보여주는 대표적인 사례이다. 공무직이란 상시적·지속적으로 업무에 종사하며 근로 기간의 정함이 없이 근로계약을 체결한 사람(공무원 제외)으로 기관에서 직접 고용한 자를 말한다. 즉, 「근로기준법」에 의한 기간의 정함이 없는 근로자인 것이다(보통은 무기계약직). 이때 상시적·지속적 업무란 연중 9개월 이상 계속되는 업무로서 향후 2년 이상 지속될 것으로 예상되는 업무이다. 반면, 기간제 근로자는 기간의 정함이 있는 근로계약을 체결한 사람으로서 공무원이 아닌 자이다.

거의 모든 행정기관에서 공무직 근로자를 채용하고 있다. 부처별로 훈령으로 공무직의 채용에서부터 퇴직에 이르는 일련의 과정을 관리하고 있다. 시도청이나 시도교육청도 공무직을 채용하고 있다. 이들의 인사관리는 훈령이나 조례, 지침 등에 의해서 이뤄진다. 교육 분야를 예로 들면, 현재 「교육부와 그 소속기관 공무직 등 관리 규정」이 교육부 훈령으로 존재한다.104) 교육청은 교육청별로 조례, 지침 등이 존재한다.105) 그러나 그 전체적인 현황을 알 수 있는 자료는 찾기 어렵다. 국가공무원이나 지방공무원처럼 잘 정리된 통계자료가 없다. 필요하면 조사해야 한다. 그나마 교육 분야의 경우, 교육청과 같은 행정기관은 확인할 수 있으나, 대학교나 평생교육기관, 문화기관, 의료기관 등 각종 부속기관은 오리무중이다. 올바른 행정인지 의문이다. 우리나라는 공무직에 대한 법적 근거가 없다 보니, 교육 분야 공무직의 인사관리, 인적자원개발, 노무관리는 교육청(대학 등)의 정책에 의하는 것이 일반적이다. 따라서 공무직들은 노조를 통해 권익을 확보하려고 노력하게 된다. 개별적 근로관계에 대한 정부의 기본 방침이 없다 보니, 이들은 노조(勞組)라는 집단적 노사관계를 통해 개별적 근로관계의 근로조건을 개선하려는 경향이 농후하다. 이러한 문제를 내버려 두거나, 사실상 부추기고 있는 것이 정부이다.

먼저, 교육부의 훈령에 대해 비판적으로 평가해보자. 본 규정은 '훈령'이다. 이는 행정조직 내부의 지침 수준에 불과하여 대외적 법적 구속력이 약하다. 즉, 공공부문 무기계약직 관리의 기준이 너무 낮은 법 형식에 머무르고 있다. 특히, 징계, 해고, 복무, 보상 등의 중요한 사항이 훈령에 위임된 것은 헌법상 법률유보 원칙에서 볼 때 올바른지 검토가 필요하다. 현재 공무직의 인사관리 체계는 제각각인 시도교육청 조례/지침과도 충돌하거나 혼재될 가능성이 존재한다. 「근로기준법」 준용을 강조하지만, 실제 학교 현장에서는 공무원과 혼용된 복무환경이 적용되어 현장 혼란이 초래된다.

---

104) 「교육부와 그 소속기관 공무직 관리 규정」은 제1장 총칙, 제2장 채용, 제3장 복무, 제4장 인사, 제5장 근로조건, 제6장 임금, 제7장 퇴직·해고 등, 제8장 퇴직급여, 제9장 표창 및 징계, 제10장 교육 및 성희롱 예방, 제11장 직장 내 괴롭힘의 예방, 제12장 안전보건, 제13장 재해보상, 총 92조로 구성되어 있다.
105) 서울시교육청을 예로 들면 「서울특별시교육청 교육공무직원 정원관리 훈령」, 「서울특별시교육청 교육공무직원 채용 등에 관한 조례」, 「서울특별시교육청 교육공무직원 채용 등에 관한 조례 시행규칙」이 있다.

교원은 국가공무원이고, 행정직원은 지방공무원이다. 즉 국가공무원법과 지방공무원법의 적용을 받는다. 17개 시도의 지방공무원이 동일한 하나의 법률을 적용받는다. 그나마 그 법도 국가공무원법을 상당 부분 바탕으로 하고 있다. 공무직이 각각 다른 규정을 적용받는 것이 올바른지 의문이다. 특히 직무와 직종의 체계화가 미흡하다는 섬도 큰 문제이다. 징리하면, "교육공무직"이라는 독립적 법적 용어 및 지위 설정이 필요하고, 직무명세서와 함께 국가 차원의 표준 직종·직급 체계 마련이 필요하다. 채용, 복무, 평가, 퇴직 등 전 인사관리 사이클을 포함하고 있으나, 각 제도 간의 연계성이 낮고 개발→경력→경로의 발전 구조가 부재하다. 예를 들면, 평가등급(수·우·양)에 따라 무엇이 달라지는지 의문이다. 승진도 없고, 처우 연계도 모호하다. 또한, 근무성적평정 후 경력개발 경로도 없다. HRD 기능이 미비하다. 표창과 징계는 있으나, 명확한 인센티브 및 보상 구조가 부족하다. 인사권자(교육감)와 관리자(학교장, 행정실장)가 분리되다 보니, 학교장이나 행정실장은 공무직의 태도·업무 성과에 대한 관리가 어렵다. 공무직은 조직 내의 행정지시를 내부적 '의무'로 여기지 않고, 단체협약·근로계약을 기준으로 판단. 결과적으로 조직 내부의 구성원 간 협력이 쉽지 않은 상황이다. 공무직의 입장에서는 직무기술서도 불분명하고, 보상 구조도 거의 없으며, HRD 기능도 사실상 부재하기에 근로환경 개선을 위한 유일한 수단이 '노조'를 통한 사용자와의 단체교섭이다. 개별 경력·성과 기반의 인사제도(HRD와 HRM)가 없으니 임금, 복지, 근무시간, 연차 확대 등의 문제를 단체협상으로 해결하려는 것이다. 즉, 집단적 노사관계를 통해 개별적 근로관계를 형성해 나가는 방식이다.

시도교육청의 법규에 대해서도 비판적 평가가 필요하다. 공무직 문제는 단순히 노사의 문제를 넘어선다. 지방교육자치의 왜곡, 선거제도의 빈틈, 그리고 행정의 비(非)정책화 현상이 복합적으로 결합한 복잡한 문제이다. 특히, 공무직 노조와 선출직 교육감 사이의 정치화된 협상 구조가 문제를 더욱 복잡하게 만든다. 교육감은 소속 정당은 없지만, 명백한 정치적 선출직이다. 이들에게는 공무직 노조의 집단조직력을 무시할 수 없다. 따라서 후보들은 이들 노조와 다양한 형태로 협력하고 이들의 이익을 수용하려고 하는 유인이 존재한다. 결과적으로 표를 위한 약속을 하게 되고, 이러한 약속이 정책적 판단을 대체하고 있다. 그러다 보니 A교육청의 양보 사례를 다음번 협상에서는 B와 C 교육청에서도 수용해달라고 압박을 하게 된다. 이런 과정을 거쳐 '단체교섭을 통한 전국 공무직 단일 노동정책'이 비공식적으로 형성된다. 결과적으로 단체교섭이 법이나 정책보다 상위에 있게 된다. 국가가 정규직화는 했지만, 정규직다운 지위·처우·보장 체계는 지역이 알아서 하라고 떠넘긴 결과이다. 교육부의 훈령과 마찬가지로 인사관리, 인적자원개발에 대한 관점이 빠져 있다. 이는 공무직을 조직 운영의, 직무 수행의 필수인력으로 간주하지 않기 때문이다. 결과적으로 지방분권의 이름 아래 통합성과 공공성이 무너지고 있다.

교육 분야 공무직 문제의 해결책은 사실 단순하다. 정부가 결단만 하면 된다(다른 분야도 비슷하다). 첫째, 「교육공무직법」 제정이 필수적이다. 하위 법령도 체계화해야 한다. 1법 1시행령이 아니라 1법 다수의 시행령 구조가 되어야 한다. 이를 바탕으로 시도교육청의 표준 지침이 만들어져야 한다.

둘째, 교육공무직이 조직 운영의 필수인력이라는 점을 정부가 인정해야 한다. 그래야만 그 이후의 병목이 해결될 수 있다. 근로기준법은 '사용자'와 '근로자'가 서로 독립된 존재일 것은 전제로 설계된 법이다. 따라서 사업장 단위에서의 노동력 제공 – 대가 지불 - 사용자 명령체계가 작동해야 한다. 그러나 공립학교는 명확한 노사구조가 아니다. 신뢰에 기반을 두어야 하는 공동체가 '협상 테이블'로 인해 적대적 조직으로 변질하고 있다. 이는 구성원 간 관계 형성을 불가능하게 만든다. 즉, 공무직은 근로자이기 이전에 교육공동체의 일원이라는 점을 인정하고, 이를 전제로 한 교육공무직법 제정이 필요한 것이다.

셋째, 직무기반 인사관리와 HRD 시스템을 도입해야 한다. 그리고 직종과 직급의 체계화가 요구된다. 표준 역량모델 개발이 요구된다. 즉, HRM과 HRD를 단체협상이 아니라 법에 기반을 둔 공적 시스템으로 제도화해야 한다. 그리고 법에 근거를 두고 보상과 징계의 이중 트랙을 만들어야 한다.

<표 23> 교육공무직을 규율하는 입법 체계

가칭 「교육공무직법」은 노사관계 안정화와 인사관리의 체계화 그리고 교육공무직의 권리 보장을 위해서 제정이 필요하다. 「교육공무직법」은 교원과 일반 공무원처럼 1법, 복수의 시행령 체제로 가야한다.

교육공무직법률을 개략적으로 설계해 보면
- 제1장 총칙: 목적, 정의, 적용 범위
- 제2장 채용과 근로조건
- 제3장 복무와 연수
- 제4장 보수와 후생
- 제5장 고충 처리와 징계
- 제6장 경력개발 및 평생학습 지원
- 제7장 시도교육청 책무, 교육부의 기본계획 수립 등
- 부칙: 시도교육청별 조례와의 관계 등

하위 규정을 설계해 보면,
- 교육공무직 임용 규정
- 교육공무직 복무 규정
- 교육공무직 징계 규정
- 교육공무직 경력개발 기준
- 교육공무직 평가제도 운영지침 등이다.

8) 구성정책과 법학, 정책학

구성정책은 법학·정책학 시각에서는 설명에 어려움이 있다. 규제정책, 분배정책, 재분배정책, 심지어 추출정책까지는 대부분 행정부의 집행 구조를 중심으로 파악할 수 있기에, 법령과 행

정권 행사의 정합성 여부나 행정조직에 대한 규율체계만으로도 일정 정도 설명이 가능하다. 하지만 구성정책은 그 성격상 '제도를 구성하고 조직하는 것'에 초점이 맞춰져 있으며, 이는 기존의 행정부 활동을 대상으로 하는 전통적 법학이나 정책학의 틀에서는 해석이 난해하다.

법학은 구성정책을 헌법과 정부조직법, 행정조직법 등 규범체계 속에서 다루며, '권한의 귀속', '위임의 적법성', '헌법적 정당성'과 같은 법적 타당성에 초점을 맞춘다. 그러나 이 접근은 제도 설계의 정치적 동학(動學), 정당 간 협상, 사회적 요구 등 정책 형성과정의 맥락적 요소를 설명하지 못한다. 결국 법학은 구성정책을 제도적 결과물로만 분석하며, 그 형성과정의 정책적 논리를 간과한다. 반면 정책학은 구성정책을 정당정치, 정부조직 개편, 거버넌스 설계 등 행정·정치적 과정 속에서 분석한다. '왜'와 '어떻게'라는 정책 형성과정은 설명하지만, 법적 구조와 권한 부여 방식, 제도화 과정에 대한 분석은 미흡하다. 즉, 정책학은 구성정책을 정치적 산물로 이해하는 데 강하지만, 법적 정합성과 제도적 완결성을 설명하는 데 한계를 가진다. 예컨대, 국가교육위원회의 설치를 논의할 때 정책학은 '왜 이러한 독립위원회가 필요했는가?', '어떤 정치적 이슈와 계기가 있었는가?', '누가 그것을 주도했는가?'를 설명하는 데에는 강하나, 그 기능이 법률상 자문인지, 심의인지, 의결인지, 혹은 그 인적 구성은 어떻게 법적으로 설계되어야 하는지는 미흡한 해석을 보인다. 따라서 구성정책은 법학은 과정 분석이 약하고, 정책학은 법에 기반을 둔 제도에 대한 분석이 약하다. 통합적 접근이 필요하다.

9) 구성정책의 정책법학적 의미

Lowi의 정책 분류 중에서 규제정책, 분배정책, 재분배정책은 상대적으로 익숙하다. 이들은 국가가 시민사회를 상대로 '무엇을 금지하거나 허용하고', '누구에게 어떤 자원을 나누어주고', '사회적 형평을 위해 자원을 이전하는지'와 관련된 활동이다. 그러나 구성정책은 다르다. 이 유형은 시민사회에 대한 직접적 개입보다는 오히려 정부 내부의 정치질서 형성 및 조직 구조 설계와 관련되어 있기에 고유한 해석 틀이 필요하다. 바로 이 지점에서, 구성정책을 어떻게 해석하고 설명할 것인가에 따라 세 정책과의 차이, 정책법학의 필요성이 명확히 드러난다. 정책법학은 정책을 단순한 행정부의 활동이나 법령의 집행 대상으로 보지 않고, 입법부와 행정부의 상호작용 속에서 형성되는 제도화의 전 과정을 주요 분석 대상으로 삼는다. 이 관점은 특히 구성정책과 같이 '정부 자신의 틀을 스스로 다시 짜는 정책'에 대하여 매우 강력한 설명력을 갖는다. 정책법학은 구성정책을 정책학과 법학의 관점을 모두 수용하여 설명한다.

- 정치적 역학(political dynamics): 정당, 대통령, 국회 등의 권력 간 협상, 정무적 판단, 정치적 타협이 개입되는 지점. 예를 들면, 선거구 재조정 시 정당 간 이득과 손해에 대한 협상 과정
- 정책적 기획(policy design): 특정 조직을 신설하거나 개편할 때, 그 기능, 목적, 위상 등을 설정하는 설계의 과정. 예를 들면, 국무총리 직속인가, 대통령 직속인가, 위원회의 성격은 자문/심의/의결 중 어떤 기능인가?

- 법적 구조화(legal structuring): 조직의 법률적 근거, 위임조항, 시행령 및 하위 법령과의 정합성. 예를 들면, 「정부조직법」 개정, 「국가교육위원회 설치법」 제정 등.

이러한 3단계는 병렬적이 아니라 유기적으로 상호작용하며 하나의 정책으로 형성된다. 이 과정을 정책법학은 통합적으로 분석함으로써 구성정책의 생성 메커니즘을 종합적으로 파악할 수 있게 한다. 구성정책은 정책법학의 시각에서 다음과 같이 설명할 수 있다.

- 구성정책은 정당정치 등 정치적 동학이 핵심 변수로 작동한다.
- 구성정책은 조직의 기능과 위상에 대한 정밀한 정책설계를 요구한다.
- 구성정책은 반드시 법령을 통한 제도화를 전제로 한다.
- 구성정책은 규제, 분배, 재분배와 같은 다른 정책 유형의 토대를 제공하는 기초정책이다.

요약하자면, 구성정책은 법학이나 정책학 단독으로는 설명하기 어려운 영역이다. 법학은 법령의 정합성과 절차적 구성에는 강하지만 정치적 흐름에 대한 이해가 부족하며, 정책학은 정치적 맥락을 이해하지만, 법제화의 기술과 구조 설계에는 취약하다. 오직 정책법학만이 입법-행정의 상호작용 속에서 정치적 기획과 법적 제도화라는 두 요소를 동시에 분석할 수 있다. 구성정책은 바로 그러한 통합적 시각 없이는 제대로 설명될 수 없는 정책 유형이다. 이러한 분석은 정책법학이 독자적 학문 영역으로서 확장되어야 하는 실천적 정당성을 보여준다.

10) 구성정책(부처 소속 위원회) 설계 측면

위원회를 만드는 과정은 기능과 권한, 운영체계까지 종합적으로 고려하는 과정이다. 문제 인식 단계에서 위원회가 필요한지 분석한다. 이어 해당 조직이 궁극적으로 달성해야 할 가치와 정책목표를 명확히 한다. 다음 단계는 기능 설정이다. 위원회가 실제로 수행할 기능(예: 정책 기획, 자문, 심의, 의결, 집행 등)을 정의해야 한다. 기능이 정리되면, 성격 규정이 뒤따른다. 자문기관인지, 심의기관인지, 의결기관인지, 아니면 집행기관인지이며, 이는 기능과 불가분의 관계가 있다. 동시에 권한 관계 설정도 이루어져야 한다. 조직의 장과 소속 부처 간의 권한 배분, 독립성 수준, 보고 및 통제 체계 등을 설계하여 권한 남용이나 무력화를 방지한다. 이후에는 인적 구성이 중요하다. 조직의 성격과 기능에 맞게 위원 구성, 임명 방식, 자격 요건 등을 정해 전문성과 대표성을 확보해야 한다. 더불어 조직 운영 설계를 통해 회의 절차, 정족수, 의결 방식, 사무국의 설치와 지원체계까지 정비해야 조직이 실제로 작동할 수 있다.

이 모든 과정은 법적 기반 마련과 긴밀히 연결된다. 헌법 및 상위 법률과의 정합성을 점검하고, 필요하다면 새로운 법률을 제정하거나 기존 법률을 개정하여 조직의 정당성을 확보해야 한다. 또한 이해관계 조정이 필요하다. 새 조직의 설치 과정에서 기존 기관, 이해집단과 권한 충돌이나 이익 배분 문제가 발생할 수 있기 때문이다. 마지막 단계는 입법화와 제도화다. 국회 심의와 의결을 거쳐 새로운 조직을 법률·법령 체계 속에 정식 편입시킨 뒤, 실제 시행에 들어간다. 이후에는 운영 평가를 통해 조직이 설계된 기능을 제대로 수행하는지 점검하고, 필요시 구조적 조정을 반복한다.

나. 추출정책

1) 정책 유형의 하나로서의 추출정책

Almond와 Powell은 정치체제의 산출을 업적(performance))이라는 이름으로 부르면서 배분, 규제, 추출, 상징정책 등 네 가지로 분류하였다.106) 여기에서 추출(抽出)정책(extractive performance)이란 자원을 민간부문에서 추출하는 내용을 지닌 정책을 의미한다. 인적 자원에 대해서는 징병, 물적 자원에 대해서는 조세정책 같은 것이 대표적인 예이다. 우리나라의 경우에 흔히 보는 토지수용 등과 같이 정부에서 토지를 강제 매입하는 것도 해당하며, 공식 조세만이 아니라 준조세 성격을 가진 각종의 부담금, 기부금, 성금 등도 여기에 포함될 수 있다. Almond와 Powell은 policy라는 용어를 사용하지 않았다. 하지만, 정책학계에서는 performance를 정책으로 번역한다. 그렇다면 이 performance의 의미는 무엇인가? 이에 대해 이해하기 위해서는 체제론(system theory)을 이해해야 한다. 그리고 이러한 분류가 만들어지게 된 배경도 이해해야 한다. 즉, 체제론은 Almond와 Powell이 국가 간 비교를 하기 위해서 만든 분석의 틀이고, 투입, 프로세스(process, conversion)를 거쳐 만들어지는 output을 performance라고 이해해야 한다. 즉, 정부 체제의 산물, 성과, 업적이다. 정책은 이러한 업적 중의 하나이다. 그래서 이를 정책으로 번역하여, 정책 유형으로 포함시키는 것이 옳은지는 의문이다.

또 한 가지 의문이 있다. 정치체제라는 관점에서 Almond와 Powell의 분류는 정치체제의 기능적 수행 능력(functional capabilities of political system)에 초점이 있다. 이때 그들이 말한 extractive, regulative, distributive, symbolic은 정책 체제가 수행해야 하는

---

106) Almond와 Powell은 나중에 반응 기능(responsive performance)라는 5번째 기능을 추가했다. 이 기능도 매우 중요하다. 우리나라 정책학 교재에서는 잘 소개되지 않는다. Responsive performance는 정치체제가 사회의 요구나 문제, 여론, 시민의 기대에 대해 어떻게 반응하고 응답하는지를 측정하는 기능이다. 단순히 정책을 만드는 것이 아니라, 국민의 요구를 어떻게 포착하고, 그에 따라 정책을 수정하거나 피드백을 주는지를 포함한 기능이다. Almond와 Powell이 제시한 responsive performance 개념은 현대 민주 정치체제에서 국가의 성과를 평가하는 중요한 기준으로 자리 잡았다. 전통적으로 정치체계는 권위를 행사하고 법과 규제를 통해 질서를 유지하는 것만으로 정당성을 확보할 수 있다고 여겨졌다. 그러나 민주주의가 성숙하고 시민사회의 참여 요구가 커지면서, 단순한 법 제정과 규제만으로는 정치체계의 정당성을 유지하기 어려워졌다. 이제는 시민의 목소리에 민감하게 반응하고, 변화하는 사회적 요구에 신속하게 대응하는 능력이 필수적이다. 이러한 맥락에서 거버넌스 구조의 변화는 중요한 배경이 된다. 복잡하고 다층적인 정책 환경 속에서 정부가 일방적으로 자원을 추출하거나 분배하고 규제하는 방식만으로는 충분하지 않다. 다양한 이해관계자들과 상호작용하고, 협력적 거버넌스를 통해 시민들의 요구를 정책에 반영하는 능력이 곧 정치적 응답성을 실현하는 핵심이 된다. 또한 이 개념은 정책학적 논의와도 밀접히 연결된다. 정책이 피드백을 받아 평가·조정·학습을 반복하는 과정을 전제한다. 즉, 정책이 한번 결정되면 고정되는 것이 아니라, 시민의 반응과 사회적 효과를 점검하면서 끊임없이 수정·보완되는 순환적 메커니즘이 필요하다는 것이다. 이때 정책학습(policy learning), 반응성(responsiveness), 그리고 공공 참여(public participation)는 이 성과를 구체화하는 핵심 요소들로 작동한다. 따라서 Almond와 Powell의 responsive performance는 단순히 제도적 성과를 의미하는 것이 아니라, 동적인 정책·법제의 반응성(dynamic responsiveness)을 강조한다. 이는 시민의 요구를 정책에 반영하고, 사회 변화에 적응하며, 법과 제도를 끊임없이 재설계하는 능력으로 정의할 수 있으며, 오늘날 정책학이 지향하는 핵심 가치와 직결된다.

역할과 기능, 즉 capabilities인 것이다. 엄밀한 의미로 보면 이는 정책 유형에 대한 논의가 아니다. 이를 정책 유형이나 내용으로 번역하는 것은 의미의 확장일 수 있다. 따라서 분배정책이 아니라 분배 기능, 추출정책이 아니라 추출 기능, 상징정책이 아니라 상징 기능이라고 하는 것이 더 적합하다. 그럼에도 이러한 기능이 구현되기 위해서는 사실상 정책이라는 형태를 취해야 하기에 엄밀하게 보면 정책을 말하지는 않지만, 사실상은 정책을 말하고 있다고 우리나라 학계에서는 해석한 것으로 추정된다.

2) 추출정책이란?

추출정책은 국가가 국민으로부터 자원을 직접적으로 확보하는 정책을 의미하며, 세금, 병역, 각종 부담금 등 강제성을 띠는 형태가 대부분이다. 이는 국가의 존속과 운영을 위한 가장 기본적이자 전통적인 기능으로, 역사적으로는 조선시대의 조·용·조(租庸調) 제도가 대표적 사례이. 조(租)는 토지세, 용(庸)은 인두세와 같은 노동력 제공 의무, 조(調)는 가구 단위로 부과된 토산물 공납을 의미한다. 조선시대 삼정(三政)의 문란처럼 추출정책이 왜곡되거나 남용되면 민란과 국가 붕괴의 원인이 되기도 하며, 오늘날에도 세금 인상은 정치적 저항을 불러일으키는 민감한 사안으로 남아 있다. 현대 국가에서 추출정책은 크게 조세, 병역, 공공부담금, 국유재산 수용 등의 형태로 나타난다. 예컨대 소득세·법인세·부가가치세와 같은 조세정책, 국민에게 병역 의무를 부과하는 징병제, 특정 목적을 위해 부과되는 발전부담금·환경부담금 등의 기여금, 그리고 공공 목적을 위한 토지수용 등이 이에 해당한다.

법제적으로 추출정책은 헌법적 근거를 갖는다. 대한민국 헌법 제38조는 모든 국민의 납세의무를, 제39조는 병역의무를 규정하고 있다. 또한 조세 및 공공부담금은 반드시 법률에 근거해야 한다는 조세법률주의(헌법 제59조)가 적용되며, 이는 국민의 재산권과 직접적으로 연결되는 만큼 엄격한 법적 절차를 요구한다. 추출정책은 본질적으로 강제적 성격을 지니므로, 국민이 이를 거부할 수 없으며 미이행 시에는 조세 체납에 따른 가산세 부과, 병역 기피 시 형사처벌과 같은 제재가 뒤따른다. 결국 추출정책은 국가 운영의 기반을 이루는 가장 원초적인 정책 유형이자, 동시에 정치적 정당성 확보와 국민적 신뢰 형성이 무엇보다 중요한 영역이라 할 수 있다.

3) 추출정책의 특성

추출정책은 본질적으로 국민의 자발적 참여에 의존하지 않고, 국가가 강제력을 바탕으로 자원을 확보하는 성격을 갖는다. 따라서 무엇보다 중요한 것은 국민이 이를 받아들일 수 있는 정책수용성 확보이며, 이는 곧 정책의 정당성 문제와 직결된다. 정당성은 크게 세 가지 경로를 통해 확보될 수 있다. 첫째, 헌법과 법률이라는 제도적 정당성에 근거할 때 추출정책은 법적 권위를 가진다. 둘째, 국민 의견수렴, 행정예고, 공청회와 같은 절차를 통해 절차적 정당성을 보장해야 한다. 셋째, 공평한 부담 원칙에 따라 역진성을 완화하고 공공재 공급의 목적을 명확히 할 때 비로소 결과의 정당성을 확보할 수 있다.

이러한 강제적 성격 때문에 추출정책은 쉽게 정책에 대한 거부가 발생한다. 조세 저항, 병역기피, 개인정보 제공 거부, 불복종 운동 등이 대표적 사례다. 결국 추출정책은 정치적 위험성이 높고, 갈등 발생 가능성이 구조적으로 내재되어 있는 정책 유형이다. 또한 추출정책에는 거래비용과 행정 역량의 제약이 수반된다. 세제 운영을 위해서는 세무 공무원, 전산 시스템, 행정 절차적 정당성 확보 장치가 필요하며, 병역제도 운용에도 징병검사 체계, 행정 인프라가 뒷받침되어야 한다. 집행 역량이 부족할 경우 제도의 실효성은 약화되고, 오히려 불신과 갈등만 증폭시킬 수 있다. 소득 노출이 잘 안되는 자영업자와 유리지갑으로 불리는 급여생활자에 대한 세금 부과에 대한 논란이 사라지지 않는 이유이기도 하다. 마지막으로 추출정책은 설계 자체가 매우 복잡하다. 자원의 대상이 소득, 재산, 건강, 연령 등으로 다양하고, 산정 방식과 공제 구조 또한 복잡하게 얽혀 있다. 그 과정에서 이해관계자 간의 갈등이 구조화되기 쉽고, 합리적인 설계를 둘러싼 논란이 지속해서 발생한다. 요컨대 추출정책은 국가 존속을 위한 필수적 기능이지만, 정당성과 형평성, 집행 역량, 정책 설계의 정교함을 동시에 확보하지 못하면 쉽게 정치적 저항과 사회적 갈등으로 이어지는 고위험 정책이라 할 수 있다.

정리하면, 추출정책은 국가와 국민 사이의 계약적 관계를 가장 선명하게 드러내는 영역이다. 국가는 국민으로부터 자원을 공평하게 걷고, 비례의 원칙에 맞추어 제한하며, 공익적 목적에 따라 이를 사용해야 한다. 그렇지 않을 경우 국민은 정치적·법적·사회적·제도적 권리를 통해 국가를 견제하고 교정할 수 있는 권리와 책임을 가진다.

한편, 다른 정책 유형과 비교했을 때, 추출정책은 뚜렷한 차별성을 가진다. 규제정책이 국민의 특정 행위를 제한하는 데 초점을 둔다면, 추출정책은 국민의 자원 자체를 확보하는 데 목적이 있다. 또한 분배정책과 재분배정책이 이미 확보된 자원을 사회적 기준에 따라 배분·조정하는 과정이라면, 추출정책은 그 이전 단계인 자원 조달을 담당하는 과정이라는 점에서 근본적으로 구별된다. 추출 정책과 유사한 정책으로 후술하는 제재(制裁) 정책이 있다. 이는 위반 행위나 사익 활동으로 발생한 외부 비용을 부담하게 하는 정책이다. 환경개선부담금, 개발이익환수금, 과징금 등이 그 예이다. 추출 정책과 제재 정책의 구분은 부담의 논거에 따라 달라진다. 추출정책은 공동체 구성원으로서의 분담을 근거로 하지만, 제재 정책은 사익 행위로 인한 외부 비용 발생을 근거로 한다. 때에 따라서 원인자부담금은 공공 책무라고 본다면 추출정책에 포함될 수도 있다. 추출정책이 국가가 국민으로부터 자원을 확보하는 과정이라면, 반대로 기존에 제공되던 혜택을 줄이거나 중단하는 것은 감축정책 또는 삭감정책이라고 할 수 있다. 삭감정책은 국가가 새로운 자원을 더 확보하지 않고도 재정 균형을 맞추기 위해 이미 제공 중이던 정책적 혜택을 축소하는 성격을 가진다. 구체적 사례로는 연금 지급액 삭감이나 보조금 지급 중단과 같은 복지 축소, 학교 급식 지원 축소나 대중교통 요금 할인 폐지와 같은 공공서비스 축소, 그리고 특정 산업에 부여되던 세금 감면 혜택 철회 등이 있다.

내용상으로 감축정책은 결국 보조정책이나 보호정책의 조정 형태로 나타난다고 볼 수 있다. 보조정책의 경우 보조금 지원을 줄이거나 중단하는 방식으로, 보호정책의 경우 연금이나 각종 급여를 삭감하는 방식으로 감축이 이루어진다. 따라서 감축정책은 보조·보호 정책에서 국민에게 제공되던 지원과 서비스가 후퇴하거나 축소되는 현상으로 이해할 수 있다. 이러한 점에서 감축정책은 추출정책과도 밀접하게 연결된다. 추출정책이 국민으로부터 자원을 모으는 과정에서 저항을 불러올 수 있다면, 감축정책은 국민에게 제공되던 혜택이 줄어드는 과정에서 불만과 갈등을 발생시킨다. 두 정책 모두 국가와 국민 사이의 신뢰와 정당성 문제와 직결되며, 특히 감축정책은 복지국가의 지속성과 후퇴라는 구조적 문제와 맞닿아 있다는 점에서 정책학적으로도 중요한 분석 주제가 된다. 여기에 대중영합주의 이슈까지 결합할 경우에 이러한 후퇴는 어려운 과제가 될 수 있다.

4) 추출정책과 부담금·분담금

부담금과 분담금은 국민이 국가나 지방자치단체에 납부해야 하는 비용이라는 점에서 언뜻 보면 모두 추출정책에 속하는 것처럼 보일 수 있다. 그러나 그 성격을 세밀히 구분해 보면 추출정책으로만 분류하기는 어렵다. 우선, 추출정책은 국가가 국민으로부터 자원을 직접적으로 확보하는 것을 목적으로 하는 정책으로, 조세 부과, 병역 의무, 국유재산 수용과 같이 일반적이고 강제적인 자원 징수가 대표적 사례이다. 이 경우 국민은 자발적 선택의 여지가 거의 없으며, 국가 존속과 공공 목적 실현을 위해 법률에 근거해 의무적으로 응해야 한다. 반면, 일정한 조건이 붙는 부담금은 성격이 다르다. 예컨대 환경부담금이나 교통유발부담금은 모든 국민에게 일률적으로 부과되는 것이 아니라, 특정한 행위를 한 주체에게만 부과된다. 이는 단순한 자원 확보라기보다 특정 행위를 억제하거나 조정하려는 규제(제한)정책적인 성격을 가진다. 또한 상하수도 요금, 도로 통행료, 쓰레기 처리비와 같은 각종 분담금은 정부가 제공하는 공공서비스 이용에 대한 대가이므로, 본질적으로는 공공서비스 정책과 결합된 비용 부담이라 할 수 있다. 이 경우 납부는 자원의 추출이기보다 서비스 제공과 이용 간의 교환관계에 가깝다. 따라서 조세와 병역처럼 국민 일반을 대상으로 강제적 의무를 부과하는 경우는 명확히 추출정책에 속하지만, 부담금과 분담금은 그 부과 목적과 성격에 따라 규제(제한)정책이나 공공서비스(보조) 정책과 결합될 수 있다. 결국 부담금·분담금은 추출정책과 다른 차원의 혼합형 정책 수단으로 이해하는 것이 타당하다.

5) 추출정책과 자유권(재산권, 신체의 자유)

추출정책은 국민으로부터 자원을 확보하는 과정에서 필연적으로 국민의 자유권과 충돌한다. 가장 직접적인 관련은 재산권과 신체의 자유이다. 세금 부과는 국민의 재산권을, 병역의무는 신체의 자유를 일정하게 침해하는 방식으로 작동하며, 이는 헌법상 납세의무(제38조)와 병역의무(제39조)로 제도화되어 있다.

먼저, 세금 부과는 국민의 재산권(헌법 제23조)을 직접적으로 제한하는 조치이다. 따라서 헌법은 조세 부과에 있어 조세법률주의(헌법 제59조)를 천명하여, 반드시 법률에 근거할 것을 요구한다. 이는 국가가 임의로 조세를 징수하는 것을 막고, 국민의 재산권을 보장하기 위한 최소한의 장치이다. 토지수용과 같은 공익사업을 위한 강제적 재산권 제한도 헌법이 정한 요건과 절차 내에서만 허용된다. 즉, 재산권은 절대적 권리가 아니라 사회적 제약을 수반하며, 추출정책은 이러한 제한의 전형적 사례라 할 수 있다. 다음으로, 병역의무(헌법 제39조)는 국민의 신체의 자유(헌법 제12조)를 일정 기간 제한한다. 징병제는 형식적으로 강제노동의 금지 원칙과 충돌할 수 있으나, 헌법은 이를 '국가의 존립을 위한 국민의 의무'로 규정하여 정당성을 부여한다. 다만 양심적 병역거부에 대한 대체복무제도 도입은 국가안보의 필요성과 개인의 신체·양심의 자유 사이에서 균형을 찾으려는 헌법적 노력의 결과라 할 수 있다.

이러한 맥락에서 국가의 책무는 추출 과정에서 공평성과 비례의 원칙을 지키는 데 있으며, 동시에 그렇게 걷어 들인 자원을 합리적·체계적·능률적·공익적으로 사용하는 데 있다. 국민은 국가에 자원을 제공하는 대신, 보호정책과 보조정책을 통해 생존권과 사회권, 나아가 경제활동의 자유가 충분히 보장되기를 기대한다. 우선, 추출정책에서 공평성(fairness)은 핵심적 가치이다. 납세에 있어서는 소득세·재산세 등이 담세력에 비례해 부담되도록 설계되어야 하고, 누진세 구조를 통해 소득 재분배 기능을 강화할 수 있다. 병역의 경우 신체조건, 경제적 능력, 사회적 지위와 관계없이 평등하게 의무가 부과되어야 하며, 대체복무나 병역특례 제도 또한 공평성 심사가 엄격히 적용되어야 한다. 부담금이나 기여금은 반드시 해당 공익으로부터 이익을 얻는 집단이 부담해야 하며, 무차별적으로 광범위한 국민에게 전가되어서는 안 된다. 이는 단순한 형식적 평등을 넘어서, 실질적 형평성까지 고려하는 방식으로 추출정책이 설계·집행되어야 함을 의미한다. 둘째, 추출정책은 자유권 제한을 수반하기 때문에 비례원칙(principle of proportionality)을 준수해야 한다. 이는 세 단계로 작동한다. ① 적합성 단계에서 추출정책은 반드시 국방, 재정, 복지 등 공익 실현에 실제 기여해야 한다. ② 필요성 단계에서는 자유권 침해를 최소화하는 방법을 선택해야 하며, 불필요한 세 부담이나 과도한 징집은 금지된다. ③ 법익 균형성 단계에서는 제한되는 자유권과 달성하려는 공익 간에 합리적 균형이 유지되어야 한다. 과도한 세율은 소득권 침해로 위헌성이 발생할 수 있고, 불합리한 대체복무 기준은 신체의 자유 침해로 이어질 수 있듯이, 국가는 제도와 집행 전반에서 과잉금지원칙을 철저히 점검해야 한다. 셋째, 추출된 자원을 국가가 사용하는 방식은 합리성·체계성·능률성·공익성 네 가지 원칙에 부합해야 한다. 자원 사용은 명확하고 정당한 목적을 가져야 하고, 국가 재정운용계획과 연계된 체계 속에서 이루어져야 하며, 낭비를 줄이고 효과적인 집행을 보장해야 한다. 무엇보다 최종 목적은 국민 전체의 복지와 사회권 보장, 그리고 경제활동의 자유를 충분히 보장하는 데 두어야 한다. 따라서 국가는 단순한 예산 집행자가 아니라, 국민으로부터 부여받은 자원을 책임성 있게 관리·운영해야 한다.

만약 국가가 이러한 원칙을 위배한다면, 국민은 다양한 대응 수단을 행사할 수 있다. 정치적으로는 선거를 통해 정권을 교체하거나 국회의 국정감사·청문회를 통해 감시할 수 있다. 법적으로는 헌법소원이나 위헌법률심판, 위헌심사 청구를 통해 권리를 구제받을 수 있다. 사회적으로는 시민사회운동을 통해 여론을 형성하고 정책 수정을 요구할 수 있으며, 제도적으로는 국민감사청구나 주민소송제도를 통해 예산 낭비나 부당 지출에 직접 대응할 수 있다.

결국 추출정책은 국민의 재산권과 신체의 자유를 일정한 범위에서 제한할 수밖에 없지만, 그러한 제한이 정당화되기 위해서는 헌법적 근거와 법률적 정합성이 필수적이다. 더 나아가 추출정책의 집행은 최소침해원칙을 따라야 하며, 국민이 수용할 수 있는 정당성과 형평성이 확보되지 않는다면 조세 저항이나 병역거부와 같은 사회적 갈등을 일으킬 수 있다. 즉, 추출정책은 단순한 자원 확보 정책이 아니라, 국민의 자유권 보장과 국가의 존립이라는 두 가치가 충돌하고 조화되는 헌법적 장(場)인 것이다.

6) 추출정책과 정책학

추출정책은 국가 존속을 위한 가장 근본적이고 불가피한 정책임에도 불구하고, 상대적으로 소홀히 다루어져 왔다. 그 원인을 추정해보면 세 가지로 정리해 볼 수 있다. 첫째, 국내 정책학 연구가 주로 행정 중심적 관점을 취하면서 정책을 "집행 가능한 사업"으로만 이해했기 때문일 수 있다. 이로 인해 예산사업이나 공급 정책은 활발히 다루었지만, 자원을 확보하는 추출정책에는 관심을 기울이지 않았다. 둘째, 추출정책에 관한 논의가 재정학, 세법학, 국방정책, 군사학 등 다른 학문 분야에 분산되어 있어 정책학 고유의 이론적 축으로 정립되지 못했을 수 있다. 셋째, 정책을 본질적으로 합의와 참여의 산물이 아니라 통제의 수단으로 보는 경향 때문에, 시민과의 협력이라는 관점에서 추출정책을 탐구하려는 시도가 부족했다.

그러나 추출정책은 정책학에서 반드시 재조명되어야 하는 영역이다. 이는 모든 공급 정책의 전제가 되는 기반 정책으로서, 공공재의 공급, 복지의 확대, 산업 진흥 등은 추출정책을 통해 자원이 조달될 때 비로소 가능하다. 또한 추출정책은 국민의 삶에 직접적으로 영향을 미치는 정책으로, 국가와 시민 간의 접점이 가장 뚜렷하게 드러나는 분야이기도 하다. 세금 인상, 병역의무와 같은 사안은 사회적 갈등을 촉발할 가능성이 크며, 따라서 추출정책은 갈등 관리의 핵심 영역이라 할 수 있다. 또한 추출정책은 정책 수용성과 신뢰도를 탐구하는 핵심 영역이다. 정책 홍보(PR), 공론장 운영, 시민참여 설계 등 민주적 거버넌스의 기법들은 추출정책의 수용성을 높이는 데 필수적이며, 이를 통해 정책학이 발전시켜온 다양한 참여·숙의 이론과 실증 연구를 접목할 수 있다.

추출정책은 단순한 조세제도 설계나 병역제도 운용을 넘어, 정책 기획–설계–집행–평가의 전 과정을 함축한다. 따라서 법적 정합성, 사회적 수용성, 정치적 합의라는 세 가지 요소가 균형을 이루어야만 한다. 정책학에서는 이러한 특성을 바탕으로 추출정책을 국가–시민 간 계약적 관계라는 관점에서 재구성할 필요가 있다. 즉, 국민이 공동체 구성원으로서 어떤 자원(세금, 복무, 보험료 등)을 국가에 제공하고, 그 대가로 무엇을 돌려받을 수 있는가에 대한 사회적 약속이자 계약의 핵심이 바로 추출정책이다. 이 사회계약은 정적인 것이 아니라 시대에 따라

변하며, 정치적·경제적 상황, 세대 간 형평성, 정책 수용성 등에 따라 재구성되어야 한다. 예를 들어 조세 형평성 논란, 병역제도의 공정성, 건강보험료 부과체계의 개선 요구는 모두 이러한 사회계약의 재조정 요청으로 볼 수 있으며, 이는 궁극적으로 법률의 개정을 통해 반영되어야 하는 문제들이다.

추출정책은 정책결정 및 집행이 아닌 정책 법제화 과정 전체에서의 사회적 역동성이 매우 강하게 작용하는 유형이다. 다른 정책과 달리, 추출정책은 여론의 반응, 정치적 정세, 제도 신뢰도 등에 따라 정책 자체의 존립이 흔들릴 수 있다. 병역제도의 대체복무제 도입이나 부자증세, 탄력세율제 도입과 같은 이슈는 단지 정책 옵션의 문제가 아니라, 국민 전체의 가치판단과 정당성 판단을 포함하는 구조적 선택이 요구되는 문제이다. 따라서 이러한 추출정책의 개편이나 설계는 국민과 끊임없는 소통과 설득, 그리고 입법을 통한 제도적 보장이 필요하다. 요컨대, 추출정책은 단순히 "국가가 국민에게 자원을 요구한다"라는 기계적 구조를 넘어, 입법을 통한 사회적 합의의 구현이며, 국민이 공동체 일원으로서 국가를 신뢰하고 협력할 수 있도록 만드는 사회계약의 도구로 기능해야 한다. 그러한 점에서 정책학은 추출정책을 공공권력과 국민 사이의 지속적인 교섭과 조정의 장으로 바라보고, 그 설계와 법제화, 집행과 개정의 전 과정에 대한 체계적 분석 틀을 제공해야 한다. 결국 추출정책은 과거의 전통적 국가기능이라는 한계를 넘어, 현대 민주사회에서 국가와 시민의 관계, 정책 수용성, 사회적 신뢰를 가늠하는 정책학의 새로운 연구영역으로 자리 잡아야 할 것이다.

7) 추출정책의 정책법학적 의미

정책법학의 관점에서 추출정책은 정책 중에서도 가장 강하게 법률에 의해 정당화되어야 하는 정책 중의 하나이다. 정책법학은 이러한 추출정책을 단지 자원의 확보 수단으로 보아서는 안되며, 반드시 헌법적 원칙과 법률적 근거 위에서 사회적 갈등을 조정하고 국가권력의 행사 범위를 명확히 한 정치적·법적 정당화 장치로 이해해야 한다. 조세의 경우 "조세법률주의", 병역의 경우 "병역의무의 법정주의", 사회보험료의 경우 "보험료 부과의 법적 근거"가 헌법 또는 상위 법률에서 명확히 규정되어 있다. 이는 국가의 자의적 자원 징수가 국민 권리를 침해할 수 있음을 전제하고, 반드시 국민의 대표기관인 입법부의 결정을 통해서만 그러한 자원 추출이 가능하다는 헌법적 원칙을 반영한 것이다. 따라서 추출정책은 정책결정과 법률 제정이 철저히 결합된 영역이며, 행정기관의 단독 실행이나 하위법령 중심의 정책 설계로는 정당성을 확보할 수 없다. 이 점에서 정책법학은 단지 입법기술의 관점에서가 아니라, 국가와 국민 사이의 신뢰 구조를 매개하는 정책-법제 체계 설계로 접근해야 한다.

이러한 시각에서 보면 추출정책은 정책법학의 핵심 주제 중 하나가 되어야 한다. 이는 단지 조세법이나 병역법 등 개별 법률 해석의 문제가 아니라, 사회구성원 간 자원의 부담과 분배, 국가의 기능 유지와 책임, 그리고 입법부의 역할과 한계, 국민의 권리와 의무 사이의 정치적·윤리적·법적 균형을 어떻게 설계하고 구현할 것인가라는 거시적 질문과 직결되기 때문이다.

A. 국가 운영을 위한 자원 확보의 작동기제

추출정책은 본질적으로 국가의 존속과 운영을 위해 국민으로부터 직접 자원(재정, 인력, 정보 등)을 확보하는 행위를 의미한다. 이는 단순한 '징수'의 개념을 넘어, 국가의 재정, 국방, 공공인프라, 복지 확대 등 모든 국가 활동의 전제가 되는 정책 유형으로 자리 잡고 있다. 따라서 추출정책은 다른 모든 정책의 '조건'이자 '전제'로서 기능하며, 국가정책 중에서도 가장 강력한 국민 개입성과 저항 가능성을 내포한다.

B. 법제화를 통해서만 정당화되는 추출정책

추출정책은 반드시 법률에 근거해야 하며, 이는 단지 법적 절차의 준수 문제가 아니라, 국가 권력의 정당성 확보를 위한 헌법적 요구이다. 대표적인 예가 조세이다. 헌법 제59조는 "조세는 법률로 정한다"라고 하며, 조세법률주의를 선언한다. 이처럼 추출정책은 입법부를 통해 제도화되어야 하며, 입법을 통해서만 정당성을 획득할 수 있다. 이는 단지 조세에 국한되지 않는다. 병역 의무, 정보 제출 의무, 토지수용, 과징금, 부담금, 기여금 등 모든 개인적·재산적 의무를 동반하는 공적 개입은 입법에 기반을 두어야 한다는 원칙이 적용된다.

C. 동의 없는 추출은 곧 저항

추출정책은 국민의 부담을 전제로 하므로, 강한 저항과 갈등을 유발할 가능성이 크다. 따라서 이러한 정책은 입법 그 자체가 하나의 '정책'으로 기능하게 된다. 즉, 추출의 필요성이 정책적으로 제기되면, 이를 입법화한다. 그리고 사회적 갈등이나 여론의 변화가 생기면 기존 법령을 수정하거나 폐지하는 방식으로 정책 결정이 이뤄진다. 예컨대, 병역제도의 대체복무 도입, 부자 증세 논의, 종부세 개편, 탄소세 신설, 정보 제공 의무 확대(예: 금융정보 제출 확대) 등이 이에 해당한다. 이처럼 추출정책은 정책 설계 → 법제화 → 사회 반작용 → 정책 재설계라는 순환을 가장 극단적으로 보여주는 정책 유형이다.

D. 추출정책의 정당성 구성 요소

정책법학적 관점에서 볼 때, 추출정책의 성공 여부는 세 가지 정당성 축 위에서 평가된다. ① 정책적 정당성(왜 이 자원을 추출해야 하는가에 대한 국가 운영상의 필요), ② 사회적 정당성(누가 부담하고, 그 부담은 공평한가에 대한 사회적 합의), ③ 법적 정당성(위헌 소지 없이 구체적으로 법률화되었는가에 대한 법률 정합성)이다. 이제 "법으로 정했으니 따르라"라는 명제는 더는 통하지 않는다. 조세 저항, 병역 기피, 개인정보 제공 거부 등은 추출정책이 정책적·사회적 정당성을 획득하지 못했을 때 나타나는 현상이다.

8) 추출정책의 설계

추출정책의 출발점은 국가가 일정한 목적을 실현하기 위해 필수적인 자원을 확보해야 하는 필요성에서 비롯된다. 이는 예산 재정(조세)일 수 있고, 인적 자원(병역, 공무원 충원)일 수도 있으며, 환경 자원이나 정보 자원의 활용일 수도 있다. 정책 설계 초기 단계에서는 어떤 영역에서 어떤 자원이 얼마나 필요한지, 이를 다른 수단으로는 대체할 수 없는지에 대한 철저한 실질 분석이 수행되어야 한다. 이 과정에서 예산 수요, 인력 수요, 국가의 기본 책무와 책무별 소요 등 정책목표와 수단 사이의 인과 구조가 명확히 파악되어야 한다.

둘째, 추출 대상과 범위 설정이다. 추출 대상이 되는 국민, 기업, 단체를 설정하는 과정은 정치적·도덕적 판단을 수반하는 과정으로, 누가, 얼마만큼의 자원(세금, 노동, 시간 등)을 부담해야 하는지에 대한 기준이 설정된다. 이 기준은 담세력, 신체적 능력, 경제활동 참여 여부, 기여도 등 다양한 요소를 고려하여 정당화되어야 한다. 이 단계는 곧 책임 있는 시민의 윤리와 연결되는 사회 계약적 의미를 담고 있다.

셋째, 대상 설정 이후에는 추출정책의 정당성을 확보하기 위해 공평성 검토가 필수적이다. 수평적 공평성은 유사한 능력을 가진 사람들에게 동일한 부담을 지우는 것이며, 수직적 공평성은 능력에 따라 차등적으로 부담을 부과하는 것이다. 조세정책에서는 소득 구간에 따른 누진세율이 그 예이며, 병역정책에서는 신체검사나 복무 대체 방식 등이 포함된다. 공평성은 정책의 수용성과도 직결되므로, 정책 소통과 사전 사회적 숙의도 병행되어야 한다.

넷째, 자유권 제한에 대한 비례성 판단도 중요하다. 추출정책은 본질적으로 국민의 재산권, 신체의 자유, 노동의 자유를 제한하는 정책이기 때문에, 정책설계자에게는 비례성 원칙에 따른 정당화 책임이 존재한다. 과잉금지원칙 위반은 없는가?, 최소 침해의 원칙은 지켜졌는가?, 공익과 사익의 균형은 적절한가? 이다. 이러한 판단 기준은 조세법률주의, 병역법, 부담금 운영에 관한 판례 등에서 법적·헌법적으로 요구되는 기본 요소이다. 비례성 검토는 사후 위헌 시비를 줄이기 위한 핵심 관문이다.

다섯째, 정책의 구체적 설계 단계이다. 조세라면 세목의 구성과 세율 구조(누진, 정률, 정액 등), 병역이라면 복무 유형과 기간, 예외 대상의 분류, 대체복무제의 설계 등이 여기에 포함된다. 이 단계에서는 해외 사례 비교, 시뮬레이션, 법령 정합성 검토 등 고도의 정책 기획 기법이 동원되어야 한다. 특히 정책-법률 연계 모델링이 필요하다.

정리하면, 추출정책은 입법이 필요조건이지만, 정교한 정책 설계가 선행되지 않으면 입법도 실패하게 된다. 정책전문가가 선행적 절차를 이행한 이후, 구체적 제도 설계에서 최종적으로 검토해야 할 요소는 다음과 같다.

- 누가 부담할 것인가? (부담 주체의 형평성과 수용성)
- 어떤 방식으로 부담할 것인가? (직접세/간접세, 정률/누진)
- 얼마나 부담할 것인가? (정량적 기준과 역진성 완화)
- 어디에 사용할 것인가? (재정 목적의 타당성 확보)
- 그 대가는 무엇인가? (복지, 안전, 국가기능 강화 등 정책적 보상 구조)

따라서 추출정책은 정책법학적으로, 입법을 위한 설계가 아닌 입법 그 자체가 정책이며, 정책 설계는 입법 가능성을 높이는 전략 행위로 간주하여야 한다.

여섯째, 법적 근거도 중요하다. 모든 추출정책은 반드시 모법(근거 법률)에 의해 규정되어야 하며, 위임입법의 한계를 넘지 않도록 구조를 설계해야 한다. 조세는 '조세법률주의'에 따라 국회에 제정한 법률로 신설할 수 있고, 병역은 병역법과 대통령령의 위임 구조로, 부담금은 수익자 부담 원칙과의 정합성이 필요하다. 이 단계에서 위임한계, 모법과 시행령의 비례 여부, 권리·의무 불명확 여부를 검토하지 않으면 행정입법의 자의성 또는 위헌소송으로 귀결될 위험이 존재한다.

일곱째, 정책은 설계보다 집행이 더 어렵다. 조세의 경우 국세청과 지방 세무서의 인프라, 병역은 병무청과 복무부대의 시스템, 부담금은 부과 주체 행정기관의 역량과 정보시스템을 포함한다. 이때 정책설계자는 집행기관의 인적 역량, ICT 시스템, 이의제기 절차, 오납·부당 납부 대응 등 공공행정의 질 관리 체계까지 고려하여 설계해야 한다. 집행 과정의 책임 소재, 납부자 보호 장치, 정보 제공 의무도 구체화되어야 한다.

여덟째, 집행 이후의 평가와 동태적 정책 재설계 역시 중요하다. 추출정책은 정책수용성과 공정성에 대한 지속적인 국민 평가 대상이 되므로, 정기적인 정책평가 체계가 필수이다. 조세 구조의 역진성, 병역제도의 불평등 문제, 부담금의 수혜-부담 불균형 등은 국민 여론과 연동되며, 이는 입법 재설계로 이어질 수 있다. 추출정책은 정치적 역동성(dynamics)이 강한 분야이므로, 국회의 정파 구도, 선거 주기, 시민사회의 조직력, 언론 프레이밍 등에 따라 정책의 틀 자체가 달라질 수 있다. 이 모든 요소가 사후 정책 설계의 중요한 변수로 작용한다.

다. 내우/외환 대응 정책

1) 내우/외환 대응 정책이란?

내우(內憂)는 「재난 및 안전관리 기본법」에서 규정하는 자연재난과 사회재난이 대표적이다. 반면 외환(外患)은 국방의 위기, 안보의 위기이다. 따라서 국방과 재난 대응은 국가가 존속하기 위해서는 반드시 충족해야 하는 존재론적 최소 조건이다. 구성정책이나 추출정책이 국가 체제를 유지하는 제도적 장치라면, 국방과 재난 대응은 그보다 직접적으로 국민의 생명과 안전을 보장하는 기능을 수행한다. 즉, 국가가 존재하기 위한 토대 위에 가장 우선하여 구축되어야 하는 기반 정책이다. 현대 사회에서는 국방과 재난의 위협이 과거보다 훨씬 복합적이고 심화된 양상을 보인다. 국제 정세에서는 우크라이나 전쟁, 중동 분쟁, 동북아의 긴장과 같은 전쟁 위기가 상시 발생하고 있으며, 기후변화로 인한 폭염, 홍수, 가뭄, 산불, 태풍 등은 그 빈도와 피해 규모에서 과거와 비교할 수 없을 만큼 커졌다. 여기에 더해 IMF 외환위기, 코로나19와 같은 전염병, 대규모 산업재해, 사이버 공격과 같은 사회적 재난은 전통적 국방 개념을 넘어선 새로운 차원의 위기를 만들어내고 있다. 따라서 국방과 재난 대비는 과거의 일시적 "비상 대비"가 아니라, 상시적이고 구조적인 위기관리로 성격이 변화하고 있다.

이러한 특성은 보호정책이나 안전관리 정책과의 구분을 요구한다. 보호정책은 경제적 형평성과 사회적 약자 보호에 그리고 안전관리 정책은 일상적 안전관리에 초점을 둔다. 반면 내우/외환 대응 정책은 전쟁, 대규모 재난, 전염병과 같은 비상 상황에 대응하는 것을 목적으로 한다. 다시 말해, 보호정책이나 안전관리 정책이 '일상적 위험 관리'라면, 국방 및 재난 대비 정책은 '비상적 생존 관리에 해당한다. 결국 내우/외환 대응 정책은 국가의 존재와 국민의 생존을 직접적으로 다루는 고유한 성격을 지니며, 다른 정책 유형과는 명확히 구별된다. 따라서 정책 유형론에서 이를 독립된 유형으로 설정하는 것은 국가정책의 구조를 보다 실질적이고 현실적으로 설명하는 데 불가결하다.

2) 내우/외환 대응 정책의 구분

국방정책은 외부의 군사적 위협으로부터 국가의 안전과 주권을 지키기 위한 정책이다. 군사력 건설과 운용, 동맹 및 외교 안보 전략, 국방산업 육성 등이 모두 이 범주에 속하며, 국가 존속을 보장하는 최후의 보루라는 성격을 지닌다. 국방정책은 단순한 군사적 선택이 아니라, 국가의 독립과 영토 보전, 국민의 생존을 직접적으로 보장하는 핵심 정책이다. 재난대응정책은 전쟁을 제외한 다양한 위험, 즉 자연재해, 사회적 재난, 기술·산업재난, 전염병, 기후위기 등으로부터 국민의 생명과 재산을 보호하기 위한 정책이다. 이 정책은 예방-대비-대응-복구의 전 과정을 아우르는 종합적 관리 체계가 있어야 하며, 이는 미국 연방재난관리청(FEMA: Federal Emergency Management Agency)이 정립한 4단계 모델(완화, 대비, 대응, 복구)[107]에 기초하고 있다. 국방이 외부의 적 위협에 대응하는 정책이라면, 재난 대비는 내부적 위험을 관리하는 정책이라고 할 수 있다. 두 정책은 서로 성격은 다르지만, 공통적으로 국민에게 의무와 권리를 동시에 부과한다는 특징을 가진다. 징병, 민방위, 대피 훈련 등은 국민에게 일정한 의무를 부과하는 장치이고, 동시에 생명권과 안전권은 헌법이 보장하는 권리로서 국가가 책임져야 하는 영역이다. 따라서 국방정책과 재난대응정책은 모두 국민의 자유와 권리를 제한하는 동시에 이를 보호·보장하는 이중적 성격을 지니며, 반드시 헌법적 정당성과 법적 근거 위에서 추진되어야 한다.

3) 국방, 재난 대비, 민방위의 구조적 관계

국방정책은 외부로부터의 무력 위협이나 전쟁 가능성에 대응하는 정책으로, 국가 존속을 위한 최후의 보루이다. 헌법 제5조는 국민의 국방의무와 대통령의 군 통수권을 규정하고 있으며, 「국방개혁법」과 「병역법」 등이 구체적 법적 근거를 제공한다. 국방정책의 핵심 주체는 군대와 정부이며, 이는 본질적으로 외환(外患) 대응을 중심으로 설계되어 있다. 반면, 재난대응정책은 외부 침략이 아닌 내부에서 발생하는 다양한 위기에 대응하는 정책이다. 기후

---

107) 완화(mitigation), 대비(preparedness), 대응(response), 복구(recovery)를 의미한다. 이는 일상적 안전관리 정책에서도 동일하게 적용될 수 있다.

위기로 인한 태풍·홍수·지진과 같은 자연재난뿐 아니라, 산업재해·감염병·대형사고와 같은 사회재난까지 포괄한다. 이 정책은 「재난 및 안전관리 기본법」, 「감염병예방법」 등 개별 법률에 기초하며, 중앙정부와 지방정부, 그리고 소방·의료·구조 조직이 핵심 주체로서 기능한다. 이는 본질적으로 내우(內憂) 대응을 위한 정책이다.

이 두 축을 연결하는 제도가 민방위 제도가 될 수 있다. 원래 민방위는 적의 침투와 공습 등 외환에 대응하기 위해 설계된 제도였지만, 현대 사회에서는 대규모 재난이나 감염병 등 비군사적 위기까지 포괄해야 하는 제도로 변화할 필요성이 커지고 있다. 민방위는 군과 정부 중심의 국방정책, 행정 중심의 재난대응정책과 달리 시민사회가 주체적으로 참여한다는 점에서 중요한 의미를 가진다. 그러나 현재 「민방위기본법」의 규정은 여전히 전시·사변 중심의 개념에 머물러 있어, 명칭과 기능 모두 오늘날의 재난·안전 현실과 괴리되어 있다. 결국 국방정책이 외부 위협 대응, 재난대응정책이 내부 위험 관리라면, 민방위는 그사이의 교차점에서 시민사회의 참여를 제도화하고 두 영역을 연결하는 가교(架橋) 장치라 할 수 있다.

4) 내우/외환 대응 정책의 법적 근거

내우/외환 대응 정책은 모두 국민의 생명·신체·재산을 보호하고 국가의 존속을 보장하는 데 핵심적인 역할을 한다. 따라서 이들 정책은 헌법과 개별 법률을 중심으로 명확한 법적 근거를 갖추고 있으며, 국민의 의무 부과와 권리 보장을 동시에 뒷받침한다. 먼저, 국방정책은 헌법 제5조에서 그 근거를 찾을 수 있다. 헌법은 모든 국민의 국방의 의무와 대통령의 군 통수권을 명시하고 있으며, 이를 구체화하기 위해 「국방개혁법」, 「병역법」, 「군인사법」 등 관련 법률이 마련되어 있다. 이러한 법률은 군사전략과 군사행정의 기본 틀을 규정하고, 군사력 건설과 운용, 병역 제도, 장병의 신분 보장과 처우 등 국방 전반을 제도적으로 뒷받침한다. 국방정책은 결국 국민의 병역의무와 국가의 군사적 책무를 균형 있게 연결하는 법제적 장치 속에서 작동한다. 다음으로, 재난대응정책은 「재난 및 안전관리 기본법」이 그 핵심 법적 기반을 제공한다. 이 법은 재난관리의 기본법으로서 중앙과 지방정부 간 역할을 규정하고, 예방–대비–대응–복구 전 과정의 체계를 명문화한다. 법 제2조는 재난을 "자연재난, 사회재난, 해외재난"으로 구분하여 정의하고 있으며, 태풍·홍수·지진과 같은 자연재난뿐만 아니라 화재·폭발·교통사고·감염병·미세먼지·사이버공격 등 사회적·기술적 재난까지 포괄한다. 또한, 해외에서 발생하는 재난이라도 대한민국 국민의 생명과 재산에 피해를 줄 수 있다면 국가 차원의 대응을 규정한다.[108]

---

108) 재난 및 안전관리 기본법 제2조(정의) 1. "재난"이란 국민의 생명·신체·재산과 국가에 피해를 주거나 줄 수 있는 것으로서 다음 각 목의 것을 말한다. 가. 자연재난: 태풍, 홍수, 호우(豪雨), 강풍, 풍랑, 해일(海溢), 대설, 한파, 낙뢰, 가뭄, 폭염, 지진, 황사(黃砂), 조류(藻類) 대발생, 조수(潮水), 화산활동, 「우주개발 진흥법」에 따른 자연우주물체의 추락·충돌, 그 밖에 이에 준하는 자연현상으로 인하여 발생하는 재해. 나. 사회재난: 화재·붕괴·폭발·교통사고(항공사고 및 해상사고를 포함한다)·화생방사고·환경오염사고·다중운집인파사고 등으로 인하여 발생하는 대통령령으로 정하는 규모 이상의 피해와 국가핵심기반의 마비, 「감염병의 예방 및 관리에 관한 법률」에 따른 감염병 또는 「가축전염병예방법」에 따른 가축전염병의 확산, 「미세먼지 저감 및 관리에 관한 특별법」에 따른 미세먼지, 「우

이 밖에도 개별 재난 유형에 따라 다양한 법률이 마련되어 있다. 「민방위기본법」은 전시·사변·국가적 비상사태에서 주민의 생명과 재산을 보호하기 위한 민방위 조직과 활동의 근거를 두고 있으며, 방공·응급 방재·구조·복구 등 주민이 수행해야 할 자위적 활동을 명확히 규정한다.109)110) 「소방기본법」은 화재 예방·진압, 구조·구급 활동을 통해 국민의 생명과 재산을 보호하는 것을 목적으로 하며, 공공의 안전과 질서 유지에 이바지한다.111) 또한 「감염병의 예방 및 관리에 관한 법률」은 감염병의 발생·확산에 대비한 강제적 조치를 규정하여, 필요시 격리, 이동 제한, 감염검사, 입원 치료 등을 명령할 수 있는 법적 근거를 마련하고 있다.112) 아울러 「통합방위법」은 적의 침투·도발에 대응하는 단계별 통합방위사태를 규정하며113), 「재난 및 안전관리 기본법」 제36조의 재난사태 선포114), 제60조의 특별재난지역 선포 조항115) 등은 국가적 재난에 대한 긴급 조치의 법적 근거가 된다. 이를 통해 행정안전

주개발 진흥법」에 따른 인공우주물체의 추락·충돌 등으로 인한 피해. 2. "해외재난"이란 대한민국의 영역 밖에서 대한민국 국민의 생명·신체 및 재산에 피해를 주거나 줄 수 있는 재난으로서 정부차원에서 대처할 필요가 있는 재난을 말한다.

109) 「민방위기본법」의 제정 목적은 다음과 같다. 제1조(목적) 이 법은 전시·사변 또는 이에 준하는 비상사태나 국가적 재난으로부터 주민의 생명과 재산을 보호하기 위하여 민방위에 관한 기본적인 사항과 민방위대의 설치·조직·편성과 동원 등에 관한 사항을 규정함을 목적으로 한다.

110) 「민방위기본법」에 의한 "민방위"란 다음 각 목의 어느 하나에 해당하는 상황(이하 "민방위사태"라 한다)으로부터 주민의 생명과 재산을 보호하기 위하여 정부의 지도하에 주민이 수행하여야 할 방공(防空), 응급적인 방재(防災)·구조·복구 및 군사 작전상 필요한 노력 지원 등의 모든 자위적 활동을 말한다.

111) 「소방기본법」의 제정 목적은 다음과 같다. 제1조(목적) 이 법은 화재를 예방·경계하거나 진압하고 화재, 재난·재해, 그 밖의 위급한 상황에서의 구조·구급 활동 등을 통하여 국민의 생명·신체 및 재산을 보호함으로써 공공의 안녕 및 질서 유지와 복리증진에 이바지함을 목적으로 한다.

112) 「감염병 예방법」 제8조의 5(긴급상황실) ① 질병관리청장은 감염병 정보의 수집·전파, 상황관리, 감염병이 유입되거나 유행하는 긴급한 경우의 초동조치 및 지휘 등의 업무를 수행하기 위하여 상시 긴급상황실을 설치·운영하여야 한다. (이하 생략) 같은 법 제42조(감염병에 관한 강제처분) ① 질병관리청장, 시·도지사 또는 시장·군수·구청장은 해당 공무원으로 하여금 다음 각 호의 어느 하나에 해당하는 감염병환자등이 있다고 인정되는 주거시설, 선박·항공기·열차 등 운송수단 또는 그 밖의 장소에 들어가 필요한 조사나 진찰을 하게 할 수 있으며, 그 진찰 결과 감염병환자등으로 인정될 때에는 동행하여 치료받게 하거나 입원시킬 수 있다.(각호 생략) ② 질병관리청장, 시·도지사 또는 시장·군수·구청장은 제1급감염병이 발생한 경우 해당 공무원으로 하여금 감염병의심자에게 다음 각 호의 조치를 하게 할 수 있다. 이 경우 해당 공무원은 감염병 증상 유무를 확인하기 위하여 필요한 조사나 진찰을 할 수 있다. 1. 자가(自家) 또는 시설에 격리. 1의2. 제1호에 따른 격리에 필요한 이동수단의 제한. 2. 유선·무선 통신, 정보통신기술을 활용한 기기 등을 이용한 감염병의 증상 유무 확인이나 위치정보의 수집. 이 경우 위치정보의 수집은 제1호에 따라 격리된 사람으로 한정한다. 3. 감염 여부 검사. ③ 질병관리청장, 시·도지사 또는 시장·군수·구청장은 제2항에 따른 조사나 진찰 결과 감염병환자 등으로 인정된 사람에 대해서는 해당 공무원과 동행하여 치료받게 하거나 입원시킬 수 있다. (이하 생략)

113) '통합방위사태"란 적의 침투·도발이나 그 위협에 대응하여 제6호(갑종사태)부터 제8호(병종사태)까지의 구분에 따라 선포하는 단계별 사태를 말한다.

114) 「재난 및 안전관리 기본법」 제36조(재난사태 선포) ① 행정안전부장관은 대통령령으로 정하는 재난이 발생하거나 발생할 우려가 있는 경우 사람의 생명·신체 및 재산에 미치는 중대한 영향이나 피해를 줄이기 위하여 긴급한 조치가 필요하다고 인정하면 중앙위원회의 심의를 거쳐 재난사태를 선포할 수 있다. 다만, 행정안전부장관은 재난상황이 긴급하여 중앙위원회의 심의를 거칠 시간적 여유가 없다고 인정하는 경우에는 중앙위원회의 심의를 거치지 아니하고 재난사태를 선포할 수 있다. (이하 생략)

115) 「재난 및 안전관리 기본법」 제60조(특별재난지역의 선포) ① 중앙대책본부장은 대통령령으로 정하는 규모의 재난이 발생하여 국가의 안녕 및 사회 질서의 유지에 중대한 영향을 미치거나 피해를 효과적으로 수습하기 위하여 특별한 조치가 필요하다고 인정하거나 제5항에 따른 지역대책본부장의 요청이 타당하다고 인정하는 경우에는 중앙위

부 장관과 중앙대책본부는 국가적 재난 발생 시 긴급하게 재난사태를 선포하고 피해를 수습할 수 있는 권한을 부여받는다. 종합하면, 국방정책과 재난대응정책은 헌법적 규정과 함께, 국방·병역·민방위·재난관리·소방·감염병예방 등 개별 법률로 체계화되어 있다. 이들은 국민에게는 병역·민방위·대피훈련 등의 의무를 부과하는 동시에, 생명권·안전권이라는 헌법적 권리를 보장하는 이중적 성격을 지닌다.

5) 내우/외환 대응 정책의 특징

국방정책은 본질적으로 국가를 존립할 수 있게 하는 제도적 기반을 다지는 정책으로, 구성정책의 성격을 강하게 지닌다. 국방력은 국가가 존재하기 위한 최소 조건이므로, 국방정책은 곧 국가 존립의 조건을 형성하는 핵심 정책이다. 동시에 국방은 막대한 예산과 조직을 필요로 하는 영역이므로, 국민으로부터 세금을 징수하고 재정을 투입하는 추출정책과도 결합한다. 더 나아가 국방은 국제정치적 환경과 직접적으로 연결되기 때문에, 국제정책 성격을 강하게 띠며, 이로 인해 국내정책과 국제정책의 경계가 모호해지는 특징을 가진다.

재난대응정책은 국민의 생명과 재산을 보호한다는 점에서 보호(保護)정책의 성격을 본질적으로 갖는다. 그러나 단계별로 성격이 달라진다. 예방과 대비 단계에서는 안전교육, 훈련, 계몽활동이 중심이 되므로 지도(指導)정책의 성격이 강하다. 재난 발생 이후 피해 보상이나 복구단계에서는 손실 보상, 재정 지원, 피해 회복 조치를 통해 보상/배상정책과 긴밀히 연결된다. 또한 일상적 안전관리는 안전관리정책과도 연결된다.

6) 내우/외환 대응 정책의 쟁점

국방정책에서는 몇 가지 구조적 갈등이 드러난다. 우선, 안보 딜레마이다. 군사력을 강화하는 것은 국가 안전을 위한 필수 조건이지만, 동시에 주변국과의 긴장을 고조시켜 오히려 불안정을 초래할 수 있다는 역설을 안고 있다. 또한 징병제와 모병제의 선택은 지속적으로 논란이 된다. 징병제는 형평성과 안보 자원 확보의 장점이 있지만, 개인의 자유권을 제한한다는 문제가 있으며, 모병제는 전문성과 효율성은 높지만 재정 부담과 사회적 불평등 문제를 수반한다. 나아가 국방비 배분의 우선순위도 논란이다. 제한된 재정 속에서 국방비를 증액하는 것이 타당한지, 또는 복지·교육 등 다른 분야와의 균형을 어떻게 잡을 것인지가 중요한 정책적 고민으로 남아 있다.

재난대응정책 역시 여러 한계가 있다. 무엇보다도 예방보다 사후 대응 중심으로 운영되는 구조적 문제가 크다. 재난 발생 이후의 복구에는 막대한 비용과 시간이 소요되는데, 예방과 대비 단계에 대한 투자가 여전히 부족하다. 또한 중앙집권적 위기관리와 지방자치단체의 대응역량 간의 균형도 문제이다. 대규모 재난은 중앙정부의 지휘와 자원 동원이 필요하지만, 현

원회의 심의를 거쳐 해당 지역을 특별재난지역으로 선포할 것을 대통령에게 건의할 수 있다. (이하 생략)

장 대응은 지방자치단체가 더 빠르고 적절하게 할 수 있어 양자 간 조정이 중요하다. 이와 함께 매뉴얼 기반의 대응과 현장의 유연성 간의 충돌도 나타난다. 매뉴얼은 일관성을 보장하지만, 예측 불가능한 상황에서는 오히려 경직성을 낳을 수 있기 때문이다. 마지막으로 보상/배상의 범위와 형평성 역시 쟁점이다. 동일한 피해 상황에서 누구까지 보상할 것인지, 지역·계층 간 형평성을 어떻게 보장할 것인지가 사회적 갈등을 일으키는 경우가 많다.

한편, 내우/외환 대응 정책은 모두 일정 정도의 반복 훈련(drill)이 필요하다는 공통점을 갖는다. 국방에서는 징병제에 따른 군사훈련과 민방위 훈련이, 재난 대응에서는 대피 훈련, 방재훈련, 감염병 대응 모의훈련 등이 대표적이다. 이러한 훈련은 실제 위기 상황에서의 대응 능력을 확보하기 위한 필수 요소이지만, 동시에 국민에게 일정한 시간과 노력을 강제하고, 신체적 자유나 생활상의 자유를 제한하는 성격을 지닌다. 따라서 이 영역에서는 국민의 참여와 협조가 불가피하다. 국방과 재난 대응은 국가가 일방적으로 수행할 수 있는 정책이 아니라, 국민 스스로가 주체적으로 참여해야만 실효성을 갖는다. 문제는 바로 이 지점에서 발생한다. 훈련의 필요성과 국민 자유의 제한 사이에서 적절한 균형을 어떻게 설정할 것인가가 중요한 정책적 쟁점이 된다. 지나친 강제는 시민적 저항을 불러올 수 있고, 반대로 훈련이 형식적 수준에 머물면 위기 상황에서 실제 대응력이 떨어지게 된다.

7) 내우/외환 대응 정책의 정책법학적 의미

내우/외환 대응 정책은 국가 존립과 국민 생존을 다루는 정책으로서, 평상시의 정책과는 본질적으로 다른 성격을 지닌다. 대규모 위기 상황에서는 시간과 절차를 단축하지 않으면 대응 자체가 불가능하기에, 합리적·숙의적 의사결정보다는 비상 권력에 기초한 신속한 결정이 불가피하다. 다시 말해 정상적 절차가 지켜지기 어렵다는 점이 이 정책 유형의 본질적 특징이라 할 수 있다. 우리 헌법은 이러한 상황을 대비하여 대통령에게 긴급재정·경제명령권과 긴급명령권(헌법 제76조)[116]을, 계엄선포권(헌법 제77조)[117]을 부여하고 있다. 긴급재정·경제명령은 내우·외환·천재·지변이나 중대한 재정·경제 위기에서 국회의 집회를 기다릴 수 없을 때

---

116) 「대한민국 헌법」 제76조 ① 대통령은 내우·외환·천재·지변 또는 중대한 재정·경제상의 위기에 있어서 국가의 안전보장 또는 공공의 안녕질서를 유지하기 위하여 긴급한 조치가 필요하고 국회의 집회를 기다릴 여유가 없을 때에 한하여 최소한으로 필요한 재정·경제상의 처분을 하거나 이에 관하여 법률의 효력을 가지는 명령을 발할 수 있다. ② 대통령은 국가의 안위에 관계되는 중대한 교전상태에 있어서 국가를 보위하기 위하여 긴급한 조치가 필요하고 국회의 집회가 불가능한 때에 한하여 법률의 효력을 가지는 명령을 발할 수 있다. ③ 대통령은 제1항과 제2항의 처분 또는 명령을 한 때에는 지체없이 국회에 보고하여 그 승인을 얻어야 한다. ④ 제3항의 승인을 얻지 못한 때에는 그 처분 또는 명령은 그때부터 효력을 상실한다. 이 경우 그 명령에 의하여 개정 또는 폐지되었던 법률은 그 명령이 승인을 얻지 못한 때부터 당연히 효력을 회복한다. ⑤ 대통령은 제3항과 제4항의 사유를 지체없이 공포하여야 한다.
117) 「대한민국 헌법」 제77조 ① 대통령은 전시·사변 또는 이에 준하는 국가비상사태에 있어서 병력으로써 군사상의 필요에 응하거나 공공의 안녕질서를 유지할 필요가 있을 때에는 법률이 정하는 바에 의하여 계엄을 선포할 수 있다. ② 계엄은 비상계엄과 경비계엄으로 한다. ③ 비상계엄이 선포된 때에는 법률이 정하는 바에 의하여 영장제도, 언론·출판·집회·결사의 자유, 정부나 법원의 권한에 관하여 특별한 조치를 할 수 있다. ④ 계엄을 선포한 때에는 대통령은 지체없이 국회에 통고하여야 한다. ⑤ 국회가 재적의원 과반수의 찬성으로 계엄의 해제를 요구한 때에는 대통령은 이를 해제하여야 한다.

발동되며, 계엄은 전시·사변과 같은 비상사태에서 군사적 필요나 공공질서 유지를 위해 선포된다. 그러나 계엄은 언론·출판·집회·결사의 자유, 영장제도 등 기본권을 대폭 제한할 수 있는 만큼 발령에 극도의 신중함이 요구되며, 국회 보고와 해제 요구권 등 사후적 통제 절차가 반드시 작동해야 한다.

현행 법제는 「민방위기본법」을 통해 민방위를 주로 외환 대응의 틀로, 「재난 및 안전관리기본법」을 통해 재난관리를 내우 대응의 틀로 규정하고 있다. 그러나 오늘날 위기 양상이 복합적이고 상시화된 만큼, 양자를 통합한 종합적 위기관리 법제로 발전시키는 것이 필요하다. 이처럼 긴급 대응이 불가피한 영역이지만, 그만큼 민주적 원칙과 기본권 보호가 침해될 위험이 크다. 따라서 국회, 사법부, 감사기구, 언론 등 다양한 통제장치가 사후적으로 작동하는 것이 핵심이며, 권한 집중이 권한 남용으로 전환되지 않도록 제도적 안전장치를 마련하는 것이 곧 법치의 요체라 할 수 있다.

A. 정책 과정의 특수성

내우/외환 대응 정책은 정상적 정책 절차의 단축이라는 특징을 가진다. 위기 상황에서는 사전 숙의와 공론화가 생략되고 행정부 중심의 긴급 결정이 이루어질 수밖에 없으므로, 사후적 절차 보완이 본질적 과제로 남는다. 이 과정에서 국가의 모든 자원(병력, 민방위, 자원봉사 같은 인적 자원, 시설과 장비 같은 물적 자원, 통신과 빅데이터 같은 정보 자원 등)을 총동원해야 한다. 결국 이는 조직과 제도의 뒷받침(구성정책), 세금과 예산을 통한 재정 확보(추출정책) 없이는 불가능하다. 재정 운용 역시 긴급성을 요구한다. 예비비 사용, 추가경정예산, 긴급예산 편성 등을 통해 신속하게 대응해야 하며, 동시에 국회의 사후적 심사와 감사원의 회계 검증을 통해 민주적 책임성을 확보해야 한다. 따라서 국회의 역할은 평상시의 사전적 입법·예산 심사보다는 위기시의 사후적 승인·평가·제도화로 전환된다. 국회는 결과적으로 사후적 정당성을 부여하는 기능을 수행하게 된다.

B. 정책적 대응의 특징과 복기 과정

위기 상황에서는 과잉 대응이나 오류가 불가피하다. 따라서 사후적으로 정책평가를 통해 지식을 축적하고 매뉴얼을 보완하며, 반복 훈련과 시뮬레이션을 통해 대응 역량을 강화하는 것이 중요하다. 특히 단순한 성과 평가가 아니라 위기 대응 과정에서 권한 남용이나 절차 위반이 없었는지를 헌법적·민주적으로 검증해야 하며, 그 결과는 국회 차원의 청문과 조사, 입법 개편으로 이어져야 한다. 또한 대응 과정을 재구성하고 잘못된 점, 과잉 대응, 누락을 복기하는 과정이 필수적이다. 이러한 복기 과정은 행정부 단독으로 수행해서는 안 되며, 국회·시민사회·전문가가 함께 참여해야 제도적 학습으로 전환될 수 있다. 결국 국방 및 재난대비 정책은 "정책 → 위기 대응 → 사후 평가 → 복기 → 입법화·제도화"라는 순환 구조를 가져야 하며, 이를 통해 다음 위기에서의 제도적 대응력이 강화된다.

C. 원칙과 경계선

내우/외환 대응 정책에서 중요한 것은 위기 대응을 명분으로 민주주의와 기본권을 전면적으로 훼손하지 않는 것이다. "빈대 잡으려다 초가삼간 태우지 말라"라는 경구처럼, 필요한 범위 내에서 최소한의 제한만 이루어져야 한다. 계엄이 선포되더라도 언론·표현의 자유를 전면적으로 차단하기보다는 필요한 범위에서만 제한하는 것이 민주적 원칙이다. 민방위는 군인과 공무원을 지원하는 보조적 존재가 아니라, 시민사회가 주체가 되는 중심축으로 자리 잡아야 한다. 국방은 외환, 재난은 내우, 그리고 그 교차점에 있는 민방위가 국가적 위기 대응을 통합하는 플랫폼이 되어야 한다. 이는 전체주의적 동원이 아니라 공동체적 연대에 기초한 참여 구조로 운영되어야 한다. 마지막으로, 위기 상황에서는 법치가 "법에 따른 지배(rule by law)"로 전락할 위험이 있지만, 사후 통제를 통해 "법의 지배(rule of law)"를 회복하는 것이 중요하다.

8) 내우/외환 대응 정책의 설계

내우/외환 대응 정책의 추진 과정은 크게 여섯 단계로 정리할 수 있다. 첫째, 위기 발생 단계에서는 전쟁이나 무력 충돌 같은 외환, 그리고 재난·전염병·산업사고와 같은 내우 상황을 탐지하고, 필요시 대통령이나 정부가 이를 공식적으로 선포한다.

둘째, 긴급 대응 단계에서는 대통령의 긴급명령과 계엄 선포, 재난대응 매뉴얼 가동이 동시에 이루어지며, 인적·물적·재정적 자원이 총동원된다. 이때 중요한 것은 단순 총동원이 아니라 자원의 우선순위를 정하고, 조치의 비례성을 유지하는 것이다.

셋째, 사후적 통제 단계에서는 국회의 승인, 사법적 검증, 감사원의 회계 감사가 작동하며, 언론과 시민사회의 감시도 중요한 역할을 한다. 이 과정에서 국민 기본권의 제한이 과도하지 않았는지를 점검하는 것이 핵심이다.

넷째, 정책평가 단계에서는 대응의 성과와 한계, 권력 남용 여부를 종합적으로 평가하고, 헌법적·민주적 정당성을 검증한다.

다섯째, 정책 복기 단계에서는 단순 평가를 넘어 대응 전 과정을 재구성하여 교훈을 도출한다. 이 과정에는 행정부뿐 아니라 국회, 시민사회, 전문가가 함께 참여하여 제도적 학습과 대안 설계를 진행해야 한다.

마지막 여섯째 단계는 입법화와 제도화이다. 국회와 협력하여 법률을 개정·제정하고, 동시에 행정규칙과 매뉴얼을 보완함으로써 다음 위기에 대비하는 제도적 대응력을 강화하는 것이다.

결국 내우/외환 대응 정책은 "위기 발생 → 긴급 대응 → 사후적 통제 → 정책평가 → 정책 복기 → 입법화·제도화"라는 순환적 구조를 가지며, 이를 통해 비상 대응의 한계를 보완하고 민주적 정당성을 회복해 나가는 정책 유형이라 할 수 있다.

라. 상징정책

1) 상징정책이란?

상징(象徵)정책이란 추출정책처럼 Almond & Powell의 주장에서 비롯된다. 이것은 정치지도자들이 평등, 자유, 민주주의, 공산주의 등의 이념에 호소하거나, 미래의 업적 또는 보상을 약속하는 것 등을 의미한다. 이러한 상징적 산출물들은 다른 정책의 성공적 추진을 위해서도 이용된다. 예를 들면, 국민이 조세 납부를 잘하도록 하거나 규제정책에 순응하게 하려고, 또는 전쟁, 에너지 위기, 극심한 가뭄, 대홍수 등의 위기 시에 정치지도자들이 동상, 광장 등의 상징적 물체만이 아니라 국경일, 사열식, 국민윤리교육을 통한 애국심 앙양 등이 모두 이에 포함한다. 이 상징정책은 크게 두 가지 목적을 지니는데 ⅰ) 국민들 사이에 정치체제 및 정부의 정통성(legitimacy)에 대한 인식을 좋게 하고, ⅱ) 다른 정책(특히 규제정책)에 대한 순응(compliance)을 확보하기 위해서이다. 즉, 상징정책은 물질적 혜택 없이 국민의 정체성과 일체감을 형성하는 정책으로, 국민의 심리적, 감정적 반응을 유도하고, 정책의 수용을 기대하며, 정치적 정당성을 강화한다. 이러한 정책의 예를 들면,

- 국기 게양, 국가 제정, 국경일 지정: 애국심 고취.
- 기념사업: 독립운동 기념관 건립, 역사적 인물 기념.
- 국제 행사 개최: 올림픽, 월드컵, APEC 정상회의 등.
- 국가 브랜드 정책: 'K-문화' 홍보, 국가 슬로건(예: "Dynamic Korea").
- 정책 홍보: 정부의 성과를 강조하는 메시지(예: "OECD 가입 국가") 등이다.

상징정책은 상대적으로 적은 비용으로도 큰 사회적 효과를 거둘 수 있는 장점이 있다. 그러나 동시에 사회적 분열을 초래할 위험성도 매우 높다. 따라서 상징정책의 성공 여부는 무엇보다 정당성 확보에 달려 있으며, 이를 위해서는 충분한 사회적 공감대 형성이 필수적이다. 그렇지 않으면 정책은 단순한 의례나 정치적 선전에 불과하게 될 수 있다. 또한 상징정책은 종종 법제화 과정이 소홀히 다뤄지지만, 사실상 법적 근거 마련과 정교한 제도 설계야말로 상징의 공공성을 보장하는 핵심 장치이다. 상징이 사적 이해관계나 정략적 목적에 휘둘리지 않고 공동체적 가치로 자리 잡기 위해서는 법적 장치와 절차적 정당성이 뒷받침되어야 한다. 결국 상징정책은 국민과 국가가 맺는 일종의 '상징 기반의 사회계약'이다. 정치적 정략이 아닌 공동체적 가치를 담아낼 때 비로소 상징정책은 분열이 아니라 통합의 에너지가 되며, 국가적 정체성과 사회적 유대를 강화하는 수단으로 기능할 수 있다.

2) 상징정책의 구분

A. 국가 상징 관련

우리나라 태극기는 별도의 법률이 존재한다. 「대한민국국기(國旗)법」이다. 이 법 제4조에 대한민국의 국기는 태극기(太極旗)로 한다고 명시되어 있다. 그러나 애국가는 근거 법률이

없다. 관습적으로 사용 중이다. 다만, 행정규칙(대통령 훈령)인 「국민의례 규정」에서 국민 의례 시 애국가를 부르거나 연주하도록 규정하여 간접적으로 국가(國歌)의 역할을 인정한 다.118) 나라 문장(紋章)도 대통령 훈령인 「나라문장규정」에 근거하고 있다.

B. 기념일과 공휴일 관련 법령

기념일은 대통령령인 「각종 기념일 등에 관한 규정」에 근거하고 있다. 동 규정에서 말하는 기념일의 지정기준은 ⅰ) 국가의 정통성을 확립하는 날 또는 민족정기를 널리 알리거나 호국 정신의 뜻을 기리는 날, ⅱ) 과학기술·경제발전·국민복지 등 국가 주요 시책에 대한 기틀을 확립하는 데 의의가 큰 날, ⅲ) 문화예술의 창달과 전통적 윤리 가치의 계승·확립을 위해 국 민적 인식을 같이하는 날, ⅳ) 국제적으로 인식을 같이하여 기념하고 있는 날, ⅴ) 그 밖에 국민적 공감대가 형성되어 기념일로서 지정할 가치가 있는 날이다. 공휴일은 별도 법률이 있 으며(「공휴일에 관한 법률」), 대체공휴일에 대한 근거도 규정되어 있다. 이외에도 「지방 공 휴일에 관한 규정」도 존재한다. 이 규정에 따라 지방자치단체는 조례로서 지방 공휴일을 지 정할 수 있다. 예를 들면, 제주특별자치도는 4월 3일, 전북 정읍시는 5월 11일(동학농민혁명 기념일), 광주광역시는 5월 18일 등이 있다.

C. 국립묘지 및 국가유공자 관련 법률

독립운동가, 전쟁 참전 용사 등을 기리고 예우하는 것은 국가의 상징적 정체성을 강화하는 기능을 가진다. 국가유공자의 예우는 국가 정체성 및 국민 통합의 강한 상징적 의미를 지닌 다. 「국가장법(國家葬法)」, 「국가유공자 등 예우 및 지원에 관한 법률」이 대표적이다.

D. 기타 상징적 공간·조형물 관련 규정

역사교육이나 기념시설 관련된 정책이다. 「독립기념관법」, 「국가보훈부와 그 소속기관 직 제」 제19조에 국립대한민국 임시정부 기념관 등이 규정되어 있다.

3) 상징정책의 특징

상징정책은 기존 정책 유형과 뚜렷이 구별된다. 첫째, 비경제적 성격이 강하다. 제한정책이나 보조정책은 경제적 자원의 배분이나 권리·의무의 재조정과 직접적으로 관련되지만, 상징정책 은 국민의 정체성, 가치관, 집단적 기억과 같은 비물질적 요소에 초점을 둔다. 둘째, 정책 효 과의 측정이 어렵다. 다른 정책들이 비용·편익이나 분배의 형평성과 같은 객관적 지표로 평 가될 수 있는 반면, 상징정책은 국민의 정서적 반응, 사회적 수용성, 문화적 파급효과 등 주 관적이고 질적인 차원의 결과에 의존한다. 이처럼 상징정책은 법적 강제력이 약하고 물질적 자원을 다루지 않지만, 그 상징성이 사회적 통합과 분열, 국가 정체성의 재구성에 막대한 영 향을 미칠 수 있다는 점에서 중요하다.

---

118) 「국민의례 규정」 제4조(국민의례의 절차 및 시행방법) 제2항을 보면, 국민의례의 정식 절차는 국기에 대한 경례, 애국가 제창, 순국선열과 호국영령에 대한 묵념의 순서로 시행한다고 되어 있다.

또한, 상징정책은 법적 강제력이 미약하다는 특징을 지닌다. 규제정책이나 분배정책과 달리 국민이나 기관에 구체적인 의무를 부과하지 않고, 주로 상징적 의미를 전달하는 데 초점이 맞추어진다. 예를 들어 국가 기념일 제정이나 국기의 변경, 기념관 설립 등은 법률로 추진되기도 하지만, 대통령령이나 행정명령, 혹은 지방자치단체의 조례와 같은 행정적 조치로도 충분히 가능하다. 이러한 점에서 상징정책은 법제적으로 '강제적 규율체계'라기보다는 '상징적 선언체계'에 가깝다고 볼 수 있다.

그러나 상징정책은 결코 갈등에서 자유롭지 않다. 특정 역사적 인물이나 사건을 기념하는 문제는 사회적 합의가 충분히 형성되지 않은 경우 갈등을 증폭시킬 수 있다. 실제로 친일 인사 기념 논란, 역사 교과서 서술 방식, 이념적 성향에 따른 역사 해석 논쟁(New Right 논란 등)이 대표적인 사례다. 따라서 상징정책은 사회적 정당성 확보 과정이 무엇보다 중요하며, 이를 소홀히 하면 상징이 통합의 장치가 아니라 분열의 불씨가 될 수 있다.

4) 상징정책의 정책법학적 의미

상징정책도 정책이다. 국민 통합이 중요한 목적 중의 하나인데, 오히려 상징정책이 국민을 분열시키기도 한다. 최근 10여 년 동안 있었던 많은 논란들(예: 역사교과서, 친일파, 기념사업 변경, 소녀상, 각종 동상 등)과 같은 상징 정책적 조치가 어떠한 문제를 불러왔는지를 생각해보면 된다. 그럼에도 상징정책은 잘 다루어지지 않는다. 이러한 논란의 이면에는 국회에서 논의는 미약하고, 그러한 조치들이 일반적인 정책과정을 거치지 않은 채 소수에 의해서, 또는 집권 세력의 inner circle이나 일부 시민단체에 의해서 일방적으로 정치적 선언이나 행정조치로 진행됐다는 문제가 있다. 즉, 사회적 공론화 과정을 거치지 않고, 선언이나 운동의 방식으로, 때론 은밀한 공작의 방식으로 진행되었기 때문에 더 큰 문제를 초래하고 있다.

이처럼 상징정책이 취약한 이유는 무엇일까? 상징정책은 첫째, 법률적 근거 없이 추진되기가 쉽다. 구체적인 권리·의무와는 관련이 적기 때문이다. 둘째, 정책과정(문제 제기 → 의제설정 → 정책결정 → 집행 → 평가)이 무시되기 쉽다. '공적 논의'를 거치지 않고, 권력기관이나 특정 정치세력이 상징조치를 '이벤트'처럼 강행하기도 한다. 결과적으로 '민주적 정당성'이 약화하고, 합법성이 무너질 위험성이 존재한다. 상징정책과 법치주의가 충돌하게 된다. '정책법학'은 정책은 법적 정당성과 절차적 정당성을 갖춰야 하고, 법은 정책의 정당성을 뒷받침해야 한다는 점을 강조한다. 따라서 이에 대해 다음과 같은 고민을 해 볼 필요가 있다.

- 법적 정당성(legality) 확보: 상징정책은 감정과 가치관을 다루기에 법률적 근거 위에서 추진되어야 한다. 그 어떤 권력자도 독단적으로 상징을 설정해서는 안 된다. 그에 따라 상징성과 관련된 중요한 조치는 국회의 심의·의결을 제도화할 필요가 있다.
- 절차적 정당성(procedural legitimacy)의 확보: 상징정책도 일반적인 정책과정을 거쳐야 한다. 특히, 공청회, 국민 의견수렴, 사회적 협의와 같은 절차를 통해 민주적 정당성을 확보해야 한다.

- 상징정책에 대한 특별한 규율 장치 마련: 상징정책은 사회갈등을 키울 위험이 크므로, 특별히 '사회적 협의 장치'를 통해 심의·조정할 필요가 있다. 다양한 학계, 시민사회, 피해자·당사자 집단, 일반 국민 의견까지 수렴하는 실질적 공론화 절차가 요구된다.
- 국회의 초당적(超黨的) 합의구조: 여야 동수에 2/3 이상 찬성 요건 등이 필요할 수 있다. 또는 국회 산하에 별도의 특위를 구성하는 것도 필요할 수 있다. 주기적인 사후 평가와 조정 메커니즘도 중요하다.

5) 상징정책의 설계

상징정책은 물질적 자원의 분배나 규제보다 정체성의 형성, 사회통합의 촉진, 공동체 가치의 표출이라는 비물질적 목표를 지향하는 정책 유형이다. 이러한 정책은 일반적으로 국민에게 감성적·정신적 울림을 주며, 메시지 그 자체가 핵심인 경우가 많다. 그러나 그 특성상 정치적 갈등과 해석의 다양성을 동반할 수 있어, 정교한 정책 설계가 필요하다.

- 상징 필요성의 인식: 상징정책은 국가 공동체의 정체성 회복, 사회통합의 긴급성, 혹은 역사적 정의의 재확인 등의 맥락에서 등장한다. 예컨대 국경일 제정, 국가 표어 제정, 주요 사건에 대한 국가적 추념 등은 모두 상징정책의 사례이다. 이때 정책설계자는 먼저 "왜 지금 이 상징이 필요한가?"에 대한 역사적·사회적·정치적 맥락을 면밀히 분석한다.

- 사회적 공감대 형성: 상징정책은 공동체적 정서를 기반으로 작동해야 하므로, 사회구성원 간의 공감대 형성이 핵심이다. 이를 위해 공청회, 시민 의견조사, 전문가 자문기구 운영, 교육계·종교계·시민사회와의 대화 등이 활용된다. 특히 가치관이 다른 집단 간의 정서적 접점을 모색하는 과정은 정치적 정당성 확보와 직결된다.

- 상징의 내용 설계: 상징정책이 추구하는 핵심 메시지는 명확하고 일관되어야 한다. 이를 위해 정책설계자는 상징이 지니는 역사적 맥락, 표현되는 가치(예: 민주, 평화, 희생, 연대 등), 상징의 대상 및 형식(인물, 사건, 장소, 색채 등)을 종합적으로 고려하여 상징의 의미와 범위를 구체화한다.

- 갈등 가능성 사전 점검 및 조정 장치 마련: 상징은 종종 국민 집단 간 기억의 차이, 가치의 충돌, 정치적 해석의 분열을 야기할 수 있다. 따라서 설계 초기부터 사회적 갈등 가능성을 예측하고, 필요시 중재·조정의 제도적 장치를 마련해야 한다. 예컨대 기념일 제정 시 특정 집단의 희생만을 부각할 경우, 배제된 타 집단의 반발이 있을 수 있다.

- 법적 근거 확보: 상징정책도 법치의 틀 안에서 설계되어야 하며, 필요시 국가기념일 지정법, 국가상징물에 관한 법률, 교육과정 고시, 지자체 조례 등의 법적 근거를 명확히 마련한다. 이는 정책의 형식적 정당성과 제도화의 기반이 된다. 예를 들어, 새로운 국경일 제정은 국회의 입법이 필요하며, 교과서 서술 변경은 교육부 고시 등의 절차를 수반한다.

- 형식과 수단 결정: 상징을 구체화하는 방식은 다양하다. 기념일 제정, 공공기념물 설치, 공공 행사 개최, 교육과정 반영, 캠페인 추진, 시각적 상징 도입(국기, 로고, 문양 등) 등이 대표적인 수단이다. 설계자는 정책목표와 대상 집단의 특성을 고려하여 가장 효과적인 전달 방식을 선택해야 하며, 필요시 여러 수단을 병행할 수도 있다.

- 정책의 집행: 설계된 상징정책은 주로 행정조직(문체부, 교육부, 행안부 등)이나 공공기관, 지자체가 집행 주체가 되며, 민간과의 협력을 통해 다양한 방식으로 실현된다. 집행 단계에서는 메시지의 왜곡을 방지하고, 상징이 실질적으로 사회적 파급력을 갖도록 하기 위한 소통과 홍보 전략이 중요하다.

- 사후 평가 및 조정: 상징정책의 평가는 정량적 지표보다는 정성적 판단이 중심이 된다. 예컨대 상징정책이 국민 통합에 얼마나 기여했는가?, 소외 집단은 없는가?, 정치적 분열은 악화되지 않았는가? 등의 평가가 중요하다. 필요시 메시지의 재해석, 행사 방식의 조정, 교육 내용의 개편 등을 통해 정책이 진화할 수 있도록 열린 구조로 설계되어야 한다.

마. 사적 관계 질서 형성 정책

1) 사적 관계 질서 형성 정책이란?

사적 관계의 질서 형성 정책은 시민사회 내부에서 발생하는 개인과 개인, 개인과 집단, 집단과 집단 사이의 관계를 제도화하고 규율하기 위한 정책 유형이다. 국방·재난정책이나 보호정책과 달리, 여기서 정부는 직접적인 이해당사자가 되지 않는다. 대신 질서 유지와 조정의 제삼자적 위치에서 법적 틀을 마련하고, 그 안에서 시민사회가 자율적으로 활동할 수 있도록 환경을 조성한다. 이 정책은 전통적으로 민법·상법·가족법·노동법과 같은 기본 법체계 속에서 구현된다. 예컨대, 계약의 성립과 효력, 재산권의 보장, 가족 관계의 인정과 해소, 노동계약과 노사관계의 규율 등은 모두 개인과 집단 간의 사적 관계를 제도화함으로써 사회 질서를 형성하는 장치들이다. 이러한 법적 틀은 시민사회가 무질서한 상태로 흩어지지 않고, 일정한 규칙과 절차에 따라 관계를 맺고 갈등을 해결할 수 있도록 하는 기반을 제공한다.

정책학 관점에서 볼 때, 이 기능은 국가의 가장 본원적인 역할 가운데 하나이다. 그러나 오늘날 시민사회가 성장하면서, 국가가 공권력을 전면적으로 행사하는 방식보다는 정부가 제삼자적 조정자로서 질서를 형성해 나가는 모습이 더욱 중요해졌다. 즉, 국가가 직접 행위 주체로 개입하는 것이 아니라, 시민사회가 스스로 자율성과 책임성을 발휘할 수 있도록 제도적 틀을 마련하는 것이다. 따라서 사적 관계의 질서 형성 정책은 단순히 법률 조항을 제정하는 행위에 머물지 않는다. 그것은 시민사회가 자율적으로 질서를 만들어갈 수 있도록 하는 제도적 장치이며, 국가와 시민사회의 협력적 관계를 전제로 한 간접적·구조적 개입의 성격을 지닌다. 이러한 점에서 이 정책 유형은 시민사회 질서 유지 정책의 핵심 축을 형성한다.

사적 관계의 질서 형성 정책은 단순히 민법적 권리의 나열이 아니다. 그것은 국가가 직접 당사자가 되지는 않지만, 시민사회 내부의 관계를 제도화하고 질서를 부여하는 기능을 의미한다. 정리하면, 민법은 계약·재산·가족 관계의 기본 질서를 만든다. 상법은 기업·시장 활동에서의 신뢰와 질서를 확보한다. 가족법은 혈연·혼인·상속 등 사적 공동체의 질서를 유지한다. 노동법은 근로계약 관계를 규율하며, 사회적 약자를 보호한다. 즉, 국가는 직접 개입하기보다 제삼자적 질서 설계자로서 기능하며, 사적 관계가 무질서와 혼란에 빠지지 않도록 제도적 울타리를 제공한다.

2) 사적 관계의 질서 형성 정책과 민법의 3대 원리

근대 시민사회의 성립을 이끈 민법의 핵심은 세 가지 원리로 요약된다. 사적 자치의 원칙, 소유권 절대의 원칙, 과실책임의 원칙이다. 인류의 역사는 계약법과 사유 재산권의 역사라고 말할 수 있으나, 민법의 이 세 가지는 근대 사회의 기초가 되었으며, 시민사회의 질서를 만들어온 근본적 장치였다. 근대 사회에서 계약과 소유권은 처음에는 개인 간의 단순 거래와 토지·물건 중심의 재산권에 머물렀다. 그러나 산업혁명과 자본주의의 발달은 이를 상행위(상법)로 확장시켰고, 더 나아가 근로계약(노동법)으로까지 발전시켰다. 기업 활동에서의 상행위는 계약 자유 원칙을 전제로 하지만, 거래 상대방 보호나 시장질서 유지를 위해 일정한 규율이 필요해졌다. 근로계약은 표면적으로는 계약 자유에 근거하지만, 사실상 노동자가 경제적으로 종속된 지위에 있기에 국가의 개입을 통해 '실질적 자유'를 강화하는 방향으로 사회법적 전환이 이루어졌다. 즉, 민법의 원리가 사회법 영역으로 확장되면서 그 내용이 수정되고 있다. 계약 자유는 '형식적 자유'에서 '실질적 자유'로 보완되고, 소유권 절대는 '공공복리와의 조화' 속에서 제한되며, 과실책임 원칙은 '무과실 책임'이나 '위험 책임'으로 변형되는 양상이 나타난다. 현대 사회에서 재산권은 단순히 토지나 물건에 국한되지 않는다. 부동산·동산과 같은 전통적 재산권, 지적 재산권(특허, 저작권, 상표권), 신지적재산권(데이터, 알고리즘, 인공지능 산출물, 생명공학적 성과물 등)까지 포함된다. 따라서 사적 관계의 질서 형성 정책은 단순히 '재산을 보호하는 법'이 아니라, 계약·재산·책임의 원리를 모든 새로운 자산·가치 창출 활동에 적용하여 사회 질서를 구축하는 포괄적 제도라 할 수 있다.

3) 사적 관계 질서 형성 정책에서 국가와 시민사회의 관계

사적 관계의 질서 형성 정책은 그 성격상 국가와 시민사회의 관계를 가장 근본적으로 드러낸다. 그러나 이때의 관계를 단순히 국가와 시민사회와의 상호작용이라고 표현하기는 어렵다. 시민사회는 다양한 개인과 집단이 각자의 이해관계와 요구를 드러내는 다원적 주체들의 집합체이고, 국가는 단일한 행위자가 아니라 제도와 권위의 총체이기 때문이다. 실제로 행위 주체로서 기능하는 것은 정부이며, 정부는 시민사회의 일원으로서 이해당사자가 아니라, 시민사회의 질서를 만들어가는 중립적 설계자로서 자리한다.

따라서 국가와 시민사회는 대등한 파트너나 협상 주체로 놓이는 것이 아니라, '요구-조정-제도화'라는 과정을 통해 관계를 맺는다. 시민사회가 갈등과 요구를 제기하면, 정부는 이를 수렴하고 조율하여 법제적 틀 속에 반영한다. 민법·상법·노동법·가족법 등은 이러한 과정을 통해 형성된 결과물이다. 즉, 시민사회가 다원적 목소리를 내는 주체라면, 국가는 그 목소리를 질서로 정리하고 제도화하는 객관적·중립적 조정자라 할 수 있다.

그러나 이 관계는 결코 중립적이기만 한 것은 아니다. 사적 관계 질서 형성 정책은 계약 자유와 재산권 보장이라는 자유민주주의적 원칙을 우선할 것인지, 아니면 사회적 형평과 약자 보호를 강조하는 사회민주주의 원칙을 강화할 것인지에 따라 방향이 달라진다. 따라서 국가는 시민사회의 요구를 단순히 '집계'하는 것이 아니라, 사회가 지향하는 이념적 질서를 선택하고 반영하는 행위자이기도 하다. 그 과정에서 갈등은 불가피하게 촉발되며, 이 갈등을 관리하는 방식이 곧 국가 정체성과 사회의 성격을 규율한다. 결국 사적 관계 질서 형성 정책에서 국가와 시민사회의 관계는 대립적 상호작용이라기보다, 다원적 요구와 갈등을 제도적 질서로 매개하는 조정 관계이다. 국가는 시민사회의 성숙도를 반영하면서도, 동시에 그 성숙을 규율하는 장치로 작동한다. 이 점에서 이 정책 유형은 국가와 시민사회의 연결고리이자, 동시에 사회 이념과 국가 정체성을 결정하는 가장 근본적 정책이라 할 수 있다.

4) 사적 관계 질서 형성 정책과 자유민주주의·사회민주주의의 스펙트럼

사적 관계 질서 형성 정책은 본질적으로 자유민주주의와 사회민주주의라는 두 이념적 질서 사이에서 균형을 모색하는 정책 유형이다. 이 정책은 계약법, 재산권 보장, 가족법, 노동법 등을 통해 시민사회의 기본 질서를 제도화하는 기능을 하고 있는데, 바로 그 규율 방식이 사회가 어떤 가치체계를 우선하는지에 따라 크게 달라진다.

자유민주주의 관점에서는 계약의 자유가 최대한 존중된다. 계약은 개인의 자유로운 의사에 따라 체결되며, 국가는 최소한의 법적 틀만 제공할 뿐 개입을 자제한다. 재산권 역시 절대적 권리로 보장되어야 하며, 공공복리나 형평성을 이유로 한 제한은 최소한에 그쳐야 한다. 책임 또한 과실책임 원칙에 따라, 자신의 잘못에 관해서만 부담하는 것을 원칙으로 한다. 이러한 접근은 시장과 개인의 자율성을 강조하며, 작은 정부의 질서 형성 정책으로 이어진다.

반대로 사회민주주의 관점에서는 계약의 자유가 수정된다. 형식적 자유만으로는 사회적 약자를 보호할 수 없기에, 국가는 적극적으로 개입하여 실질적 자유를 보장하려 한다. 예컨대 노동법은 근로자의 경제적 종속성을 고려하여 사용자보다 노동자를 우대하는 구조를 만들고 있다. 재산권도 단순히 개인의 권리가 아니라 사회적 의무를 동반하는 권리로 이해되며, 공공복리 실현을 위해 제한될 수 있다. 또한 무과실 책임이나 위험 책임이 도입되어, 산업재해나 소비자 피해처럼 과실이 없는 경우에도 기업과 사회가 공동으로 책임을 부담하는 구조가 만들어진다. 이러한 접근은 사회적 형평과 약자 보호를 강조하는 큰 정부의 질서 형성 정책으로 이어진다.

결국 사적 관계 질서 형성 정책은 이 두 스펙트럼 사이에서 균형을 어떻게 잡는가에 따라 사회의 정체성이 결정된다. 자유민주주의 원칙을 지나치게 강조하면 사회적 불평등이 심화하고 약자 보호가 미비해질 수 있으며, 반대로 사회민주주의 원칙을 과도하게 강화하면 재산권이 지나치게 제한되고 경제활동이 위축될 위험이 있다. 따라서 이 정책은 단순한 민법·노동법적 문제를 넘어, 국가가 어떤 사회 질서를 지향하는가를 들어내는 국가 정체성과 사회 이념의 분수령이라 할 수 있다. 이 점에서 사적 관계 질서 형성 정책은 단순히 시민사회의 내부 질서를 유지하는 보조적 기능이 아니라, 국가의 유지와 존속, 국민의 삶의 질 향상, 그리고 국가 정체성의 방향을 동시에 결정하는 가장 근본적이고 갈등적인 정책 유형으로 볼 있다.

5) 국가 유지·존속 정책 및 삶의 질 향상 정책과의 연계성

겉으로 보면 사적 관계의 질서 형성 정책은 단순히 시민사회의 내부 문제를 다루는 것처럼 보인다. 그러나 실상은 국가의 유지와 존속 정책과 맥을 같이 한다. 구성정책이 국가 조직의 틀을 만드는 정책이고, 추출정책이 국가가 국민으로부터 자원을 확보하는 정책이며, 내우/외환 대응 정책이 국민 생존을 지키는 정책이라면, 사적 관계의 질서 형성 정책은 시민사회의 질서를 제도적으로 유지·형성하는 정책이다. 즉, 국가는 단순히 권력과 자원만을 통해 유지되는 것이 아니라, 시민사회의 관계망이 제도적으로 정돈될 때 비로소 존속할 수 있다. 따라서 이 정책은 국가의 유지·존속 정책들과 동일한 수준의 근본성을 가진다.

한편, 사적 관계의 질서 형성 정책은 난순히 민법·상법·가족법·노동법 같은 사법(私法)의 틀을 만드는 데 그치지 않는다. 넓게 보면, 국가가 국민의 삶의 질을 높이기 위해 수행하는 재정지원, 사회보장, 복지정책 역시 궁극적으로는 계약법과 재산권 원칙을 기반으로 작동한다. 재정지원 정책은 국민과 국가 간의 일정한 계약적 관계 속에서 이루어진다. 정부 보조금, 장학금, 지원금 등은 법적 근거와 절차를 통해 부여되며, 수급자는 권리자로서, 국가는 의무자로서 위치한다. 사회보장 정책도 마찬가지이다. 연금, 보험, 복지 급여는 국민의 기여(보험료, 세금 납부)와 국가의 급여 의무 간의 일종의 계약적 구조를 갖는다. 재산권 보장은 이 모든 활동의 토대이다. 개인의 소유가 안정적으로 보장되지 않으면 사회보장 제도나 복지정책도 제 기능을 할 수 없다.

결국, 사적 관계의 질서 형성 정책은 국가 유지와 존속을 위한 기본 질서를 제공할 뿐 아니라, 국민의 삶의 질 향상 정책이 작동할 수 있는 기반을 제공한다. 자본주의 사회이든 공동체 사회이든, 이 정책 유형은 국가와 시민사회를 동시에 지탱하는 가장 중요한 정책인 것이다.

6) 사적 관계 질서 형성 정책의 특징

첫째, 정책과정상의 특징: 사적 관계의 질서를 정하는 핵심 도구는 법률(민법, 상법, 가족법, 노동법 등)이므로, 입법 단계에서의 논의와 합의가 결정적이다. 단기적 프로그램이나 행정사업이 아니라, 사회 질서를 제도적으로 고정하는 법률적 성격을 가지므로, 정책 변경이 느리고 안정성이 높다. 또한, 한 번 정립된 질서는 쉽게 변하지 않지만, 사회 변화(산업화, 정보화, 디지털화)에 따라 점진적으로 개정·보완되는 특징이 있다.

둘째, 입법부–행정부 관계: 기본적 질서는 국회가 법률로 설정한다. 민법·상법·가족법·노동법 모두 근본적으로 입법부의 입법권 행사에 의존한다(우리나라는 그 출발이 행정부일 수 있다). 행정부는 집행 과정에서 시행령, 시행규칙, 고시 등을 통해 세부적 절차와 기준을 정하며, 사법적 분쟁이 발생할 경우 행정청은 분쟁조정·중재 역할을 수행한다. 또한, 이 정책 유형은 국민과 국민, 또는 국민과 기업 간의 분쟁이 빈번하므로, 사법부가 해석과 판례를 통해 사실상 "정책의 실질"을 재형성하는 비중이 매우 크다. 따라서 입법부–행정부뿐만 아니라 사법부의 역할까지 강하게 얽혀 있는 정책 유형이다.

셋째, 민주적 정당성: 사적 관계의 질서 형성은 시민사회 자체의 기반이므로, 광범위한 공론과 사회적 합의가 전제되어야 한다. 특히 재산권 보장, 계약 자유 등은 국민의 생활과 직결되므로, 정책 과정에서 국민 참여와 사회적 논의가 필수적이다.

넷째, 국가 역할의 성격: 국가는 직접 거래의 당사자가 아니라, 질서를 만드는 제삼자적 위치에 있다. 간접적 개입자이다. 동시에 국가는 시민사회가 자율적으로 움직일 수 있는 제도적 기반을 마련하는 제도적 설계자로서 역할을 한다. 나아가. 갈등과 분쟁이 발생했을 때는 공정한 중재자·판단자로 기능하게 된다.

다섯째, 국가 존속과 국민 삶의 질을 위한 기본 인프라: 국가는 단순히 국방력이나 세금으로만 유지되는 것이 아니다. 시민사회 내부의 계약, 재산권, 가족·노동 질서가 안정적으로 유지될 때만 국가도 존속할 수 있다. 동시에 국민의 삶의 질 역시 이 제도적 기반 위에서 변화한다. 즉, 이 정책은 국가 존속과 국민 생활의 기초 인프라인 것이다.

여섯째, 시민사회의 성숙을 규율하는 정책: 시민사회의 성숙도와 태도(계약 준수, 재산권 존중, 사회적 책임 수용)는 국가와 사회 발전을 좌우한다. 국가는 사적 관계 질서 형성을 통해 시민사회가 자율성과 책임성을 균형 있게 발휘할 수 있도록 규율한다. 따라서 이 정책은 단순한 '사적 영역 관리'가 아니라 시민사회의 성격을 결정짓는 제도적 틀이다.

일곱째, 이념 갈등의 진원지: 이 정책은 사회 체제의 방향을 좌우하는 갈등을 촉발한다. 예컨대, 노동법과 노사관계에서 노동자를 얼마나 우대할 것인지는 결국 사적 자치와 재산권 보장의 원리를 어디까지 제한할 것인가의 문제로 이어진다. 재산권을 과도하게 제한하면 사회민주주의·사회주의적 질서로 기울 수 있고, 반대로 계약 자유와 소유권 절대를 우선하면 자유민주주의 질서가 강화된다. 따라서 이 정책은 단순히 법률 기술의 문제가 아니라, 국가의 정체성과 사회 이념을 가르는 분수령이다.

여덟째, 갈등 촉발성과 정치적 민감성: 계약, 재산, 노동은 국민 모두가 직접적으로 영향을 받는 영역이기 때문에, 사적 관계 질서 형성 정책은 갈등을 가장 쉽게 촉발하는 정책 유형이다. 부동산 정책, 임대차 보호, 지적재산권, 근로계약, 가족법 개정 등은 언제나 첨예한 사회 갈등과 정치적 논란을 불러온다. 이는 곧 이 정책 유형이 사회적 합의를 끌어내는 데 가장 많은 정치적 자원을 요구한다는 뜻이기도 하다.

아홉째, 국가와 이념 질서의 시험대: 결국 이 정책은 "국가가 자유민주주의 질서를 우선할 것인가, 아니면 사회민주주의적인 조정을 더 강화할 것인가"를 결정하는 시험대가 된다. 따라서 이 정책을 어떻게 설계하고 운영하느냐에 따라, 국가는 시민사회가 지향하는 가치와 정체성의 방향을 제도적으로 확립하게 된다.

정리하면, 사적 관계의 질서 형성 정책은 단순한 "민법적인 관리"가 아니라, 시민사회의 성격과 국가의 정체성을 규율하는 가장 갈등적이고 이념적인 정책 유형 중의 하나이다. 이 정책의 방향에 따라 국가는 자유민주주의적 질서를 강화할 수도, 사회민주주의적인 조정을 확대할 수도 있다. 그러므로 이 정책은 국가 존속·국민 생활·사회 이념의 심각 지점에 놓여 있는 가장 근본적이고 동시에 가장 갈등 촉발적인 정책이라고 할 수 있다.

7) 사적 관계 질서 형성 정책의 정책법학적 의미

사적 관계 질서 형성 정책은 대표적으로 "법이 곧 정책"인 영역이다. 민법·상법·가족법·노동법 등에서 정책은 별도의 계획 없이 곧바로 권리·의무·책임·금지를 규정하는 법률 그 자체로 구현된다. 이 경우 입법의 문구와 체계가 곧 정책 설계가 된다. 이때 국가는 직접적인 이해당사자가 아니라 질서의 설계자이자 플랫폼 제공자로 기능한다. 시민사회(개인·기업·단체)가 자율성과 책임을 발휘할 수 있도록 규칙·절차·기관을 설계하는 방식으로, 국가는 간접적이고 구조적인 개입을 수행한다. 이 정책은 근대 민법의 3대 원리(사적 자치, 소유권 절대, 과실책임)를 기초로 하되, 실질적 자유 보장·공공복리와의 조화·무과실/위험책임 제도 등 사회법적 보완을 통해 자유민주주의 ↔ 사회민주주의의 스펙트럼을 구체적으로 규율한다. 특히 오늘날에는 전통적 재산권을 넘어 데이터, 알고리즘, 인공지능 산출물, 바이오 성과물과 같은 신(新)지적재산을 포괄해야 하며, 따라서 정의·범위·귀속·이전·책임을 기술 중립적이고 갱신 가능한 형태로 설계해야 한다. 이 과정에서 자유민주주의 원리와 사회민주주의 원리 중 무엇을 강조하느냐가 곧 국가 정체성의 방향을 결정한다. 동시에 계약·재산·가족·노동은 국민의 생활권과 직결되기 때문에 정치적 민감성이 크다. 충분한 공론과 숙의 없이는 정당성을 확보하기 어렵고, 설계 선택은 곧 불평등과 형평, 성장과 보호의 균형을 가르는 문제로 이어진다. 따라서 이 질서가 안정되어야만 조세·복지·사회보장 같은 공적 정책도 제대로 작동할 수 있다. 다시 말해, 사적 관계 질서 형성 정책은 국가의 유지·존속과 국민의 삶의 질 향상을 떠받치는 기초 기반인 것이다. 끝으로, 이 정책 영역은 법률–시행령/규칙–고시–표준계약–자율규범으로 이루어진 다층 구조 위에서 작동하며, 분쟁 발생이 빈번하기 때문에 사법부의 판례와 해석이 실질적인 정책을 끊임없이 재구성하는 중요한 축이 된다.

8) 사적 관계 질서 형성 정책의 설계

사적 관계 질서 형성 정책은 우선 문제 인식과 사회적 요구 파악에서 출발한다. 시민사회 내부에서 발생하는 갈등과 불균형, 예컨대 계약 불이행, 재산권 침해, 노동 분쟁, 가족 해체와 같은 현상이 문제로 제기된다. 이 단계에서 국가는 직접적인 당사자가 아니라, 갈등을 중재하고 제도적 질서를 마련해야 하는 설계자의 위치에 선다.

다음으로는 원리와 가치 선택의 단계가 뒤따른다. 자유민주주의 원리에 따라 사적 자치와 재산권 절대성을 강조할 것인지, 아니면 사회민주주의 원리에 따라 형평성과 약자 보호를 강화할 것인지에 대한 방향 설정이 필요하다. 이 선택은 단순한 기술적 조정이 아니라 국가 정체성과 사회 이념을 반영하는 정치적 행위이기도 하다.

이어지는 단계는 법제화 과정이다. 사적 관계 질서 형성 정책은 무엇보다 입법이 핵심이므로, 국회에서의 법률 제정이 중심이 된다. 민법·상법·가족법·노동법의 개정이나 신설을 통해 계약, 재산, 책임의 규칙을 정하고, 이에 맞춰 시행령·시행규칙·고시 등 하위규범이 구체화된다. 동시에 표준계약서나 자율 규범과 같은 민간 차원의 규범도 병행되어 다층적 규율체계를 형성한다.

법률이 제정되면, 집행과 적용의 단계가 뒤따른다. 행정부는 제정된 법률을 바탕으로 구체적 절차를 마련하고, 감독·조정·중재 기능을 수행한다. 그러나 여기서도 국가는 직접적인 행위자가 아니라, 제삼자적 조정자이자 질서 설계자로서 역할을 한다. 실제 분쟁의 현장에서는 사법부가 판례와 해석을 통해 제도의 실질을 재구성하고, 시민사회는 계약 이행과 재산권 존중을 통해 자율성과 책임성을 발휘한다.

마지막으로, 피드백과 조정의 단계가 중요하다. 사회 변화(예컨대 산업구조 변화, 디지털 전환, 인공지능·바이오 신산업 등장)에 따라 기존의 계약·재산·책임 규율은 수정·보완이 필요하다. 따라서 정기적 법률 개정, 판례의 누적, 사회적 공론화 과정을 통해 제도가 재정비된다. 이 과정은 단순한 반복이 아니라, 시민사회의 성숙도를 반영하고 동시에 규율하는 순환적 구조를 이룬다.

바. 조정/중재정책

1) 조정/중재정책이란?

제한정책이나 제재정책 등은 국가의 '자기보존 기능'에서 출발했다. 반면, 촉진, 보호, 배분정책은 '시민 보호 및 복지 기능' 강화에서 등장한다. 그러나 조정/중재정책은 '시민 참여 및 공공갈등 관리'라는 후기 국가에서 등장한다고 볼 수 있다. 조정/중재정책은 국가가 이해 갈등이 존재하는 영역에서 당사자 간 협의, 조정, 중재, 절차적 타협을 통해 사회적 결정을 도출하는 정책 유형이다. 이때 조정은 제3자가 개입해서 대화를 촉진하고 타협점을 모색하는 것을 강조한다면, 중재는 이 단계를 넘어 제3자의 갈등 조정에 구속되는 의미가 있다. 따라서 조정/중재정책은 다른 정책과는 독립적이고 질적으로 다른 성격을 지닌다.

- 정책의 목적: 공공 갈등의 해결, 이해 당사자 간 합의 도출, 사회적 합의 등
- 작동 방식: 법령 집행이 아닌 중립적 제3자의 판단 또는 조정
- 권력 성격: 강제력보다는 합리성과 정당성에 기반을 둔 중재력
- 행정기구의 역할: 결정자가 아니라 절차를 설계하고, 중립적인 판단자
- 형식상의 유사점: 행정위원회, 심의위원회, 조정위 등 → 준사법적 구조

조정/중재정책은 행정 권력의 행사라기보다는 행정부 내에 내재된 '준사법적 기능'의 제도화된 표출로 이해될 수 있다. 현대 행정국가가 갈등을 단속하는 권력이 아니라, 공정하게 조율하는 제3자 역할로 진화하고 있음을 보여준다. 조정/중재정책은 행정부가 '중립적 판단자'로 기능할 수 있다는 가능성을 제도화한 정책 유형이다. 이는 사법과 행정의 경계가 흐려진 현대 행정국가에서 '절차적 정의'와 '합의 기반 의사결정'을 실현하는 새로운 준사법형 공권력 작용으로 볼 수 있다. 다만, 이때의 준사법적 기능이란 일반적으로 형사법에서 논의되는 사법적 기능과는 다르다. 형사법에서는 위법 여부를 판단하여 형벌을 부과하는 것을 목적으로 한다. 즉, 국가가 형벌권을 통해 사회적 질서를 강제로 유지하는 권력 작용이다. 그러나 조정정책에서 말하는 '준(準)사법성'이란 민사(상사)와 가사 사건과 유사하게 이해관계의 조정이나 갈등을 중재하는 기능에 초점을 두고 있다. 구속력도 중요하지만 수용 가능성과 실효성도 중요하다. 옳고 그름의 단죄(judgment)가 아니라, 입장 차이의 조율과 중재가 중시된다. 즉, 조정/중재정책의 준사법성은 국가의 중립적 판단기능이 법원이 아닌 행정부에 제도화된 것으로 볼 수 있다. 조정/중재정책은 형벌권 행사로서의 사법기능이 아니라, 갈등 조정과 합의 도출이라는 민사적 사법기능이 행정부 안으로 제도화된 현상이다. 이는 현대 행정국가가 단순히 '결정하고 집행하는 정부'에서 '해석하고 조정하는 정부'로 역할이 확장되었음을 보여준다.

이와 같은 조정정책의 제도적 실현 형태로는 ⅰ) 도시개발, 환경, 주민소송 등과 관련하여 국가가 당사자 간 협의를 촉진허는 공공갈등조정위원회; ⅱ) 사회적 협의를 촉진하는 노사정 협의 기구; ⅲ) 소비자 분쟁, 의료 분쟁 등의 사안에 대한 분쟁조정위원회; 그리고 ⅳ) 방송광고심의위, 인터넷 자율정책기구인 자율규제기구 등을 들 수 있다.

2) 행정부에 사법적 기능이 부여된 이유

행정부에 사법적 기능이 부여된 이유는 무엇보다도 현대 정책이 갈등을 내포하고 있기 때문이다. 정책 갈등의 일상화이다. 현대 정책은 대부분 자원 배분, 공공시설 입지, 개인 권리 제한 등 이해관계 충돌을 내포하고 있다. 과거처럼 일방적 집행(top-down)만으로는 갈등을 흡수할 수가 없다. 정책 내 갈등 조정기능의 제도화 필요성이 대두되고 있다. 다음은 기존 사법 체계의 한계이다. 법원은 주로 사후적 판단, 형식적 절차, 구속력 있는 판결에 집중한다. 그러나 정책 갈등은 복합적이고 다층적이며, 사전적·조정적 접근이 필요하다. 자연스럽게 사법부 밖에서의 준(準)사법 기능에 대한 요구가 증가하고 있다. 이에 따라 행정부가 갈등 조정의 기능을 흡수하면서 제도적 장치들이 마련되었다. 대표적으로 각종 분쟁조정위원회(개인정보분쟁조정위, 소비자분쟁조정위, 의료분쟁조정위 등)가 설립되어, 법원의 판결과는 달리 중립적 판단과 권고안을 제시하는 역할을 수행한다. 또한 「공공기관의 갈등 예방과 해결에 관한 규정」에서는 의견 청취, 이익의 비교형량, 정보 공개와 공유 등을 통해 행정 내부에서 갈등을 조정하도록 하고 있다. 더 나아가 노사정위원회, 환경분쟁조정위원회, 주민협의체 등은 사회적 협의를 제도화하여 정부가 단순한 결정자가 아니라 조정자로서의 역할을 수행하도록 만들었다. 이러한 과정에서 행정청은 사법적 판단을 외부로 위임하지 않고 스스로 판단·중재 기능을 수행하며, 사실상 준사법 구조를 갖추게 되었다.

이러한 기능은 점진적으로 확장되고 제도적으로 안정화되어 왔다. 초기에는 단순히 고충 처리나 민원 조사 차원에서 대응하는 수준이었지만, 이후 법령에 근거한 조정기구가 신설되었고, 전문 위원회가 등장하면서 중재, 권고, 사실 확인, 권리판단까지 수행하게 되었다. 일부 위원회는 행정심판이나 권익위원회의 시정 권고처럼 판정에 준하는 효력을 인정받기까지 한다. 최근에는 참여와 숙의를 제도화하여 공론 기반의 조정체계를 형성하는 단계에 이르렀다. 오늘날 이러한 경향은 흔히 정책 갈등의 행정 사법화로 불린다. 본래 사법부의 영역이던 분쟁 조정기능이 사전적이고 중립적인 형태로 행정부 내부에 제도화되면서, 행정부는 더 이상 단순한 정책 집행자에 머물지 않는다. 정책 갈등을 예방하고 판단하는 사법 보완적 공적 기구로서의 역할을 수행하며, 사실상 '민사형 판단기능'을 준사법적으로 흡수한 상태인 것이다.

3) 민사형 판단기능의 행정부 내부로의 제도화 경로

행정부가 단순한 집행기관을 넘어 민사형 판단기능을 내재화하게 된 과정은 점진적이고 단계적인 발전 과정을 거쳐 왔다고 보인다.

첫째, 초기 단계는 행정청 내부의 고충 처리 수준이었다. 이 시기에는 주로 민원 대응과 고충 접수, 민원 처리 규정에 따른 임시적·비공식적 처리가 이루어졌다. 행정부는 갈등의 중재자가 아니라 단순한 민원 대응자로서 반응적이고 수동적인 기능에 머물렀다.

둘째, 점차 법령 기반의 조정기구가 설치되면서 제도화의 길이 열렸다. 개별 법률에 근거하여 분쟁조정위원회나 갈등 조정기구가 등장하였고, 이들은 단순한 민원 응답을 넘어 권고안을 제시하거나 조정안을 도출하는 역할을 수행하였다. 이를 통해 행정부 내부에서 중립적 판단기구의 성격이 형성되기 시작했으며, 사실상 사법을 보완하는 기능이 출현했다.

셋째, 이러한 조정기구는 점차 전문화된 준사법형 기구로 발전하였다. 행정심판위원회, 국민권익위원회, 각종 분쟁조정위원회 등이 대표적이다. 이들은 사실조사와 청문 절차를 갖추고, 권고 이상의 실질적 효력을 지닌 판단을 내리면서, 단순한 행정 지원을 넘어 본격적으로 준사법 기능을 제도화하였다.

넷째, 이후 행정부는 중립적 조정자의 역할을 제도화하며 사법적 판단을 보완하는 단계로 나아갔다. 정부는 정책 집행자이자 이해당사자 사이의 공정한 조정자로 자리매김했고, 이를 위해 노사정위원회, 주민갈등협의회, 갈등영향분석 등 다양한 제도가 확산되었다. 일부 기구는 사법적 절차에 준하는 공정성과 실효성을 갖게 되었으며, 정책결정과 갈등조정이 일체화된 이른바 '조정적 행정국가'의 모습을 드러냈다.

마지막으로, 참여와 숙의를 통한 공론 기반의 조정체계로 발전하였다. 시민참여형 조사위원회, 국민참여 재판형 위원회, 공론화위원회 등이 그 예이다. 이 단계에서는 단순히 이해관계자 간의 갈등을 조정하는 것을 넘어, 시민 참여와 숙의민주주의를 제도적으로 통합하여 정책 갈등을 해결하는 시스템이 구축되었다. 행정부는 단순한 중재자가 아니라, 숙의민주주의를 기반으로 정당성을 생산하는 조정자로 기능하게 되었으며, 준사법적 판단기능은 민주적 절차 속으로 내면화되었다. 나아가 이러한 공적 판단 기능은 행정부 내부를 넘어 사회 전반으로 확장되면서, 참여와 숙의를 통해 제도적 정당성과 사회적 신뢰를 동시에 확보하는 방향으로 발전하였다.

4) 조정/중재정책에 대한 비판

조정/중재정책은 환경, 금융, 노동, 소비자, 건축 등 전문성이 필요한 영역에서 행정부 소속 분쟁조정기구 등이 전문성과 신속성을 발휘할 수 있다는 장점이 있다. 또한, 사법부 판단을 받기에는 시간과 비용이 많이 들고, 정책 현장에서 발생하는 수많은 소규모/다발성 분쟁을 감당하기 어려운 현실적 이유가 존재한다. 여기에 새로운 정책이 집행될 때 이해관계 충돌은 불가피하고, 이를 사법부 판결로만 끌고 가면 시간이 길어지고 사회적 갈등이 확대될 수 있기에, 행정부의 조정/중재 정책은 일종의 완충장치 역할을 한다.

하지만, 분쟁 해결은 본래 법원의 몫인데, 행정부 소속 위원회·기관이 조정이나 중재 기능을 맡게 되면 사법권이 약화될 우려가 있다. 행정부가 정책 집행뿐 아니라 분쟁 해결까지 장악하면, 권력 집중으로 인해 '행정권에 의한 준사법화'가 발생하며, 이는 결과적으로 왕정으로의 퇴행처럼 보일 수도 있다. 나아가, 입법·사법·행정이 균형을 이뤄야 하는데, 조정·중재 정책은 사법 기능의 일부를 행정이 흡수하는 형태라서, 사법권 약화 → 행정권 비대화 → 삼권분립의 불균형이 심화될 우려도 존재한다. 이런 점은 우리가 알고 있는 몽테스키외의 3권 분립의 모습과는 많이 다르다. 오히려 J. Locke의 2권 분립과 흡사하다.

5) 조정/중재정책의 정책법학적 의미

조정/중재정책은 후기 행정국가에서 등장한 공공갈등 관리 기능을 제도화한 것이다. 법학적으로 보면, 이는 행정부에 내재된 준사법적 기능의 제도화라 할 수 있다. 즉, 국가가 강제적 집행자가 아니라 중립적 판단자로서 제삼자의 역할을 수행하는 구조이다. 여기에는 세 가지 중요한 법학적 함의가 있다.

- 권력구조의 변형: 전통적으로 사법부에 귀속되던 갈등 해결 기능이 행정부로 이입됨으로써, 행정부는 집행기관을 넘어 준사법적 판단기관으로 변모한다.
- 절차적 정의 실현: 법원의 사후적 단죄(형벌) 대신, 행정부 내부에서 사전적·조정적 절차를 설계하여 합의 기반의 결정을 생산한다. 이는 민사적 사법성에 가까운 제도다.
- 민주적 정당성 확보: 공공갈등조정위원회, 분쟁조정위, 노사정위원회 등 다양한 제도는 행정부를 단순한 정책 집행자가 아니라 숙의 민주주의를 매개하는 조정자로 만든다. 따라서 조정정책은 행정부를 결정자, 집행자, 조정자라는 삼중(三重) 역할을 제도화한다.

그러나 이러한 조정/중재정책이 정당성을 얻기 위해서는 다음 조건들이 충족되어야 한다.

- 사법적 통제 가능성 확보 – 조정/중재 결정에 불복할 경우 법원에 제소할 수 있어야.
- 절차적 투명성 보장 – 독립된 위원회 운영, 이해관계자 참여, 공개적 절차 설계.
- 권력 집중 방지 장치 – 행정부가 일방적으로 판정하지 못하게, 합의 기반 조정을 우선하되, 사법부 사후 심사를 제도화.
- 전문성과 공정성 균형 – 부처의 정책 목표에 휘둘리지 않도록, 위원회 구성에서 다양한 stakeholder 참여.

6) 조정/중재정책의 설계

조정/중재정책을 설계할 때는 법적 정합성과 정책적 실효성이 동시에 고려되어야 한다. 첫째, 갈등 인식과 의제화: 정책 집행 과정에서 이해당사자 간 갈등이 발생하거나 예상될 경우, 이를 단순 민원으로 축소하지 않고 공공갈등으로 의제화한다. 이 단계에서 법적 근거와 제도적 절차(예: 「공공기관의 갈등 예방과 해결에 관한 규정」)가 동시에 확인된다.

둘째, 제도적 틀 설계: 갈등의 성격(환경·노동·소비자·의료 등)에 맞추어 적합한 조정기구를 선정하거나 신설한다. 여기서 중요한 것은 행정부가 직접 판결을 내리는 권력자가 아니라, 절차를 설계하는 제삼자로 기능하도록 구조화하는 것이다.

셋째, 절차 진행과 중립적 판단: 당사자 간 의견 수렴, 사실조사, 정보 공개, 비교형량 과정을 통해 합의안을 도출한다. 이때 법적 강제력보다는 합리성과 수용성을 중시하며, 필요시 권고·조정·합의문 형식으로 결과를 제시한다.

넷째, 결정의 정당성 확보: 결과물은 법원의 판결처럼 절대적 구속력을 지니지 않더라도, 절차적 정의(참여·공정·숙의)를 통해 민주적 정당성을 확보한다. 일부 위원회(예: 행정심판위)는 준사법적 효력을 가지므로, 법적 안정성도 함께 고려된다.

다섯째, 사후 평가와 제도화: 조정의 성과(갈등 해소, 사회적 신뢰 확보)를 평가하고, 이를 법제화하여 제도적 안정성을 높인다. 이렇게 함으로써, 초기 민원 수준 → 법령 기반 위원회 → 전문적 준사법 기구 → 숙의 민주주의 기반 공론 체계로 발전하는 경로가 완성된다.

사. 제한정책

1) 제한정책이란?

시민의 활동을 통제하는 정책을 보통 규제정책이라고 부른다. 하지만, 필자는 제한정책을 주장한다. Lowi의 규제정책과 행정학의 규제/규제완화 담론과는 같은 점이 있지만, 다른 면도 존재한다. 필자가 생각하는 제한정책은 다음과 같다. 제한정책은 국민의 자유권을 법률과 행정행위를 통해 직접적으로 제한하는 정책 유형이다. 이는 주로 시장과 사회 활동의 진입·활동·퇴출 단계별로 작동한다.

- 시장 진입의 제한: 특정 활동을 시작하기 위해 허가·인가·승인을 받아야 하는 경우이다. 예를 들면, 의료기관 개설 허가, 건축허가, 금융업 인가, 특정 자격증 취득 등이다.
- 시장 활동의 제한: 이미 진입한 주체도 일정 기준과 규제를 준수해야 활동할 수 있다. 환경기준, 안전기준, 노동시간 규제, 가격 규제, 광고 규제 등을 의미한다.
- 시장 퇴출의 제한이다. 자유로운 사업 종료나 철수할 수 없거나, 강제적 퇴출 규제가 존재한다. 예를 들면, 기업의 강제 해산 명령, 영업정지, 면허 취소, 정리해고 제한 등이다.

이처럼 제한정책은 국가가 공권력의 주체로서 시민사회를 직접 규율하는 구조이며, 본질적으로 자유권에 대한 제한을 제도화한다. 법률에 의해 정당화되는 정부 개입이기에 제한정책은 법적 근거가 필수적으로 요구된다. 제한정책에서 말하는 제한의 핵심은 시장의 진입(entry), 진입한 이후의 활동(operation), 그리고 시장에서의 퇴출(exit)이다. 방식에 따라 법률과 하위법령의 역할이 달라진다.

2) 진입제한, 활동제한, 퇴출제한의 의미

<표 24>는 사람이나 기관이 사회나 시장에서 활동하는 전 과정에서 국가가 어떻게 개입하는 지를 보여준다. 먼저, 진입제한이다. 이는 사람이나 기관이 어떤 영역에 들어올 수 있는지 여부를 통제하는 단계이다. 사람 대상으로 자격시험, 인증, 검정, 면허 같은 제도로 자격 요건(예: 교사 자격증, 운전면허)을 설정하는 것이다, 반면. 기관 대상으로는 허가, 인가, 설립 승인을 통해 새로운 단체나 기관의 진입을 허용하는 것을 의미한다. 학교법인 설립 허가, 병원설립 허기 등을 밀한다. 즉, "시장에 들어와 활동하기 위해서는 자격을 갖춰야 한다"라는 의미이다. 다음은 활동제한이다. 이미 진입한 사람이나 기관이 영역 안에서 어떻게 활동할지 조정하는 단계이다. 보고 의무, 등록, 조건 부여, 변경 승인 등을 통해 활동 방식을 관리한다. 예를 들면, 정관 변경 인가, 교육과정 승인, 사업 변경 등록 등이다. 즉, "시장 안에 들어왔으면 규칙을 지켜라"라는 의미이다. 마지막으로 퇴출 제한이다. 자격을 상실하거나 규칙을 위반했을 때, 영역에서 나가게 하는 단계이다. 자격취소, 허가취소, 영업정지 같은 수단이 사용된다. 변호사 자격 박탈, 학원 등록 말소 등을 들 수 있다. 즉, "규칙을 어기면 내보낸다"라는 단계이다.

<표 24> 진입제한, 활동제한, 퇴출제한의 비교

구분	대상	행정법적 수단	기능	예시
진입 제한	사람	자격시험, 인증, 검정, 면허	진입 요건 설정	교사 자격증, 운전 면허, 자격 시험
	기관(단체)	허가, 인가, 설립 승인	시장 진입 허용	학교법인 허가
활동 제한	사람/기관	보고, 등록, 조건 부여, 변경 승인	영역 내 행위 조정	변경 등록, 정관변경 인가, 교육과정 승인
퇴출 제한	사람/기관	자격취소, 허가취소, 영업정지	자격의 박탈과 퇴출	변호사 자격 박탈, 학원 등록 말소

<표 25>는 개인과 기관이 시장이나 공공영역에 들어올 때 어떤 과정을 거쳐야 하는 지를 각각 자격화(qualification)와 설립화(establishment)로 구분하여 보여주고 있다. 개인의 시장 진입은 주로 자격화(qualification) 과정을 통해 이루어진다. 자격화는 개인의 능력과 역량을 평가하여 일정한 수준에 도달했는지를 확인하는 절차이다. 평가 대상은 지식, 기술, 태도와 같은 개인의 역량이며, 시험·인증·이수·포트폴리오 심사와 같은 수단을 사용한다. 이러한 절차는 개인의 역량(competence)을 기준으로 삼으며, 시험이나 검정과 같이 등급 분류가 가능하다는 특징을 가진다. 반면 기관이나 단체의 시장 진입은 설립화(establishment) 과정을 통해 이루어진다. 설립화는 조직의 구조와 책임성, 요건 충족 여부를 검증하는 절차로, 공공영역이나 시장에서 활동할 수 있는 기반이 갖춰졌는지를 확인한다. 자본금, 시설, 조직도, 운영계획 등 객관적 요건이 충족되어야 하며, 인가·허가·설립요건 심사·정관 심사 등이

주된 수단이다. 이러한 절차는 적합성(fitness) 또는 정합성(conformity)을 기준으로 삼으며, 역량보다는 제도적 기반을 갖추었는가에 초점을 둔다. 따라서 개인은 능력 검증을 통해, 기관은 제도적 기반의 적합성 검증을 통해 시장에 진입한다는 점에서, 자격화와 설립화는 진입제한 정책의 두 가지 축을 이룬다.

<표 25> 자격화와 설립화의 차이

구분	자격화 (개인 중심) qualification	설립화 (기관 중심) establishment
평가 대상	개인의 역량(능력, 기술, 태도)	조직의 적합성(요건, 구조, 책임성
핵심 기준	일정 수준의 능력 보유 여부	시장·공공영역에서 활동 가능한 제도적/물적 기반의 충족 여부
수단	시험, 심사, 인증, 포트폴리오, 이수 등	인가, 허가, 설립요건 심사, 정관심사 등
주체 기준	역량 기반(personal competence)	제도 기반(institutional fitness)
대응어	역량(competence)	적합성(fitness), 정합성(conformity)
절차 특징	공적 시험, 검정 과정, 등급 분류	객관적 요건(자본금, 시설, 조직도, 운영계획 등) 충족 필요

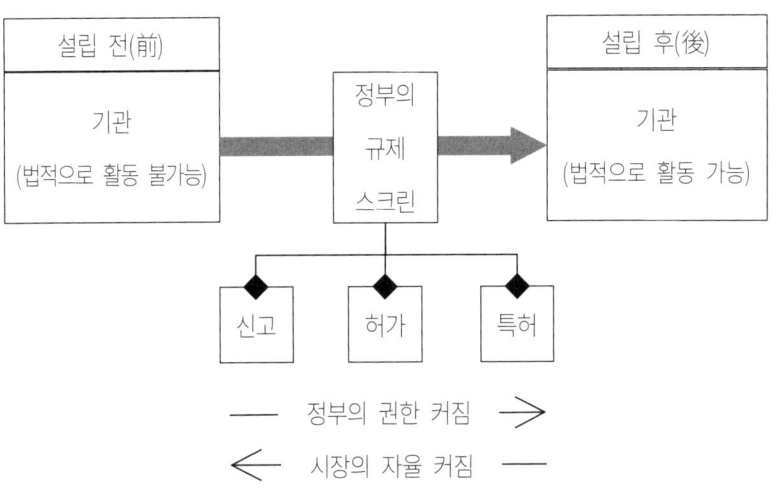

[그림 24] 신고, 허가, 특허의 의미 차이

기관은 설립 이전에는 법적으로 활동할 수 없지만, 설립 이후에는 법적으로 활동이 가능해진다. 이 과정에서 정부 규제가 어떻게 작동하느냐에 따라 기관의 성격과 시장의 자율성이 달라진다. 신고는 기관이 일정 요건을 충족했음을 정부에 알리는 절차로, 정부의 개입은 최소화되고 시장의 자율성이 크게 보장된다. 반면 허가는 정부가 사전에 심사하여 활동 여부를 승인하는 방식으로, 정부의 권한이 더 크게 작동한다. 특허는 국가가 독점적 권리를 부여하는 형태로, 정부 권한이 가장 강하게 행사되는 규제 방식이다. 즉, 신고 → 허가 → 특허로 갈수록 정부 권한은 강화되고 시장의 자율성은 축소된다. 이 세 가지는 모두 설립 전후의 경계에서 정부가 어떻게 개입하느냐를 보여주는 제도적 장치이다([그림 24] 참조).

<표 26> 제한 방식별 법적 성격과 차이

행정행위 유형	개념	법적 효과	예시
허가	금지된 행위를 특정 조건 하에 허용	특정 조건 충족 시 제한적 허용	건축허가, 의약품 제조허가
인가	법률상 효력을 완성하기 위해 승인	법률상 일정한 효과를 발생시키려면 정부 승인이 필요	학교 설립 인가, 보험상품 인가
특허	특정한 권리를 설정·변경·소멸시키는 행위	기존에 없는 권리를 창설하여 특정 주체에게 부여	광업권, 어업권, 방송사업자 허가119)
신고	행정기관에 일정 사항을 보고하여 행정청의 확인을 받음	신고 후 일정 요건 충족 시 효력 발생	사업자등록 신고, 식품위생업 신고
자율규제	법적 강제 없이 시장 자율에 맡김	법적 구속력이 없음	업계 윤리규범, 자율협약

---

119) 이처럼 법률상 명칭과 실제의 법적 효과가 동일하지 않는 경우가 허다하다. 이렇게 되는 이유는 여러 가지가 있겠으나, 필자는 다음과 같이 생각한다. 그 근본적인 원인은 한국의 정책 설계 과정이 정책 따로, 법 따로 움직이는 구조적 단절에서 비롯되었다고 본다. 행정부 공무원들이 법안을 초안하는 과정에서 정책의 본질과 법적 효과를 충분히 고려하지 못하고, 행정법적 개념(허가·특허·인가 등)에 대한 전문성이 부족하다 보니 용어 선택이 학문적 기준보다는 정치적·편의적 기준에 따라 이루어지게 된다. 더 큰 문제는 정책 설계가 정책 집행까지 이어지지 않는다는 점이다. 만약 정책 집행을 전제로 법을 설계했다면, '허가'라는 용어를 쓰더라도 해설서에는 "실질은 특허적 성격"이라고 기록했을 것이다. 그러나 현실은 그렇지 못하다. 결과적으로 정책의 목표와 법률의 문언, 실제 집행 사이의 괴리가 발생한다. 이러한 단절은 사법부 해석의 비중을 지나치게 높인다. 입법 단계에서 정책의 효과와 법적 성격을 명확히 정리하지 않았기 때문에, 결국 법적 해석을 사법부가 대신 떠맡게 되는 것이다. 하지만 사법부의 판결은 종종 일관성이 부족하고, "귀에 걸면 귀걸이, 코에 걸면 코걸이"식으로 해석되면서 법적 안정성과 예측 가능성을 오히려 해친다. 따라서 앞으로는 정책 설계와 법 설계, 그리고 정책 집행 설계가 분리되지 않고 하나의 연속적 과정으로 통합되어야 한다. 법률안 작성 단계에서부터 시행령·시행규칙·행정규칙·사실행위까지 정책 집행의 전 과정을 고려해야 한다. 또한 각 법률에는 반드시 입법해설서가 병행되어야 한다. 입법해설서에는 어떤 정책 목표를 위해 어떤 법적 효과를 의도했는지, 왜 특정 용어를 선택했는지, 그리고 집행 단계에서 어떻게 해석하고 적용해야 하는지가 구체적으로 기록되어야 한다. 정리하면, 법률 용어와 실제 법적 효과가 불일치하는 현상은 행정부의 법제 역량 부족과 정책-법-집행의 단절에서 비롯된 구조적 문제이다. 이를 극복하기 위해서는 정책 설계 → 법 설계 → 집행 설계가 일체적으로 이루어져야 하고, 이를 뒷받침할 수 있는 입법해설서가 반드시 마련되어야 한다. 그래야만 사법부 해석에 의존하지 않고도 정책과 법이 일관성 있게 작동하며, 국민도 혼란 없이 정책의 효과를 이해할 수 있다. 정책법학의 필요성을 증명하는 한 단면이다.

[그림 24]에서는 신고, 허가, 특허만 예로 들었지만, 이외에도 다양한 행정행위 유형이 존재한다. 허가는 원칙적으로 금지된 행위를 일정 조건을 충족했을 때 예외적으로 허용하는 방식이며, 건축허가나 의약품 제조허가가 대표적이다. 인가는 법률상 일정한 행위나 효력이 발생하려면 정부의 승인을 받아야 하는 경우로, 학교 설립 인가가 그 예이다. 특허는 기존에 없던 권리를 창설해 특정 주체에게 부여하는 행위로, 광업권이나 방송사업자 허가 등이 해당한다. 신고는 일정 사항을 행정기관에 알리고 확인받아 요건을 갖춘 경우 곧바로 효력이 발생하는 방식이며, 사업자등록이나 식품위생업 신고가 이에 속한다. 마지막으로 자율규제는 법적 강제 없이 업계나 사회의 자율적 규범에 맡기는 형태로, 윤리규범이나 자율협약 같은 사례가 있다. 즉, 제한정책은 법적 구속력의 강도에 따라 금지에서 예외 허용, 승인 요건, 권리 창설, 단순 확인, 그리고 시장 자율에 맡기는 방식까지 다양한 스펙트럼을 가진다.

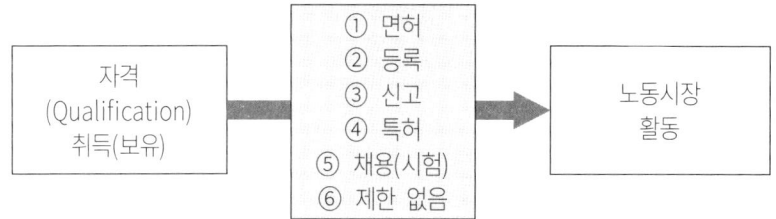

[그림 25] 자격 취득과 노동시장 활동과의 관계

자격은 단순히 개인이 보유하는 능력 증명에 그치지 않고, 노동시장에 진입하고 활동하기 위한 제도적 장치로 작동한다. 그 방식은 여러 유형으로 나뉜다. 면허(免許)는 원칙적으로 금지된 행위를 일정한 요건을 충족한 자에게만 허용하는 제도이다. 국가가 공공 안전과 복리를 이유로 제한을 두고, 요건을 갖춘 사람에게만 금지를 해제해 주는 구조이다. 의료면허, 약사 면허, 자동차 운전면허 등이 그 대표적 예이다. 등록(登錄)은 이미 일정 자격이나 면허를 갖춘 자를 공적 명부에 올려 직업 활동을 가능하게 하는 방식이다. 변호사 등록이나 회계사 등록이 전형적인 사례로, 자격과 시장 활동을 연결하는 절차적 요건이다. 신고(申告)는 일정 자격자가 활동을 시작한다는 사실을 행정기관에 알리는 절차이다. 간단한 형식이지만, 신고를 통해 법적 책임이 발생한다. 공인중개사 개업 신고가 여기에 해당한다. 특허(特許)는 국가가 특정인에게 배타적·독점적 권리를 부여하는 제도이다. 경쟁과 심사를 거쳐 제한된 수의 사업권을 주는 방식으로, 방송사업자 선정이나 운송면허, 공유수면 점용 허가 등이 그 예이다. 채용(시험) 또는 임용은 공공기관이나 국가기관이 개별적으로 인력을 선발하고 직무를 부여하는 방식이다. 교원임용시험 합격 후 임용되는 교사처럼, 자격과 채용이 결합해 노동시장 진입이 이루어진다. 제한 없음도 있다. 이 경우 자격 취득이 곧 노동시장 활동의 조건이 되며, 별도의 추가 절차 없이 시장 진입이 가능하다. 흔히 능력인정형 국가기술자격의 다수 종목이 이에 해당하며, 사실상 자격과 시장 진입 요건이 일치하는 구조다. 즉, 자격화는 면허·등록·신고·특허·채용·제한 없음이라는 다양한 제도를 통해 개인의 능력과 노동시장 활동을 연결한다. 이는 공공의 안전과 질서 보장을 위한 통제 수단인 동시에, 시장 진입의 조건과 절차를 규정하는 정책적 장치라 할 수 있다.

3) 제한정책과 다른 정책과의 비교

A. Lowi의 규제정책과의 비교

둘 다 개인의 자유로운 활동을 제약하거나 특정 행위를 금지·통제한다는 점에서 본질적으로 규제적 성격을 가진다. 국민·시장·시민사회에 "해야 할 것과 하지 말아야 할 것"을 정하는 법적 장치를 기반으로 한다. 반면, Lowi의 규제정책이 권력 배분의 관점에서, 특정 집단이나 개인의 행동을 직접적으로 규제하는 정책을 지칭한다면, 제한정책은 "시장 진입 → 활동 → 퇴출"이라는 경제활동의 생애주기(lifecycle)에 따라 제한을 구분한다는 점에서 차이가 존재한다. 즉, Lowi는 공익을 위해 행위를 제한하는 것을 강조했고, 제한으로 인해 나타나는 이익과 손해를 보는 집단 간의 갈등 관계에 더 큰 관심이 있었다. 규제정책은 본질적으로 권력(자유, 기회. 자원 등)의 분배를 재구성하는 행위라고 할 수 있다. 정치학적 해석이다.

B. 행정학의 규제/규제완화 담론과의 비교

둘 다 국가가 자유를 제약하는 장치라는 점에서 기본적으로 같은 범주에 속한다. 기업·개인·단체의 활동을 일정하게 '멈추게 하거나 바꾸도록 강제한다'라는 의미를 내포하기 때문이다. 차이점으로는 행정학에서의 규제는 주로 행정법상 행정작용으로서의 규제를 의미한다. 허가·인가·승인, 각종 기준 설정, 과징금 부과 등 행정법적 행위의 집합으로 다룬다. 따라서 '규제 완화' 논쟁은 경제성장과 효율성 차원에서 행정 절차와 규제 강도의 완화 여부에 집중된다. 즉, 규제는 '행정기관이 얼마만큼 간섭하고 있느냐'로 측정되는 성격이다. 반면, 제한정책은 단순히 행정기관의 간섭 정도가 아니라, 시장 구조 속에서 자유의 한계를 어떻게 설계할 것인가라는 관점이 더 강하다. 규제완화 논쟁이 보통 '규제 줄이자/강화하자'라는 강도의 문제라면, 제한정책은 어떤 단계(진입·활동·퇴출)를 어떻게 제한할 것인가라는 구조적 문제를 다룬다. 규제완화 논쟁이 '양적·강도 조정'이라면, 제한정책은 '질적·위치 조정'이다.

C. 제한정책과 제재정책의 비교

제한정책과 제재정책은 유사하지만, 차이가 있다. 제한정책은 국민의 행위를 사전에 통제하거나 조건부로 허용하는 방식의 정책이다. 즉, 특정 행위가 무분별하게 이루어지지 않도록 미리 제한을 두되, 일정한 요건이나 절차를 충족하면 가능하여지도록 하는 구조이다. 이 과정에서 허가 신청이나 등록 과정에서 수수료·부담금 등의 금전적 부담이 발생할 수 있으며, 대표적인 예로 허가제, 등록제, 자율규제 등이 있다. 다시 말해 제한정책은 '허용을 전제로 한 통제'에 가깝다. 반면, 제재정책은 행위를 사전에 막기보다는 사후적으로 위반에 대한 벌을 가하는 정책이다. 이미 발생한 행위에 대한 위법성이나 부당성을 판단하고, 그에 상응하는 금전적 부담을 부과하는 것이 핵심이다. 따라서 과징금, 개발이익 환수, 환경개선부담금과 같은 형태로 나타나며, 이 역시 상당한 금전적 부담을 수반한다. 즉, 제재정책은 "위반에 대한 처벌과 부담 부과"라는 점에서 제한정책과 구별된다. 요약하면, 제한정책은 사전적·조건부 통제, 제재정책은 사후적·처벌적 통제라는 점에서 차이가 있으며, 두 정책 모두 금전적 부담을 수반하지만, 그 성격과 시점에서 본질적으로 구분된다.

4) 제한정책의 특징

제한정책은 시장에 대한 자유로운 활동을 전제하면서도, 그 진입·활동·퇴출의 각 단계에서 자유를 제약하는 방식으로 작동한다. 이는 단순히 규제를 나열하는 수준이 아니라, '시장질서 설계 → 활동 관리 → 퇴출 절차 보장'이라는 전 주기적 규율 체계를 형성한다. 따라서 허가·인가·특허와 같은 행정행위의 법적 성질에 따라 차별적 적용이 이루어지며, 법적 설계 단계부터 정밀한 구조화가 요구된다. 이러한 정책은 본질적으로 자유권 제한을 수반하므로 사회적 갈등을 촉발하기 쉽다. 따라서 정당성과 수용성 확보가 곧 정책 성패를 좌우한다. 제한정책은 특히 헌법적 기반성과 밀접히 연결되는데, 국민의 기본권을 제한하는 만큼 법률에 근거해야 하며, 행정기관이 자의적으로 규제를 설정하는 경우 법적 정당성을 상실하게 된다. 또한 제한정책은 국민 생활권에 직접 영향을 미치기 때문에 정치적으로 가장 민감한 영역 중 하나이다. 이해관계자와 이익집단, 시민사회의 갈등이 집중적으로 드러나며, 그 과정에서 사회적 협의와 절차적 정당성의 중요성이 배가된다. 법제 차원에서는 다층적 구조가 특징적이다. 법률, 시행령, 시행규칙, 고시, 표준계약, 자율규범 등이 유기적으로 작동하며, 분쟁이 빈번한 만큼 사법부 판례가 사실상 정책을 재형성하는 역할을 수행하기도 한다. 따라서 법적 안정성과 예측 가능성을 확보하기 위해 체계적 설계가 필요하다. 한편, 제한정책은 시장 경쟁과 규제 간의 균형을 끊임없이 요구한다. 과도한 규제는 시장의 활력을 저해할 수 있고, 반대로 지나친 자율규제는 공익 보호에 실패할 수 있기 때문이다.

제한정책에는 몇 가지 한계와 과제가 존재한다. 첫째, 규제완화 담론과 충돌할 가능성이 크다. 정책법학적 의미를 살려내지 못한다면 단순히 "규제를 줄일 것인가, 유지할 것인가"라는 이분법적 논쟁에 갇힐 위험이 있다. 둘째, 현행 행정규제 체계는 정책·법률·행정행위가 따로 움직이며 일관성을 잃는 문제가 있다. 제한정책의 틀은 이러한 분리를 극복하고 통합성을 확보하는 데 기여해야 한다. 셋째, 자유권 제한은 헌법적 정당성을 확보하지 못하면 위헌 논란으로 이어지므로, 입법 과정에서의 정당성 검증과 숙의 절차가 반드시 보장되어야 한다. 넷째, 데이터·AI·생명공학 등 신산업 분야에서는 기존의 재산권·계약자유 개념을 넘어서는 새로운 규율이 필요하다. 제한정책은 기술 중립적이면서도 변화에 대응 가능한 유연한 구조로 설계되어야 한다. 다섯째, 수용성 관리가 무엇보다 중요하다. 공익이라는 명분만으로는 부족하며, 이익집단 간 갈등을 조정할 수 있는 협력적 거버넌스와 갈등 관리 메커니즘이 제도화되어야 한다. 결국 제한정책은 자유와 규제의 긴장 관계를 다루는 정책 유형으로, 헌법적 기반·법적 정합성·사회적 수용성을 아우르는 다층적 관리가 요구된다.

5) 제한정책의 정책법학적 의미

제한정책은 단순한 규제의 기술적 장치가 아니라, 헌법 제37조 제2항의 자유권 제한 원리를 정책학적으로 유형화한 것이다. 이로써 법률상 규정된 행정행위(허가, 인가, 승인, 고시 등)가 곧 정책 수단으로 기능한다는 점에서, 정책과 법의 접합을 보여준다. 또한, 기존의 규제정책 담론이 사회적 갈등이나 이해관계자 반발에 주목했다면, 제한정책은 정책-법률-행정행위의 긴밀한 매칭 구조를 학문적으로 드러낸다는 데 의미가 있다. 즉, 정부는 시민사회의 파트너가 아니라 공권력의 직접 행사 주체로서 자리하며, 정책법학적으로는 law as policy tool과 law as policy constitution이 동시에 구현되는 대표적 영역이 된다. 또한 정책설계나 규제개혁의 실질 판단 기준이 된다. 규제개선시 '허가 → 등록'이나 '면허 → 신고' 전환이 자율성의 확장이 되는 것이다. 즉, 행정부의 형성 재량이 클수록 민간의 자유는 줄고, 정부의 통제력은 높아진다. 공공성 또는 위험성이 높은 분야는 면허, 허가, 특허 등의 제한하는 수단이 적절하다. 민간 혁신이나 창업 영역의 경우엔 등록 또는 신고 중심 체계로 유도가 필요하다. 자격 기반 직역의 경우엔 면허와 등록의 적절한 구분이 필요하다.

6) 제한정책의 설계

첫째, 문제 인식이다. 시민사회의 활동이나 시장의 자유로운 진입·활동·퇴출이 공공복리, 질서 유지, 국가 안전보장에 위협이 된다고 판단될 때 제한정책이 필요하다. 예컨대 무분별한 의료기관 개설, 안전기준을 무시한 건축행위, 환경오염을 유발하는 기업 활동 등이 대표적이다. 이 단계에서 중요한 것은 단순한 사회적 불만이 아니라, 헌법적 가치와의 충돌 여부를 통해 제한 필요성을 정당화하는 것이다.

둘째, 법적 근거 설정이다. 제한정책은 반드시 헌법 제37조 제2항(자유와 권리의 제한은 법률로써 가능)을 전제로 한다. 따라서 구체적 내용은 법률에 명시되어야 하며, 국회가 입법을 통해 근거를 확립한다. 이 단계에서 법률 문구와 체계 자체가 정책설계의 출발점이 되며, 법률은 곧 정책이 된다.

셋째, 정책 설계(행정행위 구체화) 단계이다. 법률에 근거하여 행정부는 구체적 행정행위를 설계한다. 이 단계에서 정부는 시민사회의 파트너가 아니라, 공권력을 직접 행사하는 규율자로 기능한다.

- 시장 진입 제한: 각종 인허가 제도(건축허가, 의료업 인가, 금융업 인허가 등)
- 시장 활동 제한: 기준·규격 설정(환경기준, 안전기준, 노동시간 제한 등)
- 시장 퇴출 제한: 영업정지, 면허취소, 강제 해산 등

넷째, 집행과 관리이다. 행정청은 법률과 행정행위를 바탕으로 허가 발급, 감독·검사, 기준 준수 점검, 위반 시 제재(과징금·영업정지 등)를 수행한다. 정책의 실효성은 행정조직의 집행 역량과 전문성에 달려 있으며, 동시에 시민사회가 규제를 준수할 수 있는 제도적·행정적 인프라가 제공되어야 한다.

다섯째, 갈등 발생과 조정이다. 자유권 제한은 본질적으로 갈등을 촉발한다. 시민사회는 이를 과도한 제한으로 인식할 수 있고, 정치적 저항이나 법적 다툼이 발생한다. 이 과정에서 행정부의 행정심판, 사법부의 위헌심사, 헌법재판소의 권리구제가 작동한다. 또한 오늘날에는 숙의 절차와 사회적 합의 장치(공청회, 시민위원회, 거버넌스 협의체 등)가 법적·정책적 정당성을 뒷받침하는 필수 요소가 된다.

여섯째, 평가와 제도 보완이다. 제한정책은 사회적 수용성, 정책 효과, 비례성 원칙 준수 여부를 평가받는다. 규제가 사회 발전을 저해한다면 규제 완화로, 미흡하다면 강화로 보완된다. 이는 다시 법률 개정과 행정행위 설계의 보완으로 이어져, 법과 정책이 동시적으로 조정된다.

일곱 번째, 순환과 제도화 단계이다. 제한정책은 단발성 대응으로 끝나는 것이 아니라, 신기술·신산업·신위험의 등장에 따라 반복적으로 요구된다. 따라서 정책–법률–행정행위–사법통제의 순환 구조 속에서 지속적으로 진화한다. 이 점에서 제한정책은 단순한 규제가 아니라, 국가 정체성과 사회 질서를 재구성하는 순환적 정책 유형이라 할 수 있다.

7) 행정규제기본법의 행정규제에 대한 검토

필자는 제한정책이라고 하지만 일반적으로는 규제정책으로 이해한다. 「행정규제기본법」 제2조에서는 행정규제를 다음과 같이 정의하고 있다.120)

- (주체) 국가나 지방자치단체가,
- (목적) 특정한 행정목적을 실현하기 위하여,
- (작용) 국민의 권리를 제한하거나 의무를 부과하는 것으로서,
- (형식) 법령 등이나 조례·규칙에 규정되는 사항

같은 법 제4조(규제 법정주의)에 의하면 규제는 법률에 직접 규정해야 한다. 단, 구체적으로 범위를 정하여 하위법령에 위임이 가능하다.121) 구체적으로는 다음과 같이 그 범위를 확정하고 있다(같은 법 시행령 제2조).

- 허가·인가·특허·면허·승인·지정·인정·시험·검사·검정·확인·증명 등 일정한 요건과 기준을 정하여 놓고 행정기관이 국민으로부터 신청을 받아 처리하는 행정처분 또는 이와 유사한 사항

---

120) 「행정규제기본법」 제2조(정의) 1. "행정규제"(이하 "규제"라 한다)란 국가나 지방자치단체가 특정한 행정 목적을 실현하기 위하여 국민(국내법을 적용받는 외국인을 포함한다)의 권리를 제한하거나 의무를 부과하는 것으로서 법령등이나 조례·규칙에 규정되는 사항을 말한다. (이하 생략)

121) 「행정규제기본법」 제4조(규제 법정주의) ① 규제는 법률에 근거하여야 하며, 그 내용은 알기 쉬운 용어로 구체적이고 명확하게 규정되어야 한다. ② 규제는 법률에 직접 규정하되, 규제의 세부적인 내용은 법률 또는 상위법령(上位法令)에서 구체적으로 범위를 정하여 위임한 바에 따라 대통령령·총리령·부령 또는 조례·규칙으로 정할 수 있다. 다만, 법령에서 전문적·기술적 사항이나 경미한 사항으로서 업무의 성질상 위임이 불가피한 사항에 관하여 구체적으로 범위를 정하여 위임한 경우에는 고시 등으로 정할 수 있다. ③ 행정기관은 법률에 근거하지 아니한 규제로 국민의 권리를 제한하거나 의무를 부과할 수 없다.

- 허가취소·영업정지·등록말소·시정명령·확인·조사·단속 등 행정의무의 이행을 확보하기 위하여 행정기관이 행하는 행정처분 또는 감독에 관한 사항
- 고용의무·신고의무·등록의무·보고의무·공급의무·출자금지·명의대여금지 그 밖에 영업 등과 관련하여 일정한 작위의무 또는 부작위의무를 부과하는 사항
- 그 밖에 국민의 권리를 제한하거나 의무를 부과하는 행정행위(사실행위를 포함한다)에 관한 사항

「행정규제기본법」의 행정규제 정의에는 몇 가지 논점이 존재한다.

A. 논점 1. 사실행위와 기타 규제 관련

법률에 규정되지 않는 사실행위(행정지도, 실질 유도 조치 등)를 시행령에서 행정규제의 범위에 포함한 것은 위임 범위의 적정성 논란을 초래할 수 있다. 위임의 구체성과 명확성의 부족, 법률유보원칙의 위반 가능성이 존재한다. 국민의 시각에서 보면 정부규제 완화 등으로 인해 얻게 될 효과가 있기에 문제가 아닐 수 있다는 주장도 가능하다. 하지만 명확성을 위해서는 법률 개정을 통해 사실행위를 포함해야 국민 기본권 보호라는 헌법 정신에 부합된다.

B. 논점 2. 행정규제 vs. 정부규제

행정규제기본법의 행정규제 정의에서는 행정규제의 주체로 '국가와 지자체'를 규정하고 있다. 그러나 같은 조에서 '행정기관'의 정의를 '법령 등 또는 조례·규칙에 따라 행정 권한을 가지는 기관과 그 권한을 위임받거나 위탁받은 법인·단체 또는 그 기관이나 개인을 말한다'라고 정의하고 있다. 한편, 같은 법 제3조[122]는 좀 다르게 규정하고 있어 이의 의미를 정확히 할 필요가 있다. 법의 적용 범위를 행정부로 명확히 제한하기 위해 행정규제라는 용어를 사용한 것으로 생각된다. 즉, 행정규제는 입법/사법/헌법기관이 수행하는 공적 제약이 아닌 행정부(중앙 및 지방)의 행정작용에 의한 규제만을 대상으로 하고 있다. 제3조를 구조적으로 해석하면 '특별법 우선주의' + '행정부 외 기관의 사무 제외' + '특수한 사안 배제'가 될 것이다.

C. 논점 3. 자격 규제의 포함 여부

「행정규제기본법 시행령」 제2조 제1항 각 호가 규정하는 규제의 구체적 범위가 적정한 지 검토가 필요하다. 자격규제는 명백한 행정규제이다. 자격시험, 면허, 인증, 교육 이수 등을

---

122) 행정규제기본법. 제3조(적용 범위) ① 규제에 관하여 다른 법률에 특별한 규정이 있는 경우를 제외하고는 이 법에서 정하는 바에 따른다. ② 다음 각 호의 어느 하나에 해당하는 사항에 대하여는 이 법을 적용하지 아니한다. 1. 국회, 법원, 헌법재판소, 선거관리위원회 및 감사원이 하는 사무, 2. 형사(刑事), 행형(行刑) 및 보안처분에 관한 사무, 2의2. 과징금, 과태료의 부과 및 징수에 관한 사항, 3. 「국가정보원법」에 따른 정보·보안 업무에 관한 사항, 4. 「병역법」, 「대체역의 편입 및 복무 등에 관한 법률」, 「통합방위법」, 「예비군법」, 「민방위기본법」, 「비상대비에 관한 법률」, 「재난 및 안전관리기본법」 및 「재난관리자원의 관리 등에 관한 법률」에 규정된 징집·소집·동원·훈련에 관한 사항, 5. 군사시설, 군사기밀 보호 및 방위사업에 관한 사항, 6. 조세(租稅)의 종목·세율·부과 및 징수에 관한 사항

요건으로 정하고 있기에 모든 국민의 직업 선택의 자유를 제한하는 규제이다. 그런데 법에서는 직업규제 또는 사람에 대한 규제를 포함하고 있지 않다. 이러한 입법 태도는 규제를 거의 '기업 활동과 행정 간의 관계'로만 파악하고, 직무 자격, 개인의 역량 인증 등 행정적 승인 제도는 규제로 보고 있지 않다고 해석될 여지가 있다. 반면에, 면허, 시험, 인정 등이 개인에게 부과될 수 있으므로 자격 취득 요건도 포함된다고 볼 수도 있을 것이다(물론 전체 문맥은 그러하지 않지만). 또한 면허(license)는 자격(qualification)과는 근본적으로 다른 범주이다. 면허는 법률상 원칙적으로 금지된 행위를 일정 요건 충족 시 허용하는 행정행위이다(예: 의료행위, 약물 조제, 항공 조종 등). 반면 자격은 일정 업무를 수행할 수 있는 능력·역량의 공적 인증이다(예: 교사, 회계사, 기술자격 등). 즉, 면허는 행위에 대한 허가, 자격은 사람의 상태에 대한 판단이다. 하지만 이러한 구분도 모호하다.

D. 논점 4. 규제 원칙의 명료함

규제는 원칙적으로 최소한에 그쳐야 한다. 왜냐하면 국민의 자유와 창의가 우선이기 때문이다. 규제를 하더라도 실효성이 있어야 하며, 자유의 본질적 내용을 침해해서는 안 된다. 「행정규제기본법」 제5조(규제의 원칙)를 보면,

① 국가나 지방자치단체는 국민의 자유와 창의를 존중하여야 하며, 규제를 정하는 경우에도 그 본질적 내용을 침해하지 아니하도록 하여야 한다.
② 국가나 지방자치단체가 규제를 정할 때에는 국민의 생명·인권·보건 및 환경 등의 보호와 식품·의약품의 안전을 위한 실효성이 있는 규제가 되도록 하여야 한다.
③ 규제의 대상과 수단은 규제의 목적 실현에 필요한 최소한의 범위에서 가장 효과적인 방법으로 객관성·투명성 및 공정성이 확보되도록 설정되어야 한다.

이때 ① 항의 '그 본질적...'의 문구가 모호하다. 문장의 해석에 의하면 '그'는 국민의 자유와 창의로 읽혀진다. 그렇다면 자유의 본질적 내용이란 무엇이고, 창의의 본질적 내용은 무엇인지가 정리되어야 한다. 그러하지 못하고 있다. 자유의 본질적 내용을 예로 들면, 신체의 자유는 '불법 구금, 고문, 생명권 박탈 등'이, 표현의 자유는 '사전 검열, 절대적 침묵 강요 등'이, 재산권은 '소유 자체를 박탈하거나 자유로운 사용권을 박탈하면 등'이 해당 된다. 창의의 본질적 내용도 모호하다. 왜냐하면 창의가 법률적 용어가 아니기 때문이다. 다만, 창의의 의미를 바탕으로 놓고 해석하면 '인간이 새로운 사고와 표현을 자유롭게 구상·표현·실험·보호 받을 수 있는 제도적 공간과 심리적 권역'을 의미한다고 볼 수 있다.

② 항은 규제를 정할 때 염두에 두어야 할 목적/이유라고 생각할 수 있다. 그러나 내용이 사회적 규제(social regulation)에 해당하는 것으로서, 경제적 규제(economic regulation)에 대한 내용은 없다. 예를 들면, 공정거래, 독점 방지, 산업 육성 등은 명시되지 않고 있다. 다만, '등'의 해석에서 경제적 규제의 내용도 포함된다고 해석해 줘야 한다.

③ 항은 비례 원칙에 대한 것이나, 문제는 객관성, 투명성, 공정성에 대한 설명이 없다는 점에 있다. 해석해 보면, ⅰ) 객관성: 특정한 이해관계에 치우치지 않고 합리적 기준에 따라 판단(규제 도입의 과학적 근거), ⅱ) 투명성: 의사결정 과정과 내용이 외부에서도 확인 가능(규제 입안·심사·집행 과정의 공개, 의견 수렴 절차 등), ⅲ) 공정성: 이해당사자 간 형평이 유지되고, 부당한 차별이 없음. 실무적으로 규제영향분석(RIA), 규제심사위 운영, 사회적 협의 절차 등이나 행정절차법의 규정 등의 준수를 통해 이러한 가치를 구현할 수 있다. 따라서 규제원칙은 <표 30>처럼 정책적으로 재해석될 수 있다.

<표 27> 정부규제기본법 규제원칙의 정책적 재해석

규제 원칙	정책 설계 지침	실무 적용 수단
자유와 창의 존중	규제 대신 민간자율 방식 우선 검토	민간 자율 규약
본질적 내용 침해 금지	규제 신설 시 기본권 영향 평가	규제영향분석에 '권리 영향' 항목 포함(지금은 돈 중심)
생명·보건 등 실효성 보장	과학적 근거 기반 마련 → 데이터 확보	사전 영향 분석, 전문가 의견 수렴 등
최소한의 범위, 최적의 수단	대체수단 비교 검토, 규제 수단 다층화	Sandbox, 예외 허용 등
객관성 확보	데이터 기반 설계, 기준·지표 명확화	사전적 시뮬레이션 등
투명성 확보	모든 절차와 결과 공개	회의록 공개 등
공정성 확보	의견 수렴 반영	공청회, 토론회 등

아. 보조정책

1) 보조(補助)정책이란?

보조정책은 정부가 보조금·세제 혜택·융자 지원 등 자원을 투입하여 특정 개인·집단·지역의 활동을 촉진하거나 균형을 회복하려는 정책이다. 핵심은 참여와 활동을 유도하는 성격에 있다. 즉, 단순한 자원 배분이 아니라 "누군가 더 적극적으로 참여하고 활동할 수 있도록 정부가 뒤에서 밀어주는 정책"이라는 점에서, Lowi의 분배정책과 닮았지만 보다 행위 유인(誘引)적이고 과정 지향적이다. 분배정책이라는 용어는 학문적으로는 익숙하지만, 일반 시민이나 행정 실무자에게는 다소 추상적이다. 반면 "보조정책"이라고 하면 곧바로 "보조금, 지원금, 융자, 세제혜택" 같은 구체적인 법적 수단이 떠오르기 때문에 훨씬 직관적이다. 즉, 필자가 보조정책이라는 이름을 선택한 이유는 다음과 같다.

- 법적 수단 중심성: 보조정책은 단순히 배분이 아니라 법률에 근거한 보조금·보조사업·세제지원 제도로 구체화된다. 국민 입장에서는 정책이 아니라 보조금 제도라는 현실적 경험으로 다가오기 때문에, 법과 정책이 바로 매칭된다.
- 직관적 이해 용이성: 분배라는 말은 추상적이고 철학적이지만, 보조는 당장 현장에서 집행되는 제도를 직감적으로 설명할 수 있다. 농민 보조금, 청년 창업지원금, 저소득층 에너지 바우처처럼, 누구나 사례로 쉽게 떠올릴 수 있다.
- 정책법학적 장점: 보조라는 개념은 국가가 자원을 직접 이전하는 행위를 전제로 하므로, 법적 근거가 필수적이다. 따라서 보조정책은 곧바로 법률–예산–행정행위라는 삼중 구조와 연결된다. 이는 단순한 추상적 분배보다 정책설계를 설명하기에 적합하다.

보조정책은 촉진을 위한 보조정책과 균형을 위한 보조정책으로 구분된다. 촉진을 위한 보조정책은 산업이나 시장의 성장을 활성화하기 위해 정부가 보조금을 지급하거나 지원을 제공하는 정책이다. 핵심은 새로운 산업의 창출, 기업의 성장, 창업 활동, 기술 개발 등을 장려하는 것이다. 정부는 이러한 보조를 통해 민간의 자율적 활동을 촉진하며, 스스로는 직접 생산자가 되지 않고 "촉진자(facilitator)"의 역할을 맡는다. 즉, 시장이 보다 활발하게 움직일 수 있도록 제도적·재정적 기반을 마련해 주는 것이다. 균형을 위한 보조정책은 지역 간, 집단 간, 산업 간의 불균형을 완화하고 공정한 경쟁 조건을 마련하기 위한 지원을 의미한다. 이 정책은 사회적 약자에 대한 보장을 전제로 하는 보호정책과 달리, 경쟁과 발전의 장에서 기회의 균형을 조정하는 데 목적을 둔다. 예컨대, 수도권과 비수도권의 격차를 줄이기 위해 지방에 투자하는 기업에 인센티브를 주거나, 신산업 육성과 전통산업의 공존을 위해 차등적 보조를 설계하는 방식이다. 핵심은 사회적 형평이나 권리 보장을 전면에 내세우는 것이 아니라, 시장과 사회 전반의 균형 발전을 촉진하기 위한 조정적 지원이라는 점이다. 이때 정부는 균형자(equalizer)로 기능한다.

2) 보조정책/보호정책과 Lowi의 정책유형 분류와의 비교

보조(補助)정책과 후술하는 보호(保護)정책은 Lowi의 정책 유형 분류 중에서 분배정책과 재분배정책과 유사하다. 이 정책은 자원의 배분과 조정을 중심으로 하는 정책 유형이다. 분배정책과 재분배정책 모두 국가가 경제·사회적 자원을 배분하는 과정에서 법률적 기반을 필요로 할 수 있다. 재분배정책은 더욱 그러하다. 다만, 각각의 정책 유형별로 적용되는 법적 근거와 절차가 다르다. 분배정책은 예산과 공공서비스 제공을 기반으로 하지만, 재분배정책은 조세와 사회보장제도를 중심으로 작동한다.

필자는 이를 보조정책과 보호정책으로 구분한다. 즉, 분배정책은 보조정책, 재분배정책은 보호성책으로 설명한다. 보조정책은 보조금 등 지원과 유인을 통해 참여와 활동을 촉진하는 정책이다. 보호정책은 인간다운 삶과 사회권 보장을 위해 국가가 개입하는 정책이다. 사회복지, 의료보장, 주거 보장 등이 이에 해당한다. 보조정책은 보조금, 세제 혜택, 지원금과 같은 자원 제공을 통해 개인·기업·지자체의 참여와 활동을 촉진하는 정책이다. 본질은 특정 집단이나 개인의 성장을 도모하기 위해 국가가 자원을 투입하는 것이다. 이 점에서 Lowi의 분배정책과 유사하다. Lowi의 분배정책도 고속도로, 공항, 항만, 대규모 건설 사업처럼 눈에 보이는 이익을 사회 곳곳에 나누어주는 성격을 가진다. 그러나 보조정책은 단순히 '이익 분배'에 머물지 않고, 참여와 행위를 유도하는 기능을 강조한다는 점에서 차별화된다. 다시 말해, 분배정책이 결과로서 이익을 나누는 데 초점을 맞춘다면, 보조정책은 과정에서 행위 변화를 유도하는 도구적 성격을 강하게 띤다. 보호정책은 인간다운 삶, 사회권 보장, 최소한의 생활 보장을 위해 국가가 적극적으로 개입하는 정책이다. 사회복지, 의료보장, 주거 보장 등 기본권 보장적 성격을 가진다. 이 점에서 Lowi의 재분배정책과 비슷하다. Lowi가 말한 재분배정책은 조세와 복지를 통해 부유층의 자원을 하층민에게 이전하는 것으로, 본질적으로 사회적 형평성과 정의 실현에 초점을 맞춘다. 그러나 보호정책은 단순한 자원의 재분배를 넘어, '보편적 권리로서의 사회권 보장'이라는 헌법적·인권적 차원을 더 강조한다. 즉, 재분배정책이 경제적 자원의 이전을 통한 형평성 확보라면, 보호정책은 사회권 실현을 통한 존엄성과 삶의 질 보장이라는 점에서 더 넓은 의미를 가진다. 정리하면, 보조정책은 분배정책과 유사하되, 단순한 이익 배분이 아니라 참여와 활동을 촉진하는 유인 정책으로 특징지어진다. 보호정책은 재분배정책과 닮았지만, 사회권 보장과 존엄한 삶 실현을 강조하는 점에서 더 폭넓은 가치 지향을 가진다. 따라서 보조정책과 보호정책은 Lowi의 분류를 단순히 한국 행정 맥락에 적용한 것이 아니라, 정책과 법의 결합을 고려해 '지원·유인'과 '권리 보장'이라는 차별적 기준을 세운 것이다.

3) 보조정책의 특징

보조정책은 본질적으로 금전적 지원을 통해 정책 목표를 실현하는 정책 유형이다. 정부가 직접 통제하거나 규제하는 대신, 재정적 자원을 매개로 유인(incentive)을 제공하여 개인·기업·단체의 참여와 활동을 촉진한다. 따라서 금전적 보조는 강제보다 유인, 제약보다 장려의 성격을 갖는다. 금전적 보조는 법률적 근거와 예산 편성을 통해 이루어지며, 단순히 "돈을 주는 행위"가 아니라, 정책 목표(촉진·균형)의 구체적 설계와 직결된다. 또한 금전적 보조는 다른 정책 수단(규제, 보호)과 달리 유연성이 크고, 집행 과정에서 대상과 범위를 쉽게 조정할 수 있다는 장점이 있다. 그러나 동시에 재정 의존성, 수혜 불공정성, 도덕적 해이 같은 문제가 발생하기 쉽다는 한계도 내포한다. 즉, 금전적 보조정책은 보조금, 출연금, 융자금, 보증, 세제혜택 등 다양한 수단으로 나타나지만, 모두 공통적으로 정부 재정의 동원을 통해 민간 활동을 촉진하거나 균형을 도모하는 성격을 가진다. 보조금·출연금은 직접적이고 무상 지원의 성격이 강하다. 융자·보증은 간접적·조건부 지원으로, 민간의 자율성과 책임을 유지한다. 세제혜택은 재정 지원과 동일한 효과를 내지만, 회계상 '지출'이 아닌 '감면'의 방식이다. 이처럼 금전적 보조정책은 직접 지원 ↔ 간접 지원, 무상 지원 ↔ 조건부 지원의 스펙트럼 속에서 설계되며, 정부는 정책 목표에 따라 적절히 조합해 사용한다.

<표 28> 금전적 보조의 주요 형태

구분	개념	특징	예시
보조금	정부가 특정 활동·사업을 지원하기 위해 지급하는 금전	무상 지원, 반환 의무 없음. 가장 일반적 형태	창업지원금, 농업보조금, 문화예술지원금
출연금	특정 기관·단체에 정부가 일정 자금을 출연하여 활동을 뒷받침	장기적·지속적 재정 기반 마련, 기관의 독립성 제약 가능	정부출연연구기관 운영비, 공공재단 지원
융자금	정부가 정책 목적을 위해 저리·무담보로 자금을 대여	상환 의무 있음. 자율성 유지 + 재정 부담 완화	중소기업 정책자금 융자, 청년창업자금 대출
보증	정부가 민간 금융기관의 대출 상환을 보증	정부 재정의 직접 지출은 아님. 민간자금 유도 효과	신용보증기금 보증, 기술보증기금 보증
세제 혜택	조세를 감면·공제·유예하여 간접적으로 재정 지원	직접 재정 지출은 아님. 조세 형평성과 연계	연구개발(R&D) 세액공제, 투자세액공제

4) 보조금법의 문제

정부는 다양한 형태로 보조금 사업을 실시한다. 이를 규율하는 대표적인 법률이 바로 「보조금 관리에 관한 법률」이다.[123] 이 법에서 보조금이라 함은 '국가 외의 자가 수행하는 사무 또는 사업에 대하여 국가(「국가재정법」별표 2에 규정된 법률에 따라 설치된 기금을 관리·운용하는 자를 포함한다)가 이를 조성하거나 재정상의 원조를 하기위하여 교부하는 보조금(지방자치단체에 교부하는 것과 그 밖에 법인·단체 또는 개인의 시설자금이나 운영자금으로 교부하는 것만 해당한다), 부담금(국제조약에 따른 부담금은 제외한다), 그 밖에 상당한 반대급부를 받지 아니하고 교부하는 급부금으로서 대통령령이 정하는 것'을 말한다. 하지만, 여러 가지 검토되어야 할 사항이 존재한다.

먼저, 개념 정의의 혼선이다. 동일한 용어가 다른 뜻으로 쓰인다. 보조금법의 '보조금'은 국가가 타 주체의 사무·사업 수행을 지원하기 위한 재정 원조로서 위탁·공공업무 지원 성격이 강하다. 반면 일반 담론에서의 '보조금'은 지역·계층·집단 간 기회 불균형을 바로잡기 위한 정책적·윤리적 배분의 의미가 강하다. '부담금'도 마찬가지다. 보조금법 맥락의 '부담'은 정부가 비용의 일부를 부담(지출)하는 개념인데, 「부담금관리기본법」의 '부담금'은 국민·기업이 공익 목적을 위해 국가에 납부(수입)하는 준조세이다. 같은 단어로 상반된 재정 흐름을 지칭함으로써 행정 현장, 수혜자, 감사·감독 모두에게 해석 혼란을 야기한다.

둘째, 열거주의 중심의 규정 방식이 법치행정의 기본원칙을 약화시킨다. 시행령 별표 1은 '보조금 지급 대상 사업의 범위'를 사업명과 보조율 목록으로 담아두고, 별표 2는 '지급 제외 사업'을 장황하게 나열한다. 이 방식은 ① 공공성·보완성·형평성 같은 일반 판단 기준이 부재한

---

123) 지자체는 「지방자치단체 보조금 관리에 관한 법률」이 있다.

채 형식적 명칭이 실질 판단을 대체하게 만들고, ② 사업명만 바꾸면 회피할 수 있거나(예를 들면, 36. '문화의 거리 조성'을 회피하기 위하여 사업명을 '한류의 거리 조성'으로 바꾸면) 반대로 동일사업임에도 배제가 가능한 명칭 편향을 낳으며, ③ 법('사무 또는 사업')과 시행령('사업') 간 용어 불일치로 '사무 포장'에 의한 해석 회피 여지를 만든다. 또한 ④ 보조금은 '재정작용 + 정책형성 + 분배정책'의 수단이기에 단순한 '사업명 나열'로 통제하는 것은 비례 원칙, 명확성의 원칙과도 충돌할 수 있다. 결과적으로 동일성 판단이 사후 분쟁, 감사 쟁점으로 전가되고, 집행 현장은 기준 없는 목록 행정에 갇힌다. 보조금의 지급 여부에 대한 판단은 원칙적으로 공공성, 사무 배분 적정성, 국가재정 우선순위 등과 같은 기준에 따라야 하는 것이 옳다.

셋째, 재정당국 재량의 과도한 팽창과 국회의 통제 공백이 결합되어 권한이 재정당국에 비정상적으로 집중된다. 별표에 등재된 항목만 예산 편성이 가능해지고, 보조율까지 일률적으로 고정되면서 정책 설계·미세 조정 권한이 사실상 예산 부처로 넘어간다. 형식은 하위법령이지만 실질은 "규범+예산+정책 결정"이 복합적으로 행사되는 셈이다. 반대로 국회는 보조의 목적·기준·절차를 법률 차원에서 규범화하지 못해 입법적 기준 설정과 사후 통제 기능을 충분히 수행하지 못한다. 재정당국의 과도한 재량권은 결과적으로 입법부가 초래한 결과이다.

넷째, 목적과 기준의 법제화 결핍이 근본 문제이다. 현행 정의 조항은 "조성·원조" 수준의 기술에 머물러, 왜 이 지출이 공적이어야 하는지에 대한 가치 기준과 선정·배제의 절차 기준을 제시하지 못한다. 그 결과 부처 재량과 재정당국 판단이 사실상의 기준이 되고, 보조의 민주적 정당성·예측 가능성·형평성이 약화된다.

마지막으로, 이러한 문제들은 집행의 실효성과 사법적 안정성도 떨어뜨린다. 수혜·환수·제재가 권리·의무를 형성하는 행정처분임에도 불구하고, 기준 부재와 명칭 중심 열거주의는 분쟁 가능성을 상시화하고, 동일 사안의 부처·감사·사법 판단 불일치를 증폭시킨다.

정리하면, 우리 보조금법 체계의 핵심 결함은 ① 용어의 이원적 사용으로 인한 개념 혼선, ② 열거주의에 의존한 비규범적 목록 행정, ③ 재정당국의 과도한 문지기 권한과 국회의 기준입법 부재, ④ 목적·기준·절차의 미(未)법제화에 있다. 개선은 명확하다. 법률 차원에서 보조의 공적 목적(공공성·보완성·형평성·자율성 보장)을 원칙으로 선언하고, 선정·배제의 일반 기준과 절차(정책 적합성, 공공성, 실행 가능성, 지역 형평, 중복 여부)를 규정하며, 시행령의 별표는 사례·해설 중심으로 전환한다. 동시에 '보조금/부담금' 등 용어를 통일하고, 예산 편성 지침과의 정합성을 법률에 연동시켜 재정당국 재량을 기준화된 규범으로 흡수한다. 그렇게 할 때 보조정책은 재정 민주주의와 법치주의 속에서 예측 가능하고 공정하게 집행되는 "법률화된 정책 수단"으로 복원된다.

5) 보조정책과 포퓰리즘

보조정책은 원래 특정 시점의 불균형이나 시장실패를 해소하기 위한 임시적 수단으로 설계되는 경우가 많다. 그러나 한 번 지급이 시작되면 수혜집단은 이를 "권리화"하고, 정치권은 "표심 관리 도구"로 활용하게 된다. 결국 종료 시점은 정치적 저항에 가로막히고, 보조정책은 상시적 재정지출로 고착된다. 예산사업 유지로 조직을 보호하려는 동기도 존재한다. 특히 균형을 위한 보조정책은 지역·계층·산업별로 특정 집단에 반복적으로 투입된다. 이때 보조금은 단순 지원이 아니라 "집단의 정치적 정체성"을 강화하는 수단이 된다. 그 결과 새로운 이익집단이 형성되고, 보조정책은 점점 더 정책 수단이 아니라 이익 재분배 장치로 기능하게 된다. 산업 촉진형 보조금은 비교적 포퓰리즘 위험이 적다. 이는 기술혁신·수출지원·신산업 육성 등에서 주로 성과 기반으로 설계되고, 종료 시점도 명확히 설정하기 쉽다. 반면, 균형을 위한 보조금은 포퓰리즘의 온상이 되기 쉽다. 지역 불균형, 취약계층 지원 등은 본래 형평성 보완 목적이지만, 정치적으로는 "표밭 관리"로 전락할 가능성이 크고, 집단의 장기적 의존성을 강화하게 된다.

헌법 제23조(재산권), 제34조(인간다운 생활권), 제119조(경제질서)는 모두 보조정책의 근거가 되지만, 동시에 과잉금지원칙·평등원칙에 의해 통제되어야 한다. 그러나 포퓰리즘적 보조정책은 법률적 기준 없이 반복적 예산 배정으로 이어져, 법치주의보다는 정치 논리가 앞서게 된다. 이때 법은 정책을 제어하는 틀이 아니라, 사후 합리화 도구로 전락할 위험이 있다. 따라서 이를 극복하기 위해서는 보조금의 시한·성과 기준·종료 요건을 법률 또는 계약에 명문화해야 한다. 그리고 단순 생계 보조가 아니라, 성과·기여·자립 촉진 조건을 연계시켜야 포퓰리즘적 고착을 줄일 수 있다. 또한, 예산 편성 단계에서 '공공성·형평성·성과'를 점검하는 법정 평가 절차를 두어야 한다. 정리하면, 보조정책은 본래 공공성 강화 수단이지만, 균형형 보조정책은 정치적으로 포퓰리즘적 유혹에 취약할 수 있다. 따라서 정책법학적으로는 종료 조건·평가 기준·집단 의존성 통제 장치를 입법화해야 하며, 그렇지 않으면 보조정책은 "재정민주주의"가 아니라 "정치적 재정 포획"으로 전락할 위험이 크다.

6) 보조정책의 제도적 한계와 권력화 위험

보조정책은 본래 시장실패를 보완하고 사회적 필요를 충족하기 위한 공적 수단이다. 그러나 현실에서 보조금 체제는 정부, 특히 행정부(중앙정부와 지자체 집행기관 포함)에게 광범위한 재량 공간을 부여하는 구조로 작동한다. 법적 근거와 정책적 판단이 불명확한 상태에서 보조금은 특정 집단이나 기관에 자금을 분배하는 도구로 기능할 수 있으며, 이는 정책이라는 이름으로 포장된 정치적 권력 행사에 가깝게 된다. 결국 보조금은 국민 세금으로 조성된 공적 자원임에도 불구하고, 입법의 통제 장치 없이 행정부의 '통치 예산'으로 활용될 위험을 안고 있다. 문제는 이러한 구조가 평등권 침해와 자의적 행정을 제도화한다는 점이다. 보조금의 지급 기준이 모호할 경우, 유사한 처지의 개인이나 기관이 단순히 정부 재량에 따라 지원을 받기도 하고 탈락하기도 한다. 이 과정에서 "누구는 되고, 누구는 안 된다"는 불합리한 결과가 반복되며, 국민은 공정성을 신뢰하기 어렵게 된다. 더 나아가 보조금 체제는 행정부가 지자체나 산하 단체를 길들이는 수단으로 악용되기도 한다. 중앙정부가 지자체를, 지자체 집행기관이 지역 단체를 보조금으로 통제하는 구조는 '관변단체 의존'이라는 전형적 폐해로 이어진다. 대표적인 사례가 교육부의 대학 재정지원사업이다. RISE, GLOCAL 등 이름만 바뀐 각종 사업은 법적 근거 없이 추진되고 있으며, 매년 변화하는 기준이 대학의 존폐를 좌우한다. 보조금 탈락은 곧 학과 구조조정과 대학의 생존 문제로 직결되지만, 이에 대한 항의나 불복 절차는 사실상 봉쇄되어 있다. 헌법이 보장하는 학문의 자유와 대학 자치가 정책이라는 이름하에 추진되는 재정사업에 의해 종속되는 것이다. 이는 보조금이 공적 지원 수단이 아니라 권력적 도구로 오용될 수 있음을 여실히 보여준다.

따라서 보조정책은 정부의 호주머니 돈처럼 재량적으로 집행되어서는 안 된다. 보조금은 국민의 세금으로 마련된 만큼, 입법 유보의 원칙에 따라 법률적 근거가 명확히 설정되어야 한다. 촉진 목적의 보조금은 개별 진흥법에, 균형 목적의 보조금은 분야별 특별법에 근거를 두어야 하며, 그 외 재량적 보조금은 최소화하는 것이 바람직하다. 그래야 보조정책이 권력 유지나 포퓰리즘의 수단이 아니라, 기회의 평등과 사회적 기본권 실현을 위한 제도가 된다.

7) 보조정책의 정책법학적 의미

보조정책은 본질적으로 재정 지출을 수단으로 하는 정책이기 때문에, 그 정당성과 실효성은 법제적 기반 위에서만 성립한다. 단순히 행정청이 임의적으로 돈을 나눠주는 것이 아니라, 헌법과 법률이 정한 절차와 원칙을 통해 제도화되어야 한다. 우선 헌법은 재정 민주주의 원리를 통해 보조정책의 근거를 제공한다. 모든 국가 재정은 국회의 심의와 의결을 거쳐야 하며, 따라서 보조금 역시 입법적 승인을 거치지 않고는 집행될 수 없다. 이러한 헌법적 원칙은 보조정책이 반드시 국민대표기관의 통제를 받아야 한다는 민주적 정당성의 근거가 된다. 구체적인 집행 근거는 「보조금 관리에 관한 법률」이나 각 부처별 개별 법률에 마련된다. 법률은 보조정책의 목적, 지원 대상, 지원 범위와 방식, 재정적 요건 등을 규정하며, 시행령·부령·지침 등 하위 규범은 그 구체적 절차를 세밀하게 규정한다. 이처럼 보조정책은 법률 – 시행령/규칙 – 행정지침으로 이어지는 위계적 법제 구조 속에서 집행된다. 따라서 보조정책은 단순한 예산 집행이 아니라 법률에 의해 제도적으로 구성된 정책 행위라 할 수 있다.

또한 보조정책은 그 성격상 사법적 통제 가능성이 크다. 보조금 지급이나 환수, 부정수급 제재와 같은 조치는 이해관계자의 권리·의무에 직접 영향을 미치며, 이는 행정심판이나 행정소송, 경우에 따라 헌법소원으로까지 이어질 수 있다. 결국 보조정책은 정책 행위이면서 동시에 권리·의무를 형성하는 법적 행위라는 이중적 성격을 가진다.

보조정책은 단순히 행정이 예산을 집행하는 기술적 수단이 아니라, 정책과 법이 결합된 제도적 장치이다. 보조정책은 법률이 곧 정책 수단으로 작동하는 대표적 사례이다. 법률은 보조금의 목적, 대상, 절차, 조건을 규정하고, 행정청은 이를 근거로 지원을 집행한다. 즉, 보조정책은 "law as policy tool"의 성격을 전형적으로 보여준다. 보조정책은 법률이 정책의 구조와 틀을 형성하는 영역이다. 「보조금 관리에 관한 법률」이나 개별 부처 법률은 보조정책을 단순한 예산 행위가 아니라 제도화된 정책으로 자리매김하게 만든다. 따라서 보조정책은 "law as policy constitution"의 기능을 보여주는 정책 유형이라고 할 수 있다. 보조정책은 이해관계자 간의 권리와 의무를 형성한다. 지원 대상자는 보조금 수급권을 가지는 동시에 사용과 정산 의무를 지게 되고, 정부는 집행·감독 권한을 행사한다. 이 과정에서 행정청의 처분은 사법심사의 대상이 되므로, 보조정책은 정책행위이자 동시에 법적 행위로 기능한다. 정책법학적 관점에서는 이 지점을 통해 정책의 정당성과 법적 정합성을 동시에 확보해야 한다는 과제가 드러난다. 마지막으로 보조정책은 민주적 통제를 내재적으로 요구한다. 국민 세금으로 집행되는 만큼, 국회의 입법과 예산 심의, 감사원·사법부의 사후 통제 등 다양한 통제 메커니즘이 법제화되어 있다. 따라서 정책법학적으로 보조정책은 재정 민주주의와 법치주의가 구체적으로 실현되는 장이라 할 수 있다.

결국 보조정책의 정책법학적 의미는, 그것이 단순한 재정 지원이 아니라 법적 절차와 제도에 의해 설계·집행·통제되는 정책 행위라는 점에 있다. 따라서 정책법학은 보조정책을 통해 "법률-예산-행정행위-사법심사"로 이어지는 순환 구조를 확인하고, 정책과 법의 긴밀한 접합 방식을 분석할 수 있다.

8) 보조정책의 설계

첫째, 정책 필요성 확인: 보조정책은 단순한 행정 편의적 지원이 아니라, 헌법상 공공성 원칙(제119조 2항)[124], 사회적 형평성 원칙(제34조)[125], 재정민주주의 원칙(제54조, 제57조)[126]에서 정당성을 찾아야 한다. 따라서 정책 필요성 판단은 시장실패나 행정 사각지대 확인에 더해, 헌법적 가치 실현 여부를 기준으로 삼아야 한다.

둘째, 정책목표 설정: 보조정책의 목적이 촉진인지, 균형인지 구분할 때 단순히 행정 목적을 밝히는 것이 아니라, 입법 목적의 명확화가 필요하다. 입법 단계에서 해당 보조금이 경제활성화 목적(산업진흥)인지, 격차해소 목적(지역균형)인지를 법률 조문에 명시해야 한다. 이는 행정부 재량이 아니라 법률유보의 원칙 아래에서 규율되어야 한다.

---

124) ② 국가는 균형있는 국민경제의 성장 및 안정과 적정한 소득의 분배를 유지하고, 시장의 지배와 경제력의 남용을 방지하며, 경제주체간의 조화를 통한 경제의 민주화를 위하여 경제에 관한 규제와 조정을 할 수 있다.

125) 제34조 ①모든 국민은 인간다운 생활을 할 권리를 가진다. ②국가는 사회보장·사회복지의 증진에 노력할 의무를 진다. ③국가는 여자의 복지와 권익의 향상을 위하여 노력하여야 한다. ④국가는 노인과 청소년의 복지향상을 위한 정책을 실시할 의무를 진다. ⑤신체장애자 및 질병·노령 기타의 사유로 생활능력이 없는 국민은 법률이 정하는 바에 의하여 국가의 보호를 받는다. ⑥국가는 재해를 예방하고 그 위험으로부터 국민을 보호하기 위하여 노력하여야 한다.

126) 제54조 ①국회는 국가의 예산안을 심의·확정한다. ②정부는 회계연도마다 예산안을 편성하여 회계연도 개시 90일 전까지 국회에 제출하고, 국회는 회계연도 개시 30일 전까지 이를 의결하여야 한다. ③새로운 회계연도가 개시될 때까지 예산안이 의결되지 못한 때에는 정부는 국회에서 예산안이 의결될 때까지 다음의 목적을 위한 경비는 전년도 예산에 준하여 집행할 수 있다. 1. 헌법이나 법률에 의하여 설치된 기관 또는 시설의 유지·운영. 2. 법률상 지출의무의 이행. 3. 이미 예산으로 승인된 사업의 계속. 제57조 국회는 정부의 동의 없이 정부가 제출한 지출예산 각항의 금액을 증가하거나 새 비목을 설치할 수 없다.

셋째, 대상과 기준 설정: 보조정책의 수혜자와 기준은 헌법 제11조 평등원칙에 부합해야 한다. 따라서 배분 기준(소득, 지역, 성과 등)은 법률 또는 하위법령에서 명확히 규정되어야 하고, 단순 행정규칙으로 임의 변경할 수 없도록 해야 한다. 이 과정에서 명확성의 원칙·비례성의 원칙이 작동해야 한다.

넷째, 배분 방식 및 수단 설계: 보조금, 출연금, 융자금 등은 모두 재정행위지만, 각기 법적 성격이 다르다. 따라서 지원 방식은 단순 행정지침이 아니라, 법률상 근거를 전제로 선택되어야 한다. 특히 자부담 비율, 매칭 방식 등은 공법적 계약의 성격을 띠므로, 계약법적 정합성을 고려한 법제 설계가 필요하다.

다섯째, 절차 설계: 공모·심사·결정 절차는 숙의민주주의의 제도화가 요구된다. 심사위원회의 독립성·전문성은 법률상 설치 근거와 회피 규정으로 보장되어야 하고, 심사 결과의 통지·이의신청 절차는 행정절차법·행정심판법 장치와 연동되어야 한다.

여섯째, 법령화·지침화: 보조정책은 결국 국민 세금을 사용하는 것이므로, 법률상 목적·기준·절차를 명확히 규정해야 한다. 시행령·고시의 단순 나열(열거주의)은 입법기술상 조야(粗野)하며, 명확성·비례성 원칙 위반 소지가 크다. 따라서 보조정책의 핵심은 법률에 규정하고, 구체적 운영지침은 행정입법에 위임하는 2단계 법제 설계가 필요하다.

일곱째, 집행과 관리: 집행 과정에서는 단순 성과지표 관리가 아니라, 법적 책임성이 전제되어야 한다. 위법·부정 집행 시 행정청의 제재(환수, 과징금)뿐 아니라, 수혜자의 권리구제(행정심판, 행정소송, 헌법소원)도 제도적으로 열려 있어야 한다.

여덟째, 평가와 환류: 보조정책의 평가는 단순 행정평가가 아니라, 법제적 환류(feedback)가 되어야 한다. 즉, 집행 평가 결과가 곧 법률 개정·보완으로 이어지고, 이를 통해 보조정책의 공공성과 정당성이 지속적으로 강화된다. 필요시 시한법(sunset law) 도입으로 포퓰리즘적 고착을 방지해야 한다.

정리하면, 보조정책의 설계는 각 단계가 헌법 원리–법률 근거–절차적 정당성–사법적 통제로 뒷받침되어야 한다는 점을 드러낸다. 즉, 보조정책은 단순한 행정 집행이 아니라, 헌법적 가치 실현의 제도적 장치라는 관점에서 설계되어야 한다.

자. 보호정책

1) 보호정책이란?

보호정책은 국민의 기본적인 인간다운 삶을 보장하기 위해 국가가 개입하는 정책 유형이다. 이는 주거·의료·교육·노동·사회보장과 같은 사회권(social rights) 실현과 직접적으로 맞닿아 있으며, 시장이나 개인의 자율적 선택에만 맡길 수 없는 영역에서 국가가 안전망(safety net)과 삶의 기초선(social minimum)을 마련하는 성격을 갖는다. 일반적으로 Lowi의 분류에서는 이러한 정책이 재분배정책으로 묶이지만, '재분배'라는 용어는 지나치게 경제학적·기술적이고, 국민 생활에 직관적으로 다가오지 않는다. 반면 '보호(protection)'라는 용어는 국민 입장에서 이해하기 쉽고, 국가의 역할을 곧바로 떠올리게 한다. 즉, 단순히 소득이나 자원의 재분배가 아니라, 국가가 국민을 '보호한다'라는 의미가 정책의 본질을 더 정확하고 직관적으로 드러내는 것이다. 또한 보호정책은 경제적 자원 이전을 넘어 헌법상 사회권 보장의 실질적 구현이라는 특징을 가진다. 생존권·교육권·사회보장권 등은 재산권이나 자유권과 달리 국가의 적극적 개입을 통해서만 실현될 수 있고, 이 지점에서 보호정책의 독자성이 드러난다.

2) 보호정책의 특징

첫째, 보호정책은 사회권 실현의 기초이다. 복지·의료·교육·주거·노동 등 인간다운 삶을 위한 권리는 선언적 보장이 아니라, 구체적 정책 프로그램을 통해 실현된다.

둘째, 제한정책이 자유권을 억제하는 방식이라면, 보호정책은 국민의 최소한의 권리를 확보하기 위해 국가가 자원을 동원하고 제도를 설계하는 방식이다. 국가가 "개입하지 않을 자유"가 아니라, "개입해야 할 의무"를 지닌다.

셋째, 보호정책은 보편적 권리 보장과 특정 취약집단에 대한 선별적 보호 사이의 균형을 끊임없이 요구한다. 기초생활보장, 의료급여, 주거급여 등에서 보편–선별 논쟁은 늘 정책의 핵심 갈등 요소이다.

넷째, 국민 생활의 기본권과 연결되므로, 단기적 정치논리나 경기변동에 따라 쉽게 좌우되어서는 안 된다. 법제화와 재정 안정성을 통해 지속 가능한 운영이 필수적이다.

다섯째, 보호정책은 이해관계와 사회적 가치 갈등을 직접적으로 수반한다. 복지 확대냐 증세냐, 보편 지원이냐 선별 지원이냐 등은 사회적 합의를 어렵게 만드는 대표적 논점이다.

여섯째, 한 사회가 어떤 수준의 보호정책을 채택하느냐는 곧 그 국가가 지향하는 공동체 가치와 정체성을 드러낸다. 따라서 보호정책은 정책유형을 넘어 "국가의 사회적 성격"을 규정하는 제도적 기둥이라 할 수 있다.

3) 사회보장기본법과 보호정책

보호정책은 국민의 기본적 생활을 보장하기 위해 국가가 적극적으로 개입하는 정책 유형으로, 그 근거는 헌법 제34조에 명시된 사회권 조항에서 찾을 수 있다. 헌법은 모든 국민이 인간다운 생활을 할 권리를 가진다고 규정하고, 국가에게 사회보장·사회복지의 증진을 위한 의무를 부과하고 있다. 따라서 보호정책은 단순한 정치적 선택이 아니라 헌법적 책무의 실현이라는 성격을 가진다. 이러한 헌법적 원리를 구체화한 것이 「사회보장기본법」이다. 사회보장기본법은 사회보장을 세 가지 축으로 유형화한다.

첫째, 사회보험은 기여를 전제로 하여 위험을 분산하는 장치로, 국민연금·건강보험·고용보험·산재보험 등이 포함된다. 이는 근로자와 일반 국민을 구분하여, 근로자는 고용보험·산재보험을, 일반 국민은 국민연금·건강보험을 중심으로 포괄하는 구조를 가진다.

둘째, 공공부조는 국가가 저소득층 등 취약계층에게 직접 급여를 제공하는 제도로, 대표적으로 국민기초생활보장제도가 있다. 이는 권리 보장적 성격이 강하며, 생존선 이하의 생활을 하지 않도록 하는 최후의 안전망이다.

셋째, 사회서비스는 금전적 급여가 아니라 돌봄, 재활, 교육, 자립지원 등을 포함하는 서비스적 지원을 의미하며, 주로 바우처 형태로 제공된다.

결국 「사회보장기본법」은 보호정책의 기본 구조를 제도적으로 확립한 법이라 할 수 있다. 다만, 현재의 사회보험 체계가 소득보장(연금·실업급여)과 건강보장(의료·산재)으로 이원화되어 운영되고 있어, 통합적 설계의 필요성이 논의될 수 있다. 이는 보호정책이 단순히 급여를 나누는 것이 아니라, 제도 간의 연계성과 지속가능성을 고려해야 한다는 점을 보여준다.

4) 생애주기별 사회보험제도의 재설계 필요성

건강보험과 산재보험은 모두 건강 보장을 위한 의료서비스 제공을 목적으로 하고 있다. 그러나 운영은 보건복지부와 고용노동부가, 실무적으로는 국민건강보험공단과 근로복지공단으로 나눠서 하고 있다. 엄격하게 말하면 산재보험은 건강보험의 하위제도이다. 다른 점은 산재보험은 업무상 재해에 해당하며 사업주가 보험료를 납부한다는 것이다. 또한, 치료 외 요양, 직업재활 그리고 유족 보상 등 보완적 급여가 포함된다는 점이다. 산재보험의 특수성을 고려해 볼 때 재정의 운용은 분리할 수도 있겠으나, 의료보장 기능은 건강보험으로 통합하는 것이 가능할 수 있다. 즉, 산재보험은 재활·보상 중심으로 축소하고, 건강보험은 생애 전 주기적 통합의료 플랫폼으로 전환할 필요가 있다. 극단적으로는 재활은 건강보험으로 cover하고, 보상은 소득보장 시스템 내로 흡수할 수도 있다.

국민연금과 실업급여의 통합도 검토될 여지가 존재한다. 두 보험 모두 소득 상실에 대한 소득보장이 목적이기 때문이다. 즉, 일하는 사람을 중심으로 수급권이 형성되어 있다. 다만, 국민연금은 퇴직 이후 고령자가 되었을 때 수급권(사망시 유족연금으로 전환)이 생기는 반면에 실업급여는 실직기에 수급권이 일정기간 한시적으로 발생한다는 차이가 있다. 이 제도 역시 고용노동부와 보건복지부가 나눠서 관장하고 있다. 실무 운영 기관도 역시 다르다. 따라서 제도의 차이는 존재하지만 둘 다 소득 보장제도이기에 소득보장 패키지를 구성해볼 수 있다. 실업급여는 국민연금의 가입 중단기를 위한 소득연결장치로 재설계할 필요성이 있다. 이 점은 실업자가 되었더라도 국민연금 가입을 보장받을 수 있는 장점도 존재한다. 이렇게 되면 가입자의 생애 전체 소득경로와 위험을 연속적으로 관리할 수 있다. 가입자 중심으로 '일 - 퇴직 – 노령'의 연속적 보장 체계 구축이 가능해질 수 있다. 또한, 중복 보험료 부담 조정, 단일 가입 경로 마련, 관리 행정 통합으로 비용 절감 효과도 생각해 볼 수 있다.

정리하면, 기존 사회보험을 건강보장형과 소득보장형 두 축으로 재편하고, 그 안에서 특수한 위험(예: 재활, 산재, 고령 등)을 보완적 특별급여 형태로 내부화하며, 보험기구도 통합 또는 연계해 행정비용을 줄이고, 사업주와 근로자의 기여 부담도 동결하거나 줄이는 방향을 모색해 볼 필요가 있다. 단일 플랫폼으로 통합하되, 서비스는 다중적으로 제공되는 모델을 만들 필요가 있다. 이렇게 해야 국민의 생애주기에서 발생하는 복합적 위험에 통합적으로 대응하는 시스템이 만들어질 수 있게 된다. 이런 논의의 이면(裏面)에는 고용노동부, 보건복지부, 교육부, 여성가족부의 재편이 전제되어 있다. 고용노동부의 노동 기능은 노동위원회로 개편하고, 사회보험은 보건복지부의 복지 기능과 결합하여 (국민)복지부로 재편하고, 보건복지부의 보건 기능은 질병관리청, 식품의약품안전처의 의약품 기능을 결합하여 (국민)보건부로 재편하고, 여성가족부는 교육부의 초·중등교육 기능과 합하여 교육청소년부로 재편하고(아동 돌봄 포함), 교육부의 대학 기능과 직업교육 기능 그리고 고용부의 직업능력개발을 묶어 평생직업능력부로 재편한다는 것이다.

5) 사회권, 보호정책 그리고 기본소득

보호정책은 헌법이 보장하는 사회권을 구체화하는 핵심 수단이다. 사회권은 단순히 생존의 보장을 넘어, 인간다운 생활을 영위할 수 있는 최소한의 소득과 기회를 국가가 보장해야 한다는 원리를 담고 있다. 이에 따라 사회보험과 공공부조는 오랫동안 사회권 보장의 양대 축으로 기능해 왔다. 사회보험은 기여를 통해 위험을 분산시키는 방식으로, 고용·소득·건강의 불확실성에 대비한다. 공공부조는 기여 능력이 없는 계층을 대상으로 국가가 직접 급여를 제공하는 최후의 안전망이다.

그러나 현대 사회의 불평등과 노동시장 구조 변화는 이 전통적 구도를 흔들고 있다. 비정규직·플랫폼 노동자·실업자·고령층 등은 사회보험의 기여 기반에 편입되지 못하고, 공공부조 역시 선별주의 접근으로 사각지대를 남긴다. 이 틈에서 새로운 대안으로 제기되는 것이 기본소득이다. 기본소득은 조건 없는 소득을 보편적으로 지급한다는 점에서, 전통적 사회보험이나 공공부조와는 다른 성격을 지닌다.

문제는 기본소득이 기존 제도와 병렬적으로 추가될 경우이다. 별도의 소득보장 장치가 중첩된다면 재정 부담은 급증하고, 제도 간 충돌로 인해 오히려 체계의 지속가능성이 훼손될 수 있다. 따라서 기본소득은 독립적 장치로가 아니라, 사회보험과 공공부조를 아우르는 통합적 소득보장체계 속에서 재설계되어야 한다. 예를 들어, 일정 수준 이하의 소득을 보장하는 공공부조를 기본소득으로 대체하거나, 사회보험의 사각지대를 보완하는 보편적 기초소득으로 기능하도록 조정할 필요가 있다. 이 논의에서 함께 고려해야 할 것이 바로 부(負)의 소득세 (negative income tax)이다. 기본소득이 모든 국민에게 동일 금액을 지급하는 방식이라면, 부의 소득세는 일정 소득 이하의 사람에게만 조세환급 방식으로 보장하는 제도다. 이는 보편성과 선별성 사이에서 현실적 절충점을 제공할 수 있으며, 기존 세제·사회보장제도와 결합할 수 있다는 장점이 있다. 결국 핵심은 통합적 소득보장 시스템이다. 사회보험, 공공부조, 기본소득(또는 부의소득세)이 단절적으로 병존하는 것이 아니라, 헌법상 사회권 보장의 틀 속에서 상호 연계되어야 한다. 사회보험은 기여 기반의 상호부조 성격을, 공공부조는 최후 안전망을, 기본소득이나 부의소득세는 사각지대 해소와 보편적 생활 안정성을 담당하는 구조로 조정될 때 그리고 이 3자를 통합적으로 고려할 때 비로소 제도의 지속가능성과 정당성이 함께 확보된다. 이러한 접근이 폰지 사기로 변해가는 연금 문제를 해결하는 해법일 수 있다.

6) 보호정책과 평등의 원칙

보호정책은 헌법이 보장하는 사회권을 실질화하는 가장 직접적인 장치이다. 소득, 교육, 건강, 주거 등 인간다운 생활에 필요한 최소 기준을 국가가 보장함으로써 형식적 평등을 넘어 실질적 평등을 구현한다. 즉, 보호정책의 본질은 사회적 약자나 취약계층이 시장 경쟁에서 배제되지 않고, 최소한의 생활 기반을 유지할 수 있도록 하는 것이다. 이 점에서 보호정책은 자유권적 평등(기회의 평등)보다 한 단계 나아가 결과의 평등 또는 조건의 평등을 실현하는 제도라 할 수 있다. 보조정책과 비교하면 차이가 분명하다. 보조정책은 금전적 지원을 통해 참여와 활동을 촉진하거나 균형을 조정하는 성격을 가진다. 창업지원, 지역균형발전 지원, 농업·문화 보조 등이 여기에 해당한다. 이는 공익적 목적을 위해 특정 집단이나 영역에 자원을 더해 주는 방식이다. 반면, 보호정책은 경제 활성화나 균형발전이 아니라, 인간다운 생활 보장이라는 헌법적 의무를 직접 실현하는 장치이다. 따라서 보조정책은 정책 선택(재량)의 문제이지만, 보호정책은 국가의 헌법적 책무라는 점에서 성격이 다르다.

그러나 보호정책은 평등 실현의 도구이면서 동시에 여러 문제를 안고 있다. 첫째, 평등의 기준 설정에서 논란이 크다. 어느 수준까지를 '인간다운 생활'로 볼 것인가, 소득·주거·의료·교육의 기준선을 어디에 둘 것인가에 대한 사회적 합의가 필요하다. 중위소득 50%를 기준으로 할 것인지, 절대적 빈곤선으로 할 것인지에 따라 정책의 범위와 재정 규모가 크게 달라진다. 둘째, 재정의 지속가능성 문제이다. 보호정책은 주로 현금급여나 사회서비스를 통해 집행되는데, 이는 곧 조세와 보험료라는 형태로 국민 전체의 부담을 전제한다. 정의로운 평등을 실현한다고 해도 재정적 기반이 무너지면 제도는 유지될 수 없고, 결국 사회적 신뢰도 약화된다. 추출정책과의 관계도 고려해야 한다. 셋째, 보호정책은 평등을 실현하는 과정에서 또 다른 불평등을 낳을 위험이 있다. 선별적 급여는 수급자와 비수급자를 나누며, 자격심사 과정에서 낙인효과가 발생할 수 있다. 보편적 급여는 형평성 논란이 발생할 수 있고, 중산층 이상의 계층에게 불필요한 혜택이 돌아갈 경우 재정 낭비라는 비판을 받게 된다. 넷째, 보호정책은 언제나 정치적 쟁점이 된다. 평등을 실현하기 위해 자원을 재분배하는 과정은 이해집단 간 갈등을 촉발하고, 선거와 결합될 경우 포퓰리즘적 남용으로 이어질 위험이 있다.

정리하면, 보호정책은 실질적 평등을 구현하는 핵심 장치이지만, 그 실행 과정에서 평등의 기준·재정 지속성·사회적 수용성이라는 세 가지 난제를 안고 있다. 반면, 보조정책은 공익적 목표를 위해 선택적으로 자원을 지원하는 정책이므로 상대적으로 정치적 부담이 덜하다. 따라서 국가가 평등의 원칙을 실질적으로 구현하려면, 보호정책을 단순한 급부정책이 아니라 헌법적 권리 보장의 제도로 정립하면서도, 보조정책과의 경계를 분명히 하고, 재정·법제·사회적 합의를 종합적으로 설계해야 한다.

7) 보호정책과 공무원의 재량

보호정책은 인간다운 생활 보장을 위해 국가가 개입하는 정책이므로, 법률에 근거한 제도적 장치가 비교적 정교하게 마련되어 있다. 사회보험, 공공부조, 사회서비스 등 대부분의 제도는 법률에 의해 급여의 기준과 절차가 규정되며, 행정기관은 이를 집행하는 구조를 갖는다. 이 때문에 보호정책은 보조정책보다 공무원의 재량이 상대적으로 제한된다. 그러나 재량이 적다고 해서 문제가 없는 것은 아니다.

첫째, 재량이 과도할 경우의 문제이다. 사회적 권리 보장을 목적으로 하는 보호정책에서 공무원의 재량이 지나치게 확대되면, 수급 여부나 지원 수준이 담당자의 판단에 좌우된다. 이는 동일한 조건의 사람들에게 서로 다른 결과를 낳아 평등권을 침해할 수 있다. 또한 재량이 정치적 고려와 결합될 경우, 특정 집단을 배제하거나 선호하는 방식으로 제도가 운영될 위험도 있다. 보조정책에서 포퓰리즘적 남용이 발생하는 것처럼, 보호정책에서도 "누구에게 혜택을 줄 것인가"를 둘러싼 권력의 도구화가 나타날 수 있다.

둘째, 재량이 경직될 경우도 문제이다. 보호정책은 본질적으로 복잡하고 다양한 개인적 상황을 다룬다. 그러나 법률과 규정이 지나치게 세세하고 기계적으로 적용된다면, 예외적이고 절박한 상황이 제도에서 배제된다. 예컨대 소득 기준 1% 차이로 수급자 여부가 갈리거나, 경직된 절차로 인해 긴급한 위기 상황에 신속 대응하지 못하는 경우가 그렇다. 이러한 경직성은 보호정책의 본래 목적, 즉 인간다운 삶을 실질적으로 보장한다는 목표를 약화시킨다.

따라서 보호정책에서 공무원의 재량은 단순히 "많다/적다"의 문제가 아니라, 적정 수준에서의 제도적 정립이 핵심이다. 재량이 필요한 부분은 탄력적으로 부여하되, 그 재량이 임의적·

자의적으로 행사되지 않도록 법적 기준과 절차적 통제를 병행해야 한다. 이를 위해서는 ⅰ) 법률 차원에서 급여 기준과 절차를 명확히 규정하고, ⅱ) 구체적 사례에서는 행정기관이 재량을 합리적으로 행사할 수 있도록 가이드라인과 판례 기준을 축적하며, ⅲ) 사후적으로 이의신청·행정심판·사법심사 등을 통해 권리구제가 가능하도록 해야 한다. 결국 보호정책의 실효성은 제도 설계와 함께 재량의 적정성 관리에 달려 있다. 재량이 넘치면 불평등과 권력 오남용으로 흐르고, 경직되면 제도가 현실을 외면하게 된다. 따라서 보호정책의 성공은 재량을 "헌법적 사회권 보장이라는 목적에 맞추어, 공정성과 탄력성을 동시에 확보하는 방식"으로 제도화하는 데 있다.

보호정책의 가장 근본적인 재량 통제는 법률에 의한 명확한 규정이다. 입법적 통제이다. 「사회보장기본법」, 「기초생활보장법」, 「아동복지법」 등에서 급여 요건·기준·절차를 구체적으로 규정함으로써, 공무원의 자의적 판단을 최소화해야 한다. 급여 수준과 기준선을 법률로 명시해 두면, "예산 사정"이나 "정책 방향"에 따라 집행기관이 자의적으로 축소·변경하는 것을 방지할 수 있다. 다만, 지나치게 경직된 규정은 현실의 다양한 상황을 담아내지 못하기 때문에, 법률은 원칙을 정하고 세부는 하위 규범과 지침에서 보완하는 다층적 입법 설계가 필요하다. 다음은 행정적 통제이다. 행정부 내부에서는 절차적 투명성과 행정지침이 핵심이다. 수급자 선정 과정에서 공모·심사·이의제기 절차를 제도화하면, 담당 공무원의 독단을 줄일 수 있다. 중앙정부와 지자체가 공통의 심사 가이드라인을 운영하고, 사례 축적과 매뉴얼화를 통해 유사한 상황에서 동일한 판단을 보장할 수 있다. 동시에 현장의 긴급성과 다양성을 반영할 수 있도록 재량의 범위와 한계를 명확히 해야 한다. 예컨대, 일정 기준에 미달하더라도 위기 상황임이 확인되면 임시 지원을 허용하는 장치가 그것이다. 마지막으로 사법적 통제이다. 재량 통제의 최종 보루는 사법심사이다. 수급자 선정 탈락, 급여 수준 축소 등에서 불복이 발생하면, 행정심판과 행정소송을 통해 재량이 적정했는지 사후적으로 검증할 수 있어야 한다. 헌법재판소는 사회권 침해와 관련된 사건에서 입법·행정의 불비(不備)나 과도한 제한을 심사하여, 제도 개선의 방향을 제시할 수 있다. 다만, 사법적 통제는 시간과 비용이 많이 들고, 취약계층이 스스로 접근하기 어렵다는 한계가 있으므로, 행정적 권리구제 절차와 병행되어야 한다.

정리하면, 보호정책에서의 재량은 "과도하면 불평등, 부족하면 경직성"이라는 양날의 검이 된다. 따라서 입법은 원칙을 명확히 하고, 행정은 지침과 절차를 통해 공정성을 확보하며, 사법은 사후적 구제와 제도 개선을 통해 보완해야 한다. 재량의 적정성을 관리하는 3중 통제 구조가 작동할 때, 보호정책은 사회권 보장이라는 본래 목적을 실질적으로 달성할 수 있다.

8) 보호정책의 정책법학적 의미

보호정책은 헌법이 규정한 사회권(헌법 제34조 등)을 구체적으로 실현하는 장치이므로, 그 법제적 구조는 일반 정책보다 훨씬 강한 구속력을 가진다. 단순한 재분배 정책이 아니라, 국가가 국민에게 제공해야 할 의무적 급부라는 점에서 입법유보와 권리성의 성격을 동시에 가진다. 첫째, 보호의 목적은 사회권 보장 그 자체이다. 따라서 법률은 국민의 인간다운 생활을 보장한다는 공익적 목적을 명시적으로 규정해야 하며, 이 목적은 재량이 아닌 국가의 책무로 해석된다. 둘째, 보호의 기준은 법령을 통해 명확히 설정되어야 한다. 수혜자의 범위, 선정 기준, 급여 수준, 지원 기간 등이 불분명할 경우 평등권 침해와 자의적 행정이 발생한다. 따라서 소득 수준, 지역 격차, 취약 계층 여부 등 객관적 기준이 법률과 시행령 차원에서 명확히 제시되어야 한다. 셋째, 보호의 절차는 권리구제와 직결되므로 투명성과 공정성이 핵심이다. 신청 절차, 심사 방식, 불복 절차는 법률에 규정되어야 하며, 단순한 지침 수준에서 좌우되어서는 안 된다. 이를 통해 국민은 단순한 '수혜자'가 아니라 '권리자'로서 보호를 청구할 수 있게 된다. 넷째, 재정의 지속 가능성 역시 법제 차원에서 다뤄져야 한다. 보호정책은 장기적이고 구조적인 재정 부담을 전제로 하므로, 조세법률주의와 연동된 안정적 재원 확보 장치가 마련되어야 한다. 동시에 세대 간 형평성을 고려하여 과도한 재정 부담이 미래 세대에게 전가되지 않도록 제도 설계가 필요하다.

정리하면, 보호정책의 법제적 특징은 ⅰ) 목적의 헌법적 의무화, ⅱ) 기준의 객관적·법률적 명문화, ⅲ) 절차의 투명성과 권리성 보장, ⅳ) 재정 지속성의 제도화라는 네 축 위에 세워진다. 이러한 특징을 통해 보호정책은 단순한 행정적 재량이 아니라, 국가 존속과 국민 삶의 질을 지탱하는 헌법적 기반 정책으로 기능한다.

보호정책을 정책법학 관점에서 보면, 헌법이 보장한 사회권 실현을 위한 국가의 적극적 책무를 제도화하는 대표적 유형으로서 분배·재분배 논의의 차원을 넘어선다. 첫째, law as policy tool의 관점에서 보호정책은 법률이 곧 정책 수단으로 작동하는 영역이다. 기초생활보장, 건강보험, 주거급여, 기초연금 등은 모두 법률에서 지원 자격과 범위를 직접 규정하며, 법률 그 자체가 정책 프로그램이 된다. 둘째, law as policy constitution의 관점에서 보호정책은 법률이 정책의 구조와 원리를 규정하는 영역이다. 누가 보호의 대상이 되는지, 어떤 절차를 통해 권리를 보장받는지, 어떤 방식으로 재정이 충당되는지가 모두 법률 체계 안에서 설계된다. 이는 정책이 단순한 행정 프로그램이 아니라, 헌법과 법률 체계에 뿌리내린 권리 보장 구조임을 보여준다. 셋째, 보호정책은 권리성과 재량성의 긴장을 내포한다. 국민은 보호 정책을 단순한 급부가 아니라 헌법상 권리로 청구할 수 있어야 하지만, 실제로는 예산과 행정적 재량에 따라 지원 범위가 달라지는 경우가 많다. 이 지점에서 정책법학은 '권리적 성격을 강화하고 재량을 최소화하는 방향'으로 제도 설계를 검토해야 한다. 넷째, 보호정책은 정치성과 법치의 시험대이기도 하다. 사회권 보장은 본질적으로 재정적 자원 분배 문제와 직결되므로, 포퓰리즘적 남용 위험이 존재한다. 따라서 법제적 장치는 정치적 재량을 제어하고, 공공성·형평성·지속 가능성을 기준으로 정책을 설계하도록 강제하는 기능을 해야 한다. 결국, 보호정책의 정책법학적 의미는 "국민의 사회권을 법적 권리로서 보장하기 위해, 정책과 법이 긴밀히 접합되는 구조를 만드는 것"에 있다. 이 접합을 통해 보호정책은 단순한 분배 행정이 아니라, 헌법적 가치와 정책적 수단이 동시에 구현되는 정책-법률 복합체로 자리 잡는다.

9) 보호정책의 설계

보호정책의 출발점은 사회적 불균형의 진단이다. 단순히 소득의 차이나 경제적 격차를 보는 데 그치지 않고, 교육·주거·건강·돌봄 등 인간다운 생활에 필요한 요소들이 어디서, 누구에게 부족한지를 다차원적으로 분석한다. 특히 세대·성별·지역·노동형태 등 복합 불평등의 교차적 구조를 파악함으로써, 보호정책이 왜 필요한지, 어떤 범위로 개입해야 하는지를 정당화할 수 있다.

그다음 단계는 보장해야 할 권리와 수준을 설정하는 것이다. 이는 헌법상 사회권을 실정법의 언어로 구체화하는 과정이다. 예컨대 "인간다운 생활"을 소득·교육·주거·돌봄 등으로 분해하고, 이를 기초보장 기준선(중위소득 50% 등)이나 최소 서비스 기준(지역 의료·주거의 최저 수준 등)으로 수치화한다. 여기서 중요한 점은 보호정책은 '시혜'가 아니라 '권리 보장'을 전제로 설계된다는 점이다.

이후 정책 대상과 수단 유형을 설정한다. 국민 전체를 대상으로 한 보편적 급여인지, 취약계층을 대상으로 한 선별적 지원인지 범위를 명확히 하고, 수단은 현금·현물·공공서비스·세제지원 등으로 구분한다. 이때 기존 사회보장제도나 고용·복지정책과의 연계성까지 고려해 중복과 공백을 없애야 한다.

네 번째 단계는 급여 구조의 설계이다. 급여는 단순히 일시적 지원이 아니라 예측 가능성과 안정성을 갖추어야 한다. 정액급여, 소득연계급여, 비용보조, 바우처 등 다양한 방식 중에서 선택하되, 지급 주기와 대상 단위를 명확히 규정해야 한다.

다섯 번째는 절차 설계이다. 신청, 선정, 불복, 권리구제 체계가 법적으로 보장되어야 한다. 단순한 신청주의를 넘어 자동지급이나 찾아가는 서비스까지 포함해 접근성을 높이고, 불복절차와 권리구제 경로를 제도화함으로써 국민을 '수혜자'가 아닌 '권리자'로 세운다.

여섯 번째는 전달체계와 정보 연계의 문제다. 중앙과 지방 간 협력 구조를 분명히 하고, 보건·고용·복지 등 관련 데이터가 통합적으로 활용될 수 있도록 설계해야 한다. 동시에 민간 위탁의 경우 책임 한계를 명확히 하여 전달체계의 신뢰성을 확보해야 한다.

일곱 번째는 재정적 지속가능성 확보이다. 국고·사회보험·지방재정 등 재원 구조를 어떻게 설계할 것인지, 수익자 부담을 어느 정도 적용할 것인지, 성과지표를 어떤 방식으로 설정할 것인지가 모두 고려되어야 한다. 보호정책은 정의로운 정책이어야 하지만, 동시에 지속가능하지 않으면 사회적 신뢰를 잃게 된다. 반대로 지속가능성만 강조해 정의를 희생할 경우 정책의 정당성이 붕괴된다. 따라서 두 요소를 함께 고려하는 균형적 설계가 필수다.

마지막 단계는 법제화와 제도화이다. 개별 급여·서비스 법률 속에 권리 중심 조항을 명확히 반영하고, 사회보장기본법 등 상위법과 정합성을 맞추어야 한다. 또한 사법심사의 가능성을 열어두어, 국민이 국가를 상대로 권리를 주장할 수 있는 통로를 확보하는 것이 중요하다.

차. 지도정책

1) 지도정책이란?

지도정책은 정부가 국민이나 기업, 사회집단에게 직접적인 강제나 재정적 인센티브를 가하지 않고, 말과 정보, 설득과 공시를 통해 정책목표를 달성하려는 정책 유형이다. 다시 말해, 규제정책이 "하지 말라/허가 받아라"는 방식으로, 보조·보호정책이 "돈을 주거나 주지 않는다"라는 방식으로, 제재정책이 "벌을 준다, 주지 않는다"라는 방식으로 작동한다면, 지도정책은 이와 달리 언어와 정보 전달을 통해 자발적 행동 변화를 유도하는 정책이다. 「행정절차법」 제2조 제3호에는 행정지도를 "행정기관이 그 소관 사무의 범위에서 일정한 행정목적을 실현하기 위하여 특정인에게 일정한 행위를 하거나 하지 아니하도록 지도, 권고, 조언 등을 하는 행정작용을 말한다."라고 정의하고 있다. 즉, 지도, 권고, 조언 등이다. 행정지도는 비권력적 사실행위이며 행정지도의 대상에는 특별한 제한이 없다는 법적 성질을 가지고 있다. 행정지도는 상대방의 임의적 협력을 전제로 하기에 상대방의 협력을 직·간접적으로 강요하거나 행정지도를 따르지 않은 것을 이유로 불리한 조치를 규정하기는 어렵다.

다만, 양자는 유사하지만 다른 면이 있다. 공통점으로는 둘 다 법적 강제력이 아니라, 설득·권고·조언·정보 제공을 통해 상대방의 자발적 순응을 유도한다는 점에서 비강제적이라는 점이다. 또한, 규제(금지/허가)나 보조금(재정), 제재(벌칙)와 달리, "말"과 "정보 전달"이 정책 수단이라는 점이다. 또한, 강제보다 설득을 기반으로 하므로, 정책 수용성과 협력 가능성을 높이는 장치라는 점이다. 차이점으로는 행정지도는 행정기관이 특정인에게 행위를 하거나 하지 않도록 지도·권고·조언하는 행정작용으로서, 일반적으로 개별적·구체적 상황에서 작동하지만, 지도정책은 국가가 국민·기업·사회집단 전체를 대상으로 정책목표를 달성하기 위해 체계적으로 설계하는 정책 유형으로서, 포괄적·정책적 차원에서 작동한다는 점이다.

2) 지도정책의 법적 기초

이 정책의 법적 기초는 「행정절차법」에서 규정하는 행정지도에 잘 드러난다. 같은 법 제2조 제3호는 행정지도를 "행정기관이 그 소관 사무의 범위에서 일정한 행정목적을 실현하기 위하여 특정인에게 일정한 행위를 하거나 하지 아니하도록 지도, 권고, 조언 등을 하는 행정작용"이라고 정의한다. 즉, 행정지도는 비권력적 사실행위이며, 법적 구속력이 없는 대신 상대방의 임의적 협력을 전제로 한다. 더 넓은 의미에서 지도정책은 행정지도에 한정되지 않고, 고지 의무, 공시 제도, 정보 제공, 캠페인 등 다양한 형태로 제도화된다. 이러한 점에서 법은 지도정책의 수단이 되기도 하고(law as policy tool), 동시에 「정보공개법」, 「소비자보호법」, 「식품위생법」 등의 법률은 특정 사안에 대해 국민에게 반드시 정보를 고지·공시하도록 제도화함으로써, 지도정책의 법적 구조를 형성한다(law as policy constitution).

3) 지도정책의 특징

지도정책은 의외로 중요하다. 정부의 정책 수단은 크게 보면 하지 말라고 제한을 하거나, 재정이라는 수단을 사용하거나, 벌과 불이익을 주거나, 그렇지 않으면 말로 설득하는 것이기 때문이다. 지도정책은 여기에서 말과 관련된 정책이다. 4대 핵심 정책 수단 중의 하나이다. 지도정책은 국가가 직접적인 강제나 금전적 보조 없이, 말과 정보의 제공을 통해 사회적 행위와 의식을 변화시키려는 정책 유형이다. 따라서 법적 강제력이 약하거나 없는 대신, 행정청의 권위와 사회적 신뢰를 기반으로 작동한다. 대표적인 수단으로는 행정지도, 고지 의무, 공시제도, 정보 제공, 공익 캠페인 등이 있다.

첫째, 비강제성이 가장 큰 특징이다. 지도정책은 법률에 근거한 명령이나 강제가 아니라, 권고와 설득, 정보 제공에 의존한다. 따라서 수용 여부는 시민사회와 시장의 판단에 달려 있고, 정부는 유도자의 위치에 선다.

둘째, 정보 중심성을 가진다. 다른 정책이 자원·권력·재정의 분배와 직접 관련된다면, 지도정책은 정보의 생산과 전달, 공개를 통해 사회의 자율적 판단을 가능하게 한다. 예를 들어 식품 원산지 표시, 기업의 회계 공시, 환경오염 배출량 공개 등은 '알 권리'를 보장하면서 사회적 압력을 형성하는 기능을 한다.

셋째, 신뢰와 권위에 기반한 설득 효과가 핵심이다. 지도정책은 강제력이 없기에, 국민과 시장이 정부의 메시지를 신뢰하지 않으면 효과가 떨어진다. 따라서 투명성, 객관성, 과학적 근거가 지도정책의 성패를 좌우한다.

넷째, 비용 대비 효율성이 높다. 보조정책이나 보호정책처럼 막대한 재정을 투입하지 않고도 사회적 변화를 촉진할 수 있다. 특히 새로운 규제나 보조 없이도 행태 변화(예: 흡연율 감소, 에너지 절약, 재활용 촉진)를 유도할 수 있다는 점에서 비용 대비 효과가 크다.

다섯째, 사회적 갈등을 비교적 완화하는 기능을 가진다. 제한정책이나 보호정책은 권리 제한과 재정지출을 수반하기 때문에 갈등을 불러일으키기 쉽지만, 지도정책은 권고와 설득에 머무르기 때문에 강제 갈등은 적다. 다만, 실질적으로는 강제와 권고 사이의 회색지대에 놓이는 경우가 많아, "사실상의 규제"라는 비판을 받을 수 있다.

마지막으로, 지도정책은 정책 수단 간 연결고리로 기능한다. 제한·보조·보호정책을 뒷받침하거나 선행하는 단계에서 활용되기도 하며, 사회적 공감대를 형성하고 제도적 개입의 정당성을 쌓는 역할을 한다.

4) 지도정책의 쟁점

첫째, 비강제성의 한계이다. 지도정책은 국민의 자발적 순응을 전제로 하기 때문에, 정책 목표 달성이 불확실하다. 단기 성과를 중시하는 환경에서 "말과 정보만으로 충분한가"라는 회의가 반복된다.

둘째, 반대로 사실상의 강제 논란이다. 지도정책은 법적으로는 비권력적 사실행위에 불과하지만, 현실에서는 "알아서 따라야 한다"라는 분위기를 형성하기 쉽다. 우리 사회에서 흔히 쓰이는 표현대로 '알아서 기어라'라는 암묵적 압력이 작동하며, 불이익 우려가 뒤따른다. 예컨대 행정지도를 따르지 않으면 인허가 심사에서 불이익을 받을 수 있다는 인식이 퍼져 있다. 이 경우 법적으로는 선택이지만, 현실에서는 사실상의 강제처럼 작동하여 지도정책의 정당성을 훼손한다. 이는 부드러운 권력이 보이지 않는 강제로 변질되는 대표적 사례이다.

셋째, 정부 정보의 신뢰성 문제이다. 정부는 정책 홍보 과정에서 "국민 여러분, 믿어주십시오"라는 메시지를 자주 강조하지만, 실제 정보가 과장되거나 왜곡될 가능성이 크다. 대표적인 사례가 부동산 정책이다. 국민 사이에서 "정부가 집값 안정이라고 말하면 곧 오른다"라는 냉소가 생겨난 것도 이런 괴리 때문이다. 나아가 정부가 특정 정책목표를 위해 불편한 진실을 숨기거나, 호도된 정보를 활용하기도 한다. 시간이 지나면 진실은 드러나지만, 그 과정에서 정부 신뢰는 심각하게 손상된다.

넷째, 형평성의 문제이다. 지도정책은 정보 전달을 매개로 하는데, 정보 접근성이 세대·계층·지역에 따라 크게 다르다. 노인층은 디지털 홍보에 접근하기 어렵고, 청년층은 전통적 매체를 거의 보지 않는다. 그 결과 동일한 정책이 세대나 계층에 따라 전혀 다르게 인식되거나 아예 알려지지 않는 문제가 발생한다. 불평등의 문제이다. 이 문제는 단순한 정보 전달의 차이를 넘어, 민주적 정당성의 위기로 이어진다. 민주주의는 시민 모두가 동등하게 정보에 접근하고, 그 정보를 바탕으로 토론과 참여를 할 수 있을 때만 온전히 기능한다. 그러나 정보가 불평등하게 제공되면 참여의 기회 역시 불평등해진다. 특정 집단은 충분한 정보를 갖고 정책 과정에 적극적으로 관여할 수 있는 반면, 다른 집단은 배제되거나 왜곡된 정보에 의존할 수밖에 없다. 이때 형성되는 공론장은 본질적으로 기울어진 운동장이 되어버리고, 지도정책은 민주적 정당성을 상실하게 된다.

이러한 문제를 해결하기 위해 정부는 단순한 정보 제공을 넘어, 정교한 정보 거버넌스를 구축해야 한다. 무엇보다 투명성과 정직성을 확보해야 한다. 'white lie'나 의도적 은폐에 의존하지 말고, 불가피하게 기밀로 분류할 사안은 그 기준을 명확히 해야 한다. 예컨대 국가안보나 금융시장 안정과 같은 경우 일정 기간 비공개가 가능하되, 반드시 사후적으로 공개하여 신뢰를 회복해야 한다. 또한, 정책 홍보 과정에서 과장과 왜곡을 금지해야 한다. 단기 성과를 부풀리거나 현실을 호도하면 "정부 발표는 반대로 이해해야 한다"라는 냉소를 낳아 지도정책 자체를 무력화시킬 수 있다. 아울러 정보 접근성의 형평성 보장이 필요하다. 세대·계층·지역별로 다른 전달 방식을 병행하여, 노인층에는 전통 매체와 오프라인 홍보를, 청년층에는 디지털 플랫폼과 소셜미디어를 활용하는 다채널 전략을 구사해야 한다. 마지막으로 사실상 강제 방지 장치를 마련해야 한다. 행정지도를 따르지 않았다는 이유만으로 불이익을 받지 않도록, 제도적 안전장치와 사법적 구제 수단을 강화해야 한다.

정리하면, 지도정책은 "말과 정보"라는 점에서 부드럽게 보이지만, 실제로는 강제성·불신·불평등이라는 위험을 내포한다. 특히 정보 불평등은 단순한 전달 방식의 문제가 아니라, 민주주의 자체의 정당성을 흔드는 구조적 위기이다. 따라서 정부는 지도정책을 설계하고 집행할 때마다 "얼마나 진실한가, 얼마나 공평한가, 얼마나 자유로운가"라는 질문을 던져야 하며, 이를 보장할 법적·제도적 장치를 함께 설계해야 한다.

5) 지도정책의 정책법학적 의미

지도정책은 법적 강제보다는 권고·안내·정보 제공을 핵심 수단으로 하지만, 그 성격상 법제적 의미를 배제할 수 없다. 오히려 법률은 이러한 '비강제적 수단'의 사용 범위와 한계를 정해주어야 하며, 이를 통해 정당성과 합법성을 확보하게 된다. 첫째, 행정지도의 법적 성격이다. 행정지도는 법률에 근거한 강제 명령이 아니라 행정청이 상대방의 협조와 순응을 요청하는 비권력적 작용이다. 그러나 사실상 상대방의 자유로운 선택이 어렵고 '암묵적 강제력'을 가지는 경우가 많다. 따라서 「행정절차법」 제48조~제51조[127]는 행정지도의 원칙, 방식 등을 명문화하여, 행정지도가 권력 남용이나 사실상의 규제로 전락하지 않도록 통제하고 있다.

둘째, 고지·공시 의무의 법제화이다. 정보 제공은 단순한 홍보가 아니라 헌법상 알 권리 실현의 수단이다. 식품위생법의 원산지 표시, 자본시장법의 기업 공시, 환경법의 배출량 공개 등이 대표적 사례이다. 이러한 고지·공시는 법률에 의무로 규정되어야 하며, 국민이 자율적으로 판단할 수 있도록 하는 기반을 제공한다.

셋째, 사실상의 규제 논란과 한계 설정이다. 지도정책은 본래 비강제적이지만, 일정한 절차적 보장 없이 사실상의 강제 수단으로 작동할 수 있다. 예를 들어, 행정청이 "권고" 형식으로 요구했으나, 불응 시 인허가 불이익이 따르는 경우 사실상 제한정책과 동일한 효과를 가진다. 이 때문에 행정지도의 법적 근거와 한계를 명확히 규정하고, 상대방의 권익 보호 절차(서면 확인, 거부권 보장 등)를 마련하는 것이 중요하다.

넷째, 헌법적 정당성과의 연결이다. 지도정책은 국민의 권리와 의무를 직접 제한하지 않지만, 정보 제공이나 권고의 내용이 곧 헌법적 가치 실현과 직결된다. 예컨대 금연 캠페인은 건강권 보장을, 원산지 표시는 소비자의 알 권리를, 공시제도는 시장의 투명성과 재산권 보호를 뒷받침한다. 따라서 지도정책의 법제화는 자유권 제한이 아니라, 자유권과 사회권을 실질적

---

127) 제48조(행정지도의 원칙) ① 행정지도는 그 목적 달성에 필요한 최소한도에 그쳐야 하며, 행정지도의 상대방의 의사에 반하여 부당하게 강요하여서는 아니 된다. ② 행정기관은 행정지도의 상대방이 행정지도에 따르지 아니하였다는 것을 이유로 불이익한 조치를 하여서는 아니 된다. 제49조(행정지도의 방식) ① 행정지도를 하는 자는 그 상대방에게 그 행정지도의 취지 및 내용과 신분을 밝혀야 한다. ② 행정지도가 말로 이루어지는 경우에 상대방이 제1항의 사항을 적은 서면의 교부를 요구하면 그 행정지도를 하는 자는 직무 수행에 특별한 지장이 없으면 이를 교부하여야 한다. 제50조(의견제출) 행정지도의 상대방은 해당 행정지도의 방식·내용 등에 관하여 행정기관에 의견제출을 할 수 있다. 제51조(다수인을 대상으로 하는 행정지도) 행정기관이 같은 행정목적을 실현하기 위하여 많은 상대방에게 행정지도를 하려는 경우에는 특별한 사정이 없으면 행정지도에 공통적인 내용이 되는 사항을 공표하여야 한다.

으로 보장하는 수단으로 이해할 수 있다.

다섯째, 다층적 규범 구조 속의 위치이다. 지도정책은 헌법(알 권리, 건강권, 환경권 등) → 법률(행정절차법, 개별법) → 하위 규정(고시, 지침) → 자율규범(업계 협약, 윤리강령)으로 이어지는 다층적 규범 속에 자리한다. 법률은 최소한의 근거와 원칙을, 하위 규정은 구체적 방식과 절차를 정하며, 최종적으로는 민간 자율 규범과 결합해 효과를 발휘한다.

정리하면, 지도정책의 법제적 의미는 "비강제적 수단을 헌법적 가치와 법률적 근거 위에서 합법적으로 활용할 수 있도록 하는 장치"라 할 수 있다. 즉, 법은 강제를 부여하지 않더라도, 권고와 정보 제공이 정당하게 작동할 수 있는 한계·절차·정당성을 보장해주는 틀을 제공한다는 점에서 중요하다.

한편, 지도정책은 단순히 말과 정보의 전달에 머무르지 않는다. 그것은 새로운 법률의 탄생을 촉발하는 힘을 갖는다. 환경 캠페인이 환경표지제도를 낳고, 건강 홍보가 담뱃갑 경고문구나 식품 영양성분 표시제도로 발전했으며, 개인정보 보호 안내가 결국 「개인정보보호법」의 강화로 이어진 것은 대표적 사례이다. 처음에는 권고와 안내, 정보 제공에 불과했던 수단이 점차 법적 의무로 제도화되는 과정을 통해, 지도정책은 policy as law-making force로 기능한다. 그러나 이 기능을 단순히 "정책이 법을 낳는다"라는 사후적 결과론으로만 해석하는 것은 부족하다. 중요한 의미는 정부가 지도정책을 설계하는 단계에서부터 이미 법적 조항의 형태로 사고할 수 있는 기회를 제공한다는 점이다. 정부가 국민을 설득하거나 정보를 제공하는 정책을 기획할 때, 동시에 이를 장차 법률에 어떻게 담을지, 고지 의무를 어떤 방식으로 규정할지, 공시제도를 어떠한 구조로 마련할지를 함께 고려하게 되는 것이다. 따라서 지도정책은 권고와 홍보라는 소프트한 수단으로 시작되지만, 그 기획 단계에서부터 법률안의 뼈대를 제시하고, 실제 집행 과정에서 입법화 가능성을 열어둔다. 정책 유형론은 이 과정을 단순한 분류 체계가 아니라, 정책 수립과 입법을 통합적으로 설계할 수 있는 기획 언어로 변모시킨다. 다시 말해, 지도정책은 "정책과 법이 분리된 것이 아니라 하나의 연속적 과정"임을 보여주는 전형적 사례이다. 결국 지도정책의 정책법학적 의미는, 정책이 법으로 전화(轉化)되는 과정을 설명하는 것을 넘어, 정책 기획 단계에서부터 입법을 전제로 한 통합적 사고를 가능하게 한다는 데 있다. 이는 정부가 국민을 설득하는 말과 정보를 넘어서, 공적 가치와 법적 구조를 동시에 설계하는 능력을 요구하는 정책 유형이라 할 수 있다.

6) 지도정책의 설계

지도정책은 강제적 규제가 아니라 권고, 정보 제공, 홍보, 캠페인 등을 통해 국민과 사회의 행동 변화를 유도하는 정책 유형이다. 따라서 정책 설계 과정은 다른 정책 유형과 달리 '어떻게 설득하고, 어떤 방식으로 사회적 인식을 변화시킬 것인가'를 중심에 둔다. 우선 출발점은 문제 인식과 사회적 공감대 형성이다. 정부가 지도정책을 추진하려면 우선 국민의 일상생활이나 사회 전반에서 개선이 필요하다고 판단되는 문제를 발견해야 한다. 예컨대 환경오염,

건강 위험, 개인정보 유출과 같은 사안은 법적 강제가 도입되기 전 단계에서 국민의 자발적 참여를 촉진하는 방식으로 접근할 수 있다. 이 과정에서 중요한 것은 사회적 공감대다. 지도정책은 시민의 협력 없이는 실효성을 거둘 수 없기 때문에, 정책 추진 초기부터 문제의식 공유와 참여 동기를 마련하는 것이 필수적이다.

다음 단계는 목표와 메시지의 설계이다. 지도정책은 말과 정보가 주요 수단이므로, 정책목표를 간단명료하게 전달할 수 있는 메시지를 만드는 것이 핵심이다. 단순한 계몽이나 홍보에 머무르지 않고, 국민이 "왜 이 행동이 필요한지, 그것이 나와 공동체에 어떤 의미가 있는지"를 이해할 수 있도록 설계해야 한다.

세 번째 단계는 수단과 도구의 구체화이다. 행정지도, 고지 의무, 공시제도, 정보 제공, 캠페인, 홍보물 배포, 온라인 플랫폼 활용 등 다양한 도구 중 어떤 것을 결합할지 결정한다. 특히 지도정책은 자율성과 신뢰를 기반으로 하기에, 과잉 홍보나 일방적 캠페인은 오히려 반발을 불러올 수 있다. 따라서 정책 수단은 국민의 생활 맥락에 맞게 친근하고 접근 가능한 형태로 설계되어야 한다.

네 번째 단계는 제도화 가능성의 고려이다. 지도정책은 권고에서 출발하지만, 장차 법적 의무로 발전할 가능성을 내포한다. 예컨대 음식점의 원산지 표시 의무는 처음에는 권고였지만, 시간이 지나 법적 강제로 제도화되었다. 따라서 정책 설계자는 초기 단계부터 장차 입법화할 경우를 염두에 두고, 고지 절차나 정보 공개 방식, 공시 체계가 어떻게 법률에 반영될 수 있을지를 함께 설계해야 한다.

다섯 번째 단계는 집행과 피드백이다. 지도정책은 강제성이 약하기 때문에 집행의 성과를 확인하고 지속적으로 개선하는 과정이 중요하다. 국민의 인식 변화, 행동 변화, 참여율, 캠페인 효과 등을 모니터링하고, 효과가 미약하다면 메시지를 조정하거나 수단을 보완해야 한다. 또한 성과 분석을 통해 입법화가 필요한 영역과 그렇지 않은 영역을 구분하는 것도 중요한 피드백 작업이다.

마지막 단계는 평가와 환류이다. 지도정책은 단기적으로는 인식 변화, 장기적으로는 제도 변화를 이끌어내는 것을 목표로 한다. 따라서 평가에서는 정책의 직접적 효과뿐 아니라, 장기적으로 어떤 법적·제도적 전환을 촉발했는지도 점검해야 한다. 이러한 평가는 이후 유사 정책 설계에 있어 중요한 자산이 된다.

카. 제재정책

1) 제재(制裁)정책이란?

제재정책이란 한마디로 벌 또는 불이익을 주는 정책이다. 즉, 이 정책은 정부가 법령이나 행정규칙 위반, 혹은 공익 침해에 대해 시민이나 기관에 일정한 처벌, 제재, 불이익을 부과하는 정책을 포괄적으로 지칭한다. 이는 단지 형벌이나 과태료에 국한되지 않으며, 공적 자원의 회수, 자격 제한, 명예에서의 불이익, 관허사업 제한 등 실질적 제약 조치 전반을 포함한다. 법령이나 회사 업무 수행에서 발생하는 모든 불이익 조치에 관한 것은 기본적으로 죄와 벌에 대한 이해를 바탕으로 한다. 즉, 죄 지은 것에 대해 책임이 있어야 하고(고의와 과실), 그 책임에 상응하는 벌을 받아야 한다(과실책임(過失責任)의 원칙), 그리고 형을 정할 때는 여러 사항을 참작해서 정한다. 반면, 무과실책임(無過失責任)의 원칙은 고의와 과실이 없음에도 불구하고. 책임을 지는 것을 말한다.

2) 제재정책의 수단

전통적 제재 수단으로는 형벌, 행정형벌, 행정질서벌, 면허취소나 정지 등이 있다.

- 형벌: 형법상 벌
- 행정형벌: 형법이 아닌 일반 법률 위반에 따른 형사처벌 (벌금형, 징역형 등)
- 행정질서벌: 과태료, 과징금 등 비(非)형사적 금전 제재
- 면허취소·정지: 영업정지, 자격정지 등

이는 위법 행위에 대한 응징과 질서 유지가 주된 목적이다. 형법과 개별 법령의 형벌 조항 등 명문의 조항 위반에 따른 법적 책임의 성격이 강하다. 주로 사회 질서 유지와 법 준수 강제가 강조된다. 따라서 법 위반 여부가 명확해져야 하고, 사법·행 정절차를 통한 사후제재의 성격이며, 주로 '~하지 말아야 할 행위'를 규율한다. 최근에는 아래와 같은 확장된 제재 수단이 많이 등장한다.

- 관허사업 제한: 특정 의무 불이행 시 허가·인가·등록 신청 제한[128]
- 불이익을 받는 사람에게는 기존에 받던 혜택이 축소되거나 회수되는 것도 벌에 해당한다고 느낄 수 있다. 예를 들면, 이미 지급된 보조금이나 지원금이 중단되거나 환수되는 경우 등.[129]

---

128) 예를 들면, 「건설산업기본법」 제13조(건설업 등록의 결격사유) ① 다음 각 호의 어느 하나에 해당하는 자(법인인 경우 다음 각 호의 어느 하나에 해당하는 사람이 임원으로 있는 경우를 포함한다)는 제9조제1항에 따른 건설업 등록을 할 수 없다.(이하 생략). 같은 법 제82조의2(부정한 청탁에 의한 재물 등의 취득 및 제공에 대한 영업 정지 등), 제83조(건설업의 등록말소 등), 「중소기업 창업 지원법」 제63조(창업지원사업에 대한 참여 제한 등) 등이 있다.
129) 예를 들면, 「농산물의 생산자를 위한 직접지불제도 시행규정」 제14조(농지이양은퇴보조금의 환수 등), 「사

- 공적 신용 또는 명예의 손상: 위반 사실의 공표, 명단 공개 등.130)

이런 새로운 제재 수단의 등장은 정부의 기능 변화와 관련된다. 행정국가로서의 성격이 강화되고, 정부 예산의 시민사회 영향이 커지는 현상과 관련이 된다. 즉, 법령에 의한 것 뿐만 아니라 정부가 정책이라는 이름으로 예산에 의한 시민사회 규율 가능성이 커졌기 때문이다. 분설하면, ① 행정국가의 확대: 국가 역할이 규제·치안 중심에서 적극적 사업·서비스 제공 중심으로 전환, 정책의 직접 집행, 재정 지원, 공공사업 비중 확대; ② 보조금·재정 지원의 증가: 복지, 산업 진흥, 지역개발 등 재정 지출 확대 → 재정 건전성 확보 필요, 부정수급·목적 외 사용 방지 차원의 환수·참여 제한 강화; ③ 정부 사업의 다양화·대형화: R&D, 인프라, 사회서비스 등 다부처 연계사업 증가, 성과관리와 책임성 확보를 위한 평판 제재·참여 제한 확대.

따라서 정책목표 달성을 위한 수혜·참여 자격의 관리와 통제가 중시될 수뿐이 없다. 자연스럽게 법률뿐만 아니라 정책 지침, 계약, 사업 공고문, 보조금 집행 지침 등에 의해서도 불이익이 부과될 수 있다. 이는 정책의 성과 확보, 공정성 유지, 재정 건전성 보호 등의 목표가 강조되는 것이다. 따라서 법 위반이 아니더라도 정책 성과 미달, 계약 위반 등으로 제재가 가능할 수 있으며, 사전적·사후적 제재도 가능하다. 주로 '정책 참여나 수혜 조건'을 규율한다. 최근 제재 수단은 특히 복지, 지원, 보조 분야에서의 정책 연계성이 강화되고 있다. 예를 들어, 부정수급이나 목적 외 사용이 적발될 경우 단순 환수에 그치지 않고, 향후 사업 참여 제한, 지원 자격 박탈, 명단 공개 등 다양한 불이익 조치가 결합되는 경향이 뚜렷하다. 이는 정책의 성과와 공정성을 높이는 측면에서 필요하지만, 그렇다고 해서 제재를 무한정 확대하는 것은 바람직하지 않다.

제재가 국민의 권리와 이익을 제한하는 성격을 갖는 이상, 「행정기본법」에서 규정한 적법절차의 원칙과 비례원칙 또는 과잉금지의 원칙이 반드시 적용되어야 한다. 비례원칙은 ⅰ) 목적의 정당성, ⅱ) 수단의 적합성, ⅲ) 침해의 최소성, ⅳ) 법익의 균형성을 충족해야 함을 의미한다. 즉, 제재의 목적이 아무리 정당하더라도, 수단이 과도하거나 불필요하게 광범위하면 안 되며, 불이익은 필요한 범위를 넘어서는 안 된다. 결국, 제재는 정책의 신뢰성과 효율성을 확보하는 수단이면서도 동시에 헌법적 권리 보장의 틀 안에서 운영되어야 한다. 제재의 범위와 강도는 정책 효과뿐만 아니라 국민의 권리 보호와 법치주의의 원칙 속에서 합리적으로 조율되어야 한다.

립학교법」 제43조(지원) ③ 국가 또는 지방자치단체는 제1항 또는 제35조제5항에 따라 학교법인 또는 사학지원단체를 지원하는 경우 그 지원성과가 저조하여 계속 지원하는 것이 적당하지 아니하다고 인정하거나 학교법인 또는 사학지원단체가 제2항에 따른 관할청의 권고에 따르지 아니할 때에는 그 후의 지원을 중단할 수 있다.
130) 예를 들면, 「공공기관 운영에 관한 법률」 제52조의4(채용비위 행위자 명단 공개)

<표 29> 제재 수단의 비교(전통적 관점과 새로운 관점)

구분	법률 관점 제재 (전통적 관점)	정책 관점 제재 (새로운 관점)
목적	위반 행위에 대한 처벌과 사회 질서 유지	정책목표 달성, 성과 확보, 공정성 유지
근거	헌법, 법률, 시행령, 부령 등	법령, 정책 지침, 사업 공고, 계약 조건
대상 행위	법령 위반, 의무 불이행	정책 의무 불이행, 성과 미달, 관리 규정 위반
주요 수단	형벌(징역·벌금), 행정형벌, 과태료·과징금, 면허취소·정지	정책 수혜 자격 박탈, 사업 참여 제한, 지원금 환수, 평가·등급 강등, 명단 공개
적용 주체	법원, 수사기관, 행정기관	정책 집행기관, 중앙·지방정부, 사업 주관기관
절차	형사·행정 절차에 따른 공식 결정	정책 지침·계약 조건에 따른 행정 결정
효과	처벌·금전 제재·행정상 불이익 부과	혜택 중단·환수, 향후 기회 제한, 평판·인센티브 손실
사례	건축법 위반에 따른 벌금, 환경법 위반 과태료, 영업정지 처분	정부 R&D 과제 불이행 시 3년간 신규 과제 참여 제한, 부정수급 보조금 환수, 평가등급 하향

3) 행정법에서 정리하고 있는 다양한 벌

참고로 행정법 책에서 설명하고 있는 다양한 벌의 종류에 대해 쉬운 설명을 해보자.

- 집행벌(이행강제금): 행정에서 시킨 일을 안 하면, 앞으로 일을 할 때까지 계속 돈을 물게 해서 일을 하도록 압박하는 방식이다. 예를 들면, 건물 불법 증축을 철거하라는 명령을 안 지키면, 철거할 때까지 매달 500만 원씩 부과하는 방식이다.

- 형사벌: 형사법상 정해진 범죄에 대해 법원에서 내리는 벌이다. 즉, 사람을 다치게 하거나, 물건을 훔치는 등 사회에 해를 끼치는 행동에 대해 내리는 벌이다. 형사벌의 종류로는 사형, 징역, 벌금, 자격정지, 몰수 등이 있다. 우리에게 가장 잘 알려진 벌의 종류이다.

- 행정벌: 행정에서 정한 규칙을 어겼을 때 내리는 벌이다. 주로 '법에서 정한 행정 명령이나 금지'를 어겼을 때 부과한다. 예를 들면, 환경오염 방지 규칙을 안 지키면 과태료나 과징금을 부과할 수 있다.

- 징계벌: 특정 조직 내부의 규율을 지키지 않았을 때 받는 벌이다. 학교, 군대, 공무원 조직처럼 특별한 관계 안에서만 적용된다. 인사상 불이익이다. 예를 들면, 주의, 견책, 월급 삭감, 일정 기간 직무 정지 등이 있다. 최고의 징계벌은 해임과 파면이다.

형사벌과 행정벌을 비교하면 다음과 같다.

- 형사벌: 사람을 다치게 하거나, 재산을 빼앗는 등 사회 전체에 해를 끼치는 범죄를 처벌하는 것이다. 반사회적이고 반윤리적인 행동 자체가 범죄이다. 예를 들면, 절도죄, 폭행죄, 사기죄 등을 의미한다.
- 행정벌: 사회에 직접 해를 끼친 건 아니지만, 행정이 잘 돌아가도록 만든 규칙을 어겼을 때 부과하는 벌이다. 규칙을 어기는 순간 '범죄'가 된다. 예를 들면, 안전 점검 보고서 미제출, 불법 광고물 설치 등이다. 만약 심각성이 커지면 형사벌로 넘어갈 수도 있다(예: 감사 후 검찰 고발).

또한, 행정벌과 집행벌을 비교하면 다음과 같다.

- 행정벌: "앞으로는 이런 일을 하지 마세요"라는 경고 성격이 강하다. 따라서 벌금이나 과태료처럼, 한 번 내고 끝나는 경우가 많다. 이를 통해 '다시는 하지 말라'는 효과를 준다.
- 집행벌: "당장 시킨 일을 하세요"라는 압박 성격이다. 일을 할 때까지 계속 돈을 내야 하므로, 매우 직접적이고 강력하다. 예를 들면, 불법 간판 철거 명령을 안 지키면 철거할 때까지 매월 이행강제금을 부과하게 되는 것이다.

공무원이건, 근로자이건 관계없이 징계벌은 항시 두려움의 대상이다. 공무원을 중심으로 징계벌의 의미를 설명하면 다음과 같다. 공무원 징계벌은 「국가공무원법」과 「지방공무원법」에서 규정한 의무 위반이나 금지 사항 위반, 직무상 태만, 품위 손상 행위 등에 대해 부과되는 제재를 말한다. 징계 사유는 크게 세 가지로 구분된다.

첫째, 법령에서 정한 의무 위반이다. 여기에는 8대 의무(선서 의무, 성실 의무, 복종의 의무, 친절·공정의 의무, 종교 중립의 의무, 비밀 엄수의 의무, 청렴의 의무, 품위 유지의 의무)와 4대 금지(직장이탈 금지, 영리 업무 및 겸직 금지, 정치운동 금지, 집단행위 금지)가 포함된다. 이러한 의무와 금지는 공직자의 직무수행과 관련한 기본 규범으로, 이를 위반하면 징계 사유가 된다. 둘째, 직무상의 의무를 위반하거나 직무를 태만히 한 경우이다. 여기에는 다른 법령에 의해 공무원의 신분상 부과된 의무 위반도 포함된다. 셋째, 직무와 무관하게 공직자의 체면이나 위신을 손상하는 행위를 한 경우이다. 예를 들어 음주 운전, 성추행·성희롱, 도박, 절도, 사기, 폭행 등 사회적으로 비난 가능성이 높은 행위들이 이에 해당한다.

징계위원회는 이러한 징계 사유가 인정되는 경우에도(즉, 구성요건에 해당되더라도), 위법성과 책임의 정도를 종합적으로 고려해 징계 수위를 결정한다. 이를 위해 ⅰ) 비위 행위의 유형과 정도, ⅱ) 과실의 경중과 행위 당시 직급, ⅲ) 비위 행위가 공직 내외에 미치는 영향, ⅳ) 수사 과정에서 신분을 감추거나 속인 정황, ⅴ) 평소의 행실과 공적, ⅵ) 반성 및 뉘우치는 정도 등을 종합적으로 검토한다. 결국 공무원 징계벌은 단순한 처벌이 아니라, 공직사회의 기강 확립과 국민 신뢰 유지, 그리고 공무원의 직무윤리 확산을 위한 제도적 장치로 기능한다. 복잡해 보이는 징계벌도 형사법 원칙과 유사하게 사고할 수 있다.

4) 제재정책과 죄형법정주의

죄형법정주의(罪刑法定主義)(no penalty without a law)도 이해해야 한다. 이는 어떤 행위가 범죄로 되고, 그 범죄에 대해서 어떤 처벌을 할 것인가는 미리 성문(成文)의 법률에 규정되어야 한다는 원칙이다.

- 구성요건(構成要件) 해당성이 첫 번째다. 이는 무엇이 죄이냐?를 의미한다.
- 두 번째는 위법성(違法性) 조각 사유가 존재하느냐?이다. 이는 죄를 지었는데, 그 죄를 지을만한 어떤 불가피한 사정이 있었느냐를 살펴보는 것이다. 강요된 행위(형법 제12조), 정당방위(형법 제21조), 긴급피난(형법 제22조), 자구행위(형법 제23조) 등을 의미한다. 이런 사항이 있다면 죄는 분명하지만(위법성은 존재하지만), 벌을 주기는 곤란할 수 있다.
- 세 번째는 벌을 받을 능력이 되느냐?의 문제이다. 곧 책임성(責任性)에 관한 것이다. 이와 관련하여 형사미성년자(형법 제9조), 심신장애인(형법 제10조), 청각 및 언어 장애인(형법 제11조) 등이 논의된다.

죄형법정주의는 주로 형법을 중심으로 논의되기 때문에 불이익 조치는 큰 관련이 없다고도 생각할 수 있으나, 불이익 부과 조치는 본질적으로 무엇이 잘못이고(즉, 죄이고), 그에 합당한 불이익 또는 처벌은 무엇인가(즉, 벌이다)에 관한 것이기 때문이다. 즉, 제재정책, 즉 벌과 불이익 부과 정책은 단순히 "위반에 대한 반응"이나 "정책 목표 달성을 위한 수단"으로만 이해해서는 부족하다. 그 본질을 제대로 파악하려면 형사법의 기본 구조(구성요건 → 위법성 → 책임 → 양형)를 참고하는 것이 유용하다. 형사법은 범죄와 형벌 사이에 위법성과 책임이라는 매개를 두어 정당성과 비례성을 확보한다. 이러한 구조를 행정상의 제재에도 적용하면, 법치주의와 절차적 정당성, 그리고 비례 원칙을 보다 촘촘하게 확보할 수 있다. 특히 오늘날 행정상 제재는 형사적 벌 못지않게 중대하다. 보조금 환수, 명단 공개, 영업정지와 같은 제재는 개인과 기업의 생존을 좌우하기 때문에, 형사법적 사고 틀로 접근하는 실천적 가치가 크다.

구체적으로 보자면, 첫째, 구성요건의 정립이 필요하다. 어떤 행위가 위반인지 명확히 규정해야 하며, 단순한 추상적 문구가 아니라 "지원금 부정수급", "허가 조건 불이행"과 같은 구체적 요건으로 설정해야 한다. 둘째, 위법성 판단과 예외 사유가 마련되어야 한다. 단순 실수인지, 불가피한 사정인지, 혹은 정당한 목적이 있었는지에 따라 위법성 여부가 달라질 수 있다. 셋째, 책임 판단의 기준화가 필요하다. 고의·과실 여부, 정보 접근 수준, 절차 협조 정도 등 개인적 사정을 반영해 제재 가능성과 강도를 조절해야 한다. 넷째, 제재 수위 결정 기준을 세분화해야 한다. 경고에서 과징금, 나아가 허가 취소에 이르기까지 위반 정도, 반복 여부, 피해 규모, 반성 여부를 종합해 단계적으로 적용하는 것이 바람직하다.

결국 행정상의 불이익 조치도 사실상 벌의 성격을 갖는다. 따라서 정부가 제재정책을 설계할 때에는 형사법적 구조를 참고하여, 위반의 요건을 명확히 하고, 위법성 판단 기준을 세우며, 책임과 제재 수위를 합리적으로 정립하는 과정이 필수적이다. 그래야만 제재가 권력의 자의적 수단이 아니라, 정당성과 합리성을 갖춘 정책적 장치로 기능할 수 있다.

5) 제재정책의 특징

첫째, 부정적 수단을 통한 규율: 제재정책은 정책목표를 달성하기 위해 "부정적 자극 (negative incentives)"을 사용하는 정책이다. 즉, 어떤 행위를 하면 불이익을 받는다는 두려움, 혹은 벌을 받지 않기 위한 회피 심리를 통해 사회적 규범을 강제하는 방식이다.

둘째, 형벌을 넘어선 다층적 수단: 전통적으로 제재정책은 형사벌(징역, 벌금 등)에 집중되어 왔다. 그러나 오늘날 정책 현장에서는 행정벌(과징금, 영업정지, 면허 취소), 경제적 제재(보조금 환수, 세제 혜택 박탈), 사회적 제재(명단공개, 신용제한, 불이익 정보 제공) 등 훨씬 다층적인 수단이 활용된다.

셋째, 법적 정당성과 비례성 원칙: 제재정책은 본질적으로 권리 제한을 수반하기 때문에, 헌법적 차원에서 법률유보·적법절차·비례성의 원칙이 핵심 통제 기준이 된다. 법적 근거 없이 자의적으로 부과되는 제재는 곧 위헌성과 행정권 남용으로 이어질 수 있다.

넷째, 예방적·징벌적 기능의 결합: 제재정책은 단순히 과거의 잘못을 벌하는 징벌적 기능에 머물지 않는다. 더 중요한 목적은 예방적 효과이다. 위법 행위의 기대이익보다 불이익이 크도록 설계함으로써, 사회 전체의 규범 준수율을 높이는 데 있다.

다섯째, 정책적 수단으로의 확장성: 최근 제재정책은 범죄 억제에 국한되지 않고, 환경·노동·교육·복지 등 다양한 영역에서 정책 수단으로 적극 활용된다. 예컨대 환경오염 배출업체의 명단 공개, 아동 학대 기관의 지원금 박탈, 논문 표절자의 연구비 제한 등이 이에 해당한다.

여섯째, 사회적 수용성과 갈등 가능성: 제재는 언제나 강한 반발을 낳는다. 따라서 제재정책은 국민적 정서, 사회적 합의, 정치적 맥락을 고려하지 않으면 정당성이 흔들리기 쉽다. 특히 "누구를 제재할 것인가, 어느 정도 수위로 할 것인가"는 정책 갈등의 핵심 쟁점으로 작동한다.

일곱째, 정책과 법의 교차점: 제재정책은 행정법·형법·민법과 정책학이 가장 밀접하게 만나는 영역이다. 벌과 불이익은 단순한 행정 기술이 아니라, 정책-법률-제재 수단이 긴밀히 맞물려야 실효성이 보장된다.

6) 제재정책의 쟁점

제재정책은 위반 행위를 억제하고 질서를 회복하기 위한 불가피한 장치이지만, 동시에 법적·정책적 정당성을 확보하지 못하면 권력 남용과 불평등의 원천이 될 수 있다. 첫째, 과잉금지 원칙이다. 제재는 위반 행위의 경중과 무관하게 과도한 불이익을 부과할 경우 위헌적 성격을 띨 수 있다. 헌법 제37조 제2항은 자유와 권리를 제한할 때는 반드시 필요하고 비례적으로만 가능하다고 규정하고 있다. 그런데 현실에서는 부정수급이 확인된 경우, 이미 수령한 금액을 환수하는 데 그치지 않고 일정 기간 동안의 수급 자격까지 박탈하는 이중 제재가 가해지는 경우가 있다. 「공공재정환수법」, 「보조금법」, 「건설기술진흥법」 [131] 등 다수의 법

---

131) 「건설기술진흥법」 제62조의3(스마트 안전관리 보조·지원) ④ 제3항에 따라 보조·지원의 전부 또는 일부가 취

률이 이러한 구조를 취하고 있다. 물론 헌법상 이중 처벌 금지[132]는 형벌에만 적용되므로, 행정상 제재는 원칙적으로 그 대상이 아니지만, 환수(부당이득 반환)와 자격 박탈(지위 제한)을 동시에 부과하는 것은 사실상 이중 처벌처럼 작동한다. 특히 박탈 기간이 장기이거나 영구적일 경우, 생존권과 직업의 자유에 심각한 침해를 가할 수 있다. 따라서 제재 목적(이득 환수와 신뢰 회복 vs. 위반 억제와 예방)이 서로 구분되어 있는지, 제재 수단이 최소 필요성을 충족하는지 면밀히 검토해야 한다.

둘째, 형평성의 문제이다. 제재는 동일하거나 유사한 위반에 대해 일관된 기준으로 부과되어야 한다. 그러나 제도별로 환수액 산정[133] 방식이나 자격 제한 기간이 달라질 경우, 같은 행위를 했는데도 누구는 가볍게, 누구는 무겁게 처벌받는 불평등이 발생한다. 이는 사회적 수용성을 떨어뜨리고, 정책 집행에 대한 신뢰를 약화시킨다. 따라서 제재정책은 일관성과 합리성을 확보해야 하며, 특히 복지성 보조금과 산업지원성 보조금처럼 성격이 다른 경우에는 제재 강도 역시 목적에 맞게 차별화할 필요가 있다.

셋째, 집행 재량의 문제이다. 제재정책은 집행기관의 재량 여하에 따라 크게 달라질 수 있다. 어떤 기관은 엄격히 환수와 자격 제한을 적용하고, 어떤 기관은 사실상 묵인하는 식의 편차가 발생하면 형평성뿐 아니라 정책의 신뢰성 자체가 무너진다. 재량이 과도하면 권력 남용이 우려되고, 반대로 재량이 지나치게 경직되면 구체적 사정을 고려하지 못해 불합리한 결과를 낳는다. 따라서 재량은 법률로 한계를 분명히 설정하되, 그 범위 내에서 합리적 재량이 발휘되도록 통제 장치(가이드라인, SOP, 사법적 심사)를 함께 두어야 한다.

넷째, 정치적 악용 가능성이다. 제재정책은 기본적으로 불이익을 주는 정책이므로, 특정 집단

소된 자에 대해서는 국토교통부령으로 정하는 바에 따라 취소된 날부터 3년 이내의 기간을 정하여 보조·지원을 하지 아니할 수 있다. 「보조금 관리에 관한 법률」 제33조(보조금 수령자에 대한 보조금의 환수) ① 중앙관서의 장, 보조사업자 또는 간접보조사업자는 보조금수령자가 다음 각 호의 어느 하나에 해당하는 경우에는 지급한 보조금 또는 간접보조금의 전부 또는 일부를 기한을 정하여 반환하도록 명하여야 한다. 1. 거짓이나 그 밖의 부정한 방법으로 보조금 또는 간접보조금을 지급받은 경우, 2. 보조금 또는 간접보조금의 지급 목적과 다른 용도에 사용한 경우, 3. 보조금 또는 간접보조금을 지급받기 위한 요건을 갖추지 못한 경우. ② (생략) ③ 보조사업자 또는 간접보조사업자는 보조금수령자가 제1항 각 호의 어느 하나에 해당하는 경우에는 중앙관서의 장이 정하는 기간 동안 보조금을 지급하지 아니할 수 있다. ④ 중앙관서의 장은 보조금수령자가 제1항 각 호의 어느 하나에 해당하는 경우에는 일정한 기간 동안 보조사업자 또는 간접보조사업자에게 보조금수령자에 대한 보조금의 지급제한을 명할 수 있다.

132) 「대한민국 헌법」 제13조 제1항. 모든 국민은 행위시의 법률에 의하여 범죄를 구성하지 아니하는 행위로 소추되지 아니하며, 동일한 범죄에 대하여 거듭 처벌되지 아니한다

133) 우리나라의 법률은 벌금이나 과태료를 원화 액수로 명시하는 방식을 택하고 있다. 그러나 이 방식은 시간이 지나면서 물가 변화나 소득 수준 변화를 반영하지 못해, 현실과의 괴리가 생긴다는 비판을 꾸준히 받아왔다. 그 결과, 동일한 법 위반 행위임에도 과거에 벌금을 낸 사람과 최근에 벌금을 낸 사람 간의 실질적 부담 차이가 발생하고, 입법 개정 요구가 반복된다. 문제는 이러한 개정이 국회의 입법 게으름 때문에 제때 이뤄지지 않는다는 점이다. 이에 비해 호주는 "Penalty Unit" 제도를 운영한다. 법률에 벌금을 특정 금액으로 직접 규정하지 않고, "1 penalty unit"이라는 추상적 단위를 사용한 뒤, 매년 또는 일정 주기로 정부가 penalty unit의 환산 금액을 고시한다. 예컨대 연방 차원에서 1 penalty unit은 2023년 기준 AUD 000으로 정해져 있으며, 물가상승률이나 경제 상황에 따라 조정된다. 이와 같은 방식은 법률 개정 없이도 경제 현실에 맞춰 벌금 수준을 유연하게 조정할 수 있다는 장점이 있다. 따라서 우리나라에서도 벌금을 법정 화폐 단위로 고정하기보다, 별도의 단위를 도입하여 정기적으로 조정하는 방식을 채택하는 것이 훨씬 더 합리적일 것이다.

이나 기관을 길들이는 수단으로 오용될 위험이 크다. 보조금 환수나 수급 자격 제한이 정권의 이해관계와 연결되면, 제재정책은 공익을 위한 제도가 아니라 권력 유지의 도구로 변질된다. 특히 보조금 사업은 포퓰리즘적 확대로 시작되었다가, 제재 국면에서 특정 집단을 압박하는 방식으로 전환될 경우, 정책의 공정성과 중립성이 심각하게 훼손된다.

결국 제재정책은 비례성·형평성·재량 통제·정치적 중립성을 확보하지 못하면 제재가 아니라 억압으로 기능할 수 있다. 특히 부정수급자에 대해 환수와 자격 박탈을 병행하는 관행은 헌법적 금지 원칙의 직접 대상은 아니지만, 사실상 이중 처벌 논란을 피할 수 없다. 따라서 제재 목적을 구분하고, 각 제재 수단의 필요성과 비례성을 철저히 검토하며, 집행의 일관성과 통제 장치를 강화하는 것이 필수적이다. 그래야만 제재정책이 단순한 벌이 아니라, 사회적 신뢰를 회복하고 공공질서를 안정적으로 유지하는 제도로 자리 잡을 수 있다.

7) 이익 환수는 제재정책인가? 보상/배상정책인가?

이익 환수 정책은 단일한 성격으로 규정되기보다는, 정책의 맥락과 목적에 따라 서로 다른 정책 유형에 걸쳐 작동한다. 무엇보다 중요한 구분 기준은 환수의 이유가 무엇인가에 있다. 첫째, 환수가 위법행위로부터 발생한 불법적 이익을 되돌려놓는 성격을 가질 때, 이는 명백히 제재정책에 속한다. 부정수급 환수, 리베이트 수익 몰수, 부당이익 환수 등이 대표적이다. 이러한 경우는 제재성 환수이며, 응보와 예방을 통해 규범 질서를 유지하려는 목적이 전면에 드러난다. 따라서 법적 근거도 처벌 규정이나 제재 조항에 두는 것이 일반적이다.

둘째, 환수가 불법이 아니라 정당한 정책 과정 속에서 발생한 과잉 이익의 조정을 목표로 할 때는, 성격이 달라진다. 개발 사업으로 인한 토지가치 상승이 일부 집단에 과도하게 귀속될 경우 이를 환수하거나, 사회적 기여금 제도를 통해 특정 사업자의 초과 이익을 조정하는 방식은 형평성 회복과 공공이익 확보의 성격을 갖는다. 이는 제재가 아니라 "누가 손해를 봤고, 누가 이익을 얻었는가"를 함께 조정하는 장치로서, 보상/배상 정책의 외연을 보완하는 기능을 한다. 정책의 정당성을 강화하고 사회적 수용성을 높이는 것이 이러한 환수의 핵심이다.

따라서 이익 환수 정책은 일의적으로 분류되기보다는, 제재정책과 보상/배상 정책의 접경지대(border zone)에 위치한다. 불법적 이익의 환수는 제재의 영역이고, 정당한 공공기여 확보 차원의 환수는 보상/배상의 보완적 요소다. 결국 그 성격은 환수 방식과 기준의 정당성, 그리고 무엇보다 정책 목적이 어디에 있느냐에 따라 달라진다.

8) 제재정책의 정책법학적 의미

첫째, 법률유보와 적법절차의 전제: 제재정책은 국민의 권리와 자유를 직접적으로 제한하거나 박탈하는 효과를 가진다. 따라서 헌법 제37조 제2항의 자유권 제한 원리에 따라 반드시 법률에 근거해야 하며, 법률이 정한 절차를 거쳐야 한다. 자의적·행정편의적 제재는 곧 위헌성과 행정권 남용으로 이어질 수 있다.

둘째, 다층적 법적 근거 구조: 제재는 형법·행정법·민법 등 여러 법체계에 걸쳐 존재한다. ⅰ) 형사벌: 형법에 따른 자유형·벌금형 등 → 가장 전통적 제재수단; ⅱ) 행정벌: 개별 행정법령에 따른 과징금·과태료·영업정지 등 → 행정법적 수단; ⅲ) 민사적 제재: 손해배상·위자료·계약 해제 등 → 사적 책임을 통한 규율. 이처럼 제재정책은 다양한 법체계 속에 포섭되어, 법적 효과와 집행 권한이 다층적으로 설계된다.

셋째, 비례성·명확성·평등의 원칙: 제재는 본질적으로 불이익을 부과하기 때문에, 비례성의 원칙(행위의 중대성에 비례하는 제재), 명확성의 원칙(무엇이 위법이고 어떤 제재가 따르는지 예측 가능해야 함), 평등의 원칙(동일한 위반에 동일한 제재 적용)이 핵심 통제 기준이 된다. 이 세 가지는 제재정책의 법치적 정당성을 평가하는 최소한의 기준이다.

넷째, 예방과 징벌의 균형: 법적으로 제재는 단순한 징벌에 그치지 않고, 미래의 행위 억제라는 예방적 기능을 가진다. 따라서 입법자는 제재의 수위를 정할 때, 위반의 사회적 해악과 예방 효과를 함께 고려해야 한다. 이 점에서 제재정책은 법의 형벌적 기능과 정책의 예방적 기능이 교차하는 영역이다.

다섯째, 사법심사와 권리구제: 제재는 이해관계자의 강한 반발을 불러오기 때문에, 사법적 통제가 반드시 뒤따른다. 헌법재판소의 위헌 심사, 행정법원의 취소소송, 민사법원의 손해배상 청구 등이 대표적이다. 이 과정을 통해 제재정책은 법적 정당성과 제도적 신뢰를 유지한다.

여섯째, 입법 기술과 제재 방식의 다양화: 현대 법제에서는 단순한 벌금·징역을 넘어, 과징금, 명단 공개, 자격정지, 행정상 제재부가금, 사회봉사명령 등 다양한 방식이 설계된다. 이는 제재가 더 이상 형사법적 처벌에 한정되지 않고, 정책적 목표와 연계된 맞춤형 법적 수단으로 발전했음을 의미한다.

정리하면, 제재정책의 법제적 의미는 "국민의 권리를 제한하는 강력한 수단이므로 법률에 근거해야 하며, 다층적 법체계 속에서 비례성과 정당성을 확보해야 한다"라는 데 있다. 동시에 제재정책은 입법–행정–사법이 모두 관여하는 가장 법치국가적인 정책 유형으로서, 법적 정당성이 확보되지 않으면 곧 정책 자체가 무력화될 수 있다.

따라서 제재정책은 정책설계 단계에서부터 법적 정당성과 절차적 합리성을 내재화하지 않으면 성립할 수 없다. 첫째, law as policy tool의 관점에서 보면, 제재정책에서 법은 그 자체가 곧 정책 수단이 된다. 형사법의 형벌, 행정법의 과징금·영업정지, 민법의 손해배상·위자료와 같은 법적 장치가 그대로 정책의 집행수단으로 작동한다. 다른 정책에서는 법이 뒷받침 역할에 머무를 수 있지만, 제재정책에서는 법률 문언과 조항이 정책의 실질적 작동을 직접 규정한다. 따라서 입법자가 어떤 제재 수단을 법률에 어떻게 명시하느냐가 곧 정책설계의 성패를 결정한다. 둘째, law as policy constitution의 관점에서 제재정책은 법이 정책의 구조와 기본 질서를 형성한다는 사실을 잘 보여준다. 제재는 반드시 헌법적 근거(자유권 제한 원리)와 법률적 명확성 위에 세워져야 하며, 그 범위와 한계는 입법자가 미리 정한 구조 속에서만 집행된다. 이는 제재정책이 단순한 행정 기술이 아니라, 헌법과 법률의 구조적 질서를 반영한 정책임을 뜻한다. 셋째, policy as law-making force의 관점에서 제재정책은 정책이 법을 만들어내는 대표적 사례이다. 사회적 위반 행위가 반복적으로 문제시되면, 정부는 이를 억제하기 위해 새로운 제재 규정을 입법화하게 된다. 예컨대 음주 운전 처벌 강화, 환경오염 기업에 대한 과징금 상향, 개인정보 유출에 대한 징벌적 손해배상제 도입 등이 그러하다. 처음에는 행정지도로 시작되거나 임시방편적 조치였던 것들이 결국 법률화되어 제도적 질서로 고정되는 것이다. 제재정책은 바로 이처럼 정책이 법을 낳고, 법이 다시 정책을 구조화하는 상호작용의 장이다. 넷째, policy-to-law dynamics의 관점에서 보면, 제재정책은 법과 정책이 가장 역동적으로 교차하는 영역이다. 제재는 국민의 저항과 반발을 불러오기 때문에, 사법부의 판례나 헌법재판소의 위헌 심사에 의해 법적 구조가 끊임없이 수정·보완된다. 따라서 제재정책은 집행 단계에서 끝나는 것이 아니라, 분쟁과 소송을 거치며 판례라는 새로운 법적 규범을 형성하고, 다시 정책의 설계로 환류된다.

결과적으로 제재정책은 단순히 "벌을 주는 정책"이 아니라, 정책법학적으로 볼 때 법과 정책의 긴밀한 공진화(co-evolution)를 보여주는 핵심 정책 유형이다. 제재는 정책적 목표를 실현하기 위해 법적 수단을 가장 직접적으로 활용하며, 동시에 정책 현실이 새로운 법을 낳게 만드는 힘을 가진다. 이 때문에 제재정책은 법치주의의 정당성과 정책학의 합리성이 동시에 시험대에 오르는 영역이라 할 수 있다.

9) 제재정책의 설계

제재정책은 단순히 위반자에게 불이익을 주는 장치가 아니라, 질서 회복·공정성 보장·위반 억제라는 정책적 목적을 달성하기 위한 제도적 장치이다. 따라서 정책 설계 단계와 개별 사안 적용 단계를 구분해 체계적으로 접근해야 한다. 먼저, 정책 설계와 법제화 단계에서 출발점은 제재 필요성의 인식이다. 부정수급 사례의 증가, 제도적 악용, 시장 질서 교란과 같은 현상이 발생할 때 제재정책의 필요성이 제기된다. 이어서 정책목표를 명확히 규정해야 한다. 이는 단순한 처벌이 아니라, 질서를 회복하고, 위반을 억제하며, 궁극적으로는 사회적 공정성을 보장하는 것이다. 목표가 설정되면 과징금, 수급 제한, 명단 공개, 자격 박탈 등 구체적인 제재 수단을 설계하게 된다. 이때 가장 중요한 원칙은 헌법적 한계와 법치주의 원칙이다. 제재는 기본권 제한을 수반하기 때문에, 비례성과 적법성을 반드시 충족해야 하며, 자의적 재량이나 과도한 불이익으로 이어져서는 안 된다. 이후 입법화 과정을 통해 법률·시행령·조례 등에 제재 근거를 마련하고, 실제 집행을 위한 세부 지침과 표준운영절차를 동시에 설계한다.

다음으로, 사안별 적용 단계에서는 개별 위반 행위가 적발되는 순간부터 절차가 시작된다. 먼저 위반 사실을 정확히 확인하고, 이에 적용할 수 있는 법령 조항을 검토한다. 이어 환수, 수급 자격 박탈, 지급 중단, 명단 공개 등 가능한 제재 수단을 식별한다. 이 과정에서 반드시 절차적 정당성이 보장되어야 한다. 청문, 의견 제출 기회, 이의제기 절차 등을 거쳐 위반자에게 방어권을 보장하고, 비례성 원칙에 따라 위반의 경중과 불이익의 수준을 조정한다. 이후 행정청은 법률 근거에 따라 제재를 집행하며, 필요 시 위반 사실을 공표해 사회적 경각심을 강화한다. 마지막으로 사후 단계에서는 불복 절차(행정심판·행정소송)와 권리구제 장치를 운영해 권리 침해를 방지하고, 제재가 자의적으로 집행되지 않도록 통제한다.

이와 같이, 제재정책은 정책 설계의 단계에서 정당성과 합리성을 확보하고, 사안별 집행 단계에서 절차적 공정성과 사회적 수용성을 보장함으로써 완성된다. 따라서 제재정책은 단순한 처벌이 아니라, 법적 정당성과 정책적 효과성을 동시에 달성하기 위한 이중적 구조를 가진다.

타. 유도정책

1) 유도정책(誘導政策)이란?

유도정책은 발전국가 전통과 행정국가 속성이 결합된 한국적 정책 유형의 한 단면을 잘 보여준다. 우리나라의 공무원들에게 가장 익숙한 정책 활동은 규제나 보조가 아니라, 사실상 계획 수립이다. "무엇을 금지할 것인가, 어디에 지원금을 줄 것인가"보다 먼저 "향후 5년간 어떤 방향으로 나아갈 것인가"라는 질문이 정책 활동의 출발점이 된다. 이는 고도성장기를 거치며 국가가 사회 전반을 주도해 온 발전국가의 기획 습관, 그리고 행정국가로서 공무원이 정책의 구체적 집행 이전에 거대한 계획을 만들어내는 문화와 맞닿아 있다. 대부분 법률에는 "정부는 ○○에 관한 기본계획을 수립하여야 한다"라는 조항이 등장한다.[134] 기본계획 수립 조항은 공무원들에게 일종의 업무 매뉴얼로 작동하며, "일한다"라는 말이 곧 "계획을 만든다"라는 말과 동일시되기까지 한다. 이처럼 유도정책은 한국 행정 현장에서 가장 일상적이고 친숙한 정책 유형이다. 행정학에서는 기획론이란 이름으로 정부의 기획 권능을 가르치나, 정책학에서는 상대적으로 관심이 저조하다. 이는 모든 정책 현상을 충분히 설명하지 못하고 있다.

중장기 계획은 사회 변화가 예측할 수 있거나 사회 변화를 어느 정도 통제할 수 있다는 사회공학적 관점을 내포한다. 여기서 말하는 '통제'란 단순히 변수 조절에 그치지 않고, 사회 변화의 과정에서 불이익을 받을 수 있는 시민사회 역시 일정 부분 통제할 수 있다는 관점이 포함되어 있다. 그러므로 사회 변화가 예측의 범위를 벗어나거나 통제가 어려워질 경우, 중장기 계획은 성공하기 어렵다. 그럼에도 여전히 중장기 계획은 중앙부처 공무원에게 매력적인 정책 수단으로 남아 있다. 그러나 최근 시민참여와 협치가 강조되는 상황에서 유도정책은 단순히 비전을 제시하는 차원을 넘어, 역설적으로 정부 권력을 보장하고 강화하는 장치로도 기능한다. 기본계획의 이름으로 정부는 사회의 중장기 방향을 독점적으로 제시하고, 이해관계자의 참여는 형식적으로만 보장되는 경우가 많다. 즉, 협치와 거버넌스가 중요한 시대임에도,

---

134) 법제처의 법령안 심사기준에 따르면 2021년 기준, 413개 법률, 455개 기본계획이 있는 것으로 확인된다.

기본계획이라는 틀은 여전히 정부의 권한을 강화하는 수단이 되는 것이다. 결국 유도정책은 발전국가의 기획 전통과 행정국가의 관성, 그리고 민주화 이후 등장한 협치적(協治的) 요구 사이에서 긴장 관계를 형성하는 정책 유형이다. 공무원들에게는 익숙하고 법제적으로는 광범위하게 뒷받침되지만, 시민사회의 눈에는 권력의 자기강화로 비칠 수 있는 이중적 성격을 지닌다. 따라서 오늘날 유도정책을 바라볼 때는 단순히 계획 수립의 행정 기술로서가 아니라, 정부 권력과 시민사회 역동 속에서 어떻게 민주적 정당성을 확보할 것인가라는 문제의식과 함께 이해할 필요가 있다.

정리하면, 유도정책이란 정부가 중장기 계획, 비전 선언, 기본계획 수립 등을 통해 사회·경제·행정 각 분야의 방향과 기준을 제시하는 정책을 말한다. 즉, 정부가 직접 규제하거나 보조금을 집행하는 대신, 사회 각 주체가 나아가야 할 공통의 목표와 경로를 유도하는 기능에 초점을 둔다. 유도정책은 다음과 같은 특징이 있다.

- 방향 제시성: 특정 행동을 강제하기보다, 국가 비전과 목표를 설정해 민간·지자체·공공기관의 자발적 참여와 정렬(alignment)을 이끈다.
- 중장기성: 5년, 10년, 20년 단위의 계획·로드맵을 통해 지속적 변화를 지향한다.
- 법제적 근거성: 유도정책은 단순한 행정계획이 아니라, 대체로 법률에서 "정부는 ○○에 관한 기본계획을 수립하여야 한다"라는 형태로 근거를 둔다.
- 절차적 성격: 세부 내용은 시행령·시행규칙·지침에서 조정되며, 법률에는 원칙·목표·절차를 중심으로 규정된다.
- 협치적 성격: 유도정책은 시민사회, 산업계, 지자체가 참여하는 숙의·공론 절차와 결합될 때 실효성이 높아진다.

제한정책이 금지·허가·규제 등 즉각적 구속력을, 보조정책이 예산·세제 등 자원 배분을 중심으로 한다면, 유도정책은 비전·기획·계획을 통해 사회 전반을 간접적으로 이끄는 역할을 한다. 즉, 규제나 보조처럼 즉시적 수단이 아니라, 제도적·정치적 '방향타(compass)' 기능을 수행한다는 점에서 차별화된다.

2) 미래기획과 법

한국은 행정국가의 문화와 관행이 제도화되었고, 이러한 현상이 가장 극명하게 드러나는 것이 많은 법률에 규정된 '기본계획' 관련 조항이다. 이는 정부의 사회공학을 통해서 시민사회를 좌우할 수 있다는 사고가 밑바탕에 잠재되어 있다. 정부와 관료 중심 국가가 만들어졌고, 이러한 관료의 이익(?)이 공익이라는 이름으로 포장되는 장치가 되고 있다. 이러한 현상이 발생하는 이유는 국회의 입법 기능이 약하고, 정당의 정책 기능이 공허하며, 지자체와 시민사회는 정책의 객체이기 때문이다. 시민사회 역시 정부와 타인을 자신의 수단으로 생각한다. 결국 모두가 숙의가 아닌 힘과 이익(사적)으로 움직이는 비민주적 딜레마에 빠지고 있다.

기획(planning)이란 국가권력이 현재화된 모습이다. 시장을 중시하는 체제는 정부가 미래를 기획하는 것은 상상하기 어려웠던 일이다. 절대왕권과 왕정에 대항했던 역사적 경험의 산물로서 입법국가 만드는 것이 더 중요했지, 행정부의 권한을 강화하는 계획 수립은 자제되어야 했던 일이다. 기획은 일반적 정책 수단이 아니라 '누가 결정할 권한을 가지는가?'에 대한 철학적 물음이자, '개인 자유와 국가권력의 경계'에 대한 논쟁의 중심에 놓여 있다. 고전파 경제학자들이 계획을 경계(儆戒)한 것은 단지 효율성의 문제가 아니라, 왕권에 대한 반사적 대응, 그리고 자유를 중시하는 정치철학이 내재된 것이다. '계획하는 정부'는 절대 왕정의 부활로 느껴질 수도 있던 것이다. 하이에크의 『노예의 길』(The Road to Serfdom)이란 책을 생각해 보면 된다.

상대적으로 소련은 계획경제의 상징이었다. 신경제정책(NEP, 1921~1928)이나, 그 이후의 5개년 계획 대표적이다. 시장 기능은 배제되고, 계획에 따른 명령 경제 체제가 구축되었다. 이후 중국, 동유럽 등 공산권 국가들이 이 모델을 수용하였다. 하지만, 서유럽 및 미국도 대공황 이후 국가가 시장경제에 개입해야 한다는 목소리가 커졌다. 바로 케인스주의가 확산된 것이다. 미국의 뉴딜 정책이나 유럽의 복지국가 건설과 중장기 산업정책 추진이 맥을 같이 한다. 고전파 경제학과 케인스 경제학의 시장과 정부 개입에 대한 상반된 생각은 지금도 경제학의 핵심 논쟁이 되고 있다. 어쨌든 이 시기에 계획은 소련 공산주의식 전체주의와는 다른 민주주의 안의 정책도구로 자리를 잡았다. 우리나라와 같은 개발도상국도 계획경제를 채택하였다. 국가가 산업구조를 재편하고, 전략산업에 자원 배분, 수출지향 산업을 육성하였다. 바로 우리나라의 '경제개발 5개년 계획'을 생각해 보면 된다. 이후 신자유주의 철학의 등장으로 다시 계획경제는 쇠퇴하고 있지만, 여전히 오늘날에도 국가 차원의 기획은 '전략적 조정 메커니즘'으로 여전히 유효하다는 평가가 존재한다. 또한 우리나라는 사회도 계획의 대상이 되었다. 경제사회개발 5개년 계획이 그것이다.

한편, 법제처의 「법령안심사기준」에서는 기본계획을 다음과 같이 설명하고 있다. 기본계획은 근거 법령에 따른 입법목적을 달성하기 위해 행정기관이 정책을 종합·조정하여 수립하는 중장기적 계획이고, 시행계획은 기본계획을 구체화하기 위해 수립하는 단기적 계획이다. 기본계획 및 시행계획을 규정할 때는 수립권자, 수립사항, 수립 시기와 주기, 수립 절차 등을 규정해야 한다. 기본계획이 여러 행정기관에 관련되는 경우 시행계획은 소관 행정기관별로 수립하는 경우가 많다. 이 경우 해당 시행계획이 기본계획과 연계될 수 있도록 기본계획 수립단계에서 관계 기관이 참여하는 위원회 심의를 거치게 하거나, 시행계획 수립단계에서 기본계획 수립권자와 협의를 하도록 하거나, 시행계획 수립 후 시행계획을 기본계획 수립권자에게 제출하도록 하기도 한다.

행정법에서도 행정계획을 설명하고 있다.[135] 행정계획이라 함은 행정주체 또는 그 기관이 일정한 행정활동을 행함에 있어서 일정한 목표를 설정하고 그 목표를 달성하기 위하여 필요한

---

135) 박균성 저, 『행정법론 1』에서 일부 발췌

수단을 선정하고 그러한 수단들을 조정하고 종합화한 것을 말한다. 오늘날 모든 분야에서 계획이 중요한 활동수단이 되고 있다. 종래 행정의 기능이 소극적인 질서유지작용에 그칠 때에는 행정계획의 필요성이 크지 않았지만, 오늘날 행정이 바람직한 사회 질서의 형성을 위하여 적극 개입하게 되면서 이러한 행정의 임무를 보다 효과적으로 달성하기 위하여 행정계획이라는 수단이 필요하게 되었다는 것이다. 또한 행정활동과 관련하여 대립되는 이익(공익 상호간, 공익과 사익 상호간, 사익 상호간)을 조절하고 산재해 있는 행정수단과 역량을 통합하기 위하여도 행정계획이 요청된다고 본다. 요약하면 행정이 장기적 비전을 가지고 계획성 있게 수행되는 것을 보장하기 위하여 행정계획이 필요하다는 것이다.

정부의 기획은 기간에 따라 단기, 중기, 장기로 나뉘며, 각각의 목적과 특징이 다르다.

<표 30> 단기계획, 중기계획, 장기계획의 비교

구분	기간	특징
단기계획	1~3년	현 정부 임기 내에서 실행 가능하며, 구체적인 정책 및 사업 중심으로 구성됨. (예: 연차별 시행계획, 예산 계획)
중기계획	5년	단기 계획보다 넓은 범위를 다루며, 비전과 전략적 방향이 포함됨. (예: 국가재정운용계획)
장기계획	10~20년	미래 비전을 제시하고, 지속 가능한 발전을 목표로 함. (예: 국가교육발전계획, 국토종합계획)

3) 행정계획과 정책

행정계획은 정책의 하위 개념으로 볼 수 있다. 정책을 구체화하는 수단으로서 계획이 존재하기 때문이다. 정책은 대체로 법적 구속력이 없고, 정치적 결정을 포함하는 반면, 행정계획은 경우에 따라 법적 구속력이 부여될 수 있다. 예를 들어, 국토종합계획이나 도시계획은 법적으로 승인된 후 강제성이 부여될 수 있다. 정책은 정치적 환경 변화에 따라 수시로 조정될 수 있지만, 행정계획은 상대적으로 안정적이고 일정한 절차를 거쳐야만 변경된다.[136] 이처럼 정책과 계획은 상호작용하는 개념이지만, 정책이 항상 상위 개념이고, 계획이 항상 하위 개념이라고 볼 수는 없다. 특히, 미래 기획의 성격을 띠는 중장기 계획은 정책과 다음과 같은 관계를 가질 수 있다.

A. 정책을 지배하는 계획

미래 기획의 성격이 강한 계획은 정책의 방향을 결정할 수도 있다. 예를 들면, 김영삼 정부

---

136) 국가법정계획에 대해서는 이광희·박준이 한국행정연구원의 연구로 진행한 『국가법정계획의 범정부적 실행력 강화방안 – 국정과제와의 연계성을 중심으로』라는 2022년도 보고서를 참조하기 바란다. 우리나라의 여러 법률에 존재하는 각종 기본계획에 대한 체계적인 분석이 담겨 있다. 필자가 유도정책이라는 새로운 정책유형을 설계할 때 많은 아이디어를 얻을 수 있었다.

시절 발표된 '5.31 교육개혁방안'은 단순한 실행 계획이 아니라, 교육정책의 틀을 형성하는 기획이었다. 이후 정부는 이 방안을 바탕으로 세부적인 정책(예: 고교 다양화, 대입제도 개편, 교육재정 개혁 등)을 만들어야 했다. 즉, 계획이 정책의 상위 개념이 될 수도 있다.

B. 정책을 보완하는 계획

계획이 정책과 독립적이지 않지만, 정책을 실현하기 위한 체계적 로드맵 역할을 하는 경우도 있다. 예를 들면, 국가재정운용계획은 기존 정책을 효과적으로 실행하는 방법을 제공하지만, 새로운 정책 자체를 만들지는 않는다. 이 경우, 계획은 정책의 연장선상에 있는 실행 프레임워크로 볼 수 있다.

C. 정책과 동등한 수준의 계획

일정한 수준 이상으로 장기적이고 구조적인 계획은 사실상 정책과 다를 바 없다. 예를 들면, 국토종합계획, 에너지 기본계획, 인공지능 국가전략 등은 사실상 정책적 목표를 설정하는 역할을 수행한다. 이 경우, 계획은 정책과 동일한 위상을 가지며, 세부 정책들이 따르게 된다.

4) 미래 기획의 성격이 강한 계획과 정책과의 연결

미래 기획 수준의 계획은 단순한 실행 수단을 넘어 정책을 규정하는 역할을 하므로, 정책과의 관계를 보다 정교하게 살펴볼 필요가 있다. 첫째, 미래 기획형 계획은 "메타 정책(meta-policy)"의 성격을 가질 수 있다. 즉, 개별 정책을 넘어서는 정책의 상위 방향성을 제시하는 계획이다. 미래 기획이 강한 계획으로는 국가교육개혁위의 5.31 교육개혁(1995), 과기정통부의 4차 산업혁명 대응 계획(2019년), 탄소중립녹색성장위의 탄소중립 2050(2021) 등을 들 수 있으며, 이는 개별 정책을 유도하는 성격을 가지므로 정책결정 자체를 포함한다고 볼 수 있다. 이는 정책을 실행하는 도구가 아니라, 정책 형성의 틀을 제공하는 역할을 한다.

둘째, 미래 기획은 정책 아젠다를 설정하는 역할을 한다. 김영삼 정부 시절, 5.31 교육개혁방안이 나온 이후, 정책 의제 설정(agenda setting)이 바뀌었다. 과거에는 "대입제도 개혁"이 핵심 정책 이슈였다면, 이후에는 "학교 다양화, 교육시장 개혁, 학습자 중심 교육" 등이 논의되었다. 즉, 미래 기획이 정책 의제를 재구성하는 기능을 수행하였다.

셋째, 미래 기획형 계획이 정책을 결정하는 경우도 존재한다. 정부가 "계획"이라는 형식을 취하지만, 사실상 이 계획 자체가 정책결정 역할을 하는 경우인 것이다. 예를 들면, 지방시대위원회의 "지방시대 종합계획"은 지역 발전을 위한 세부 정책을 포함하고 있으며, 국가 정책의 흐름을 결정하는 요소가 된다. 이 경우, 미래 기획형 계획은 정책과 사실상 동일한 역할을 수행하게 된다. 정리하면, 미래 기획이 강한 계획은 정책을 보완하는 도구가 아니라, 정책을 형성하는 역할을 할 수 있다. 따라서 미래 기획형 계획을 단순한 실행 수단으로 볼 수 없으며, 정책과 동일한 수준이거나, 정책을 결정하는 틀로 기능할 수 있다.

5) 대한민국 정부의 미래기획 체계

A. 국가 수준의 미래기획 유형

국가의 계획은 기간에 따라 성격과 기능이 달라진다. 먼저 1~3개년 계획은 주로 연간 예산안이나 연차별 시행계획처럼 단기적인 행정 운영과 직접적으로 연계된다. 국가 예산안, 정부 업무보고, 개인정보 보호 기본계획(2024~2026), 제3차 기초생활보장 종합계획(2024~2026) 등이 여기에 해당한다. 이러한 단년도 계획은 구체적인 실행 방안을 중심으로 하며, 해마다 수정·보완이 가능하다는 특징을 갖는다.

<표 31> 국가 차원의 다양한 계획이 갖는 특징

계획 주기	예	특징	법적·정치적 연계
1년	시행계획, 연차별 집행계획	중기 또는 장기계획의 실행 단위. 행정부서 예산 집행 등과 밀접	대통령 임기와 쉽게 일치 가능. 실행에 집중
3년	제5기 지역사회보장계획 (23~26), 제3차 기초생활보장 종합계획 (24~26)	중기적 대응을 요구하는 정책에서 사용. 정부 임기와 어긋나더라도 조정 용이	새 정부가 조기 개입 가능
5년	국가재정운용계획, 제2차 여성폭력방지정책기본계획 (25~29) 등 463건	대통령 임기와 일치하여 정부 운영 방향과 연동. 가장 흔한 주기	정부 교체시 정책 불일치 문제 발생 가능성 있음
10년	제2차 국가도로망종합계획(21~30), 국가교육발전계획 등 34건	지속성과 전략성 강조, 미래지향적 정책 비전 설정	정권보다 상위 개념으로 기획됨
20년	제5차 국토종합계획(20~40), 제5차 국가환경종합계획 (20~40) 등 7건	인프라, 환경, 국토 등 구조적 개혁 필요 분야에서 장기 비전	정부 임기와 일치하지 않음. 연속성 중요

주) 계획의 건수는 이광희·박준의 연구보고서를 바탕으로 하고 있다.

반면 5개년 계획은 보다 중기적인 성격을 띠며, 정책목표와 방향성을 제시하고 경제·사회 발전의 흐름을 조정하는 역할을 한다. 과거의 경제·사회발전 5개년 계획이나 현재의 국가재정 운용계획, 제5차 건설근로자 고용개선 기본계획(2025~2029) 등이 대표적이다. 이 계획들은 현재 상태(As-Is)를 점진적·체계적으로 개선하는 데 초점을 두며, 정책 실행의 연속성과 일관성을 확보하는 수단으로 작동한다. 마지막으로 10~20년 장기계획은 국가 발전의 중장기 전략을 설정하고, 지속 가능성을 고려한 비전을 수립하는 데 목적을 둔다. 국토종합계획(20년), 제2차 기후변화 대응 기본계획(2020~2040), 제5차 신재생에너지 기본계획(2020~2034), 제6차 산림기본계획(2018~2037), 제2차 서울특별시 도시철도망 구축계획(2021~2030) 등이 대표적인 사례이다. 국가교육위원회의 교육발전계획도 10개년 계획이다.137) 특히 10년 이상 장기계획은 단기·중기계획과 달리 미래 사회의 변화(To-Be)를 적극적으로 반영하며, 구조적 개혁이나 혁신 전략을 포함한다는 점에서 차별화된다.

B. 기간별 설정 이유

국가계획의 기간은 각기 다른 필요와 맥락에 따라 설정된다. 먼저 3년 계획은 비교적 짧은 주기의 유연한 조정용 계획으로, 사회복지와 같이 빠른 변화에 대응해야 하는 분야에서 주로 활용된다. 대통령 임기와 정확히 일치하지는 않지만 출범 직후 조기에 수립할 수 있어 현실성이 높다. 이러한 계획은 단기 전략형 실행계획의 성격이 강하며, 심의나 국회 보고 절차 없이 행정부 단독으로 실행되는 경우가 많다. 5년 계획은 대통령 임기와 연계되어 가장 보편적으로 활용되는 유형이다. 실제로 전체 국가 법정계획 중 약 72%가 5년 단위로 수립된다. 대통령의 국정철학을 반영하기 용이하지만, 임기 초반이나 중반에 수립될 경우 후반부에 조정이 어려운 한계가 있다. 또한 일부 5년 계획은 법적 변경 절차를 규정하지 않아 유연성이 부족한 문제도 지닌다. 그럼에도 5년 계획은 일반적인 중기계획의 기준으로 자리 잡고 있다.

<표 32> 기본계획의 수립 이후의 추가 절차

절차 유형	의미	적용 계획 예시
국무회의 보고	정보 공유 및 사후 통지 중심	대부분 5개년 계획
국무회의 심의	정책 방향의 승인과 조정 기능	10~20년 중장기 계획(국토, 환경 등)
대통령 승인	정권 차원의 전략적 결정	매우 소수 (예: 국토종합계획)
국회 보고	국민 대표에 대한 책임성과 견제	국가교육발전계획, 문화진흥기본계획 등

반면 10년 또는 20년 계획은 정책의 지속성을 보장하고 사회구조적 변화를 반영하기 위해 설정된다. 국토, 환경, 교육처럼 물리적·사회적 기반과 직결된 분야에서 주로 활용되며, 정권의 정책 방향성과 충돌할 가능성이 크기 때문에 Rolling Plan 방식의 도입이 필요하다. 장기계획은 통상적으로 공청회, 국무회의, 대통령 보고, 장관급 위원회 심의 등의 절차를 거치며, 법률뿐 아니라 시행령 차원의 세부 절차 규정까지 갖추는 것이 일반적이다.

---

137) 장기계획은 본질적으로 공학적·인프라적 접근에 적합한 성격을 지닌다. 예컨대 SOC 건설이나 환경 조성 사업은 물리적 시간과 자본 투입이 요구되므로 10년, 20년 단위의 계획 수립이 합리적이다. 반면 교육발전계획은 사회적 가치, 학습권, 세대별 요구 등과 밀접하게 연결되어 있어, 미래 변화에 대한 합의를 도출하기가 훨씬 더 어렵다. 급변하는 사회·기술·인구 환경 속에서 교육의 방향을 10년 단위로 고정하는 것은 현실 적합성을 상실할 위험이 크다. 따라서 국가교육위원회의 10개년 교육발전계획은 장기적 비전 제시라는 장점에도 불구하고, 불확실성과 합의 형성의 난점을 안고 있다는 점에서 비판적으로 성찰할 필요가 있다. 즉, 교육발전계획은 본질적으로 wicked problem의 성격이 매우 강하다. 따라서 발전계획의 수립 과정 전반이 단순한 기술적 설계가 아니라, 이해관계의 조정과 사회적 숙의 과정을 충분히 담보해야 한다. 나아가 이러한 숙의와 조정 과정을 유능하게 운영할 수 있는 거버넌스 체제가 뒷받침될 때에만, 교육발전계획의 목표가 비록 제한적일지라도 일정 부분 달성될 수 있다. 반대로 이러한 조건이 충족되지 않는다면, 10개년 계획이라는 형식 자체를 재검토하는 것이 오히려 더 바람직할 수 있다.

C. 국가법정계획의 수립 절차가 서로 다른 이유

국가계획의 절차와 무게는 그 위상과 성격에 따라 달라진다. 먼저 정책의 위계를 기준으로 보면, 국가 전체에 적용되는 범부처 전략계획일수록 고위급 의사결정이 요구된다. 국토종합 계획이나 국가환경종합계획처럼 전국적·종합적 계획은 국무회의 심의와 대통령 보고를 거쳐 야 하는 반면, 여성정책기본계획이나 청소년정책기본계획처럼 단일 부처나 특정 분야의 계획 은 보고만으로 갈음하거나 해당 부처가 자체적으로 확정할 수 있다.

둘째, 계획의 강제력과 구속성에 따라 절차가 달라진다. 국토종합계획처럼 지자체의 하위 계 획을 법적으로 구속하는 계획은 그만큼 절차가 엄격하고 다단계적 심의 과정을 거친다. 반대 로 단순히 권고적 성격을 지니거나 비전 제시에 초점을 둔 계획은 상대적으로 간소한 절차만 을 필요로 한다.

셋째, 국회나 대통령과의 연계 정도도 중요한 기준이다. 계획이 대통령의 국정과제나 국회의 입법 성과와 직접 연결될 경우에는 국무회의 심의뿐만 아니라 국회 보고 절차까지 포함된다. 그러나 대통령이 주재하는 위원회에서 수립된 계획, 예컨대 국가교육위원회가 마련하는 계획 은 국무회의까지 가지 않고 해당 위원회 차원에서 확정된다.

마지막으로, 계획 수립의 법적 근거와 입법 연혁 역시 절차를 구분짓는 요소이다. 일부 법률 은 처음부터 계획 수립 절차를 체계적으로 설계하여 심의·승인·보고 절차를 법률에 명확히 규정하고 있다. 반면, 신산업 분야처럼 최근 들어 새로 도입된 계획들은 대체로 절차가 단순 하거나 시행령에 위임된 경우가 많다. 이 때문에 계획 간 절차적 위상과 무게가 균질하지 않 고, 분야별로 차이가 발생한다.

6) 우리나라 '기본계획 체계'의 바람직성

오늘날 한국에서 수립되는 국가계획은 양적으로는 넘쳐나지만, 정작 의미 있는 전략은 잘 보 이지 않는다. 수백 개의 기본계획이 부처별·법률별·관할별로 산재해 있으나, 그 사이에는 중 복과 충돌이 빈번하다. 국가가 개입하는 영역이 지나치게 광범위하다 보니 계획 자체가 관리 되지 못하고 있으며, 부처 간 조정 기능도 부재하다. 결과적으로 각 부처는 계획을 생산해내 는 기계처럼 작동할 뿐이다. 정부는 여전히 사회공학적 사고에서 벗어나지 못하고 있다. 사 회문제를 구조적이고 역사적으로 성찰하기보다, 문제를 계획화하고 과제화하며 수치화하는 방식으로 해결하려는 경향이 뚜렷하다. 이는 시민을 정책 설계의 동반자가 아니라 통제의 대 상으로 설정하는 구조를 강화한다. 시민사회 역시 때로는 정부의 행정 편의적 접근에 순응하 거나 의존적으로 동의하는 모습을 보인다. 그러나 이렇게 만들어진 계획은 구속력도, 지속성 도 부족하다. 법적으로는 권고적 효력에 머무르는 경우가 많고, 변경 절차조차 명확히 규정 되지 않는 경우가 많다. 게다가 공무원의 순환보직, 정무직 교체, 정권 교체로 인해 실행 의 지와 책임이 단절되면서, "계획은 계획일 뿐, 실제 정책은 다르다"라는 회의론이 고착된다.

정책결정 과정 역시 데이터에 기초하지 못하고, 여전히 '윗사람의 의견'과 같은 정치적 요인에 좌우된다. 데이터를 체계적으로 축적하고 학습하는 정책 인프라는 취약하며, "누가 말했느냐", "국회나 언론의 분위기가 어떠한가"가 정책결정에 더 큰 영향을 미친다. 그 결과 증거기반 정책(Evidence-Based Policy)은 여전히 미흡한 상황이다.

또한 기본계획은 전략적 틀이 아니라 모든 세부 사항을 억지로 담아내는 '올인형(one shot)' 문서로 전락했다. 각종 과제와 수치, 예산과 일정까지 나열되어 있지만, 이는 실질적 전략이 아니라 부처 보고용 포장지에 가깝다. "계획 하나 잘 만들면 끝"이라는 기획 만능주의와 성과주의적 관료주의가 결합된 결과이다. 관계 부처 합동이라는 이름으로 계획이 수립되지만, 그 '합동'의 실제 의미는 문제 해결을 위한 근본적 협력이 아니라, 서로의 몫을 양해하고 존중하는 수준에 머무는 경우가 많다. 즉, 합동이란 부처 간 이해관계를 인정한 채 그 틀 속에서 계획을 세운다는 의미에 가깝다. 더 나아가 정부 정책의 범위가 명확히 구분되지 않기 때문에, 계획 수립 과정이 곧 영역 선점의 수단으로 작동하기도 한다. 또한 우리 행정문화에서는 계획 수립 자체를 '열심히 일한다'는 증거로 보는 잘못된 시각이 팽배하여, 먼저 계획을 주도적으로 마련해 다른 부처를 그 틀 안에 묶어 두고, 결과적으로 다른 부처가 수동적으로 계획을 수용하는 행태가 나타난다. 게다가 계획 수립과 실행은 철저히 분리되어 있다. 계획을 만드는 부서는 성과를 인정받지만, 실제 실행은 다른 부서나 기관에 위임된다. 이로 인해 책임과 집행이 분리되고, 정책의 연속성과 피드백은 약화된다. 결국 후속 실행은 뒷전으로 밀려나고, 계획이 존재한다는 사실 자체가 성과로 치부되는 현상이 나타난다. 시민 역시 여전히 정책의 객체에 머물러 있다. 공청회, 위원회, 자문 절차를 거친다고는 하지만, 실질적 참여는 제한적이다. 시민사회는 정책의 수용자나 협조자, 집행 파트너로만 기능할 뿐, 공동 설계자(co-designer)로 참여하지 못한다. 계획은 여전히 "국가가 국민을 위하여" 설계하는 구조 속에 머물러 있으며, 시민과 함께 만드는 공공정책이라는 관점은 충분히 반영되지 못하고 있다.

7) 대책 중심의 정책 방식의 문제

한국 행정의 현실을 관통하는 핵심 기제 가운데 하나는 이른바 '대책(對策)'이라는 정책 설계 방식이다. 이는 법률에 근거한 정기계획과 달리, 돌발적인 현안이나 사회적 문제에 대응하기 위해 정부 부처가 수시로 수립하는 정책 묶음을 말한다. 이름은 다양하지만 대개 '○○대책', '○○추진방안', '○○종합계획', '○○로드맵' 등으로 불리며, 위기 상황이나 갈등, 여론 이슈에 대해 정부의 입장을 표명하는 동시에 단기·중기 과제를 패키지 형태로 담아낸다. 그 내용은 상황 진단과 과제 목록, 추진 일정, 관계기관 협력 구조 제시로 구성되는 것이 일반적이다.

이러한 대책은 법적 근거를 가진 기본계획과 달리 법률상 구속력은 없지만, 실제로는 정책 실행의 실질적 근거로 작동한다. 오히려 때에 따라서는 기본계획보다 더 실질적인 효과를 발휘하기도 한다. 그 이유는 대책이 정치와 행정의 현장성을 가장 잘 드러내기 때문이다. 즉,

돌발적인 사회 이슈에 대해 신속하게 정부 입장과 행동계획을 내놓을 수 있는 민첩성을 지니며, 복합적 문제에 대해서도 부처별 대응을 묶어 통합적 접근을 가능케 한다. 또한 한 사안을 전체적으로 조망하며 관련 과제를 일괄 정리할 수 있고, 언론이나 정치적 비판에 대응하는 효과적인 수단으로 기능하기도 한다. 이런 점에서 대책은 정치적 책임을 즉각적으로 방어할 수 있는 정부의 대표적 도구라고 할 수 있다.

그러나 대책 방식에는 근본적 한계도 뚜렷하다. 본질적으로 이는 '기획'보다는 '현안 대응'에, '숙의'보다는 '관료적 결정'에 기초하기 때문이다. 따라서 특정 사건이 발생했을 때 장관이나 대통령실, 혹은 여론의 압력에 의해 비합리적인 과제가 급조되는 경우가 적지 않다. 이는 즉각적 안정화와 정치적 수습을 위한 행정적 퍼포먼스로 흐르기 쉽다. 또한 민주적 정당성 면에서도 취약하다. 국회나 국민으로부터 위임받은 절차 없이 만들어지는 경우가 많아 법적 근거와 민주적 정당성을 모두 결여할 위험이 크다. 나아가 대책은 기존의 법정계획이나 국가비전과 정합성을 고려하지 않아 중복과 충돌을 야기하기 쉽다. 실패하거나 중단되더라도 책임 소재가 불분명하며, 성과지표와 평가체계가 내재되지 않아 성과를 평가하거나 예산 집행 근거로 삼기도 어렵다. 결국 대책은 한국 행정이 보여주는 전형적인 대응 중심의 설계 방식으로서, 현장성과 민첩성을 무기로 하지만, 동시에 숙의 부족·정합성 결여·책임 회피라는 구조적 한계를 내포하고 있는 것이다.

8) 법률에 계획 수립 조항이 많은 이유

한국에서 법률마다 기본계획 수립 조항이 들어가는 것은 우연이 아니라, 제도적·행정적 요인과 역사적·정치적 발전 경로가 결합된 결과이다. 먼저 제도적·행정적 요인을 살펴보면, 계획은 무엇보다 예산 확보의 강력한 수단으로 인식된다. 많은 중앙부처와 공무원들은 계획이 있어야만 예산을 확보할 수 있다고 믿는다. 실제로 기획재정부의 예비타당성조사(예타) 지침138)에서도 상위계획과의 부합성이 평가 항목에 포함되어 있어, 계획이 예산 심사 과정의 중요한 근거가 된다. 특히 진흥 성격이 강한 부처일수록 계획 수립을 통해 예산 배분과 정책 우선순위를 설정하려는 동기가 강해지고, 이는 자연스럽게 법률 속 계획 조항의 확산으로 이어졌다. 또한 입법 실적주의와 법률 양식의 표준화도 중요한 요인이다. 국회는 새로운 법을 만들 때 기본계획 수립 조항을 넣는 것을 하나의 관행으로 삼아왔다. 이는 단순한 행정절차라기보다는 "해당 분야에 입법 의지가 있다"라는 정치적 신호로 작동하며, 의원들의 입법 실적을 부각하는 방식으로 굳어졌다. 더불어 중앙부처는 기본계획을 근거로 지자체에 시행계획 수립 의무를 부과함으로써 지방정부에 대한 통제 도구로 활용해왔다. 이렇게 해서 계획은 중앙과 지방을 연결하는 행정적 통제 수단으로 기능해왔다.

---

138) 예비타당성조사 운용지침(기재부장관 훈령) 제33조(대상사업 선정기준) ① 기획재정부장관은 대상사업 선정 시 다음 각 호의 사항 등을 종합적으로 고려하여야한다. 1. 중장기 투자계획과의 부합성 : 도로·철도부문 등 중장기 상위계획 반영 여부, 국토이용계획·지역발전계획등 타 법령에 의한 계획과의 부합성, 기타 관련 계획과의 연계성 등

다음으로 역사적·정치적 경로가 작용했다. 1960년대 경제개발 5개년 계획을 통해 국가 주도의 고도성장을 경험한 한국 사회는, "계획 = 발전의 상징"이라는 학습효과를 내재화했다. 그 이후 계획은 단순한 행정 도구가 아니라 발전국가를 대표하는 정책문화로 자리 잡았고, 법률 속에 체계적으로 반영되기 시작했다. 1987년 민주화 이후에는 사회정책 영역이 급격히 확장되면서 다양한 이해당사자와 부처가 생겨났고, 이들은 각기 자신들의 분야에서 기본계획을 요구하게 되었다. 정책 목적이 다원화됨에 따라 계획의 법제화는 가속화되었고, 계획의 중복과 분절은 오히려 심화되었다. 마지막으로 한국 사회의 규범주의적 문화도 영향을 미쳤다. 사실 정부는 법률 조항이 없어도 지침이나 행정명령 차원에서 전략과 계획을 수립할 수 있다. 그러나 한국에서는 "법에 근거가 있어야 행정조직이 움직인다"라는 문화가 강하게 자리 잡고 있어, 계획도 법률로 명문화하는 방식이 제도화되었다.

9) 국가 법정계획 내 시민사회 참여 방식

법정계획 속에서 시민사회 참여는 제도적으로 규정되어 있지만, 실제 내용과 효과를 살펴보면 여전히 형식적이고 제한적이다. 가장 대표적인 방식은 위원회 심의로, 전체 법정계획의 약 67%가 이러한 형태를 따른다. 그러나 위원회는 전문가 중심으로 운영되며, 민간위원이 참여한다고 해도 '전문가'나 '이해당사자'의 자격으로 제한된다. 일반 시민이나 공익을 대표하는 시민단체의 참여는 제한적이다. 공청회나 공식 의견 수렴 절차도 약 14.4%의 계획에서 활용되지만, 대체로 형식에 그친다. 발표 후 형식적으로 의견을 묻거나 일부 이해관계자만 참여하는 구조여서, 실질적 반영은 어렵다. 의견이 반영되지 않았을 경우 그 사유를 설명하거나 피드백하는 제도도 부재하다. 가장 높은 비율을 보이는 방식은 관계기관 협의로, 전체 계획의 약 79.7%가 부처 간 또는 지자체와의 협의를 포함한다. 그러나 이는 행정기관 간의 조정 절차에 불과하며, 시민사회는 직접 참여 대상이 아니다. 연구용역, 간담회, 자문과 같은 비공식 절차를 통해 시민 의견이 반영되기도 하지만, 이 역시 공개성과 대표성이 부족하다.

<표 33> 국가 법정계획에서의 시민사회 참여 방식

참여 방식	비율	설명
위원회 심의	약 67% (426개)	전문가 중심, 위원회 중심. 민간위원 참여 있지만 '전문가' 또는 '이해당사자'로 제한됨. 시민단체는 매우 제한적
공청회 등 공식 의견 수렴	약 14.4% (92개)	공청회, 설명회, 포럼 등을 통한 시민 의견 수렴. 대부분 형식적이며 강제성이 약함
관계기관 협의	약 79.7% (509개)	부처 간 협의, 지자체와의 협의 중심. 시민사회는 직접 대상이 아님
자문·용역·간담회 등 비공식 절차	불명확	연구용역, 간담회 등을 통해 간접적으로 시민 의견이 반영될 수도 있으나 공개성과 대표성 부족

주) 이광희·박준의 연구보고서를 바탕으로 필자가 재정리하였음.

이러한 구조 속에서 시민사회는 정책의 공동 설계자(co-designer)라기보다는, 주변적이고 수동적인 역할에 머무른다. 계획의 수립 단계에서는 연구용역, 자문, 공청회 등을 통한 간접 참여가 가능하고, 심의 단계에서는 전문가 자격으로 일부 위원회에 들어갈 수 있다. 그러나 계획의 확정 단계에서는 정부 단독 결정 구조가 유지되며 시민사회는 철저히 배제된다. 집행 단계에서는 협조나 위탁 사업자의 위치에 머무르고, 평가 단계에서는 공식적인 참여조차 거의 없는 것이 현실이다. 결국 시민사회는 기획과 설계 단계에서부터 배제된 채, 실행 이후의 협조자로만 기능하는 구조에 갇혀 있다. 이러한 한계를 극복하기 위해서는 대안적 참여 모델로의 전환이 필요하다. 첫째, 숙의 기반의 참여를 확대해야 한다. 공청회를 단순 의무화하는 수준을 넘어, 시민대표단이나 시민배심제를 제도화하여 계획 수립 초기부터 참여할 수 있도록 해야 한다. 둘째, 위원회 구성에서 시민사회의 비중을 확대하고, 일정 비율을 일반 시민이나 시민단체의 추천으로 확보함으로써 대표성을 강화해야 한다. 셋째, 의견 반영 과정을 투명하게 공개하고, 반영되지 않은 경우에는 그 사유를 설명하는 제도를 마련해야 한다. 넷째, 시민사회와의 관계를 단순한 집행 위탁 수준에 머물지 않고, 기획·설계 단계에서부터 동등한 파트너로 참여할 수 있는 정책공동체적 구조로 전환해야 한다. 결국 국가계획이 권력적 통제 수단을 넘어, 민주적 거버넌스의 틀로 작동하기 위해서는 시민사회의 실질적 참여를 제도적으로 보장하는 방향으로 개혁이 필요하다.

10) 권력의 수단으로서의 계획

한국에서 국가계획은 흔히 권력의 수단으로 작동한다. 많은 계획이 시민사회를 참여 주체로 세우기보다는 정책의 적용 대상으로 삼는 구조를 갖고 있기 때문이다. 계획 수립은 대체로 중앙정부나 중앙부처가 단독으로 주도하며, 공청회나 자문 절차는 형식적 수준에 그치는 경우가 많다. 시민사회는 계획의 공동 설계자가 아니라 '수행자' 혹은 '협조자'에 머무르며, 이해관계자 일부만 참여하다 보니 대표성이 불명확해지기도 한다. 무엇보다 계획 수립 전에 쟁점 자체가 공유되지 않으면서, 사전 숙의의 구조가 부재하다. 이러한 구조는 숙의 거버넌스 원리와 충돌한다. 숙의 민주주의 관점에서 시민은 정책의 공동 설계자가 되어야 하지만, 실제로는 계획이 완성된 후 '통보'되는 방식이 일반적이다. 정책은 공개적 논의의 산물이어야 하지만, 계획은 부처나 전문가 위원 중심의 폐쇄적 절차 속에서 만들어진다. 또한 의사결정의 정당성은 숙의 과정에서 확보되어야 하나, 계획은 '법률에 근거했다'라는 형식적 논리로만 정당성을 주장한다. 이해충돌은 협의를 통해 사전에 조율되어야 하지만, 현실의 계획은 갈등을 미리 해소하지 않고 사후 보완에 의존한다.

이처럼 계획은 본질적으로 미래를 통제하려는 권력의 한 형태이다. 정부가 불확실성을 줄이기 위해 설정한 틀이 법적 근거를 통해 강제력을 얻게 되면, 그것은 단순한 행정 문서가 아니라 권력 작용의 장이 된다. 그리고 이 과정에서 시민사회가 공동 구성자로 참여하지 못한다면, 계획은 결국 시민을 객체화하고 통제하는 수단으로 전락한다. 이는 민주주의 원리에서 말하는 시민의 자기 결정권과 충돌할 수밖에 없다. 결국 계획이라는 도구 자체가 숙의 민주주의와 거버넌스의 시험대가 된다. 계획을 민주화하지 못하면, 정책결정의 모든 단계에서 참여와 숙의는 단순한 형식에 머물게 된다. 따라서 앞으로는 계획의 거버넌스화가 필요하다. 이를 위해서는 무엇보다 사전 숙의 단계가 제도화되어야 한다. 계획 수립 전에 사회적 쟁점을 충분히 논의할 수 있는 구조가 마련되어야 하고, 어떤 시민과 단체가 어떤 방식으로 참여하는지 투명하게 설계되어야 한다. 또한 계획의 내용은 '비(非)쟁점화된 합의'가 아니라, 열린 토론의 결과물이어야 한다. 이해당사자 간 갈등을 조정하고 합의를 이끌어낼 수 있는 독립적 공적 중재 기구도 필요하다. 결국 계획은 권력의 수단이 아니라 협치의 틀로 전환되어야 하며, 민주주의적 정당성과 실질적 정책 효과를 동시에 확보할 수 있어야 한다.

11) 대한민국 미래기획 체계의 발전 방향

대한민국의 미래기획 체계는 단기·중기·장기 계획이 병렬적으로 운영되고 있으나, 이들 간의 연계성과 조정력이 부족하다는 한계를 지닌다. 따라서 앞으로는 계획들 간의 유기적 연계를 강화하고, 법적 규율과 조정 기능을 체계화하는 방향으로 발전해 나가야 한다. 무엇보다 단기·중기·장기 계획 간의 연계성 확보가 핵심이다. 단년도 계획인 예산과 연차별 시행계획은 현장의 집행력을 보장하지만, 5개년 계획이나 10년 이상 장기 계획과 단절된 경우가 많다. 향후에는 이들 간의 흐름을 유기적으로 연결하여 정책의 일관성을 높여야 한다. 또한 법제화된 기획과 비법제화된 기획 간의 역할 정립이 필요하다. 지속성과 강한 실행력이 요구되는 계획은 법률에 근거를 두어 법정계획으로 명문화해야 하며, 반대로 정부 간 전략회의나 임시적 합의와 같은 비법제화된 기획은 그 기능과 한계를 명확히 구분해 운영해야 한다. 이를 통해 계획 체계 전반이 균형과 명료성을 가질 수 있다. 아울러 기획의 조정 기능을 강화해야 한다. 부처별 계획이 중첩되고 충돌하는 문제를 방지하기 위해, 대통령 직속 기획위원회와 같은 국가 차원의 총괄 기구를 강화하고(또는 총리의 국무조정 권한을 실질화하고), 부처 간 협력과 조정 메커니즘을 법제화해야 한다. 동시에 기획 평가 및 피드백 체계를 마련하여, 기존 계획의 성과를 점검하고 이를 반영해 기획의 실효성을 지속적으로 개선하는 구조가 필요하다.

국가계획은 위계와 유형에 따라 전략계획-중기정책계획-시행계획으로 계층화될 필요가 있다. 국토종합계획이나 환경기본계획 같은 20년 단위 전략계획은 최상위 계획으로서 법정의무화와 국무회의 심의를 반드시 거쳐야 한다. 고용정책기본계획이나 교육발전계획과 같은 5~10년 단위의139) 중기계획은 국정과제 및 예산과 긴밀히 연계되어야 하며, 이해당사자간 조율과 부처 간 조정 체제, 시민사회와의 숙의 구조가 강화되어야 한다. 1~3년 단위의 시행계획은 성과지표와 평가 제도를 통해 실행력을 보장해야 한다. 이를 위해 '국가계획체계 표준 매뉴얼'을 마련하여, 유형별 내용 구성, 수립 절차, 평가 방식을 명문화할 필요가 있다.

---

139) 고용과 교육과 같은 사회 분야에 5년 이상의 계획이 적정한 지는 판단해봐야 한다. 합의가 어렵기 때문이다.

궁극적으로는 기획–정책–예산의 통합 거버넌스 설계가 필요하다. 기획재정부, 국무조정실, 대통령실 정책실의 역할을 재정립하여, 모든 법정계획이 예산 편성 기관과 사전 협의를 거쳐 수립되도록 하고, "정책 → 계획 → 예산 → 성과 평가"의 일관된 흐름을 만들어야 한다. 또한 계획 수립 과정은 일방적 작성이 아니라, 숙의 거버넌스를 통해 시민사회와 함께 설계되는 방향으로 전환되어야 한다. 기획의 법제화, 조정 기구의 강화, 실행력 확보, 그리고 숙의적 전환이야말로 앞으로의 발전 방향이 되어야 한다.

12) 미래기획과 법제화의 방향

미래기획은 단순한 행정 문서 작성이 아니라, 국가 운영의 지속성과 정책의 실행력을 담보하는 핵심 장치이다. 따라서 기획이 실질적인 효력을 가지려면 법적 기반이 반드시 뒷받침되어야 하며, 이를 위한 법제화와 거버넌스 개혁이 요구된다. 첫째, 기획의 법적 정합성을 강화해야 한다. 현재 기획의 개념과 역할은 각 부처와 계획마다 달리 해석되고 있다. 법률 차원에서 기획의 정의와 기본원칙을 명확히 규정하고, 기획이 정책 수립 및 집행의 필수 요소임을 선언할 필요가 있다. 아울러 기획 수립 및 변경 절차도 법제화하여 일관된 기준을 마련해야 한다. 특히 계획 변경 시에는 절차적 정당성을 보장하기 위해 이해관계자의 의견 수렴을 의무화하는 것이 중요하다. 기획의 이행과 평가에 법적 구속력을 부여하여, 계획이 정권 교체나 정치적 변화에 따라 쉽게 폐기되지 않도록 해야 한다.

둘째, 정부 거버넌스 차원에서의 기획 체계 개선이 필요하다. 기획과 정책 간의 단절을 극복하기 위해서는 기획 단계에서부터 정책 집행 부처와 협력 구조를 강화해야 하며, 이를 위해 국무총리실이나 대통령 직속의 기획 조정 기구를 통해 조율하는 방식이 바람직하다. 동시에 기획 조직의 전문성과 연속성을 확보하는 것도 과제이다. 공무원의 순환보직 관행으로 인해 장기 기획의 전문성이 약화되는 문제를 해결하기 위해, 기획을 전담하는 조직을 육성하고 독립성을 강화하여 정치적 압력으로부터 자유로운 환경을 조성해야 한다.

셋째, 민간 및 학계와의 협력체계 구축이 중요하다. 미래기획은 행정부 내부의 관점에만 의존해서는 한계가 뚜렷하므로, 학계와 연구소, 민간 전문가들의 참여를 제도화하여 다양한 지식을 흡수해야 한다. 더 나아가 국제 협력도 확대하여 해외의 우수한 기획 모델을 벤치마킹하고, 이를 한국의 제도적 현실에 맞게 변용할 필요가 있다.

결국 미래기획과 법제화는 국가 운영에서 피할 수 없는 과제이다. 법률을 통한 기획의 제도화, 기획 조직의 전문성과 독립성 강화, 기획과 정책 간 연계 조정, 그리고 민관·국제 협력의 확대가 종합적으로 추진되어야 한다. 이를 통해 기획은 단순한 문서가 아닌, 정책의 지속성과 합리성을 담보하는 제도적 틀로 자리매김할 수 있을 것이다.

13) 본질적 해법 1. 기본계획 대신, 녹서와 백서 방식을 활용

녹서(green paper)는 정부나 공공기관이 특정 정책을 공식적으로 시행하기에 앞서 국민의 의견을 수렴하기 위해 발표하는 토론 문서이다. 이는 정책 형성의 초기 단계에 속하며, "우리는 이런 방향을 고민하고 있습니다. 여러분의 생각은 어떠신가요?"라는 메시지를 담고 있다. 녹서는 다음과 같은 특징을 가진다.

- 정책 형성 이전 단계: 다양한 대안을 제시하며 탐색과 토론을 유도한다.
- 시민 참여 중심: 시민, 전문가, 이해관계자의 의견을 적극적으로 청취하는 열린 문서이다.
- 비구속성: 법적 구속력은 없으며, 정책 아이디어를 조정하고 다듬는 데 사용된다.

반면, 백서(white paper)는 녹서를 통해 수렴된 의견을 바탕으로 정부의 최종 정책 방향과 계획을 공식적으로 정리하여 국민에게 설명하는 공식 문서이다. 이는 정책 결정의 최종 정리본 성격을 띠며, "우리는 이렇게 하기로 결정했습니다. 그 근거는 이것입니다"라는 정부의 확정된 입장을 담고 있다. 백서는 다음과 같은 특징을 가진다.

- 정책 결정 이후 공식화: 확정된 정책 방향과 추진 계획을 발표한다.
- 정부의 책임 보고: 정부의 입장을 설명하고 책임을 보고하는 데 중점을 둔다.
- 공식 문서: 비록 법적 구속력이 높지는 않지만, 정부의 공식 입장이라는 점에서 중요성을 가진다.

<표 34> 녹서와 백서의 비교

구분	녹서	백서
정책과정 단계	정책 형성 이전(탐색과 토론)	정책 결론 이후 공식화
시민참여 구조	의견 수렴 및 숙의 중심	정부 입장 설명 및 책임 보고 중심
법적 구속력	없음	낮음 (공식화 문서지만 비법령)
문서 성격	열린 문서, 다수 대안	단일 입장, 정리된 문서
민주주의적 의미	참여 민주주의 기반	책임(accountability) 기반

그렇다면, 우리나라에 녹서-백서 이중 구조가 필요한 이유는 무엇인가? 우리나라는 현재 녹서 제도가 제대로 자리 잡지 않아, 대부분의 정책이 관료 주도하에 기획되고 형식적인 공청회를 거쳐 확정되는 방식으로 수립된다. 백서 또한 정책 결정 이후의 사후 성과보고서 성격으로 활용되어 왔다. 이러한 한계를 극복하고 더 나은 행정 시스템을 구축하기 위해 본래적 의미의 녹서-백서 이중 구조의 도입이 필요하다.

- 일방적 정책 수립 극복: 녹서 도입을 통해 정책 수립 이전에 시민 및 전문가의 숙의적 논의를 유도하여 정부의 일방적인 기획을 방지할 수 있다.
- 시민사회 참여 경로 제도화: 단순한 공청회를 넘어, 녹서를 통한 공개적인 의견 수렴 플랫폼을 마련하여 시민사회의 정책 참여 경로를 제도화할 수 있다.

- 장관 주도 정책화 방지: 백서 형식을 통해 정부의 최종 결정을 책임 문서로 강제함으로써, 장관 개인의 주도적인 정책 결정을 견제하고 투명성을 높일 수 있다.
- 정책 학습 및 아카이빙: 과거의 녹서와 백서를 체계적으로 관리하여 정책의 진화 과정을 기록하고, 이를 통해 행정 시스템의 학습 가능성을 높일 수 있다.

결론적으로, 녹서-백서 이중 구조는 정책 결정 과정을 더 투명하고 민주적으로 만들고, 정부의 책임성을 강화하며, 시민참여를 확대하는 데 이바지할 수 있다. 이는 '결정이 끝나자마자 다시 수정하는' 비효율성을 해소하는 본질적인 해법이 될 수 있다.

14) 본질적 해법 2. 입법 기반의 정책 설계 체제 구축

우리나라 정책 설계의 근본적인 문제 중 하나는 법률과 정책이 분리되어 있다는 점이다. 지금의 구조에서는 법률은 원칙만을 담고, 실제 정책은 행정부가 별도로 수립한다. 그 결과 행정부는 입법자의 위임을 자의적으로 해석해 정책을 법 밖에서 설계하게 되고, 국회는 정쟁에 몰두하느라 정책 설계의 본령을 잃는다. 결국 행정부는 무책임하게 계획을 남발하면서도 정책 조정에는 실패하는 악순환을 반복하게 된다. 예를 들어, 「평생교육법」을 보면 문해교육의 실시, 센터 설치, 프로그램 운영, 정보시스템 구축 등은 법률에 규정되어 있지만, 정작 문해교육 제도의 개선과 교원 자격 인정 같은 중요한 사안은 시행령에서 국가평생교육진흥원장에게 권한을 부여하는 방식으로 처리되고 있다. 즉, 법률은 원칙만 남고, 실질적인 정책설계는 시행령과 행정규칙으로 넘어간 셈이다. 입법자가 설계하지 않은 권한을 행정부가 재량으로 행사하면서, 법률의 실질은 비어버린다.

따라서 법률이 곧 정책이 되어야 한다. 입법 단계에서 정책 설계와 사업 설계, 실행 체계를 아우르는 구조가 마련되어야 한다. 법률 안에는 최소한 다음과 같은 구성 요소가 포함되어야 한다. 첫째, 정책목표를 명확히 규정해야 한다. 문제 인식과 배경 분석, 그리고 달성하려는 목표가 담겨야 한다. 둘째, 정책 수단이 들어가야 한다. 주요 전략과 세부 사업 항목, 제도적 장치를 법률 차원에서 명시해야 한다. 셋째, 재정 근거가 필요하다. 예산의 범위, 기금 운용 방식, 성과 기준을 법률로 담아야 한다. 넷째, 실행 설계가 뒤따라야 한다. 이행 주체와 역할 분담, 추진 일정을 구체적으로 법에 적시해야 한다. 다섯째, 성과 평가도 필수이다. 성과 지표와 평가 주기, 조정 기준이 법률에 담겨야 한다. 마지막으로, 유연성 장치가 필요하다. 시행령이나 고시에 위임할 범위를 명확히 하고, 국회 보고 요건 등을 통해 권한이 과도하게 이양되지 않도록 해야 한다. 이렇게 설계된 법률은 "계획이 필요 없는 법률"이 된다. 다시 말해 행정부가 넘어설 수 없는 정책 설계의 울타리가 법률 그 자체로 존재하게 되는 것이다. 이를 통해 국민은 법률만으로도 정책의 방향을 명확히 이해할 수 있고, 별도의 기본계획을 만들지 않아도 정책은 실행 가능하다. 정권이 바뀌더라도 정책의 방향과 뼈대는 유지되며, 국회의 입법 권능이 회복된다. 정치가 다시 '정책 설계의 기술'로 돌아오는 것이다.

<표 35> 정책 설계, 사업 설계, 실행 체계 설계로서의 입법의 모습

구성 요소	법률에 포함될 내용
정책목표	문제 인식, 배경 분석, 목표 설정 등
정책 수단	주요 전략, 세부 사업 항목, 제도 장치 등
재정 근거	예산 범위, 기금 운용 방식, 성과 기준 등
실행 설계	이행 주체, 역할 분장, 추진 일정 등
성과 평가	성과 지표, 평가 주기, 조정 기준 등
유연성 장치	시행령/고시 위임 범위 명시, 국회 보고 요건 등

15) 유도정책의 정책법학적 의미

유도정책은 국가가 직접 강제하지 않고, 기본계획·중장기계획·지침 등을 통해 사회와 시장을 일정한 방향으로 "끌어가는" 법제적 장치이다. 헌법상 국가계획의 근거(예: 국토종합계획, 교육발전계획, 과학기술기본계획)는 모두 법률에 위임된 계획권에 기초한다. 따라서 유도정책은 행정계획이라는 형태로 나타나며, 법적 성격은 '행정의 자기구속'과 '정책 방향의 공표'라는 이중 구조를 가진다. 국민에 대해서는 직접적 강제력이 약하지만, 행정부와 지자체에는 사실상 구속력을 갖고, 예산·인허가·보조금 배분의 기준으로 작동한다. 즉, 유도정책은 단순한 선언이 아니라, 법률적 근거를 가진 정책 방향 설정 수단이라는 점에서 법제적으로 의미가 있다.

유도정책은 단순히 정부가 미래의 방향을 정리한 행정계획이 아니라, 법과 정책의 상호작용을 보여주는 중요한 지점이다. 정책법학 관점에서 볼 때, 유도정책은 첫째, law as policy tool의 성격을 갖는다. 법률은 정부가 기본계획을 수립할 권한과 절차를 규정함으로써, 계획을 가능하게 하는 제도적 수단이 된다. 대부분의 개별 법률은 "정부는 5년마다 기본계획을 수립한다"와 같은 조항을 포함하고 있으며, 이는 계획이 법률적 근거를 토대로 성립한다는 점을 보여준다. 둘째, 유도정책은 law as policy constitution의 차원에서도 의미가 있다. 법률에 의해 계획의 주체, 절차, 심의 기구, 수립 주기, 국회 보고 의무 등이 구조화되면서, 유도정책은 단순한 행정문서가 아니라 법적으로 제도화된 행정작용으로 자리 잡는다. 즉, 계획은 정부의 자율적 선언이 아니라 헌법적·법률적 질서 속에서 움직이는 제도화된 정책 활동이다. 셋째, 유도정책은 policy as law-making force의 성격을 지닌다. 기본계획은 선언적이고 장기적인 지향을 담지만, 시간이 흐르면서 구체적 법률 제정이나 개정의 근거로 작동한다. 예컨대 '저출생·고령사회기본계획'은 부모급여, 돌봄서비스, 근로시간 단축과 같은 제도의 법제화를 이끌어냈다. 이는 곧 정책이 입법을 선도하는 힘이 될 수 있음을 보여준다. 정책이 단순히 법의 하위에 놓이는 것이 아니라, 오히려 미래의 법을 낳는 모태로 기능한다는 점에서 정책법학적으로 큰 의의를 가진다. 마지막으로 유도정책은 policy-to-law dynamics의 차원에서도 중요하다. 정책이 계획으로 나타나고, 그 계획이 다시 법률 개정·행정입법·재정운용에 반영되면서, 법과 정책은 순환적·상호작용적 관계를 형성한다. 이때 계획은 단순한 중간 산물이 아니라, 법과 정책의 다리 역할을 하며, 행정부–입법부–시민사회 간의 조정 메커니즘을 제공한다. 결국 유도정책은 "법에 의한 계획"이자 동시에 "법을 낳는 계획"이다. 법은 계획에 제도적 정당성을 부여하고, 계획은 다시 법을 만들어내는 힘이 된다.

16) 유도정책의 설계

유도정책의 출발점은 언제나 문제 인식과 방향 설정이다. 사회 전반에 걸쳐 나타나는 구조적 문제나 장기적 과제가 발견되면, 정부는 이를 개별 사업이 아니라 종합 계획으로 풀어야 할 필요성을 느낀다. 저출생·고령화, 기후변화, 디지털 전환과 같은 주제들이 바로 그 예다. 이 단계에서는 사회적 요구를 집약하고, 정책목표를 미래지향적으로 설정하는 것이 핵심이다.

다음은 법적 근거의 확보와 제도화 과정이다. 유도정책은 단순히 정부가 임의적으로 작성하는 행정계획이 아니다. 대다수의 기본계획은 법률에 근거를 두며, 계획 수립 주기, 주관 부처, 심의 절차, 국회 보고 의무 등이 규정된다. 이는 유도정책이 법률적 정당성을 바탕으로 성립한다는 점을 의미한다. 계획이 법에 뿌리를 내릴 때 비로소 단순한 행정문서가 아니라, 제도적 구속력을 가진 정책 활동으로 인정된다.

이후에는 계획 수립과정에서의 참여와 숙의가 중요하다. 유도정책은 방향과 전략을 제시하는 성격을 갖기 때문에, 공무원 집단의 내부 기획만으로는 부족하다. 전문가, 시민사회, 산업계, 지방정부 등 다양한 이해관계자의 참여가 제도적으로 보장되어야 한다. 공청회, 자문위원회, 합동위원회 등이 동원되며, 이는 계획의 민주적 정당성을 강화한다. 이 단계에서의 참여가 부족하면 계획은 단순히 정부의 선언문에 그칠 위험이 크다.

다음은 정책 수단과 실행 체계의 설계이다. 유도정책은 당장 법적 효과를 발생시키는 것이 아니라, 향후 5년, 10년을 두고 정부 활동을 조정하는 지침이 된다. 따라서 재정 투입의 우선순위, 하위계획과의 연계, 관련 부처 간 역할 분담, 평가 지표 설정 등이 반드시 포함되어야 한다. 이는 단순한 목표 나열이 아니라, 구체적인 실행 구조를 제도적으로 묶어내는 작업이다.

이후 입법·재정과의 연계 단계가 이어진다. 유도정책은 본질적으로 "법을 낳는 정책"이다. 계획에서 설정된 목표와 방향은 이후 구체적인 법률 제·개정, 시행령·고시, 예산 편성으로 연결되어야 한다. 예컨대 기후변화 대응 기본계획이 탄소중립법, 배출권거래제법 등으로 확산되는 식이다. 이 과정을 통해 정책은 단순한 선언을 넘어 법적·재정적 구속력을 가진 실질적 제도로 자리 잡는다.

마지막 단계는 평가와 환류이다. 유도정책은 장기 계획이기 때문에, 상황 변화에 따라 점검과 수정이 필수적이다. 정책목표 달성 여부, 예산 투입의 효과, 사회적 수용성 등을 주기적으로 평가하고, 이를 다시 계획 개정으로 연결하는 순환 구조를 마련해야 한다. 이 단계에서 사법부의 판례나 헌법적 가치 판단이 영향을 주기도 한다. 결국 유도정책은 고정된 문서가 아니라, 법과 정책이 상호작용하며 끊임없이 갱신되는 살아 있는 구조이다.

파. 보상/배상 정책

1) 보상/배상 정책이란?

보상과 배상은 행정작용이나 사회적 관계로 인해 발생한 손해를 보전하거나 회복하는 정책적 장치로서, 그 원인과 관계 유형에 따라 법적 성격과 정책 설계가 달라진다. 이 둘은 손해 발생의 원인이 적법/위법, 공적/사적, 정부/사인에 따라 구분된다.

<표 36> 손실보상, 손해배상, 사적 손해배상의 차이

유형	원인	법적 근거	예
손실보상	적법한 공적 행위로 인한 재산상 손실	헌법 제23조 제3항	공익사업 수용 보상, 방역 조치 손실보상 등
손해배상	위법한 공적 행위 (또는 과실)로 인한 손해	국가배상법 등	공무원 직무상 과실, 위법한 행정처분
사적 손해배상	사인 간 위법행위 또는 계약불이행	민법	계약 위반, 불법행위에 따른 배상 청구

보상/배상 정책은 정부, 시민사회, 그리고 정부 상호 간의 관계에서 발생하는 손실과 피해를 어떻게 분담·조정할 것인가에 관한 정책적 장치로 이해할 수 있다. 관계 유형별로 접근하면 다음과 같이 정리된다. 첫째, 정부와 시민사회 간 관계에서는 손실보상과 국가배상이 핵심이다. 손실보상은 공익적 목적에 따른 적법한 개입이지만, 특정 개인이나 집단에게 과도한 부담이 전가될 경우 이를 시정하는 장치이다. 대표적인 사례로 감염병 확산 시 영업 제한으로 인한 손실보상, 공익사업 수용 보상, 예방접종 피해 보상 제도를 들 수 있다. 반면 국가배상은 공무원의 위법행위나 과실로 인해 시민이 피해를 입은 경우 국가가 책임을 지는 구조이다. 예컨대 경찰의 과잉 진압, 위법한 세금 부과, 행정절차 미준수로 인한 피해가 이에 해당한다.

둘째, 시민사회 내부의 관계에서는 주로 사법적 손해배상이 작동한다. 교통사고, 명예훼손, 계약 불이행, 부당해고 등은 사법적 분쟁을 통해 배상 여부가 결정된다. 그러나 최근에는 단순 소송을 넘어, 분쟁 해결 수단으로서 조정·중재 정책과 결합되는 사례가 많다. 소비자분쟁조정위원회, 노동위원회의 조정, 금융감독원의 민원 조정 제도 등이 대표적이다. 이는 배상정책이 사법 영역뿐 아니라 행정적·정책적 조정기능과도 밀접히 연계된다는 점을 보여준다.

셋째, 정부와 정부 간 관계에서는 보상/배상 개념이 직접적으로 사용되는 경우는 드물지만, 책임 조정의 형태로 나타난다. 예를 들어 지방정부가 중앙정부 정책을 위임받아 수행하다 발생한 손실에 대해 국비 보전을 요구하거나, 위임사무 처리 과정에서 발생한 소송비용을 국가가 일부 부담하는 방식이 있다. 더 나아가 국제법 영역에서는 FTA 협정 위반이나 외교적 손해 배상 등 국가 간 배상 협정이 그 예가 된다.

즉, 보상/배상 정책은 정부–시민, 시민–시민, 정부–정부 간 다양한 관계 맥락에서 손실과 피해의 공정한 분담을 제도화하는 기능을 수행하며, 법적·정책적 차원의 조율이 동시에 필요하다.

2) 보상/배상 정책의 정책적 의미

보상/배상 정책은 국가와 시민사회, 시민사회 내부, 그리고 정부 상호 간의 다양한 관계에서 작동하는 제도로, 단순히 피해 회복을 넘어 사회 전체의 법적·정치적·윤리적 균형을 유지하는 장치라는 점에서 큰 정책적 의미를 가진다. 먼저 국가 ↔ 시민사회 관계에서는, 보상은 정당한 공익 개입의 한계를 보완하는 기능을 한다. 감염병 확산 방지를 위해 영업을 제한하거나, 도시계획을 위해 토지를 수용하는 것은 사회 전체를 위한 적법한 개입이지만, 그 과정에서 특정 개인이나 집단에게 과도한 희생이 집중된다면 이는 사회적 정의에 반한다. 따라서 손실 보상은 공익 실현의 정당성을 뒷받침하는 장치이다. 반면, 국가배상은 공무원의 위법·과실 행위에 따른 피해를 회복하는 장치로, 권력 행사에 대한 책임성을 제도화한다. 이처럼 보상/배상 정책은 공익과 기본권 사이의 균형을 보장하며, 시민과 국가 간 신뢰의 기반을 형성한다.

둘째, 시민사회 ↔ 시민사회 관계에서 보상/배상은 분쟁 해결의 핵심 수단이다. 교통사고, 명예훼손, 계약 불이행과 같은 일상적 분쟁에서 손해배상은 피해자의 권리를 회복시키고, 가해자에게는 법적 책임을 부과함으로써 사회 질서를 유지한다. 또한 소비자분쟁조정위원회, 노동위원회 조정, 금융감독원의 민원조정 제도처럼, 국가가 분쟁 해결 메커니즘을 제도화하여 사회적 갈등을 완화하는 것도 보상/배상 정책의 정책적 의미에 포함된다. 이는 사적 자율과 공적 조정이 결합된 형태로, 사회적 신뢰를 유지하는 중요한 장치이다.

셋째, 정부 ↔ 정부 혹은 국가 ↔ 국가 관계에서 보상/배상은 책임 조정의 의미를 가진다. 중앙정부와 지방정부 간에는 위임사무 처리 과정에서 발생하는 손실에 대한 국비 보전, 소송 비용의 일부 부담 등 협력적 책임 분담 구조가 존재한다. 국가 간에는 국제법상 배상 협정, 예컨대 외교적 손해 배상이나 FTA 관련 분쟁에서의 보상/배상 규정이 대표적이다. 이는 국제사회에서의 신뢰 유지와 질서 형성의 기초가 된다.

따라서 보상/배상 정책은 단순한 법적 의무 이행이 아니라, 사회 질서와 공정성의 회복 장치라는 점에서 정책적 의미를 지닌다. 보상은 정당한 공익 개입의 뒷받침, 배상은 위법행위에 대한 책임 실현이라는 두 축을 통해, 행정의 책임성과 시민권의 보장을 균형 있게 실현한다. 또한 사회 내부 갈등 조정, 정부 간 책임 배분, 국제적 신뢰 구축 등 다양한 층위에서 사회적 안정과 정의를 구현한다. 결국 보상/배상 정책은 법치주의와 민주주의를 구체적 제도 속에서 살아 움직이게 만드는 정책적 메커니즘이라 할 수 있다.

3) 보상/배상 정책과 제재정책

제재정책과 보상/배상 정책은 얼핏 보면 정반대의 방향성을 가진 듯 보인다. 전자는 국가가 국민에게 불이익을 가하는 규제적·처벌적 정책이고, 후자는 국민이 국가로부터 입은 손해를 보전받는 회복적·형평적 정책이다. 그러나 두 정책은 본질적으로 "국가작용과 국민의 피해를 어떻게 조정할 것인가"라는 같은 축 위에 놓여 있다. 제재 정책의 출발점은 국민의 위반행위다. 국가가 법령에 따라 질서를 유지하고 공익을 실현하기 위해 위법이나 부정한 행위를 제재 대상으로 삼는다. 따라서 정책 설계에서 가장 중요한 것은 구성요건을 명확히 하고, 제재의 수위가 비례원칙에 맞게 적정하게 이루어지도록 재량을 통제하는 일이다. 과도한 제재는 권력의 오남용으로 이어지고, 지나치게 약한 제재는 규범의 실효성을 무너뜨린다. 국민의 관점에서 제재정책은 "내가 처벌을 받았다 또는 기존의 혜택을 잃었다"라는 경험으로 받아들여진다.

반면 보상/배상 정책의 출발점은 국민의 손해 발생이다. 그것이 적법한 공공 필요에 의한 것이든(손실보상), 위법한 공무원의 행위 때문이든(손해배상), 국민은 국가작용으로 피해를 입었다는 사실에 주목한다. 따라서 정책 설계의 중심축은 피해를 어떻게 식별하고, 어느 범위에서 산정하며, 어떤 방식으로 공정하게 보상할 것인가에 있다. 여기에는 금전보상뿐 아니라 현물, 서비스, 사회적 지원 등이 포함된다. 국민의 관점에서는 "국가 때문에 피해를 봤는데, 그에 대해 정당한 보상을 받는가"가 핵심이다.

<표 37> 보상/배상 정책과 제재 정책의 비교

구분	제재 정책	보상/배상 정책
정책 작용의 방향	국가 → 국민에게 제재를 가함	국민 → 국가에 의해 입은 피해를 보전
정책의 성격	규제적, 처벌적	회복적, 형평적
핵심 논점	무엇을, 언제, 어떤 조건에서 불이익으로 규정할 것인가?	어떤 상황에서 국민의 피해를 공정하게 보상할 것인가?
출발점	국민의 위반행위 → 제재 필요성	국민의 손해 발생 여부 → 보전 필요성
사법 기준	구성요건 해당성, 과실/고의, 비례원칙, 재량 통제 등	위법성(배상) 또는 적법한 공공 필요(보상)에 따른 손해 발생 여부
국민 관점	'내 처벌을 받거나 혜택을 잃었다'	'내가 피해를 봤고, 정당하게 보상받고 싶다'
정부의 역할	질서 유지, 공익 실현, 억제력 행사	국민의 신뢰 보전, 사회적 수용 확보, 형평성 회복
정책설계 중심축	구성요건 명확화 + 비례성 통제	피해 식별 + 피해 산정 + 보상 방식 설계
대표 사례	보조금 환수, 명단 공개, 허가 취소, 수급자격 박탈 등	토지 수용 보상, 공공사업 손실보상, 위법행위에 따른 국가배상 등

두 정책의 차이를 법학적으로 보면, 제재 정책은 주로 위법행위를 구성요건화하고 비례성, 책임성의 원리를 적용하는 반면, 보상/배상 정책은 위법 여부와 무관하게 발생한 손해의 정

당한 보전을 강조한다. 그러나 정책학적으로 두 정책은 분리되지 않는다. 국가가 공권력을 행사하면서 국민에게 불이익을 준 경우, 이는 제재의 문제이고 동시에 피해 보상의 문제로 이어진다. 예컨대 보조금을 부정수급한 자에게 환수와 자격 제한을 부과하는 것은 제재 정책이지만, 동시에 해당 제도의 운영 과정에서 선의의 피해자가 발생한다면 별도의 보상정책이 병행되어야 한다. 결국 제재정책과 보상/배상 정책은 국가권력과 국민 권리의 긴장을 조정하는 두 가지 얼굴이라 할 수 있다. 전자는 국가의 억제력과 질서 유지의 장치이고, 후자는 국민의 신뢰와 사회적 수용을 확보하는 장치이다. 정책법학의 관점에서 보면 이 둘은 대립이 아니라 연속선 위에 있는 상호 보완적 구조이며, "국가 작용에 따른 피해 조정 정책"이라는 더 큰 범주 안에서 이해할 때 비로소 그 균형이 잡힌다.

하지만, 양자는 정책법학의 틀에서는 다음과 같은 통합적 관점이 유효하다. 벌과 불이익과 같은 제재는 국가가 의도적으로 특정 행위를 제한하거나, 기존의 이익을 박탈하여 질서를 세우는 작용이다. 반면, 보상/배상은 국가가 의도했든 아니든, 그 작용의 결과로 발생한 국민의 피해를 보전하려는 작용이다. 즉, 이 둘은 대립되는 개념이 아니라, 국가 작용과 국민 피해 간의 조정 구조 안에서 서로 연결된 정책 유형일 수 있다. 국가의 공권력 행사로 인해 국민에게 직접적인 불이익이 가해지는 경우, 이는 벌과 제재의 문제이고, 그 행위의 결과로 국민이 손해를 입었다면, 그것이 적법하든 위법하든 간에 국가는 책임 있고 정당한 보전 방안을 마련해야 한다.

4) 손실보상, 손해배상 그리고 정당한 보상

손실보상과 손해배상은 모두 재산적 손해를 회복한다는 점에서 유사해 보이지만, 그 법적 성격과 전제, 목적은 본질적으로 다르다. 손실보상은 적법한 공권력 행사에도 불구하고 특정 개인이나 집단이 특별한 손실을 입게 된 경우, 공익을 위해 감수한 사익 침해에 대해 정당한 대가를 지급하는 제도이다. 반면 손해배상은 위법한 행위로 인한 피해를 회복하는 제도로, 행위자의 고의·과실과 위법성이 반드시 전제된다. 따라서 손실보상은 "공익적·적법한 개입의 대가"라는 점에서 정당성이 중심이 되고, 손해배상은 "위법행위에 대한 책임"이라는 점에서 책임성이 핵심이 된다. 손실보상은 주로 행정법 영역에서 다뤄진다. 헌법 제23조 제3항은 "공공필요에 의한 재산권의 수용·사용 또는 제한은 법률로써 하되, 정당한 보상을 지급하여야 한다"라고 규정하고 있다. 여기서 정당한 보상이란 헌법재판소의 판시처럼 '완전보상'을 의미한다.140) 즉, 피수용 재산의 객관적 가치를 전액 보전해야 하며, 보상의 시기와 방법에서도 어떠한 제한을 두어서는 안 된다는 것이다. 예컨대 도시계획, 토지수용, 문화재 지정 등은 공익적 필요로 개인 재산권을 제한하는 경우이므로 반드시 정당한 보상이 수반되어야 한

---

140) 헌법재판소는 "손실보상의 원인이 되는 재산권의 침해가 기존의 법질서 안에서 개인의 재산권에 대한 개별적인 침해인 경우에는 그 손실보상은 원칙적으로 피수용재산의 객관적인 재산가치를 완전하게 보상하는 것이어야 한다는 완전보상을 뜻하는 것으로서 보상금액뿐만 아니라 보상의 시기나 방법 등에 있어서도 어떠한 제한을 두어서는 아니된다는 것을 의미한다고 할 것이다."라고 판시한 바 있다(89헌마107).

다. 최근에는 감염병 대응 과정에서 영업 제한으로 생계 피해가 발생했을 때도 손실보상의 문제가 제기된다.

반면 손해배상은 민법 제750조에 기초한다. "고의 또는 과실로 인한 위법행위로 타인에게 손해를 가한 자는 그 손해를 배상할 책임이 있다"라는 규정에 따라, 손해배상의 핵심은 과실책임주의에 있다. 아무리 손해가 크더라도 행위자가 고의나 과실이 없다면 책임은 성립하지 않는다. 또한 행위와 손해 사이에 상당한 인과관계가 존재해야 하며, 배상의 목적은 피해자의 권리 회복에 있는 만큼 원상회복 성격을 갖는다. 따라서 과잉 보상이나 징벌은 허용되지 않는다. 교통사고, 의료 과실, 명예훼손, 계약불이행 등이 전형적인 손해배상 사례이다. 행정법 영역에서는 국가배상책임이 중요한 의미를 가진다. 국가배상법 제2조[141]는 공무원이 직무를 집행하면서 고의 또는 과실로 법령을 위반해 타인에게 손해를 끼친 경우, 국가나 지자체가 그 손해를 배상해야 한다고 규정한다. 즉, 손해배상의 요건을 그대로 가져오되, 국가의 공권력 행사와 결합된다는 점에서 특징이 있다. 예컨대 공무원의 부적법한 명령으로 기업이 손해를 입었다면, 이는 국가배상책임의 성립 가능성이 있는 것이다.

정리하면, 손실보상은 공익 달성을 위한 적법한 개입으로 인한 사익 침해에 대한 정당한 회복 장치이고, 손해배상은 위법한 행위에 대한 책임을 전제로 한 회복 장치이다. 손실보상은 공익과 사익의 균형을 확보하는 정당성이, 손해배상은 위법행위에 대한 귀책과 책임성이 중심이다. 결국 정당한 보상이란, 적법한 개입일 경우에는 완전한 손실보상을 통해 공익 실현의 정당성을 뒷받침하고, 위법한 행위일 경우에는 손해배상을 통해 책임을 명확히 하여 법질서를 유지하는 것을 의미한다.

<표 38> 손실보상과 손해배상의 비교

구분	손실보상	손해배상
법적 영역	주로 공법(행정법) 영역	주로 사법(민법) 영역
요건	적법한 공권력 행사 → 재산상 특별한 손실 발생	위법한 행위 + 고의·과실 + 인과관계 + 손해
기준 원칙	정당한 보상 (헌법 제23조 제3항[142])	과실책임주의 (민법 제750조[143] 등)
목적	공익 달성을 위한 사익 침해의 보상	사인의 권리 침해에 대한 책임 추궁과 회복
적용 예	도시계획, 토지수용, 문화재 지정 등	교통사고, 의료과실, 명예훼손, 불법행위 등

---

141) 제2조(배상책임) ① 국가나 지방자치단체는 공무원 또는 공무를 위탁받은 사인(이하 "공무원"이라 한다)이 직무를 집행하면서 고의 또는 과실로 법령을 위반하여 타인에게 손해를 입히거나, 「자동차손해배상 보장법」에 따라 손해배상의 책임이 있을 때에는 이 법에 따라 그 손해를 배상하여야 한다. 다만, 군인·군무원·경찰공무원 또는 예비군대원이 전투·훈련 등 직무집행과 관련하여 전사(戰死)·순직(殉職)하거나 공상(公傷)을 입은 경우에 본인이나 그 유족이 다른 법령에 따라 재해보상금·유족연금·상이연금 등의 보상을 지급받을 수 있을 때에는 이 법 및 「민법」에 따른 손해배상을 청구할 수 없다. ② 제1항 본문의 경우에 공무원에게 고의 또는 중대한 과실이 있으면 국가나 지방자치단체는 그 공무원에게 구상(求償)할 수 있다. ③ 제1항 단서에도 불구하고 전사하거나 순직한 군인·군무원·경찰공무원 또는 예비군대원의 유족은 자신의 정신적 고통에 대한 위자료를 청구할 수 있다.

5) 정당한 보상에 대한 새로운 해석

우리 법제에서 "정당한 보상"이라는 용어는 오랫동안 손실보상에만 한정되어 사용되어 왔다. 헌법 제23조 제3항은 공공필요에 의한 재산권의 수용·사용 또는 제한이 있을 때 정당한 보상을 지급하도록 규정하고 있다. 이는 적법한 공권력 행사로 인한 피해, 즉 손실보상의 원칙을 명문화한 것이다. 반면 손해배상은 국가배상법이나 민법 제750조에 기초하여, 위법한 행위와 고의·과실을 전제로 성립하는 책임으로 규율된다. 법학적 관점에서 보상과 배상은 성격이 다르고, 용어 역시 구분되어 사용된다. 그러나 국민의 입장에서 보면 이야기는 달라진다. 적법한 공권력 행사로 인한 손실이든, 위법한 행정작용으로 인한 손해든, 현실에서 중요한 것은 "내가 피해를 입었다는 사실"이다. 피해를 입은 당사자에게는 그것이 적법한 침해인지 위법한 침해인지가 부차적인 문제일 수 있다. 결국 핵심은 "국가로 인해 발생한 손해가 정당하게 보전되는가"이며, 이를 충족하지 못하면 정책에 대한 신뢰와 수용성이 무너질 수밖에 없다.

<표 39> 정책학 관점에서의 보상/배상 정책: 패러다임의 전환

구분	전통적인 법학적 관점	정책학적 관점
기준	위법 여부, 고의/과실, 인과 관계	정책 수행으로 인한 사회적 피해 및 형평
초점	사법적 책임 → 개별 청구권 보장	행정적 조정 → 집단적 손실 및 정책 수용성
질문	'누가 잘못했는가?'	'누가 손해를 봤는가? 왜? 어떻게 보전할 것인가?'
적용 대상	불법행위에 대한 배상 중심	공적 개입에 따른 피해조정과 정책 수용 기반 확보
보완 요소	손해와 위법성 중심	손실 + 이익 조정이라는 균형을 강조

이 지점에서 정책학적 사고는 법학적 사고와 다른 길을 걷는다. 법학은 위법성과 과실, 인과 관계를 출발점으로 판단한다. 반면 정책학은 국민의 손해 발생 여부, 형평성, 공정성, 수용성을 판단의 출발점으로 삼는다. 따라서 정책적 관점에서는 손실보상과 손해배상을 모두 포괄하는 "정당한 보상"의 개념화가 필요하다. 즉, 정당한 보상은 손실보상에만 국한되는 법적 개념이 아니라, 손해배상까지도 아우르는 국민 중심의 정책 원칙으로 재구성될 수 있다. 이러한 새로운 해석은 단순히 개념상의 확장을 의미하지 않는다. 정당한 보상을 손실과 손해 전반에 걸쳐 적용한다는 것은, 국가의 위법 여부가 아니라 국민의 피해 보전이라는 정의 실현을 정책 설계와 법제화의 핵심에 두는 것을 뜻한다. 이는 정부가 피해를 조정하고 보전하는 적극적 역할을 수행해야 한다는 것을 전제로 한다. 다시 말해, "누가 피해를 입었는가"가 정책의 출발점이 되어야 하며, 그 피해가 적법한 개입에서 비롯되었든 위법한 행위에서 비롯

---

142) 제23조 ① 모든 국민의 재산권은 보장된다. 그 내용과 한계는 법률로 정한다. ② 재산권의 행사는 공공복리에 적합하도록 하여야 한다. ③ 공공필요에 의한 재산권의 수용·사용 또는 제한 및 그에 대한 보상은 법률로써 하되, 정당한 보상을 지급하여야 한다.

143) 제750조(불법행위의 내용) 고의 또는 과실로 인한 위법행위로 타인에게 손해를 가한 자는 그 손해를 배상할 책임이 있다.

되었든 간에 정당하고 공정한 방식으로 보상받을 수 있도록 체계화하는 것이 필요하다. 결국 정당한 보상에 대한 새로운 해석은 법학의 영역을 넘어 정책학적 재구성을 요구한다. 이는 법치주의의 한계를 보완하고, 국민 신뢰와 사회적 수용성을 확보하기 위한 필수적 전환이다. 정당한 보상은 더 이상 손실보상에만 국한될 수 없으며, 국민의 피해 전반을 정당하게 회복하는 원칙으로 자리 잡아야 한다.

6) 보상/배상 정책의 구성 요소와 실제 적용

정책법학의 관점에서 보상/배상 정책은 다음과 같은 요소를 포함한다.

- 피해 발생 여부의 확인: 정책 시행 과정에서 누가 의도치 않게 피해를 입었는가를 먼저 탐지해야 한다. 이는 법적 위법성 판단 이전에, 정책 효과의 부작용을 사회적으로 확인하는 과정이다.
- 피해의 측정 기준 설정: 법학은 재산적 손실을 중심으로 하지만, 정책학은 정주권, 공동체 해체, 사회적 낙인 등 비재산적 손실까지 고려해야 한다.
- 보상/배상의 방식 설계: 단순한 금전 배상을 넘어, 현물보상, 재정착 지원, 사회서비스 제공 등 다양한 보상 형태를 제도적으로 설계할 수 있다.
- 이익 조정 및 환수 장치 병행: 특정 집단이 정책으로 이익을 얻었다면, 일부 환수나 사회적 재분배를 통해 형평성을 조정해야 한다. 피해자 보상과 수익자 환수는 정책 수용성을 높이는 쌍생적 구조이다.
- 절차적 정당성 확보: 청문, 의견수렴, 제도 홍보, 이의제기 절차를 통해 제도의 투명성과 수용성을 담보한다.

정리하면, 보상/배상 정책은 단순히 피해자를 돕는 것만이 아니라, 피해와 이익을 함께 조정하는 장치라고 볼 수 있다. 즉, 어떤 사람이 정책 때문에 손해를 봤다면 정당하게 보상해주어야 하고, 반대로 어떤 사람이 정책 덕분에 큰 이익을 얻었다면 그 이익을 일부 환수해 사회 전체와 나눠야 한다는 것이다. 먼저 피해 보상은 단순한 금전 보상에 그치지 않는다. 예를 들어 집이나 가게를 잃은 사람에게는 현금 대신 새 아파트 분양권이나 재정착 지원, 영업 재개를 위한 도움을 주는 방식도 가능하다. 중요한 건 같은 상황에서 누구나 비슷한 기준으로 보상을 받을 수 있어야 한다는 점이다. 이익 환수는 개발이익 환수제, 기부채납, 부담금처럼 정책 때문에 생긴 초과이익을 사회로 되돌리는 제도이다. 예를 들어 재개발 사업에서 원주민은 보상을 받고, 시행사나 일반 분양자가 얻은 이익 일부는 공공기여로 환수하는 식이다. 즉, 보상과 환수는 따로 떨어진 게 아니라, 정책의 수용성을 높이기 위한 하나의 세트라고 할 수 있다. 피해자가 공정하게 보호받고, 이익을 본 사람이 공정하게 사회에 기여한다면, 국민들은 정책을 더 쉽게 받아들이게 된다.

결국 보상/배상 정책은 "누가 잘못했는가?"보다는 "누가 손해를 봤고, 어떻게 공정하게 회복할 것인가?"라는 질문에서 출발해야 한다. 동시에 "누가 이익을 보았는가?"까지 함께 고려할 때 비로소 사회 전체의 형평이 맞춰지고 정책이 정당성을 얻게 된다. 위와 같은 원칙을 실제 정책 사례에 적용해보면 다음과 같다.

- 도시 재개발 정책: 기존 원주민은 이주와 생활 터전 상실이라는 피해를 본다. 동시에 시행사와 일반 분양자는 막대한 이익을 얻는다. 정책법학적 조정은 원주민에 대한 정당한 보상(이주비, 재정착 지원)과 동시에, 분양 수익 일부를 공공에 환수(기부채납, 공공시설 설치 등)하는 구조로 설계되어야 한다.
- 환경 규제 정책: 소상공인은 규제로 영업제한 피해를 입지만, 대기업이나 장기투자자는 환경 개선 효과로 이익을 얻는다. 따라서 소상공인에게는 피해 보상을 제공하면서, 대기업에게는 탄소세·환경기여금을 부과하여 형평성을 유지하는 조정 구조가 필요하다.
- 공공 인프라 건설: 도로 건설로 인한 소음 피해 주민은 불이익을 입고, 인근 지가 상승 주민은 이익을 얻는다. 따라서 소음 피해 주민에게는 이전지원이나 보상을 제공하고, 동시에 개발이익 환수나 지구단위 계획 기부금을 통해 수익자를 통제하는 구조가 필요하다.

7) 보상/배상 정책의 정책법학적 의미

보상/배상은 모두 국가와 사회가 법치주의 원리 아래에서 피해를 어떻게 회복할 것인가라는 문제와 직결된다. 법적으로는 두 개념이 뚜렷하게 구분된다. 보상은 적법한 공권력 행사로 인해 특정 개인이나 집단이 특별한 손해를 입은 경우, 공익 달성의 대가로서 정당하게 지급하는 금전적·비금전적 보전을 의미한다. 헌법 제23조 제3항이 그 근거로, '정당한 보상'을 요구한다. 반면 배상은 위법한 행위에 따른 책임 실현이다. 국가배상법과 민법 제750조는 고의·과실과 인과관계를 전제로, 위법 행위로 인한 손해를 원상회복하는 책임을 규정한다. 따라서 법제적 의미에서 보상은 '정당성'을, 배상은 '책임성'을 핵심으로 한다. 보상은 적법한 공익 개입의 정당한 뒷받침이며, 배상은 위법한 행위에 대한 응보적·구제적 책임 실현이다. 법학은 이 두 제도를 엄격히 구분하고, 각각의 요건·범위·한계를 명확히 하여 법적 안정성과 권리 보장을 담보한다.

정책법학은 이와 같은 법제적 의미를 수용하되, 이를 정책의 맥락 속에서 재구성한다. 국민의 입장에서 중요한 것은 '정부가 적법했는가, 위법했는가'보다도 '내가 손해를 입었는가, 그렇다면 어떻게 정당하게 회복되는가'이다. 따라서 보상/배상은 모두 "정당한 보상"이라는 큰 범주 안에서 이해될 수 있다. 정책법학은 보상/배상을 단순한 법적 책임의 문제를 넘어, 사회적 형평과 정책 수용성을 확보하는 조정 메커니즘으로 본다. 즉, 보상/배상은 조정 정책이자 형평 조정 정책이다. 법학이 위법성과 과실, 손해액 산정에 집중한다면, 정책법학은 피해 회복의 실효성, 대안 수단의 비교, 사회적 형평성 확보, 수익자 환수와 같은 요소까지 고려한다. 이 관점에서는 "누가 잘못했는가?"보다 "누가 손해를 보았으며, 이를 어떻게 복원할 것인가?"라는 질문이 중심이 된다. 따라서 보상/배상은 법적으로는 분리되지만, 정책적으로는 상호 연결된 조정 장치이며, 피해자 보호와 수익자 통제를 동시에 설계하는 것이 정책법학적 의미라 할 수 있다.

첫째, law as policy Constitution. 보상과 배상은 단순한 개별 규제 장치가 아니라, 헌법과 법률이 보장하는 권리 보장의 핵심 장치이다. 손실보상은 헌법 제23조의 '정당한 보상' 원칙을 통해 공권력 행사와 재산권 보장의 균형을 제도적으로 확보한다. 손해배상은 국가배상법을 통해 국가의 위법 행위에 대한 책임성을 헌정 질서 안에 위치시킨다. 즉, 법은 보상/배상 정책을 단순한 절차가 아니라 헌정질서의 일환으로 내재화한다.

둘째, law as policy tool. 보상/배상은 정책목표 달성을 위한 구체적 수단이기도 하다. 손실보상은 공익사업 추진 시 사회적 저항을 줄이고 정책 수용성을 높이는 도구로 기능한다. 손해배상은 행정기관과 공무원의 행위에 책임을 묻는 장치로서, 권한 남용을 예방하는 정책적 억제 수단이 된다. 즉, 법은 보상과 배상을 통해 정책의 실행 가능성과 신뢰를 확보하는 수단이 된다.

셋째, policy as law-making force. 새로운 정책 영역에서 발생하는 손해나 불이익은 종종 기존 법체계로는 다 담아내지 못한다. 이때 정책은 법제화를 촉진하는 원동력이 된다. 감염병 대응에서 영업 제한 손실보상제는 코로나19를 계기로 새롭게 법제화되었다. 환경·안전 정책에서도 집단적 피해를 보전하기 위한 특별법이 제정되는 경우가 많다. 즉, 정책적 필요가 법을 만들어내는 힘으로 작용한다.

넷째, policy-to-law dynamics. 보상/배상 정책은 '정책 집행 과정에서 발생한 문제 → 법적 제도화 → 다시 정책 실행'으로 이어지는 순환 구조를 가진다. 예컨대 도시개발 보상제도는 초기에는 정책적 합의였으나, 지금은 토지보상법으로 정교화되었고, 이후 정책적 변화(개발이익 환수 요구 등)에 따라 다시 법률 개정으로 이어졌다. 국가배상도 지금은 법률로 제도화되었고, 계속해서 판례와 정책 요구에 따라 변화를 겪는다. 즉, 정책과 법은 보상/배상 문제를 매개로 끊임없이 순환·상호작용한다.

8) 보상/배상 정책의 설계

보상/배상 정책을 실제로 집행하는 관점에서 설계하는 과정은 크게 다섯 단계로 나눌 수 있다. 첫째, 피해를 확인하는 단계이다. 정책 때문에 누가 손해를 입었는지를 정확히 파악해야 한다. 예를 들어 감염병 방역 조치로 영업 제한을 받은 자영업자, 도시개발로 삶의 터전을 잃은 주민, 행정절차 위반으로 피해를 본 시민 등이 해당한다. 이때 중요한 것은 피해자가 스스로 입증해야만 하는 구조를 피하고, 정부가 적극적으로 피해자를 식별할 수 있는 장치를 마련하는 것이다. 둘째, 피해의 크기와 성격을 측정하는 단계이다. 단순히 금전적 손실만 따지는 것이 아니라, 영업 중단으로 인한 기회비용, 공동체 붕괴, 정신적 피해 등 비재산적 손실까지 고려할 수 있어야 한다. 이를 위해 객관적 산정 기준과 더불어 다양한 보정 장치가 필요하다. 셋째, 보상/배상의 방식을 정하는 단계이다. 여기에는 금전적 보상뿐 아니라 현물 제공, 사회서비스 지원, 제도적 특례 부여 등이 포함된다. 예컨대 도로 건설로 집을 잃은 주민에게는 보상금뿐 아니라 이주 대책, 특별 분양권, 재정착 프로그램을 함께 제공하는 방식이 가능하다. 정책 설계자는 법적 근거를 명확히 하면서도 다양한 수단을 조합해 피해회복의 실효성을 높여야 한다. 넷째, 형평성 확보와 환수 장치 마련 단계이다. 피해자가 정당하게 보상받는 것만으로는 충분하지 않다. 같은 정책으로 누군가 과도한 이익을 얻었다면 그 이익을 사회로 환원해야 공정성이 확보된다. 예를 들어 재개발 사업에서는 원주민 보상과 동시에 개발이익 환수제, 기부채납 등을 병행해야 한다. 이는 보상과 배상이 단순히 "피해자 구제"를 넘어 사회 전체의 손익 균형을 맞추는 장치임을 보여준다. 마지막으로, 이러한 모든 과정은 절차적 정당성 위에서 운영되어야 한다. 피해자 의견 수렴, 이의제기 절차, 재심사 제도 등이 마련되어야 하며, 제도 자체에 대한 투명한 홍보와 접근성 보장이 뒤따라야 한다. 그래야만 정책이 법적으로도, 정책적으로도 수용성과 정당성을 확보할 수 있다.

정리하면, 보상/배상 정책의 설계는 ① 피해 확인 → ② 피해 측정 → ③ 보상/배상 방식 결정 → ④ 형평성 확보와 환수 장치 마련 → ⑤ 절차적 정당성 보장으로 이어지는 구조이다. 이 흐름을 충실히 구현할 때, 보상/배상은 단순한 행정 처분을 넘어 국민 신뢰와 정책 수용성을 지탱하는 핵심 정책 수단이 된다.

이와 달리 보상/배상 정책 자체를 법제화하는 관점에서 본다면 절차는 조금 달라지게 된다. 보상/배상 정책을 정책 설계와 법제화의 관점에서 보면, 출발점은 개별 사건의 피해가 아니라 사회적 위험과 정책의 필요성 인식이다. 예를 들어 감염병 방역조치로 자영업자의 손실 문제가 반복되거나, 대규모 개발사업에서 토지수용 보상이 사회적 갈등으로 비화될 때, 정부는 제도적 장치가 필요하다는 정책문제를 발견하게 된다. 두 번째 단계는 정책목표와 원칙의 설정이다. 단순히 "보상한다"라는 수준을 넘어서, 어떤 가치를 우선할 것인지(예: 완전보상 vs. 적정보상, 피해자 중심 vs. 국가재정 지속가능성)를 정리해야 한다. 이 과정에서 '정당한 보상' 원칙, 비례성, 형평성 등 헌법적 기준이 함께 검토된다. 세 번째 단계는 제도 설계와 수단 선택이다. 보상 기준을 시가로 할 것인지, 영업 손실은 어느 범위까지 인정할 것인지, 비재산적 피해를 어떻게 다룰 것인지 등을 구체적으로 규정한다. 더 나아가 금전보상만 할 것인지, 현물보상·사회서비스 지원·특별 분양권 등 대체 수단을 병행할 것인지도 설계 대상이다. 네 번째 단계는 법제화 과정이다. 설계된 원칙과 기준을 헌법·법률·하위법령의 구조 속에 매핑하는 단계다. 헌법이 요구하는 '정당한 보상'의 범위를 어디까지 확장할지, 손해배상 책임 규정은 국가배상법의 테두리 안에서 어떻게 보완할지를 구체적으로 담아야 한다. 이 단계에서 국회 입법, 대통령령·부령, 지방조례 등 다양한 수준의 법령 정비가 필요하다. 마지막으로, 제도 시행 후에는 정책 피드백과 법령 보완이 뒤따른다. 실제 보상/배상 집행 과정에서 형평성 문제가 드러나거나, 재정적 지속가능성에 위기가 발생하면, 이를 근거로 제도 재설계와 법령 개정이 다시 이루어진다.

하. 위기 및 안전관리 정책

1) 위기 및 안전관리 정책이란?

위기 및 안전관리정책은 공공질서와 국민의 안전을 보장하기 위해 위험을 사전에 예방하고 통제하는 데 초점을 두는 정책 유형이다. 금지나 제한 규정, 긴급처분, 즉시 강제 등 직접적인 법적 수단을 통해 위험 요인을 미리 차단하는 것이 기본이다. 그러나 현실에서 이 정책은 단순한 예방에 머무르지 않는다. 실제로 위기가 발생했을 경우에는 그 확산을 차단하고, 더 큰 재난으로 번지지 않도록 관리하는 사후적 기능까지 담당한다. 즉, 위기 및 안전관리정책은 "예방–대응–확산 차단–질서 회복"이라는 전 과정을 포괄한다. 이러한 정책은 국방정책이나 재난대응정책과 구분된다. 국방정책이 외부의 무력 위협에 대응하는 최후의 보루라면, 재난대응정책은 자연재해나 대규모 사회재난 같은 대형 위기를 다룬다. 이에 비해 위기 및 안전관리정책은 국민의 일상 속에서 치안·방범·교통안전·소방·생활안전을 다루며, 국민이 일상에서 가장 빈번하게 접촉하는 안전정책이다.

위기 및 안전관리정책은 국민이 국가와 가장 자주 접촉하는 영역이자, 국가 존재감이 일상적으로 확인되는 정책이다. 국방정책이 전쟁과 같은 극단적 상황에서만 작동하고, 재난정책이 대규모 위기 상황에서 가동된다면, 경찰·소방·교통안전·생활안전 등은 국민이 매일 경험하는 정책이다. 따라서 이 정책은 국가가 국민의 생명과 재산을 얼마나 안정적으로 보호하고 있는가를 가늠하는 지표이며, 동시에 국민의 신뢰와 국가 정당성을 실시간으로 시험하는 장치다.

이 정책의 작동 원리는 예방–대응–확산 차단–사후 보상–역량 강화라는 종합적 순환 구조에 있다. 위험을 사전에 탐지하고 통제하는 단계에서 출발하여, 사고 발생 시 즉각적 대응과 확산 방지를 거쳐, 피해자에 대한 보상과 공동체의 회복, 그리고 장기적으로 안전 역량을 강화하는 교육까지 이어진다. 이렇게 다층적으로 설계된 안전관리 체계는 단순한 경찰 행정이나 소방 활동을 넘어, 국가의 제도적 기반을 구성하는 중요한 축이다. 특히 민주사회에서는 안전 확보가 곧 기본권 제한과 직결되기 때문에, 언제나 자유와 안전의 균형이라는 근본 과제가 내재한다. 국민의 '알 권리'는 생존 기회를 보장하는 첫 단계이며, 정부가 제때 올바른 정보를 제공하지 못할 경우 이는 곧 국가적 참사로 이어진다. 마찬가지로 국민의 '살 권리'는 모든 정책적 고려보다 우선되는 최우선 가치로, 이를 보장하는 국가의 역량은 정책의 성패와 직결된다. 결국 위기 및 안전관리정책은 국가 존속을 뒷받침하는 기초적 정책이다. 국방정책이 국가의 최후 보루라면, 안전관리정책은 국민의 일상을 떠받치는 기반이다. 따라서 위기 및 안전관리정책은 단순히 특정 부처의 집행정책이 아니라, 국민의 안전을 지탱하고 국가 정당성을 형성하는 국가 존재의 최전선이라 할 수 있다.144)

---

144) 안전관리정책과 내우/외환 대응 정책은 상호 연계되어 있다. 양자의 차이를 명확히 구분하는 것은 정책과 국정이라는 관점에 매우 중요하다. 예를 들면, '이태원 참사'를 안전관리의 문제인지, 사회재난의 문제인지를 정확히 구분할 필요가 있기 때문이다.

2) 주요 쟁점

위기 및 안전관리정책은 국민의 일상과 가장 밀접하게 맞닿아 있는 정책인 만큼, 본질적으로 수많은 갈등과 한계를 내포한다. 이러한 갈등은 크게 헌법적 원칙 차원과 현실적 집행 차원에서 각각 드러난다.

A. 원칙적 쟁점: 자유권과 공공복리의 긴장

안전 확보는 언제나 국민의 자유권 제한을 수반한다. 경찰권 발동, 소방의 긴급 대피 조치, 즉시 강제와 같은 조치는 국민의 신체의 자유, 주거의 자유, 이동의 자유와 직접적으로 충돌할 수 있다. 이 때문에 위기 및 안전관리정책은 언제나 헌법 제37조 제2항의 비례성 원칙을 준수해야 한다. 즉, 공공복리를 위해 불가피하게 권리를 제한할 수 있지만, 그 제한은 최소한이어야 하며, 달성하려는 공익과의 균형 속에서 정당화되어야 한다.

하지만 현실에서는 이러한 원칙이 자주 시험대에 오른다. 경찰력의 과잉 집행으로 집회의 자유가 위축되거나, 긴급 처분이 남용되어 신체의 자유가 과도하게 제한되는 사례가 반복된다. 또한 정부가 제공하는 안전 관련 정보가 과장되거나 왜곡될 경우, 정책 자체에 대한 신뢰가 무너진다. 부동산 시장의 사례처럼 정부 발표가 오히려 반대로 이해되는 "정부 신호 불신 현상"은 대표적인 예이다. 더 나아가 정보 전달 과정에서의 형평성 문제도 발생한다. 디지털 접근성이 낮은 노인층은 안전 정보를 제때 받지 못하고, 반대로 청년층은 전통적 매체 중심의 홍보를 접하지 못하는 식으로, 동일한 정책이 계층과 세대에 따라 다르게 수용된다. 결국, 원칙적 차원에서 위기 및 안전관리정책은 항상 "국가가 어디까지 국민의 자유를 제한할 수 있는가, 그리고 그 과정에서 얼마나 공정하고 진실한가"라는 근본적 질문과 맞닥뜨리게 된다.

위기 및 안전관리정책에서 본질적이고도 치명적인 쟁점은 정보의 적시성과 신뢰성이다. 재난이나 사고가 발생했을 때, 정부가 어떤 정보를 언제, 어떻게 제공하느냐에 따라 위기의 규모가 달라지고, 피해 정도가 극적으로 변한다. 세월호 참사는 그 단적인 사례이다. 당시 "승객 전원 구조", "그 자리에 있으라"라는 잘못된 안내 방송과 정보 지연은, 사실상 대피의 기회를 빼앗고 더 큰 참사를 불러왔다. 마찬가지로 산사태나 홍수 같은 재난 상황에서 대피 방송을 듣지 못했거나, 잘못된 정보로 인해 움직이지 못했다면, 이는 생명권 침해로 이어진다. 정확하고 신속한 정보 제공은 곧 국민의 생명권 보장과 직결되는 것이다. 따라서 위기 및 안전관리정책에서 정부의 가장 중요한 임무는 단순한 정보 전달이 아니라, 위기 탈출을 가능하게 하는 실질적 정보 제공이다. "언제, 어디로, 어떻게 이동해야 하는가", "어떤 행동을 취해야 하는가"에 대한 구체적이고 실행 가능한 정보가 적시에 제공되어야 한다. 정보가 없거나, 부정확하거나, 늦게 제공되면, 국민은 스스로 생존 행동을 할 기회를 상실한다.

B. 현실적 쟁점: 책임과 역량의 한계

이와 함께 현실적 차원에서는 또 다른 성격의 갈등이 드러난다. 무엇보다 재정적 투자 한계가 뚜렷하다. 안전은 원칙적으로 무한히 보장해야 할 가치이지만, 실제로는 천문학적 비용을 요구한다. 교량과 터널의 전면 보강, 홍수 대응을 위한 하수관 교체, 지하철 전동차 안전장치 강화, 첨단 소방·구조 장비 도입은 모두 막대한 재정을 필요로 한다. 정부는 모든 위험에 대비할 수 없기 때문에, 언제나 선택과 집중의 전략을 쓸 수밖에 없으며, 이는 곧 "어떤 위험을 우선순위에 둘 것인가"라는 사회적 갈등으로 이어진다.

또한 인간적 요인은 안전관리정책의 가장 큰 불확실성이다. 아무리 제도를 정교하게 설계하고 인프라를 보강해도, 현장에서의 작은 부주의(예: 안전모를 쓰지 않은 근로자, 사용 설명서를 지키지 않은 소비자 등)가 사고를 일으킬 수 있다. 따라서 안전은 국가만의 책임이 아니라, 국민 모두의 공동 책임이라는 인식이 필요하다. 최근 「중대재해처벌법」 논란이 이를 잘 보여준다. 무과실 책임을 어디까지 인정할지, 사용자 책임과 원청업자 책임을 어떻게 구분할지, "누가 어디까지 안전에 책임을 져야 하는가"는 여전히 첨예한 논쟁거리이다.145)

여기에 더해 구조적 취약성이라는 난제(難題)가 존재한다. 위험을 인식하면서도 현실적 대책을 수립하지 못하는 경우가 많다. 홍수 때 반복되는 반지하방 침수 문제는 단순히 경고 방송이나 대피 훈련으로 해결되지 않는다. 반지하 주거 자체를 철폐하거나 저지대 주민을 이주시켜야 하며, 하수관을 "50년 빈도 홍수"가 아니라 "200년 빈도 홍수"에 맞춰 전면 교체해야 한다. 그러나 이는 사회적 합의와 천문학적 재원을 동시에 필요로 하며, 단기간 내에 실행되기 어려운 과제다. 따라서 안전관리정책은 종종 "문제를 알면서도 대책을 내놓지 못하는 정책"이라는 비판을 받는다.

C. 정부의 과제

이처럼 위기 및 안전관리정책의 갈등은 원칙적 쟁점과 현실적 쟁점이 동시에 작동하는 가운데 발생한다. 따라서 정부는 두 층위 모두에 대해 체계적으로 대응해야 한다. 원칙적 차원에서는 헌법적 정당성을 확보하고, 자유권 제한이 최소한의 범위에서만 이루어지도록 비례성 원칙을 철저히 준수해야 한다. 동시에 위기 정보를 적시에, 신뢰성 있게 제공해 국민이 스스로 생존 행동을 선택할 수 있도록 보장해야 한다. 현실적 차원에서는 막대한 재정 한계를 고려해 투자 우선순위를 설정하고, 안전 책임 구조를 명확히 해야 한다. 또한 시민 공동 책임 의식을 고양하여 안전 문화를 확산시키고, 구조적 취약성을 보완하기 위해 장기적 투자 전략을 병행해야 한다. 나아가 안전관리 생태계는 형벌 강화만으로 해결될 수 있는 문제가 아니다. 무엇보다 데이터에 기반한 과학적 정책결정이 뒷받침되어야 하며, 사람·문화·제도가 유기적으로 어우러지는 구조가 형성되어야 한다. 이를 위해 해당 분야의 다양한 관계자들이 참여

---

145) 안전은 복합적인 원인에 의해 영향을 받기 때문에, 안전관리는 곧 개별 요인을 따로따로 바라보는 것이 아니라 모든 요인을 종합적으로 분석하고 통합하는 관리 틀을 마련하는 것이 핵심이다. 예컨대 건설현장에서 외국인 근로자에게 반복적으로 발생하는 안타까운 사고의 일부는, 한국어 이해 능력이 부족하거나 안전 역량을 체계적으로 기를 수 있는 학습 기회가 제도적으로 보장되지 않기 때문일 수 있다. 지금처럼 형식적으로 1~2시간의 안전교육을 실시하는 수준으로는 근본적 대안이 되기 어렵다. 이런 상황에서 단순히 사용자 책임만을 강화한다고 해서 문제가 해결될 리 없다는 점은 자명하다. 결국 안전한 사회란 특정인에게 책임을 전가하는 방식으로 달성되는 것이 아니라, 안전 생태계 속 모든 구성 요소가 제 역할을 충실히 수행할 수 있도록 사회 시스템을 만드는 데에서 비로소 가능해진다.

하여 현실적 대책을 함께 마련하고, 단기 처방이 아니라 중장기적 관점에서 차근차근 추진해 나가는 것이 무엇보다 중요하다. 그게 정부의 진짜 할 일이다.

3) 위기 및 안전관리 정책의 정책법학적 의의

위기 및 안전관리정책은 전쟁이나 국가적 비상사태와 같은 외환·내우 대응과 달리, 주로 일상적이고 반복적인 위험 관리에 초점이 있다. 따라서 법제적 기반도 상시적 행정작용을 전제로 한 구조를 갖는다. 첫째, 구체적 개별법 중심이다. 「경찰관직무집행법」, 「도로교통법」, 「집회 및 시위에 관한 법률」, 「소방기본법」 등이 대표적이며, 국민의 생명·신체·재산 보호를 위해 긴급처분·즉시강제·행정명령 같은 직접적 경찰권 수단을 규정한다. 둘째, 조직법과 기능법의 결합이다. 「경찰공무원법」, 「소방공무원법」, 「재난안전법」 등은 안전관리의 기능을 제도적으로 고정하며, 안전관리 체계를 중앙–지방–현장 조직으로 구조화한다. 셋째, 비례성과 적법절차의 통제 필요성이다. 위기 대응은 본질적으로 긴급성을 이유로 기본권을 제한할 수밖에 없으므로, 법령은 그 요건·한계·사후 통제를 규정함으로써 권력 남용을 방지해야 한다. 즉, 위기 및 안전관리정책은 단순히 '즉각적 개입 권한'만이 아니라, 그 권한이 작동하는 제도적 울타리와 통제 장치를 함께 갖춘다는 점에서 법제적으로 특징적이다.

정책법학의 관점에서 보면, 위기 및 안전관리정책은 정책과 법의 동시 설계(co-design)가 가장 두드러지게 나타나는 영역이다. 위험 예방과 질서유지라는 정책목표를 설정하는 순간, 이미 법률 조항의 형태가 함께 구상된다. 예컨대, 시장·도로·집회·화재 같은 위험 상황을 규율하려면 사전 금지 규정(예방), 긴급처분 규정(대응), 즉시강제 수단(확산 차단), 보상 제도(사후 관리) 등이 반드시 법률 속에 반영되어야 한다. 따라서 정책 유형론은 단순히 "안전관리정책이 존재한다"라는 설명에서 그치지 않고, 해당 정책이 요구하는 법률의 구조적 요소를 설계할 수 있는 도구로 기능한다. 이는 정책이 곧바로 법률 구상력으로 이어진다는 점에서 정책법학의 핵심을 보여준다.

첫째, law as policy tool: 경찰권, 소방권, 재난관리권은 곧 정책의 집행수단이다. 안전관리정책은 법이 없으면 작동할 수 없으며, 법률이 정책 수단 그 자체가 된다. 예컨대 교통사고 예방 캠페인, 화재 예방 점검, 재난 대피 명령 모두 법적 권한에 의해 뒷받침된다. 둘째, law as policy constitution: 경찰조직법, 소방조직법, 재난안전법은 안전관리 기능을 제도적으로 고정한다. 이는 안전이 단순한 행정 편의가 아니라, 헌법상 국민의 생명·안전 보장의무에 기초한 국가의 본질적 책무임을 구조화한다. 셋째, policy as law-making force: 위기 대응 경험은 곧 새로운 입법을 낳는다. 대형 화재·재난 이후 소방안전법 강화, 대규모 집회 후 집회·시위 관리법 개정처럼, 정책 현장이 법 개정의 직접적 동력이 된다. 넷째, policy-to-law dynamics: 일상적 위험 관리 과정에서 축적된 정책은 점차 법제화되어, 안전관리 기준·매뉴얼·절차로 제도화된다. 정책이 법으로 고정되는 전형적 순환구조가 바로 이 영역에서 뚜렷하다.

결국 위기 및 안전관리정책은 정책과 법이 가장 밀착하여 움직이는 영역이다. 정책학적으로는 위험 관리라는 목표를 달성하고, 법학적으로는 기본권 보장과 권한 통제를 확보하며, 정책법학적으로는 "국민 안전을 보장하는 정책-법 체계"를 만들어내는 점에서 큰 의의가 있다.

4) 위기 및 안전관리 정책의 설계

위기 및 안전관리정책의 설계는 단순히 사고가 발생했을 때 대응하는 차원을 넘어, 위험 인식에서 예방, 대응, 복구, 그리고 제도적 학습까지 이어지는 종합적 순환 구조를 갖는다. 첫째, 위험 인식과 진단 단계에서 정책은 출발한다. 자연재해, 산업재해, 교통사고, 범죄와 같은 위험 요인을 조기 탐지하고, 그 가능성과 파급 범위를 평가한다. 이 과정에서 과학적 데이터, 현장 경험, 국제 기준 등을 활용하여 정책의 기초를 마련한다.

둘째, 예방과 대비 설계 단계에서는 법적 근거를 토대로 위험 요인을 사전에 통제할 장치를 마련한다. 예컨대 건축 안전 기준, 교통 규제, 환경 규제, 화재 예방 규정 등이 이에 해당한다. 동시에 안전 점검 체계, 모니터링 시스템, 위험 커뮤니케이션 절차를 구축해 위험의 확산을 미연에 방지한다.

셋째, 대응 설계 단계에서는 사고나 위기가 실제 발생했을 때 즉각적으로 작동할 수 있는 긴급 대응 체계를 설계한다. 여기에는 경찰·소방·의료 등 일선 기관의 현장 지휘체계, 즉시 강제나 긴급처분 같은 행정수단, 응급 자원의 배분 방식이 포함된다. 신속성과 명확한 권한 구조가 핵심이다.

넷째, 사후 복구 및 보상 체계 설계가 뒤따른다. 피해 주민과 공동체를 보호하기 위해 손실 보상, 보험 제도, 재난지원금 등의 재정적 장치가 마련되어야 하며, 동시에 주거·생계·심리 회복을 위한 사회서비스도 보장된다. 이 단계는 단순한 금전 보전이 아니라, 공동체 신뢰와 사회적 연대 회복을 위한 정책적 장치로 기능한다.

다섯째, 제도 학습과 역량 강화 단계는 정책 설계의 종착점이다. 사고 원인과 대응 과정을 분석하여 제도를 보완하고, 국민의 안전 교육과 훈련을 강화한다. 학교의 대피훈련, 직장의 산업안전교육, 교통안전 캠페인 등은 모두 재발 방지와 안전문화 형성의 기반을 다진다.

마지막으로, 이러한 일련의 흐름은 단순히 기술적·행정적 대응이 아니라, 국민의 알 권리와 살 권리 보장이라는 헌법적 가치와 직결된다. 따라서 정책 설계 전 과정은 민주적 정당성과 투명성을 확보해야 하며, 위기와 안전관리정책은 국민의 일상적 안전을 지탱하는 국가의 제도적 약속으로 완결된다.

정리하면, 위기 및 안전관리 정책은 ⅰ) 위험 인식에서 출발하여, ⅱ) 예방과 대비를 통해 위험 확산을 차단하고, 사고 발생 시 ⅲ) 신속 대응을 실행한다. 이후 피해 주민을 위한 ⅳ) 복구와 보상 체계를 가동하며, 마지막으로 ⅴ) 제도 학습과 역량 강화를 통해 재발 방지와 안전문화를 구축한다. 이 전 과정은 국민의 알 권리와 살 권리 보장이라는 헌법적 가치를 실현하는 국가의 제도적 약속이다.

거. 다양한 국내정책 유형의 비교

1) 정책 유형과 정책 수단과의 관계

새로운 정책 유형 구분은 '법을 정책의 수단으로 이해한다(law as policy tool)는 인식을 구체화하는 데에 유용하다. 왜냐하면, 정책 유형에 따라 법이 수단으로 작동하는 방식이 달라지기 때문이다. 따라서 이는 정책 수단론 또는 정책 유형론이 분석의 토대가 된다. 정책 유형과 법의 수단적 역할은 밀접하게 연계되어 있으며, 각 유형은 해당 정책 목적을 달성하기 위해 법이 어떤 방식으로 작동하는지를 보여준다.

- **구성정책**은 정부 조직, 권한 배분, 의사결정 절차를 규율한다. 부처 신설·통합, 공무원 제도 개편, 국회 운영 방식 등은 헌법과 조직법에 근거해 제도적 기반을 마련한다.

- **추출정책**은 국가 존속을 위해 자원과 인적 역량을 동원하는 정책이다. 조세 부과, 병역 의무, 행정 재원 확보가 대표적이며, 조세법·병역법·재정법이 주요 근거이다.

- **내우/외환 대응 정책**은 전쟁, 폭동, 대규모 재난과 같은 극한 상황에서 국가 존속을 보장하는 정책이다. 계엄령, 긴급명령, 동원령이 수단이 되며, 헌법과 국가안전보장 관련 특별법에 근거한다.

- **상징정책**은 사회적 가치와 정체성을 표현한다. 기념일 지정, 국기·국장 법률, 역사 기념 사업 등은 상징적 조치이지만, 법적 근거가 뒷받침되는 것이 바람직하다.

- **사적관계의 질서 형성 정책**은 민법·상법과 같은 기본법을 통해 국민의 일상적 권리와 의무를 규율한다. 이는 정책적 맥락에서 개인 간 관계의 안정과 예측 가능성을 보장한다.

- **조정/중재 정책**은 갈등 해결과 이해 조정을 담당한다. 행정심판, 중재제도, 조정위원회 같은 절차가 법적으로 설계되며, 정책집행 과정에서 발생하는 사회적 분쟁을 제도적으로 해결한다.

- **제한정책**은 금지, 허가, 기준 설정 등과 같이 행정행위를 중심으로 운영된다. 인가, 고시, 허가, 과징금 등의 규정을 통해 활동을 제한하거나 관리하는 것이 핵심이다. 법령에 금지·허가·기준 설정 규정이 존재한다면, 제한정책의 성격을 지닌다고 볼 수 있다.

- **보조정책**은 지원과 촉진을 목적으로 한다. 예산 배분, 보조금 지급 등이 대표적인 정책 수단이며, 법령에 예산 지원이나 보조금 규정이 있다면 보조정책일 가능성이 높다. 이러한 정책은 법률뿐 아니라 조례, 집행지침, 위임명령 등을 통해 구체화된다.

- **보호정책**은 사회적 형평을 조정하고 권리나 청구권을 보장하는 데 중점을 둔다. 수급 요건, 급여 기준, 이의제기 제도 등의 규정이 그 수단이 되며, 사회적 약자 보호나 복지정책에서 자주 나타난다.

- **제재정책**은 위반 행위에 대한 처벌을 목적으로 한다. 과태료, 벌금, 행정처분 등의 징벌적·벌칙적 수단이 핵심이며, 법령에 제재 규정이 존재한다면 해당 정책은 제재정책이다.

- **지도정책**은 공시와 설득을 통해 정책목표를 달성하려 한다. 행정지도, 고지제도, 고지 의무, 정보 제공 등의 방식이 사용되며, 강제력보다는 설득과 정보 전달을 통해 행동 변화를 유도한다.
- **유도정책**은 정책목표 설정과 방향 제시가 중심이다. 기본계획 수립, 비전 선언 등이 주된 수단이며, 법령에서는 계획 수립의 법적 근거와 그 효과를 규정하는 형태로 나타난다.
- **보상/배상)정책**은 손실이나 희생에 대한 정당한 대가를 지급하는 것을 목적으로 한다. 손실보상 규정, 보상금 산정 기준, 이의제기 절차 등이 포함되며, 공익사업이나 재난 대응 과정에서 자주 적용된다.
- **위기 및 안전관리 정책**은 공공질서와 안전을 위해 위험을 사전에 예방·통제하는 데 초점을 둔다. 금지나 제한 규정, 긴급처분, 즉시 강제 등의 수단이 활용되며, 치안·재난·위기관리 분야에서 중요한 역할을 한다.

<표 40> 정책 유형과 정책 수단과의 관계

정책 유형	법적 수단	법적 작동 방식(핵심 수단)
구성정책	정부조직법, 위원회 설치법, 인사 관련 규정	조직·위원회 설치, 권한 배분, 인사관리 제도화를 통해 정책기반 형성
추출정책	조세법, 병역법, 국고금 관리법	국민에게 세금·복무 등 의무 부과, 국가 존속 자원 확보
내우/외환 대응 정책	헌법 긴급조항, 계엄법, 국가안보 관련법	긴급명령, 비상권 발동, 즉시 동원 등 위기 대응 권한 확대
상징정책	기념일 지정법, 국기·국장법	국가 정체성·사회적 가치 상징을 제도화
사적 관계의 질서형성 정책	민법, 상법, 가사법 등	국민 간 권리·의무 관계를 규율해 사회적 질서 유지
조정/중재정책	행정심판법, 중재법, 분쟁조정법	법적 절차에 따라 갈등·분쟁 해결, 이해관계 조정
제한정책	허가·인가, 금지, 과징금 등	행정행위로 국민 활동 제한·통제
보조정책	보조금법, 지원 조례, 세제특례법	재정 지원·세제 혜택을 통한 촉진
보호정책	사회보장법, 기초생활보장법	권리·청구권 보장, 사회적 약자 보호
제재정책	과태료, 벌금, 행정처분 규정	위법·위반 행위에 대한 제재·억제
지도정책	행정지도, 고지제도, 정보공개법	설득·정보 제공을 통한 행동 변화 유도
유도정책	기본계획, 중장기 계획	비전·목표 설정을 통한 정책 방향 제시
보상/배상정책	손실보상 규정, 국가배상법	피해 보전·형평 회복을 위한 보상·배상
위기 및 안전관리 정책	경찰관직무집행법, 소방기본법, 재난안전법	위험 예방·긴급조치·사후 관리 제도화

이처럼 각 정책 유형은 법을 정책 수단으로 삼는 방식에서 차별화된다. 어떤 경우에는 법이 직접 국민의 자유를 제한하고(제한·제재정책), 어떤 경우에는 자원을 분배하거나 지원하며(보조·보호정책), 또 다른 경우에는 제도적 구조를 마련하거나(구성정책), 상징과 신뢰를 형성하기도 한다(상징정책). 따라서 법령을 분석할 때는 해당 조항이 어떤 정책적 목적을 위한 수단으로 기능하는지 파악하는 것이 중요하다. 이는 곧 law as policy tool 관점에서 정책법학을 전개하는 출발점이 된다.

2) 정책 유형의 법적 수단 분석이 주는 효과

첫째, 정책학습과 분석력의 도약: 정책 유형을 빠르게 판별하면, 수백 페이지에 달하는 법령도 제한·보조·보호 같은 구조적 지도(map)가 머릿속에 그려진다. 이 과정에서 법 조항이 추상적 구호가 아니라 정책의 구체적 도구임을 실감하게 되며, 정책학 전공자에게는 이론과 현실 법제가 연결되는 학습 효과를 가져다준다.

둘째, 정책 설계 단계의 전략적 선택: 정책의 목표와 수단이 불일치하면 정책은 실패하기 쉽다. 예컨대 지원이 목적임에도 제한정책 수단을 쓰면 역효과가 발생한다. 유형별 장단점을 고려한 전략적 선택은 불필요한 사회적 저항과 예산 낭비를 줄이는 데 도움이 된다.

셋째, 정책집행 단계의 효율성 제고: 집행 단계에서 중요한 것은 법적 근거와 수단의 일치 여부이다. 법적 강제력이 없는 조치를 현장에서 사용하면 혼란이 불가피하다. 조례·지침 등 하위규범에 필요한 수단이 누락되지 않았는지를 사전에 점검하는 것 또한 집행 효율을 높인다.

넷째, 정책평가 단계의 명확한 진단: 정책이 실패했을 때 원인을 추적하는 과정에서도 유형별 사고는 유용하다. 잘못된 수단 선택 때문인지, 수단의 강제성이 부족했는지, 아니면 대상 집단 설정을 잘못했는지 구분할 수 있으며, 동일한 목표를 다른 정책 유형으로 설계했을 때의 비교평가도 가능하다.

다섯째, 조직 내 커뮤니케이션의 향상: 정책 유형은 조직 내 공통 언어 역할을 한다. "이건 보조정책이니까 예산 확보가 핵심"이라는 식의 합의된 언어가 있으면 부처 간, 전문가 간 협업에서 불필요한 오해와 논쟁을 줄일 수 있다.

여섯째, 복합 문제 대응을 위한 정책 혼합 설계: 현대 사회의 난제는 단일 정책으로 해결되지 않는다. 제한·보조·지도 같은 정책 유형을 혼합한 패키지 설계가 필요하다. 이를 통해 규제 순응도를 높이면서도 사회적 수용성을 동시에 확보할 수 있다.

즉, 정책 담당자는 "법령 분석을 통한 정책 유형 이해"가 단순한 법학적 훈련을 넘어, 정책의 설계·집행·평가 전 과정에서 사고의 질을 높이는 실천적 도구라는 점을 쉽게 이해할 수 있다.

3) 정책 구성의 메타적 기반

정책 유형은 제한·보조·보호·제재 등으로 다양하게 구분되지만, 이들은 모두 일정한 제도적 토대가 있어야 비로소 작동할 수 있다. 바로 이 토대가 법이 정책을 구성한다(law as policy constitution)는 관점이다. 다시 말해, 법은 단순히 정책을 뒷받침하는 수단이 아니라, 정책 그 자체를 가능하게 하는 메타적 기반으로 작동한다. 따라서 정책의 제도화를 논의할 때는 개별 정책 유형에 앞서, 정책을 지탱하는 기본 구성요소를 확인해야 한다.

첫째, 이해관계자(stakeholder)의 특정: 정책 설계는 권한 구조 이전에 "누가 정책의 당사자인가?"를 식별하는 단계에서 출발한다. 학생·학부모·교사, 복지 수급자·지자체·민간위탁기관 등 정책별로 다른 행위자들을 분명히 해야 이후 제도 설계가 현실성을 가진다.

둘째, 권한의 설정: 어떤 기관이 어떤 정책을 수행할 권한을 가지는지 명확히 규정하는 것이 핵심이다. 「지방교육자치에 관한 법률」이 교육정책 권한을 교육청에, 복지전달체계 법률이 지자체에 권한을 부여하는 것이 대표적이다.

셋째, 절차의 설계: 정책결정·집행·심사 과정을 둘러싼 절차적 장치는 정책의 정당성과 투명성을 보장한다. 공청회, 의견수렴, 이의제기 절차, 기준 고시 등이 바로 그 법적 장치이다.

넷째, 조직의 편성 및 제도 운영: 단순한 기구 설치를 넘어 제도가 어떻게 운영되고 조정되는지까지 포함한다. 국가교육위원회의 설치 자체보다, 위원 추천 방식·의사결정 절차·조정 기능 등이 실제 운영의 핵심이다.

다섯째, 민간의 시장 진입·활동·퇴출: 많은 정책은 공공과 민간의 경계에서 작동한다. 따라서 사학 설립 기준, 의료기관 개설 요건, 에너지 사업 인허가, 부적합 기관의 퇴출 절차 등 민간의 참여 규율도 정책 구성의 중요한 한 축이다.

여섯째, 예산과 자원의 구조: 정책 수행은 안정적 자원 없이는 불가능하다. 특별회계, 기금 설치, 목적세, 인력 배치 규정 등은 정책 집행의 재정·물적 기반을 제도적으로 보장한다.

일곱째, 행정행위와 행정작용: 정책은 허가·인가·고시·계약 등 다양한 행정행위를 통해 구체화된다. 또한 조사, 행정지도, 제재 같은 행정작용 역시 정책 집행의 일상적 수단이다. 이러한 법적 수단까지 포함해야 정책 설계가 실제 현장에서 작동한다.

정리하면, 이와 같이 확장된 구조는 단순히 법을 읽는 눈을 키우는 것을 넘어, 정책 유형을 가능하게 하는 제도적 뼈대를 이해하게 한다. 법이 권한·절차·조직·자원만을 정하는 것이 아니라, 이해관계자 식별, 제도 운영 방식, 민간 참여 규율, 구체적 행정작용까지 아우른다는 점을 고려할 때, law as policy constitution은 정책 설계와 평가의 출발점이 된다.

너. 정책 유형과 정책법학

정책법학이 법정책학과 다른 점은 바로 "정책이 법을 만든다"라는 관점, 그리고 정책과 법이 끊임없이 순환한다는 사고에 있다. 기존의 법정책학은 주로 "법을 어떻게 설계해야 좋은 정책을 낳는가"에 초점을 맞춘다. 그러나 정책법학은 "정책이 어떻게 새로운 법을 탄생시키고, 그 법이 다시 정책을 재구성하는가"라는 동학(動學)까지도 주목한다. 이때 핵심이 되는 개념이 바로 policy as law-making force와 policy-to-law dynamics이다.

1) Policy as Law-Making Force

정책은 단순히 법에 의해 뒷받침되는 집행물이 아니다. 때로는 사회적 요구와 문제 해결을 위한 정책이 새로운 법률 제정이나 기존 법률 개정을 촉발한다. 예컨대, 환경 캠페인은 환경 표지제도와 정보공개 의무를 만들어냈고, 담배 경고문구나 식품 영양성분 표시도 처음에는 단순한 지도정책(권고)이었으나, 나중에는 법률적 의무로 제도화되었다. 감염병 시기 손실보상 논의 역시 특별법 제정으로 이어졌다. 즉, 정책은 법을 만들어내는 힘이며, 정책유형론은 바로 이런 입법 촉발 경로를 읽어내는 도구가 된다.

2) Policy-to-Law Dynamics

정책과 법은 일(一)방향이 아니라 순환 관계이다. 정책이 새로운 법을 낳고, 법은 다시 정책을 제약하거나 재구성하며, 그 결과는 또 다른 정책 변화를 이끈다. 제재정책은 반복 집행을 통해 법적 기준을 점점 더 강화하고, 보호정책은 사회적 요구에 따라 보장 범위를 확대하며, 상징정책은 사회적 합의를 축적하면서 헌법적·기본법적 차원으로 승격된다. 따라서 정책과 법은 분리된 두 세계가 아니라, 끊임없이 맞물려 돌아가는 하나의 시스템으로 이해된다.

정리하면, 네 축의 연결 방식은 다음과 같다.

[그림 26] 정책에서의 법치주의 4요소의 관계

- law as policy tool(법은 정책 수단이다) → 각 정책 유형을 구분하고 분석하는 1차 기준
- law as policy constitution(법은 정책의 제도적 기반이다) → 권한·절차·조직·자원 등의 구조를 통해 정책을 제도화
- policy as law-making force(정책은 법을 만든다) → 정책이 입법을 촉발하며 새로운 제도 설계로 이어짐

- policy-to-law dynamics(정책과 법은 상호 순환한다) → 정책이 법을 규율하고, 법이 다시 정책을, 정책이 다시 법을 변형·재구성하는 순환 구조

앞의 두 축은 "법에서 정책으로", 뒤의 두 축은 "정책에서 법으로"의 흐름을 보여주며, 네 축이 결합될 때 비로소 정책법학의 독자적 분석 틀이 완성된다.

[그림 26]를 설명하면, ① law as policy tool (법 → 정책): 법률 조항이 구체적인 정책 수단으로 작동하는 경우이다. 예를 들면, 「도로교통법」의 과태료 규정이 교통질서 정책 수단이 되는 것이다. ② law as policy constitution (법 → 정책 구조): 법령이 정책의 권한, 절차, 조직, 자원 구조를 제도적으로 구성하는 경우이다. 예를 들면, 「사회보장기본법」이 사회보장정책의 기본 구조를 형성하는 것이다. ③ policy as law-making force (정책 → 법): 정책적 필요가 법률 제·개정의 원동력이 되는 경우를 말한다. 예를 들면, 코로나19 대응 정책이 「감염병예방법」 개정으로 이어지는 경우이다. 마지막으로 ④ policy-to-law dynamics (정책 ↔ 법 상호작용): 정책 설계와 법령 정비가 서로 영향을 주고받으며 동시적으로 진화하는 경우이다. 예를 들면, 기후변화 정책이 환경법 개정으로 이어지고, 개정된 법이 다시 정책의 범위를 규율하는 관계이다.

4. 국제정책

가. 해외 투자 정책

대한민국 또는 우리 국민이나 기업이 해외의 자원·산업·환경 영역에 직접 투자하거나 사업에 참여함으로써 한편으로는 국가적 자원 확보, 다른 한편으로는 국제사회 공동목표(기후, 식량, 생태 등)에 이바지하는 직접 참여형 국제협력정책의 유형이다. 기존의 ODA가 공여-수혜 구조에 근거한 '간접적 지원'이라면, 이 유형은 자국의 자본, 기술, 인력 등을 활용한 현지 직접 개입형이다. 국제사회에 대한 기여의 모습을 띠기도 하지만 본질은 우리 경제적 자산의 확대와 전략적 리스크 대응을 동시에 꾀하는 정책이다. 행정부는 투자 활성화를 위한 계획 수립, 보조금, 융자, 세제 혜택, 정보 제공, 인력 양성 등의 지원책을 총망라하고 있고, 실제 투자는 민간에서 주로 담당한다. 예를 들면, 「해외 농업·산림자원 개발협력법(해외농업산림법)146)」, 「개발도상국 산림을 통한 온실가스 배출 감축 및 탄소 축적 증진 지원에 관한 법률(국외산림탄소축적증진법)」 등이 있다.

나. 조약 이행 정책

조약의 이행을 위한 정책은 국제조약(양자 또는 다자)을 국내법으로 수용하고 이를 실효성 있게 집행하기 위해 마련된 정책과 법제를 의미한다. 이러한 정책은 형성 단계에서 자율성이 낮으며, 조약의 내용이 정책의 기본 틀과 방향을 사실상 결정한다. 이는 행정입법에서 국회가 정한 모법의 '위임 취지'를 행정부가 충실히 이행하는 방식과 유사하다. 이미 조약에서 핵심 원칙과 구조가 정해져 있기에, 국내정책은 이를 그대로 수용하거나 조약에서 정하지 않은 부분을 구체화하는 수준에서 설계된다. 대부분은 단독 법률 형태로 제정되지만(예: 파리 협정 제5조에 따른 「국외산림탄소축적증진법」)147), 대통령령(예: 우편에 관한 국제 조약에 따라

---

146) 「해외농업·산림자원 개발 협력법(해외농업산림법)」 제1조(목적) 이 법은 해외 농업 및 산림 자원에 대한 개발과 협력에 관한 사항을 정하여 이를 촉진함으로써 해외농업자원 및 해외산림자원의 안정적 확보와 국제협력을 통하여 국민경제에 이바지하고 국제사회에 기여함을 목적으로 한다. 같은 법 제3조에는 3가지의 개발 방법이 규정되어 있다. 단독 또는 외국인과 합작으로 개발하는 방법, 기술 용역을 제공하는 방법, 개발자금을 융자·투자 또는 지원하는 방법이 그것이다.

제정된 「국제우편규정」148), 「세계무역기구협정 등에 의한 양허관세 규정(양허관세규정)」149) 등)이나 규칙(예: 「국제환규칙」150), 「보안관찰법 시행규칙」151))으로 규정된 경우도 존재한다. 일부 법률에서는 조약 우위 원칙이 명문화되었으며, 국제 기준보다 강화된 국내 기준을 허용하는 사례도 있다. 예컨대, 「국제항해선박 및 항만시설의 보안에 관한 법률」이 그러하다152).

이러한 정책에서 정부의 역할은 정책 설계보다는 조약의 집행과 조정, 그리고 국제기구와의 협력에 중점을 둔다. 국제적 연계성이 강하게 제도화된 영역이므로 외교부뿐 아니라 여러 부처가 조약의 주무 부처로 참여한다. 비록 정책 재량은 제한되지만, 국제 기준을 국내 실정에 맞게 조화시키고 국내법과 충돌하지 않도록 세밀하게 법제화하는 기술적 입법 능력이 요구된다. 이는 다자주의(多者主義, multilateralism)153) 환경에 대한 제도적 적응 과정이므로, 국내법과 국제법 간의 충돌 가능성에 대한 면밀한 검토가 필수적이다. 아울러, 필요시 국내법을 정비해야 하며, 이행 과정에서 외국과의 협력 구조를 강화하고 국내 기관의 국제적 책무성(accountability)을 확보하는 것이 중요하다.

다. 국제질서 유지 정책

147) 이외에도 「국제상거래에 있어서 외국공무원에 대한 뇌물방지법(국제뇌물방지법)」, 「국제입양에 관한 법률(국제입양법)」, 「국제항공 탄소 배출량 관리에 관한 법률(국제항공탄소배출관리법)」, 「국제항해선박 등에 대한 해적행위 피해예방에 관한 법률(해적피해예방법)」, 「국제형사재판소 관할 범죄의 처벌 등에 관한 법률(국제형사범죄법)」, 「헤이그 국제아동탈취협약 이행에 관한 법률(헤이그아동탈취법)」, 「국제형사사법 공조법」, 「국제항해선반 및 항만시설의 보안에 관한 법률(국제선박항만보안법)」, 「국제민사사법공조법」, 「국제수형자이송법」 등이 있다.
148) 「국제우편규정」 제1조(목적) 이 영은 우편에 관한 국제조약에 따라 우리나라와 외국 간에 교환하는 우편물의 이용 및 취급에 필요한 사항을 규정함을 목적으로 한다.
149) 「세계무역기구협정 등에 의한 양허관세 규정」 제1조(목적) 이 영은 「세계무역기구 설립을 위한 마라케쉬 협정 부속서 중 1994년도 관세 및 무역에 관한 일반협정에 대한 마라케쉬 의정서」, 「세계무역기구협정 개발도상국 간의 무역협상에 관한 의정서」, 「아시아·태평양 무역협정」 및 「유엔무역개발회의 개발도상국 간 특혜무역제도에 관한 협정」과 「관세법」 제73조 및 제78조에 따라 우리나라의 관세를 양허하는 데 필요한 사항을 규정함을 목적으로 한다.
150) 「국제환규칙」 제1조(목적) 이 규칙은 만국우편연합의 우편지급업무 약정 및 우리나라와 외국간의 쌍무약정에 의하여 교환하는 국제환의 처리에 관한 사항을 규정함을 목적으로 한다.
151) 「보안관찰법 시행규칙」 제18조(출석요구) ① ~ ③ (생략), ④ 외국인을 조사할 때에는 국제법과 국제조약에 위배되는 일이 없도록 유의하여야 한다.
152) 「국제항해선박 및 항만시설의 보안에 관한 법률(국제선박항만보안법)」 제4조(국제협약과의 관계) 국제항해선박과 항만시설의 보안에 관하여 국제적으로 발효된 국제협약의 보안기준과 이 법의 규정내용이 다른 때에는 국제협약의 효력을 우선한다. 다만, 이 법의 규정내용이 국제협약의 보안기준보다 강화된 기준을 포함하는 때에는 그러하지 아니하다.
153) 다자주의는 GATT나 WTO와 같은 국제기구에 많은 국가들이 회원국으로 참여하여 국제무역질서를 주도하는 형태를 의미한다. 다자주의 체제에서 가장 중요시되는 가치는 전세계적인 무역의 자유화이며, 이를 실현하기 위한 최혜국 대우와 내국민 대우로 표현되는 비차별적 정책을 취하게 된다. 다만, 최근 미국 트럼프 대통령의 보호주의 움직임이 다자주의에 부정적 영향을 주고 있다. 다자주의의 상대적인 개념으로 제시되는 것이 지역주의(regionalism)와 양자주의(bilateralism)이다. 지역주의는 지리적인 근접성을 바탕으로 정치, 경제, 사회, 문화 등에서 유대감이 강한 국가끼리 공동체를 형성해나가는 것을 의미하며, 양자주의는 지역과 무관한 2개 국가 간의 교류 확대를 의미한다.

국가가 국제사회의 일원으로서 국제적 정의, 공공안전, 조세형평, 평화 유지 등 글로벌 공공질서에 이바지하기 위해 국제적 협력을 제도화한 정책이라는 특징이 있다. 따라서 조약 이행 그 자체보다는 국제질서의 유지와 공동 대응 체계 구축에 초점이 있다. 국가 단위의 책임 분담, 규범 형성 참여, 협력적 집행을 제도화한 것이라 할 수 있다. 이러한 법률들의 법제적 특징을 정리하면 아래와 같다.

- 국제분쟁, 조세회피, 초(超) 국경적 법률 분쟁 등 국가 단독으로 해결할 수 없는 문제를 공동으로 다룬다. 이는 개별 국가가 국제사회에서 '규범을 지키는 행위자(rule-taker)'일 뿐만 아니라 '규범 형성 및 유지의 주체(rule-maker)'로서 참여해야 하기 때문이다.
- 대부분 특정 조약을 이행하기보다는 조약 또는 국제 합의의 취지를 반영하여 제도적 틀을 자율적으로 구성하는 데에 집중한다. 국내 제도의 독자성(헌법 질서, 국가 이익 등)을 유지하면서도, 국제적 질서에 동참한다는 의미가 크다.
- 국제사회에서 단순 수동적 참여자가 아니라 국제질서 유지의 능동적 행위자로서 역할을 하는 것이다.
- 이러한 정책은 국제공공재(예: 조세 정의, 사법 질서, 평화 등)에의 기여라는 관점에서 국가 외교 전략의 내면화라는 측면도 존재한다.

라. 국제기구 재정 부담 정책

대한민국이 국제기구의 정회원국(Member State)으로 참여함으로써, 기구 운영 및 협력사업에 필요한 출자, 출연, 분담금 납부 등 재정적 의무를 수행하는 정책이다. 외교정책의 수단이자, 국제적 책임 분담의 구조이다. 이는 단순한 비용 부담이 아니라 국제적 발언권 확보, 전략적 입지 강화, 외교 레버리지 확보의 수단이 된다. 대표적으로 「국제금융기구에의 가입조치에 관한 법률(국제금융기구가입법)[154]」, 「국제기구 분담금 관리에 관한 법률(국제기구분담금법)[155]」이 있다. 국제기구 분담금이란 정부가 국제기구에 의무적으로 납부하여야 하는 경비(assessed contribution) 또는 국제기구와 협력사업 추진을 위하여 재량적으로 납부하는 경비(voluntary contribution)를 말한다. 의무적 지원(mandatory payments)은 주로 각 국가의 GDP 등 몇 가지 요인을 고려해서 만든 비율에 따라 국가별로 분담되며(모든 국가들의 분담금을 합하면 100%), 국제기구의 정규예산(regular budget)을 구성한다. 반면, 자발적 기여는 추가적인 지원(extra donation)으로 국제기구의 비정규예산(extra-budget)을 구성하게 된다.

---

154) 「국제금융기구에의 가입조치에 관한 법률(국제금융기구가입법)」 제1조(목적) 이 법은 대한민국이 각 국제금융기구에 가입하여 각 국제금융기구의 협정을 이행하는 데에 필요한 조치를 할 수 있게 함을 목적으로 한다. 이 법에서는 국제금융기구를 국제통화기금, 국제부흥개발은행, 국제금융공사 등 총 17개의 기구를 열거하고 있다.
155) 「국제기구 분담금 관리에 관한 법률(국제기구분담금법)」 제1조(목적) 이 법은 국제기구 분담금의 관리에 관한 기본적인 사항을 규정함으로써 전략적인 외교정책 수행 및 예산의 효율적 사용에 이바지함을 목적으로 한다.

마. 개발도상국 지원 정책

이 유형은 단순한 외교적 수단을 넘어 한국이 국제사회에서 공적개발원조(ODA: official development assistance) 국가로서의 지위와 책무를 제도화하고 있다는 점에서, 국제정책 중에서 가장 전략적이고 구조적인 정책 유형으로 볼 수 있다. 즉, 대한민국이 공적개발원조(ODA) 제공국으로서 개발도상국의 빈곤 감축, 인권 향상, 지속가능한 발전을 지원하기 위해 양자/다자 협력을 통해 개발협력정책을 수립하고 실행하는 국가전략적 국제정책이다.

<표 41> ODA 원조 규모

(단위: 백만불)

구분	2019	2020	2021	2022	2023
공적개발원조 총계	2,463	2,250	2,873	2,810	3,131
(ODA/GNI, %)	0.15	0.14	0.16	0.17	0.18
양자 ODA	1,857	1,751	2,168	2,221	2,296
- 무상 원조	1,171	1,155	1,384	1,530	1,569
- 유상 원조	686	597	784	691	727
다자 ODA	606	499	704	589	835

출처: 통계청 e-나라지표

개발협력은 단순한 외교 수단이 아니라 지구적 정의(global justice)와 글로벌 공공재 형성에 이바지하는 헌법적 국가 책임의 일부이다. 동시에 한국의 외교 영향력, 국제기구 내 발언권, 경제협력 기반 확대에도 이바지하는 것을 숨은 목적으로 하고 있다.[156]

---

156) 우리나라는 국제기구를 통한 다자간 ODA에 대해 잘못된 오해를 하고 있다. 국제기구의 extra-budgetary fund는 정규예산과 달리 회원국이나 이해당사자가 자발적으로 제공하는 Voluntary Contribution에 의해 조성된다. 여기서 '자발적 기여(Voluntary Contribution)'는 법적·계약적 구속력이 없는 임의적 재원 제공을 의미하며, 따라서 이는 위임계약(principal-agent delegation contract)이 아니다. 즉, 공여국은 재정적 기여를 하지만, 그 자체가 곧바로 UNESCO에 대해 집행 권한을 위임하는 법적 근거가 되지 않는다. 특히 earmarked contribution의 경우, 자금의 사용 분야(funding area)를 특정할 수는 있으나, 사업의 설계와 집행 권한은 국제기구가 보유한다. 실제 절차는 국제기구가 concept note를 작성하고, donor 국가는 이를 검토·승인하는 방식으로 진행된다. 이는 '권한 위임(delegation)'이 아니라 기여자의 동의(consent)와 참여적 승인에 해당한다. 따라서 주인-대리인(Principal-Agent) 이론이 전제하는 명확한 권한 위임 구조와는 본질적으로 차이가 있다. 또한 국제기구는 공여국의 요구에 대응하기 위해 visibility policy를 운영한다. 이를 통해 기여국은 로고 노출, 언론 홍보, 행사 참여 등을 통해 국제적 가시성(visibility)을 확보한다. 반면 수혜국에는 사업 종료 이후에도 효과가 지속되도록 sustainability를 강조하며, 국제기구는 국제적 legitimacy(정당성)를 유지하는 것을 핵심 목표로 삼는다. 이처럼 국제기구는 공여국-수혜국-자신을 둘러싼 삼중의 요구를 균형 있게 관리하려 한다. 국제기구를 통한 ODA사업의 경우 한국, 국제기구, 수혜국이 서로 다른 자원에 의존하는 상호 의존적 교환 구조를 보여준다. 한국은 국제적 레버리지와 플랫폼을, 국제기구는 재정을, 수혜국은 자금과 기술 지원을 필요로 한다. 동시에 국제기구는 수혜국의 제도적 수용성을 필요로 하고, 수혜국은 국제기구의 국제적 권위에 의존한다. 이는 자원 의존 이론(Resource Dependence Theory, RDT)의 설명틀에 부합한다. 그러나 한국의 일반적 ODA 인식은 이러한 다자 협력 구조와 충돌한다. 한국은 "자금을 낸 국가가 집행까

국제개발협력에 대한 일반법으로는 「국제개발협력기본법」이 있다.157) 참고로 동 법률에서 규정하고 있는 개발협력의 기본정신, 목표 그리고 기본 원칙은 다음과 같다.

- 기본 정신: 국제개발협력은 개발도상국의 빈곤 감소, 여성·아동·장애인·청소년 등 인권 취약계층의 인권 향상, 성평등 실현, 지속 가능한 발전 및 인도주의를 실현하고 개발도상국과의 경제협력 관계를 증진하며 국제사회의 평화와 번영을 추구한다.
- 국제개발협력의 목표
  - 개발도상국의 빈곤 감소 및 삶의 질 향상
  - 개발도상국의 발전 및 이를 위한 제반 제도·조건의 개선
  - 개발도상국과의 우호 협력 관계 및 상호교류 증진
  - 국제개발협력과 관련된 범지구적 문해결에 대한 기여
  - 국제적으로 합의된 지속 가능한 발전과 관련된 목표(2015년 9월 유엔개발정상회의에서 채택된 2030 지속가능개발의제 등을 말한다)의 달성에 대한 기여(SDG를 말한다)
- 기본 원칙: 국가, 지방자치단체, 그 밖의 시행기관(이하 "국가등"이라 한다)은 국제개발협력을 실시하는 경우 다음 각 호의 원칙과 우리나라의 대외정책을 종합적으로 고려하여 추진하여야 한다.
  - 국제연합헌장의 제반 원칙 존중
  - 개발도상국의 자조 노력 및 능력 지원
  - 개발도상국의 개발 필요 존중
  - 개발 경험 공유의 확대
  - 국제사회와의 상호조화 및 협력 증진

바. 국가 간 상호교류 정책

특정한 권력 비대칭이나 공여-수혜 구조가 아니라 상대 국가와의 대등하고 상호적인 교류 및 협력을 통해 우호 관계를 증진하고, 각국의 문화·기술·인력·지식 등 다양한 자산을 상호 활용하는 국제정책 유형이다. 즉, 국제개발협력(ODA)과는 달리, 지원-수혜 구조가 아닌 공동참여-공동성취 모델이다. 그리고 국가 브랜드, 지식 공유, 문화 교류, 공동연구개발, 인력 순환 등 비물질적 자산과 경험의 상호 교환을 기반으로 한다.

지 담당해야 한다"라는 양자 ODA식 사고를 유지하며, 국제기구에 대해서도 동일한 기대를 갖는 경향이 있다. 큰 잘못이다. 국제기구는 donor dependency 때문에 한국의 요구를 완전히 배제하지 못하고 일정 부분 수용하지만, 동시에 국제기구로서의 독립성과 제도적 정당성을 유지하기 위해 조율을 시도한다. 이로 인해 사업은 원래의 목적보다는 보고·절차적 타협에 더 많은 에너지를 소모하게 되고, 효율성은 떨어지는 경우가 발생한다.

157) 「국제개발협력기본법」 제1조(목적) 이 법은 국제개발협력에 관한 기본적인 사항을 규정하여 국제개발협력정책의 적정성과 집행의 효율성을 제고하고 국제개발협력의 정책목표를 효과적으로 달성하게 함으로써 국제개발협력을 통한 인류의 공동번영과 세계평화의 증진에 기여함을 목적으로 한다. 같은 법 제2조에서는 국제개발협력, 개발도상국, 국제기구, 무상협력, 유상협력, 다자간 개발협력 등의 개념 정의가 규정되어 있다.

법률의 기본 정신이 '상호 이해', '상호 교류', '공동 성과' 등 양방향 관계에 기반을 두고 있으며, 단방향 지원이 아닌 공동 주체로서의 파트너십을 추구한다. 또한 실질적 협력 수단으로서의 교류 사업을 제도화한다. 이러한 방법론으로는 공연, 전시, 공동예술제, 문화원 설립 등과 같은 문화교류의 방법과 공동연구, 인력 교류, 국외 연구소 설립 등의 과학기술 교류 등 다양하다. 대표적인 법률로는 「국제문화교류 진흥법(국제문화교류법)158)」이 있으며, 개별법의 국제화 또는 국제협력 조항의 상당수도 이 성격에 해당한다159).

사. 국경 초월 위기 대응 정책

감염병, 기후변화, 사이버공격, 식량난, 에너지 위기 등 국가 간 경계를 넘나드는 위협 (transboundary threats)에 대응하기 위해, 국제기구, 타국, 글로벌 네트워크와 협력; 정보 공유; 기술 표준화; 대응 매뉴얼 구축; 규범 이행 등을 제도화한 국가 차원의 국제정책 유형이다. 이 유형은 정책의 주체는 국내이되, 대응의 범위는 국제적이며, 단순한 개발협력이 아니라 위기 대응을 위한 공동 행동체 구축에 초점이 있다. 이 유형은 "국내 위기관리와 국제 공조가 통합된 국제정책"으로, 외교-보건-환경-산업-기술 부문이 모두 연결되어 있다. 국가의 위기 대응 역량이 국제사회에서의 신뢰도와 리더십과 직결된다. 국내 법제가 국제규범과 직접 연계되어 있는 대표적인 경우로, 앞으로 사이버안보, 디지털격차, 식량 위기 등도 이 범주에 포함될 수 있을 것이다. 대표적인 법률로는 「감염병의 예방 및 관리에 관한 법률(감염병예방법)160)」, 「기후위기 대응을 위한 탄소중립·녹색성장기본법(탄소중립기본법)161)」 등이 있다.

---

158) 「국제문화교류 진흥법(국제문화교류법)」 제1조(목적) 이 법은 국제문화교류 진흥에 필요한 사항을 규정함으로써 국제문화교류를 위한 기반을 조성하여 국가 간 상호 문화에 대한 이해를 증진하고, 우리 문화의 다양성과 창의성을 높여 세계문화 발전에 기여함을 목적으로 한다. 이 법에서 정의하는 국제문화교류는 '문화, 예술, 관광, 체육 등의 관련 분야에서 국가 간 상호 문화(예술, 관광, 체육 등을 포함하는 넓은 의미의 문화를 말한다)에 대한 이해를 증진하기 위하여 수행하는 국제적 협력 및 활동'을 의미한다.
159) 예를 들면, 「과학기술기본법」 제18조(과학기술의 국제화 촉진), 「소방기본법」 제39조의7(소방기술 및 소방산업의 국제화 사업), 「유통산업발전법」 제25조(유통산업의 국제화 촉진), 「건설기술 진흥법」 제17조(국제교류 및 협력) 등이다.
160) 「감염병의 예방 및 관리에 관한 법률(감염병예방법)」 제1조(목적) 이 법은 국민 건강에 위해(危害)가 되는 감염병의 발생과 유행을 방지하고, 그 예방 및 관리를 위하여 필요한 사항을 규정함으로써 국민 건강의 증진 및 유지에 이바지함을 목적으로 한다. 이 법에 감염병 관련된 국제협력 규정이 존재한다.
161) 「기후위기 대응을 위한 탄소중립·녹색성장 기본법(탄소중립기본법)」 제1조(목적) 이 법은 기후위기의 심각한 영향을 예방하기 위하여 온실가스 감축 및 기후위기 적응대책을 강화하고 탄소중립 사회로의 이행 과정에서 발생할 수 있는 경제적·환경적·사회적 불평등을 해소하며 녹색기술과 녹색산업의 육성·촉진·활성화를 통하여 경제와 환경의 조화로운 발전을 도모함으로써, 현재 세대와 미래 세대의 삶의 질을 높이고 생태계와 기후체계를 보호하며 국제사회의 지속가능발전에 이바지하는 것을 목적으로 한다.

아. 국제화 기반 강화 정책

대한민국이 글로벌 인재, 기업, 기관 등이 국내에서 자유롭게 활동할 수 있도록 제도적·행정적 기반을 제공하고, 외국인 투자·정주·활동 유치를 통해 국내 산업과 교육시장을 국제화하려는 정책 유형이다. 이는 단순히 국내 역량을 강화하는 것을 넘어, 외국 자본과 인력의 유입을 통해 국내 시스템 자체를 국제화하는 구조이다. 외형적으로는 국제경쟁력 제고, 투자유치, 외국인 정주환경 개선을 목표로 하며, 다양한 규제 특례, 세제 지원, 행정 간소화 등의 방식으로 집행된다. 그러나 실질적으로는 개발 이익, 규제 회피, 정치적 치적 사업화의 우려도 함께 내포한다. 즉, 일반적으로는 해외 진출을 생각할 수 있으나, 이 유형은 국내를 국제화된 활동 공간으로 전환하는 데에 초점이 있다. 글로벌 기업, 교육기관, 인재, 서비스 등이 국내에 들어와 활동할 수 있는 행정적·공간적 기반을 조성하는 것이 핵심이다. 그렇다 보니 외국 교육기관, 외국 의료기관, 외국인 전용 편의시설 등에 대해 입지규제·세금·인허가 등 각종 특례가 존재하며, 기존 행정구역 위에 중첩된 '자유구역'을 설정해, 사실상 행정 구조를 이중화하고 있다. 또한, 외국인이 정착할 수 있도록 국제학교, 의료·문화시설, 거주·노동조건 등 전 생활권 기반을 통합 지원하고 있으며, 이는 산업정책과 이민정책, 교육정책이 통합되어야 하는 복합 정책 구조를 요구하고 있다.

다만, 실제 내용은 도시개발 사업의 일환으로 작동하며, 민간개발사업자 중심의 수익 사업과 유사한 구조가 되고 있고, 지자체장의 치적 사업, "자유구역 지정 실적" 위주의 정치적 홍보 수단으로 남용될 가능성도 존재한다. 또한, 외국교육기관의 내국인 입학 제한 완화 등은 국내 교육시장의 형평성을 해칠 우려가 있으며, 국내 자원(부지, 세금, 제도 등)이 특정 외국인을 위해 제공되는 문제도 아울러 존재한다. 대표적인 법률로는 「경제자유구역 및 제주국제자유도시의 외국교육기관 설립·운영에 관한 특별법(외국교육기관법)162)」, 「경제자유구역의 지정 및 운영에 관한 특별법(경제자유구역법)163)」 등이 있다.

자. 정책 유형별 특징

지금까지의 정책 유형을 정리하면 다음과 같다.

---

162) 「경제자유구역 및 제주국제자유도시의 외국교육기관 설립·운영에 관한 특별법(외국교육기관법)」 제1조(목적) 이 법은 「경제자유구역의 지정 및 운영에 관한 특별법」 제22조에 따라 경제자유구역에 설립하는 외국교육기관과 「제주특별자치도 설치 및 국제자유도시 조성을 위한 특별법」 제220조에 따라 제주특별자치도에 설립하는 외국교육기관의 설립·운영 등에 관하여 필요한 사항을 규정함으로써 경제자유구역 및 제주특별자치도에 거주하는 외국인의 교육여건을 향상시키는 것을 목적으로 한다.

163) 「경제자유구역의 지정 및 운영에 관한 특별법(경제자유구역법)」 제1조(목적) 이 법은 경제자유구역의 지정 및 운영을 통하여 외국인투자기업 및 국내복귀기업의 경영환경과 외국인의 생활여건을 개선함으로써 외국인투자와 기업 유치를 촉진하고 나아가 국가경쟁력의 강화와 지역 간의 균형발전을 도모함을 목적으로 한다.

- 해외 투자 정책: 우리 기업·정부의 해외 개발 및 투자 참여
- 조약 이행 정책: 국제협약 이행을 위한 법제화 및 정책 집행
- 국제질서 유지 정책: 사법·조세·안보 등 국제 공동 질서 유지 참여
- 국제기구 재정 부담 정책: 국제기구 회원국으로서 분담금 및 출자 수행
- 개발도상국 지원 정책: ODA 중심의 원조 및 제도·기술 이전 정책
- 국가 간 상호 교류 정책: 문화·과학기술 등에서의 대등한 교류와 우의
- 국경초월 위기 대응 정책: 감염병·기후변화 등 초국경 위협에 대한 공동 대응
- 국제화 기반 강화 정책: 외국 기업·기관·인력 유치를 위한 국내 제도 및 환경 정비

<표 42> 정책 유형별 주요 특징

정책 유형명	주요 (협력) 당사자	정책 작용 방향	핵심 목적
해외 투자 정책	개발도상국, 해외 정부 및 민간	한국 → 국제사회 (직접 진출)	자원 확보, 국가 이익 증대
조약 이행 정책	국제기구, 외국정부	국제사회 → 한국 (규범 수용)	국제협약 이행
국제질서 유지 정책	국제기구, 외국정부, 국제법체계	양방향 (규범 공동 유지)	사법, 조세, 안보 협력
국제기구 재정 부담 정책	UN, UNESCO 등 국제기구	한국 → 국제사회 (재정 기여)	기구 운영 재정 기여
개발도상국 지원 정책	개발도상국, 국제기구	한국 → 국제사회 (원조 제공)	빈곤감소, SDGs 달성
국가 간 상호교류 정책	우호국, 다자 간 협력 파트너	양방향 (교류 기반 우의)	문화, 기술 교류 및 신뢰 형성
국경초월 위기 대응 정책	WHO, 외국 정부 등	양방향 (위기 공동 대응)	글로벌 위기 공동 대응
국제화 기반 강화 정책	외국기업, 외국교육기관, 외국인 등	국제사회 → 한국 (유치 기반 제공)	국내 국제화 및 경쟁력 제고

이 표는 국제정책을 여러 유형으로 구분하고, 각 유형별 주요(협력) 당사자, 정책의 작용 방향, 그리고 핵심 목적을 정리한 것이다.

- 해외 투자 정책은 개발도상국과 해외 정부 및 민간 부문이 주요 협력 당사자이며, 한국이 직접 국제사회에 진출하는 방향으로 전개된다. 자원 확보와 국가 이익 증대가 목적이다.
- 조약 이행 정책은 국제기구나 외국 정부를 주요 협력 당사자로 하여, 국제사회에서 정한 규범을 한국이 수용하는 방향으로 작용한다. 핵심 목적은 국제협약의 국내 이행에 있으며, 조약 준수를 통해 국내 제도를 정비하고 국제적 신뢰를 확보하는 데에 있다.

- 국제질서 유지 정책은 국제기구, 외국 정부, 국제법 체계가 함께 주요 협력 당사자가 되며, 규범을 공동으로 유지하는 양방향 작용을 특징으로 한다. 사법, 조세, 안보 분야에서의 협력이 중심이며, 국제적 안정과 법질서 유지가 핵심 목적이다.
- 국제기구 재정 부담 정책은 UN, UNESCO 등 국제기구가 주요 협력 당사자이며, 한국이 국제사회로 재정을 기여하는 방향으로 진행된다. 목적은 기구 운영에 필요한 재정적 기여를 통해 국제사회에서의 역할과 영향력을 강화하는 것이다.
- 개발도상국 지원 정책은 개발도상국과 국제기구가 주요 협력 당사자로, 한국이 원조를 제공하는 방향으로 작용한다. 빈곤 감소와 지속가능발전목표(SDGs) 달성이 주요 목적이다.
- 국가 간 상호교류 정책은 우호국과 다자 간 협력 파트너가 주요 협력 당사자이며, 교류 기반의 우의를 증진하는 양방향 정책이다. 문화와 기술 교류, 상호 신뢰 형성이 목표가 된다.
- 국경초월 위기 대응 정책은 WHO나 외국 정부가 주요 협력 당사자로, 글로벌 위기에 공동 대응하는 양방향 구조를 가진다. 전염병, 기후재난 등 국제적 위기 관리가 핵심 목표이다.
- 국제화 기반 강화 정책은 외국기업, 외국교육기관, 외국인 등이 주요 협력 당사자로, 국제사회에서 한국으로 유치 기반을 제공하는 정책이다. 국내의 국제화와 경쟁력 제고가 목적이다.

차. 국제정책의 설계

국제정책은 단순히 외교정책 차원을 넘어, 국제사회와 대한민국이 상호 영향을 주고받는 다층적 상호작용 과정으로 이해해야 한다. 이 과정은 크게 세 가지 경로로 구분할 수 있다.

1) 국제사회에서 한국으로 직접 작용

국제사회가 우리나라에 직접 영향을 주는 흐름이다. 국제규범, 조약, 국제기구의 결정이나 판례가 발생하면, 대한민국 정부는 이를 수용하여 국내 법제화 과정을 거치고, 결국 정책·제도·행정체계의 변화로 이어진다. 예를 들어 WTO 판결은 국내 수입 규제정책의 수정으로, 파리협정은 「탄소흡수원 유지 및 증진에 관한 법률」 제정으로, OECD 협약은 「국제상거래에 있어서 외국공무원에 대한 뇌물방지법」 제정으로 연결되었다. 일반적 단계는 다음과 같다. ① 국제규범 발생(조약, 선언, 국제판례, 다자결정) → ② 정부 간 협의 및 수용 결정(외교부, 관계부처) → ③ 국내 법제화(법률 제정, 행정계획 수립) → ④ 정책 설계 및 집행(중앙부처 및 지자체 참여) → ⑤ 국제보고 및 모니터링(UN, WTO 등 국제기구 보고).

2) 한국에서 국제사회로 능동적 영향

대한민국이 국제사회에 능동적으로 영향을 미치는 흐름이다. 이는 국내에서 기획된 정책, 원조, 기술 등이 국제기구나 타국으로 제공되면서 국제적 규범, 외교적 위상, 국가 이미지를 강화하는 방향으로 나타난다. 대표적인 사례로 KOICA의 ODA 프로그램, 유엔 평화유지군 (PKO) 파병, 국제 탄소감축사업 수행 등을 들 수 있다. 일반적 단계는 다음과 같다. ① 정책목표 수립(외교전략, ODA 전략, 글로벌 목표 설정) → ② 실행기관 결정 및 예산 편성(기획재정부, 외교부 등) → ③ 협력 파트너 선정(개발도상국, 국제기구, 글로벌 네트워크) → ④ 정책 집행(사업 시행, 기술 이전, 인력 파견) → ⑤ 성과 공유 및 외교 활용(국제회의 발표, 글로벌 리더십 강화).

3) 국제사회가 국내에 간접적으로 영향

국제사회가 국내 기관·시민사회 등을 통해 간접적으로 영향을 주는 흐름이다. 국제기구나 글로벌 NGO, 또는 해외 정부의 정책이 국내 시민사회, 학계, 지방정부 등에 수용되고, 이를 통해 중앙정부의 정책이나 제도 변화로 확산된다. 대표적 사례로 UNESCO의 지속가능발전교육(ESD)이 국내 교육과정에 반영된 것, 국제 NGO의 난민정책 권고가 출입국 정책 변화 논의로 이어진 것, EU의 탄소국경조정제도(CBAM)가 국내 기업의 ESG 기준 강화 및 세법 변화 압력으로 작동한 경우 등을 들 수 있다. 일반적 단계는 다음과 같다. ① 국제 주체의 활동·압력(기준 발표, 캠페인, 인증제도) → ② 국내 수용주체 반응(시민단체, 언론, 학계, 지자체) → ③ 정부와의 연계·정책화(실험사업, 조례 제정, 중앙정부 제도화) → ④ 정책확산 및 제도변화.

이와 같이 국제정책은 [국제사회 → 한국], [한국 → 국제사회], [국제사회 → 국내 간접 경로]라는 세 가지 흐름 속에서 설계된다. 국제규범과 국내정책이 맞물리며, 법제화와 행정 집행이 연동되고, 시민사회와 국제사회가 함께 정책을 만들어가는 다층적 네트워크로 기능한다. 결국 국제정책은 단순한 외교 차원을 넘어, 국내법·정책·행정과 국제규범·국제거버넌스가 결합되는 접점에서 이루어지는 동적 과정이라 할 수 있다.

4) 8개 국제정책 유형별 정책 설계

국제정책은 그 성격에 따라 여러 유형으로 나뉘며, 각각 고유한 설계·집행 과정을 가진다.

- 해외 투자 정책: 우리나라 기업이나 자본이 해외로 진출할 필요성이 인식되면, 먼저 투자 대상국과 협의하거나 계약을 체결한다. 이후 구체적인 투자 사업계획을 수립하고, 정부 차원의 법적·재정적 지원을 통해 해외 진출을 뒷받침한다.
- 조약 이행 정책: 국제사회와 체결한 협약이나 조약은 곧바로 국내 법제화 과정을 거쳐야 한다. 우선 국제 협약을 체결한 뒤, 이를 국내에서 수용할지 여부를 결정한다. 이후 관련 법률의 제정이나 개정이 이루어지고, 이를 실행하기 위한 이행계획이 수립된다. 마지막 단계에서는 행정부가 구체적으로 집행에 나선다.
- 국제질서 유지 정책: 다자간 합의나 국제규범의 요청에 따라 추진된다. 먼저 국제사회에서 공통의 규범이나 합의가 마련되면, 관련 부처들이 협력 체계를 수립한다. 이어서 법률이나 제도를 정비하고, 국제사회와 공동으로 집행에 나선다.

- 국제기구 재정 부담 정책: UN, OECD 등 국제기구의 분담금 요청에 따른 흐름이다. 국제기구에서 재정 분담을 요청하면, 정부는 이를 국가 재정계획에 반영한다. 이후 국회 승인이나 행정부의 재정 집행 과정을 거쳐, 실제 분담금이 납부된다.

- 개발도상국 지원 정책: ODA와 같은 대외 원조정책은 먼저 국가 차원의 전략 수립으로 시작된다. 그다음 수원국이나 국제기구와 협력 구조를 마련하고, 프로그램 설계 및 예산 편성을 진행한다. 이후 구체적인 사업 집행과 사후 평가로 이어진다.

- 국가 간 상호교류 정책: 국가 간 교류 수요가 발생하면, 양자 또는 다자 협정 체결이 이루어진다. 협정을 토대로 교류 사업이나 프로젝트를 설계하고, 이를 양측이 공동으로 실행한다. 교육·문화·과학기술 분야에서 자주 나타나는 유형이다.

- 국경 초월 위기 대응 정책: 전염병, 기후 위기, 테러와 같은 글로벌 위협이 발생하거나 예측될 경우, 우선 국내 경보체계가 가동된다. 이어 국제 공조를 위한 계획이 수립되고, 최종적으로는 국제적 협력 속에서 대응이 실행된다.

- 국제화 기반 강화 정책: 외국인 유치 및 국제화 수준 제고를 위한 정책이다. 먼저 외국인 유치 전략이 수립되고, 경제자유구역 조성이나 정주 여건 개선이 추진된다. 이어 인프라 및 제도가 설계되며, 필요할 경우 규제 특례가 적용·운영된다.

정리하면, 국제정책은 유형별로 뚜렷한 설계·집행 경로를 가진다. 조약처럼 법적 강제성을 지닌 경우에는 국내 법제화와 집행이 핵심이며, 교류·투자와 같이 상호 호혜적 성격이 강한 경우에는 협정 체결과 공동 실행이 중심이 된다. 또한 ODA나 위기 대응처럼 국제사회와의 연대가 중요한 분야에서는 전략 수립-협력체계 구축-집행-평가의 순환 구조가 강조된다. 결국, 모든 국제정책 유형은 국내 행정과 법제, 국제규범과 협력 구조가 서로 맞물리며 작동한다는 점에서 공통점을 가진다.

카. 국제정책의 정책법학적 해석

1) Law as Policy Tool: 국제정책 집행의 수단

국내정책에서 법은 국민을 직접 규율하는 구체적 행정수단으로 작동한다. 반면 국제정책에서는 국제 합의나 협정을 국내에서 집행할 수 있는 수단으로서의 법적 역할이 강조된다. 예를 들어, 「기후변화대응법」이나 「온실가스 배출권 거래법」은 파리협정을 이행하기 위해 만들어진 전형적 수단이다. 또 감염병과 같은 국경 초월 위기에서는 「검역법」과 같은 긴급 집행 규정이 법적 도구로 작동한다. 즉, 국제정책에서의 법은 "국제규범의 집행 도구"로 기능한다.

2) Law as Policy Constitution: 국제정책의 제도적 고정

국제정책은 단발적 협약 체결에 그치지 않고, 이를 지속적으로 운영할 제도적 기반이 필요하다. 여기서 법은 국제정책의 조직·절차·권한 구조를 고정하는 역할을 한다. 예컨대, ODA(공적개발원조) 정책을 담당하는 국제개발협력위원회는 「국제개발협력기본법」에 근거해 설치된 제도적 장치이다. 또 유엔 제재를 이행하기 위한 대외무역법상 수출입 통제 제도도 국제정책의 구조를 고정하는 법적 장치이다.

3) Policy as Law-Making Force: 국제정책이 법을 낳는 힘

국내정책은 사회문제 해결이 법 개정의 동인이 되지만, 국제정책은 국제적 요구나 외교적 합의가 법·제도의 변화를 유발하는 경우가 많다. 예컨대, OECD 가입 조건으로 공정거래 관련 법률이 개정되었고, WTO 체제 하에서 무역구제 관련 법률이 잇따라 제정·개정되었다. 또 COVID-19 팬데믹 이후 WHO 협력체계에 따라 감염병예방법이 강화되었다. 즉, 국제정책은 "국제 → 국내 법률"이라는 경로를 통해 정책이 법을 설계하는 힘을 갖게 된다.

4) Policy-to-Law Dynamics: 국제와 국내 간 상호작용

국제정책의 가장 큰 특징은 국제와 국내 법제 간의 순환적 상호작용이다. 국제조약이 국내법으로 이행되고, 그 법이 다시 국제협약의 성실한 이행 여부를 평가받으며, 이후 새로운 국제규범 형성에 영향을 미친다. 예컨대, 파리협정 이행을 위한 국내 온실가스 감축정책은 다시 국제협상에서 한국의 감축목표로 환류되고, 이는 차기 국제 합의의 근거가 된다. 또 한·미 FTA와 같은 조약은 국내 법률과 제도를 바꾸고, 그 제도의 성과가 향후 재협상에 영향을 준다. 이처럼 국제정책은 항상 글로벌 거버넌스 ↔ 국내 법체계의 순환 구조 속에 존재한다.

정리하면, 국내정책은 국민과 국가 사이의 직접적 권리·의무 관계 속에서 법-정책의 네 축이 작동한다. 즉, 법은 국민의 자유를 제한하거나 보조를 제공하고, 정책은 법을 근거로 설계·집행된다. 반면 국제정책은 국제사회와 국가 간의 관계라는 이중적 층위에서 법-정책 관계가 작동한다. 여기서 법은 국제규범의 국내 번역 도구(law as policy tool)이자, 국제정책을 고정시키는 제도(law as policy constitution)이며, 동시에 국제정책은 법을 새로 낳는 힘(policy as law-making force)이고, 국제-국내 간 순환적 dynamics 속에 놓인다. 따라서 국제정책은 국내정책보다 훨씬 더 외부 규범 의존성, 국내외 제도 간 상호작용, 국제적 정당성 확보라는 요소가 중요하게 작동한다는 점에서 뚜렷이 구별된다.

5. 국내정책과 국제정책의 비교

국제정책은 매우 다양하다. 우리처럼 개방화된 나라, 무역을 통해서 성장을 이끌어가야 하는 나라, 그러면서도 세계 최빈국에서 선진국으로 성장한 유일한 나라, 그런데도 제국주의 경험이 없는 유일한 나라 등의 장점을 살려서 국제사회에서 리더십을 발휘해야 하는 필요성도 존재한다. 이런 관점에서 국제정책과 국내정책의 특징을 비교해보는 것도 의미가 있다.

가. 비교 개괄

국내정책과 국제정책은 모두 국가가 수행하는 정책이라는 점에서는 같지만, 그 정책 형성과 작동의 구조, 정당성의 기준, 대상과 환경, 법제의 구성 방식 등에서 중요한 차이를 갖는다.

1) 정책의 기본 목적과 정당성의 기준

국내정책은 기본적으로 국민의 삶의 질 향상, 사회 질서 유지, 공공서비스 제공 등 국내 시민을 위한 목적에 중점을 둔다. 정당성의 기준은 헌법과 법률, 그리고 선거와 의회 과정에서 나타나는 국민적 동의에 기초한다. 반면 국제정책은 국가의 대외적 위상 제고, 국제책무 이행, 외교적 이해관계 실현을 주된 목적으로 하며, 그 정당성은 국제규범, 조약, 외교 전략, 국제사회와의 협력 관계에 뿌리를 둔다. 이로 인해 국제정책은 국내 국민보다는 외부적 정당성 확보가 더 중심이 되는 경향이 있다.

2) 정책 형성과정에서의 참여자와 구조

국내정책은 국회, 정당, 중앙정부, 지방정부, 시민사회, 전문가 집단 등 다양한 행위자가 상호 작용하며 입안·결정된다. 정책 이슈는 언론 보도, 여론, 민원, 지방의회, 시민단체 등을 통해 부상하고, 국회와 행정부를 통해 법제화 또는 행정계획화되며, 공론화 절차가 중요한 역할을 한다. 반면 국제정책은 그 형성 초기에 외교부, 국조실, 대통령실, 재정 당국 등 행정부 상층 중심의 폐쇄적 정책결정 구조를 보이며, 협상 과정은 비공개인 경우가 많고, 국회와 시민사회의 참여는 후속적이고 제한적이다.

3) 법제화 방식과 규범 구조

국내정책은 주로 국내법을 기반으로 형성되며, 헌법 → 법률 → 시행령 → 조례·지침으로 이어지는 수직적 법제 구조 속에서 작동한다. 새로운 정책이 필요한 경우, 그에 부합하는 입법이 선행되거나 법령 개정이 수반된다. 반면 국제정책은 국제규범(조약, 협약, 결의, 국제기구 결정 등)을 먼저 수용한 뒤, 그 내용을 국내법으로 이행하거나 준용하는 방식으로 전개된다. 즉, 외부에서 형성된 규범을 내부로 흡수하는 '외부 규범 수용 구조'를 갖는다.

4) 정책 환경과 변화 요인

국내정책은 주로 내부 요인(경제·사회 구조, 여론, 선거, 이익집단 활동 등)에 의해 영향을 받으며, 정부가 비교적 예측할 수 있고 통제 가능한 환경에서 정책을 설계한다. 반면 국제정책은 외부 환경의 불확실성과 급변성에 크게 노출되어 있으며, 다른 국가의 정책, 국제 정세, 세계 경제의 변동, 글로벌 이슈(기후위기, 감염병 등)에 의해서도 결정적 영향을 받는다.

5) 정책 대상과 적용 범위

국내정책은 국민, 국내 기업, 지역사회, 학교, 병원 등 국내의 법적·물리적 공간 안에 있는 행위자를 대상으로 한다. 반면 국제정책은 외국 정부, 국제기구, 다국적 기업, 해외 시민사회, 외국인 등 국경을 초월한 다양한 외부 행위자를 대상으로 하거나 그와 협력·경쟁하는 것을 전제로 한다.

나. 법적·정치적·사회적 작동 원리 비교

1) 법제 측면에서의 차이

먼저, 법적 구속력의 출발점에 차이가 있다. 국내정책은 헌법·법률·행정규칙 등 국내 법체계에 직접 근거하여 형성된다. 즉, 법이 먼저 존재하고 그 범위 안에서 정책이 집행된다(역(逆)도 가능하다). 반면, 국제정책은 국제조약·국제규범이 먼저 형성된 뒤, 이를 국내법으로 수용·이행하는 구조를 가진다. 즉, 국제법적 합의 → 국내 비준 및 입법 → 정책 집행이라는 사후 입법화 구조가 특징이다.

둘째, 법적 위계와 효력 구조에도 차이가 있다. 국내정책의 법적 근거는 헌법과 법률이 최상위에 있고, 하위법령과 행정명령은 이에 종속된다. 따라서 위헌·위법 여부를 사법부가 직접 통제할 수 있다. 하지만, 국제정책은 국제법과 국내법의 관계가 핵심이다. 대한민국 헌법 제6조 제1항에 따라 조약은 국내법과 같은 효력을 가지지만, 실제로는 국회 동의나 국내 입법이 수반되지 않으면 집행이 어렵다. 즉, 국제정책은 국제법적 의무와 국내법적 정합성 사이의 긴장을 늘 안고 있다.

셋째, 법제 형성 과정의 투명성 차이도 존재한다. 국내정책은 입법예고, 공청회, 위원회 심사 등 공개적 절차를 통해 법제화된다. 국민의 참여가 제도적으로 보장된다. 반면, 국제정책은 협상 과정이 대부분 비공개로 진행되며, 협상 후에야 국내 입법·비준 절차가 시작된다. 법제화의 투명성과 참여성이 제한적이고, 따라서 사후 정당화와 국내 수용성 확보가 중요하다.

넷째, 분쟁 해결 구조의 차이이다. 국내정책 관련 분쟁은 국내 법원, 헌법재판소, 행정심판 등 국내 사법·행정 절차에서 해결된다. 반면, 국제정책 관련 분쟁은 WTO 분쟁해결기구, 국제사법재판소(ICJ: International Court of Justice), 투자분쟁해결센터(ICSID: International Centre for Settlement of Investment Disputes) 등 국제적 분쟁 해결 메커니즘을 통해 처리되며, 국내 사법부의 판단만으로는 종결되지 않는다.

2) 정치적 측면에서의 차이

국내정책은 국내 정치제도와 절차의 영향력이 크다. 국내정책은 일반적으로 헌법, 법률, 행정규칙 등 국내 법체계에 따라 형성되며, 정책결정 과정은 국회(입법), 행정부(집행), 정당(의제설정), 시민사회(압력) 등 국내의 정치적 행위자들에 의해 주도된다. 특히 정당 간 협상, 국회 상임위 활동, 시민단체의 정책 운동이 결정 과정에 큰 영향을 미치며, 때로는 법률보다 앞서는 정치적 합의(예: 위헌성이 지적되더라도 타협으로 정책이 유지되는 경우)가 정책결정을 좌우하기도 한다.

반면, 국제정책은 정치적 협상과 외교적 교섭이 중심이 되며, 법 이전 단계에서의 정치적 협의가 실질적 결정을 좌우할 수 있다. 반면, 국제정책은 다자(多者) 협약이나 조약, 국제기구 결의 등 국가 간 협상의 결과물이기 때문에, 정책 형성의 전(前) 단계에서 정치적 결정과 외교 전략이 더 중시된다. 이 과정에서 외교부, 대통령실, 경제부처 등 행정부 상층부가 주도하며, 국회와 시민사회는 사후적으로 대응하는 경우가 많다. 합의의 내용이 먼저 정치적으로 타결된 뒤, 그 내용을 사후적으로 국내법으로 이행하거나 제도화하는 구조가 일반적일 수 있는 것이다. 예를 들면, FTA, 기후 협정, 유엔 결의, WTO 합의 등은 국내 정치과정을 거치기 이전에 이미 외교적으로 결정된다.

3) 사회적 합의 및 공론화 측면에서의 차이

국내정책은 공론화와 민주적 절차의 구성이 핵심이다. 법령 제·개정 과정에서 입법예고, 공청회, 이해관계자 협의, 사회적 토론 등이 제도화되어 있다. 국정과제, 정당 공약, 정책토론회, 국민 청원, 언론 보도 등 다양한 사회적 매개를 통해 의견이 수렴된다. 특히 이해관계가 첨예한 사안일수록 사회적 갈등 조정 메커니즘(예: 공론조사, 시민참여단 등)이 동원된다. 사회적 합의의 축적 없이 추진된 정책은 민원, 소송, 정책 거부 등으로 실패 가능성이 크다. 반면, 국제정책은 사후적 정당화 및 제한된 공론화 구조가 일반적일 수 있다.

국제정책은 협상 과정이 대부분 비공개적이며, 국민이 그 내용을 사전에 충분히 알기 어렵고, 협상 내용에 대해 직접 의견을 개진할 기회가 제한된다. 대신에 협상이 완료된 후 국회 비준 절차, 정부의 해설 자료 배포, 국민 설득 캠페인 등의 사후 정당화 절차가 강조된다. 국민적 반발이 우려되는 경우에는 공론화를 통해 국내 수용 기반을 확보해야 하며, 그렇지 않으면 '조약은 체결했으나 국내에서는 반대'라는 이중 구조가 발생하기도 한다. 예를 들면, 미국산 쇠고기 수입 재협상, 일본과의 위안부 합의, 탄소국경조정제도(CBAM: Carbon Border Adjustment Mechanisms)164) 대응 논란 등을 들 수 있다.

정리하면, 법제 측면에서는 국내는 헌법·법률 중심의 자율적 법질서, 국제는 국제법-국내법 이중 구조와 수용성 문제라는 차이가 드러난다. 정치적 측면에서는 국내는 정당·국회 중심, 국제는 외교·행정부 상층부 중심이다. 마지막으로 사회적 측면에서는 국내는 사전 공론화, 국제는 사후 정당화라는 특징이 있다,

---

164) 유럽연합(EU)이 2026년부터 시행 예정인 제도로서, 탄소 배출이 많은 제품의 수입에 탄소세 성격의 관세를 부과하는 정책이다. 이 제도는 EU의 탄소중립 목표와 산업 경쟁력 유지를 위해 도입되었으며, 철강·시멘트·알루미늄 등 주요 산업 제품에 적용된다.

제5부. 정책법학의 실현 기반

결국, 정책법학은 역량·입법·협치·숙의·학습·윤리라는 여섯 축이 맞물려야 비로소 정책과 법의 선순환을 현실에서 가능하게 한다.

정책법학은 정책과 법을 추상적 개념으로만 다루지 않는다. 그것이 사회 속에서 작동하기 위해서는 제도적 장치와 담당자의 역량, 그리고 윤리적 토대가 반드시 뒷받침되어야 한다. 아무리 정교한 정책유형론이나 과정론이 마련되더라도, 이를 구현할 수 있는 기반이 없으면 현실에서 정책은 공허한 선언에 머물 수밖에 없다.

정책법학의 실현 기반은 크게 세 갈래로 나눌 수 있다. 첫째, 입법국가로의 전환과 지방자치단체의 정책 파트너십 인정, 숙의의 제도화와 같이 제도적 차원에서 정책 형성을 뒷받침하는 장치가 필요하다. 둘째, 정책 담당자의 정책역량과 정책학습의 제도화는 정책의 지속성과 전문성을 높이는 핵심 요건이다. 셋째, 이 모든 활동은 정책 담당자의 윤리라는 책임성과 정당성의 바탕 위에서만 의미를 갖는다.

따라서 정책법학은 제도적·조직적 기반과 인간적·윤리적 기반이 서로 맞물려야만 비로소 현실에서 살아 움직일 수 있다. 제5부에서는 이러한 기반 요소들을 검토함으로써, 정책법학이 어떻게 사회 속에서 구체적으로 실현될 수 있는지를 살펴보고자 한다.

1. 입법국가로의 전환

가. 정책 설계와 입법과정의 결합

1) 입법 중심 정책 설계: 법률과 정책의 통합적 접근

현재 우리나라의 입법 과정은 법률이 원칙만을 담고, 구체적인 정책은 시행령이나 시행규칙으로 넘어가는 구조를 띠고 있다. 그 결과 행정부는 국회의 위임을 자의적으로 해석하며, 정책은 사실상 법 밖에서 설계된다. 법률에는 큰 틀만 규정되고, 실제 제도의 개선이나 운영은 시행령과 행정기관의 판단으로 위임되는 경우가 많다. 이는 국회가 정책 설계의 권한을 상실하고, 행정부가 책임 없는 계획을 양산하는 원인이 된다. 이러한 문제를 극복하려면 법률이 곧 정책이 되는 구조로 전환되어야 한다. 입법 단계에서 정책목표, 주요 전략과 사업 항목, 재정 근거, 실행 주체와 역할 분담, 성과 평가 기준까지 명확히 담아야 한다. 또 위임입법의 범위를 제한하고, 법률에 핵심 내용을 구체적으로 포함해야 한다. 국회는 정책 실행 가능성 평가를 의무화하고, 법률이 제정된 이후에는 이행 모니터링 제도를 통해 집행을 점검해야 한다. 나아가 주요 법안은 공론조사를 통해 이해관계자의 의견을 반영하고, 국회와 행정부 간의 사전 협의 구조를 제도화해야 한다. 이러한 방식으로 입법이 설계된다면, 별도의 기본계획을 남발할 필요가 없으며, 정권 교체에도 불구하고 정책의 방향성과 뼈대는 유지될 수 있다. 국민은 법률만으로도 정책의 청사진을 확인할 수 있고, 국회는 입법을 통해 정책을 실질적으로 책임지는 위치로 복귀하게 된다.

2) 정당정치의 정책화: 정강정책과 국정운영의 일치

또 하나의 본질적 해법은 정당정치의 정책화다. 지금은 정당의 정강정책, 후보의 공약, 대통령의 국정과제,[165] 부처의 계획이 모두 따로 움직이고 있다. 이로 인해 정책은 일관성을 잃

---

[165] 국정과제를 결정하는 역할을 국정기획위원회가 담당했다. 국정기획위원회는 현 정부가 인수위원회 없이 출범하면서 대통령령(「국정기획위원회의 설치 및 운영에 관한 규정」)으로 설치한 임시 기구이다. 그러나 이 위원회는 법제적·정책적·정치적 차원에서 의문이 있다. 우선 헌법적·법제적 측면에서 보자면, 대통령령으로 독자적 조직을 신설할

고, 정치인은 비전보다는 "관료에게 무엇을 시킬까"를 고민하게 된다. 관료가 실질적인 정책 권력을 쥐고 있는 이유다. 정당이 정책 플랫폼으로 자리 잡아야 이 문제를 해결할 수 있다. 정강정책은 입법과 사업화가 가능한 수준으로 구체화되어야 하고, 후보 공약은 정당 공약과 일치해야 한다. 정권 인수위원회는 선거에서 제시된 정당 프로그램을 그대로 실행하는 장치로 운영되어야 하며, 국회는 정당의 정책위원회와 상임위원회를 긴밀히 연계해 입법 체계를 강화해야 한다. 이렇게 정당의 정책 기능이 강화되면, 집권당이 정책을 리드하고 관료에 대한 의존도를 낮출 수 있다. 유권자는 정당이 제시하는 정책 패키지를 기준으로 선택할 수 있으며, 정당이 바뀌지 않는 한 정책의 지속성도 확보된다. 결국 정치가 다시 정책 설계의 중심에 서게 되는 것이다.

3) 두 해법의 통합: 계획 중심 행정국가에서 입법 중심 시민정치국가로

입법 중심 정책 설계와 정당정치의 정책화는 따로 떨어져 있는 과제가 아니다. 두 해법은 서로 연결되어야 하며, 통합될 때 그 효과가 극대화된다. 입법이 정책 설계의 중심이 되면 국회가 민주적 통제력을 회복할 수 있고, 정당이 정책 기능을 강화하면 국정 운영의 일관성과 책임성이 살아난다. 이렇게 되면 행정부에 집중된 권한은 입법부와 정당으로 분산되고, 정책 권한의 민주화가 이루어진다. 동시에 정당은 정책 생산의 주체로 환골탈태하여, 관료 의존에서 벗어나 국민과 직접 연결되는 정책정당으로 성장할 수 있다. 결국 대한민국은 계획 중심 행정국가에서 입법 중심의 시민정치국가로 이행할 수 있는 것이다.

수 있느냐는 문제가 제기된다. 정부조직법상 행정조직은 원칙적으로 법률에 근거해야 하는데, 국정기획위원회는 대통령 소속 자문위원회라는 외피를 쓰면서도 실제 기능은 정책기조 설정, 주요 정책의 선정, 중장기 계획 수립 등 준정책결정권에 가까운 권한을 행사한다. 단순 자문기구라면 대통령훈령으로도 충분했을 텐데 굳이 대통령령을 제정했다는 점에서 형식과 실질 사이의 괴리가 발생한다. 더구나 각 부처 공무원이나 산하기관 종사자를 불러 실무위원으로 활용하고, 필요한 자료를 요구할 수 있는 권한까지 부여되었다는 점은 사실상 '그림자 행정기관'에 가깝다. 법률적 근거 없이 이렇게 막강한 권한을 행사할 수 있는 위원회를 설치하는 것은 법률유보 원칙과 권력분립의 취지에 정면으로 배치될 소지가 있다. 정책적으로 보더라도 국정기획위원회의 정당성은 흔들린다. 흔히 이 기구의 필요성을 "인수위 없는 상황에서 불가피했다"라고 설명하지만, 이는 설득력이 약하다. 대통령 탄핵에 따른 조기 선거로 당선과 동시에 취임이 이뤄진다는 것은 이미 충분히 예견된 사실이었기 때문이다. 그렇다면 사후적으로 대통령령으로 임시 기구를 만드는 것이 아니라, 국회가 사전에 입법적 조치를 통해 정권 교체기의 특수 상황을 대비했어야 한다. 평상시 인수위원회와 더불어, 조기 대선이나 보궐선거의 경우에도 안정적으로 국정 인수 기능을 수행할 수 있는 법률적 장치가 마련되었어야 한다는 점에서, 이번 사례는 입법부의 제도적 무대응이 초래한 결과라고 할 수 있다. 하지만, 이 문제는 중앙정부에만 국한되지 않는다. 보궐선거로 당선된 지방자치단체장 역시 선거와 동시에 취임하기 때문에, 지방정부 차원의 정책 인수와 기획 체계 역시 법적으로 제도화되어 있지 않다. 따라서 국가든 지방이든, 정권 교체기 행정 공백을 임시방편의 대통령령이나 조례로 메우는 것이 아니라, 법률 차원에서 제도화하는 작업이 필요하다. 정치적으로도 국정기획위원회는 논란의 소지가 크다. 위원장과 위원은 전적으로 대통령이 임명·위촉하고, 국민참여기구 설치를 명시했지만 실제 참여 범위는 제한적이다. 결과적으로 자문기구라는 명분 아래 대통령 권한을 확대하는 수단으로 작동할 수 있고, 초기 국정 운영의 동력을 확보하는 정치적 전략으로 활용될 수 있다. 이는 민주적 정당성과 중립성의 부족이라는 그림자를 드리운다. 종합하면, 국정기획위원회는 행정적 필요라는 명분에 비해 법적 정합성이 결여되고, 입법부의 제도적 대응 부재를 덮기 위한 임시 처방의 성격이 강하다. 따라서 향후에는 이러한 문제를 반복하지 않도록, 중앙정부와 지방정부 모두에서 인수제도(평상시, 보궐시)를 법률에 기초하여 정비하고, 민주적 정당성과 책임성을 확보하는 방향으로 제도화를 추진할 필요가 있다.

나. 입법과정에서 정책을 구체화하는 방법

우리나라 입법은 기본법-시행령-시행규칙의 3단 구조를 따르지만, 실제로는 핵심적인 정책 내용이 시행령이나 시행규칙에 과도하게 위임되는 경우가 많다. 그 결과 법률은 원칙 선언에 그치고, 정책의 구체적 모습은 행정부가 임의적으로 결정하는 문제가 발생한다. 따라서 국회는 위임 범위를 명확히 제한하고, 중요한 정책 내용은 법률 조문에 직접 담아야 한다. 또한 기존의 기본법 중심의 입법 방식에서 벗어나, 목표뿐 아니라 세부 사업, 예산 근거, 기관별 역할까지 포함하는 실질적 정책 법률로 전환해야 한다. 이렇게 해야 법률만으로도 정책이 실행 가능하고, 불필요한 기본계획 남발도 방지할 수 있다.

이를 뒷받침하기 위해 국회의 정책 연구 역량 강화가 필요하다. 현재는 의원 개인이 행정부 자문에 의존하는 경우가 많아 독립적 연구 기능이 약하다. 입법조사처나 국회 내 정책 연구 조직을 강화하여, 법률안이 독자적 정책 설계 능력을 가질 수 있도록 해야 한다. 또한 법률 제정 전에 국회와 행정부가 함께 논의하는 협의 구조, 이른바 정책조정위원회 같은 제도를 도입할 필요가 있다. 법률 제정 이후가 아니라, 입법 과정에서부터 집행 가능성과 정책적 정합성을 검토하는 것이다. 여기에 더해, 법률안 심사 과정에서 "정책 실행 가능성 평가(policy feasibility assessment)"를 의무화할 필요가 있다.

입법 과정에서 정책 효과성을 높이기 위해서는 법률 제정 이후의 집행 과정을 추적하고 관리하는 체계가 반드시 필요하다. 지금처럼 국회의 정책 질의에 의존하는 방식으로는 한계가 크다. 법률이 제정된 이후 실제 정책이 얼마나 충실히 집행되고 있는지, 목표에 부합하는 성과를 내고 있는지 점검할 수 있는 법률 이행 모니터링 시스템을 제도적으로 공식화해야 한다. 이를 통해 법률이 단순한 선언에 그치지 않고, 실행력을 담보하는 실질적 정책 도구로 기능할 수 있다. 또한 법률이 제정되기 전 단계에서부터 다양한 이해관계자의 의견을 충분히 반영하는 절차가 필요하다. 이를 위해 공론조사 제도를 법률 초안 단계에 도입하는 방안을 검토할 수 있다. 교육개혁이나 사회보장제도 개편과 같이 사회적 파급력이 큰 법안의 경우, 공론조사를 통해 시민·전문가·이해당사자의 의견을 수렴하고, 그 결과를 법안 내용에 반영하는 것이다. 이러한 과정은 법률의 정당성과 수용성을 높여, 입법이 현실적으로 작동할 수 있는 기반을 강화한다.

2. 지자체를 정책 설계의 파트너로 인정

지방자치단체는 법적으로 국가 사무와 지방 사무를 혼재하여 수행하지만, 실제 역할은 집행에 국한되는 경우가 많다. 국가 사무는 직접 집행되는 일부를 제외하고 단체위임이나 기관위임의 형태로 지자체에 내려오는데, 이 경우 지자체는 단순한 집행자로 기능할 뿐, 정책 기획이나 설계 단계에는 거의 참여하지 못한다. 지방 사무 또한 자치권이 보장된 것처럼 보이지만, 실제로는 법령의 범위 내에서만 수행할 수 있어 실질적 정책 설계 권한은 크게 제약된다. 특히 중앙정부의 기본계획 체계 속에서는 중앙이 설계자이자 총괄자가 되고, 지자체는 이를 수용하고 전달하는 수준에 머무르는 것이 현실이다. 이로 인해 여러 문제가 발생한다. 중앙정부가 만든 계획은 겉보기에 그럴듯하지만, 지역의 현실과 괴리되어 실행력에서 한계를 보이는 경우가 많다. 실패의 책임은 현장에서 지자체가 떠안지만, 설계 권한을 가진 중앙정부는 면책되는 구조도 고착화되어 있다. 또한 중앙과 지방 간 조율이 원활하지 않아 정책의 실효성이 떨어지는 경우도 빈번하다.

따라서 개선을 위해서는 지자체에 정책적 파트너로서의 지위를 인정해야 한다.[166] 계획을 수립하기 전 단계에서 지자체와의 협의를 필수적으로 운영하고, 그 결과를 서류화해 공개하도록 제도화해야 한다. 이렇게 되면 중앙정부의 강압적 정책 설계 관행이 드러나고, 장기적으로는 중앙정부 스스로 다른 방식의 계획 수립을 유인받게 될 것이다. 특히 단체위임사무는 지자체가 참여하고 동의해야만 유효하도록 '공동책무 기반 위임' 원칙을 확립할 필요가 있다. 기관위임사무의 경우에도 단순 집행만 맡기는 것이 아니라, 지자체가 사전 협의권과 현장 조정권을 가지도록 해야 한다. 지방사무 역시 법령 개편 과정에서 지자체의 의견이 반드시 반영되도록 절차를 보장해야 한다.

특히 wicked problem 대응에서는 지자체의 역할이 더욱 중요하다. 복잡하고 불확실한 문제일수록 다양한 정책실험이 필요하며, 지방자치단체는 이러한 정책실험을 가능하게 하는 중요한 기반이 된다. 중앙정부가 하나의 답을 강제하는 대신, 지자체가 현장에서 다양한 실험을 수행하고, 그 성과를 공유하며 확산시켜 나가는 방식이 효과적이다. 결국 지방정책권을 인정하고, 지자체를 수동적 전달자가 아니라 정책의 공동 설계자이자 책임 있는 실행자, 나

---

166) 예를 들면, 서울시나 수도권에 토지거래허가제를 하려면 사전에 서울시나 수도권 지자체와 협의를 해야 한다.

아가 평가의 주체로 위치시키는 것이 필요하다. 이는 단순한 지방분권이 아니라, 정책공동체적 협치 구조로의 전환이라는 더 근본적 변화를 요구한다.

여기서 중요한 점은, 한국적 맥락에서 무조건적인 지방분권이 반드시 최선은 아니라는 점이다. 한국은 1일 생활권 구조와 문화·언어·행정 시스템의 유사성이 강하며, 역사적으로 중앙집권적 문화가 뿌리 깊다. 따라서 이상적인 대안은 '중앙이 설계, 지방이 수행'하는 수직적 체계를 넘어서, 중앙과 지방이 공동으로 정책을 설계하고 집행을 조율하는 공동 설계와 분권적 협치 구조를 마련하는 것이다.

3. 시민사회와의 숙의 제도화

숙의(熟議)의 제도화는 시민성과 행정권의 상호 절제가 바탕이 되어야 한다. 숙의란 "모든 권력이 절제되는 공간"이어야 한다. 지금은 시민도, 정부도 '절제 없는 주장'을 권리로 오인하고 있다. 법치주의(rule of law)가 법적 권력에 의한 지배(rule by law)로 전락하듯, 숙의도 '이유와 근거에 의한 숙의(deliberation under reason)'가 아니라 '주장에 의한 숙의(deliberation by assertion)'로 왜곡되고 있다. 현실을 들여다보면 네 가지 문제가 확인된다. 첫째, 정부와 시민사회의 관계에서 시민사회는 여전히 정책의 공동 설계자가 아니라 객체, 자문자, 형식적 협조자에 머무르고 있다. 둘째, 중앙정부는 지자체를 동등한 파트너로 보지 않고 단순한 집행자, 혹은 하위 기관처럼 취급하는 관행을 고수한다. 셋째, 시민사회는 행정을 "내가 낸 세금으로 운영되는 조직"이라는 논리로 공무원을 마치 하인처럼 대하며, 정당한 권리 행사를 '명령'으로 오해하는 경우가 많다. 넷째, 시민사회 내부에서도 다른 의견을 가진 시민을 토론의 상대로 존중하지 않고 적대의 대상으로 간주하는 경향이 있다. 이로 인해 공청회가 파행으로 치닫거나 막말·폭력 사태가 발생하는 경우가 적지 않다.

<표 43> 숙의가 작동하지 않는 네 가지의 현실

구분	내용
정부 → 시민사회	계획·정책 수립 과정에서 시민사회는 객체, 자문자, 형식적 협조자로만 취급됨
정부 → 지자체	중앙정부 계획이 지자체를 단순 집행자 또는 하위기관으로 보고 있음
시민사회 → 행정	"내가 낸 세금", "우리가 주인이다"라는 생각으로 공무원을 하인 취급
시민사회 → 타 시민	다른 입장을 토론의 대상이 아닌 적대의 대상으로 취급 (공청회 파행, 막말, 폭력 등)

이러한 왜곡을 바로잡기 위해서는 숙의의 전제 조건부터 다시 세워야 한다. 첫째, 공정한 정보 제공이 필요하다. 공청회 이전에 정부가 책임지고 찬반 양쪽의 논거를 정리한 브리핑북을 배포해야 한다. 둘째, 참여자 선정 단계에서 시민윤리교육 이수를 의무화하여 상호 존중의 절차를 보장해야 한다. 셋째, 절제된 시간을 제도화해야 한다. 발언 시간 제한과 주제별 발언

순서를 엄격히 지켜야 하며, 넷째, 중립적 사회자(facilitator, moderator)가 숙의 과정에 개입하여 논의의 균형을 조정해야 한다.

또한 정부와 시민사회 모두의 '답정너' 행태를 제도적으로 차단할 필요가 있다. 정부는 공청회에서 초안을 제시할 때 반드시 최소 두 개 이상의 대안을 함께 제시해야 하며, 시민사회는 비판만 하는 것이 아니라 반드시 대안을 제시하도록 의무화해야 한다. 단순한 "무조건 반대"는 숙의의 이름으로 허용될 수 없음을 분명히 해야 한다. 나아가 숙의 과정 자체를 모니터링하고 평가하는 시민 모니터단 제도를 운영해야 한다. 숙의 과정에서 파행을 일으킨 주체는 공개하고, 다음 숙의 과정에서 불이익을 받도록 해야 한다.

결국 숙의 민주주의의 가장 큰 장애물은 단순히 '숙의 기술의 부족'이나 '의견 차이'를 넘어 더 본질적인 문제는 당사자들이 절제 없는 권리 의식에 매몰되어 있고, 공적 윤리가 부재하다는 점이다. 숙의의 제도화를 위해서는 절제된 권리 행사의 문화, 상호 존중의 시민 윤리, 그리고 공공성을 지향하는 제도적 장치가 함께 마련되어야 한다.

4. 정책 담당자의 정책 역량 강화

가. 정책 담당자의 역량과 정책의 질

정책의 질은 결국 정책 담당자의 역량에 의해 좌우된다. 여기서 정책 담당자란 일반적으로 행정부의 공무원을 의미하지만, 입법부의 공무원 역시 포함되어야 한다. 왜냐하면 정책과 법은 분리된 것이 아니라 본질적으로 결합된 것이며, 이를 통합적으로 사고하는 것이 정책법학의 기본 시각이기 때문이다. 정책의 기획, 설계, 집행, 평가 전 과정은 법적 근거와 절차 위에서 이루어지며, 입법부와 행정부 모두가 공동으로 책임을 나누어 갖는다. 따라서 정책의 품질을 높이기 위해서는 공무원의 정책 역량을 단순히 개인의 자질이나 경험에 의존해서는 안되며, 계급과 직위에 따라 체계적으로 설계된 성장 트랙을 마련해야 한다. 각 단계별로 어떤 역량이 요구되는지를 분명히 하고, 이를 교육·훈련·실천을 통해 축적해 나가는 구조가 필요하다.

나. 공무원 정책 역량과 성장 트랙

공무원의 핵심역량은 단순한 행정 집행 능력에 그치지 않고, 정책을 설계하고 법제화하며, 집행과 평가, 거버넌스까지 아우르는 종합적 능력으로 확장된다. 즉, 정책 역량이 핵심이다.

첫째, 정책 설계 역량은 공무원의 가장 중요한 기초적 능력이다. 이는 정책문제를 정확히 정의하고, 달성해야 할 목표를 설정하며, 그 목표를 실현할 수 있는 수단을 설계하는 과정으로 나타난다. 또한 이해관계자를 분석하고, 공론화를 기획·추진하며, 다양한 정책대안을 구상하는 능력도 포함된다.

둘째, 법제화 역량은 정책 설계를 법적 제도 속에 구조화하는 능력이다. 정책목표를 실질적으로 구현하기 위해 법률을 설계하고, 시행령과 부령을 마련하며, 전체 법체계 속에서의 정합성을 확보하는 것이 핵심이다. 이는 정책과 법을 유기적으로 연결하는 능력이다.

셋째, 정책 집행 역량은 설계된 정책을 현장에서 실행하는 능력이다. 구체적으로는 사업계획을 수립하고 집행하며, 집행과정에서 발생하는 갈등을 관리하고, 예산을 집행하고, 인력과 조직을 운영하는 역량을 포함한다. 또한 정책의 성공적 집행을 위해 지지와 수용 기반을 형성하는 능력도 중요하다.

넷째, 평가 및 환류 역량은 정책이 제대로 작동하는지를 점검하고 개선하는 역량이다. 정책 성과를 측정하고, 성과 평가 체계를 설계하며, 정책 모니터링을 수행하고 그 결과를 환류하여 정책을 보완하는 과정이 포함된다.

다섯째, 거버넌스 역량은 시민사회 및 민간과 협력하며, 이해관계자 간 네트워크를 형성하고 갈등을 중재하는 능력이다. 이는 행정국가 시대의 공무원에게 요구되는 새로운 능력으로, 정책이 정부 단독으로 작동하지 않고 사회적 협력 속에서 운영된다는 점을 반영한다.

여섯째, 정치적 감수성은 정책과 정치의 긴밀한 관계를 이해하는 능력이다. 공무원은 정치적 리스크를 관리하고, 변화하는 정치 환경 속에서 정책의 지속성을 확보할 수 있어야 한다. 이는 정책의 실효성과 안정성을 보장하는 핵심적인 자질이다. 특히 고위직으로 올라갈수록 정치적 감수성은 매우 중요하다.

마지막으로, 윤리 및 책임감은 공무원의 기본이자 핵심 덕목이다. 공무원은 공공성을 지향하고, 투명성과 청렴성을 지키며, 책임 있는 행정을 수행해야 한다. 이는 모든 역량의 토대이며, 공직 신뢰의 출발점이 된다.

<표 44> 9급 ~ 고위공무원단별 역량 중요도 매트릭스

역량	9급	7급	5급	과장	고위공무원
정책설계 역량	△	○	◎	◎	◎
법제화 역량	△	△	○	◎	◎
정책 집행 역량	○	◎	◎	◎	◎
평가 및 환류 역량	△	○	○	◎	◎
거버넌스 역량	△	△	○	◎	◎
정치적 감수성	△	○	○	◎	◎
윤리 및 책임감	◎	◎	◎	◎	◎

계급별로 요구되는 역량을 비교해보자.[167] 첫째, 9급 공무원 단계는 '실행 보조자'의 위치이다. 이 단계에서 가장 중요한 역할은 주어진 규정과 절차에 따라 정책을 정확하고 성실하게 집행하는 것이다. 따라서 정책 설계나 법제화까지 요구되지는 않으며, 오히려 민원 처리와 기본적인 갈등 대응, 공공 윤리와 청렴성 같은 기본적 자질이 중심이 된다. 요약하면, "주어진 일을 정확히 하는 것"이 핵심이다.

둘째, 7급 공무원 단계는 '실행관리자'로서 정책 집행을 관리하고 조율하는 단계이다. 사업 추진 관리와 예산 집행 실무가 주요 업무이며, 민원과 갈등을 관리할 수 있는 능력이 필요하

---

167) 중앙부처를 기준으로 작성되었다. 지방공무원은 6급이 정책 담당자가 되고, 5급은 정책 책임자의 지위로 인식할 수도 있다.

다. 이때부터는 단순 집행을 넘어 일정 수준의 정치적 감수성이 요구되며, 정책 아이디어에 보조적으로 참여할 수 있다. 다시 말해, "사람과 돈을 통해 일을 관리하기 시작하는 단계"이다.

셋째, 5급 사무관 단계는 정책 담당자로서의 본격적인 출발점이다. 이 단계는 '정책 설계자 입문 단계'라 할 수 있다. 문제를 정의하고 목표를 설정하며 수단을 설계하는 과정에 참여한다. 또한 이해관계자를 분석하고 공론화 절차를 기획하며, 법령 초안 작성과 정책 집행 계획 수립을 담당한다. 여기서부터 비로소 공무원은 정책과 법을 직접 연결해야 하며, "정책을 생각하고 설계하는 능력"이 핵심이 된다.

넷째, 과장 단계는 '정책 책임자'로서의 위치다. 과장은 팀 전체를 이끌고 정책을 완성하는 책임을 진다. 정책 설계를 마무리하고, 법률안과 하위법령까지 실질적으로 설계한다. 동시에 조직 운영, 인력 관리, 예산 계획 수립, 이해관계자 협상, 성과 평가와 환류까지 담당한다. 즉, 사람·조직·재정을 아우르며 정책 리더로서의 역량을 발휘해야 하고, 정치적 환경 변화에도 흔들리지 않고 정책을 지속시킬 수 있어야 한다.

다섯째, 고위공무원단 단계는 정책 담당자의 최종 목표라 할 수 있다. 이 단계는 '국가정책 리더(leader)이자 사회 운영자'로서, 부처 차원을 넘어 국가 전체의 정책과제를 주도하고 사회 전반을 조율하는 위치이다. 정책 거버넌스를 설계하고 이끌며, 국가적 수준에서 법제화를 기획한다. 또한 대규모 이해관계자 네트워킹, 정치-행정-사회 관계 조율, 대형 프로젝트 총괄 등이 요구된다. 요컨대, "부처가 아니라 사회 전체를 이끌어야 하는 위치"이며, 정책과 법, 정치와 행정, 사회를 통합적으로 운영할 수 있어야 한다.

정리하면, 정책 담당자의 역량은 단순히 개인의 능력 문제가 아니라, 단계별로 축적되는 정책학습과 법제 설계 능력의 성장 과정이다. 초기에는 집행의 정확성이 중요하지만, 계급이 높아질수록 정책 설계·법제화·조직관리·거버넌스 리더십이 결합되어야 한다. 결국, 정책의 품질을 높이는 길은 곧 공무원의 성장 트랙을 어떻게 설계하고 지원하느냐에 달려 있다. 9급·7급은 정책 집행(사업 추진, 민원 처리 등)과 윤리 및 책임감이 가장 중요하다. 5급(사무관)부터는 정책 설계 역량이 급격히 중요해진다(문제정의, 수단 구성, 공론화 기획 등). 과장은 법제화 역량, 거버넌스 역량, 평가 및 환류까지 폭넓게 요구된다. 고위공무원단은 모든 역량을 고도로 융합해서 정책을 리드해야 한다. 특히 정책 설계-법제화-집행-거버넌스-정치 감수성 전 영역 통합 역량이 요구된다.

공무원 역량 체계는 직급이 올라갈수록 '행정'에서 '정책'으로, 그리고 '조직 운영'에서 '사회 운영'으로 중심축이 이동한다. 사람·조직·돈을 넘어서, 이해관계자 전체를 다루는 지도자로 성장해야 한다.

다. 공무원 정책 역량의 한계

정책 담당자, 특히 행정부 공무원의 정책 역량은 정책의 품질과 성패를 좌우하는 핵심 요소이다. 그러나 현재 우리나라 공무원의 정책 역량은 구조적으로 여러 한계를 안고 있다.

첫째, 정책 설계 중심 교육의 부족이다. 공무원 연수는 대부분 법령 해석이나 행정 실무 중심으로 이루어지며, 정책을 기획하고 설계하는 능력을 체계적으로 훈련할 기회가 거의 없다. 그 결과, 공무원들은 주어진 규정을 정확히 집행하는 데 익숙하지만, 정책을 창안하고 이를 제도화하는 능력에는 상대적으로 취약하다.

둘째, 법제 역량의 단절이다. 정책 담당자가 법령을 직접 설계하거나 제정 과정에 참여할 기회가 거의 없어서, 정책과 법률을 연결하는 경험이 축적되지 않는다. 실제로 많은 공무원은 정책목표를 어떻게 법률과 하위법령으로 구체화할 수 있는지에 대한 이해 없이 단순 집행자의 역할에 머무르는 경우가 많다. 이는 정책을 실효성 있게 법제화하는 역량이 길러지지 못하는 구조적 원인이다.

셋째, 정책-법제 통합교육의 부재이다. 현재 교육과 연수 과정에서는 정책학과 법학이 철저히 분리되어 다루어진다. 이로 인해 공무원들은 정책과 법을 별개로 사고하게 되고, 정책을 법적 장치로 설계하거나 법률을 정책적 맥락에서 이해하는 통합적 사고력이 부족하다. 정책과 법은 본래 불가분의 관계임에도 불구하고, 교육 시스템은 이를 인위적으로 분리해 놓고 있는 셈이다.

넷째, 부처 간 협업 교육의 미흡이다. 오늘날 정책은 대부분 복합적이고 다(多)부처적 성격을 띠고 있음에도 불구하고, 공무원 교육은 여전히 개별 부처의 관점에서만 진행되는 경우가 많다. 이 때문에 부처 이기주의를 극복하고 연합적으로 정책을 설계하는 훈련은 부족하다. 협업 없는 정책 설계는 행정국가의 한계를 심화시키고, 결국 정책의 파편화를 초래한다.

다섯째, 교육이 이론 중심에 치중되어 있다는 점도 문제이다. 대부분의 공무원 연수는 개념과 원리 전달에 그치고, 실제 현장에서 마주하는 복잡한 문제 상황을 다루는 사례 중심 교육이 부족하다. 특히 성공 사례와 실패 사례를 함께 분석하여 반면교사로 삼을 기회가 제한적이다. 이로 인해 공무원들은 살아 있는 문제 해결 능력을 기르기 어렵고, 정책 현장에서 동일한 오류를 반복하는 경우가 많다.

라. 정책 역량 강화 방안

정책의 질은 결국 정책 담당자의 역량에 달려 있다. 그러나 현재 공무원의 교육과 훈련은 법령 해석이나 행정 실무에 치중되어 있어, 정책을 설계하고 이를 법률과 제도로 구현하는 능력을 충분히 길러주지 못하고 있다. 이러한 한계를 극복하기 위해서는 정책 역량을 단순 집행 능력이 아니라, 정책 설계 능력과 법제 능력의 결합으로 재정립해야 한다.

정책 설계 능력이란 문제를 정의하고 목표를 설정하며, 그 목표 달성을 위한 수단과 전달체계, 성과 평가 방안을 구상하는 능력을 말한다. 법제 능력은 이러한 정책 설계를 헌법, 법률, 하위법령 등 제도적 장치로 구체화할 수 있는 능력이다. 두 가지가 함께 작동할 때 정책은 현실성과 합법성을 동시에 확보할 수 있다.

이를 위해 몇 가지 구체적 개선 방향이 요구된다. 첫째, 정책 설계-법제화 통합교육을 의무화해야 한다. 공무원연수원과 중앙공무원교육원에 '정책 설계와 법제화 통합과정'을 신설하여, 정책목표 설정, 수단 설계, 전달체계 구축, 평가 설계, 법제화 방안을 하나의 세트로 설계하는 훈련을 해야 한다.

둘째, 정책과정 시뮬레이션 훈련을 강화해야 한다. 가상의 정책과제를 부여해 정책 설계, 법령 초안 작성, 국회 보고서 작성까지 전 과정을 실습하도록 하고, 특히 부처 간 협업을 전제로 한 '탈(脫) 부처 프로젝트 모델'을 병행하여 부처 이기주의를 완화해야 한다.

셋째, 입법 역량 강화를 위한 훈련이 필요하다. 정책 실무자들이 법률, 시행령, 부령, 행정규칙 간의 체계를 고려하여 직접 법령안을 초안 작성하는 훈련을 통해, 법제화 전 과정을 설계할 수 있는 실질적 능력을 길러야 한다.

넷째, 정부출연연구기관과 연계한 실전형 교육을 도입해야 한다. 연구기관의 연구 역량을 활용해 실제 정책 설계-법제화 프로젝트를 수행하고, 실습과 프로젝트 중심의 교육을 통해 현장 성과를 높일 필요가 있다.

다섯째, 승진 심사에 정책 설계 역량을 반영해야 한다. 단순히 근무 경력만이 아니라, 정책 설계·법제화 실적이 인사 평가의 핵심 요소가 되도록 제도화함으로써, 공무원들이 정책 역량 개발에 실질적으로 투자하도록 유도해야 한다.

이러한 개선 방향은 행정부 공무원뿐 아니라 입법부 공무원에게도 동일하게 적용된다. 국회의 입법 지원 인력 역시 정책 설계와 법제화의 통합적 사고를 갖추어야 한다는 점에서, 정책 역량 강화는 국가 전체의 과제라 할 수 있다.

정리하면, 정책 역량은 단순한 기술적 집행 능력에 머물러서는 안 된다. 그것은 정책을 설계하고, 이를 법률과 제도로 구현하며, 나아가 부처와 시민사회를 아우르는 협력적 리더십을 발휘할 수 있는 능력이어야 한다. 만약 정책-법제 통합 훈련을 제도화하지 않는다면, 우리는 행정국가의 한계를 결코 극복할 수 없다. 따라서 공무원의 정책 역량을 근본적으로 재설계하는 것은 곧 정책과 법의 품질을 높이고, 정책법학이 지향하는 정책-법률 통합적 사고를 실현하는 핵심 과제라 할 수 있다.[168]

---

[168] 보다 본질적으로는 현재의 계급제를 넘어서야 한다. 직위(position) 중심의 인사관리 시스템이 구축되어야 한다. 우리나라 공무원 채용은 기본적으로 직렬별 국가 단위 채용이 중심이다. 이 때문에 사람(신분)이 먼저 정해지고, 나중에 직위와 직무를 끼워 맞추는 구조가 된다. 결과적으로 직위분류제의 핵심인 "일(직무) 중심 인사관리"가 제대로 작동하기 어렵다. 노동시장도 폐쇄형이다. 이미 채용 단계에서 직렬·직류 등 신분이 확정된다. 이후 경력은 조직 내부에서만 이동과 승진이 가능하다. 전입과 전출도 같은 공무원 내부에서만 가능하다. 순환보직이 일상화되고 일반

마. 입법부 공무원의 정책 역량 강화 방안

1) 문제의식

대한민국 국회는 입법, 정책 통제, 재정 통제라는 헌법적 책무를 부여받았음에도 불구하고, 현실에서 그 기능을 실질적으로 수행하지 못하고 있다. 특히 행정부의 예산 편성과 정책결정에 대한 견제는 형식에 그치고 있으며, 국회는 정치투쟁에 몰두하는 동안 입법부로서의 전략적 기능을 방기하고 있다는 비판을 받고 있다. 국회 내 두 개의 두뇌인 국회입법조사처와 국회예산정책처가 실질적으로 작동하게 함으로써 국회가 입법부로서의 본질을 회복할 수 있는 전략이 필요하다.

2) 국회 3대 기능: 입법국회·정책국회·예산국회의 유기적 구조

국회의 기능은 크게 입법, 정책, 예산의 세 가지로 구분할 수 있으며, 각 기능은 서로 긴밀하게 연결되어 있다. 먼저 입법국회는 법률의 제정과 개정을 담당한다. 이 과정에서 국회는 정책국회의 분석과 논의를 수용하여 법률안을 마련하고, 이를 통해 국가 운영의 제도적 틀을 형성한다. 입법 활동을 지원하는 주요 조직은 국회입법조사처로, 법률 검토와 입법자료 제공을 통해 국회의 입법 기능을 강화한다.

다음으로 정책국회는 정책 질의와 대안 제시를 중심 기능으로 한다. 단순히 정부 정책을 점검하는 차원을 넘어, 새로운 정책 방향을 제안하고 입법 국회와 예산 국회와 유기적으로 연결되면서 정책의 실질적 효과를 높인다. 이 과정에서는 국회입법조사처와 국회예산정책처가 중요한 지원 기관으로서 정책 자료와 분석을 제공한다.

마지막으로 예산 국회는 예산안 심사와 결산 평가를 통해 국가 재정 운영을 책임진다. 단순한 재정 배분을 넘어 정책 자료를 기반으로 한 성과 중심 평가를 수행하는 것이 특징이다. 이를 위해 국회예산정책처가 전문적인 분석을 담당하여 국회의 재정 심사 기능을 뒷받침한다. 결국 국회는 입법, 정책, 예산이라는 세 가지 기능을 중심으로 유기적이고 상호보완적인 구조를 형성하며, 이를 통해 국가 운영의 합리성과 민주적 정당성을 보장한다.

<표 45> 국회 3대 기능 모델과 관련 조직

기능 유형	핵심 기능	연결 지점	관련 조직
입법 국회	법률 제·개정	정책국회 분석결과 수용	국회입법조사처
정책 국회	정책질의, 대안제시	입법국회, 예산국회와 유기적 연결	입법조사처, 예산정책처
예산 국회	예산안 심사, 결산평가	정책자료 기반 성과중심 평가	국회예산정책처

가(generalist) 중심의 역량 개발이 이뤄진다. 한마디로 전문성 형성이 쉽지 않은 구조이다.

3) 강화 방안

이 구조는 국회의 지식·정보기반 역량이 연결되어야만 작동한다. 그러나 현실에서는 이 기능들이 분절적으로 운영되며, 실질적 흐름과 전략적 의사결정이 부재하다. 현대의 복잡한 행정국가에서 국회가 단순히 법률을 의결하는 기구에 머물러서는 정책 주도권을 확보할 수 없다. 국회가 실질적인 정책결정자이자 민주적 통제자로 기능하기 위해서는 정책 역량의 대대적인 강화가 필요하다. 이를 위해 다음과 같은 네 가지 측면에서 제도적 보완이 요구된다.

첫째, 국회 내 정책 인프라를 강화해야 한다. 현재 국회의 입법조사처와 예산정책처는 법률(정책)분석과 예산 분석이라는 전문 기능을 수행하고 있으나, 역량이 부족하다. 앞으로는 전문 인력을 확충하고, 행정부로부터의 독립성을 제도적으로 보장하여, 단순 참고 자료 제공을 넘어 실질적 정책대안을 제시할 수 있는 역량을 갖춰야 한다. 그래야만 국회는 행정부의 정책자료에 의존하지 않고 독자적으로 정책을 평가·설계할 수 있게 된다. 입법조사처와 예산정책처 인력도 정책과 법을 모두 아는 사람을 중심으로 채용해야 한다. 입법조사처와 예산정책처는 국회의 단순 보조 기구가 아니라 정책·재정의 주도권 회복의 핵심축이 되어야 한다.

둘째, 국회의원 보좌관 제도를 전면 개선해야 한다. 현재 보좌진은 지역구 관리, 의전, 운전 등 비(非)정책적 업무에 상당 부분 투입되고 있다. 이를 개편해 보좌진을 정책보좌관 중심으로 재편하고, 의원의 지역구 활동이나 개인적 업무는 의원이 직접(자기 비용으로) 책임지는 방식으로 전환해야 한다. 아울러 보좌관 채용 시에는 정책 경험이나 관련 분야 전공 학위를 가진 전문가를 채용하여, 국회의원의 정책 역량이 실질적으로 보완될 수 있도록 해야 한다.

셋째, 국회 조직을 강화하고 의사결정 구조를 세분화해야 한다. 현재의 상임위원회 중심 구조는 복잡한 정책 문제와 융합형 이슈를 다루는 데 한계가 있다. 따라서 사안별 소위원회를 활성화하여 구체적이고 전문적인 논의를 보장해야 한다. 또한 의원들이 복수의 상임위와 다수의 소위에 동시에 참여할 수 있도록 하고, 소위는 분야별 이해관계자와 전문가가 혼합된 방식으로 편성하여, 갈등 이슈나 융합형 정책을 종합적으로 논의할 수 있도록 해야 한다.

넷째, 행정입법에 대한 국회의 통제 기능을 강화해야 한다. 오늘날 행정입법(대통령령, 총리령, 부령 등)은 사실상 법률 못지않은 규범력을 가지면서도, 국회의 통제를 벗어나 남용되는 경우가 많다. 이로 인해 국회의 입법권이 약화되고, 행정부 주도의 법제화가 고착화되는 문제가 발생한다. 이를 방지하기 위해 국회는 행정입법에 대한 사후 심사·평가 제도를 도입하여, 위임 범위를 넘어선 행정입법이나 권한 남용을 제어할 수 있어야 한다.

정리하면, 국회의 정책 역량 강화는 단순히 의원 개인의 능력 향상에 그치지 않고, 국회 전체가 정책 분석, 입법 설계, 행정통제의 기능을 실질적으로 수행할 수 있도록 제도적 기반을 재구축하는 것이다. 정책 인프라 확충, 보좌관 제도 개편, 조직 구조 강화, 행정입법 통제는 서로 맞물려야 하며, 이를 통해 국회는 행정부와 대등하게 정책을 설계하고 감시할 수 있는 정책기관으로서의 위상을 확립할 수 있다.

또한, 입법부의 입법 역량 강화는 단순히 기술적 개선 차원의 문제가 아니다. 그 궁극적 목표는 대통령제의 구조적 보완에 있다. 우리나라의 대통령제는 흔히 '제왕적 대통령제'라는 비판을 받아왔는데, 이는 권력이 지나치게 행정부, 특히 대통령에게 집중되어 있기 때문이다. 입법 역량을 강화하는 것은 이러한 권력 집중을 완화하고, 대통령제 속에서 의원내각제 요소를 실질적으로 보강하는 방법론이 될 수 있다. 입법부가 독자적이고 실질적인 정책 설계 능력을 갖추게 되면, 행정부가 독점적으로 정책을 주도하는 구조를 견제할 수 있고, 동시에 정책에 대한 권력의 분산과 책임성 강화가 가능해진다. 결국, 이는 입법부가 행정부와 대등한 파트너로서 정책결정 과정에 참여하고, 국민에 대한 민주적 책임성을 한층 강화하는 방향으로 이어진다. 장기적으로는 국회 주도 정책 시스템을 구축할 수 있어야 한다.

국회는 제도적으로 입법부로서의 모든 수단을 갖추고 있다. 그러나 그것을 작동시키지 않는다면, 권한은 허상이고 견제는 명분일 뿐이다. 제왕적 대통령제를 비판하기에 앞서, 국회가 먼저 국민에게 설명 가능한 정책의 언어, 예산의 기준, 법의 구조를 제공해야 한다. 국민이 국회의 능력을 신뢰할 수 있어야 한다. 입법조사처와 예산정책처는 죽은 기구가 아니다. 연구소도 아니다. 제대로 사용하지 않기 때문에 침묵하는 기구일 뿐이다. 국회가 이 두 개의 두뇌를 깨어나게 하는 순간, 대한민국 의회정치는 새로운 경로로 진입할 수 있다. 국회 스스로 핵심역량을 만들어가야 한다. 지식과 정보가 전략이 되고, 전략이 정치가 될 때, 비로소 국회는 입법부로 작동한다. 제왕적 대통령제를 비판하기에 앞서 국회는 과연 지식공동체로 존재하고, 국가 전략을 만들어내며, 입법부 주도의 국가 경영을 해나갈 준비를 해야 한다.

바. 정책 설계의 매뉴얼화와 정부출연연구기관 혁신

정책 설계의 전문성과 일관성을 확보하기 위해서는 정책 설계 방식과 작성 체계를 표준 매뉴얼로 제정할 필요가 있다. 지금까지는 부처나 담당자에 따라 정책 설계의 수준과 형식이 제각각이었으나, 이를 매뉴얼화하면 정책의 목표, 수단, 전달체계, 평가 구조, 법제화 방안이 체계적으로 정리될 수 있다. 이는 행정부와 입법부 모두에게 공통된 정책 설계 기준을 제공함으로써, 정책과 법률의 괴리를 줄이는 기반이 된다.

또한, 정부출연연구기관의 혁신이 필요하다. 현재의 출연연구기관, 예를 들어 KDI와 같은 국책연구기관은 개별 연구자의 성과 중심으로 운영되는 경향이 강하다. 그러나 앞으로는 연구자 개인의 학술 성과보다 정책 설계와 법제화를 직접 지원하는 역할에 중점을 두어야 한다. 즉, 정부출연연구기관이 국가정책의 뇌(brain) 역할을 하며, 실질적 정책보고서와 입법안 설계 과정에 이바지하는 조직으로 재편되는 것이 필요하다. 공무원도 정책과 법을 구분해서 사고하는데, 출연연구소의 연구자들은 더 심하다. 법 자체를 모를 가능성이 크다. 이를 극복할 수 있는 경제인문사회연구회의 특단의 대책이 요구된다.

5. 정책학습의 제도화

가. 정책법학의 시각에서 본 정책학습의 중요성

정책법학은 정책과 법이 상호 구성적 관계에 있다는 전제 위에서, 정책이 단순히 '정치적 선택'이나 '행정적 판단'의 결과가 아니라 법적 구조 속에서 지속적으로 설계되고 조정되는 과정을 포착하고자 한다. 이 과정에서 정책학습(policy learning)은 단지 정책 담당자의 실무 능력 향상을 넘어서, 정책과 법의 상호작용을 이해하고 구조화하는 인식 능력으로 작동한다.

전통적 정책학에서 정책학습은 주로 '정책 실패를 반복하지 않기 위한 교훈 도출'이나, '성공 사례의 벤치마킹' 등의 의미로 쓰였다. 즉, 과거 정책의 성공과 실패 사례를 분석하여, 성공 요인(success factor)과 실패 요인(failure factor)을 체계적으로 도출하고, 향후 정책 설계에 이를 반영하는 과정으로 이해되었다. 일반적으로는 다음과 같다.

- 정책 실패 방지: 과거의 실패에서 교훈을 얻어 같은 실수를 반복하지 않음
- 정책 혁신 촉진: 새로운 정책 아이디어를 발견하고 발전시킴
- 정책 적응력 강화: 변화하는 환경과 사회적 요구에 맞춰 정책을 조정할 수 있음
- 정책 정당성 확보: 학습을 통해 정책의 근거를 강화하고, 시민의 신뢰를 얻음

그러나 정책법학은 이에 그치지 않고 한 걸음 더 나아간다. 정책학습(policy learning)은 정책결정자와 행위자들이 정책과정에서 발생한 경험을 분석하고, 이를 바탕으로 정책을 개선하거나 새로운 정책을 도출하는 과정이다. 정책 실패를 반복하지 않고, 점진적으로 정책의 질을 향상시키는 것이 핵심이다. 즉, 정책학습은 정책과 법이 상호작용하며 제도를 만들어가는 과정에서, 그 작동 원리를 이해하고, 법제화가 가능한 형태로 재설계할 수 있는 통합적 역량을 키우는 학습이다. 즉, 정책과 법이 어떻게 설계되고 집행되는지를 이해하는 것이 핵심이다. 일반적으로 정책학습은 다양한 층위에서 이루어진다.

- 도구적 학습(instrumental learning): 정책 수단의 효과성과 효율성을 개선하는 학습(예: 복지정책에서 현금지원보다 바우처 제도가 효과적임을 학습)
- 사회적 학습(social learning): 정책의 근본적 목표와 가치에 대한 학습(예: 환경정책에서 성장 우선 정책이 아니라 지속가능성을 고려해야 함을 학습)
- 정치적 학습(political learning): 정책결정 및 집행 과정에서 정치적 전략을 학습(예: 이해관계자 조정을 통해 정책 저항을 줄이는 방법을 학습)

정책법학의 관점에서 정책학습이 중요한 이유를 정리하면 다음과 같다.

- 법제 역량의 토대가 되는 학습: 정책학습은 행정공무원이나 입법자에게 법을 읽고 만드는 능력, 즉 법제 역량의 기반이 된다. 예를 들어, 보조 사업을 설계하는 경우, 단순한 집행계획을 넘어 법적 근거 정비, 하위법령 정합성, 규범적 효과 검토까지 포함하는 실질적 능력은 학습을 통해 축적된다.
- 순환적 통치구조(dynamics)의 이해 기반: 정책이 법을 만들고, 법이 다시 정책을 구성하는 policy-to-law dynamics를 이해하려면 단순 지식 습득이 아니라 패턴 인식과 메커니즘 학습이 필요하다. 이는 학문적 분석뿐 아니라 실천적 판단에서 '지속 가능한 정책 제도 구조'를 설계할 수 있는 힘이 된다.
- 제도 학습과 공공성 학습의 결합: 정책학습은 결과적 성공에 머무르지 않고, 공익의 가치와 헌정적 정당성을 함께 고민하는 윤리적·철학적 성찰을 포함해야 한다. 이는 단지 실무 지침을 따르는 수준을 넘어, 공공가치 기반의 정책 설계자로서 성장하게 만든다.
- 정책과 법의 '구조적 언어'를 읽는 능력: 법은 구조이며, 정책은 그 구조를 채우는 내용이다. 정책학습이 없으면 이 구조를 읽지 못하고, 정책은 기능 중심의 조작으로 전락할 수 있다. 반대로 학습된 정책가는 법의 문맥 속에서 정책을 재배치하고, 정책의 목적을 법으로 제도화할 수 있다.

나. 정책학습 촉진 요소: 기술적 학습을 넘어 헌정적 사고까지

정책학습은 더 이상 정책결정과정에서의 기술적 숙련이나 경험의 축적만을 의미하지 않는다. 특히 정책법학의 시각에서 볼 때, 정책학습은 정책과 법의 통합적 구조를 이해하고 설계할 수 있는 역량으로까지 확장되어야 한다. 이를 위해서는 다음과 같은 여섯 가지 요소가 정책학습의 핵심 촉진 요인으로 작동할 필요가 있다.

첫째, 데이터 및 증거 기반 정책 설계(data & evidence-based policy design)는 법적 정합성을 고려해야 한다. 기존의 정책학에서는 객관적 데이터와 실증적 분석을 통해 정책의 타당성을 입증하는 데 초점을 두었다면, 정책법학에서는 그러한 증거들이 근거 법률과의 정합성, 입법 가능성, 법령 체계상의 충돌 여부까지 고려되어야 함을 강조한다. 이는 단순한 과학적 타당성에서 법적 설계의 정합성으로 정책학습의 초점이 이동해야 함을 의미한다.

둘째, 피드백 메커니즘은 단순한 행정적 반성에 그치지 않고, 법제적 순환 구조로 이어져야 한다. 정책이 실패하거나 성과를 거두었을 때, 그 결과는 단지 사업 조정이나 절차 개선으로 끝나서는 안 된다. 하위법령의 정비, 상위법의 개정, 제도의 재설계를 포함하는 제도적 환류 구조를 통해 피드백이 법률 수준에서 내재화되어야 진정한 학습이 이루어진다. 즉, 제도적 피드백과 법제적 순환 구조가 마련되어야 한다.

셋째, 정책 네트워크는 법률가, 입법자, 규제자 등 법적 이해관계자들을 포함한 정책공동체로 구성되어야 한다. 이는 법률 설계와 집행의 정당성, 실현 가능성에 대한 실질적 검토가 정책의 초기 단계에서부터 이루어질 수 있도록 하는 구조이다. 정책 네트워크는 이해관계 조정의 장이자, 정책의 법제화를 가능하게 하는 집합적 지성의 공간이어야 한다.

넷째, 국제적 벤치마킹은 법제도 비교와 정책 이식(移植)의 타당성 검토를 수반해야 한다. 외국 사례를 모방하거나 수입하는 과정에서 각국의 헌법적 원리, 법체계의 구조, 사법 통제의 범위 등에 대한 충분한 분석 없이 제도를 들여오는 것은 오히려 실패를 야기할 수 있다. 따라서 국제정책 학습은 단순한 정보 수집을 넘어서 정책-법 구조의 적정성 평가를 포함해야 한다.

다섯째, 정책학습은 단지 '좋은 정책'을 만드는 데서 멈추지 않고, 그 정책을 '어떻게 법으로 구성할 수 있는가'까지 포함하는 법제화 능력을 요구한다. 이는 법률 용어 선택, 규정 구조, 위임 범위, 시행령 설계 등 법제 역량을 내면화하는 훈련으로 이어져야 하며, 법률의 뼈대를 구상할 수 있는 실천적 훈련이 정책학습의 일부가 되어야 한다는 것을 의미한다.

마지막으로, 헌정적 정당성에 대한 성찰 훈련이 필요하다. 정책이 공공성과 정의를 실현하는 제도로 정착하기 위해서는 그 정책이 헌법적 가치(예: 평등, 자유, 복지)와 어떤 관계를 맺고 있는지, 그리고 제도화 이후 어떤 권력구조와 이해관계를 형성하는지를 성찰할 수 있어야 한다. 이는 정책학습을 단기 성과 중심의 실용적 활동에서 헌정적 사고를 기르는 과정으로 확장시키는 결정적 요소이다.

정리하면, 정책법학의 관점에서 정책학습은 법적 정합성과 입법 가능성을 고려한 정책 설계, 법률 수준의 피드백 메커니즘, 정책공동체 내 법적 이해관계자의 참여, 국제적 법제 비교를 통한 이식의 적정성 검토, 법제화 가능한 정책 설계 능력, 헌법적 정당성에 대한 구조적 성찰이라는 여섯 가지 축을 중심으로 촉진되어야 한다. 이러한 확장은 정책학습을 '기술'에서 '헌정'으로, '경험'에서 '통합적 설계'로 진화시키는 핵심적 기반이 된다.

다. 정책학습 절차

정책학습은 단순히 사례를 돌아보는 것이 아니라, 정책과 법의 구조적 관계, 정치·행정적 맥락까지 종합적으로 분석하여 교훈을 도출하는 과정이다. 그 절차는 다음과 같이 전개된다. 우선 정책사례를 선정하는 것으로 시작한다. 성공한 정책이든 실패한 정책이든 하나의 사례를 선택하여 분석의 출발점으로 삼는다. 이후 해당 정책을 정책 거버넌스 관점에서 검토한다. 이때는 policy governance under legal framework의 틀을 적용하여, 정책이 법적 정당성을 확보했는지, 법률에 근거한 거버넌스가 구성되었는지, 그리고 법적 수단이 정책목표 달성에 효과적으로 작동했는지를 평가한다.

다음으로는 법적 수단에 대한 분석이 이루어진다. 구체적으로, 어떤 법적 수단(policy tool)이 사용되었는지, 그 수단이 정책목표와 부합했는지 검토한다. 동시에 법적 기반(policy constitution)이 충실했는지, 즉 정책 설계가 법률로 구조화되어 있었는지를 점검한다. 이어지는 단계는 정치적 요인의 분석이다. 정책 설계가 당시의 정치적 환경과 조응했는지, 정권의 정책 의지, 정치적 타협, 이익집단의 영향 등을 적절히 고려했는지 살펴본다. 그다음은 행정적 요인의 분석으로, 집행기관의 능력, 부처 간 협력 수준, 행정절차의 준수 여부 등을 검토하여 집행 조직이 효과적으로 작동했는지를 확인한다. 이러한 분석을 토대로 성공 요인(success factor)과 실패 요인(failure factor)을 도출한다. 여기에는 법적 설계의 적절성, 정치적·행정적 대응의 적합성, 정책목표와 수단 간의 정합성이 포함된다.

마지막으로, 도출된 교훈을 바탕으로 정책 설계 개선 방향을 제시한다. 제도 설계의 보완, 법제 정비, 거버넌스 개선, 그리고 정치적·행정적 리스크 관리 방안을 마련하여, 동일한 오류가 반복되지 않고 정책이 지속적으로 개선될 수 있는 길을 제시하는 것이다.

라. 정책학습을 가능하게 하는 법제화 방안

정책학습을 제도적으로 보장하기 위해서는 법률 차원에서 명확한 근거와 절차를 마련할 필요가 있다. 이를 위한 첫 번째 방안은 「행정기본법」의 개정 또는 확장이다. 현재 이 법은 공무원의 직무 수행 기준, 신뢰보호 원칙, 비례원칙 등 행정 전반의 기본원칙을 중심으로 구성되어 있다. 그러나 여기에 "정책개발 과정에서의 학습 의무", "정책 실패에 대한 체계적 피드백 절차", "정책 관련 데이터와 정보의 의무적 공개 및 기록 관리" 등을 포함한다면, 행정 전반에서 정책학습이 제도화될 수 있다. 이를 통해 정책의 설계·집행·평가 과정에서 발생하는 경험과 데이터가 조직의 자산으로 축적되고, 후속 정책 개선에 반영될 수 있다.

두 번째 방안은 「정책절차법(가칭)」의 제정이다. 「행정절차법」이 주로 처분과 행정행위 중심으로 설계된 것과 달리, 새로운 법은 정책의 전 생애주기—의제 설정, 정책 설계, 입법, 집행, 평가, 재설계—를 모두 포괄하는 구조를 지향해야 한다. 이 법에는 정책학습의 요건, 정책정보의 공개 의무, 학습 기반 데이터의 수집·분석 체계, 피드백 경로와 법적 책임 소재를 명문화함으로써, 정책이 단절 없이 개선되고 발전할 수 있는 법적 토대를 마련할 수 있다. 이러한 장치는 단기적인 성과 위주의 정책 운영에서 벗어나, 장기적으로 축적되는 정책지식과 경험을 활용하는 '지속 가능한 정책학습 체계'를 구축하는 데 핵심적인 역할을 한다.

마. 정부출연연구소와 공무원연수원의 역할 재정립

정책학습을 제도적으로 강화하기 위해서는 정부출연연구소와 공무원연수원의 역할을 재정립할 필요가 있다. 현재 정부출연연구소는 주로 정책연구를 수행하는 데 그치고 있으며, 공무원연수원은 직무교육 중심으로 운영되고 있다. 그러나 정책학습이 제대로 이루어지기 위해서는 이 두 기관이 단순한 연구·교육 기관을 넘어, 정책결정자와 실무자가 연구 결과를 학습하고 이를 실제 정책에 반영할 수 있도록 하는 핵심 플랫폼으로 기능해야 한다.

정부출연연구소는 연구와 정책결정 사이의 단절을 해소해야 한다. 이를 위해 각 연구소는 정책학습 기반 연구 데이터베이스를 구축하고 이를 개방함으로써, 연구 결과가 단순한 보고서로 끝나지 않고 지속적으로 학습 자료로 활용되도록 해야 한다. 특히 정책 실패 사례와 그로부터의 교훈을 분석하는 연구를 정기적으로 수행하도록 법제화하여, 정책학습의 질적 기반을 확충할 필요가 있다. 또한 연구자와 정책결정자 간의 협력체계를 강화하여, 연구소 연구원이 공무원연수원 등에서 직접 강의하거나 워크숍을 진행하도록 하여 연구와 실무를 연결하는 경로를 상시화해야 한다.

공무원연수원 역시 교육과정 개편이 필요하다. 단순한 직무 역량 개발을 넘어, 정책 실패와 성공 사례, 국내외 정책 비교, 정책적 시사점을 학습하는 '정책학습 중심 교육'을 필수과정으로 도입해야 한다. 이를 위해 정책학습 워크숍과 토론 프로그램을 정기적으로 운영하고, 정부출연연구소와 협업하여 연구자들이 직접 강의하는 프로그램을 의무화할 수 있다. 또한 해외연수를 단순 견학이 아니라 해외 정책의 실패와 성공 사례를 학습하는 '국제정책 학습 프로그램'으로 개편함으로써, 국제적 관점에서 정책을 설계·평가할 수 있는 역량을 강화해야 한다.

결국, 정부출연연구소와 공무원연수원이 정책학습의 공동 주체로서 긴밀하게 협력한다면, 정책연구와 정책결정, 그리고 현장 행정 간의 괴리를 줄이고, 공무원의 정책 설계·집행·평가 역량을 실질적으로 높일 수 있다. 이는 단기적 성과를 넘어서, 지속 가능한 정책 개선과 혁신의 기반이 될 것이다.

바. 특수대학원의 역할 강화

1) 특수대학원의 설계 의도와 현실

특수대학원은 본래 재교육 기관으로 설계되었다. 그 대상은 정책 담당자나 실무 전문가들이며, 궁극적 목표는 이들이 정책 설계, 정책집행, 법제화와 같은 실천적 전문성을 높이는 데 있다. 따라서 특수대학원은 학문적 연구(academic research)를 주된 목표로 하는 일반대학원과는 다른 성격을 지닌다. 오히려 실천적 전문성과 학술적 기초를 혼합한 hybrid degree를 부여하는 과정으로, 현장성과 학문성을 동시에 아우르는 교육이 지향점이 되어야 한다.

그러나 현실의 특수대학원은 이러한 의도와는 거리가 있다. 교수진이 대부분 순수 학문 연구자(academic researcher) 중심으로 구성되어 있으며, 실제 정책 설계나 법제화 경험을 갖춘 교원은 부족하다. 이 때문에 강의는 학문적 이론 중심으로 흐르고, 현장 적용성이 떨어진다. 학위논문 또한 이론적 모형 검증에 치우쳐 실제 정책 개선으로 이어지지 못한다.

2) 문제의 원인

이러한 문제는 주로 대학 제도의 구조적 한계에서 비롯된다. 교원 임용은 논문 수와 연구 업적 위주로 평가되기 때문에 실천 경험이 풍부한 교수는 채용조차 되기 어렵다. 또한 대학의 평가 체계가 학문적 연구 성과에 집중되어 있어, 정책 설계나 법제화 프로젝트와 같은 실천적 성과는 업적으로 인정되지 않는다. 대학 내부 문화 역시 연구 성과 중심이어서 실천 교육은 '비주류'로 취급받는다. 결국 특수대학원은 이름만 '특수'할 뿐, 실제로는 일반대학원과 크게 다르지 않은 모습으로 운영되고 있다.

3) 역할 강화 방향

이러한 문제를 극복하기 위해 특수대학원은 다음과 같은 변화가 필요하다. 첫째, 교수진 구성을 다변화해야 한다. 학문적 연구자만이 아니라, 전직 고위공직자(특히 정책 기획이나 법제 담당 경험자), 법률가, 정책 분석가 등 현장 실무 경험자를 적극적으로 전임 또는 겸임 교원으로 채용해야 한다. 다만 현장 경험만이 아니라 이를 학문적으로 정리하고 교육적으로 설명할 수 있는 역량을 갖춘 사람이어야 한다.

둘째, 커리큘럼 구조를 개편해야 한다. 정책 설계와 법제화 실습 과목을 필수화하고, 정책사례 연구(case study)를 강화하며, 문제 기반 학습(problem-based learning)을 도입하여 정책·법제 프로젝트를 직접 설계하고 실행하는 과정을 포함해야 한다.

셋째, 학위논문 제도를 실천적으로 전환해야 한다. 단순히 이론 검증형 논문만을 인정할 것이 아니라, 정책 설계 보고서, 법제화 제안서, 정책집행 평가 리포트 등 실천적 성과물도 학위논문으로 인정해야 한다.

넷째, 졸업 평가 방식을 변화시켜야 한다. 단순 논문 심사에 그치지 않고, 정책 설계 실습 발표, 모의국회 입법 토론, 정책보고서 작성 발표 등을 평가 방식에 포함하여 실천적 역량을 확인해야 한다.

정리하면, 특수대학원은 연구자를 양성하는 곳이 아니라, 실천적 정책 설계자(practical policy architect)를 길러내는 기관이어야 한다. advanced practical knowledge & skill 을 길러내는 곳이다. 이를 위해서는 교수진, 커리큘럼, 학위제도, 평가 방식 전반에서 대대적인 개혁이 필요하다. 특수대학원이 본래의 설계 의도를 되찾을 때, 정책과 법을 아우르는 새로운 세대의 실천적 전문가를 배출할 수 있을 것이다.

6. 정책 담당자의 윤리

정책 담당자의 윤리는 단순히 직업윤리의 차원에 머물지 않는다. 일반적인 직업윤리가 개인적 성실성, 청렴성, 책임감을 강조한다면, 정책 담당자의 윤리는 공익과 공공선(public good, common good)을 구현하는 주체로서의 지위와 사명이 강조된다. 이는 법률과 정책이 합해지는 공간에서, 사회 전체의 질서와 정의를 설계하고 집행하는 특별한 책무를 요구한다.

1) 공익과 공공선을 실현하는 윤리

정책 담당자는 특정 집단이나 이해관계의 대변자가 아니라, 사회 전체의 이익과 공동체적 가치를 구현해야 한다. 따라서 정책 설계와 집행에서 나타나는 모든 선택은 "국민 전체의 권리와 자유, 사회 정의 실현"이라는 기준 위에서 정당화되어야 한다. 이 과정에서 헌법상 기본권 보호와 공공복리 증진은 정책 담당자의 윤리적 나침반이 된다.

2) 이해당사자 정치를 넘어서야 하는 윤리

정책은 정치와 유사하게 가치의 배분을 가져온다. 따라서 기본적으로 이해관계의 조율이 중요하다. 더욱이 wicked problem 상황에서는 이해당사자 간의 갈등과 정치적 거래가 정책의 본질을 왜곡할 위험이 크다. 이는 누구의 시각에서, 어떠한 관점에서 문제를 정의(定義)하느냐에 따라 그 정책의 정의(正義)가 결정되어 버리기 때문이다. 따라서 정책 담당자는 이해관계의 힘겨루기에 휘말리지 않고, 공정한 조정자이자 균형자로서 역할을 해야 한다. 이는 특정 집단의 이익을 대변하거나 타협하는 것이 아니라, 공공성을 기준으로 이해당사자 정치가 정책과 법을 잠식하지 않도록 방파제 역할을 하는 윤리적 책무를 의미한다.

3) 문제 정의의 윤리

정책에서 가장 중요한 순간은 문제를 어떻게 정의하느냐에 있다. 문제의 정의는 곧 정책목표를 결정짓고, 이는 다시 사회정의의 방향을 결정한다. 예컨대 '빈곤'을 경제적 문제로 정의하느냐, 사회적 불평등의 문제로 정의하느냐에 따라 정책 수단은 전혀 달라진다. 따라서 정책 담당자는 문제 정의 과정에서 자신이 내리는 개념적 선택이 결과적으로 사회정의(social justice)의 기준을 형성한다는 사실을 자각해야 한다. 이는 단순한 기술적 판단이 아니라 윤리적 판단의 문제이다.

4) 법적 정당성과 민주적 정당성의 이중 책무

정책 담당자는 법적 정당성(헌법·법률·하위법령의 합치성)과 민주적 정당성(시민 참여, 공론화, 숙의 과정)을 동시에 확보해야 한다. 법의 근거 없이 추진되는 정책은 권한 남용이고, 시민의 참여와 동의 없이 추진되는 정책은 민주적 정당성의 결여이다. 따라서 정책 담당자는 두 가지 정당성을 동시에 존중해야 하는 윤리적 책임을 진다.

5) 장기적 책임성과 세대 간 정의

정책은 단기적 성과를 내기 위한 도구가 아니라, 미래 세대의 삶과 권리에도 영향을 미친다. 따라서 정책 담당자는 현재 세대의 요구와 이해에만 매몰되지 않고, 장기적 책임성과 세대 간 정의(intergenerational justice)를 고려해야 한다. 기후변화 대응 정책, 연금 개혁, 교육정책 등은 대표적인 사례다.

정책법학의 관점에서 본 정책 담당자의 윤리는 "정책의 합리적·효율적 집행"이라는 기술적 수준을 넘어선다. 그것은 공공성을 지켜내는 윤리, 이해당사자 정치로부터 정책을 보호하는 윤리, 문제 정의가 곧 사회정의임을 자각하는 윤리, 법적·민주적 정당성을 동시에 보장하는 윤리, 그리고 세대 간 정의를 고려하는 장기적 책임의 윤리이다. 따라서 정책 담당자는 단순한 행정가가 아니라, 공익을 설계하고 지켜내는 헌법적 행위자이자 윤리적 보증인으로 자리매김해야 한다.

마무리 글: 정책과 법, 통합적 사유를 향한 첫걸음

대한민국은 전형적인 행정국가이다. 국가 주도의 발전국가를 거치면서 국가의 정책은 대부분 중앙정부의 기획과 집행을 통해 추진되었으며, 이는 다양한 법령과 제도 속에서 구체화하였다. 그러나 오늘날 정책은 점점 더 복잡해진다. 어느 한 부처나 단일 법률로는 감당하기 어려운 복합문제(wicked problems)가 사회 전반에 걸쳐 출현하고 있다. 기후 위기, 학습 격차, 인구 변화, 디지털 전환과 같은 과제들은 기존의 단선적, 선형적 정책 접근만으로는 대응할 수 없는 시대이다.

지금까지는 정치와 행정의 중간 지대로서의 정책 현상 연구가 일상화되었다. 하지만, 이제 법을 추가해야 한다. 이러한 전환의 시기에 정책과 법을 통합적으로 이해하는 정책법학은 정책연구와 정책 현상의 이해에 대해 새로운 길을 제시한다. 정책법학의 필요성을 제기하는 연구의 성격을 가진 이 책은 정부 주도의 정책기획에서 시민사회와의 협치(governance)로, 단절된 제도와 절차의 나열이 아닌 정책과 법의 순환적·구조적 관계에 대한 통합적 접근이 필요함을 보여주고자 했다. 정책은 단지 기획이나 정책(사업)보고서로 끝나는 것이 아니라, 법이라는 형식으로 구체화 되어야 하며, 법은 단지 통제의 수단이 아니라 정책을 실현할 수 있게 하는 헌정적 구조로 작동해야 한다는 것이다.

특히 우리는 지금 법치주의의 재해석이 필요한 시점에 와 있다. 이제는 단지 '법에 의한 행정'을 강조하는 법치행정(rule of law, 부정적인 의미에서의 rule by law)을 넘어, 정책이 법을 구성하고 실현하는 과정을 포괄하는 '정책 법치(rule through legitimate policy)'로 나아가야 한다. 이 새로운 법치주의는 정의(justice), 정당성(legitimacy), 형평성(equity)의 균형을 바탕으로, 법과 정책의 공동 설계라는 구조를 전제로 한다.

이러한 변화 속에서 공무원을 포함한 정책 담당자에게 요구되는 역량도 바뀌고 있다. 정책 역량은 단순히 정책 이론이나 정책과정에 대한 지식만으로 확보되지 않는다. 정책 역량의 핵심에는 반드시 법제 역량이 존재한다. 정책을 설계하고 집행할 수 있으려면, 그 정책을 법으로 만들어가는 힘, 즉 법을 기획하고 제도화할 수 있는 실질적 능력이 뒷받침되어야 한다. 그리고 윤리적 공무원을 요구한다.

또한 정책법학은 정책 학습(policy learning)의 중요성을 강조한다. 여기서 말하는 학습은 단순히 실패를 되풀이하지 않는 차원을 넘는다. 새로운 정책을 기획하고, 사회 변화에 민감하게 반응하며, 정책과 법을 하나의 구조로 통합적으로 사고할 수 있는 학습 능력이 중요하다. 이는 모든 정책 담당자와 입법자, 법률가, 그리고 시민사회 활동가가 갖춰야 할 기본 문해력이다. 우리의 공무원 교육훈련제도가 근본적으로 바뀌어야 함을 의미한다.

『정책과 법 연구』는 이와 같은 학문적·실천적 전환을 위한 첫걸음이다. 이 책은 완결된 이론 체계가 아니다. 그러나 정책은 어떻게 법이 되는가, 법은 어떻게 정책을 구성하느냐는 질문을 학문적으로 던지고자 한 최초의 기획이다. 이 질문은 단지 법학이나 정책학에 머무는 것이 아니라, 현실을 바꾸는 실천의 힘이 될 수 있을 것을 기대한다.

이 책이 제안하는 한국형 정책학은 단지 미국 중심의 정책학 수입을 넘어서는, 우리 사회의 통치 구조와 행정 현실에 맞는 이론적 틀을 만들고자 한 시도이다. 정책과 법을 분리하지 않고 하나의 구조로 엮어내는 접근, 그것이 정책법학의 핵심이며 한국형 정책학의 모습이다.

정책법학이 왜 필요한가를 다시 강조하자면, 먼저, 국내적 정합성의 차원이다. 대한민국은 행정국가·발전국가를 거치며 중앙집권적 행정문화 속에서 정책을 발전시켜 왔다. 그러나 오늘날의 정책 현상은 기존의 단선적 접근으로 설명되기 어렵다. 따라서 정책법학은 행정국가의 특수한 역사와 문화를 반영하면서도 이를 넘어서는 적실한 연구를 제시해야 한다. 이 과정에서 행정부와 입법부가 '이인삼각 경주'를 하듯 협력할 수 있도록, 양자의 정책 역량과 법제 역량의 본질적 의미를 함께 기술하고 교육할 필요가 있다. 더 나아가 단순한 법치행정의 단계에 머무르지 않고, 정책이 법을 구성하고 실현하는 과정을 담아내는 새로운 정책 법치주의를 설명하는 것도 필수적이다. 또한 wicked problem과 협치(governance)의 시대에 대응할 수 있는 정책학의 새로운 역량을 강화하고, 입법과 정책설계를 통합적으로 연결하여 정책의 생산성을 제고하는 방안을 모색하는 것 역시 국내적 정합성을 강화하는 축이라 할 수 있다.

둘째, 국제적 확장성의 차원이다. 오늘날 정책은 더 이상 국내 문제에 한정되지 않는다. 기후위기, 인권, 디지털 규범과 같은 국제적 규범은 곧바로 국내정책과 법에 영향을 미친다. 따라서 정책법학은 국제규범을 국내 법제에 접합시키고, 이를 정책 설계 과정에 반영하는 글로벌 대응 역량을 갖추어야 한다. 이러한 확장은 한국형 정책학이 단순히 외국 이론의 수입을 넘어서, 세계적 차원의 문제에도 이바지할 수 있는 기반이 된다.

셋째, 실천적 정당성의 차원이다. 정책은 효율성만으로 정당화되지 않는다. 공무원을 비롯한 정책 담당자는 법적 정합성과 정책적 실현 가능성을 함께 고려하는 윤리적 책임을 져야 하며, 시민사회의 숙의 참여 역시 제도적 기반 속에서 보장되어야 한다. 이를 통해 정책법학은 정의(justice), 정당성(legitimacy), 형평성(equity)이 균형을 이루는 정책·법 설계의 원리를 확립할 수 있다. 동시에 정책과 법이 단절된 나열이 아니라 하나의 순환 구조로 작동하도록 하는 이론적 토대를 마련하는 것도 정책법학의 핵심 역할이다.

결국 정책법학은 국내적 정합성, 국제적 확장성, 실천적 정당성의 삼중 구조를 통해 정당화된다. 이것은 한국의 정책 현실에 부합하는 새로운 정책학 연구 방향성을 열어주고, 정책과 법의 구조적 통합을 통해 더 유능하고 더 정의로운 국가 거버넌스를 설계하는 길을 제시한다.

한편, 정책법학은 정치적 정당성과 행정적 집행성, 그리고 법적 합법성을 동시에 고려하는 통합적 접근으로, 발전국가의 정책 운영 방식에 적합한 학문적 틀이라 할 수 있다. 이 점은 저개발국이나 개도국과의 국제협력에서도 큰 의의를 가질 수 있다. 왜냐하면 이들 국가 또한 발전을 추구하는 과정에서 필연적으로 발전국가적 모습을 띠게 되며, 이에 따라 정책과 법을 결합한 제도적 역량이 핵심적 과제가 되기 때문이다. 한국은 발전 과정에서 정책과 법을 조율하며 제도적 신뢰를 축적해 온 경험이 있고, 이는 단순한 경제개발 노하우를 넘어 정책-법 결합의 제도화 경험으로서 전수될 수 있다. 따라서 한국적 정책학의 정수라고 생각할 수 있는 정책법학은, 개발도상국의 정책 역량을 강화하고 제도적 기반을 구축하는 데 효과적인 지원 도구가 될 수 있다. 특히 법적 정당성 위에서 정책을 설계·집행·평가하는 구조는 국제사회에서 보편적 규범으로 확산될 수 있으며, 한국의 발전 경험은 그 구체적 사례와 모델을 제공한다. 결국 정책법학은 한국의 발전 경험을 토대로 한 학문적 자산이자, 국제협력을 통해 개도국 정책 역량 강화를 지원할 수 있는 중요한 지적 수출품이 될 수 있다는 기대도 한다.

필자는 앞으로 정책법학을 얼마나 깊이 있게 계속 공부할 수 있을지는 모른다. 시간강사 신분으로 여러 대학을 옮겨 다니며 다른 과목을 강의해야 하기 때문이다. 이 책도 충남대학교에서 2년 동안 강의할 행운을 얻었기에, 공무원 시절 품었던 생각을 글로 펴낼 수 있었다. 내년에는 또 어떤 대학에서, 어떤 과목을 가르치게 될지 모르지만, 그럼에도 나는 여전히 기대를 품는다. 정책과 법의 관계를 보다 넓은 시각에서 탐구할 기회는 또 다른 방식으로 열릴 수 있을 것이라 믿기 때문이다. 이 책은 그 기대의 작은 발걸음이며, 앞으로의 길을 위한 출발점이 될 것이다.

끝으로 이 책은 부족하다. 다듬어야 할 개념도 많고, 더 많은 논의와 사례도 필요하다. 내용의 균형이 흐트러져 있기도 하다. 많은 부분 필자의 개인적 사유의 결과물이기도 하다. 엄밀한 학술 서적은 아니다. 그럼에도 이 책이 정책과 법의 구조적 통합을 위한 첫 발걸음이 되기를, 그리고 이 길이 성공하는 정책과 정의로운 법, 유능한 행정을 설계하려는 모든 이들에게 새로운 통찰과 시각을 제공할 수 있을 지도 모른다는 작은 희망을 갖고 이 책을 출간한다. <끝>

Stakeholder 기반 정책-입법 통합 설계 프로세스(tame problem 기준)

1. 통합 설계의 의미

정책학은 전통적으로 정책을 목표와 수단의 정립으로 이해해왔다. 무엇을 달성할 것인가(목표)와 어떻게 달성할 것인가(수단)를 합리적으로 선택하는 과정이라는 것이다. 그러나 이러한 정의는 행정학적·경제학적 효율성에 초점을 두는 한계를 갖는다. 실제 정책은 사회적 행위자들이 얽혀 있는 장(場) 속에서 발생하며, 권리와 의무, 권한과 책임이 상호 충돌하고 조정되는 과정에서 형성된다. 정치적 속성이 내재(內在)한다.

정책법학적 관점은 바로 이 지점을 문제 삼는다. 정책은 단순한 목표-수단의 대응 관계가 아니라, 다양한 이해당사자들의 권리·의무·역할·관계가 재구조화되는 과정으로 본다. 국가는 시민과 시장, 지방정부와 국제규범 사이에서 권한과 책임을 배분하고, 충돌하는 이해관계를 공익이라는 기준 아래 걸러내며, 이를 제도적·법적 언어로 확정한다. 따라서 정책의 본질은 이해당사자 기반의 구조화(stakeholder-based structuring)라고 할 수 있다. 정책결정의 의미도 그러하다.

그동안 정부 입법 절차는 이러한 관점을 제공하지 못했다. 법제처가 제시한 「정부 입법계획과 절차」를 보면, '입법 계획의 수립 → 법령안의 입안 → 관계 부처 협의'라는 틀로만 정리된다. 법령안의 입안 단계도 '정책을 결정한 후 그 시행과 관련하여 입법이 필요하다고 판단되면, 주무 부처가 전문 연구기관의 조사·연구, 정책추진팀 또는 협의체의 논의를 거쳐 정책의 내용을 정리하고, 이를 객관적인 언어로 구체화·규범화한다'라는 정도로만 설명된다.[169] 그러나 이러한 기술로는 실제 현장에서 공무원들이 정책과 입법을 어떻게 연결해야 하는지, 어떤 순서와 방법으로 stakeholder를 정리하고 권한을 배치해야 하는지에 대해 아무런 실질적 도움을 줄 수 없다.

이 책에서 제시하는 정책-입법 통합 설계 절차는 바로 이 공간을 채워주는 것을 목적으로 한다. 정책이 문제 인식에서 시작해 stakeholder의 권한과 책임을 구조화하고, 그 결과를 법률·시행령·시행규칙·행정규칙·사실행위로 배치하는 과정을 단계별로 설명함으로써, 공무원과 연구자 모두가 실무에서 실제로 활용할 수 있는 틀을 제공한다. 다시 말해, 정책결정과정은 곧 입법과정이며, 정책과 입법은 동전의 양면처럼 분리될 수 없다는 점을 통합적으로 보여주는 것이다. 다만, 이 절차는 시민 협치의 관점보다는 지금까지의 정부의 일하는 방식을 바탕으로 정리하고 있다는 한계가 있다.

---

169) https://www.lawmaking.go.kr/lmGde/govLm#guide02 (25.8.20일 검색)

2. 통합 설계의 절차

① **문제 인식:** 정책은 먼저 문제를 발견하는 것에서 시작된다. 통계자료, 국민 민원, 감사 결과, 법원 판례, 국제 의무, 현장 조사 등 여러 신호가 문제의 존재를 알려준다. 이 자료들을 토대로 "무엇이, 누구에게, 얼마나 발생했는가?"라는 가설적 진단을 세운다.

② **문제 정의 · 경계 설정:** 확인된 문제는 곧바로 정책으로 연결되지 않는다. 우선 다루려는 문제의 범위를 확정해야 한다. 어느 지역을 대상으로 할지, 어떤 집단을 포함하거나 제외할지, 기간은 얼마로 할지 등을 정한다. 또 재정·인력·시간 같은 현실적 제약, 기존 제도와의 충돌 가능성도 고려한다.

③ **원인 분석 :** 문제의 뿌리를 찾아야 한다. 이를 위해 "언제, 어디서, 누구에게, 왜, 어떻게"라는 기본 질문을 던지고, 원인과 결과를 구조적으로 연결해본다. 또한 사람들의 행동에 어떤 유인(인센티브)과 비용이 작용하는지도 분석한다. 이 과정에서 시장실패, 정부실패, 조정 실패, 정보 부족, 수용성 부족 같은 실패 유형을 분류한다.

④ **대안 탐색:** 문제를 해결할 수 있는 여러 수단들을 바구니처럼 모은다. 법률적 수단(규제, 보조금, 조세, 조직 개편 등)뿐 아니라, 법을 만들지 않고도 가능한 대안(시범사업, 표준 제정, 자율규제, 민관 협약 등)도 함께 고려한다. 이 중 일부는 작은 규모의 실험(파일럿)으로 먼저 시도해 볼 수도 있다.

⑤ **제도·국제·재정·역량 사전 점검:** 정책 대안을 고르기 전에 미리 제약조건을 살펴야 한다. 법적으로 위임이 필요한 부분은 없는지, 판례의 흐름에 비춰 위헌 소지가 없는지, 국제규범이나 주요국의 입법례와 충돌하지 않는지 확인한다. 예산·인력·데이터·기술 인프라 같은 자원 여건도 사전 점검한다.

⑥ **정책 초안(formulated policy v1) 마련:** 여러 수단을 조합해 정책 포트폴리오를 설계한다. 하나의 주요 수단에 보완적·완충적 수단을 붙여 균형을 맞춘다. 이를 평가할 때는 비용 대비 편익, 사회적 형평성, 집행 가능성, 정치적 수용성, 디지털 격차 등 다양한 기준을 적용한다.

⑦ **1차 전문가 협의회:** 정책 초안은 바로 확정되지 않는다. 현장의 전문가, 이해당사자와 협의를 거쳐 초안이 얼마나 현실적인지 검증한다. 이 과정에서 문제점과 보완사항을 도출한다.

⑧ **정책 초안(formulated policy v1) 수정:** 협의회에서 나온 의견을 반영하여 초안을 수정·보완한다.

⑨ **Stakeholder 분석(역할과 책임 구체화):** 이제 정책의 핵심 주체들을 본격적으로 분석한다. 국가, 지자체, 공공기관, 민간 기업, 시민 등 다양한 주체의 역할과 권한, 책임, 의무, 금지 사항을 구체적으로 매핑한다. "~하여야 한다"는 의무, "~할 수 있다"는 재량, "~해서는 아니 된다"는 금지, "~할 권리가 있다"는 권리 부여로 구분된다. 주체들 간의 관계도 설계한다. 누가 누구에게 보고하고 협의하는지, 자원은 어떻게 흘러가는지, 갈등이 생

기면 어떤 절차로 해결할지 등을 정한다. 권한의 범위와 한계도 헌법과 상위법에 맞게 조정한다. 정부의 유도나 지도 정책 등도 검토된다.

⑩ **권한 수행 방식 결정**: 정책 집행은 정부가 직접 할 수도 있고, 다른 기관(지자체, 산하기관 등)에 위임하거나, 민간이나 타 부처에 위탁할 수도 있다. 이때 위임·위탁의 대상, 범위, 감독 방식, 취소 조건, 예산 지원 등을 정밀하게 설계한다.

⑪ **규제시장(regulated market)에서 민간의 활동 규율 원칙을 정립**: 규제시장에서의 활동하는 자는 사실 대부분 민간이다. 민간이 참여하는 규제시장에서는 세 가지가 중요하다. ⅰ) 시장에 들어올 때의 조건(진입 규율), ⅱ) 시장 안에서의 활동 권리와 의무(운영 규율), ⅲ) 시장을 떠날 때의 절차(퇴출 규율). 이를 법적으로 어떻게 정할지를 확정한다.

⑫ **2차 전문가 협의회**: 이제는 더 폭넓은 협의가 필요하다. 이해당사자, 현장 종사자, 지자체, 법제 전문가 등이 함께 참여해 ⑨, ⑩, ⑪ 과정을 거쳐 만들어진 stakeholder 구조와 권한 수행 방식의 적절성을 논의한다.

⑬ **정책안 보정(formulated policy v2)**: 2차 협의 결과를 반영해 정책안을 다시 수정한다. 이 단계에서 사실상 최종 정책안이 완성된다.

⑭ **법령 매핑**: 정책안(이해당사자 중심의)을 구체적 법제 구조로 나눈다. ⅰ) 본질적 권리·의무, 기관 설치, 벌칙·부담금 등은 법률 사항, ⅱ) 세부 범위와 절차는 시행령, ⅲ) 서식과 구체 절차는 시행규칙, ⅳ) 내부 지침은 행정규칙, 그리고 ⅴ) 홍보·교육·점검은 사실행위로 구분한다. 물론 권리 관련성 여부에 따라 조정의 가능성도 존재한다. 즉, 법률(안)만 성안(成案)하는 것이 아니라, 하위 규범과 정책 집행의 구조까지도 모두 설계되어야 한다.

⑮ **법제 정밀 심사**: 법령 초안은 반드시 법적 심사를 거친다. 헌법에 맞는지, 위임입법의 한계를 지켰는지, 상위법과 국제규범과 모순되지 않는지 꼼꼼히 점검한다. 또한 입법의 필요성과 형식을 확정한다.

⑯ **정책–법령 통합안(formulated policy v3)**: 심사를 거쳐 통합된 정책-법령 안이 완성된다. ⅰ) 본칙: Stakeholder 권한·책임·진입·활동·퇴출 규율 등, ⅱ) 보칙: 벌칙·조사권·자료제출·위원회·예산 구조 등, ⅲ) 부칙: 경과조치·일몰·재검토·시행일 등. 그리고 하위규범 등도 다시금 조정해야 한다.

⑰ **법제 전문가 토론회와 공청회(필요시)**: 필요하다면 법제 전문가들과 토론회를 열거나, 공청회를 통해 국민 의견을 수렴한다.

⑱ **법령 조문 설계(부처안 최종 확정)**: 마지막 단계는 법령 조문을 실제로 작성하는 일이다. "주체+행위+조건" 구조에 따라 "하여야 한다 / 할 수 있다 / 해서는 아니 된다"와 같은 법적 문장을 만든다. 이때 법률, 시행령, 시행규칙 각각의 위치에 맞게 조항을 배치한다. 이렇게 확정된 부처안은 관계부처와 법제처 협의를 거쳐 국회로 넘어가며 정책결정과정은 입법과정과 함께 완결된다.

3. 통합 설계 과정에서의 정책 유형 고려

정책–입법 통합 설계 과정에서 정책 유형은 반드시 고려되어야 한다. 그러나 모든 단계에서 기계적으로 정책 유형을 먼저 정하는 것은 올바른 접근이 아니다. 문제의 성격과 원인을 제대로 진단해야만 정책 유형을 판단할 수 있기 때문이다.

따라서 문제 인식–문제 정의–원인 분석 과정을 거치면서 점차 해당 정책이 제한정책, 보조정책, 보호정책, 제재정책, 지도정책, 유도정책, 보상/배상정책, 위기 및 안전관리정책 중 어떤 성격을 띠는지 정리하는 것이 필요하다. 예를 들어, 문제 인식 단계에서 특정 집단의 손해가 확인되고, 문제 정의와 원인 분석 과정에서 그 손해가 제도적 보상 장치의 부재로 드러난다면, 이는 보상정책의 성격이 강하다는 결론에 이를 수 있다.

이처럼 정책 유형을 식별한 후, ④ 대안 탐색 단계에서는 그 유형을 바탕으로 대안을 구체화해야 한다. 예컨대 원인 분석까지 마친 결과 특정 정책이 보조정책의 성격을 띤다면, 대안 탐색 과정에서는 수혜자의 범위, 지원 기준, 절차적 공정성 등을 중점적으로 검토해야 한다. 반대로 제한정책의 성격이 강하다면, 규제 방식이 허가제인지 등록제인지, 자율규제를 허용할 수 있는지 등을 대안 선택의 중요한 기준으로 삼아야 한다.

즉, 통합 설계 과정은 절차적으로는 보편적인 단계들을 밟아가지만, 각 단계의 초점은 정책 유형에 따라 달라진다. 문제 인식과 정의 단계에서 정책 유형의 실마리를 잡고, 원인 분석을 통해 유형을 구체화하며, 대안 탐색 이후의 단계에서는 이 유형을 지식적 토대로 삼아 stakeholder의 권리·의무 설계, 법령 매핑, 법적 문구 작성까지 이어나가는 것이다.

결국, 정책 유형은 절차의 바깥에서 별도로 존재하는 분류 체계가 아니라, 각 단계에서 무엇을 중점적으로 고려해야 하는지 안내하는 실질적 기준으로 작동해야 한다. 그렇게 될 때 정책–입법 통합 설계는 현실성을 갖추고, 공무원과 연구자가 실제 정책 설계 과정에서 활용할 수 있는 실질적인 도구가 된다.

4. 통합 설계의 특징과 장점

① 정책학적 과정과 법제적 과정의 균형: 정책 초안 → 전문가 협의 → Stakeholder 분석 → 법령 매핑 → 정밀 심사라는 순환적 구조를 제시하고 있어 훨씬 실제적이다.

② Stakeholder 구조의 심화: 역할·책임·권한·의무를 매핑하고, 관계 구조(보고, 갈등 해결, 위계 vs 병렬)를 설계하는 부분은 사실상 정책법학의 핵심을 드러낸다. 기존 정책학 교재에는 거의 없는 시도이다. 정책결정이란 목표와 수단을 정립하는 것이지만, 내용상으로는 Stakeholder를 중심으로 사고하는 것이다.

③ 시장 규율을 별도 단계로 둔 점: 정부가 법률로 정하는 순간 그 시장은 규제시장 (regulated market)이 된다. 그리고 이 시장에서 활동할 수 있는 민간이 규정된다. 따

라서 민간의 진입–활동–퇴출을 명시적으로 포함한다. 정책과정 속에서 민간 규율을 법적으로 어떻게 구조화할 것인지가 드러나기 때문에, 단순히 공공부문 중심의 절차가 아니라 정책과 시장의 관계까지 포괄하게 된다.

④ 법령 매핑과 정밀 심사의 분리: 매핑과 정밀 심사를 나눠서 두 단계로 둔 것도 중요하다. 사전 구조화(법률/시행령/시행규칙/행정규칙/사실행위)와 헌법·국제규범 정합성 검토를 구분해 접근하는 건 실제 입법과정의 난맥을 줄이는 데 유용하다.

⑤ 통합안 구조화: 본칙–보칙–부칙의 체계로 정리한 후, 필요시 전문가 토론회/공청회를 둔 뒤 부처 최종안을 확정하는 과정은 실제 법제처 프로세스를 보완하는 효과가 있다.

[부록 2]

Wicked Problem 대응 정책-입법 통합 설계

1. Tame problem과 Wicked problem의 유사점과 차이

정책학에서 흔히 다루어 온 문제는 비교적 tame problem이라 할 수 있다. 곧, 문제가 뚜렷하게 정의되고, 원인과 결과의 인과관계가 분석 가능하며, 해결을 위한 수단 역시 비교적 명확히 제시될 수 있는 유형이다. 예를 들어, 특정 지역의 교통 혼잡 완화나 전염병 예방접종 확대 같은 과제는 문제의 범위와 대안을 분명히 설계할 수 있다. 그러나 현대 사회가 직면한 많은 과제들은 wicked problem으로 불린다. 이 경우 문제의 정의 자체가 이해관계자마다 다르고, 원인과 결과가 다층적으로 얽혀 있으며, 단일한 해결책이 존재하지 않는다. 기후변화 대응, 불평등 완화, 인공지능 규율 같은 과제들이 그러하다.

두 유형의 문제 모두 정책결정과정을 필요로 하고, 법제화를 통해 제도적 완결을 추구한다는 점에서는 유사하다. 그러나 tame problem이 "합리적 분석과 절차적 설계"로 접근 가능하다면, wicked problem은 "지속적 학습, 적응, 이해관계자의 참여와 협력" 없이는 풀리지 않는다는 점에서 차이가 있다. 즉, tame problem에서는 법제가 '정해진 정책을 제도화하는 장치'라면, wicked problem에서는 법제가 '갈등을 제도적으로 조정하고 적응을 가능하게 하는 플랫폼'이 된다.

2. Wicked problem 대응 통합 설계

Wicked problem에 대한 정책-입법 통합 설계는 고정된 직선적 절차가 아니라, 순환적·적응적(adaptive) 과정으로 이해해야 한다. 그 흐름은 다음과 같이 전개된다.

① 다중 문제 정의: wicked problem에서는 하나의 "정답" 같은 문제 정의는 없다. 정부는 framing 과정을 열고 다양한 stakeholder가 참여할 수 있도록 보장한다. 이때 정부의 역할은 주관적 정의(定義)를 강제하는 것이 아니라, 이해관계자들이 제시한 여러 framing을 정리하여 framing map을 만드는 것이다. 공무원은 각 이해관계자의 언어를 "공공의 언어"로 번역·재구성해내는 정리자로서 역할을 한다. 정부의 정의(definition)를 강제하기 어려운 이유는 문제를 어떻게 정의하느냐는 단순한 기술적 규정이 아니라 사실상 정의(justice)를 선택하는 행위일 수 있기 때문이다. 즉, wicked problem에서의 문제 정의는 곧 가치 선택이며, 사회 정의의 정치가 시작되는 지점이기 때문이다.

② 공통 목표·원칙 합의: 각 stakeholder의 관점은 달라도, 최소한의 공통 목표(안전, 지속 가능성, 형평성 등)는 도출할 수 있다. 이 공통 원칙은 법률의 기본 원칙 조항으로 반영된다. 이 과정에서는 공론화·숙의 절차가 적극적으로 활용된다. 공무원은 이 과정의 리더 (leader)가 아니라, 행정적 총괄자이자 설명자로서 참여한다. 즉, 현실적 제약(예산, 집행 가능성, 법제화 가능성)을 설명하고, 논의 과정을 정리하는 역할을 수행한다. 이 과정이 제대로 이뤄지지 않으면 이해당사자 정치 속에서 헤어나질 못하고, 당사자 간 갈등만 심화될 수 있다.

③ 탐색적 대안·실험 설계: wicked problem의 불확실성에 대응하기 위해서는 다양한 정책 대안을 병렬적으로 준비해야 한다. 또한 시범 사업(pilot), 규제 샌드박스(sandbox) 등 실험적 제도를 통해 현실 검증을 거쳐야 한다. 이 단계 역시 공론화·숙의 방식이 적합하다. Stakeholder의 주장을 그대로 반영하기보다는, 공론화 패널이 다양한 의견을 듣고 종합하여 실험적 정책 포트폴리오를 설계한다. 정부는 실험 설계와 공공 자원 배분을 담당하며, 실현 가능성과 제약조건을 설명한다.

④ 순환형 Stakeholder 협의·거버넌스: wicked problem 해결은 단발적인 공청회로는 불가능하다. 따라서 상시적 협의체와 갈등 조정 위원회가 제도화되어야 한다. 이 과정은 정부가 아니라 독립적·투명한 거버넌스 구조로 운영되며, 법률에 Stakeholder 협의 절차를 명시해야 한다. 공무원은 이 과정에서 이해충돌 관리, 기록 공개 등 공정성과 투명성을 보증한다.

⑤ 가치 충돌 평가 및 수용성 설계: wicked problem은 특정 가치를 선택하면 다른 가치가 배제되거나, 부작용(side effect)이 발생한다. 따라서 선택의 결과가 누구에게 손실을 주는지, 어떤 집단이 불이익을 받는지를 공개적으로 평가해야 한다. 동시에 이 집단을 위한 대응 전략―보상, 설득, 전환 지원―을 함께 마련해야 한다. 이 과정을 제도적으로 담아내는 것이 wicked problem 대응의 핵심이다.

⑥ 적응적 법률 초안: wicked problem 대응 법률은 세부사항을 고정하기보다는 원칙과 절차를 중심으로 작성한다. 세부 사항은 시행령·지침에서 유연하게 조정할 수 있도록 하고, 법률에는 반드시 재검토 조항과 일몰 조항을 포함시켜야 한다. 정부는 stakeholder 의견을 공공성 필터를 거쳐 법적 언어로 정제하는 역할을 맡는다.

⑦ 피드백·적응 메커니즘: 법률과 정책은 주기적으로 평가되어야 한다. 정기적 재검토, 국회·시민 보고 의무, 일몰(sunset) 조항 등이 법률에 포함된다. 공무원은 현장의 집행 경험을 데이터화하여 환류시키고, 이를 통해 개선안을 마련한다.

⑧ 반복적 입법·조정: wicked problem 대응은 단 한 번의 법 제정으로 완결되지 않는다. ⅰ) 1차 법률: 원칙과 방향을 제시; ⅱ) 2차 개정: 시범사업·실험 결과 반영; ⅲ) 3차 정착: 사회적 합의와 제도적 안정화. 이처럼 입법 자체가 순환·적응적 구조를 내장해야 한다.

3. Wicked problem 대응 통합 설계와 정책 유형 고려

① 다중 문제 정의: wicked problem에서는 문제 정의 자체가 stakeholder 간의 가치 선택 과정이다. 따라서 하나의 정답처럼 고정된 정의는 존재하지 않는다. 오히려 다양한 이해관계자가 서로 다른 문제 정의를 제시하고, 이들의 정의가 함께 framing map으로 정리된다. 이 단계에서부터 정책 유형 역시 복합적으로 드러난다. 예를 들어 한쪽은 규제 강화라는 제한정책을, 다른 쪽은 재정 지원이라는 보조정책을 주장할 수 있다. 초기 framing map 속에는 이미 다양한 정책 유형의 씨앗이 함께 존재하는 것이다.

② 공통 목표·원칙 합의: 유형이 확정되지는 않았더라도 안전, 형평, 지속가능성 같은 가치 지향적 원칙은 합의가 가능하다. 이러한 공통 목표와 원칙은 법률의 기본원칙 조항으로 반영되며, 이후 어떤 정책 유형을 선택하고 구체화할지 판단하는 기준점이 된다. 이 과정에서 공론화와 숙의 절차가 활용되며, 정부와 공무원은 주도자가 아니라 제약조건을 설명하고 논의를 정리하는 조정자의 역할을 맡는다.

③ 탐색적 대안·실험 설계: wicked problem의 불확실성에 대응하려면 다양한 정책 대안을 병렬적으로 준비해야 한다. 이때 정책 유형별 대안이 동시에 마련된다. 예를 들어 기후위기 문제를 다룬다면, 탄소배출 상한 규제는 제한정책, 재생에너지 지원금은 보조정책, 에너지빈곤층 권리 보장은 보호정책, 국가 탄소중립 기본계획은 유도정책에 해당한다. wicked problem에서는 이처럼 서로 다른 정책 유형을 실험적으로 동시 추진하는 것이 특징이다.

④ 순환형 Stakeholder 협의·거버넌스: 이해관계자 협의 과정에서 정책 유형은 선택·타협·조합 과정을 거친다. 규제를 요구하는 제한정책과 지원을 요구하는 보조정책이 충돌하면, 결과적으로 두 성격을 섞은 혼합정책으로 귀결될 수 있다. 따라서 wicked problem에서의 정책 유형은 고정적이지 않고, 협의를 통해 동태적이고 혼합적인 형태로 발전한다.

⑤ 가치 충돌 평가 및 수용성 설계: 정책 유형이 구체화되면 가치 충돌은 불가피하다. 제재 정책은 형평성을 높일 수 있지만 산업 경쟁력을 위축시킬 수 있고, 보조정책은 지원을 강화하지만 재정 부담을 초래할 수 있다. 따라서 선택된 정책 유형이 야기하는 불이익을 보완하기 위해 보상이나 전환 지원 같은 또 다른 정책 유형이 함께 설계된다. wicked problem 대응에서는 이러한 보완 장치가 제도적으로 마련되는 것이 핵심이다.

⑥ 적응적 법률 초안: wicked problem 대응을 위한 법률은 하나의 정책 유형만을 고정적으로 담는 방식이 아니다. 오히려 복수의 정책 유형을 제도적으로 연결한다. 예를 들어 본칙에는 제한정책을 두되, 보칙에는 보조정책과 보호정책을 함께 규정하고, 부칙에는 제재정책에서 유도정책으로 전환할 수 있는 재검토 조항을 담는다. 법률 초안 자체가 정책 유형의 전환 가능성을 내장하는 것이다.

⑦ 피드백·적응 메커니즘: 정책 유형의 선택과 집행은 고정되지 않는다. 주기적 재검토를 통해 초기에는 보조정책 중심이었더라도, 효과가 부족하다면 제재정책을 강화하거나 보호정책을 추가하는 방식으로 바뀔 수 있다. wicked problem에서는 정책 유형 그 자체가 피드백과 순환의 대상이 된다.

⑧ 반복적 입법·조정: 마지막으로 wicked problem 대응 입법은 유형 간 전환과 조합을 제도적으로 허용해야 한다. 예를 들어 1차 입법에서는 제한정책과 유도정책의 원칙을 제시하고, 2차 개정에서는 보조정책과 보호정책의 실험 결과를 반영하며, 3차 정착 단계에서는 여러 유형 간 균형을 잡아 사회적 합의와 안정화를 도모한다. 입법 그 자체가 순환과 적응을 내장하는 구조로 설계되어야 하는 것이다.

요약하면, tame problem에서는 문제 정의를 거친 뒤 특정 정책 유형을 정리해 절차 속에 반영한다면, wicked problem에서는 다양한 정책 유형이 동시에 제기되고, 협의·실험·재검토를 거쳐 혼합·전환되는 과정을 통해 최종적으로 제도화된다.

4. 정부와 공무원의 역할

이 모든 절차의 주체는 정부이다. 이해관계자의 정치를 그대로 제도화하는 것이 아니라, 정부가 공공선을 기준으로 의견을 걸러내고 재구성한다. 공무원은 정책–입법 과정에서 중립성과 투명성을 지켜야 하며, 이해충돌을 방지하고 기록을 보존해야 한다. 또한 갈등을 조정하는 능력을 발휘해 사회적 수용성을 확보하는 제도적 중재자가 되어야 한다. 나아가 이 모든 과정은 임의적일 수 없으며, 장차 정책절차법과 같은 상위 법률에 의해 정부 행위의 윤리적·절차적 기준이 제도화되어야 한다.

5 정책과 법의 동시설계 (Policy–Law Co-design)

기존 정책결정모형은 "정책결정 → 필요시 입법" 순차구조이다. 하지만 wicked problem은 정책 설계 단계에서부터 법률·시행령·시행규칙까지 매핑하는 것이 필요하다. 이는 국회와 행정부의 이인삼각 경주를 전제로 한다. 국회와 행정부의 협력 구조가 요구되는 것이다. Wicked problem에서는 국회가 원칙·목표·절차를 법률로 설정하고, 행정부는 이를 기반으로 adaptive governance를 수행하는 것이다. 그 반대의 순서도 가능하다. 법률이 경직된 틀을 만드는 게 아니라, 적응적 운영의 제도적 근거를 제공하는 역할을 수행하게 된다.

6 통합설계의 특징과 장점

이러한 wicked problem 대응 통합 설계는 몇 가지 뚜렷한 특징과 장점을 갖는다.

① 문제 정의와 사회 정의의 결합: wicked problem에서는 문제 정의 자체가 곧 사회 정의를 결정하는 행위이다. 단순한 현상 진단이 아니라, 어떤 가치를 우선시할지, 누구의 권익을 보호할지를 결정하는 과정이다.

② 공론화·숙의 기반의 절차 민주성: 전문가 자문과 정부 협의만으로는 부족하다. 공론화와 숙의를 제도적으로 포함하여 시민과 이해관계자가 참여할 수 있는 절차적 장치를 마련한다. 정부는 주도자가 아니라, 정리자·설명자·공공성 보증자로 역할을 전환한다.

③ 가치 충돌 관리와 부작용 대응: wicked problem은 가치 간 trade-off가 불가피하다. 따라서 선택되지 못한 가치와 그로 인한 부작용을 투명하게 공개하고, 피해 집단에 대한 보상·설득·전환 지원을 제도적으로 설계한다. 이는 사회적 수용성을 높이는 핵심 장치이다.

④ 적응적·순환적 구조: 법률은 완결된 답안을 고정하는 것이 아니라, 원칙·절차 중심으로 작성되어 변화에 적응할 수 있게 한다. 재검토 조항, 일몰 조항, 평가와 환류 절차를 필수적으로 포함한다. 정책–입법 과정은 "1차 법률 → 실험·개정 → 안정화"의 순환적·발전적 경로를 가진다.

⑤ 정부의 윤리적·공공적 책임 강화: 정부는 이해관계자의 정치적 각축을 단순히 반영하는 기관이 아니다. 공무원은 중립성, 투명성, 기록 보존을 지키며, 공공선의 기준으로 이해관계자의 요구를 걸러내는 윤리적 필터 역할을 한다. 갈등 조정과 사회적 설득을 통해 제도적 정당성을 확보한다.

7. 결론

Tame problem에 대한 절차가 기술적이고 합리적인 설계라면, wicked problem 절차는 윤리적·조정적·적응적 설계이다. 여기서 법률은 정책을 고정하는 틀이 아니라, 이해관계자를 연결하고 사회적 학습을 제도화하는 플랫폼으로 기능한다. 따라서 정부가 Stakeholder와 함께 정책을 형성하되, 최종적 공공성 책임은 정부가 진다는 원칙이 제도 속에 명시되어야 한다. 정리하면, tame problem은 "문제 – 대안 – 입법"이라는 직선적 흐름으로 접근할 수 있지만, wicked problem은 "문제 정의 – 협의 – 수정 – 적응 – 법제화"라는 순환적 구조로 다뤄져야 한다. 이 통합 설계는 바로 그 복잡성을 헌정적·법제적 틀 속에서 제도화하는 새로운 방법론을 제시한다. 이러한 프로세스는 정책결정모형으로 따지면 '적응적 혼합주사위모형(adaptive mixed scanning)'에 가깝다. 하지만 그것만으로는 부족하고, 정책법학적 관점에서 국회–행정부의 동시적 역할 수행이라는 특징을 반드시 포함해야 한다.

법령 평가의 새로운 패러다임(정책법학 관점)
― 헌정적 거버넌스와 법치주의의 실천을 중심으로 ―

Ⅰ. 문제의식: 정책법학적 평가의 확장 필요성

정책법학은 단순히 "법이 정책을 뒷받침하는가"를 묻는 학문이 아니다. 그 본질은 국가의 헌정 구조 속에서 법과 정책이 어떻게 상호작용하며, 그 결과로 법치주의가 실제로 작동하는가를 탐구하는 데 있다. 따라서 정책법학적 평가는 행정법학에서 전통적으로 중시하던 합법성 심사나 절차적 정당성 점검을 넘어, 정책과정 전체가 헌정 질서 안에서 정당하게 작동하는가를 묻는 평가로 확장되어야 한다. 이는 곧 "정책과정 중심의 헌정적 법학", 즉 Policy Governance under Legal Framework의 시각으로 귀결된다.

Ⅱ. 헌정적 구조와 정책법학의 만남

모든 정책은 헌법이 정한 기본 원리 위에서 형성된다. 헌법은 단순한 최고법이 아니라, 정책이 작동할 수 있는 제도적 생태계(constitutional ecosystem)이다.

1. 기본권의 보장과 조정

정책은 기본권 실현의 수단이기도 하고, 때로는 제한의 근거이기도 하다. 따라서 정책법학은 정책이 어떤 기본권을 실질적으로 확대·조정·제한하는가를 법적으로 분석해야 한다.

2. 권력분립의 정책적 구현

입법·행정·사법의 세 기능은 정책과정 속에서 각기 다른 시점에서 작용한다. 입법은 목표를 설정하고, 행정은 결정·집행하며, 사법은 사후 통제한다. 정책법학은 이 삼권이 '정책의 생애주기' 속에서 균형적으로 작동하는지를 검토한다.

3. 법치주의의 실천적 의미

법치주의(rule of law)는 더 이상 '행정권의 한계선'에 머물러서는 안 된다. 그것은 정책이 사회적 합의와 공공성의 원칙 위에서 작동하도록 보장하는 실천적 규범성이 되어야 한다. 즉, 법치주의는 '법을 따르는 행정'이 아니라 '법을 통해 정당성을 확보하는 정책'으로 확장된다.

III. 국가 기능의 변화와 정책법학적 전환

국가의 기능은 시대에 따라 통치국가 → 자유주의 국가 → 복지국가로 진화해 왔다. 이 변화는 곧 법의 기능과 정책의 성격을 바꾸어 놓았다.

- 전통적 국가에서는 법이 명령과 통제의 수단이었다.

- 자유주의 국가에서는 권력의 한계를 설정하는 수단이 되었고,

- 복지국가에서는 사회적 약자를 보호하고 평등을 실현하는 도구가 되었다.

- 과거 복지국가는 '국가가 주도하는 보호'(state-provided protection)에 방점이 있었다면, 오늘날의 복지국가는 '법에 의해 보장되는 협치적 복지'(law-enabled co-governance welfare)이다. 즉, 법치에 의해 보장되고, 협치에 의해 작동하며, 학습에 의해 진화하는 국가로 재정의된다. 이때 welfare는 보호를 넘어 workfare와 learnfare까지도 포함한다.

정책법학은 바로 이 변화된 국정 패러다임을 포착해야 한다. 즉, 법을 "통제의 틀"이 아니라 "정책적 학습과 협치가 가능한 제도적 장치"로 이해해야 한다.

IV. 시민사회와 지방자치의 헌정적 의미

정책의 정당성은 이제 중앙정부의 결정만으로 확보되지 않는다. 지방자치단체, 시민사회, 국제사회는 모두 정책의 공동 행위자(co-actor)로 등장하고 있다. 정책법학은 이러한 다중 행위자 구조를 헌정 질서의 확장된 형태로 이해해야 한다. 지방자치는 단순한 행정의 하위기관이 아니라, 정책결정의 한 축을 담당하는 준헌정적 단위이며, 시민사회는 정책형성과 감시 모두에서 헌법적 참여자로 기능한다. 따라서 법령 평가는 이들의 참여가 "절차적 장식"에 그치지 않고 제도적 권리로 작동하는지를 반드시 확인해야 한다.

V. 정책과정의 제도화: 법에 의한 거버넌스의 핵심

정책은 기획·집행·평가·환류라는 순환과정을 통해 완성된다. 정책법학은 이 순환이 법적 절차로 제도화되어 있는가를 핵심적으로 평가한다.

- 기획 단계에서는 정책목표가 헌법적 가치와 정합적인지, 공론화 절차가 보장되는지,

- 집행 단계에서는 부처 간 조정, 행정의 투명성, 자치단체의 역할이 확보되는지,

- 평가와 환류 단계에서는 성과가 다시 법적 책임으로 연결되는지 살펴야 한다.

즉, 정책법학은 "정책과정을 헌정 질서 안으로 끌어들이는 학문"이다. 이때 법은 통제의 틀을 넘어, 정책순환을 안정적으로 유지시키는 제도적 인프라로 기능한다.

VI. 법치주의의 재구성: 통제의 법에서 촉진의 법으로

오늘날 법치주의는 단순히 "법이 있으면 행정이 그것을 따라야 한다"는 의미를 넘어선다. 정책법학이 강조하는 법치주의는 정책의 정당성과 공공성을 지속적으로 담보하는 메커니즘이다. 이 새로운 법치주의는 세 가지 특징을 가진다.

- 형식적 합법성(formal legality)을 넘어서 실질적 정당성(substantive legitimacy)을 추구한다.
- 행정의 재량을 억제하기보다, 정책의 사회적 책임과 참여의 폭을 넓히는 방향으로 작동한다.
- 정책결과의 평가와 환류를 통해 법치주의 스스로가 갱신되는 반성적 구조를 이룬다.

결국 법은 정책을 제약하는 장치가 아니라, 공익적 정책이 살아 움직이도록 설계된 제도적 엔진이 된다.

VII. 결론: 정책법학적 평가는 헌정적 거버넌스 평가이다

정책법학적 평가는 법령의 합헌성 평가도 아니며, 정책의 효율성 평가도 아니다. 그것은 법이 어떻게 정책을 가능하게 만들고, 정책이 어떻게 법치주의를 살아있는 제도(living institution)로 구현하는지를 가늠하는 헌정적 거버넌스 평가이다.

정책은 헌법의 가치 속에서 태어나고, 법은 정책의 과정 속에서 다시 그 가치를 실현한다. 따라서 정책법학적 평가는 "법과 정책의 상호순환적 합법성", 즉 정책을 통한 법치주의의 실현 정도를 측정하는 학문적·실천적 행위이다.

[부록 4]

정책법학 관점에서의 법령 분석과 평가

Ⅰ. 헌법적 구조와 3권 분립

정책은 헌정 질서의 일부로 작동한다. 따라서 개별 법령은 헌법이 보장하는 기본권, 권력분립, 국가의 기능적 균형 속에서 설계되어야 한다.

1-1. 기본권과 정책의 관계

- 정책은 사회권·환경권·학습권 등 기본권 실현의 수단으로 기능하고 있는가?
- 정책이 새로운 기본권 형성(예: 학습권, 환경권 등)의 플랫폼으로 작동하는가?
- 정책이 기본권을 제한하는 경우, 비례성·최소침해·공익성의 원칙이 법률상 명시되어 있는가?
- 기본권의 충돌 상황에 대해 조정 기준과 절차가 규정되어 있는가?

1-2. 입법·행정·사법의 역할

- 정책의 기획, 집행, 통제의 각 단계에서 입법·행정·사법의 역할 분담은 명확히 규정되어 있는가?
- 각 권력 간의 상호 견제와 책임의 구조는 법률에 어떻게 반영되어 있는가?
- 입법의 목적, 행정의 수단, 사법의 통제가 정책의 생애주기(cycle) 속에서 유기적으로 연결되어 있는가?

1-3. 헌정질서 내 정책의 정당성

- 법령이 헌법적 가치(자유, 평등, 복리, 평화)를 내재하고 있는가?
- 정책목표는 헌법 제10조~제37조에 규정된 기본권 조항 및 국가의 의무와 정합성을 가지는가?
- 해당 정책은 헌법상 국가 목적(국민의 행복, 사회적 정의 등)과 어떻게 연결되어 있는가?

II. 거버넌스

정책은 더 이상 국가 단독의 행정행위가 아니라 다중 행위자(multi-actor)의 협력 체계 속에서 작동한다. 따라서 법령이 이러한 협치 구조를 제도적으로 어떻게 담고 있는가가 핵심 분석 대상이다.

2-1. 지방자치의 역할

- 지방자치단체는 정책기획·집행·평가의 각 단계에 어떤 방식으로 참여하고 있는가?
- 참여가 단순한 위탁·집행 수준인가, 정책공동설계(co-design) 또는 공동책임(co-responsibility) 구조로 발전하고 있는가?
- 지방정부의 정책 자율성·재정 자율성은 어느 정도 보장되어 있는가?
- 지방정책과 중앙정책 간 조정 메커니즘은 법적으로 어떻게 설계되어 있는가?

2-2. 시민사회의 역할

- 시민사회 중 누가 법적으로 정책참여 주체로 인정되는가?
- 정책과정에서의 정보공개, 공청회, 협의체, 자문위원회 등 절차는 법에 어떻게 제도화되어 있는가?
- 시민사회의 참여는 의견 제시 수준에 머무는가, 아니면 의사결정 과정에 실질적으로 참여할 수 있는가?
- 정책 형성과정에서 시민사회와의 책임 공유(responsibility sharing)가 이루어지고 있는가?

2-3. 국제사회의 역할

- 해당 법령은 국제협약, 국제규범, 글로벌 거버넌스 체계와 어떠한 연계 구조를 가지고 있는가?
- 국제사회(UN, OECD, ILO 등)가 국내 정책과정에 직·간접적으로 어떤 영향을 미치고 있는가?
- 국제기준과 국내법 간 정합성 및 상호 작용의 원칙은 규정되어 있는가?

III. 정책과정

법은 정책을 가능하게 하는 제도적 틀이다. 따라서 정책법학적 평가는
기획–집행–조정–평가–환류의 전 과정이 법적으로 제도화되어 있는지를 중심으로
이루어진다.

3-1. 정책기획

- 정책기획 과정은 민주적 절차와 공론화를 보장하고 있는가?
- 정책기획은 과학적 근거(evidence-based policy)에 기반하고 있는가?
- 관련 기관 간 협의·조정 절차가 법률 또는 하위규정에 명시되어 있는가?
- 계획 수립 과정에서 이해관계자 참여가 제도적으로 확보되어 있는가?

3-2. 정책목표의 헌법적 정합성

- 정책목표가 헌법적 가치(평등, 복리, 인권, 환경 등)와 논리적으로 일치하는가?
- 정책목표가 헌법 제119조(경제질서), 제34조(복지), 제35조(환경권) 등 구체 조항과
  정합성을 갖는가?
- 정책목표의 설정 근거가 국가 비전·기본계획·기본권 실현과 연결되어 있는가?

3-3. 정책수단의 적절성

- 정책목표 달성을 위해 필요한 수단(tool set)이 법령에 충분히 반영되어 있는가?
- 수단의 구성은 재정, 제도, 인력, 정보, 조정 등 다층적 구조를 갖추고 있는가?
- 정책수단의 실행가능성(feasibility)과 법적 구속력(enforceability)은 확보되어
  있는가?
- 수단 선택의 비례성·효율성 원칙이 반영되어 있는가?

3-4. 정책집행과 평가

- 정책집행의 절차, 기관, 책임이 명확히 규정되어 있는가?
- 정책평가의 주체는 독립적·전문적이며, 결과는 공개되고 검증 가능한가?
- 평가 결과가 예산·계획·사업 조정에 실질적으로 반영되는가?
- 정책 수정·보완은 민주적·과학적 근거에 의해 이루어지는가?

3-5. 정책조정

- 부처 간, 중앙·지방 간 정책조정 메커니즘이 법적으로 설계되어 있는가?
- 위원회·협의체·총괄부처의 법적 근거와 권한 배분은 적절한가?
- 정책 간 이해충돌이나 중복을 해결하기 위한 갈등 조정 절차가 마련되어 있는가?
- 조정 결과에 대한 책임과 후속조치 절차는 어떻게 보장되는가?

3-6. 정책환류

- 정책평가 결과가 다음 단계의 정책, 예산, 법 개정에 반영되는가?
- 평가·환류의 절차가 법률 또는 시행령 차원에서 제도화되어 있는가?
- 피드백 결과를 공개·기록·공유하는 구조가 있는가?
- 환류를 통해 정책의 지속적 학습과 개선(learning governance)이 이루어지고 있는가?

IV. 법치주의

정책법학이 말하는 법치주의는 단순한 권력 통제를 넘어, 정책이 헌법적 가치 아래에서 정당하고 합리적으로 작동하도록 하는 제도적 원리를 의미한다.

4-1. Policy Tool (정책수단의 법적 정합성)

- 법령이 정책실행의 법적 근거와 권한 구조를 명확히 부여하고 있는가?
- 정책수단이 행정규칙·지침 수준을 넘어 법률적 근거·의무·책임체계로 내재되어 있는가?
- 법령은 하위 법령에 적절히 위임하고 있는가? 위임이 범위와 내용이 명확하고 구체적하게 규정되어 있는가?
- 위임 사항이 헌법 제75조(대통령령), 제95조(총리령·부령)의 요건에 합치되는가?
- 위임의 결과 하위 법령이 법률의 한계를 초과하거나, 정책결정권을 과도하게 이전하지 않았는가?
- 정책수단이 국민의 권리·의무·이익 형성과 조화를 이루고 있는가?
- 법률이 정책수단의 집행력과 책임성을 동시에 확보하고 있는가?

4-2. Policy Constitution (정책의 헌정적 구조)

- 법령이 해당 정책영역의 목적, 원칙, 거버넌스, 절차, 평가, 환류를 포괄적으로 규정하고 있는가?
- 해당 법령이 다른 법률의 제정·개정 시 준거 규범으로 기능하고 있는가?
- 정책 전주기에 걸쳐 헌법적 가치와 법치주의 원칙을 일관되게 반영하고 있는가?

4-3. Law-making force (법 제정 동력)

- 해당 법령은 행정부의 정책 기획·시행 필요성에서 비롯된 것인가, 아니면 국회의 입법 주도로 탄생한 것인가?
- 법의 제정 과정에서 정책적 필요성·사회적 요구·국제규범의 영향은 어떻게 작용했는가?
- 입법 과정에서의 정치적 조율·사회적 합의 절차는 법치주의 원리에 부합하는가?
- 법 제정 당시 하위 법령 위임 범위와 방향은 명확히 논의되었는가?
- 국회 심의과정에서 행정부의 시행령 권한 범위에 대한 논쟁이 있었는가?
- 행정부의 위임요구가 정책적 판단을 입법으로 위장한 것은 아닌가?
- 위임을 통해 행정부가 정책결정권을 실질적으로 선점하거나 확장한 사례는 없는가?

4-4. Policy-to-Law Dynamics (정책–법 상호작용의 진화)

- 해당 법령의 제정·개정 이력은 정책의 변화 방향과 어떻게 대응하고 있는가?
- 정책의 수정·변경이 법 개정으로 실질적으로 반영되고 있는가?
- 반대로 법의 개정이 새로운 정책 전환(policy shift)을 촉발한 사례는 있는가?
- 행정부와 국회는 법령 개정 과정에서 정책평가·환류 정보를 충분히 활용하는가?
- 법률 개정의 빈도와 방식은 정책의 안정성과 학습능력을 어떻게 반영하는가?

4-5. 법치주의의 실질성

- 법이 형식적 절차 준수에 그치지 않고 실질적 정당성(substantive legitimacy)을 확보하고 있는가?
- 정책의 각 단계에서 절차적 투명성·공정성은 보장되는가?
- 정책결정과 집행에 대한 권리구제·이의제기·사법적 통제가 가능한가?
- 정책 결과에 대한 책임성과 사후평가(result accountability)는 제도적으로 보장되는가?

저자 소개

대한민국 정부, 유네스코(프랑스 파리 본부·태국 방콕 사무소), 한국직업능력연구원, 인덕대학교, 호주 퀸즐랜드 주정부 교육부 등에서 일을 했다. 「근로자 학습권」으로 박사학위를 받았으며, 연구 분야는 직업교육, 평생교육, 역량 개발이다. 공직 은퇴 이후에는 개인 연구소인 '교육과 사회의 대개조 연구센터(RESET: Research Center for Societal and Educational Transformation)'를 설립해 교육과 사회 시스템의 혁신과 관련된 글을 쓰고 있다. 공저(共著) 포함 20여 권의 책을 출간했으며, 다수의 정책연구를 수행하였으며, 현재 여러 대학에서 강의 활동을 이어가고 있다.

단독 저서

1. 직업교육, 다시 묻고 새로 쓰다(직업교육 원론)(2025년, 바른북스)
2. 당신은 어떤 사람이 되고 싶으십니까(2025년, 바른북스)
3. 지방교육자치 NO, 자치교육 YES(2025년, 바른북스)
4. 끊어진 사다리, 각자도생하는 평생·직업교육·훈련(2025년, 바른북스)
5. 대증요법으로 망가지는 대한민국 교육(2025년, 바른북스)
6. 당신은 어떤 사회에서 살고 싶으십니까(2025년, 바른북스)
7. UNESCO, 교육 그리고 국제협력(2025년, 해피&아이) * 비매품
8. 호주의 학교교육(2011년, 범신사) * 절판
9. 호주의 직업교육훈련(2011년, 범신사) * 절판
10. 새로 쓰는 교육과 교육학(2011년, 범신사) * 비매품

출간 예정 도서

1. 새로 쓰는 진로교육 - 진로는 직업이 아니고, 경력은 취업이 아니다.
2. 농업, 가장 오래된 미래! 새로운 교육!
3. 역량 trilogy(역량 소멸 국가, 역량 기반 혁신의 길, 지속 가능한 번영 국가)
4. 처음 쓰는 교육공동체와 안전(pioneering series 2)
5. 누가 대학을 망치는가?
6. 복합 난제와 정책적 대응: 정책과정이 바뀌어야 한다!

정 책 과
법 연구
통합적 사유와 성찰

A Study on policy and law:
toward integrated thinking and critical reflection

초판 1쇄 발행 2025. 12. 8.

지은이 김환식
펴낸이 김병호
펴낸곳 주식회사 바른북스

책임편집 주식회사 바른북스 편집부

등록 2019년 4월 3일 제2019-000040호
주소 서울시 성동구 연무장5길 9-16, 606호 (성수동2가, 블루스톤타워)
대표전화 070-7857-9719 | **경영지원** 02-3409-9719 | **팩스** 070-7610-9820

•바른북스는 여러분의 다양한 아이디어와 원고 투고를 설레는 마음으로 기다리고 있습니다.

이메일 barunbooks21@naver.com | **원고투고** barunbooks21@naver.com
홈페이지 www.barunbooks.com | **공식 블로그** blog.naver.com/barunbooks7
공식 포스트 post.naver.com/barunbooks7 | **페이스북** facebook.com/barunbooks7

ⓒ 김환식, 2025
ISBN 979-11-7263-699-9 93360